中国人事科学研究报告

2023 年卷

上册

中国人事科学研究院　编著

中国财经出版传媒集团

经济科学出版社

Economic Science Press

·北京·

图书在版编目（CIP）数据

中国人事科学研究报告.2023 年卷.上、下册／中
国人事科学研究院编著. -- 北京：经济科学出版社，
2024.7. -- ISBN 978 - 7 - 5218 - 6133 - 4

Ⅰ. D630. 3

中国国家版本馆 CIP 数据核字第 20243CB832 号

责任编辑：李 雪 袁 潋 刘 莎
责任校对：王苗苗 王肖楠
责任印制：邱 天

中国人事科学研究报告
2023 年卷
（上、下册）
中国人事科学研究院 编著

经济科学出版社出版、发行 新华书店经销
社址：北京市海淀区阜成路甲 28 号 邮编：100142
总编部电话：010 - 88191217 发行部电话：010 - 88191522
网址：www. esp. com. cn
电子邮箱：esp@ esp. com. cn
天猫网店：经济科学出版社旗舰店
网址：http://jjkxcbs. tmall. com
固安华明印业有限公司印装
787 × 1092 16 开 48 印张 860000 字
2024 年 7 月第 1 版 2024 年 7 月第 1 次印刷
ISBN 978 - 7 - 5218 - 6133 - 4 定价：189.00 元（上、下册）

编 委 会

进一步完善人社部门人才工作机制

（代前言）

余兴安

人社部门所开展的人才工作是党和国家整体人才工作的重要组成部分。做好人才工作，首先是制度建设，在我们这个部门主要包括事业单位用人制度、职称制度、职业资格制度、流动调配制度、继续教育制度、工资制度等，这些制度当然并不仅是针对人才问题的，但应包含尽可能多的有利于激励人的成长成就因素；其次是制定针对具体问题及具体人才群体的相关政策。而制度与政策要真正落到实处，则有赖于一系列工作机制的建立，这包括专门的组织机构、平台载体与项目工程等。在这一方面，人社部门接续原劳动人事部门、人事部门的长期积累，具备了良好的工作基础。

在组织机构方面，自80年代初开始，相继成立各级人才交流中心、专家服务中心、职业技能鉴定中心、考试中心、人才研究机构、培训中心，以及外专系统的国际人才交流中心、国际人才交流协会等。这些机构承担了人才培养、评价、选拔、交流合作以及具体的人才服务窗口工作职能。

在平台载体方面，服务于不同时期人才工作的制度改革和政策创新的需要，自80年代中期以来，博士后科研工作站、博士后科研流动站、国家级人才市场、留学人员创业园、高校毕业生就业见习基地、公共实训基地、技能大师工作室、人力资源服务产业园等一大批人才集聚和服务平台相继涌现，成为激发人才创新创业活力，释放"人才红利"的"助推器"。

在项目工程方面，1990年，为加强高层次专业技术人才队伍建设，设立了政府特殊津贴制度；1995年开始，针对高技能人才表彰奖励，会同有关部门和省市建立了"中华技能大奖"和"全国技术能手"制度；1995年，为强化优秀青年人才培育，启动"百千万人才工程"；2005年，为加快培养创新型专业技术人才，实施专业技术人才知识更新工程；2006年，为引导青年人才主要是高校毕业生向基层一线流动，推出"三支一扶"计划；2011年，针对高技能领军人才培养开发，启动实施高技能人才振兴计划。此外，还有外专系统的"高等学校学科创新引智计划"（"111计划"）、"海外高层次人才交流基金——社会管理专项"（社会管理领域海外专家专项引进计划）等。这些计划和项目的实施，为高层次专业技术人才、高技能人才以及外国专家及智力等的引进和开发发挥了重要的引领带动作用，也为人社部门人才工作赢得了较高的社会声誉。

回望自改革开放以来四十余年的发展历程，应该说，人社部门的这些机构、平台、项目在不同的历史时期都有过辉煌的表现，为推动人才流动、人才评价、人才创新创业以及人才激励保障等各方面制度与政策的落地见效提供了有效保障，树立了人社部门人才工作的良好形象。但现在看来，发展既久，也积累了很多问题，如"底数"不清，数量众多的人才项目之间功能作用交叉重叠，一些人才工作机构面临体制不顺、经费不足、人手紧张、驱动乏力，许多人才工作平台运营不畅、作用有限。特别是在实施新时代人才强国战略的新格局中，人社部门的人才工作又面临着新形势、新要求与新任务，亟待我们在深入领会中央战略部署的前提下，实事求是地评估既有的工作状况，系统谋划未来发展之路。

为此建议，一是分门别类对人社部门人才工作的机构、平台和项目进行"摸底"，通过科学评估，分析发展中存在的问题、转型中遇到的难题；二是结合当前以及未来一个时期人才工作战略部署，对相关机构进行新的职能定位；三是进一步理顺管理体制，深化人才工作机构分类改革，进一步优化其组织体制、人事制度及经费保障渠道等。

总的来看，人社部门人才工作的确到了一个新的发展阶段，要尽快实现从以服务合理流动、优化配置为主责向聚焦服务开发利用、创新创造的转型，要与科学技术变革、经济结构调整、产业转型升级及人力资源禀赋的变化等因素相适应，在新时代人才强国战略蓝图中找准新定位，努力发挥好职能作用，续写人社部门人才工作的新辉煌。

（本文系余兴安同志于 2023 年 12 月 28 日在人力资源和社会保障部 2023 年底务虚会上所做的发言，站在新时代人才强国战略背景下人社部门如何更好发挥职能作用的角度阐述了对人才工作的认识，从组织机构、平台载体与项目工程等方面概括了人社部门人才工作所取得的成效、面临的主要问题和挑战，提出人社部门人才工作职能作用发挥的改进思路，在此刊出，代为前言。本报告集是从中国人事科学研究院 2023 年度完成或组织完成的近百项课题研究报告中精选出来编撰而成的，编撰工作遵循了往年确定的基础方针、结构体例及内容要求，不再赘述。）

目　录

人事制度改革与政策创新

人才工作与人才队伍建设

中国人事科学研究报告 THE REPORT OF CHINESE PERSONNEL SCIENCE

就业创业与人力资源市场

收入分配、劳动关系及其他

人事制度改革与政策创新

新时代人才强国战略的发展脉络与理论分析①

提　要： 围绕贯彻党的十九届六中全会、党的二十大和中央人才工作会议精神，梳理党的十八大以来中国人才工作发展的进展、成就与面临的形势、需求。梳理总结人才强国战略的形成发展历程和历史经验，系统研究新时代人才强国战略的学理基础和立论根基，在此基础上分析相关理论基础对新时代人才强国理论研究的启示。总结厘清美国、日本、新加坡、英国、德国等典型发达国家人才战略发展趋势和经验做法，探寻世界人才强国建设规律、世界重要人才中心形成转移特征、顶尖人才创新规律等。系统研究新时代人才强国的背景条件、核心内涵、战略布局、逻辑框架、核心议题，并分析新时代人才强国战略解决的基本问题。分析新时代人才强国战略"八个坚持"相关理论，并基于创新适配的新时代人才强国战略理论构建功能贡献模型，分析新时代人才强国的 IPO 维度框架与特征，在此基础上努力构建体现先进性、科学性、实践性的中国特色、全球视野新时代人才强国战略理论框架，力争为新时代人才强国战略的中国范式提供研究支持，为进一步推动中国特色人才强国战略理论发展和新时代人才强国战略目标实现做出研究贡献。

关键词： 新时代人才强国战略　发展脉络　理论分析

---

　　① 本文系中国人事科学研究院 2023 年度课题"新时代人才强国战略的发展脉络与理论分析"报告的部分内容。

人事制度改革与政策创新

一、人才强国战略的演化进阶和发展传承

中国人才强国战略形成完善的过程与第一次、第二次全国人才工作会议和中央人才工作会议等重大历史事件紧密相连，经历了"追赶型"战略到"攀登型"战略，再到"夺标型"人才战略的发展转变过程，其中每一阶段人才强国战略内涵的变化都是在匹配、适应和服务这一阶段国家总体战略任务。因此，对国家而言，经济社会发展战略是一级战略，人才发展战略是二级战略，人才战略要为一级战略提供支撑，要服务于经济社会发展的总体目标。① 可以说，人才战略从来都脱离不开"竞争"背景，人才战略从来都是为"发展"服务的。与此同时，我们也看到，通过召开国家层面专项会议来引导未来一段时间国家人才强国战略内涵的转换和升级，也成为中国推动人才工作创新发展的一种规范模式和基本经验。

（一）"追赶型"人才战略阶段与内涵

自 2003 年到 2009 年，这一阶段实施的人才强国战略可被定义为"追赶型"人才强国战略。"追赶型"人才强国战略的核心是解决人才"哪里来""有没有""够不够用"等突出问题，在国家形成了一定经济基础之后，在人才队伍建设方面实施后发国家追赶策略，通过启动大规模人力资本投资，加强和扩容高等教育规模，培育大规模专业技术人才和各行业领域技术专家，建立完善职称、继续教育、专家服务、人才流动、企事业单位人事管理和博士后等一系列人事人才制度来提升国家人才数量、素质和水平，造就规模宏大的国家人才储备。截至 2008 年底，我国人才规模达到 1.13 亿人，人力资本投资占国内生产总值比例达到 10.8%，每万人劳动力中研发人员为 24.8 人/年，主要劳动年龄人口受高等教育比例达到 9.2%，人才贡献率达到 18.9%②。到 2010 年，我国人才队伍规模攀升到 1.2 亿人，其中专业技术人才数量达到 5 550.4 万人。③ 这一阶段，我国人才相关指标数据加速提升，但与发达国家、东南亚发达经济体相比仍具有显著差距。

"追赶型"人才强国战略的实施，系统化启动和推动了有组织的国家高层次人才开发活动，其间人才强国战略被确定为国家三大基本战略之一，进

① 王通讯. 人才发展战略论 [M]. 北京：中国人事出版社，2013：354.

② 国家中长期人才发展规划纲要（2010 – 2020 年）发布 [EB/OL]. （2010 – 06 – 06）. http://www.gov.cn/jrzg/2010 – 06/06/content_1621777. htm. 2010 – 6 – 6.

③ 习近平. 深入实施新时代人才强国战略 加快建设世界重要人才中心和创新高地 [J]. 求是，2021（24）.

一步提升了全社会的人才战略意识，加大了国家资源投入力度，有力地推动了国家以经济建设为中心的整体发展。可以说，"追赶型"人才强国战略的实施，在国家特定的发展阶段，解决了中国建设人才大国的前提性、基础性问题（"大"主要是指规模大），有力配合全面建成小康社会的重大历史任务。

（二）"攀登型"人才战略阶段与内涵

自 2010 年到 2021 年，这一阶段实施的人才强国战略可被定义为"攀登型"人才强国战略。"攀登型"人才强国战略要解决的核心问题是人才"多不多""好不好""专不专"和人才国际竞争力问题。它是在国家建立了一定人才工作基础和人才队伍建设基础之后，启动实施的推动人才发展由一般发展中国家水平向世界现代化水平的迈进、攀登和提升战略。这期间，党和国家出台涉及十年期的人才战略规划，锚定发达国家在 2008 年实现的主要人才发展指标水平，启动实施了 12 项重大人才工程，推出 10 大重点人才政策，突出培养造就创新型科技人才，大力开发 18 个重点领域急需紧缺专门人才，统筹推进建设党政人才、企业经营管理人才、专业技术人才、高技能人才、农村实用人才以及社会工作人才等六支人才队伍。2016 年出台的《关于深化人才发展体制机制改革的意见》，由中央和国家相关部门配套出台政策 140 余项，各省区市出台改革政策 700 多项。[①] 其中，人才评价、使用、流动和激励机制相关的职称制度改革、机关事业单位工作人员养老保险制度改革和人才创新创业激励取得重要突破，人才体制机制深水区改革开始破题。值得一提的是，在 2017 年至 2019 年期间，全国各地出现"人才争夺战"，据笔者调研统计，先后超过 170 个大中小城市出台人才新政，大力抢夺青年人才、科技人才和高层次人才，其中虽暴露出同质化竞争、市场失灵、可持续性不足等问题[②]，但人才对创新发展产生决定性作用成为普遍共识，并进入各级政府的决策议题表单当中。

截至 2020 年，我国人才总量达到 2.2 亿人，全国具有大专以上学历人口达到 2.18 亿人[③]，主要劳动人口受高等教育比例达到 21.2%[④]，专业技术

---

① 丁小溪，范思翔，张研. 聚人才之力 筑复兴之基——新时代人才事业发展成就综述［EB/OL］.（2022 – 08 – 21）. http：//www. news. cn/politics/2022 – 08/21/c_1128933335. htm.

② 赵全军. "为人才而竞争"：理解地方政府行为的一个新视角［J］. 中国行政管理，2021（4）.

③ 国家统计局. 第七次全国人口普查公报［EB/OL］.（2021 – 05 – 11）. http：//www. gov. cn/guoqing/2021 – 05/13/content_5606149. htm.

④ 丁小溪，范思翔. 聚天下英才而用之——党的十八大以来我国人才事业创新发展综述［EB/OL］.（2021 – 09 – 28）. http：//m. news. cn/2021 – 09/28/c_1127910252. htm.

人才总量达到7 839.8万人，专业技术人才中本科及以上学历人员的比例达到48%①，高技能人才总量达到5 800万人，并占技能人才总量的比例达到30%左右②，全国研发经费投入达到2.44万亿元（居世界第二），研发人员全时当量达到480万人年（居世界首位）③。2019年我国财政性教育经费支出首次超过4万亿元，2019年我国出国留学人数达到70.35万人，留学回国人数增加到58.03万人。根据《2020年全球创新指数排名》，我国排名从2015年的第29位快速上升到第14位。④ 可以说，不论是在培养优秀人才的增量上还是存量上，我国都具备了显著优势。通过这一战略，我们形成了世界上最大规模的科技人才群体、大学生群体、技术技能人才群体和高校院所专家教授群体。⑤ 但是，我国同时存在基础科学发展贡献不足，底层技术、核心技术受制于人，科技发展存在大量"卡脖子"问题，产业发展处于全球价值链中低端的尴尬局面。

总结来看，"攀登型"人才强国战略的实施，围绕人才发展方面做大规模、做多门类、做广领域、做强质量，通过确立人才优先发展战略布局，组织动员各层级各领域人才发展的战略注意力和战略行动力，聚焦实施系列化、多领域、一揽子人才战略项目、人才工程计划和人才政策创新，启动实施实质性系统化人才发展体制机制改革，在十年内取得了发达国家历经几十年取得的人才发展成效，在一定层面上解决了建设世界人才大国的问题（"大"主要是指规模大）。"攀登型"人才强国战略是奋发有为的战略，其间，我国在较多相关指标上达到甚至超出了发达国家在2008年的先进水平，并在提升受高等教育比例等一些关键指标上取得了可以载入人类史册的伟大贡献和成就，在全世界范围内建立了国家人才竞争优势，基本实现了进入第二梯队世界人才发展国家行列的战略任务，为到2035年基本实现社会主义现代化奠定了国家人才发展基础。但同时我们也应看到，与世界一流发

---

① 激发人才活力 汇聚强大力量——我国初步建立规模宏大、结构合理、素质优良的专业技术人才队伍［EB/OL］.（2021 - 11 - 09）. http：//www. mohrss. gov. cn/SYrlzyhshbzb/dongtaixinwen/buneiyaowen/rsxw/202111/t20211109_427238. html.

② "十四五"时期将新增技能人才超四千万人［EB/OL］.（2021 - 07 - 06）. http：//www. gov. cn/zhengce/2021 - 07/06/content_5622640. htm.

③ 习近平. 深入实施新时代人才强国战略 加快建设世界重要人才中心和创新高地［J］. 求是，2021（24）.

④ 丁小溪，范思翔. 聚天下英才而用之——党的十八大以来我国人才事业创新发展综述［EB/OL］.（2021 - 09 - 28）. http：//m. news. cn/2021 - 09/28/c_1127910252. htm.

⑤ 孙锐，孙彦玲. 构建面向高质量发展的人才工作体系：问题与对策研究［J］. 科学学与科学技术管理，2021（2）.

达国家现状相比，我国在高精尖人才数量和人才创新效能方面仍存在显著差距。[①]

（三）"夺标型"人才战略阶段与内涵

2021 年 9 月，中央人才工作会议召开，新时代人才强国战略总体构想被提出。新时代人才强国战略目标直指加快建设世界重要人才中心和创新高地，旨在推动我国人才发展瞄准世界一流水平，实现从重规模、重素质、重数量向重水平、重能力、重一流贡献的重大转变，其实质是一种锚定为一流大国竞争和中华民族伟大复兴提供人才支持的"夺标型"战略，也是一个面向新时代推动人才工作高质量发展的"新战略"。其中，建设世界重要人才中心和创新高地战略目标的提出，就是实现中华民族伟大复兴中国梦在人才工作和人才队伍建设领域二级战略目标的兑现。为此，国家"十四五"人才发展规划研究等一系列相关工作正在实施。

在这样一个重要时间节点和战略机会点上，推动战略转型、战略进阶需要建立在一定战略前提和现实基础上。这个前提和基础就是当前我们已经在国家大部分区域、关键条线和重要系统确立了的人才优先发展战略布局，主要表现在人才优先发展的社会共识全面形成、顶层设计健全强化、战略体系贯彻落地、引领作用正在突出显现等方面。全国各地各部门紧扣产业结构调整、经济发展方式转变的要求，通过人才资源优先开发、人才结构优先调整、人才投资优先保证、人才制度优先创新，在推动经济增长方式转变、服务创新驱动发展上取得了一系列重要工作成效。国家人才战略实施和人才工作发展是有临界值和转换点的。在人才优先发展战略布局已经确立的基础上，我国由"人才优先发展"迈入"人才引领发展"的新时代"夺标型"战略进阶中。

"夺标型"人才强国战略首先要解决围绕推动高质量发展和高水平科技自立自强，在未来十五年建成世界重要人才中心和创新高地的问题。可以说，这是基于面对实践百年未有之大变局和中华民族伟大复兴的战略全局，基于我国世界一流人才和创新成果孕育产出处于一个质变临界点上作出的重大战略调整。[②] 但同时我们也要看到，目前我国人才发展和科技创新总体水平与发达国家尚存在显著差距。新时代人才强国战略提出建设世界人才强国

---

① 孙锐．实施新时代人才强国战略：演化脉络、理论意涵与工作重点［J］．人民论坛·学术前沿，2022（18）：92－101．

② 孙锐．新时代人才强国战略的内在逻辑、核心架构与应对举措［J］．人民论坛·学术前沿，2021－12．

的战略前景宏伟而光明，具有强大的战略感召力，但其实施过程必然会面临一系列重要挑战，这就需要我们以更大魄力、视野和决心进一步解放思想、更新观念、改革制度、优化政策，提出一系列突破性战略举措。

纵观改革开放四十多年来我国人才强国战略由"追赶型"战略到"攀登型"战略，再到"夺标型"战略的转变历程和人才战略思想不断丰富发展的历程，从"决定一切的是要有干部，要有数量充足的、优秀的科学技术专家"到"尊重知识，尊重人才"，从"人才资源是第一资源"到"创新驱动实质上是人才驱动"，从"加快建设人才强国"再到"实施新时代人才强国战略"，体现了中国共产党对人才及人才工作认识的不断深化、发展、提升，以及人才强国战略重心根据不同时期国家总体战略需求进行的动态更新、优化、调整，更体现出党和国家助力中华民族实现伟大复兴的战略耐力、战略定力和战略自信。可以说，目前我国形成了与世界其他国家，与我国历史上其他时期不同的，具有鲜明中国特色和时代特征的人才战略体系、人才工作推进体系和人才工作格局。

二、"八个坚持"的规律认识

党的十八大以来，以习近平同志为核心的党中央深刻回答了为什么建设人才强国、什么是人才强国、怎样建设人才强国的重大理论和实践问题，提出了一系列新理念新战略新举措。习近平总书记在中央人才工作会议上用了"八个坚持"精辟概括新时代人才工作的新理念新规律新举措：一是坚持党对人才工作的全面领导；二是坚持人才引领发展的战略地位；三是坚持面向世界科技前沿、面向经济主战场、面向国家重大需求、面向人民生命健康；四是坚持全方位培养用好人才；五是坚持深化人才发展体制机制改革；六是坚持聚天下英才而用之；七是坚持营造识才爱才敬才用才的环境；八是坚持弘扬科学家精神。这"八个坚持"是在总结我国人才工作基本经验的基础上对我国人才事业发展的规律性认识。"八个坚持"的总结和提出完成了一个从人才工作伟大实践到人才强国战略理论的升华，拓展了具有中国特色的人才发展基本理论，丰富了习近平总书记治国理政基本方略，也构建起习近平人才工作思想体系的基本内核，其理论价值和实践指导意义必将对建设新时代人才强国建设产生广泛和深远的影响。

"按规律办事"是一项本质要求，在人才工作中也是如此，只有不断发现、掌握、运用规律，才能减少工作中的盲目性、主观性和片面性，提高人才战略和人才工作推动的有效性。本次会议上习近平总书记提出的八条理论性、规律性认识，从定位起点到路径举措，从工作导向到检验标准，提出了把握好新时代人才工作的基本纲目，明确了人才工作创新发展的基本点、立足点和突破点，既贡献了"理论"指导，又给出了"实践"要求，形成了一个"知行合一""点、线、面结合"的新时代人才强国战略的立体化图景。[①]

坚持党对人才工作的全面领导是推进人才强国战略的有力保障。党管人才就是党爱人才、党兴人才、党聚人才。党管人才的目的是更好地统筹人才发展和经济社会发展、统筹人才和其他各项工作、统筹人才工作的各个方面，将各类人才用好用活，为人才成长和发挥作用提供有力服务和支持。坚持党管人才原则，建立完善中央人才工作领导小组，在更高层次上，在更大范围内充分发挥执政党在推动人才发展中的组织力、动员力、协调力和感召力，从而形成实施人才强国战略的强大合力，构建有力落实各项攻坚任务的工作体系。

坚持人才引领发展的战略地位是高质量发展的本质要求。在高质量发展背景下，一个国家没有人才优势，就不可能形成科技、产业和国家竞争优势，也难以形成高质量的现代化经济体系。因此，高质量发展首先是具有科技含量、创新含金量的发展，是人才引领的发展，是智力成果支撑的内涵式发展。这样的发展才具备高价值性、延伸性、持续性和难以追赶性、难以模仿性，从而形成国家发展攀登路径的人才奠基效应和积累门槛，进而为构建国家核心竞争能力提供不可或缺的独占性贡献。

坚持"四个面向"是做好新时代人才工作的出发点、落脚点。人才工作要为国家总体发展要求和实际发展需求提供服务和支撑才能体现其存在价值和意义。坚持面向世界科技前沿、面向经济主战场、面向国家重大需求、面向人民生命健康，是实施新时代人才强国战略的根本要求、立足基点、使命担当和价值依归。在具体实践中，我们要防止人才工作政绩化、人才政策碎片化、工作利益部门化，不求急功近利，不求轰动效应，不求表面之功，注重打基础、利长远，进一步提高人才工作的科学化、精细化和应需化水平，以服务"四个面向"产生的实际效果作为人才工作的评判标准。

坚持全方位培养用好人才是做好新时代人才队伍建设的中心议题。世界重要人才中心和创新高地的重要内涵之一是具备一大批战略科学家、科技领军人才和创新团队，以及青年科技人才。顶尖人才、领军人才和创新人才是

---

① 孙锐．新时代人才工作新在哪儿［J］．人民论坛，2021 - 11 - 2.

实现高水平科技自立自强的关键力量，在这方面我们要下大气力、全方位培养、引进、用好人才。我们要走好人才自主培养之路，我们"完全能够培养出大师"。人才开发要遵循社会主义市场经济规律、人才成长规律和创新创造创业规律，高层次人才集聚培养要遵循人才多数规律、人才共振规律、人才共生规律、人才生态集聚规律和"青年人改变世界"规律。我们不仅要造就大家大师，而且要建设规模宏大的青年科技人才队伍，培养大批哲学家、社会科学家、文学艺术家等各方面人才。

坚持深化人才发展体制机制改革是构建全球人才制度竞争优势的方法路径。以深化体制机制改革再造人才发展内生动力，其中既蕴含着对人才竞争力来自人才制度竞争力关联逻辑的深刻认知，又体现着对大国竞争格局下人才发展竞争态势的深刻把握。面向未来，我们将聚焦科技创新和产业升级主阵地，以激发人才创新活力为核心，大力破除"官本位""官僚化"痼疾，做到"不论资排辈，不求全责备"，以更大魄力向用人主体授权、向科学家赋权，深化科研经费改革，优化整合人才计划，深入推进人才评价、收益分配和创新创业激励等重点制度改革，建立以信任为基础的人才使用机制、构建"科学家本位"的科研组织体系，加快形成尊重人才、尊重创造，适应高质量发展、产生全球竞争力的人才制度体系，为保障创新驱动发展和高水平科技自立自强提供有力人才制度支撑。

坚持聚天下英才而用之是建设世界重要人才中心和创新高地的必然选择。不拒众流，方为江海。世界重要人才中心需要形成与之相匹配的世界一流人才队伍集聚体系。"尚贤不论国别""唯才不避亲疏"才是我们在迈向"中国梦"的征程中应有的大国气度和心态。"我们要实行更加开放的人才政策，不唯地域引进人才，不求所有开发人才，不拘一格用好人才，在大力培养国内创新人才的同时，更加积极主动地引进国外人才特别是高层次人才"①。实现从少数人中选拔人才，到国内广泛选用人才，进而拓展至全球范围吸引和选拔优秀人才，这是实现中华民族伟大复兴的必由之路。

坚持营造识才爱才敬才用才的环境是使更多优秀人才脱颖而出的外部条件。"鱼无定止，渊深则归；鸟无定栖，林茂则赴"。营造鼓励创新、宽容失败，开放包容、兼收并蓄的良好氛围，是吸引人才、留住人才的不二法门。"环境优则人才聚，人才聚则事业兴。""我们要以识才的慧眼、爱才的诚

---

① 习近平. 深入实施新时代人才强国战略　加快建设世界重要人才中心和创新高地［EB/OL］. （2021 - 12 - 15）. https：//www. gov. cn/xinwen/2021 - 12/15/content_5660938. htm.

意、用才的胆识、容才的雅量、聚才的良方，广开进贤之路，把党内和党外、国内和国外等各方面优秀人才吸引过来、凝聚起来，努力形成人人渴望成才、人人努力成才、人人皆可成才、人人尽展其才的良好局面"。①

坚持弘扬科学家精神是实现高水平科技自立自强的精神力量。2021 年，中央人才工作会议聚焦了下一步我国人才队伍建设的重点：战略科学家、科技领军人才和创新团队以及青年科技人才队伍。向科学技术广度和深度进军，建设世界重要人才中心和创新高地，必须充分发挥科技创新人才的作用，大力弘扬科学家精神。从"两弹一星"、"嫦娥"飞天，到"蛟龙"深潜、"墨子"通信、高铁"驰原"，一系列辉煌科技成就的背后无不依靠着科学家求真务实、爱国奉献、协同合作、淡泊名利、甘为人梯的科学家精神。科学成就、科技创新离不开科学精神和高尚品格。只有不断弘扬和传承科学家精神，尊重优秀人才和知识分子的独立人格、自由思想和创新精神，才能为建设世界重要人才中心和创新高地凝聚精神力量，激发创新能量。

习近平总书记提出的"八个坚持"深刻回答了新时代人才事业发展的重大理论和实践问题，是宝贵的工作总结和经验结晶。我们要深刻理解和科学把握习近平总书记中央人才工作会议重要讲话精神，真正把实施新时代人才强国战略转化为人才工作的生动实践，完善更好制度、营造更好环境，为2050 年全面建成社会主义现代化强国奠定人才之基。②

三、基于创新适配的新时代人才强国战略理论构建研究：功能贡献模型

在国家战略总体框架下，经济和社会发展战略是一级战略，人才发展战略是二级战略。③ 人才发展战略作为二级战略是为一级战略服务的，是为国家总体发展目标提供支撑的。在新时代新阶段，实施人才强国战略的功能和重心需要根据大国竞争的新背景进行厘清和确认。在这方面战略人力资源管理和竞争战略等理论为我们提供了理论参考。

战略人力资源管理理论强调，人力资源具有组织战略层面的意义，其知识技能、行为和互动为组织实现最高战略打下了基础，而战略人力资源管理

---

① 习近平. 深入实施新时代人才强国战略 加快建设世界重要人才中心和创新高地［EB/OL］.（2021 - 12 - 15）. https：//www.gov.cn/xinwen/2021 - 12/15/content_5660938.htm.

② 孙锐. 新时代人才工作新在哪儿［J］. 人民论坛，2021 - 11 - 2.

③ 王通讯. 人才战略规划的制定与实施［M］. 北京：党建读物出版社，2008：78 - 89.

资源为发展组织能力提供了一个基本工具，它可以成为企业获取竞争优势的来源。[①]

基于资源基础理论，组织关键人力资本的组织嵌入、应用开发、战略存储和外部引入等[②]，有利于推动组织更新，强化组织核心竞争能力，进而为企业生存发展等一级战略服务。[③]

站在"国家"为单元的竞争平面看，当前人才资源已被确认为国家发展的战略资源。围绕这种资源组织实施的人才强国战略，其核心功能在于配合国家一级战略实施，萃取和形成核心竞争能力，进而获取大国竞争优势。[④]基于核心能力和资源基础观[⑤]，在国家竞争视角下，人才强国战略是为获取国家总体竞争优势，为推动人才发展进行的策略选择、工作布局和治理模式安排，是影响一国范围内人才群体态度、行为、知识技能与创新贡献的政策、活动、制度安排和工作措施的总和。其内在属性要求与国家一级战略达成战略适配，以最终推动民族复兴总体战略目标的实现。在赖特等（Wright et al.）[⑥]理论框架基础上，本文提出一个新时代人才强国战略功能与贡献模型，如图 1 所示。

如前所述，当前我国国家整体战略正由以往的追赶型、攀登型战略向引领型、夺标型战略转变升级。在新时代新阶段，人才强国战略的重心要与国家总体战略，即与创新驱动、高质量发展达到战略匹配。高质量的发展主题必然要求国家进入一个人才引领、创新驱动的国家发展维度空间中。

基于竞争战略的理论框架，新时代的人才强国战略需要产生业务层面上的功能贡献。一是形成与国家战略进阶需求相匹配的国家人才资本和知识技能。国家赶超的历史经验表明，一个处于加速追赶进程中的国家或竞争实体，其关键人才智力资源，特别是由其顶尖人才水平、总体人才质量和人才

①　COLBERT B A. The complex resourced view: implications for theory and practice in strategic human resource management [J]. Academy of management review, 2004 (3): 115 – 116.

②　WRIGHT P M, MCMAHAN G C. Theoretical perspectives for strategic human resource management [J]. Journal of management, 1992 (2): 295 – 320.

③　DELANEY J T, HUSELID M A. The impact of human resource management practices on perceptions of organizational performance [J]. Academy of management journal, 1996 (4): 949 – 969.

④　YOUNDT M A, SCOTT S A, LEPAK D P. Human resource management, manufacturing strategy and firm performance [J]. Academy of management journal, 1996 (4): 836 – 860.

⑤　WRIGHT P M, SNELL S A. Toward a unifying framework for exploring fit and flexibility in strategic human resource management [J]. Academy of management review, 1998 (4): 756 – 772.

⑥　WRIGHT P M, DUNFORD B B, SNELL S A. Human resources and the resource based view of the firm [J]. Journal of management, 2001 (6): 701 – 721.

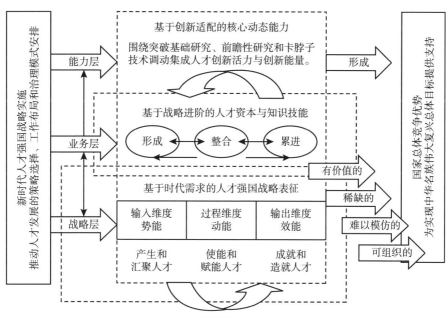

图1　新时代人才强国战略的功能贡献框架模型

创新活力所表征的国家典型人才资本①，对其实现科技突破和战略赶超发挥着效率倍增效应。② 国家战略进阶升级，更加凸显国家层面上人才智力资本及其知识技能积累的路径依赖。二是新时代的人才强国战略也需要有战略层面的功能贡献，即造就新时代的世界"人才强国"，此方面可以从输入、过程和输出3个维度予以标记衡量，本文将对此进行讨论分析。三是新时代人才强国战略实施需要在能力层面有所功能贡献，即成为与国家一级战略相适配的核心动态能力产生来源。资源基础观（RBV）强调内部"核心能力"是获取竞争优势的源泉。其中，调动人才资源动机、活力、活化知识技能的内化 know－how 构成了形成竞争优势的隐性部分。③ 在新时代新阶段，基于创新适配的核心动态能力主要体现在以突破关键基础研究、前瞻性研究和"卡脖子"技术问题为核心，有效形成、调动和集成人才活力与创新能量的能力方面。新时代人才强国战略实施在业务层、战略层和能力层的功能贡献整合，最终形成具有价值性、稀缺性、难以模仿性和可组织性的国家竞争优

①　孙锐，孙彦玲. 构建面向高质量发展的人才工作体系：问题与对策研究［J］. 科学学与科学技术管理，2021（2）：1－15.

②　LUNDVALL B A. National systems of innovation：towards a theory of innovation and interactive learning［M］. London：Printer Publishers，1992：56.

③　ZOLLO M，WINTER S G. Deliberate learning and the evolution of dynamic capabilities［J］. Organization science，2002（11）：339－351.

势，从而支撑中华民族伟大复兴的最高战略目标的实现。①

四、新时代"人才强国"的 IPO 维度框架与特征

当前，我国正从追随者角色开始向领路者角色转型，新时代人才强国战略的基本指向是在创新驱动发展、高质量发展与科技自立自强背景下，为中国在全球竞争中成为概念定义者、规则制定者、科技升维者、道路开辟者提供核心能力、竞争优势和战略支撑。② 基于战略人力资源管理③、组织学习④、人才战略⑤和国家创新理论⑥等，本文提出一个新时代"人才强国"的 IPO（Input – Process – Output）框架模型。

（一）新时代"人才强国"的输入（input）度

所谓"输入"是指从"人才"资源的本体角度看，其人才的"质"和"量"作为新时代"人才强国"的战略准备应该达到世界级的"强大"水平和能级。新时代的人才强国，在考量人才素质、规模、分布、结构等系列指标选择时，首先要突出世界一流人才及人才梯队的集聚度，强调世界级引领型、战略型、旗帜型大家大师和人物的占有量和集中度，需要在顶尖人才和高水平人才质量、数量和全球占比上位居全球前列。⑦ 著名物理学家朗道曾将物理学家分为 5 个层级，并指出每一层次的物理学家之间，其能力和贡献的差距不是一倍两倍，而是十倍以上，是数量级间的差距；苹果公司前总裁乔布斯曾提出，优秀人才的贡献要比普通人高出 50 倍，而硅谷的一个一流工程师其创新贡献可以改变世界。⑧ 因此，世界高水平人才对一个学科、领域、国家甚至世界发展的贡献也将会产生引领性、爆发式的杠杆效应和辐射效应。一流国家必然具有一流大家。⑨ 在此方面，一流人才的集聚和占有，来自内部孕育和外部引进两个方面。在高质量发展背景下，相对于外部引

① 孙锐. 新时代人才强国战略实施若干问题研究［J］. 中国软科学，2022（8）：1 – 11.

② 孙锐. 新时代新阶段人才强国战略的新内涵［J］. 中国人才，2021（6）：20 – 23.

③ WRIGHT P M，DUNFORD B B，SNELL S A. Human resources and the resource based view of the firm［J］. Journal of management，2001（6）：701 – 721.

④ LUNDVALL B A. National systems of innovation：towards a theory of innovation and interactive learning［M］. London：Printer Publishers，1992：56.

⑤ ZOLLO M，WINTER S G. Deliberate learning and the evolution of dynamic capabilities［J］. Organization science，2002（11）：339 – 351.

⑥ YUAN F，WOODMAN R W. Innovative behavior in the workplace：the role of performance and image outcome expectations［J］. Academy of management journa，2010（2）：323 – 342.

⑦ 孙锐. 新时代人才强国战略实施若干问题研究［J］. 中国软科学，2022（8）：1 – 11.

⑧ 孙锐，等. 人才创新创业生态系统案例研究［M］. 北京：中国社会科学出版社，2020：165 – 169.

⑨ 王通讯. 人才战略规划的制定与实施［M］. 北京：党建读物出版社，2008：78 – 89.

进，内部孕育能力更关键。而人才孕育，包括选拔培养、自由涌现两方面的内涵。[1] 相关研究表明，并不是任一国家都能够产生世界一流人才的[2]，这里涉及一个制度、知识与个人发展的互动生态体系。[3] 实践表明，在当前复杂竞争条件下，"赛马制"比"相马制"更有效，大多数一流创新人才不是"揠苗助长"出来的，而是在某些条件下自由涌现出来的，因此形成一流人才自由涌现的生态土壤对建设人才强国至关重要，而"一流人才"的存量和增量才能为建成人才强国累积势能。在这里，IPO 模型的输入维度强调"强国"方面的人才投入，其核心在于孕育和汇聚高水平人才，特别是国际一流人才。

（二）新时代"人才强国"的过程（process）维度

这里的"过程"维度是指"人才"作为行为主体，在一个国家的特定场域空间内，从事创新创业和价值创造所获得的赋能性（empowerment）和使能性（enable）水平。作为新时代的世界"人才强国"，在赋予人才创新资源、创新机会、创新能量方面应处于国际领先水平，在激励人才发挥聪明才智和创新潜能，推动各类人才成长、成才和成功方面应具备国际领先优势。过程维度上的"人才强国"，具有支撑一流人才做出一流业绩、达成自我实现的大平台、大舞台、大机会、大场景，对全球优秀人才产生显著的吸引力和感召力是重要的标识之一。人才发展的机会、水平和高度需要结合历史的进程。而跟随历史的进程，在特定时空、领域出现的问题解决场景、创新创业场景和价值实现场景，往往是淬炼大师大家、大人物的"炼金熔炉"。在当前全球科技创新加速变轨、经济格局加快重构的大背景下，中国作为全球最大的市场，新基建、新动能、新技术交织迭代演化所带来的新问题、新需求和新应用，将为高潜力人才贡献世界、实现自我提供稀缺的国家平台场景。同时，其中不断涌现的新兴课题、学科、项目和载体，也为世界科学中心转移创造了重要机会。当前我国在国家突破性发展和个人突破性成长互动增强方面展现出世界级和历史级场景，这也成为感召顶尖人才的重要"吸引子"。因此，在 IPO 模型的过程维度，其重点在于赋能和使能人才，特别是赋能、使能高质量高水平人才，这样才能为建成世界人才强国增强动能。因

---

① 孙锐. 新时代新阶段人才强国战略的新内涵 [J]. 中国人才，2021 (6)：20 – 23.

② 孙锐，孙彦玲. 构建面向高质量发展的人才工作体系：问题与对策研究 [J]. 科学学与科学技术管理，2021 (2)：1 – 15.

③ 孙锐，张文勤. 重大项目实践、组织学习机制与创新人才培养研究 [J]. 科学学与科学技术管理，2013 (3)：136 – 144.

人事制度改革与政策创新

此，体制机制改革、人才制度优化、人才环境建设以及创新创业生态系统构建等是过程维度"人才强国"建设需要关注的重点议题。[1]

（三）新时代"人才强国"的输出（output）维度

这里的"输出"是指新时代的"人才强国"应当具备世界一流的人才产出、人才效能和人才贡献，更进一步地，在新时代新阶段能够创造、产出全球代表性文明成果，在对世界文明发展的贡献度方面提供显著增量。新时代的人才强国，其核心特征在于人才创新力强、竞争力强，能够产生或提供一大批改变人类工作生活方式的原始发现、原创技术、发明创造和颠覆性产品，涌现出一大批具有全球影响力、市场竞争力的领军型企业，掌握一批重要学科和产业的话语权，在若干战略领域形成世界人才创新尖峰，成为世界重要原创思想汇聚地、策源地以及世界标志性（科技、文化）成果的主要贡献国、全球创新创业主要增长极，对全世界的科技、经济贡献度大幅提升且不可替代。因此，在 IPO 模型的输出维度，"人才强国"的核心内涵在于成就人才和造就人才，在人才创新发展成效方面居于世界前列，从而体现世界人才强国的输出效能。[2]

新时代"人才强国"是一个涉及"输入—过程—输出"三维度的框架构思，如图 2 所示。其中，"人才强国"的过程维度涉及的相关变量较多，而这也对应着国家"十四五"规划人才专章"激发人才创新活力"的重点工作和改革布局。人才强国的输出维度信息作为重要的反馈信号，与创新驱动与高质量发展的触发输入一起，进入人才强国的自组织负反馈过程，从而形成一个闭合的自我循环系统。创新驱动的夺标型战略要求建立夺标型的人才发展战略安排。由以上讨论可知，在创新驱动发展和高质量发展框架下，国家之间的人才竞争将不再是人才数量的比拼，而是顶尖人才集聚度的竞争、人才制度环境的竞争、人才作用发挥成效的竞争、人才创新创业生态的竞争、一流人才价值创造能级及各类人才对全世界产生贡献和影响的竞争。谁能在这种竞争当中取得优势，谁就能在某种程度上被称为世界人才强国。上述分析表明，面向高质量发展的人才战略布局，其关注点从人才"有没有""多不多"转向更多地考虑人才"优不优""强不强"。相应地，其战略关注点也应从以往的人才拥有量，转向人才结构性、活化度和创新效率。[3]

---

[1][2][3] 孙锐. 新时代人才强国战略实施若干问题研究 [J]. 中国软科学，2022（8）：1 – 11.

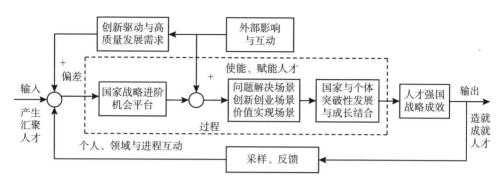

图 2　新时代人才强国 IPO 框架模型

参考文献

［1］薄贵利，程志勇．人才强国战略是实现国家强盛的第一战略［J］. 行政管理改革，2017（10）：56-59.

［2］蔡学军，孙一平，等．人才工作支撑创新驱动发展——评价、激励、能力建设与国际化［M］. 北京：经济科学出版社，2016.

［3］曹威麟，姚静静，余玲玲，刘志迎．我国人才集聚与三次产业集聚关系研究［J］. 科研管理，2015，36（12）：172-179.

［4］陈景彪．我国科技创新人才体制机制的改革与完善［J］. 行政管理改革，2022（9）：53-61.

［5］陈丽君，傅衍．人才政策执行偏差现象及成因研究——以 C 地区产业集聚区创业创新政策执行为例［J］. 中国行政管理. 2017（12）：95-100.

［6］陈丽君，金铭．人才政策营销的要素内涵与作用机制——基于扎根理论方法的探索性研究［J］. 科技进步与对策. 2021，38（16）.

［7］陈志发．中国共产党人才观百年创新发展与经验启示［J］. 江苏省社会主义学院学报，2021，22（4）：17-24.

［8］晨安．两次全国人才工作会议开创我国人才工作新局面［J］. 中国人才，2021（6）.

［9］崔丹，吴殿廷，陈笑啸．城市适宜性视角下创新型人才集聚影响因素研究评述［J］. 管理现代化，2020，40（5）：114-117.

［10］邓小平文选（第 1 卷）［M］. 北京：人民出版社，1994：291-292.

［11］邓小平文选（第 1 卷）［M］. 北京：人民出版社，1994：336-

337.

[12] 邓小平文选（第 2 卷）［M］. 北京：人民出版社，1994：41.

[13] 董彦喆，熊琴，刘平胜. 人才计划分配系统的内涵及构建［J］. 系统科学学报，2021 - 12 - 12.

[14] 段光，白鹭. 中国科技人才计划体系的特点、问题与发展建议［J］. 科技导报，2021，39（15）.

[15] 高子平. 谁拥有国际人才数据权 谁就在竞争中赢得主动［J］. 国际人才交流，2018（2）：14 - 15.

[16] 郭世田. 中国特色人才观的创新与发展［J］. 山东社会科学，2012（5）：79 - 81.

[17] 何成学. 新时代人才工作必须善于坚持党管人才的原则［N］. 光明日报，2018 - 4 - 16.

[18] 黄津孚. 人才是高素质的人——关于人才的概念［J］. 中国人才，2001（11）.

[19] 建国以来毛泽东文稿（第 6 册）［M］. 北京：中央文献出版社，1992：550.

[20] 柯江林，孙仁斌. 驱动经济高质量发展的人才流动双循环系统研究［J］. 新视野，2021（6）：27 - 35.

[21] 李贵兵. 系统论视阈下中国特色社会主义人才制度创新探析［J/OL］. 系统科学学报，2022（4）：53 - 57.

[22] 李侠，霍佳鑫. 中国八大人才计划的现状、反思与改革路径［J］. 科技导报.2021，39（18）.

[23] 李勇. 人才制度体系与创新绩效关系研究［D］. 北京：中共中央党校，2019.

[24] 李智勇. 落实人才规划纲要推进人才强国战略［J］. 行政管理改革，2011（1）：29 - 33.

[25]《瞭望》编辑部. 以持久的战略定力和战略耐力强起来［J］. 瞭望，2021（10）.

[26] 刘圣恩，马抗美，主编. 人才学简明教程［M］. 北京：中国政法大学出版社，1986：2.

[27] 刘霞. 党的百年人才事业成就与经验［J］. 中国人事科学，2021（8）：57 - 67.

[28] 罗洪铁. 论科学发展观中的人才思想——十六大以来党的新一代

领导人人才思想研究 [J]. 西南大学学报（社会科学版），2011，37（6）：132-136.

[29] 罗洪铁. 再论人才定义的实质问题 [J]. 中国人才，2002（3）.

[30] 马抗美，易明. 中国共产党人才集聚的四个高峰期及其启示 [J]. 学理论，2021（9）：1-4.

[31] 马克思恩格斯选集（第1卷）[M]. 北京：人民出版社，1995：18.

[32] 马克思恩格斯全集（第2卷）[M]. 北京：人民出版社，1958：118.

[33] 马克思恩格斯文集（第5卷）[M]. 北京：人民出版社，2009：9-10.

[34] 毛泽东文集（第2卷）[M]. 北京：人民出版社，1993：432.

[35] 毛泽东选集（第3卷）[M]. 北京：人民出版社，1991：1082.

[36] 毛泽东文集（第8卷）[M]. 北京：人民出版社，1999：351.

[37] 苗月霞. 着力构建适应高质量发展的人才制度体系 [J]. 国际人才交流，2021（11）：2.

[38] 宁甜甜，张再生. 基于政策工具视角的我国人才政策分析 [J]. 中国行政管理，2014（4）：82-86.

[39] 牛冲槐，王燕妮，赵彩艳，李乾坤. 区域文化对科技型人才聚集效应的影响分析 [J]. 生产力研究，2009（21）：185-187.

[40] 人才发展总体战略研究组，人才规划纲要编制工作办公室. 人才发展总体战略研究报告 [R]. 国家人才发展规划专题研究报告，北京：党建读物出版社，2011.

[41] 人才强国战略课题组. 人才强国战略——新世纪民族复兴的重大抉择 [J]. 国家行政学院学报，2004（2）：26-30.

[42] 沈荣华. 人才体制机制创新之策 [J]. 中国人力资源社会保障，2012（11）：18-19.

[43] 宋世明. 新时代完善我国人才制度的重要方向 [J]. 人民论坛，2021（30）：78-81.

[44] 孙健，王东. 地方政府在人才集聚过程中的角色定位研究 [J]. 中国海洋大学学报（社会科学版），2008（4）：48-52.

[45] 孙锐. 构建与国际接轨的人才创新体制机制环境 [J]. 中国人才，2014（9）：54-55.

［46］孙锐．构建支撑创新驱动的国家人才优先发展战略体系——探寻习近平总书记人才战略思想［J］．中国人才，2018（6）：18－21．

［47］孙锐．构筑新时代人才发展治理体系［J］．人民论坛，2019（26）：58－60．

［48］孙锐．国家中长期人才发展规划纲要实施以来人才政策进展评析与展望［J］．中国人事科学，2018（7）：61－71．

［49］孙锐．迈入新时代人才强国战略实施新征程［N］．中国社会科学报，2023－01－17．

［50］孙锐．人才强国战略："聚天下英才而用之"［J］．瞭望，2018（10）：50－52．

［51］孙锐．"十三五"时期我国人才管理体制改革相关问题探讨［J］．国家行政学院学报，2016（3）：30－34．

［52］孙锐．"十四五"时期人才发展规划的新思维［J］．人民论坛，2020（32）：44－47．

［53］孙锐．实施新时代人才强国战略：演化脉络、理论意涵与工作重点［J］．人民论坛·学术前沿，2022（18）：92－101．

［54］孙锐，吴江，蔡学军．我国人才战略规划评估现状、问题及机制构建研究［J］．科学学与科学技术管理，2015（2）：10－17．

［55］孙锐，吴江．创新驱动背景下新时代人才发展治理体系构建问题研究［J］．中国行政管理，2020（7）：35－40．

［56］孙锐，吴江．公共项目评估视角下的我国人才战略规划实施效果评估机制研究［J］．中国软科学，2012（7）：19－27．

［57］孙锐，吴江．构建高质量发展阶段的人才发展治理体系：新需求与新思路［J］．理论探讨，2021（4）：135－143．

［58］孙锐．新时代人才工作新在哪儿［J］．人民论坛，2021－11－2．

［59］孙锐．新时代人才强国战略的内在逻辑、核心构架与战略举措［J］．学术前沿，2021（24）：12－30．

［60］孙锐．新时代新阶段人才强国战略的新内涵［J］．中国人才，2021（6）：20－23．

［61］孙锐．以人才引领驱动支撑中国式现代化［J］．瞭望，2023－4－8．

［62］孙学玉．打赢人才争夺战，确保国家人才安全［N］．环球时报，2022－8－16．

［63］孙彦玲．如何用好专家这杆"秤"？［J］．中国卫生人才，2016

（7）：12－13.

　　［64］孙彦玲，孙锐．制度有效性视角下职称制度改革探讨［J］．中国科技论坛，2019（3）：167－177.

　　［65］汪怿．推进更深层次的人才体制机制改革［J］．科学发展，2019（8）：18－27.

　　［66］王体正．邓小平人才理论的科学体系与特征［J］．江汉论坛，1997（12）：57－61.

　　［67］王通讯．宏观人才学［M］．北京：中国社会科学出版社，2001：4.
　　［68］王通讯．人才学通论［M］．北京：中国社会科学出版社，2001：2.
　　［69］王通讯．人才战略规划的制定与实施［M］．北京：党建读物出版社，2008.

　　［70］王小力．构建具有全球竞争力的人才制度体系［J］．中国高等教育，2016（21）：32－34.

　　［71］王彦军，王乐航．中国共产党选人用人的百年历程与经验启示［J］．理论导刊，2021（6）：4－9.

　　［72］王振．构建具有国际竞争力的人才吸引政策研究［J］．国家行政学院学报，2016（3）：35－39.

　　［73］魏萍，赵永乐．坚持和完善以党管人才为核心的基本人才制度［J］．江苏师范大学学报（哲学社会科学版），2014，40（6）：118－121.

　　［74］吴江．关于构建具有全球竞争力的人才制度体系的几点思考［J］．中国人才．2020（9）.

　　［75］吴江．汇聚天下英才　实现民族复兴——学习习近平总书记关于人才工作的重要论述［J］．紫光阁，2016（7）：28－30.

　　［76］吴江．坚持以用为本方针创新人才体制机制［J］．理论探讨，2013（3）：139－144.

　　［77］吴江，蓝志勇．营造创新人才脱颖而出的治理新生态［J］．西南交通大学学报（社会科学版），2021，22（4）：1－8.

　　［78］吴江．以改革之力建立集聚人才体制机制［J］．中国人力资源社会保障，2013（12）：8－9.

　　［79］吴自华．周恩来人才思想的时代价值［J］．毛泽东思想研究，2007（6）：71－73.

　　［80］杨伟国．聚天下英才而用之：探索新人才方法论［J］．国家行政学院学报，2018（4）：15－20，147.

［81］叶忠海，主编．人才学基本原理［M］．北京：蓝天出版社，2005．

［82］叶忠海，主编．新编人才学通论［M］．北京：党建读物出版社，2013．

［83］尹卓．在重大科技专项中实现人才体制机制突破［J］．中国人才，2012（19）：59．

［84］于飞．建国 70 年中国科技人才政策演变与发展［J］．中国高校科技，2019（8）．

［85］袁娟，南连伟，陈璐维．人才法制建设的现状分析与对策建议［J］．中国人事科学，2018（4）：50 – 56．

［86］袁志彬．科技体制改革出路何在？［J］．华东科技，2015（12）：16 – 17．

［87］曾兴华，吴仁平．论习近平对邓小平人才理论的继承与发展［J］．红色文化学刊，2020（2）：21 – 30，109．

［88］赵永乐．各地深化人才发展体制机制改革实施意见的态势与特点［J］．人事天地．2016（12）．

［89］赵永乐．人才管理政府与市场关系研究［J］．国家行政学院学报，2016（3）：40 – 44．

［90］《中国人才》记者．加快建立集聚人才体制机制——中组部负责人就《关于深化人才发展体制机制改革的意见》答记者问［J］．中国人才，2016（7）：12 – 14．

［91］中央人才工作协调小组办公室．人才工作理论研究报告［M］．北京：党建读物出版社，2003．

［92］中央人才工作协调小组就人才发展规划落实情况答问［EB/OL］．（2011 – 05 – 30）．http：//www. gov. cn/govweb/jrzg/2011 – 05/30/content_1873200. htm．

［93］中央组织部人才工作局．深入实施新时代人才强国战略［N］．人民日报，2022 – 1 – 13．

［94］钟祖荣．杰出性：人才的本质特征［J］．中国人才，1989（4）．

［95］钟祖荣．中国人才学研究四十年回顾与未来发展的思考［J］．中国人事科学，2019（6）：54 – 63．

［96］1844 年经济学哲学手稿［M］．北京：人民出版社，2000：88．

《新时代人才强国战略的发展脉络与理论分析》
课题组成员名单

课题组长：

孙　锐（中国人事科学研究院人才理论与技术研究室主任、研究员）

执行组长：

范青青（中国人事科学研究院人才理论与技术研究室助理研究员）

课题组成员：

孙一平（中国人事科学研究院人才理论与技术研究室副主任、研究员）

冯　凌（中国人事科学研究院人才理论与技术研究室副研究员）

孙彦玲（中国人事科学研究院人才理论与技术研究室副研究员）

王长峰（浙江师范大学教授）

孙雨洁（同济大学博士研究生）

汪双梅（西南交通大学研究生）

张轶贤（中国人事科学研究院人才理论与技术研究室主任科员）

中国人事科学研究报告

THE REPORT OF CHINESE PERSONNEL SCIENCE

我国国际职员输送目标与策略研究①

提　要：培养和输送大批具有国际视野、通晓国际规则、能够参与国际事务和国际竞争的国际化人才进入国际组织，对于我国更好地参与全球治理体系改革和建设十分重要。本研究首先对联合国及其专门机构的国际职员数量和分布情况进行了总结，并总结分析了我国的国际职员现状。根据国际公务员制度委员会于 2013 年建立的 Jobnet 招聘网站上联合国及其专门机构发布的各类岗位招聘信息，对联合国及其专门机构专业人员和高级管理人员拟招聘岗位的分布与需求特点进行了分析，梳理总结了联合国及其专门机构在专业、学历、语言能力等方面对国际职员的实际需求。结合联合国及其专门机构的人才素质标准、岗位招聘要求以及国际职员聘用的趋势，对我国国际职员输送的目标进行探析，总结出我国国际职员输送的目标岗位，并据此提出有关策略和对策建议。

关键词：国际职员　选拔输送　国际组织　岗位需求

党的二十大提出了"中国国际地位和影响进一步提高，在全球治理中发挥更大作用"的要求。国际组织是全球治理的基本力量，也是全球治理的主要平台。国际组织中的工作人员则是国际秩序和国际体系制定规则与发展方向的主要参与者。由于历史的原因，在国际组织人事管理规则制

---

① 本文系中国人事科学研究院 2023 年度课题"我国国际职员输送目标与策略研究"报告的部分内容。

定、机构岗位设置、人员选拔录用等方面，西方国家仍然占据主导地位、把持话语权。

在全球治理体系调整变革的关键时刻，许多国际组织都在期盼发展中国家和新兴国家提供更多的人员支持。根据联合国人力资源厅发布的《地域多样化战略报告》，联合国系统正致力于平衡各地区国际职员的数量，提升任职人数偏低国家的代表性。国际公务员制度委员会在其 2021 年年度报告中督促各国际组织针对代表性不足的国家提供更多的岗位机会。因此，培养和输送大批具有国际视野、通晓国际规则、能够参与国际事务和国际竞争的国际化人才进入国际组织，本研究通过国际职员将自身发展理念和价值观融入国际组织的工作，对于我国更好地参与全球治理体系改革和建设十分重要。

随着国际组织数量的不断增加及其影响力日益增强，选拔并输送更多的本国人才进入国际组织工作，日益成为世界各国竞争和工作的一大重点。联合国是全球最大的国际组织，本研究通过对其及所属专门机构中我国国际职员的现状与其他国家国际职员现状、各国际组织国际职员能力素质要求、岗位招聘需求等进行对比分析，明确我国向联合国及其专门机构输送国际组织人才的目标与策略，对于完善国际组织人才输送政策具有一定的现实意义。

一、联合国及其专门机构中各国国际职员的分布现状

（一）联合国及其专门机构国际职员总体情况

2023 年 7 月，联合国及其专门机构共有 125 436 名正式职员（包含签订长期与短期合同，不包括非正式职员，如独立顾问、合同工、志愿者、实习生等）（见图 1）。从性别来看，女性职员共有 57 994 人，占总数的 46.23%；男性职员共有 67 442 人，占总数的 53.77%。从年龄来看，40 岁以下的职员数量为 32 912 人；60 岁以上的职员数量为 10 216 人；40 岁到 60 岁职员数量最多，为 82 308 人。2013～2022 年，联合国及其专门机构国际职员总数呈持续上升趋势，但各个机构国际职员数量发展趋势各异，例如国际劳工组织职员总数持续增加（见图 2），而联合国秘书处职员总数则呈大幅下降趋势（见图 3）。

从岗位类型和级别来看，P 级职员数量为 42 472 人，D 级职员数量为 2 843 人，USG、ASG 级职员数量为 289 人。在 P 级职员中，P1 级人数占

0.6%，P2、P3、P4、P5 级职员占比分别为 11.7%、31.3%、32.3% 和 16.7%。在 D 级职员中，D1 级职员占比为 4.8%、D2 级职员占比为 1.6%。P3、P4 级职员总数持续增加，其他级别职员总数呈稳定态势（见图 4）。本地职员共有 17 257 人；外勤人员中，外勤事务人员有 3 036 人，一般事务人员有 59 382 人。

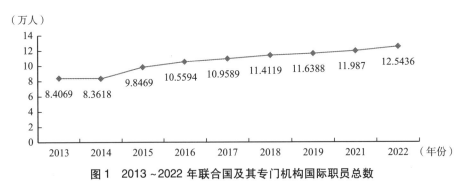

图 1　2013～2022 年联合国及其专门机构国际职员总数

资料来源：联合国系统行政首长协调委员会（Chief Executives Board for Coordination）统计数据。

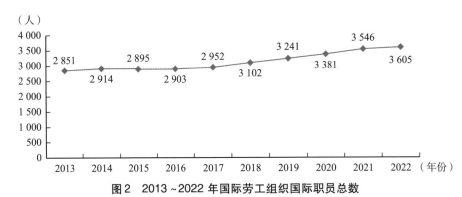

图 2　2013～2022 年国际劳工组织国际职员总数

资料来源：国际劳工组织统计数据。

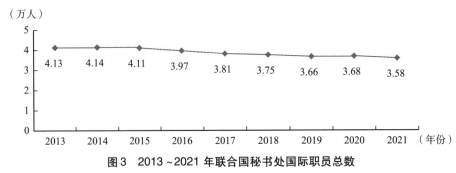

图 3　2013～2021 年联合国秘书处国际职员总数

资料来源：2013～2021 年联合国秘书处《秘书处的组成：工作人员情况统计》报告。

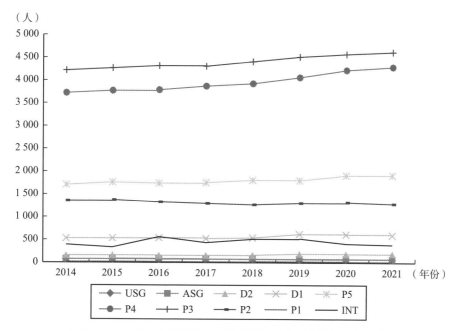

图4　2013～2022年联合国及其专门机构各级别国际职员总数

资料来源：联合国系统行政首长协调委员会（Chief Executives Board for Coordination）统计数据。

从洲际分布情况来看，来自非洲的职员数量最多，为44 276人，占总数的35.3%；其次是亚洲，职员数量为32 589人，占26%；欧洲、美洲、大洋洲的职员数量分别为29 138人、17 791人、1 623人。从国别分布情况来看，联合国系统职员中来自美国的人数最多，达5 642人；其余前十名国家依次为法国4 622人、肯尼亚4 130人、意大利3 893人、埃塞俄比亚3 125人、刚果（金）3 006人、英国2 616人、印度2 570人、南苏丹2 550人、苏丹2 254人。

从工作地点来看，拥有联合国系统职员数量最多的城市是联合国总部所在地美国纽约，为6 501人，其次是瑞士日内瓦，职员数量为3 884人；但拥有联合国系统职员数量最多的国家却是瑞士，职员数量为12 676人，其次才是美国，职员数量为10 576人。

从机构组织来看，联合国系统共包含39个不同的组织或机构，其中，职员人数在一万名以上的组织有4个：联合国秘书处人数最多，达到34 960名职员；联合国儿童基金会有15 654名职员；联合国难民署有13 354名职员；世界粮食计划署有11 670名职员。上述机构中，联合国秘书处属于行政机关，职能部门众多，联合国儿童基金会、联合国难民署和联合国世界粮食计划署均属于主要的一线人道主义救援组织，常常需要深入动乱地区直接面对服务对象，因此此类机构职员数量常年保持高位。国际移民组织（职员数量 7 648 人）是关注难民及移民的专门机构，与难民署工作各有侧重。此外，由于全球刚刚经受新冠疫情影响，世界卫生组织职员数量有明显增加，达到 9 117 人。

（二）我国国际职员现状

在新时期发展阶段，我国在国际组织中的角色经历着从追随者向引领者的转变，发挥着日益重要的作用。随着国际职员的选拔和输送方式变得更加科学、多元，中国籍国际职员逐渐走上更多国际组织的专业岗位，越来越多的中国籍国际职员从一般专业人员成长为决策管理层的重要人员，涌现出一批口碑不错的优秀专业职员和管理干部。

近年来，联合国及其专门机构中，中国籍国际职员的规模和覆盖的国际组织范围显著扩大，高级岗位人员数量持续突破，综合能力素质普遍增强，但仍存在数量不足、分布不均等问题。

1. 数量大幅增加但依然不足，与我国的会费比例不成正比

从总数上看，截至 2022 年 12 月 31 日，联合国及其专门机构共有 125 436 名工作人员，中国籍工作人员为 1 564 人，比上年增长 93 人，约占人员总数的 1.25%（见表 1）。这一数字与 2013 年相比，增加了将近一倍。在这些中国籍国际职员中，专业人员为 1 151 人，占中国籍国际职员总数的 73.6%。2013 年以来，联合国秘书处、国际劳工组织等机构中的中国籍国际职员人数均呈平稳上升趋势（见图 5）。

表 1　　在联合国及其专门机构任职的中国籍职员（2022 年）

序号	机构	专业人员（P）	外勤服务人员（FS）	一般人员（GS）	总数	占机构总人数比（%）
1	全面禁止核试验条约组织	6	—	1	7	2.33
2	联合国粮食及农业组织	90	—	9	99	3.09
3	国际原子能机构	45	—	10	55	2.18
4	国际法院	—	—	—	—	—
5	国际民航组织	16	—	14	30	4.07
6	国际公务员制度委员会	—	—	2	2	4.55
7	国际农业发展基金	15	—	2	17	2.18
8	国际劳工组织	34	—	10	44	1.21
9	国际海事组织	9	—	1	10	3.98
10	国际移民组织	10	—	3	13	0.17

续表

序号	机构	专业人员（P）	外勤服务人员（FS）	一般人员（GS）	总数	占机构总人数比（%）
11	国际海底管理局	2	—	—	2	4.08
12	国际贸易中心	5	—	4	9	2.40
13	国际劳工组织国际培训中心	0	—	1	1	0.58
14	国际海洋法法庭	—	—	—	—	—
15	国际电信联盟	29	—	8	37	4.78
16	泛美卫生组织	—	—	—	—	—
17	联合国	417	5	188	610	1.74
18	联合国妇女署	8	—	4	12	1.06
19	联合国艾滋病毒/艾滋病联合规划署	6	—	3	9	1.43
20	联合国开发计划署	48	—	7	55	0.74
21	联合国教育、科学及文化组织	45	—	15	60	2.56
22	联合国气候变化框架公约	8	—	—	8	2.02
23	联合国人口基金	17	—	8	25	0.80
24	联合国难民事务高级专员办事处	30	—	18	48	0.36
25	联合国国际电子计算中心	2	—	1	3	0.92
26	联合国儿童基金会	101	—	45	146	0.93
27	联合国工业发展组织	22	—	5	27	4.16
28	联合国训练研究所	—	—	—	—	—
29	联合国合办工作人员养恤基金	6	—	5	11	3.03
30	联合国项目事务厅	4	—	—	4	0.65
31	联合国难民救济及工程局	2	—	—	2	1.12
32	联合国系统职员学院	—	—	—	—	—
33	联合国大学	4	—	—	4	2.82
34	世界旅游组织	1	—	—	1	1.09
35	万国邮政联盟	3	—	—	3	1.27
36	世界粮食计划署	22	—	9	31	0.27
37	世界卫生组织	82	—	18	100	1.10
38	世界知识产权组织	36	—	17	53	4.56
39	世界气象组织	26	—	—	26	7.60
	总数	1151	5	408	1564	1.25

资料来源：联合国系统行政首长协调委员会（Chief Executives Board for Coordination）统计数据。

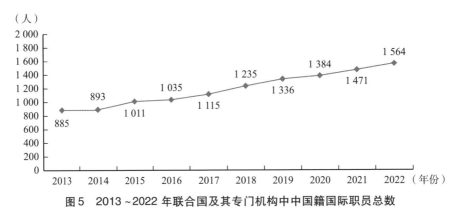

图5　2013~2022 年联合国及其专门机构中中国籍国际职员总数

资料来源：联合国系统行政首长协调委员会（Chief Executives Board for Coordination）统计数据。

联合国会员国会费分摊比例既是会员国综合国力的体现，又是决定会员国国际职员规模的重要基础。与美国、英国、法国等联合国安理会常任理事国和部分发展中国家相比，中国籍职员在国际组织的比例依然偏低，与我国的综合实力以及我国在各国际组织缴纳会费的额度并不匹配。近年来，尤其是 2000 年以来，我国在联合国会员国会费分摊的比例呈现出显著上升的趋势。2000~2001 年度，我国在联合国的会员国会费分摊比例仅不到 1%，而到 2014~2015 年度，我国的分摊比例已大幅跃升至 5.15%，位列美国（22.00%）、日本（10.83%）、德国（7.14%）、法国（5.59%）和英国（5.18%）之后，居第六位。根据联合国最新公布的数据，2023 年我国在联合国会员国会费的分摊比例达到 15.25%，总金额高达 4.9 亿美元并已全部缴清，仅次于美国，位列第二。

联合国秘书处 2022 年的最新统计显示，秘书处中国籍专业人员共 243 人，其中占有地域地位的职员共有 106 人，但按照会费缴纳比额，中国籍职员人数的适当幅度应为 237~321 人。国际劳工组织 2022 年的最新统计显示，中国籍国际职员共 16 人，适当幅度应为 61~81 人。联合国报告中明确指出，任职人数在幅度内的国家共 106 个，包括瑞士、德国等发达国家和菲律宾、哈萨克斯坦等发展中国家；任职人数超过适当幅度的国家共 30 个，包括法国、比利时等发达国家和乌干达、津巴布韦等发展中国家。我国目前仍属于 36 个任职人数不足的会员国之一，同样任职人数不足的国家还包括阿富汗、几内亚比绍、利比里亚等极不发达国家。

通过对比近年来联合国秘书处以及国际劳工组织具有地域地位的中国籍工作人员数与适当幅度区间（见图6 和图7）可以看出，中国籍工作人员数量与适当幅度的差距逐年增加。

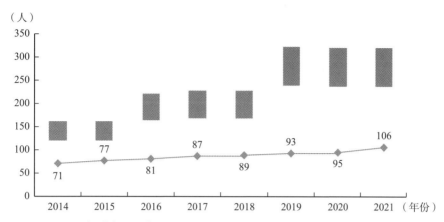

图6 2014~2021年联合国秘书处具有地域地位的中国籍工作人员总数与适当幅度区间对比

资料来源：2014~2021年联合国秘书处《秘书处的组成：工作人员情况统计》报告。

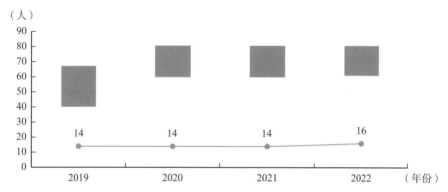

图7 2019~2022年国际劳工组织具有地域地位的中国籍工作人员总数与适当幅度区间对比

资料来源：国际劳工组织统计数据。

2022年，联合国其他四个常任理事国，即美国、法国、英国和俄罗斯在联合国及其专门机构任职的工作人员人数分别为5 642人、4 633人、2 616人和1 133人，除俄罗斯外均远高于我国。其中美国国际职员人数占总数的4.5%，高居国际职员人数榜首。同为东亚国家的日本会费比额为8.033%，但其国际职员人数为1 179人，与我国国际职员人数并没有太大差距；意大利（3.189%）、印度（1.044%）等国家的会费比额比例远低于我国，但国际职员人数（意大利3 700人、印度2 506人）却远高于我国。

2. 结构日趋优化但分布仍不均衡，中高级职位偏少

从结构上来看，我国在联合国及其专门机构中的人员结构得到了较大改善与优化。一是国际组织覆盖面扩大。目前，在联合国及其39个专门机构、委员会中，有35个组织拥有中国籍国际职员，比2021年增加了2个国际组织。二是高级官员数量较之前有所增加。目前有屈冬玉、刘振民、薛捍勤等近 15 人在各国际组织任高级别官员（见表 2）。

表 2　　在国际组织任高级职务的中国籍人员（截至 2022 年不完全统计数据）

序号	姓名	机构	职务
1	李军华	联合国	副秘书长（主管经济社会事务）
2	徐浩良	联合国	副秘书长兼联合国开发计划署协理署长
3	朱民	联合国	经济和社会事务高级咨询委员会委员
4	薛捍勤	国际法院	副院长
5	刘健	联合国环境署	首席科学家、科学司司长
6	杨榕	联合国人居署	区域项目司负责人
7	屈冬玉	联合国粮农组织	总干事
8	吴国起	联合国农业发展基金会	助理副总裁
9	张晓杰	国际海事组织	技术合作司司长
10	王彬颖	世界知识产权组织	副总干事
11	张文建	世界气象组织	助理秘书长
12	刘华	国际原子能机构	副总干事
13	李宏（音）	国际禁化武组织	对外关系司司长

资料来源：各国际组织官方网站。

但是与美国、英国、法国等联合国安理会常任理事国相比，我国在国际组织的中高层管理人员数量仍十分匮乏，影响力和话语权较为有限。2023年，在我国目前参与的联合国及其专门机构中，中国人担任"一把手"领导职务的仅 1 人，即联合国粮农组织总干事屈冬玉。

就联合国秘书处而言，截至 2021 年 12 月，在联合国秘书处任职的中国籍职员共有 569 名，其中 106 名具有地域地位，属于"任职人数不足"的国家。在具有地域地位的工作人员中，P2 ~ P4 级、P5 级、D1 级、D2 级职员分别占各级别总人数的 3.2%、3.8%、3.4% 和 4.7%。美国的 P2 ~ P4 级、P5 级、D1 级、D2 级职员分别占各级别总人数的 12.4%、8.3%、11.6% 和 8.2%，远高于我国的水平。

2014 ~ 2021 年，在联合国秘书处任职的中国籍职员中，P2 和 P1 级、P3 级、P5 级职员始终占比较高，P3 和 P2/1 级中国籍职员数有所上升，尤其是 P2/1 级初级国际职员的数量增幅较大，目前已成为中国籍国际职员中人数最多的级别（见图 8）。2017 ~ 2021 年，我国在联合国秘书处的高级别工作人员相对其他联合国安理会常任理事国来说数量较少，总体呈稳定趋势（见表 3）。

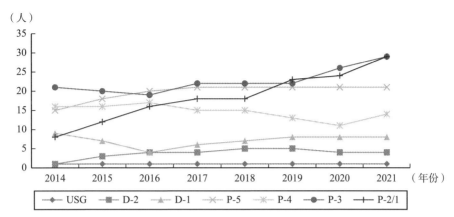

图8 2014～2021年联合国秘书处各级别中国籍国际职员（专业人员及高级管理人员）

资料来源：2013～2021年联合国秘书处《秘书处的组成：工作人员情况统计》报告。

表3　　　　　　　　　　2017～2021年中国在联合国秘书处按职等分列的
具有地域地位的高级别工作人员

分类	2017 年	2018 年	2019 年	2020 年	2021 年
副秘书长	1	1	1	1	1
助理秘书长	—	—	—	—	—
D－2	4	5	5	4	4
D－1	6	7	8	8	8
共计	11	13	14	13	13

资料来源：联合国秘书处，《秘书处的组成：工作人员情况统计》，2022年11月7日发表（A/77/580），2022年第99页。

　　在各主要国际组织中，中国籍国际职员的数量和比例也存在较大差异。2023年，在我国目前参与的联合国及其专门机构中，中国籍国际职员人数超过100人的机构数只有3个，人数在20人以下的高达18个，其中人数不足个位数的为13个。例如，在国际移民组织中，中国籍国际职员有10人，但仅占该组织总人数的0.2%。在国际劳工组织中，中国籍国际职员共有14人，但根据适当幅度，中国籍国际职员的数量应在61～81人。在国际民航组织中，中国籍国际职员共有7人，但根据适当幅度，中国籍国际职员的数量应为18人。还有很多国际组织尚无中国籍国际职员任职。根据联合国国际公务员制度委员会的统计数据，我国在联合国秘书处、国际劳工组织、联合国粮农组织、联合国教科文组织、世界卫生组织、世界民航组织等国际组织中都属于代表性不足国家。

3. 中国籍国际职员综合素质较高，但存在明显短板

　　课题组于2021年向我国在各国际组织任职或曾任职的国际职员发放调

查问卷，共回收 104 份，参与者的年龄集中在 31~40 岁，其中 86 人为现任国际职员，18 人曾任国际职员。其中 G 级至 P4 级人员占 74%，P5 及以上级别人员占 22.1%。

我国在各国际组织任职的人员学历水平较高。问卷调查结果显示，69.23% 的人员最高学历为硕士，17.3% 的人员最高学历为博士，有 37.5% 的人员有海外学习经历。岗位专业集中在经济社会与发展（44.2%）和管理行政（28.9%）两类。

我国派出的国际职员多具有国际视野和爱国情怀。问及赴国际组织工作的原因，大多数人表示有志于从事相关领域的国际交流合作或促进世界和平与发展（66.4%），42% 的人员表示有志于提升我国的国际地位和影响力。其他原因还包括工作环境较为国际化（36.5%）、有助于自身能力提高（43.3%）等。问卷调查结果显示，中国籍国际职员的优势在于具有较强的责任心，学习能力较强，并具有较强的团队合作能力和包容精神。

中国籍国际职员在语言沟通、适应国际职员工作文化方面面临着较大的挑战。联合国粮农组织前副总干事何昌垂曾指出，在国际组织里，中国人的勤奋努力、敬业精神、谦虚低调和遵纪守法等特质给人以深刻的印象。但国际视野、运筹能力、推销自己、领导多元文化团队、外语的驾驭能力、国际组织游戏规则掌握方面存在着明显的弱势。[①] 本研究开展的调查问卷结果显示，我国国际职员普遍认为，与其他国家国际职员相比，中国籍国际职员在语言沟通能力方面存在着明显的劣势，在创新能力和战略思考能力方面有待提高。也有部分国际职员指出，中国籍国际职员在公开表达自我观点、交际能力和领导团队成员共同执行等方面普遍存在明显短板。根据教育部的相关调查，赴国际组织实习的中国青年在外语写作能力等国际可迁移能力、多元文化下的有效沟通能力和协调能力、国际事务专业能力等方面较为薄弱，同时也存在全球视野缺乏、尊重多样性严重不足等问题。

二、联合国及其专门机构岗位招聘需求

联合国及其专门机构（见图 9）对国际职员的能力素质框架进行了较为全面的规定和阐释，但是，从岗位招聘的实际要求中能够更加直观地了解到国际组织对国际职员的需求。国际公务员制度委员会于 2013 年建立了 Jobnet 招聘网站，发布联合国共同制度组织（包括联合国及其专门机构）的各类岗

---

① 李铁城. 联合国里的中国人［M］. 北京：人民出版社，2004.

位招聘信息。专业人员和高级管理人员是联合国及其专门机构重要的支撑力量。因此，本研究从该网站于 2023 年 2～5 月发布的 703 条岗位招聘信息中，筛选了 304 条专业人员（P1 - P5 级）、高级管理人员（D1 - D2 级、ADG 级）及国际顾问类别岗位的招聘信息，以此为基础对联合国及其专门机构的拟招聘岗位分布与需求特点进行分析。

图 9　联合国系统组织架构

（一）招聘岗位分布特点

一是拟招聘岗位集中于联合国秘书处。联合国秘书处招聘需求最多，其岗位占 77%；开发计划署的岗位占比为 13%，排名第二；此外还有世界知识产权组织、联合国教科文组织、联合国艾滋病规划署、国际公务员制度委员会、联合国儿童基金会等组织的岗位，共占约 10%（见图 10）。

二是中级岗位招聘需求最多，流动性最大。主要的招聘需求集中在 P3～P5 级等中级岗位，占总数的 77%；初级岗位与高级管理类岗位的招聘需求较少。其中，P4 级岗位的招聘需求最多，占 35%；其次为 P3 级岗位，占 28%；P5 和 P2 级岗位分别占 12% 和 10%；D1 级岗位占 5%；P1、D2 和

ADG 级岗位均只有一条招聘信息（见图 11）。

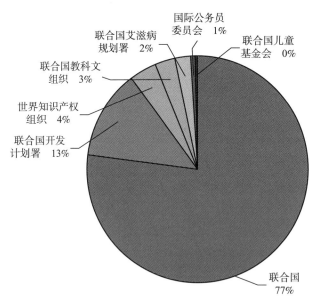

图 10 联合国及其专门机构招聘岗位分布情况

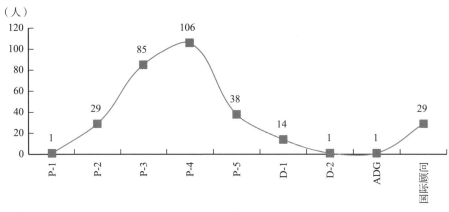

图 11 联合国及其专门机构招聘信息中各级别岗位分布情况

三是总部所在地的岗位招聘需求大于分支办事机构。大多数岗位集中于欧洲、非洲和北美洲。其中，28% 的岗位分布在总部较多的欧洲，22% 的岗位分布在非洲，21% 的岗位分布在北美洲，17% 的岗位分布在亚洲，5% 的岗位可远程工作，4% 的岗位分布在南美洲，此外还有少量大洋洲和多地点工作的岗位。具体到国家，美国和瑞士的岗位最多，可见联合国纽约和日内瓦办事处以及专门机构的招聘需求较高。亚洲国家中，约旦的岗位最多，为8 个，其次是伊拉克、沙特阿拉伯、阿富汗和泰国，各有 5 个岗位。中国没有相关岗位招聘需求（见图 12）。

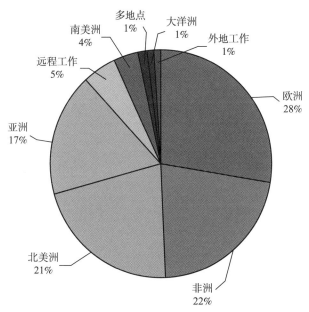

图12　联合国及其专门机构招聘岗位地点分布情况

（二）招聘岗位需求特点

一是学历要求主要为硕士及以上。在学历要求方面，有77%的岗位要求硕士及以上学历或本科学历加两年工作经验；15%的岗位要求硕士及以上学历；7%的岗位要求本科学历；仅有两个岗位要求博士学历（见图13）。

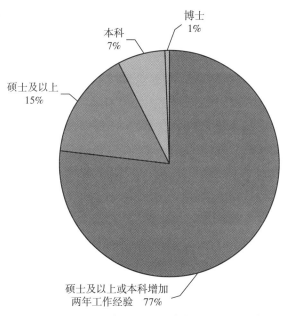

图13　联合国及其专门机构招聘岗位学历要求情况

人事制度改革与政策创新

二是专业要求较为广泛。在专业要求方面，73% 的岗位对于专业的要求大于两种，多数岗位仅做一级学科要求，例如工商管理、社会学、经济学，等等。部分岗位对专业要求较为具体，例如水资源管理、组织发展、国际刑法，等等。综合来看，对工商管理、公共行政、社会学、政治学、经济学、法律和国际关系专业有需求的岗位占大多数（见图 14）。

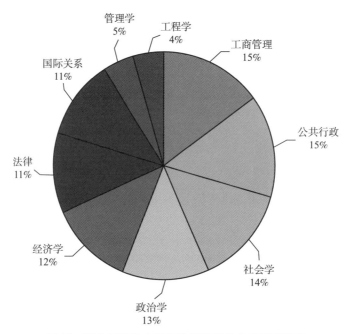

图 14 联合国及其专门机构招聘岗位专业要求情况

三是能力要求较为多元。各岗位对能力的要求较为复合多元，专业精神（77%）、计划能力（53%）、组织能力（49%）、沟通能力（46%）和团队合作能力（40%）是需求较多的能力（见图 15）。此外，客户导向、管理能力、绩效导向、领导力、创新能力、决策能力、人际关系技巧和创造力等也是各岗位有所需求的能力。

四是对英语能力要求较高。联合国有英语、法语、西班牙语、阿拉伯语、俄语和汉语 6 种官方工作语言。在语言要求方面，98% 的岗位将英语作为必须掌握的语言，2% 的岗位将法语作为必须掌握的语言，10% 的岗位将英法两种语言作为必须掌握的语言，3% 的岗位将英西两种语言作为必须掌握的语言，1% 的岗位将英阿两种语言作为必须掌握的语言。59% 的岗位要求在熟练掌握英语之外，最好掌握一门官方语言，明确要求这门官方语言为法语的岗位占其中的五分之一。此外还有少量岗位要求必须或最好掌握一门当地语言，如缅甸语、葡萄牙语等。

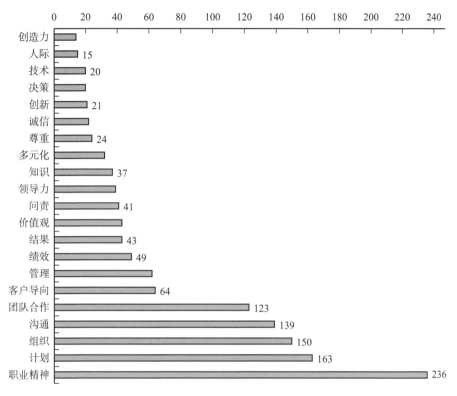

图15　联合国及其专门机构招聘岗位能力素质要求情况

五是工作年限要求与岗位级别成正比。在工作年限要求方面，34%的岗位要求有7年工作经验，28%的岗位要求有5年工作经验，16%的岗位要求有10年工作经验，9%的岗位要求有2年工作经验，6%的岗位要求有15年工作经验。此外，各有约1%的岗位分别要求3年、4年、6年、8年的工作经验。不要求工作经验的岗位仅有2个。随着岗位级别的提高，对应的工作经验要求也更高。总体来看，D级岗位一般要求15年工作经验，P5级岗位要求10年工作经验，P4级岗位要求7年工作经验，P3级岗位要求5年工作经验，P2级岗位通常要求2~4年工作经验。

三、我国国际职员输送目标探析

总体来看，联合国及其专门机构的有关岗位对人员的学历要求较高、专业要求较为广泛、英语能力有着硬性要求，对工作年限也有一定的需要。结合中国籍国际职员现状与联合国及其专门机构的人才核心素养要求和岗位招聘需求，我国在国际职员输送中，或将重点向国际组织薄弱岗位输送人才，提升我国在国际组织中的影响力与贡献。

人事制度改革与政策创新

一是紧缺的 P4 级岗位职员。在联合国专业人员中，P5 级及以上的岗位通常需要带领团队，承担领导职责。P4 级岗位是普通专业人员岗位中级别较高的岗位，是领导岗位的重要后备力量。无论从联合国及其专门机构的实际情况还是招聘需求来看，P4 级岗位的比例都最高，但中国籍国际职员中 P4 级岗位的比例却为最低，亟须补充力量（见表 4）。

表 4 联合国及其专门机构人员岗位级别结构 单位：%

岗位级别	联合国及其专门机构各级别岗位比例	联合国及其专门机构招聘信息中各级别岗位比例	联合国秘书处中国籍职员各级别岗位比例
P1	0.6	0.4	—
P2	11.7	10.6	27.6
P3	31.3	31.0	27.6
P4	32.3	38.7	13.3
P5	16.7	13.9	20.0
D1	4.9	5.1	7.6
D2	1.6	0.4	3.8

二是国际组织高级职员。根据联合国国际公务员制度委员会的统计数据，我国和日本在联合国及其专门机构中的高级职员人数（P5 及以上）处于"50~100 人"类别，而美国则位列"200 人以上"类别。法国、意大利、英国的高级职员总数也都在 100 人以上。以国际民航组织为例，共有 5 位成员为 D2 级工作成员，中国为 0，法国和美国各 1 位；16 位 D1 级工作人员，中国 2 位，日本、法国、美国各 1 位，加拿大 3 位。中国高级别工作人员数量与美国和法国数量相当，但是美国和法国各有一位 D2 级成员，级别分配更平均，且最核心的部门领导航行局局长由美国籍工作人员担任。我国与其他主要国家国际职员对联合国影响力的差距显而易见。

三是对语言能力有复合要求的岗位。联合国及其专门机构岗位几乎都对英语作为工作语言有着硬性要求，掌握其他一门联合官方语言则是较为普遍的要求，但对于掌握中文的硬性要求不多，这构成了我国国际组织人才输送工作的主要挑战。

四是工作地距离亚洲地区较远的岗位。联合国及其专门机构中，位于欧洲、美洲的岗位占绝大多数，亚洲尤其是东亚地区的岗位较少，跨文化、远距离的工作性质是我国国际职员选拔输送面临的障碍之一，因此位于欧洲、美洲的岗位也是我国国际职员不具优势的岗位。

五是对工作经验有一定要求的岗位。联合国及其专门机构所有的岗位均对工作年限有所要求，且部分岗位将国际组织工作经验作为加分项。中国籍国际职员的数量在国际组织中本处于弱势地位，因此在满足有关工作经验要求方面存在先天的不足。

四、我国国际职员输送策略

面对"积极参与全球治理体系改革和建设"和"培养全球治理人才"的迫切需求和较为严峻的国际形势，我国更需要进一步建立完善国际职员选拔和输送制度，结合国际组织岗位要求，增强我国人才选拔和输送的针对性、科学性、有效性，提升国际职员的数量与素质，为全球治理体系的改革和建设提供更有力的人才支撑。

（一）我国国际职员输送总体策略

综合以上分析，结合国际组织的招聘需求和我国国际职员的现状，我国国际职员的输送或可锚定三类目标：一是我国在国际组织尚未承担或欠缺优势的岗位；二是我国在国际组织已有一定人员基础的优势岗位；三是国际组织中具有重要影响的重点岗位。基于上述三类目标制定相应的人才输送策略，增强我国国际职员储备和输送的针对性、科学性、有效性。

一是加强弱势岗位的人才储备。突破国际职员选拔输送的部门界限，在全社会范围内重点关注具有较强语言能力、曾有国际组织工作或实习经验以及有海外留学经历的人员等。根据我国国际职员的分布情况，按专业、级别、年龄等分层分类地选拔后备人员，并开展具有针对性的语言能力、专业能力培训，切实加强人才储备。

二是巩固优势岗位的人才推送。动态监测国际组织中我国国际职员的情况，提前做好退休人员或项目结束回国人员的轮替准备，注重岗位人才的接续。针对结束短期人才推送项目回国的人员，及时开展工作成效评估，全面了解其在国际组织的工作成果、胜任情况等，为同一岗位人员的持续推送提供参考。

三是争取重点岗位的磋商合作。在与国际组织开展人才推送岗位磋商时，重点关注作为国际组织职业生涯基础的 P2 级初级岗位、作为高级管理岗位关键后备力量的 P5 级岗位、直接对国际领导层负责的 D 级岗位等关键岗位，着重考虑岗位对人才培养质量、留任概率和日后发展空间的影响。

（二）我国国际职员输送对策建议

1. 基于国际组织岗位需求规划人才输送全周期布局

一是制定国际职员输送的战略规划。加强顶层设计，立足长远，按照国际组织人才相关的战略计划，有序推进国际职员输送工作。整合国际组织归口部门研究力量，加强国际组织改革趋势、人才培养和输送机制、人才需求方面的深入研究。定期调研国际职员动态分布和空缺变化，深化对国际组织内部组织架构和重点空缺岗位的了解，基于国际组织需求、国际形势变化和我国外交战略，制定具有系统性、前瞻性的中长期国际组织人才输送战略计划。

二是加强国际组织人才梯队建设。由相关主管部门牵头，驻外机构积极配合，国内各部门应及时跟进归口国际组织人事动态，对国际组织人员需求预做评估，摸清各国际组织中国籍国际职员情况，基于我国在国际组织中的优势岗位、弱势岗位和重点岗位，分类别、分层次地科学选拔国际职员后备人选，真正形成国家发展需要的国际组织人才"蓄水池"，进行长期布局。在此基础上，把握国际职员招录、推送的最新政策和时机，统筹考虑对不同层级、不同领域的国际职员进行选拔输送，尤其注重初级岗位人才的输送和高级别岗位的推荐。同时根据国际组织需求建设稳定专家团队，积极派遣专家参与国际组织具体工作。一方面，通过专家团队积极参与国际组织治理，另一方面提高专家参与国际组织岗位竞聘的成功率。在参与竞聘国际组织岗位时，具有国际组织的工作经验和经历，能够提高竞聘成功率，提高向国际组织输送人才的效果。

三是关注已派出国际职员的长期职业发展。有关部门应对已派出人员实行跟踪和评估，围绕优势岗位、弱势岗位和重点岗位情况，与派出人员所在国际组织相关负责人定期沟通工作情况反馈，最大限度地确保人才培养质量。尤其加大对青年国际组织人才派出后职业发展的支持力度，包括提供职业路线发展的咨询指导、创造更多留任机会、提供配套援助资金等，让派出的青年人才有更大机会在国际组织扎根，提高人才的留任率。

四是完善国际职员国外国内工作轮换的"旋转门"制度。一方面，保障任期结束回国后或从国际组织离职后的国际职员原工作单位的岗位、职务、晋升不因在外任职而受影响；另一方面，要加强重点岗位国际职员回国后的持续培养，保障其在国内与在国际组织工作的连续性和衔接，争取日后出任高级职务。在派出更多数量、更高质量国际职员的基础上，保证国际组织人才输送的连续性。同时，弥补国际组织工作的不确定性，激励更多人员赴国际组织工作，为中国籍国际职员在国际组织长期工作创造条件。

2. 探索国际职员输送新路径

一是打破部门界限不拘一格选拔人才。国际组织岗位招聘对专业的要求较为广泛，应打破部门界限，通过多种方式鼓励来自各个领域、各个行业的人员参与国际职员输送，充分调动国内人员担任国际职员的主动性和积极性，吸引更多人员加入国际组织。

二是鼓励自主申请国际职员岗位。相关部门应通过多种形式，面向社会定期开展国际组织相关知识的普及和宣传。进一步搭建和完善国际组织岗位信息平台，与专业人力资源服务机构合作，加大国际职员招聘相关信息的传播力度。同时，为自主申请人员提供参与国际职员岗位申请以及考试所需的咨询、培训服务，提高竞争性考试的成功率。加强与各国际组织驻地的我国海外留学生的联系，鼓励、协助其就地应聘。

三是加强与国际组织合作统筹岗位设置。相关部门应在与国际组织的人员岗位磋商谈判中选择重点岗位进行人才培养合作，着重考虑岗位设计对人才培养质量、留任概率和日后发展空间的影响。积极争取中国人在重要技术和管理岗位任职，切实落实支持我国国际职员在国际组织内争取重要岗位的努力。同时，应积极与各国际组织协商沟通，逐步提高青年实习项目、JPO 项目等短期任职项目的人员限额，根据具体需求开设专门领域的国际职员中长期派遣项目等新渠道，为长期任职人员的推送打下良好基础。

四是积极吸引国际组织及分支机构落户我国。充分利用"一带一路"高质量发展的契机，吸引国际组织在我国落户或成立新的国际组织，争取有影响力的国际组织在华设立区域中心，加强对落户我国的国际组织或分支机构财政、人力等方面的支持，积极推送我国更多人员进入国际组织任职，积累国际组织工作经验，参与国际组织规则制定，为更好地开展国际职员选拔和输送工作奠定坚实基础。

五是拓展国际学术性组织、国际非政府间组织等输送渠道。面临严峻的国际形势，我国应在国际组织人才的选拔和输送中放宽眼界，拓展在国际学术性组织和国际非政府间组织入职的渠道，并建立相应机制。此外，还可以通过实习、兼职、加入国际专业学术委员会等柔性方式在国际组织的决策议事机构任职，参与国际组织活动，提高我国在各类国际组织的代表性、话语权和对全球治理的参与和贡献度。

参考文献

［1］陈宝剑．高校毕业生到国际组织实习任职入门［M］．北京：北京大学出版社，2017．

［2］丁红卫．日本的国际组织人才战略［J］．国际论坛，2020，22（4）：104 - 115，158 - 159．

［3］郭婧．英国高校国际组织人才培养与输送研究［J］．比较教育研究，2019，41（2）：12 - 19．

［4］何昌垂．国际职员实务概论［M］．北京：北京大学出版社，2021．

［5］江忆恩．中国参与国际体制的若干思考［J］．世界经济与政治，1999（7）．

［6］李辉，王壮壮．探索构建社会化培养机制，加快输送国际组织人才——国际组织人才培养与胜任力发展高端论坛综述［J］．区域与全球发展，2021，5（3）：146 - 153．

［7］李铁城．联合国里的中国人［M］．北京：人民出版社，2004．

［8］李晓燕．中国国际组织外交的历史发展与自主创新［J］．当代中国史研究，2020，27（3）：152．

［9］李楠．国际组织人力资源管理概论［M］．北京：人民出版社，2020．

［10］联合国数字图书馆．秘书长报告——联合国在中华人民共和国训练中文笔译和口译的方案［DB/OL］．（1978 - 11 - 21）［2021 - 09 - 17］．file：C：Users/Ivy％20W/AppData/Local/Temp/A_C - 5_33_50 - ZH. pdf．

［11］联合国数字图书馆．秘书处的组成：工作人员情况统计［DB/OL］．（2020 - 11 - 09）［2021 - 11 - 09］．https：//digitallibrary. un. org/record/3897446/files/A_75_591 - ZH. pdf．

［12］联合国数字图书馆．秘书处的组成：免费提供的人员、退休工作人员及咨询人和个体订约人［EB/OL］．（2020 - 11 - 09）［2021 - 12 - 09］．https：//digitallibrary. un. org/record/3897459？ ln = zh_CN．

［13］宋碧珺．法国国际职员战略探析及对中国的启示［D］．北京：北京外国语大学，2016．

［14］宋允孚等．国际职员素质建设与求职指南［M］．杭州：浙江大学

出版社，2019.

　　［15］宋允孚．国际胜任力人才培养任重道远［J］．神州学人，2021（10）：15－19.

　　［16］王逸舟，谭秀英．中国外交六十年［M］．北京：中国社会科学出版社，2009.

　　［17］王逸舟．中国与国际组织关系研究的若干问题［J］．社会科学论坛，2002（8）.

　　［18］熊李力．专业性国际组织与当代中国外交——基于全球治理的分析［M］．北京：世界知识出版社，2010.

　　［19］姚斌，邓小玲．筚路蓝缕，以启山林——联合国译训班（部）四十周年访谈录［J］．翻译界，2019（1）：149－164.

　　［20］张振亮．中国籍国际职员状况研究［D］．北京：外交学院，2020.

　　［21］张贵洪．国际组织全球治理使命将更加艰巨［N］．环球时报，2020－04－22.

　　［22］赵龙跃．构建人类命运共同体与国际治理人才培养［J］．太平洋学报，2020，28（1）：28－35.

　　［23］Charles B. Rangel International Affairs Program. About Us［EB/OL］.（2021－1－27）［2021－12－19］. https：//rangelprogram. org/about－us/.

　　［24］CSIS. More representatives more diversity［EB/OL］.（2021－12－19）［2021－12－19］. https：//www. csis. org/analysis/more－representatives－more－diversity.

　　［25］Diplomatic Bluebook 2020. Japanese Diplomacy and International Situation in 2019［EB/OL］.（2021－11－09）［2021－12－19］. https：//www. mofa. go. jp/policy/other/bluebook/2020/html/chapter1/c0101. html.

　　［26］Federal Department of Foreign Affairs. UN policy of Switzerland［DB/OL］.［2021－12－04］. https：//www. eda. admin. ch/dam/eda/en/documents/aussenpolitik/internationale－organisationen/20140814－UNO－Politik－der－Schweiz_EN. pdf.

　　［27］Federal Department of Foreign Affairs. Declaration Conjointe Des Autorites Hote de la Geneve Internationale［DB/OL］.［2021－12－06］. https：//www. dfae. admin. ch/dam/eda/fr/documents/aussenpolitik/internationale－organisationen/declaration－autorites－geneve－internationale. pdf.

《我国国际职员输送目标与策略研究》
课题组成员名单

课题组长：

王　伊（中国人事科学研究院国外人力资源与国际合作研究室副主任、二级翻译）

执行组长：

王秋蕾（中国人事科学研究院国外人力资源与国际合作研究室二级翻译）

课题组成员：

吴雨晨（中国人事科学研究院国外人力资源与国际合作研究室助理研究员）

石嘉伟（中国人事科学研究院国外人力资源与国际合作研究室研究实习员）

韩　凛（中国国际人才交流基金会交流与开发处处长）

徐椿景（中国国际人才交流基金会交流与开发处）

当代中国选调生制度研究①

提　要： 选调生一般是指各地各部门有计划地从高等院校选调品学兼优的应届大学本科及其以上学历毕业生到基层工作。选调高等院校优秀应届毕业生是选拔培养优秀青年干部的重要途径。当代中国的选调生工作从 20 世纪 60 年代中期开始探索到 80 年代的初步恢复、90 年代的全面恢复、进入 21 世纪后的规范化和制度化，至今经过近 60 年的发展，在不同时期政策内容各有侧重，在青年干部队伍建设方面取得了明显成效，同时在政策实施中也面临一些较为突出的问题。本文对选调生的基本类型，选调生政策的发展历程、实施成效、实施中存在的问题及成因进行梳理分析，并在此基础上提出提升政策实施效果的相关对策建议。

关键词： 选调生　青年干部培养　发展历程

选调一词古已有之，旧时指候补官员等待迁调，如宋时吴处厚在《青箱杂记·卷一》中记载"（张居业）滞选调三十馀年，年六十馀，始转京秩"。明时选调含义与之一致，田汝成在《西湖游览志馀·帝王都会二》中也有过类似描述："孝宗时，有王过者，蜀人，著隽声，犹在选调，宰相荐之……诏除翰林院编修"。通过上述两个表述不难看出，选后等待迁调是古时常态。随着时间的推移，选调一词也获得了新的含义，以其字面"选拔抽调"的含义更为大众所知，其中"等候迁调"的含义渐渐褪去。

① 本文系中国人事科学研究院 2023 年度课题"青年干部培养路径研究"报告的部分内容。

　　1950 年,《中央人民政府政务院关于举办工农速成学校和工农干部文化补习学校的指示》中曾有"各单位于选调学员时,须认识工农干部对于文化的迫切需要和国家建设的长远利益,按照规定选送,不得敷衍充数"[①] 的表述。

　　随着 20 世纪 80 年代以来选调生工作的持续开展,选调一词更加广泛地出现在大众的视野中,非定向选调生更被赋予了"优中选优"的含义,选调高等院校优秀应届毕业生在一定程度上成为选拔培养优秀青年干部的重要途径。

　　本文对选调生的基本类型,选调生政策的发展历程、实施成效、实施中存在的问题及成因进行梳理分析,并在此基础上提出提升政策实施效果的相关对策建议。

一、选调生的类型

　　选调生一般是指各地各部门有计划地从高等院校选调品学兼优的应届大学本科及其以上学历毕业生到基层工作,作为党政领导干部后备人选和县级以上党政机关高素质的工作人员人选进行重点培养的群体的简称。随着选调生工作的开展,按照是否对选调院校范围进行特别限定,选调生可以分为定向选调生和非定向选调生两种类型。

　　(一) 定向选调生

　　定向选调生是指部分部委、省市面向国(境)内外特定高校定向选调一批优秀应届毕业生。在定向选调生中,按照选调招录部门的不同,又可分为中央定向选调生与地方定向选调生。

　　中央定向选调生,即中央部委定向选调生,又被简称为中央选调生,其招录机关为中央各部委,仅面向极少数高校招录应届毕业生,具体招录人数和专业要求以具体通知为准。相比较而言,由于其选调信息的不公开性和选调程序形式的保密性,在大众视野中,中央选调生是选调生中最为神秘的群体。

　　以 2023 年为例,入选中央部委选调名单的高校共 34 所:北京 9 所,包括清华大学、北京大学、中国人民大学、北京理工大学、北京航空航天大学、中国农业大学、北京师范大学、中国政法大学、中央财经大学;上海 3

---

　　① 中央人民政府政务院关于举办工农速成学校和工农干部文化补习学校的指示 [N]. 人民日报, 1950 - 12 - 20 (003).

所，为复旦大学、同济大学、上海交通大学；湖南 2 所，为湖南大学、中南大学；陕西 2 所，为西安交通大学、西北工业大学；湖北 2 所，为武汉大学、华中科技大学；天津 2 所，为南开大学、天津大学；辽宁 2 所，为大连理工大学、东北大学；江苏 2 所，为南京大学、东南大学；广东 1 所，为中山大学；重庆 1 所，为重庆大学；吉林 1 所，为吉林大学；黑龙江 1 所，为哈尔滨工业大学；山东 1 所，为山东大学；四川 1 所，为四川大学；浙江 1 所，为浙江大学；安徽 1 所，为中国科学技术大学；福建 1 所，为厦门大学；甘肃 1 所，为兰州大学。

地方定向选调生，也就是大众相对熟悉的定向选调生，在实践中常以"定向选调生"与"中央选调生"相区分。地方定向选调生招录工作一般于当年 9 月至次年 2 月开展。根据不完全统计，截至 2019 年 4 月，全国共有 28 个省级政府制定了面向特定院校的定向选调生政策，诸如杭州市、青岛市等一些经济较为发达的地市也发布了招录定向选调生的相关公告。① 对于各地市而言，定向选调生已成为吸引高层次人才、助力地方高质量发展的重要途径。如《中共四川省委关于全面推动高质量发展的决定》明确，将"常态化从'双一流'高校定向选调引进紧缺专业优秀毕业生"作为建设西部创新人才高地的实现路径之一，并建立了"四川选调生"专门网站；江苏省委组织部在其官方网站专门开辟了"江苏选调生选拔专题"。

以江苏省委组织部 2023 年 9 月 28 日发布的《2024 年应届优秀大学毕业生选调工作公告》为例，选调工作分两批进行，共选调 1 170 名全日制大学本科及以上学历 2024 年应届优秀毕业生：第一批为县级以上机关职位选调（名校优生选调），面向全国部分"双一流"建设高校和政法类高校，选调 600 人到县级以上机关工作；第二批为乡镇（街道）职位选调，面向全国部分"双一流"建设高校和省内普通高校，选调 570 人到乡镇（街道）工作。选调对象范围中，排除了委培、定向、专升本和独立学院毕业生；在专业上，优先选调经济金融、信息技术、智能制造、城乡建设、社会治理、生态环境、公共卫生等大类紧缺专业人才；同时注重性别比例的平衡，每个职位选调数量男女保持平衡。

除了国内院校，国（境）外院校也成为补充青年干部的重要来源。《四川省面向国（境）外部分知名高校选调 2024 届优秀大学毕业生公告》根据

---

① 汪卫平，牛新春，郑雅君. 为什么要去做定向选调生？——基于某"双一流"建设高校毕业生的质性研究［J］. 中国高教研究，2020（8）：78－84.

截至 2023 年 9 月 25 日的《美国新闻和世界报道》（US News）、英国西蒙兹公司（QS）、《泰晤士报》（Times）、软科世界大学学术排名（ARWU）最新综合排名确定 54 所定向选调高校名单，其中在四项世界大学综合排名中均列前 50 的高校不限专业，其他高校须符合四川省急需紧缺专业范围（具体名单见表 1）。54 所高校中，美国 23 所，占比为 42.59%；英国 8 所，占比为 14.81%；澳大利亚 5 所，占比为 9.26%；加拿大 3 所，占比为 5.56%；法国、瑞士、德国、日本、新加坡、中国香港均为 2 所，占比均为 3.70%；瑞典、比利时、丹麦各 1 所，占比均为 1.85%。

表 1　　四川省面向国（境）外部分知名高校选调 2024 届优秀大学毕业生

所属国家/地区	学校名称	备注
美国	哈佛大学	不限专业
	斯坦福大学	不限专业
	加州理工学院	不限专业
	麻省理工学院	不限专业
	加州大学伯克利分校	不限专业
	耶鲁大学	不限专业
	普林斯顿大学	不限专业
	芝加哥大学	不限专业
	约翰霍普金斯大学	不限专业
	宾夕法尼亚大学	不限专业
	加州大学洛杉矶分校	不限专业
	哥伦比亚大学	不限专业
	康奈尔大学	不限专业
	密歇根大学安娜堡分校	不限专业
	西北大学	不限专业
	纽约大学	不限专业
	杜克大学	限专业
	加州大学圣地亚哥分校	限专业
	华盛顿大学	限专业
	得克萨斯大学奥斯汀分校	限专业
	圣路易斯华盛顿大学	限专业
	加州大学旧金山分校	限专业
	北卡罗来纳大学教堂山分校	限专业

续表

所属国家/地区	学校名称	备注
英国	牛津大学	不限专业
	剑桥大学	不限专业
	帝国理工学院	不限专业
	伦敦大学学院	不限专业
	爱丁堡大学	不限专业
	伦敦国王学院	限专业
	曼彻斯特大学	限专业
	伦敦政治经济学院	限专业
澳大利亚	墨尔本大学	不限专业
	悉尼大学	限专业
	昆士兰大学	限专业
	新南威尔士大学	限专业
	莫纳什大学	限专业
加拿大	多伦多大学	不限专业
	英属哥伦比亚大学	不限专业
	麦吉尔大学	限专业
法国	巴黎文理研究大学	限专业
	索邦大学	限专业
瑞士	苏黎世联邦理工学院	不限专业
	洛桑联邦理工学院	限专业
德国	慕尼黑大学	限专业
	慕尼黑工业大学	限专业
日本	东京大学	限专业
	京都大学	限专业
新加坡	新加坡国立大学	限专业
	南洋理工大学	限专业
中国香港	香港大学	限专业
	香港中文大学	限专业
瑞典	卡罗林斯卡学院	限专业
比利时	鲁汶大学（荷语）	限专业
丹麦	哥本哈根大学	限专业

注：国（境）外部分知名高校名单（排名不分先后）。

人事制度改革与政策创新

（二）非定向选调生

非定向选调生也被称为普通选调生，这类选调生招考不限定选调院校范围，面向符合报考选调生基本条件的所有应届大学及以上毕业生，招录范围更广，具体招录条件各省有所差异。

以河南为例，在《关于 2023 年选调优秀应届大学毕业生到基层工作的通知》中，河南省当年共计划选调 1 080 人，其中，普通类选调生 900 人，法检专项选调生 180 人；选调对象为 2023 年普通高等院校应届本科生、硕士生、博士生（定向培养、在职培养、委托培养和非全脱产学习的除外）。报考者须满足以下四项条件之一：中共党员（含预备党员），本科、研究生学习期间担任过班级（含班级）以上学生干部且连续 1 年以上，获得校级（含校级）以上奖励，大学期间具有参军入伍经历。报考法检专项选调生的须为普通高等学校法学类专业本科及以上学历的应届毕业生；或者普通高等学校非法学类专业本科及以上学历，且通过国家统一法律职业资格考试的应届毕业生。境外高校考生须为硕士以上毕业生，且本科阶段在国内高校就读。

二、选调生政策的发展历程

选调生工作作为党和国家选拔培养青年干部的重要抓手，其发展与演进过程与党和国家的干部工作密切相关。

（一）萌芽与曲折发展：20 世纪 60 年代至 70 年代中后期

我国选调生工作的开端可以追溯到 20 世纪 60 年代。尽管 1950 年 12 月《中央人民政府政务院关于举办工农速成中学和工农干部文化补习学校的指示》中曾提及"各单位于选调学员时，须认识工农干部对于文化的迫切需要和国家建设的长远利益，按照规定选送，不得敷衍充数"，但其中"选调"一词的含义与有计划地从高等院校择优选拔毕业生到党政机关任职仍有较大区别。

1965 年 6 月 11 日，高等教育部党委根据时任国家主席刘少奇的建议起草了《关于分配一批高等学校文科毕业生到县以下基层单位工作的请示报告》，文件起草过程中，高等教育部经与中共中央组织部、国家计划委员会、内务部（1969 年撤销）、农业部等有关部门研究后，在报告中提出以下意见。[①]

一是高等学校文科毕业生分配的规模与范围。计划 1965 年、1966 年两

---

① 刘阅，赵佳明. 新时代高校选调生工作研究［M］. 北京：中国发展出版社，2021：18.

年共抽出高等学校毕业生 1 万余人，分配到县以下基层单位；其中，1965 年抽出 5 800 余人，1966 年抽出 4 400 余人。两年内从综合大学文科 9 500 余人毕业生中抽出 4 000 人（第一年 2200 人、第二年 1 800 人进行）；两年内从师范院校 16 600 余人中抽出 1 000 人（第一年 600 余人、第二年 300 余人进行），考虑到全国中学师资紧缺，师范院校文科毕业生抽取数量较少。还计划从农科和理科生物等与农村生产关系较为密切的专业的毕业生中抽出 5 100 余人，农科、理科生物专业分别抽出 3 000 余人、2 000 人。此外，还计划从政法等专业抽出 120 余人。

二是高等学校文科毕业生的分配计划。国家计委和高等教育部具体负责各省、市、自治区高等学校文科毕业生的分配，国家计委和高等教育部分别拟订了高等学校毕业生分配计划、高等毕业生调配计划；严禁各省、市、自治区自行到学校挑选毕业生。

三是高等学校文科毕业生的管理。考虑到当时农村正在开展"四清"（清政治、清经济、清组织、清思想）运动，分配高等学校文科毕业生的管理工作，由各省、市、自治区党委组织部负责。组织部先对这部分毕业生进行短期集训，组织其参加"四清"运动。经过一两年"四清"运动锻炼后，再有计划地分配到县以下基层单位工作。

四是分配高等学校文科毕业生的待遇。第一年，按照国务院规定的高等学校毕业生临时工资标准发放；第二年，根据其工作情况，正式评定工资级别。

1965 年 6 月 14 日，中共中央批转高等教育部起草的《关于分配一批高等学校文科毕业生到县以下基层单位工作的请示报告》，并作出《关于分配一批高等学校毕业生到基层工作的指示》。中央指出，分配大学毕业生到农村，是实现知识分子同工农群众相结合、培养革命接班人的有效途径之一。高等学校文科毕业生分配的管理工作由各省、市、自治区党委组织部具体负责，高等教育厅（局）、人事厅（局）协助。根据相关文件的精神，1965 年、1966 年两年共安排了一万余名高等学校毕业生到县以下基层工作。[①] 但 1966 年至 1976 年期间，高等学校文科毕业生分配工作被迫中断。

（二）初步恢复：20 世纪 80 年代

"文化大革命"结束后，随着各项事业的恢复与发展，培养选拔优秀年轻干部成为干部人事工作的重点。

---

① 刘阅，赵佳明.新时代高校选调生工作研究［M］.北京：中国发展出版社，2021：20-21.

人事制度改革与政策创新

1980 年，中共中央组织部出台《关于抓紧做好选拔优秀中青年干部工作的意见》，指出"从今年起，各省、市、自治区党委和国家机关有关部委，每年要从应届大学毕业生中挑选一定数量的政治品德好、作风正派、学习成绩优良、身体健康、有培养前途的，放到基层锻炼。党组织要对他们加强管理教育、严格要求、热情帮助，条件成熟时，择优逐级提拔到领导岗位上来"。当年就有 16 个省（区、市）开始探索选调优秀大学毕业生到基层培养锻炼，[①] 以山东省为例，到 1983 年，已选调 298 名应届大学专科和本科毕业生到基层锻炼。[②]

选调一词正式出现在官方文件标题中，是在 1983 年 8 月 30 日中共中央组织部印发的《关于选调应届优秀大学毕业生到基层培养锻炼的通知》，这一文件在选调生工作中具有里程碑意义。通知指出，为了建设好"第三梯队"，有计划地培养一批年轻而又有大学文化程度的党政领导干部，改善省、地、县（包括企、事业单位）领导班子的结构，决定从今年开始，各省、市、自治区每年都要选调一批应届优秀大学毕业生到基层进行重点培养锻炼，几年后，择优选拔到适当的领导岗位，这是实现领导班子革命化、年轻化、知识化、专业化的一项重要措施，应作为培养干部的一项制度长期坚持下去。文件同时对选调生的人数和对象、专业和条件、管理和待遇以及相关工作的组织实施等进行了详细规定。[③]

一是选调生的人数和对象。大省每年约 200 名，小省每年约 50 名，同时要有一定数量的女性毕业生和少数民族毕业生。选调的对象主要是应届大学本科毕业生及少量专科毕业生。

二是选调生的专业和条件。选调专业包括理、工、农、医、文史、政法、财经等；去农村锻炼的，以农、医、文史、政法为主。同时，选调的毕业生需要满足以下条件：坚持四项基本原则，拥护党的路线、方针、政策；思想品质好，作风正派；学习成绩优良，善于独立思考，有一定的语言和文字表达能力；组织活动能力较强，能联系群众；身体健康。

三是选调生的管理和待遇。选调生由各省、市、自治区党委组织部门管理，地、县委组织部门每年要对其进行全面考察，基层单位指定专人对其进

---

① 孙进宝. 中国共产党选调生工作问题研究 [D]. 北京：中共中央党校，2017.

② 灯塔·党建在线.【组工印迹】1984 年·印发《关于进一步做好选调优秀大学毕业生到基层锻炼的通知》，规范选调生工作 [EB/OB].（2018 - 12 - 28）. https：//www. dtdjzx. gov. cn/staticPage/dtsy/redian-guanzhu/20181228/2504030. html.

③ 刘阅，赵佳明. 新时代高校选调生工作研究 [M]. 北京：中国发展出版社，2021：22 - 23.

行帮助。选调生在锻炼期间，享受同期大学毕业生待遇。

四是选调工作的组织实施。选调的办法，一般由学校党组织审议、推荐，省、自治区、直辖市党委组织部考察、批准。具体工作由省、市、自治区单位组织部实施，并将执行情况于每年第一季度末报告中共中央组织部。

《关于选调应届优秀大学毕业生到基层培养锻炼的通知》标志着选调生工作的制度化与规范化。1984 年 4 月 30 日，中共中央、国务院下发《关于改变中央和国家机关直接从应届大学毕业生中吸收干部的办法的通知》，决定从 1985 年开始，原则上不再直接从应届大学毕业生中吸收干部；同时要求中央和国家机关选调的干部，应当是经过实践考验的技术、管理工作或政治工作的青年骨干；此外，要坚决防止和反对选调干部中的不正之风。1985年，全国28 个省（区、市）共有 12 700 名选调生被安排到基层锻炼。①

但随着高校招生和分配政策的改革，选调生工作出现了暂时的中断。1986 年，中央组织部在北京召开选调生工作会议，决定暂时停止此项工作，并要求各级组织部门妥善安置之前的选调生。

1989 年，不直接从高等学校应届毕业生中吸收干部的范围扩大到省级以上党政机关。7 月 16 日，中共中央、国务院发出《关于省级以上党政机关不直接从高等学校应届毕业生中吸收干部的通知》，指出高等学校应届毕业生经过基层工作锻炼，然后择优选入党政机关，是保证机关干部素质的重要措施。

（三）全面恢复：20 世纪 90 年代

随着改革开放的持续推进，党政领导干部年龄结构老化和部分领导干部能力不足的问题日益突出，迫切需要补充优秀的年轻干部到社会主义现代化各项事业的岗位上来。

1991 年 9 月 6 日，中共中央作出《关于抓紧培养教育青年干部的决定》，指出培养教育青年干部是一项十分重要和紧迫的任务。地（市）以上组织人事部门每年可从应届大学毕业生中挑选一批品学兼优的学生，分配到基层去培养锻炼，并进行跟踪考察，然后从中挑选优秀分子，逐级补充到党和国家机关干部队伍中来。

1992 年，中共中央组织部重新部署选调生工作。4 月 10 日，中央组织部在《关于贯彻落实〈中共中央关于抓紧培养教育青年干部的决定〉的实

---

① 肖桂国. 选调生：中国特色干部后备力量［M］. 广州：世界图书出版社广东有限公司，2012：19 – 20.

施意见》中提出，从 1992 年起，每年从高校应届毕业生中挑选一批品学兼优的毕业生，分配到市（区、旗）或农村乡镇或企业工作，经过 2 年以上的基层锻炼，按照增员指标，经过考试考核，分别补充到地级以上党政机关干部队伍中来。

1995 年 1 月 7 日，中共中央发出《关于抓紧培养选拔优秀年轻干部的通知》，提出"各级党委组织部门，要会同教育、人事部门，每年从高等院校应届毕业生中挑选一批品学兼优的毕业生进行重点培养。"按照文件的要求，选调生坚持优中选优、层层递进。

1996 年，部分省份开始探索通过选调生的方式选拔培养年轻干部，按照当时的政策，选调生的范围不局限于高等院校应届毕业生，符合条件的往届毕业生也可以参加选调。

1999 年 10 月，中共中央组织部先后在江苏、四川召开全国选调生工作座谈会，① 对改革开放以来十余年的选调生工作经验进行总结，提出"每年从高等院校应届毕业生中挑选一批品学兼优的毕业生进行重点培养"，在全国范围内恢复选调生工作。

（四）规范化与制度化：2000 年至今

进入 21 世纪，随着世情国情党情的深刻变化，为了适应改革发展的需要，培养造就一大批适应新世纪要求的优秀年轻干部具有极端重要性和迫切性。

2000 年 1 月 12 日，中共中央组织部发出《关于进一步做好选调应届优秀大学毕业生到基层培养锻炼工作的通知》，指出近二十年来，选调生工作取得了显著成绩，各地探索出了一条通过基层实践锻炼培养领导人才的有效途径，并对做好选调生工作提出了指导意见，提出要逐步实现选调生工作的规范化和制度化。

一是按照中央对党政领导干部的基本素质要求做好选调工作。选调生的数量和机构要根据领导班子及其后备干部队伍建设的总体规划，人数纳入当年干部编制机构，综合考虑专业结构、性别和少数民族比例。主要选调本科生、研究生中的中共党员、优秀学生干部和三好学生。选调生坚持"公开、平等、竞争、择优"的原则，由本人自愿报名、院校党组织推荐、组织（人事）部门考试相结合的方式确定选调生名单。

二是将选调生的培养教育作为重中之重。一方面要加强选调生的理论培

---

① 孙进宝. 中国共产党选调生工作问题研究［D］. 北京：中共中央党校，2017.

训，制订选调生培训计划，在基层工作期间，至少要脱产培训一次，时间一般不少于3个月；另一方面要立足基层，通过实践锻炼选调生，有意识地让其承担一些急、难、险、重的工作任务，在使用中培养。同时，要抓好选调生的思想政治教育，坚定正确的政治方向，牢记全心全意为人民服务的宗旨，抵制各种不良风气的侵蚀。选调生在基层工作2~3年后，要按照干部队伍"四化"方针和德才兼备的原则，根据岗位需要，择优选拔任用。

三是明确了选调生的管理权限。按照文件精神，省级党委组织部门是选调生工作的宏观管理部门；地级党委组织部门直接负责选调生的培养管理，要有专人负责，加强具体指导；县级党委组织部门负责日常管理，做好培养管理工作。选调生实施动态管理，坚持年度考察，根据考察情况每年进行调整，坚持优胜劣汰。

2000年9月5日，中共中央组织部《关于进一步做好培养选拔优秀年轻干部工作的意见》明确指出，各省、自治区、直辖市党委组织部要会同有关部门，每年选调一定数量的应届毕业的优秀大学生和研究生到基层重点培养锻炼，并把这项工作纳入培养选拔优秀年轻干部工作的整体规划。要对他们加强培养教育，严格要求，严格管理，使他们健康成长。对德才素质好、有发展潜力的，要列入后备干部名单。条件成熟的，要及时提拔到基层领导岗位。适合做机关工作的，有计划地补充进县级以上党政机关。

2002年，中央党校第一期选调生（地厅级）培训班开班，时任中共中央政治局候补委员、书记处书记、中央组织部部长曾庆红专门接见了参加培训的第一期学员。此后，中央党校选调生培训班作为一项专门制度固定下来，每年举办。同年，《2002—2005年全国人才队伍建设规划纲要》发布，在"努力建设高素质的党政机关人才队伍"一节中提出，"完善选调制度，注意选拔年轻干部、高知识层次干部以及具有基层工作经验的干部充实党政机关。坚持选调应届优秀大学毕业生到基层工作锻炼制度。"

与此同时，各地在选调生工作中积累了越来越多的有益经验。以广东省梅州市为例，梅州市委于2003年开始实施"党政干部战略后备人才培养工程"，与嘉应学院首创"定向选拔、订单培训、定向选用"的后备人才培养模式，计划第一期为期5年，每年从学院本科三年级优秀学生中选拔约60人作为"党政战略后备人才"培养对象，经过培训、公务员考试和有关考核，合格者作为选调生安排到基层党政部门工作。① 根据相关统

---

① 广东省梅州市：党政干部后备人才培养的育才工程 ［N］. 人民日报，2008 – 07 – 15（013）.

计，第一期计划 5 年来共向梅州市委组织部输送了 161 名选调生。^① 同年 6 月，山东省下发《关于做好选调应届优秀大学毕业生充实共青团干部队伍工作的通知》，制定"选调优秀大学毕业生充实共青团干部队伍计划"，将共青团干部的培养纳入省委组织部选调生计划，以改善基层团干部的整体结构。^② 2004 年 7 月，时任湖北省委书记俞正声与正在湖北省委党校接受培训的首批选调生座谈时强调，要逐步加大选调生选派力度，充实基层干部队伍。^③

2005 年 6 月 29 日，中共中央办公厅、国务院办公厅印发《关于引导和鼓励高校毕业生面向基层就业的意见》的通知，提出加大选调应届优秀高校毕业生到基层锻炼的工作力度，进一步扩大选调生的规模，各省、自治区、直辖市每年都要选拔一定数量的应届优秀高校毕业生到基层工作，主要充实到农村乡镇和城市街道等基层单位。今后，县级以上党政机关补充公务员，应优先从选调生中选用。

2006 年 3 月，中共中央组织部、中央机构编制委员会办公室、最高人民法院、最高人民检察院发布《关于印发〈关于缓解西部及贫困地区基层人民法院、人民检察院法官、检察官短缺问题的意见〉的通知》，提出要大力开展选调生工作，选调优秀高等院校法律专业毕业生到基层检察院工作，力争在今后 3～5 年内，每个西部省（区、市）检察系统每年招录不少于 20 名选调生充实基层检察院。^④

2008 年，中共中央组织部下发《选调优秀高校毕业生到基层培养锻炼工作暂行规定》，对选调生工作进行宏观指导。

2009 年，中共中央组织部、中共中央宣传部、教育部、公安部、民政部、财政部、人力资源和社会保障部、农业部、国家林业局、国务院扶贫办、共青团中央、全国妇联 12 个部门联合下发《关于建立选聘高校毕业生到村任职工作长效机制的意见》，明确从 2008 年开始，连续用 5 年时间，选聘 10 万名高校毕业生到村任职，选调生主要从具有 2 年以上基层工作经历的大学生"村官"及其他到基层工作的高校毕业生中招考。同年，重庆市与清华大学开创定向选调工作，当年就向重庆基层党政部门输送了 37

---

①　杨旺尊. 嘉应学院"党政班"党建工作实践探索［J］. 经济与社会发展，2010，8（7）：135－137.

②　郑燕峰. 山东选调优秀大学毕业生充实团干部队伍［N］. 中国青年报，2003－07－04.

③　赵良英，刘娜，朱玉涛. 俞正声勉励广大选调生扎根基层真心实意为群众办实事［N］. 荆楚网－湖北日报，2004－07－07.

④　丁海东. 八项举措推进西部及贫困地区检察队伍建设［N］. 检察日报，2006－03－28（001）.

名选调生。①

2018 年，中共中央组织部出台《关于进一步加强和改进选调生工作的意见》，要求选调生由省委组织部招录，分配到乡镇任职，工作分配到村，村级工作经历需满 2 年。这一政策的出台实施，标志着大学生"村官"选聘与非定向选调生招考工作的并轨。

经过多年发展，选调生工作逐步走向制度化和规范化，成为充实我国党政干部队伍的重要来源。

三、实施成效、存在问题及对策建议

（一）实施的主要成效

选调生工作从 20 世纪 60 年代中期开始探索，至今经过近 60 年的发展，虽然在不同时期政策内容有所变化，但是总体而言，其在青年干部培养方面取得了明显成效。

一是丰富和发展了党的青年干部培养理论和实践。从 1965 年《中共中央关于分配一批高等学校毕业生到基层工作的指示》颁布以来，选调生工作作为党选拔培养优秀青年干部的一种路径、方式，不断在实践中发展、在发展中创新。在实践中锻炼青年干部，在使用中选拔优秀人才，进一步丰富和发展了党的青年干部培养理论与实践。

二是改善了基层干部队伍的学历、年龄结构，有力地推动了社会主义建设事业的发展。改革开放初期，随着国家工作重心转移到社会主义现代化建设上来，干部队伍年龄老化、青黄不接以及文化科学知识水平不高的问题日益凸显。据统计，1978 年改革开放初期，我国干部队伍中初中及初中以下文化程度的占 48.72%。② 面对经济社会改革的新形势新任务，尤其是基层迫切需要补充具有较高专业素质的青年干部。选调生面向的对象主要是优秀的应届高等院校毕业生，由于其制度设计上要求选调初期必须在基层工作，因此充实了基层的干部力量，有力地推动了社会主义建设事业的发展。

三是缓解了应届高等院校毕业生就业压力。1999 年，为了解决经济和就业问题，国务院批转教育部《面向 21 世纪教育振兴行动计划》，高等教育进入普及化阶段。伴随着高校的大规模扩招，以普通高等教育本专科毕业生

---

① 左焜烜. "仅是培养精英，不足以称为伟大"——清华大学选调生调查［N］. 中国教育报, 2016 – 05 – 04 (004).

② 郑科扬. 学好十三大文件，正确理解和执行干部队伍"四化"方针［J］. 党建, 1988 (6)：27 – 32.

为例，毕业生人数逐年递增，从 1999 年的 84.76 万人增加到 2020 年的 797.20 万人（见图 1）。高等教育规模的跨越式发展也给青年带来了严峻的就业压力。进入 21 世纪以来，选调生政策的就业和基层导向更加显著，通过选调生政策引导优秀高等院校应届毕业生扎根基层，服务基层，在壮大基层人才队伍的同时，也在缓解青年就业压力方面发挥了重要作用。

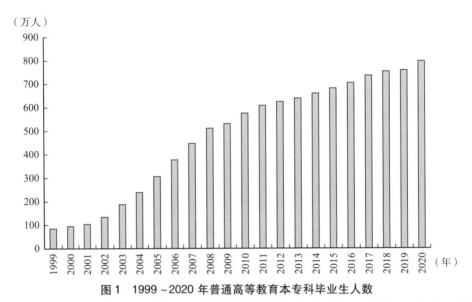

图 1　1999 ~2020 年普通高等教育本专科毕业生人数

注：由于 2021、2022 年普通高等教育本专科毕业生人数统计口径出现变化，为了便于比较分析，本图中将上述 2 年的数据剔除。

资料来源：1999 ~2020 年全国教育事业发展统计公报。

四是开创了不同地区人才选拔与引进的新路径。选调生工作自 20 世纪 80 年代逐步恢复以来，已经成为不同地区选拔与引进优秀青年干部的重要途径，并形成了不同的工作特色。以山东省为例，从 1997 年起至 2010 年，每年面向全国各高校选调毕业生 1 000 名左右；[①] 在 2006 年《关于缓解西部及贫困地区基层人民法院、人民检察院法官、检察官短缺问题的意见》中，将选调范围聚焦到优秀高等院校法律专业毕业生，充实西部及贫困地区法官、检察官后备人才；重庆市自 2009 年与清华大学、北京大学等重点高校建立定向选调机制以来，根据地区经济社会发展实际，更侧重于定向选调。

（二）存在的主要问题及成因

选调生工作开展以来，为党政机关储备了一批有知识、有能力的高素质青年干部，改善了基层干部的队伍结构，有力推进了经济社会事业的发展；

① 管大炜. 选调生工作的现状、问题及对策研究 ［D］. 济南：山东大学，2010：12.

但不可否认，随着选调生队伍的壮大以及选调生工作与大学生"村官"工作的并轨，选调生政策实施中也面临一些较为突出的问题。

一是由于选调生制度设计带来的问题。如前所述，选调生分为定向选调生与非定向选调生，这就带来了二者之间的非同等性对待问题。[①] 虽然在实践工作中，各地普遍强调对定向选调生与非定向选调生坚持同等对待、同步管理的原则，但由于定向选调生采取仅在各省市认可的国（境）内外部分重点高等院校进行选拔的方式，针对名校的定向选调生公告通常也采用一校一公告的方式，单独发布招录公告，各省市对定向选调生的待遇落实更有保障；而非定向选调生一般对选调高等院校和专业要求限制较少。以四川省成都市为例，定向选调生与非定向选调生相比，选拔标准更高、分配的岗位也更好（见表2）。同时，随着2018年中共中央组织部《关于进一步加强和改进选调生工作的意见》的出台，非定向选调生招考与大学生"村官"选聘工作并轨，许多省市不再单独招录大学生"村官"，非定向选调生事实上与定向选调生的定位差距进一步拉大，这也导致非定向选调生在发展上相对劣于定向选调生。

表2　　　　2022年四川省成都市定向选调生与非定向选调生招录公告对比

公告详情	定向选调生	非定向选调生
选调范围	国（境）内外部分重点高等院校的优秀应届毕业生	国家各部委属、各省（区、市）属高校和全国党校、行政学院、科研院所等2022年毕业的大学本科及以上学历学位应届毕业生
笔试时间	2022年下半年	2022年3月26日
笔试地点	一般设置在选调高校内	成都市
笔试科目	习近平新时代中国特色社会主义思想、公共基础知识、公文写作等，满分100分	行政职业能力测验和申论，每科卷面满分100分
工作地点	选调人员按所录省直部门或市（州）党委组织部通知时间，持毕业证、学位证和要求的其他资料报到；录用到市（州）的，由市（州）党委组织部根据工作需要和编制、职务职级空缺情况，结合考生所学专业、个人志愿、经历特长等，安排到市（州）、县（市、区）级机关（含参照公务员法管理机关〈单位〉）工作，并按规定办理公务员（参照公务员法管理机关〈单位〉工作人员）录用手续	录用人员原则上安排到有编制空缺的乡镇机关工作，在乡镇的最低服务年限为5年；根据各地编制、职数及工作需要，第二轮"双一流"建设高校毕业的人员、乡村振兴重点帮扶县和艰苦边远地区录用的人员，可安排到县（市、区）直机关（或参照公务员法管理机关〈单位〉）和街道工作，之后按有关规定采取挂职、定点帮扶、到村任职等方式到乡镇、村锻炼

① 滕玉成，王铭，朱晓杰，翟福芳. 选调生工作研究［M］. 济南：山东大学出版社，2015：78.

人事制度改革与政策创新

续表

公告详情	定向选调生	非定向选调生
培养方案	把选调生培养使用纳入年轻干部队伍建设总体规划。对表现突出的选调生，根据工作需要和个人条件，择优选拔进县（市、区）、乡镇（街道）党政领导班子或交流到上级机关和重要岗位。上级机关补充工作人员，拿出一定名额优先从选调生中遴选。根据各地人才工作有关政策，选调生可享受相关待遇	把选调生培养使用纳入年轻干部队伍建设总体规划，对表现突出的选调生，根据工作需要和个人条件，择优选拔进县（市、区）、乡镇（街道）党政领导班子或交流到重要岗位

　　二是基层单位在选调生使用中存在一些突出问题。2016 年，原陕西省彬州市①曾开展一项以 2001 年选调来该县工作的毕业生为对象的调查研究。调研结果显示，从 2001 年至 2015 年 6 月，该县共招录选调生 62 人，未报到、除名、辞职各 1 人；18 人调出，在岗 41 人，在岗的 41 人中有 6 人借调到省、市机关。该调研发现，基层单位在选调生的实际使用中存在以下问题：一是在工作分配上重材料文字工作轻急难险重的基层实践；二是基层选调生借调较为频繁，对选调生服务基层的心理带来一定影响；三是对选调生的培养有待加强，调查显示，该县 70% 以上的选调生，除岗前培训外，参加省、市、县针对选调生的培训很少。② 存在上述问题的主要原因在于选调生选拔、培养存在脱节；同时，选调生属于多层级管理，省级主管部门未能真正发挥管理职能；基层部分领导认为，选调生学历较高，但缺乏实际工作经验，能够较快熟悉胜任材料编写的工作，但无法应对基层较为繁重的群众工作。

　　三是选调生自身在工作中暴露的问题。选调生在进入基层单位工作前，普遍缺少实际工作经验，尤其是做基层群众工作的应届大学毕业生，在为何选择加入选调生队伍的原因上较为多元。部分选调生将选调工作作为应对严峻就业压力、向上镀金的跳板，期望值较高；也有部分选调生对农村基层工作缺乏了解，在实际工作中产生巨大的心理落差，存在畏难情绪，扎根基层的情绪出现动摇；部分选调生重理论轻实践，眼高手低，不愿在基层工作中学习，缺乏艰苦奋斗的精神。根本原因在于在选调生招录的过程中忽视了对选调对象公共服务意愿的调查和培养，高等院校和组织部门对选调生相关政

---

① 2018 年，经国务院批准，撤销彬县，设立省直辖县级市彬州市，由咸阳市代管。
② 调研之窗 – 浅谈选调生队伍存在问题及发展出路［EB/OL］.（2016 – 10 – 12）. http：//xysdj. xian-yang. gov. cn/ztzl/xydjsyk/2016nd3q/201610/t20161012_775917. html.

策的宣传有待提高。

（三）提升政策实施效果的对策建议

一是加强选调生制度顶层设计。如前所述，由于定向选调生与非定向选调生在选拔条件、培养目标上存在较大差异，且随着 2018 年非定向选调生招录工作和大学生"村官"选聘工作事实上的并轨，可以预见未来二者实践中的非同等性对待问题将会更加突出。建议应在选调生制度的顶层设计上，既对二者进行明确区分，又加强二者之间的平衡。

二是形成选调生培养使用常态化机制。强调通过基层工作、在使用中培养是选调生培养的最突出特点，针对选调生在基层培养使用中存在的忽视基层一线工作、借调频繁、忽视培养等问题，应建立选调生培养使用的常态化机制，制定选调生培养专项计划，并注重通过在急难险重任务中的使用加快选调生成长。同时要建立淘汰机制，对不适应从事基层工作的选调生及时进行调整。

三是加强对选调生工作的宣传。以往组织部门和高等院校在选调生工作的开展中，侧重于宣传选调生扎根一线、服务基层的高尚情怀，但在选调生面临的实际工作困难和工作地点的实际情况上有所忽视，尤其是高等院校缺乏对在校学生基层就业的跟踪调查，难以让学生对选调生工作形成全面的了解。组织部门和高等院校应通过多种方式加强对选调生工作的宣传，如通过"传帮带"的方式安排往届选调生通过实际工作经验和个人经历对新招录选调生、在校学生进行思想上和业务上的指导。2021 年，哈尔滨工业大学在跨入新百年之际，编写了《哈工大选调生：到祖国最需要的地方去》，讲述了一批哈工大选调生服务基层的生动案例；中南大学就业指导中心开展了"燎原计划"选调生备考特训营活动，这正是高校在选调生工作宣传方面的有益探索。①

参考文献

[1] 丁海东. 八项举措推进西部及贫困地区检察队伍建设 [N]. 检察日报，2006 – 03 – 28.

[2] 管大炜. 选调生工作的现状、问题及对策研究 [D]. 济南：山东

---

① 李岩松，王芳. 哈工大选调生：到祖国最需要的地方去 [M]. 哈尔滨：哈尔滨工业大学出版社：2021.

大学，2010.

[3] 广东省梅州市：党政干部后备人才培养的育才工程 [N]. 人民日报，2008 - 07 - 15.

[4] 李岩松，王芳. 哈工大选调生；到祖国最需要的地方去 [M]. 哈尔滨：哈尔滨工业大学出版社：2021.

[5] 梁智亮. 新时代中国共产党青年干部队伍建设研究 [D]. 广州：暨南大学，2020.

[6] 刘阅，赵佳明. 新时代高校选调生工作研究 [M]. 北京：中国发展出版社，2021.

[7] 孙进宝. 中国共产党选调生工作问题研究 [D]. 北京：中共中央党校，2017.

[8] 滕玉成，王铭，朱晓杰，翟福芳. 选调生工作研究 [M]. 济南：山东大学出版社，2015.

[9] 汪卫平，牛新春，郑雅君. 为什么要去做定向选调生？——基于某"双一流"建设高校毕业生的质性研究 [J]. 中国高教研究，2020 (8).

[10] 肖桂国. 选调生：中国特色干部后备力量 [M]. 广州：世界图书出版社广东有限公司，2012.

[11] 新时代的中国青年 [J]. 中国新闻发布（实务版），2022 (5).

[12] 杨旺尊. 嘉应学院"党政班"党建工作实践探索 [J]. 经济与社会发展，2010 (7).

[13] 赵良英，刘娜，朱玉涛. 俞正声勉励广大选调生扎根基层真心实意为群众办实事 [N]. 荆楚网 - 湖北日报，2004 - 07 - 07.

[14] 郑科扬. 学好十三大文件，正确理解和执行干部队伍"四化"方针 [J]. 党建，1988 (6).

[15] 郑燕峰. 山东选调优秀大学毕业生充实团干部队伍 [N]. 中国青年报，2003 - 07 - 04.

[16] 中央人民政府政务院关于举办工农速成学校和工农干部文化补习学校的指示 [N]. 人民日报，1950 - 12 - 20.

[17] 左炬暄. "仅是培养精英，不足以称为伟大"——清华大学选调生调查 [N]. 中国教育报，2016 - 05 - 04.

《青年干部培养路径研究》
课题组成员名单

课题组长：

苗月霞（中国人事科学研究院公务员管理研究室主任、研究员）

执行组长：

刘　晔（中国人事科学研究院公务员管理研究室助理研究员）

课题组成员：

郝玉明（中国人事科学研究院公务员管理研究室副主任、研究员）

戴一鸣（中国人事科学研究院科公务员管理研究室副研究员）

蔡一帆（中国人事科学研究院公务员管理研究室研究实习员）

尤　静（中国人事科学研究院公务员管理研究室科研助理）

执笔人：

刘　晔

中国人事科学研究报告
THE REPORT OF CHINESE PERSONNEL SCIENCE

新时代职业技能培训路径研究①

提　要：本报告选取了劳动预备制培训、就业培训、创业培训、农村劳动力转移就业技能培训、新型职业农民培训、岗位技能提升培训六个职业技能培训路径进行研究。首先对六个培训路径的基本概念进行了探讨，在此基础上，对我国从新中国成立初期至进入新世纪的六个培训路径的发展历程进行了全面回顾。本报告总结了新时代职业技能培训路径的探索与成就，包括培训体系与制度进一步完善、培训模式不断丰富、培训规模与深度持续提升、培训效益不断提高。本报告分析了当前职业技能培训路径发展中存在的主要问题，包括各类群体参加培训的积极性不高、培训内容和效果无法满足实际需求、培训师资力量较为薄弱、培训经费投入不足、劳动预备制培训实施难度大等。本报告提出了新时代加强我国职业技能培训路径建设的对策建议，包括不断推进各类职业技能培训路径的制度化法制化，加强职业技能培训路径机制建设，加强职业技能培训师资队伍建设，完善培训评估反馈体系，加大职业技能培训路径的宣传力度，健全完善多元化的新型职业农民培训体系，加大新型职业农民重点工程培育力度，等等。

关键词：新时代　职业技能　培训路径

习近平总书记在党的二十大报告中指出："健全终身职业技能培训制度，推动解决结构性就业矛盾。"健全终身职业技能培训制度，就是全面提升劳

---

① 本文系中国人事科学研究院 2023 年度课题"新时代职业技能培训路径研究"报告的部分内容。

动者就业创业能力、缓解技能人才短缺的结构性矛盾、提高就业质量的根本举措，也是适应经济高质量发展，培育经济发展新动能，推进供给侧结构性改革，破解经济高质量发展人才瓶颈的内在要求。职业培训路径是推动职业技能培训高质量发展，建立健全面向全体劳动者的终身职业技能培训制度，解决结构性就业矛盾，顺利实现从人口红利向人才红利的转变，建设人力资源强国的重要实施载体。

一、职业技能培训路径基本概念界定

本课题选取了劳动预备制培训、就业培训、创业培训、农村劳动力转移就业技能培训、新型职业农民培训、岗位技能提升培训六个职业技能培训路径进行研究。

（一）劳动预备制培训基本概念

劳动预备制度是国家为提高青年劳动者素质，培养劳动后备军而建立和推行的一项新型培训就业制度。即是对青年劳动者就业前必须经过培训的制度规定。其基本内涵是组织城镇新生劳动力和其他求职人员，在就业前接受一定期限的职业培训和职业教育，使其取得相应的职业资格或掌握一定的职业技能后，在国家政策的指导和帮助下，通过劳动力市场实现就业。[①] 实行劳动预备制度的主要对象是城镇未能继续升学的初、高中毕业生，以及农村未能继续升学并准备从事非农业工作或进城务工的初、高中毕业生。

（二）就业技能培训基本概念

就业技能培训一般是指为城乡各类有就业要求和培训愿望的劳动者提高就业能力而进行的必备的职业知识、职业技能的培养和训练活动。主要由各级各类职业学校、就业训练中心和民办职业培训机构实施。就业技能培训是职业培训的重要组成部分，其基本任务是根据经济社会发展需要和劳动力市场需求，组织新成长劳动力、初次就业人员、就业转失业人员，参加以就业为目的的培训。就业技能培训的对象主要包括城乡新成长劳动力、向非农产业或城镇转移就业的农村劳动者等初次就业人员、就业转失业人员、其他在就业和上岗前需要学习和提高职业技能的劳动者。

（三）创业培训基本概念

创业培训是面向具有创业意愿的劳动者或中小微企业的经营管理者进行

---

① 王晓初，信长星．就业促进与职业能力建设［M］．北京：中国劳动保障出版社，2012：239.

的激发创业意识、培养创新精神、普及创业知识、提升创业能力的培训活动和指导服务。① 创业培训的对象可以是事业人员，也可以是院校毕业生、农村准备向非农产业专业的人员或返乡创业人员。只要有创业愿望和一定创业能力，都可以申请参加开办企业的培训。有条件的地方也可对已经是企业主，但需要提高经营能力的人员进行提高培训。②

（四）农村劳动力转移就业技能培训基本概念

农村劳动力转移培训是指农村劳动力转移就业过程中，对被转移的农村劳动力进行培训，使其适应新区域、新产业、新职业的工作需求，提高其职业技能水平，更好地开展新工作，实现自身价值。转移培训主要包括就业技能培训、引导性培训以及创业培训等，通常是根据不同行业、工种以及岗位的要求进行该行业、工种和岗位的基本技能以及技术操作规范等方面的培训，以使从业人员具备上岗资格并且能够在企业、工厂里具有一定的竞争力。

（五）新型职业农民培训基本概念

我国的新型职业农民培训一般在教育部、农业部下属的涉农高职院校、中职学校、各级农广校以及农村成人文化技术培训学校等机构实施，培训者通过报名参加一段时期内的培训，完成学习任务并通过考核后可以领取相关证书。2017 年，习近平总书记在参加两会四川代表团审议时指出，要培养更多爱农业、懂技术、善经营的新型职业农民，赋予新型职业农民新的内涵特征，即爱农业、懂技术、善经营，这也成为新型职业农民培训的方向和目标。一是树立爱农业的信念；二是让农民掌握现代化的技术技能；三是让农民善于经营。

（六）岗位技能提升培训基本概念

岗位技能提升培训，主要是指对企业在职职工进行的提升岗位工作能力、新产品和新技术开发能力以及生产技能水平为主要目的的职业技能培训。③ 根据培训对象，岗位技能提升培训可分为对管理人员进行的提高管理能力培训；对工程技术人员进行的更新科技知识和提高科技开发、产品开发能力的培训；对一线生产操作人员进行的上岗资格培训和职业资格培训以及班组长培训等。根据培训内容，岗位技能提升培训可分为职业资格培训、岗位培训、岗位练兵、转岗转业培训、学徒培训等。

---

① 中国就业培训指导中心. 创业培训标准（试行）［M］. 北京：中国劳动社会保障出版社，2019：6.
②③ 王晓初，信长星. 就业促进与职业能力建设［M］. 北京：中国劳动社会保障出版社，2012：248.

二、新中国成立以来职业技能培训路径发展的探索与成就

（一）培训体系与制度进一步完善

1. 创业培训体系更加完善

在系统化培训课程方面，我国的创业培训课程设置也在逐渐完善，形成了包括创业基础知识、创业实践、创业管理等一系列的课程体系。同时，针对不同行业、不同地区的创业者，还提供了专业化、系统化的特色课程。创业培训的课程不仅包括创业理论、市场分析、商业模式等基础知识，还有融资、法律、税务等实际操作技能。另外，为了更好地让创业者掌握实际操作，很多培训课程都会安排实地考察、企业实习等环节。在实战化培训教学方面，我国的创业培训越来越注重实战化教学，通过案例分析、角色扮演、沙盘演练等方式，学员能够更好地掌握创业的实际操作技能。在网络化平台建立方面，随着互联网技术的发展，我国的创业培训也开始利用网络平台，提供线上培训、远程教育等多样化教学方式，使得更多的人可以在任何时间、任何地点都可以接受创业培训。

2. 新型职业农民制度与发展体系初步建立

从 2012 年我国多部门启动实施新型职业农民培育工程以来，"一主多元""一性三化"的新型职业农民培育体系已具雏形。新型职业农民培训体系以政府为主导，农业部门牵头，公益性培训机构为主体，相关部门密切配合，各类农民职业培训机构和农民培训院校及社会力量广泛参与，农业院校、农业科学研究院所、农广校、农业企业、农业园区也积极参与到我国新型职业农民培训中来，为我国新型职业农民培育工作贡献力量。

（二）培训模式不断丰富

目前我国创业培训形成"创办你的企业"（SYB）培训、"三段式"培训、远程网络培训三种创业培训方式。

"创办你的企业"培训模式是国际劳工组织针对培养微（小）型企业创办者的需要而专门开发的一个培训项目，"创办你的企业"培训技术于 2001年引入我国，由原劳动保障部与国际劳工组织共同实施。此举提升了创业能力，促进了经济社会发展。

三段式培训是将整个创业培训过程分为理论学习阶段、咨询辅导阶段和后续扶持阶段。在理论学习阶段，主要进行创业意识、创业基础知识和有关

经济法规教育；在咨询辅导阶段，由咨询委员会专家或培训机构教师对学员制定的《创业计划书》进行分类指导和咨询；在后续辅导阶段，主要针对学员在实际创业过程中遇到的问题，提供咨询和服务。

远程创业培训是由中国就业培训技术指导中心组织实施的创业培训。利用信息网络技术和卫星数据传输技术，实施远程培训。目前指导中心已经开发出针对下岗失业人员和大学生等不同的创业培训课程，并在各省设立了远程培训辅导站。各地通过远程站点接收课程，组织学员参加培训。

（三）培训规模与深度持续提升

一是劳动预备制度实施以来，每年都有百万左右新生劳动力参加人社部门认定的定点培训机构组织开展的劳动预备制培训，不仅提高了青年劳动者队伍的整体素质，而且也提升了企业产品质量和劳动生产率，促进了就业创业质量。

二是通过实施职业技能提升行动、建设职业技能实训基地等措施，我国就业技能培训的规模和覆盖面不断扩大，就业技能培训的投入持续加大，鼓励和支持各类培训机构开展就业技能培训，为劳动者提供了更多的学习机会和平台。数百万劳动者接受了培训，提升了自身技能，成功实现了就业。

三是我国创业培训并不仅限于高校或职业培训机构，还延伸到了社区、企业，甚至农村等各个层次。针对不同的人群，如大学生、退役军人、农民工、失业人员等，都设立了专门的创业培训项目。

（四）培训效益不断提高

1. 就业技能培训为促进就业发挥了重要作用

就业技能培训效益主要体现在两个方面，包括增强劳动者技能与就业竞争力、促进行业与区域经济发展。

一是增强劳动者技能与就业竞争力。通过就业技能培训，劳动者的职业技能得到了显著提升，就业竞争力也得到了增强。同时，培训也提高了劳动者的综合素质和职业意识，增强了其职业发展和晋升的空间。

二是促进行业与区域经济发展。就业技能培训不仅提高了劳动者的个人素质和就业能力，也为行业和区域经济发展带来了显著的促进作用。通过培训，劳动者的技能水平得到提升，为行业提供了更多高素质的技能人才，推动了行业的创新和发展。同时，培训也促进了区域经济的均衡发展，提高了劳动力市场的供求平衡，缓解了结构性就业矛盾。

2. 农村劳动力转移就业培训为城镇化和产业发展提供了重要支撑

农村劳动力转移就业培训效益提升主要体现在以下方面：第一，就业质量稳步提升。通过培训，我国农村劳动力就业规模不断扩大，就业结构不断优化，就业质量稳步提升；第二，农村劳动力实现大面积转移，城镇就业比重增高，第二、三产业成为农村劳动力转移的主要阵地，发展迅速；第三，农村劳动力的流转加速了我国城镇化的进程，农村城市化水平提高，经济得以发展；第四，农场劳动力工资收入大幅提高，改善了生活水平，提高了幸福指数。

三、职业技能培训路径发展存在的问题

（一）各类群体参加培训的积极性不高

在众多培训路径中，各类群体参与培训的积极性普遍偏低，这一现象在就业技能培训以及农村劳动力转移就业技能培训方面尤为显著：

在就业技能培训方面，很多群体积极性不高，原因主要来自三个方面：一是群体对职业培训认识不足，没有意识到就业技能培训对就业的重要性；二是工学矛盾突出，生活节奏的加快、工作压力的增大，致使劳动者用于学习知识、提高技能的时间和精力越来越少。

在农村劳动力转移就业技能培训方面，由于农村劳动力大多是在岗农民工、城镇待岗人员、失业农民工和贫困农村人口等，他们普遍思想观念落后，对新事物新政策的接受程度较低，接收信息的渠道也有限，他们大多对参与培训的作用了解不深，对参与培训的热情也不高，缺乏主动参加培训的意识。

（二）培训内容和效果无法满足实际需求

在就业技能培训方面，有些培训机构把学员掌握知识与技能看成目的而不是手段，忽视了培训是为了就业这个根本目的；有些培训机构还是以"理论＋实践"的线下培训为主，没有发挥线上培训方便、快捷、高效的优势；有些培训机构没有划分学员层次，对不同的培训对象采取一刀切式的培训，这也严重影响了培训效果；还有些培训机构在培训项目选择上过多注重经济效益，很少开展市场调查，致使培训内容与市场需求错位，只是为了培训而培训，忽视了就业的重要性，结果无法达到培训的预期效果。

在农村劳动力转移就业技能培训方面，农村劳动力转移就业的途径和渠道已经发生变化，但培训方式太过单一。大部分农村劳动力转移就业技能培

训仍采用传统的课题授课方式，借助黑板和粉笔就完成了全部的培训内容，这种单向的信息传播方式严重损害了师生之间的沟通互动，也阻止了学员对更先进、更新颖知识的追求。另外，培训内容缺乏针对性。当前的就业技能更偏向于操作性技术，而培训内容设置方面仍然是理论知识传授远远多于实际操作能力的培养。很多培训忽视劳动力就业的实际需求，盲目跟风专业课程内容，与就业市场的实际需求相脱节。

在新型职业农民培训方面，缺乏针对性，未能因地制宜开展培训。新型职业农民教育培训内容、方式和课程体系等与农业农村发展需要、与农民实际需求还不相适应。培训内容无差异化，缺乏针对性与实践性且缺乏对职业农民的支持政策，缺少对返乡农民工的专项针对性培训，一些地方出台的扶持政策还存在与产业结合不紧密、可操作性不强、大而化之等问题。

在岗位技能提升方面，培训的方法单一粗浅，培训制度不完善，很少有较为深入系统的培训，更不能为职工搭建平台和机会，远远无法满足技术技能人才培养需求。

（三）培训师资力量较为薄弱

在创业培训方面，需要具备丰富实践经验和专业知识的师资队伍。然而，目前我国的创业培训师资力量还比较薄弱，缺乏具备实际创业经验和教学能力的专业教师。许多教师缺乏创业实战经验，难以将理论与实践相结合，无法有效地指导和教授学员。

在农村劳动力转移就业技能培训方面，农村劳动力转移就业技能培训对教师的要求比较高，既要求他们掌握传统理论知识，能够教会学员基本的专业理论，又要求他们有一定的业务能力，对于掌握一定的新事物、新技术，能够准确地传授就业技能。但是目前师资力量相对匮乏，教师队伍中普遍是兼职教师，缺乏专业性，缺乏高技术人才教师，而且普遍教师大多拥有理论知识，但都未进入企业学习，在就业技能传授方面很难提供专业指导。

在新型职业农民培训方面，相关部门缺乏完善的培训体系、培训机制，培训经费不足，导致师资力量相对薄弱，技能培训工作的质量无法得到有效保障。部分地区农广校办学基础设施条件不完善，教师配备不充分、不专业，有些培训老师自身都未接受过系统教学和专业培训，接触农业现代化的机会较少，农业操作实践技能有限。

（四）培训经费投入不足

在新型职业农民培训方面，尽管各级财政对新型职业农民培育工作有一定投入，但是这与现代农业发展、新型农业经营主体发育和重大农业工程项目的需求相比有很大差距。特别是一些大型工商资本进入农业，一些返乡创业的大学生、回乡农民工对参加培训需求强烈，但受经费限制而不能得到满足。部分农村存在农业职业技术教育资源不集中、经费较少的情况，这在很大程度上制约了我国新型职业农民培训质量的提高。

在岗位技能提升培训方面，企业作为培训主体，在履行培训主体责任的过程中仍存在诸多问题，特别是职工教育经费提取和使用不规范。国家规定，企业提取职工教育培训经费要达到工资总额的 1.5%～2.5%，用于一线职工的培训经费要达到 60%。但实际上绝大多数企业达不到列支标准，而且在使用上也存在用于其他支出的现象，特别是很多非公企业和中小企业，职业教育培训没有规划、没有机构、没有投入，只使用不培训的现象较为普遍。

（五）劳动预备制培训实施难度大

劳动预备制执行过程中存在以下问题，一是新生劳动力管理的问题。掌握新生劳动力状况是实施劳动预备制的一项重要的基础性工作，能否掌握新生劳动力资源状况并把他们真正组织到预备制度中来，是这项工作的重点和难点，它既不同于学校管理，又不同于劳动力社会管理，人员相对分散，组织管理难度较大。二是由于近些年经济社会发展过快，技术水平不断更迭，对劳动者素质的要求不断刷新，劳动预备制是提高新生劳动力素质的制度，其效果最终要由培训质量来体现，即培训内容需要紧跟时代发展，培训方法需要体现科学性和先进性，以确保经培训后的新生劳动力能够适应社会需求。但实际操作起来，如何及时掌握市场需求，合理安排和调整课程和培训内容，是这项工作经常面对的困难。三是劳动预备制培训是为就业做准备的培训，接受培训后的新生劳动力是否能顺利实现就业是劳动预备制度的成果检验方式。青年参加预备培训后只有好的出路，才能保障其生命力，因此培训后就业渠道的畅通也是这项制度运行过程中的难点和关键点。

四、新时代加强职业技能培训路径建设政策建议

（一）不断推进各类职业技能培训路径的制度化、法制化

1. 完善农村劳动力转移就业技能培训制度

第一，出台农村劳动力转移就业技能培训方面的法律法规，对培训的组织管理、监督保障、学员的权利义务、培训机构的职责等做出明确规定，进

一步规范我国农村劳动力转移就业技能培训，使培训高效化开展；第二，出台相关政策，挖掘各类技工院校、职业院校在面对新技术应用创新方面的潜力，围绕新兴产业和前沿科技开展职业技能培训，打造一批懂技术、高素质、会经营的现代化新型农村人才。

2. 强化新型职业农民培训政策扶持

政策是开展新型职业农民培训的重要基础，出台相关培训政策和配套政策以强化农民培训的重要性，并给予相应的保障，使农业从业者全力投身我国现代化农业建设。一方面，要加大对农民培训的政策扶持力度。鼓励支持新型职业农民创新创业，鼓励支持其使用现代化的农业技术手段，鼓励支持新型职业农民参加城镇养老保险、医疗保险等社会保障；另一方面，要加大对新型职业农民培训的资金投入，加大政府公共财政投入，扩大培训规模，提高培训效果，提高培训质量，创造良好的培训条件，保障培训工作长期稳定开展，吸引更多的从业者投身农业，建设美丽农村，实现农业农村现代化。

（二）加强职业技能培训路径机制建设

完善我国新型职业农民的培训制度，使得新型职业农民培训有章可循。第一，建立公益性农民培养制度，推动农民职业教育纳入国家职业教育助学政策范畴，鼓励农民通过"半农半读"等方式就地就近接受职业教育；第二，科学设置培训内容，分产业、分类型、分层级、分模块实施新型职业农民教育培训，有针对性地开展相关培训，使培训与产业需求、农民实际创业需求、当地发展规划衔接一致，真正实现新型职业农民培训的高效化；第三，探索全新全面的培训模式，线上线下结合，理论与实践结合，课程教学与实际操作演练结合，以提高职业农民的生产技能、经营管理能力，创新培训模式，增强培训效果；第四，建立短期培训、职业培训和学历教育衔接贯通的新型职业农民的培训制度，畅通职业农民终身学习的渠道，打造一批通过培训获得现代化农业技术，通过学历教育提升学术水平的新时代职业农民。

（三）加强职业技能培训师资队伍建设

一是加强农村劳动力转移就业技能培训师资队伍建设。建议加强专职教师的建设和管理，结合参与培训的农村劳动力特点，以就业为导向开展授课，学校要定期选派老师参加集中培训、进工厂或企业接受再培训，提高专业能力。同时完善兼职教师的建设和管理，严格控制选聘条件，确保兼职教师的资质，同时注重对其的日常管理，按照教师管理规范严格落实。

二是完善"双师型"新型职业农民培育师资队伍建设，重点关注充实职业道德、经营管理、创业指导、品牌建设、质量安全、市场营销和电子商务等方面的师资，培养专业且高素质的农村职业培训师，引导其从事基层教学工作。第一，从源头上加强对现代化农业职业培训教师的培养，在师资培养阶段加强对农业相关专业的设置，增加农业职业培训师的基数，引导学有所成的农业培训师从事新型职业农民培训和教育工作；第二，优化农业职业培训师资队伍的区域结构，通过调整薪资结构、强化基层乡村建设的理想信念等手段合理调配师资，实现培训师向乡村基层流动。

（四）完善培训评估反馈体系

一是在就业技能培训方面，建立完善就业培训反馈体系，及时调整就业培训内容，提高就业培训质量，提升就业率。建立就业培训效果的评估反馈体系，及时把握培训效果和动态，根据市场需求变化，科学调整培训内容和项目，提高就业培训质量和效率。在政策制定上，要根据就业者的实际就业需要来设置培训内容，从提高社会劳动者素质和技能出发，激励社会劳动者积极参与到就业培训中来。

二是在岗位技能提升培训方面，健全企业技能人才的科学评估机制。改变目前单一的评价机制，建立和创新技能人才评价机制，将国家职业标准和企业生产实际、产业标准有机结合起来，将技能人才的职业能力考核、工作业绩评定、职业道德评价和理论知识考试有机结合起来，将企业技能人才的学习、工作与评价有机结合起来，使评价机制更加贴近工作实际，更好地为企业生产经营和技能人才成长服务。

（五）加大职业技能培训路径的宣传力度

一是在农村劳动力就业技能培训方面。大力宣传农村劳动力转移就业技能培训，通过多种形式、多种渠道发布农村劳动力转移就业技能培训的通知，宣传各级政府对农村劳动力转移就业技能培训的政策；帮助农村劳动力树立职业技能培训观念，提高农村职业教育的社会认同感，深刻认识并理解农村职业教育、技能培训的重要意义，鼓励支持农村劳动力主动选择并接受培训。

二是在新型职业农民培训方面，加大对新型职业农民的奖励激励和典型宣传力度，通过系列活动在全社会营造良好的新型职业农民培育氛围。继续开展"全国十佳农民""风鹏行动—新型职业农民""全国农村青年致富带头人""优秀农村实用人才""全国农村创业创新优秀带头人"等评选资助活动，树立职业农民典型，带动其他农业从业者积极投身乡村振兴事业。

参考文献

［1］陈池波，韩占兵. 农村空心化、农民荒与职业农民培育［J］. 中国地质大学学报（社会科学版），2013（1）.

［2］董仁忠. "大职教观"视野中的职业教育制度变革研究［M］. 长沙：湖南教育出版社，2012.

［3］方展画，等. 知识与技能：中国职业教育 60 年［M］. 杭州：浙江大学出版社，2009.

［4］（澳）基廷（Keating，J.），等. 变革的影响：九国职业教育与培训体系比较研究［M］. 杨蕊竹，译. 北京：首都经贸大学出版社，2016.

［5］李健琪. 元江县农村劳动力转移培训现状及发展对策［J］. 农民致富之友. 2014，12（2）：46－47.

［6］李燕泥. 技能人才职业导向式培训模式初探［M］. 北京：现代教育出版社，2008.

［7］王晓初，信长星. 就业促进与职业能力建设［M］. 北京：中国劳动保障出版社，2012：239.

［8］张义兴. 对农村剩余劳动力转移进行引导性培训存在问题的研究与探索［J］. 山西农业科学，2008（10）：92－95.

［9］张宇晨. 亳州市农村劳动力转移就业培训问题与对策研究［D］. 南宁：广西大学，2020.

［10］朱启臻. 新型职业农民与家庭农场［J］. 中国农业大学学报（社会科学版），2013（2）.

［11］朱永新. 中国教育改革大系·职业教育卷［M］. 武汉：湖北教育出版社，2016.

［12］邹东升. 公共治理视域的欧盟职业教育与培训研究［M］. 广州：世界图书出版广东有限公司，2017.

［13］Hilbert，Joan. Evaluation Training：American what Works-assessment［J］. Development，and Measurement Society for Training Development，1997.

［14］Nikhil Agarwal. Policy Analysis in Matching Markets［J］. American Economic Review. 2017（5）：246－250.

［15］ Wexley KR, Latham GP. Developing and Training Human Resources in Organization ［M］. British European Social Fund：Harper Collins, 1991 （56）.

《新时代职业技能培训路径研究》
课题组成员名单

课题顾问：

李志更（中国人事科学研究院副院长、研究员）

课题组长：

刘文彬（中国人事科学研究院教育培训与能力建设研究室主任、副研究员）

执行组长：

邢　蓉（中国人事科学研究院教育培训与能力建设研究室研究实习员）

课题组成员：

谢　晶（中国人事科学研究院教育培训与能力建设研究室副主任、副研究员）

冯惠霞（中国人事科学研究院教育培训与能力建设研究室研究实习员）

郝　丽（中国人事科学研究院教育培训与能力建设研究室科研助理）

中国人事科学研究报告

THE REPORT OF CHINESE PERSONNEL SCIENCE

职业管理工作体系与运行机制研究①

提　要：职业管理是政府宏观人力资源管理工作的基础，也是世界各国加强人力资源开发利用的普遍做法。本文在国内外研究综述的基础上，分析了我国职业管理工作体系与运行机制的发展现状和问题，发现各项工作均为点状分布、独立开展。阐明了现代化职业管理工作体系与运行机制的实现路径，即人社部门、政府其他部门和社会力量联动，在基础层、制度层、应用层上发力，形成以职业为连接点、以职业分类为逻辑起点的职业管理工作体系与运行机制。在此实现路径下，本文从加强职业管理顶层设计、加强职业基础研究、优化国家职业分类体系和新职业监测发布工作几个方面提出当前阶段的主要发力点，以逐步实现从"点状分布"到"链状分布"，从"对职业管理"到"以职业管理"的转变。

关键词：职业管理工作体系与运行机制　实现路径　当前阶段主要发力点

一、研究背景和研究设计

（一）研究背景与意义

党的二十大报告提出，到 2035 年我国要建成教育强国、科技强国、人

---

① 本文系中国人事科学研究院 2023 年度课题"职业管理工作体系与运行机制研究"报告的部分内容。

才强国，这对政府宏观人力资源管理的水平提出更高要求。2023 年 5 月，二十届中央财经委员会第一次会议提出，要加快塑造素质优良、总量充裕、结构优化、分布合理的现代化人力资源，加强人力资源开发利用，以人口高质量发展支撑中国式现代化。随后，人社部部长指出，要把加强人力资源开发利用作为人社事业发展的重大时代课题和紧迫现实任务。职业管理是政府宏观人力资源管理的基础，也是世界各国加强人力资源开发利用的普遍做法。构建职业管理工作体系和运行机制，以职业为连接点促进人才和人力资源市场建设、人才队伍开发、就业创业、人才评价、教育培训、统计调查等工作，加强人力资源开发利用，是实现以人口高质量发展支撑中国式现代化的重要举措。

职业分类是职业管理的逻辑起点，职业技能等级、职称、职业资格等制度是我国当前进行职业管理的主要举措。从职业分类工作实践看，1999 年，第一部《国家职业分类大典》发布，职业分类由此进入大众视野。随后在 2015 年和 2022 年，我国两次更新发布《国家职业分类大典》。但与世界其他国家相比，我国职业分类的体系设计和更新机制仍有待进一步优化。随着《关于人才发展体制机制改革的意见》《关于深化职称制度改革的意见》《关于分类推进人才评价机制改革的指导意见》《关于健全完善新时代技能人才职业技能等级制度的意见》等文件陆续出台，我国在职业技能等级制度、职业资格制度、职称制度、职业教育制度等方面进行了诸多探索，职业管理概念日渐清晰。但上述工作与职业分类的结合程度深浅不一，且每项工作独立开展、点状分布，未实现体系化运作。因此，需要构建以职业为连接点、以职业分类为逻辑起点的职业管理工作体系与运行机制，实现从"点状分布"到"链状分布"的转变。

（二）研究设计

本研究采用了政策文本收集与分析、实地调研与深度访谈、专家咨询与会议研讨等方法，围绕"职业""职业分类""职业管理""职称制度""职业资格制度""职业技能等级制度"等关键词进行了文献梳理。实地走访了部专技司、职业能力建设司、职业技能鉴定中心等职能部门，北京、重庆、四川等省市人社部门，中国铁路集团总公司、中国石油化工集团等国有大型企业。邀请有关专家对研究的思路、方法、内容进行指导。研究的技术路线如图 1 所示。

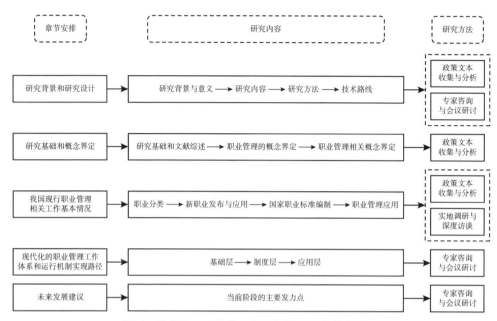

图1 职业管理工作体系和运行机制研究技术路线

二、研究基础和概念界定

（一）研究基础和文献综述

本研究利用"中国知网""万方""维普""Web of Science""Google"等数据库，以及相关部委官方网站，通过搜索"职业""职业分类""职业管理""职称""职业资格""职业技能等级""职业观察"等关键词，对职业管理工作体系和运行机制的研究现状、实践情况进行梳理。此处重点阐述职业管理内涵和职业分类应用的相关情况。

关于职业分类的应用，当前主要集中在职业资格、职称、职业技能等级等方面的制度设计与实践运用。《〈中华人民共和国职业分类大典〉应用指南》显示，未来，职业分类应在国家职业标准编制、企业人力资源管理、社会人力资源服务、职业教育专业设置、职业技能大赛等方面得到广泛应用。

整体来看，当前理论界和实践界关于该主题的研究和实践主要集中在对"职业"本身进行管理这个层面，包括厘清职业的概念，确定职业分类体系和更新、应用机制，完善职称、职业资格、职业技能等级等评价制度等。关于以"职业"作为工具和媒介进行管理，将职业与就业创业、统计调查、教育培训等相结合的研究较少。因此，需要形成关于"职业管理"体系化的研究思路，构建职业管理工作体系与运行机制的逻辑框架，实现"对职业管理"向"以职业管理"的转变。

（二）职业管理的内涵

董志超（2008）认为职业管理又称职业规制（occupational regulation），广义上来说是一个社会系统工程，政府、行业组织、用人单位和公民个人是重要的参加者。所有参加者相互作用，共同推动职业发展，同时规范劳动力市场，保障公众权益。在相互作用中，各个参加者有特定的管理范围、对象和内容，形成社会职业管理的三个层次：政府管理、行业管理、组织内部管理。[1] 受历史、文化、经济、政治等多方因素的影响，我们可以发现各国职业管理体系的发展程度不同，管理层次权重和方法各具特色。美国职业管理体系相对完善，以亨普希尔和卡彭特（Hemphill and Carpenter，2016）梳理的美国当前职业管理方法为例，可见明显层次结构、管理主体和方法，因其联邦制的政治体制，呈现出多方参与、分类管理、按需设置、机构与立法保障以及持续监督（日出和日落审查）的特征[2][3]。

目前，我们习惯将职业管理分为三个层面。首先是基础层，基础层是职业管理的内核，是对职业本身进行管理的过程。主要包含职业分类、职业观察和信息分析、职业基础研究，作为职业管理的逻辑节点。其次是制度层和应用层，这是职业管理的外延，是把职业作为主要工具和媒介，对宏观经济社会进行管理的过程。制度层包括职称制度、职业资格制度、职业技能等级制度、职业教育制度等，是职业管理的宏观应用。最后是应用层，主要包括人才与人力资源开发、就业创业、统计调查、教育培训、国际交流合作，是职业管理的具体应用领域，也是建立科学职业管理工作体系和运行机制的目的所在。

三、我国现行职业管理相关工作基本情况

（一）我国职业分类的基本情况

1. 1999 年版《国家职业分类大典》

《中华人民共和国职业分类大典》（以下简称《国家职业分类大典》）编制工作于 1995 年年初启动，由原劳动和社会保障部、原国家质量技术监督

① 董志超. 建立有中国特色的职业管理制度. 中国人力资源开发, 2008（6），72 – 75.

② 缪静敏，蒋亦璐. 美国职业监管制度探究 [J]. 中国职业技术教育, 2020（9），67 – 75.

③ HEMPHILL, T. A., CARPENTERII, D. M. Occupations: A Hierarchy of Regulatory Options [J]. Regulation, 2016, 39（3），20 – 24.

局、国家统计局组织编制，于 1998 年年底完成，1999 年 5 月颁布。《职业分类大典》是参照国际劳工组织颁布的《国际标准职业分类》基本原则和描述结构，借鉴发达国家的职业分类经验，吸收《职业分类与代码》和《工种分类目录》的成果，并根据我国国情建立的。

1999 年版《国家职业分类大典》按照"工作性质同一性"的基本原则，将我国社会职业划分为 8 个大类、66 个中类、413 个小类、1 838 个细类。1999 年版《国家职业分类大典》突破了以往一个行业部门一个类别的分类模式，突出了职业应有的社会性、目的性、规范性、稳定性和群体性特征，对各个职业的定义和工作活动内容及范围做了客观描述，在劳动力需求预测和规划、就业人口结构趋势调查的统计和分析、职业教育培训、职业介绍和指导、国民经济信息统计和人口普查等方面具有广泛的应用前景。作为我国第一部对职业进行科学分类的权威性文献，1999 年版《国家职业分类大典》的颁布，具有开创性意义，标志着我国职业分类工作进入新的历史发展阶段。

2. 2015 年版《国家职业分类大典》

随着经济社会发展，我国的社会职业构成和内涵发生了较大变化，一些传统职业开始衰落甚至消失，新职业不断涌现并迅速发展。虽然 2004 年原劳动部建立新职业信息发布制度，到 2007 年，共发布 190 个新职业（工种），但整体来看，1999 年版《国家职业分类大典》已无法准确客观地反映职业领域的新变化。因此，《国家职业分类大典》的修订工作于 2010 年年底开始启动，历时 5 年，七易其稿，最终形成 2015 年版《国家职业分类大典》。

2015 版《国家职业分类大典》的颁布在全社会达成共识，即"进行职业规制要先证明是职业"，为《国家职业分类大典》在随后的国家职称制度改革和职业资格制度改革中发挥"准法典"作用奠定了重要基础。2015 年版《国家职业分类大典》将分类原则由"工作性质同一性"调整为"工作性质相似性为主、技能水平相似性为辅"，将我国职业分类体系调整为 8 个大类、75 个中类、434 个小类、1 481 个细类，并列出 2 670 个工种和 127 个绿色职业。相比 1999 年版《国家职业分类大典》及其增补版，维持大类不变，增加了 9 个中类和 21 个小类，减少了 205 个职业，取消了 342 个"其他"余类职业。分类过程中，除遵循一般分类原则和技术规范外，还在专业技术人员大类分类中着重考量了职业的专业化、社会化和国际化水平，将二、四大类部分职业进行互换调整。

2015 年版《国家职业分类大典》作为我国第二部对职业进行科学分类的权威性文献，在国民经济信息统计、人口普查、人力资源开发与管理、国家职业技能标准制定职业教育培训、职业资格制度改革等方面发挥"准法典"作用，其颁布具有重要里程碑意义，标志着我国职业分类管理工作进入新的发展阶段。

3. 2022 年版《国家职业分类大典》

2021 年 4 月，《国家职业分类大典》的修订工作再次启动。主要原因是随着近年来技术变革和社会变革的快速发展，新就业形态不断涌现，即便 2019 年人社部再次启动新职业信息发布制度，也难以全面反映我国社会的职业全貌。同时，2015 年版《国家职业分类大典》采集的职业信息主要反映了 2011 和 2012 年的经济社会和技术发展状况，按照《国家职业分类大典》每 10 年修订一次的惯例启动了新版《国家职业分类大典》修订工作。

参照 2015 年版《国家职业分类大典》"中修"定位，2022 年版《国家职业分类大典》定位为"小修"，即在 2015 年版《国家职业分类大典》基础上，一方面增加近年来新发布的职业信息，同时审定未发布的新职业申请信息；另一方面对既有《国家职业分类大典》职业的归类、名称、定义、工作内容等做适当调整。修订的基本原则不做改变。修订历时 17 个月。2022 年版《国家职业分类大典》共包括 8 个大类、79 个中类、449 个小类、1 638 个细类，相较 2015 年版《国家职业分类大典》大类数量维持不变，增加了 4 个中类、15 个小类、157 个细类。2022 年版《国家职业分类大典》最大的特点是在延续了 2015 年版《国家职业分类大典》标注绿色职业的做法基础上，增加了数字职业标注，共标注了 134 个绿色职业和 97 个数字职业，其中双标注职业 23 个。

2022 年版《国家职业分类大典》是我国第三部对职业进行科学分类的权威性文献，也是中国特色社会主义进入新时代后，在政府宏观人力资源管理方面颁布的一个重大成果，必将在人才与人力资源开发、人才评价制度改革、职业教育与培训、国民经济信息统计等方面发挥了更重要的作用。

（二）新职业发布与应用

1. 新职业信息发布制度

我国的新职业信息发布制度由原劳动和社会保障部于 2004 年 8 月制定。新职业包括全新职业和更新职业两种，全新职业指随着社会经济发展和技术进步而形成的新的社会群体性工作，更新职业指原有职业内涵因技术更新产生较大变化，从业方式已与原有职业发生质的变化。从 2004 年至 2009 年，累计发布了 12 批次 122 个新职业。

2010 年后，国家启动了对《国家职业分类大典（1999 年版）》修订工作。2015 年 7 月，颁布了《国家职业分类大典（2015 年版）》，共收录了 1 481 个职业。自《国家职业分类大典（2015 年版）》颁布后，随着经济社会发展、科学技术进步和产业结构调整，新产业、新业态、新模式蓬勃发展，大众创业、万众创新深入推进，新职业也随之不断产生并发展起来，我国亟须重启新职业信息发布工作。

2018 年 12 月，中国就业培训技术指导中心发布《关于开展新职业信息征集工作的通告》，面向社会开展新职业信息征集工作。2019 年，人力资源社会保障部、国家市场监督管理总局、国家统计局联合发布了 13 项新职业信息。2020 年 7 月 31 日，国务院办公厅发布《关于支持多渠道灵活就业的意见》，提出"推动新职业发布和应用"的新要求。中国就业培训技术指导中心于 2020 年 8 月 25 日发布《关于持续开展新职业信息征集工作的通告》，明确提出今后将持续开展新职业信息征集和论证工作。

2019 年以来，经自主申报、专家评估论证、书面征求中央和国家机关有关部门意见、面向社会公示征求意见等程序，人力资源社会保障部会同国家市场监督管理总局、国家统计局分 5 批向社会共发布了 74 个新职业信息，同时调整变更了一些职业信息。

2. 新职业信息的征集

2019 年以来，人力资源社会保障部委托中国就业培训技术指导中心，面向社会公开征集新职业信息，组织职业分类专家，严格按照标准和程序从大量新职业征集建议中评估论证，经有关行业部委、行业协会（学会）、企业及研究机构申报建议和专家评审论证等程序，并通过网络媒体等向社会公示，广泛征求相关部门及社会各界意见后确定。

对社会各方面提交的新职业信息建议，由中国就业培训技术指导中心汇总整理并组织专家进行论证。对信息完整、比较成熟，并通过专家论证的新职业信息，中国就业培训技术指导中心将上报人力资源和社会保障部并向社会公示。对公示后社会反映良好、无重大意见的新职业信息，人力资源和社会保障部统一对外发布。

新职业在征集过程中遵守以下工作要求：第一，把握职业特点；第二，加强宣传动员；第三，规范发布工作。职业信息发布的内容包括职业名称、职业定义、主要工作内容等。随着新职业信息发布制度的完善，新职业信息发布内容将不断扩充和完善。

3. 新职业信息发布情况

1999 年版《国家职业分类大典》发布后，共发布了 12 批 122 个新职业，并在 2005 年、2006 年、2007 年分别发布了《国家职业分类大典》增补本，合计 190 个新职业（工种）。2015 年版《国家职业分类大典》颁布以来发布了五批新职业。2019 年 4 月，人力资源社会保障部、国家市场监督管理总局、国家统计局联合发布了人工智能工程技术人员等 13 个新职业信息，调整变更了 4 个职业（工种）信息，新增了 3 个工种信息。2020 年 2 月，联合发布了智能制造工程技术人员等 16 个新职业信息，调整变更了 11 个职业信息。2020 年 6 月，联合发布了区块链工程技术人员等 9 个新职业信息，调整变更了 7 个职业信息。2021 年 3 月，联合发布了集成电路工程技术人员等 18 个新职业信息，调整变更了 19 个职业信息。2022 年 7 月，联合发布了"机器人工程技术人员"等 18 个新职业信息。

4. 新职业的实践应用情况

（1）推动人力资源开发管理的规范化。由国家统一发布新职业信息，对新职业名称进行统一规范，不仅为我国制定相关产业发展政策，开展就业人口结构变化分析、劳动力需求预测和规划，制定人力资源市场政策等奠定基础，也为开展职业介绍、职业指导提供了重要依据。有助于推动人力资源开发管理的规范化。

（2）完善我国职业分类和职业标准体系。建立新职业信息发布制度，将新职业纳入国家职业分类统一管理，有利于建立动态更新的职业分类体系，使国家职业分类体系更加科学完善。此外，根据产业发展和人才队伍建设需要，加快新职业的职业标准开发工作，是完善国家职业标准体系的重要措施。对于新发布的新职业，人力资源社会保障部会组织制定新职业的国家职业标准，为开展技能人才评价工作提供重要依据。

（3）促进职业教育和职业培训。新职业的发布，有利于引领职业教育和职业培训的方向，为职业培训机构、职业院校等设置职业教育专业和课程，确定教育教学培训内容，以及开发新教材新课程等提供依据和参照，进一步推动职业教育的专业设置、课程内容与社会需求、企业生产实际相适应。对于提升职业教育培训质量，实现人才培养培训与社会需求紧密衔接，提高劳动者素质具有重要的实际意义。

（4）促进就业创业。新职业的产生和确立反映了我国劳动力市场的需求，对新职业进行征集、规范并加以公布，可以有效提升新职业的社会认同度和公信力，满足人力资源市场的双向选择需要。新职业信息发布对于增强就业人员信心、扩大就业岗位、促进转岗和失业人员再就业以及规范灵活就业等，都起到了积极的作用。

（5）为新产业发展提供"风向标"。新职业是科技进步、产业变革、社会分工细化多元的结果。例如，互联网、人工智能、大数据与实体经济的深度融合，催生了智能制造工程技术人员、工业互联网工程技术人员和人工智能训练师、全媒体运营师等新职业。这些新职业的产生，反过来又促进相关产业的发展，为新产业发展提供"风向标"，引导市场投入，促进产业转型升级和经济结构调整。

（6）更好地应对突发公共危机事件。在遇到突发公共危机事件等特殊时期，新职业的及时颁布，有助于更好地稳定就业局势，对维护社会稳定，保持经济平稳较快发展，具有十分重要的意义。例如 2020 年 2 月，在新冠疫情防控期间，人力资源社会保障部和国家市场监督管理总局、国家统计局联合发布了 16 个新职业，其中包括呼吸治疗师、装配式建筑施工员、网约配送员，以及与无人机、人工智能等相关的新职业信息。这些新职业的从业人员，在助力疫情防控期间的医疗救治、服务生产生活、支撑新兴产业发展等方面都发挥了积极作用。

（三）国家职业标准编制

我国现行职业标准体系发端于 20 世纪 50 年代建立的工人技术等级标准，1963 年、1978 年、1988 年，原劳动部曾三次组织全国性的修订技术等级标准工作。到 20 世纪 90 年代中期，共修订完成了 4 000 多个工种的工人技术等级标准。1999 年，我国第一部《国家职业分类大典》颁布后，原劳动部根据推行职业资格证书制度的需要，在总结制定工人技术等级标准经验、借鉴国外方法的基础上，开始牵头组织制定国家职业标准。

1.《国家职业标准编制技术规程》

国家职业标准编制技术规程是编制职业标准的依据之一。2012 年，人力资源社会保障部印发了《国家职业技能标准编制技术规程》（以下简称 2012 年版《规程》），对规范国家职业标准编制工作发挥了重要促进作用。

2018 年，人力资源社会保障部对 2012 年版《规程》进行了全面修订，颁布了《国家职业技能标准编制技术规程（2018 年版）》（以下简称 2018 年版《规程》）。2023 年人力资源和社会保障部再次全面修订《规程》，颁布了《国家职业标准编制技术规程（2023 年版）》（以下简称 2023 年版《规程》）。

与 2018 年版《规程》相比，2023 年版《规程》重点做了以下修改：

一是统一名称表述。将技能类职业的"国家职业技能标准"和专业技术类职业的"国家职业技术标准"统称为"国家职业标准"，新增专业技术类职业标准编制有关内容。

二是优化编制程序。将职业标准的开发程序优化为组织开发和公开征集两种方式，通过增加向社会征集相对成熟的标准稿的方式，缩短职业标准开发流程和时间，加快职业标准开发颁布速度。

三是完善申报条件。涵盖各类有评价需求的人员，对企业职工、各类院校学生、技能类与专业技术类职业发展贯通人员、其他社会从业人员的申报条件予以明确、综合考虑促进就业需要和各类院校学生、专业技术人员技能评价需求，对申请条件进行优化调整。

2. 国家职业标准实践应用情况

（1）开展职业教育培训。

国家职业标准是职业教育培训的基本依据，编制国家职业标准，一方面可以更好地指导技工院校加强学科建设，对相关职业技能培训的教材开发、师资培训、职业技能竞赛等基础性工作给予支持，推进专业设置、教学标准和国家职业标准对接，培养更多专业人才和实用人才；另一方面，为推行终身职业技能培训制度、大规模开展职业技能培训提供基本航向。国家职业标准可应用于以企业、职业院校和各类培训机构为依托，大规模开展多种形式的职业技能培训，包括企业职工岗位技能提升培训、企业新型学徒制培训、高技能人才培训、技能扶贫培训等。

（2）职业技能等级认定。

国家职业标准对建立并推行职业技能等级制度发挥"导向"作用，由用人单位和社会培训评价组织按照有关规定开展职业技能等级认定。符合条件的用人单位可结合实际面向本单位职工自主开展，符合条件的用人单位按规定面向本单位以外人员提供职业技能等级认定服务，符合条件的社会培训评价组织可根据市场和就业需要，面向全体劳动者开展。职业技能一般分为初级工、中级工、高级工、技师和高级技师五个等级，国家职业标准是认定劳动者职业技能等级的基本参考。

（3）专项职业能力考核。

国家职业标准是专项职业能力考核的"度量衡"。根据脱贫攻坚、乡村振兴、农村转移就业劳动力培训等工作需要，结合新兴产业发展、地方特色产业需要和就业创业需求，选择市场需求大、可就业创业的最小技能单元（模块），开展专项职业能力考核工作，作为技能人才评价的重要补充。国家职业标准是专项职业能力考核的基本参考。

（4）技能人才激励机制。

国家职业标准是企业对技能人才奖励激励的重要参考。企业根据国家职业标准在关键岗位、关键工序培养使用高技能人才，进一步完善劳动薪酬制度，做好对技能人才的使用和激励工作，实现多劳者多得、技高者多得。有助于形成更有利于技能人才发展的社会环境，传播行业正能量、提升行业软实力，在全社会营造崇尚劳动、尊重技能人员的良好氛围。

（四）职业管理的应用

1. 职称制度改革方面

2016 年 12 月《中共中央办公厅　国务院办公厅关于深化职称制度改革的意见》就明确提出"建立以职业分类为基础，以科学评价为核心，以促进人才开发使用为目的，建立科学化、规范化、社会化的职称制度"。本轮职称制度改革在各个系列的专业方向设置上，充分考虑了国家职业分类情况，建立了以职业分类为基础的职称评审专业设置体系，27 个系列名称基本和职业中类和小类对应，系列内具体专业基本和小类、细类对应。例如在经济系列中的人力资源管理专业、知识产权专业都是职业小类；体育系列两个专业方向教练员、运动防护师都是职业细类。

2. 职业资格制度改革方面

2014～2016 年的"七连清"后，2017 年正式建立的职业资格目录清单管理制度，所列 140 个职业资格涉及 200 余个具体职业，基本能做到与《国家职业分类大典》现有职业分类一一对应，后经两次动态调整，最新版的《国家职业资格目录（2021 年版）》所列职业资格 72 个，涉及职业近百，与《国家职业分类大典》的对应程度更高。目前，《国家职业资格目录》的动态调整机制已经建立了以职业分类为基础，先证明是职业、再证明采取何种职业规制办法的工作理念和流程。

3. 职业技能等级认定方面

自新一轮国家职业资格改革以来，大量职业资格被清理规范，国家职业资格从 618 项锐减到 140 项，再到最新的 72 项。为弥补清理规范后的需求真空，人力资源社会保障部建立了面向技能人员的职业技能等级制度，开展职业技能等级认定。在开展过程中，职业分类发挥了"逻辑起点"的基础性作用，整个职业技能等级制度也按照"职业分类——职业标准开发——职业培训包开发——培训教材开发——认定机构备案"的流程有条不紊地推进，社会反响良好。

4. 人才队伍建设方面

自 2016 年 3 月《中央关于深化人才发展体制机制改革的意见》和 2018 年 2 月《中办国办关于分类推进人才评价机制改革的指导意见》两个国家级人才工作指导意见出台后，全国人才工作愈发重视基于职业、职业分类、职业特点的人才评价体制机制改革和人才队伍建设相关工作。原有的"六支队伍"提得越来越少，取而代之的更多是"产业——行业——职业"逻辑框架下的人才队伍开发理念。

5. 急需紧缺人才目录编制

编制急需紧缺人才目录是当前各地、各行业通行的，公开反映本地区、本行业人才需求，指导人才工作"选育留用"的重要手段。自 2010 年《国家中长期人才发展规划纲要》首次提出后，天津、宁波、杭州、苏州、南京、重庆等城市相继发布了产业人才需求目录，河北雄安新区、粤港澳大湾区也将编制紧缺人才需求目录列入战略规划。具体的编制方法经多次迭代后，已形成"行业——职业——岗位"为基本逻辑的编制理念，职业分类在其中发挥了重要的基础性作用。

6. 其他方面

《国家职业分类大典》作为准法典性质的基准性典籍，在多个领域发挥了重要作用。一是在高等教育专业学位的设置与调整中，中国人事科学研究院承担的国务院学位办委托《专业学位总体设计》即以职业分类为基础，提出增设 37 个专业学位的建议，最终采纳 19 个。二是在职业教育专业设置中，2021 年最新发布《职业教育专业目录》体现数字化、智能化发展方向、反映社会热点需求等方面与《大典》职业分类的呼应程度尤为明显。三是在人力资源服务方面，不少地区的人力资源市场在人才选聘、搜寻、评价、使用等方面都将《国家职业分类大典》职业分类作为基准性参考。

四、现代化的职业管理工作体系和运行机制实现路径

现代化的职业管理工作体系和运行机制的建立是一个逐步演化实现的过程，某种程度上是指从对"职业"进行管理阶段步入以"职业"进行管理

阶段的过程。

在这个过程中要形成现代化职业管理的工作体系，要先着手建立有效的支撑框架。第一，建立人社系统内部的联动机制。将人社系统内部各业务司局统一起来，形成以职业为核心的业务管理理念，让职业的概念在专业技术人员、技能人员队伍建设，就业创业等业务领域起到牵引作用。第二，要建立跨部门的联动机制。在宏观人力资源管理的大背景下，统筹国家统计局、国家市场监督管理总局，以及其他人才管理核心部门，形成以职业为抓手的人力资源管理理念。第三，建立社会力量广泛参与机制。在新职业申报，国家职业标准制修订，职称、职业资格、职业技能等级制度落实，就业创业，统计调查等方面充分发挥用人主体、企业、行业协会的作用。打造一个自上而下，分阶段的职业管理工作体系。同时，还要在这个过程中进行对基础层、制度层和应用层的相关工作进行逻辑构建。目前我国的职业管理相关工作依次开展，但是以基础层和制度层工作为主，应用层建设刚刚起步，整体还处于逐渐发展完善阶段（见图 2）。

（一）基础层：职业管理的逻辑起点

在职业分类方面，职业分类工作我国起步较早，有自己的分类体系，目前是世界上分类比较清晰，方法比较科学的国家之一。同时，国家的职业分类体系在不断演进的过程中逐步完善，从 1999 年版《国家职业分类大典》到 2022 年版《国家职业分类大典》我们的分类结构和职业都在不断地迭代，特别是在 2015 年版《国家职业分类大典》发布之后，建立了较为完善的新职业征集与发布制度。在这个过程中，职业分类积极与国民经济行业分类对标，不断完善领域和行业分层的编制工作。

在职业基础研究方面，当前理论界和实践界的研究和实践还远远不够。主要集中在对"职业"本身进行管理这个层面，包括厘清职业的概念，确定职业分类体系和更新机制，完善职称、职业资格、职业技能等级等评价制度等。关于以"职业"作为工具和媒介进行管理的研究和实践较少涉及。本研究重点阐述某一单一问题，目前学界还没有形成关于"职业管理"体系化的研究思路。

在职业观察和信息分析方面，这个领域在全球做得比较好的是美国SOC，目前我国在理论界已经开展了 SOC 经验模式的研究工作，但是实践落地方面还有很长的路要走，形成职业观察制度的理念还没有真正地树立，职业信息分析工作也远没有达到预期。

（二）制度层：职业管理的宏观应用

制度层面建设是职业管理宏观应用的基础。近年来，以职业分类为基础，在职称制度、职业资格制度、职业技能等级制度、职业教育制度等方面都出台了相关的政策措施，但在具体的制度层面，与职业分类相结合的深浅程度各不相同。第一，职业技能等级制度的实施过程与职业分类体系高度契合。聚焦技能人才成长，依据每一个具体职业制定职业标准。2023 年以前，职业标准根据职业从业者的基本情况和行业实际划分 3～5 级，2023 年新的《国家职业标准编制技术规程》采用新八级工的划分方式，职业技能等级划分为 8 级。第二，国家职业资格制度的划分方式与我国的职业分类契合度居中，一部分国家职业资格与职业名称保持统一，一部分还没有建立对应关系。第三，在职称制度方面，27 个职称系列与职业的契合度还不高，在职业教育制度建设方面也同样存在这样的问题。

（三）应用层：职业管理的未来方向

应用层面的建设成效直接关系到我国职业管理工作的未来走向。涉及人才与人力资源开发、就业创业、统计调查、教育培训、国际交流等方面。未来，我们将要建设现代化的职业管理工作体系和运行机制。现代化显著特征之一是系统化、体系化。职业管理就是系统串起各要素的一条项链。

数字经济的发展、绿色低碳理念的普及、美好生活和多元化生活需求的增加，带动了大量新职业出现。新职业带动新就业成为一种普遍的社会现象。但是就目前对我国的就业问题的研究，就业统计工作还是依据传统的人群作为统计对象，在人才和人力资源开发领域也是一样，大多数都是按照传统人才队伍来作为统计的对象。薪酬调查领域依据职业分类战来调查有所创新，但也并未普及，职业在这个方面应有的牵引作用并未充分体现。

未来，我国的职业管理就应该在职业分类的前提下，由政府引导，以《国家职业分类大典》为基础建立全链条的应用开发机制。现代化的职业管理运行机制建设就是应该在这样一个模式下把现在点状的工作逐步演化成链状工作，建立以职业为链接点的工作链条。把我们现在做得好的持续加深，做得弱的和还未涉猎的逐步开展，逐步形成以职业分类为核心，以职业管理为牵引的工作格局。

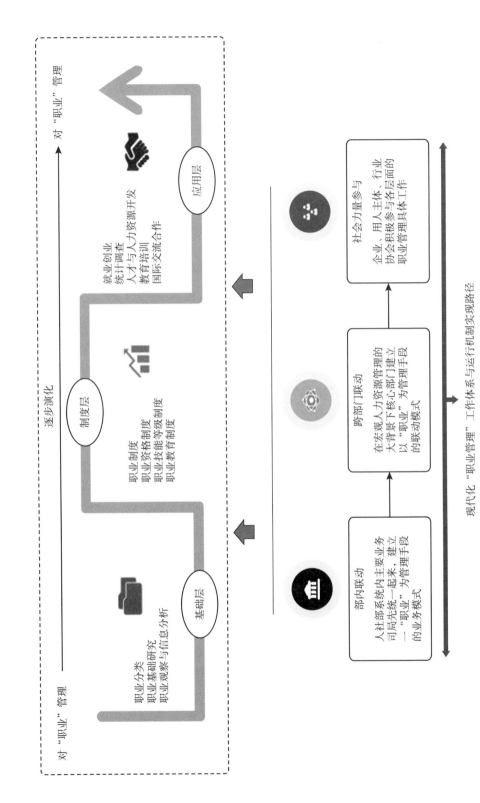

图2　现代化职业管理工作体系与运行机制实现路径

五、未来发展建议

（一）构建职业管理整体框架，加强顶层设计

1. 制定总体国家职业管理制度

实施归口管理，工作联动。第一层面：由人社部统筹规划和统一领导国家职业管理工作，牵头抓总，在制度层面发力，完善顶层设计。包括制定国家职业发展规划，颁布职业管理法规、制度，提供职业援助服务等。第二层面：其他部门作为职业主管部门，积极与人社部门工作联动，进行自身职业规制。各部门围绕职业发展、职业标准开发、职称职业资格规制、人才评价等内容，明确工作责任，保障资金投入，出台政策措施，合力推进我国职业管理发展。第三层面：社会力量广泛参与，在职业管理的基础层面和应用层面主动发力，包括申报新职业，参与各类统计调查，产业就业创业扶持等，共同营造职业管理的良好局面。

2. 推行/立法保障职业管理在各项工作中的基准作用

深入研究职业管理在经济社会发展各项工作中的作用发挥情况，分析职业管理工作形势的变化，推行并保障职业管理在各项工作中发挥基准作用。在《国家职业分类大典》这部准法典的基础上，研究职业管理立法的可行性，为行业部门、用人单位和个人提供职业管理行为规范。在教育、统计、就业创业等各领域以职业这个标准化视角来更好地为社会提供统一的政府公共服务。

（二）加强职业基础研究和应用研究

1. 加强职业基础研究和前瞻研究

一方面，加强"职业＋准职业"相关研究和专家队伍建设，建议有关司局和科研单位持续投入开展相关研究，进一步加强对职业、职业分类、职业标准、职业分类应用等方面研究，从理论上提升《国家职业分类大典》的科学性，更好地指导全社会人力资源开发工作。另一方面，注重《国家职业分类大典》动态调整，前瞻布局"大修"研究，考虑2015年版和2022年版《国家职业分类大典》都是"中小修"，下一次《国家职业分类大典》修订预计在2030年左右，建议前瞻布局研究力量，提前开展"大修"研究和设计，为下一轮修订奠定基础。

2. 建立职业成熟度观测和调查机制

《国家职业分类大典》作为"准法典"，其权威性要求决定了其职业分

类往往是滞后的，而在实践应用中，存在诸多不在《国家职业分类大典》中，但在社会就业创业、人力资源开发领域客观存在的"准职业"业态，如何更好地引导这个业态健康发展成为正式职业，更好地服务全社会就业和发展，也是《国家职业分类大典》应用的一个方面。建议建立"准职业"观测和调查机制。一方面，可以在互联网、先进制造、平台大厂等新职业、新业态较为活跃的龙头企业建立职业观测点，运用职业成熟度调查工具对不同阶段职业业态进行动态观测，观测结果作为新职业发布制度的重要参考。另一方面，可以参照美国 O ＊ NET 和 SOC 关系，建立更加灵活、包含职业和"准职业"的框架体系。同时，结合人力资源社会保障部统计调查职能，建立《国家职业分类大典》应用项目时间表，提前公布未来数年人力资源社会保障部和其他部门应用《国家职业分类大典》项目和时间表，如人口调查、薪资调查、雇主调查、雇员调查、就业预测、职业需求调查等，提高应用效果，更好地服务社会。

（三）优化国家职业分类和新职业发布/监测工作

1. 加强新职业动态调整的顶层设计和客观调查

建立新职业动态调整"自上而下"和"自下而上"两条腿走路的新格局。一方面委托有关部门和专家聚焦职业演进和职业发展规律开展专题研究，加强对经济新常态、技术变革和社会变革对新老职业更替、演进的影响研究，对新技术领域、社会需求热门领域职业分类进行顶层设计；另一方面在就业创业、教育培训、人力资源开发统计等领域定期开展专项职业调查，为已有职业调整、新职业信息征集提供支撑。

2. 建立更加灵活和现代化的国家职业分类体系

目前，我国现行职业分类体系相对单一，只有《国家职业分类大典》及其随后的增补本，增补职业与《国家职业分类大典》正本职业名效等同但在论证过程和流程上有一定差异，存在的问题也更多。据此建议推迟或取消发布面向新职业的《国家职业分类大典》（增补本），持续以三部门联合通知的方式发布新职业信息，待 2025 年至 2030 年再一次大规模修订时将《国家职业分类大典》已有职业、历年新发布职业和其他可能职业一并考虑，以更好保持 2022 年版《国家职业分类大典》相对独立性，部分解决新发布职业的名称泛"师"化、内容重复问题。同时借鉴美国 SOC 和 O ＊ net，客观形成"一动一静"两个层次的国家职业分类体系，使整个国家职业分类工作更加灵活，更具弹性，更加现代化。

3. 加强部分行业领域职业分类的统筹设计

三次新职业评审和发布过程来看，技术变革和社会变革对新职业演进的影响效果日益明显，围绕人工智能、5G、大数据、无人机等新技术领域，围绕健康养老、幼小教育以及社会培训等社会需求领域的新职业申报不断增多。此时，单纯被动地针对申报职业进行新职业评审和发布会显著受到新职业申报单位和申报内容的影响，会严重影响新职业不断涌现、需求旺盛行业领域的客观实际和需求。建议尽快开展对新产业领域职业分类工作的统筹设计，在满足社会需求的同时，解决多头申报、无人担责的问题。

4. 充分发挥新职业评审专家作用

参照国家职业分类大典专家委员会模式，建立新职业评审专家委员会，明确新职业评审专家的权利义务，提升评审专家的荣誉感和责任感。在新职业信息征集、论证和发布过程中充分发挥新职业评审专家作用，增加专家参与环节，建议在评审前、公示前、发布前增加专家筛选、确认过程。支持专家围绕职业发展规律和职业演进，以及新职业信息发布、职业发展状况调查、职业前景手册编写等定期开展专题研究和专项调查。

5. 持续优化新职业信息征集、论证和发布流程

在新职业信息征集过程中强调申报单位的代表性和权威性，建议申报单位采取联合申报、复合论证方式，提高申报职业材料质量。建议在专家论证评审前增加新职业初筛流程，对明显较差、重复、不合规的申报材料，采取驳回、合并等方式后提交新职业评审专家委员会进行正式评审，提高评审效率。建议将新职业公示的时间统一为 14 个自然日。

参考文献

［1］陈李翔. 打造劳动力市场"通行证"——关于全面推行职业资格证书制度的思考［J］. 中国劳动保障，2007（1）：23 – 25.

［2］陈李翔. 重构职业技能等级制度是新时代技能人才队伍建设的必然要求［N］. 中国组织人事报. 2022 – 05 – 06.

［3］董志超. 建立有中国特色的职业管理制度［J］. 中国人力资源开发，2008（6）：72 – 75.

［4］范巍. 关于"职称"和"职业资格"制度的个人观点［J］. 今日科苑，2016（1）：29 – 32.

［5］范巍. 全面推行职业技能等级制度，畅通拓宽技能人才成长通道

［N］. 中国劳动保障报. 2022 - 05 - 06.

　　［6］范巍，赵宁. 进一步做好专业技术类新职业评价工作的思考和建议［J］. 中国人力资源社会保障，2023（6）：51 - 53.

　　［7］范巍. 中外职业分类概述［M］. 北京：经济科学出版社，2023.

　　［8］刘明伟. 我国职业资格管理的问题与对策研究［D］. 济南：山东大学，2016.

　　［9］柳杰. 职业资格制度在苏州：现状、问题分析及体系构建［D］. 苏州：苏州大学，2018.

　　［10］缪静敏，蒋亦璐. 美国职业监管制度探究［J］. 中国职业技术教育，2020（9）：67 - 75.

　　［11］谢晶，孙一平，黄梅. 活用《职业分类大典》规范设置职业资格清单目录［J］. 中国人力资源社会保障，2017（5）：18 - 19.

　　［12］赵宁，范巍. 我国职业分类工作的建设与发展：历史的视角［J］. 中国人事科学，2023（1）：44 - 50.

　　［13］中国就业培训技术指导中心. 职业概论［M］. 北京：中国劳动社会保障出版社，2009.

　　［14］中国就业培训技术指导中心.《中华人民共和国职业分类大典》应用指南［M］. 北京：中国劳动社会保障出版社，2022.

　　［15］Bryson, A. , & Kleiner, M. M. . The regulation of occupations. British Journal of Industrial Relations，2010，48（4）.

　　［16］HEMPHILL, T. A. , CARPENTERII, D. M. Occupations：A Hierarchy of Regulatory Options［J］. Regulation，2016，39（3）：20 - 24.

　　［17］Kai - Ingo Voigt. Arbeit Begriff［EB/OL］.（2022 - 07 - 14）. https：// wirtschaftslexikon. gabler. de / definition / arbeit - 31465.

　　［18］Kukaev, I. , Thornton, R. J. , Baryshnikov, P. , & Timmons, E. . Occupationalregulation in russia［J］. Social Science Electronic Publishing，2024.

**《职业管理工作体系与运行机制研究》
课题组成员名单**

课题组长：
　　范　巍（中国人事科学研究院企业人事管理研究室主任、研究员）

执行组长:

赵　宁（中国人事科学研究院企业人事管理研究室副研究员）

课题组成员:

曹　婕（中国人事科学研究院企业人事管理研究室研究实习员）

王晓辉（中国人事科学研究院企业人事管理研究室副主任、副研究员）

佟亚丽（中国人事科学研究院企业人事管理研究室研究员）

赵智磊（中国人事科学研究院企业人事管理研究室助理研究员）

中国人事科学研究报告

THE REPORT OF CHINESE PERSONNEL SCIENCE

人才表彰奖励制度研究^①

　　提　要：党的十八大以来，习近平总书记围绕"人才强国战略"提出了一系列新理念新战略新举措。2021 年中央人才工作会议对人才表彰奖励制度提出了具体要求，明确"要优化人才表彰奖励制度，加大先进典型宣传力度，在全社会推动形成尊重人才的风尚"，为新时代人才表彰奖励工作提供了根本遵循。课题组聚焦人才表彰奖励制度进行研究，得出研究结论如下：

　　一是我国人才表彰奖励制度的现状为，我国已经形成了人才表彰奖励制度的"1 + 1 + 3"的顶层架构与具体操作规范。不同类别人才、专项工作都有各自相对完备的人才表彰奖励制度的具体规范。教育、文化、体育等不同行业有相应的表彰奖励制度规范。地方人才表彰奖励工作的政策体系不断完善。二是我国人才表彰奖励制度运行成效显著，主要体现为表彰奖励项目实现数量上做减法、效果上做加法的目标；不同类别人才表彰奖励工作有序开展；人才表彰奖励制度成为推动工作的重要动力来源。三是我国人才表彰奖励制度仍面临一些问题，主要包括表彰奖励制度与相关制度之间的层次、功能及关系需要重新调整；涉外评选评奖的制度供应和规范管理存在失序；表彰奖励制度功能发挥存在一些障碍。四是优化我国人才表彰奖励制度需要采取一些举措，具体包括构建层次分明、功能明确、完善协调的人才表彰奖励制度体系；强化涉外评选评奖的制度供应和规范管理；加强保障以充分发挥表彰奖励制度的作用。

---

　　① 本文系人力资源社会保障部 2022 年度部级课题"人才表彰奖励制度研究"报告的部分内容。

关键词：人才表彰奖励　制度运行　制度功能

人才表彰奖励制度是尊崇优秀人才功绩、树立先进模范典型和激发内生发展活力的重要制度。党的十八大以来，人才表彰奖励工作取得巨大进展，"1+1+3"党和国家功勋荣誉表彰顶层架构基本形成，《评比达标表彰活动管理办法》等具体规范陆续出台，各类定期或及时性表彰活动有序开展，我国人才表彰奖励工作不断朝向规范化和制度化发展。

党和国家始终高度重视对优秀人才的表彰奖励。2021年9月中央人才工作会议召开，这是第一次中央级人才工作会议，人才工作被提升至前所未有的高度。习近平总书记在会议中提出，要"优化人才表彰奖励制度，加大先进典型宣传力度，在全社会推动形成尊重人才的风尚"。加强人才表彰奖励制度研究，更好地激励人才各展其能，已成为贯彻落实中央人才工作会议精神，全面实施新时代人才强国战略的必然要求。

目前，我国人才表彰奖励制度在理论研究层面存在概念界定不清、功能属性不明、制度内容杂乱等问题，同时也尚未建立起以"人才"为逻辑依据的统一的表彰奖励制度，在制度设计、制度实施和效能发挥方面仍需进一步优化完善。在此背景下，有必要厘清人才表彰奖励制度的概念范畴，在明确主体、对象、事由、形式、性质、功能等制度内容的基础上，对我国人才表彰奖励制度的现状予以系统梳理，总结制度运行成效和影响效果，找出制度定位、制度设计和制度实施等方面存在的问题，对比域外人才表彰奖励制度的具体实践，最终提出优化我国人才表彰奖励制度的相关建议。

一、研究概况

（一）研究意义

一是全面贯彻中央人才工作会议精神。党的十八大以来，习近平总书记围绕"人才强国战略"提出了一系列新理念新战略新举措。2021年中央人才工作会议更是对人才表彰奖励制度提出了具体要求，明确"要优化人才表彰奖励制度，加大先进典型宣传力度，在全社会推动形成尊重人才的风尚"，这些为做好新时代人才表彰奖励工作指明了前进方向，提供了基本遵循。开展人才表彰奖励制度研究，有利于从理论和实践层面深刻理解人才表彰奖励工作在人才工作系统中的作用与功能，健全完善我国人才表彰奖励制度，助推人才制度科学化，进而发挥我国人才资源的优势，实现新时代人才强国战略目标。这也是全面贯彻中央人才工作会议精神的集中体现。

二是充分发挥人社部门职能作用。人才表彰奖励工作是人社部重要职能之一。为贯彻落实中央人才工作会议精神，2021 年人力资源社会保障部印发《关于深入学习贯彻习近平总书记在中央人才工作会议上重要讲话精神的通知》，强调要加强人才表彰奖励工作。该通知是人社部门发挥职能作用、贯彻落实中央人才工作会议精神的重要举措。开展人才表彰奖励制度研究，有利于准确把握人社部门在新时代人才强国战略中承担的重要职责和任务，深刻理解新时代人才表彰奖励工作的重点任务和重要举措，推动人社部门人才表彰奖励工作高质量发展，进而充分发挥人社部门职能作用。

三是健全各展其能的人才激励机制。当前，中共中央《关于建立健全党和国家功勋荣誉表彰制度的意见》《中华人民共和国国家勋章和国家荣誉称号法》《中国共产党党内功勋荣誉表彰条例》《国家功勋荣誉表彰条例》《军队功勋荣誉表彰条例》等形成了我国功勋荣誉表彰制度规范的顶层架构。然而，我国尚未形成以"人才"为逻辑依据的统一的表彰奖励制度，人才各展其能的激励机制尚未充分建立。开展人才表彰奖励制度研究，有利于进一步优化我国人才表彰奖励制度体系和具体内容，促进表彰奖励工作科学化、规范化，进而充分发挥人才激励机制效能，最大限度地满足人才自我实现的精神需要，调动人才的积极性、主动性和创造性，造就优秀人才。

四是营造见贤思齐的社会氛围。当前，表彰奖励获得者发挥了榜样人物的正面感召力，树立了社会生活的最高道德准则和日常行为标准，引导着社会公众自觉向榜样人物看齐，与先锋模范对标。开展人才表彰奖励制度研究，有利于进一步推进人才体制机制的改革与创新，最大限度地满足人才自我实现的精神需要，鼓励人才自我成长和自我发展，激发广大人才的报国之情、奋斗精神和创造活力。彰显国家层面对人才的尊重、保护及认可，营造"尊重劳动、尊重知识、尊重人才、尊重创造"的良好风尚。

（二）研究对象

本课题研究的关键概念在于"表彰奖励"。自"1 + 1 + 3"党和国家功勋荣誉表彰体系建构以来，各地区各部门规范开展了形式各样、卓有成效的表彰奖励活动。

一是"表彰""奖励"的词义解释。贾湛主编的《中国劳动人事百科全书》对"表彰""奖励"做出了如下解释："表彰是以书面或口头的形式给予表扬，是奖励的一种。表彰属于把精神鼓励和物质刺激结合在一起的奖励方式""奖励是按照工作人员（集体）在工作中和社会活动中的成绩及对国家作出贡献的大小而给予一定的荣誉和物品（货币），以鼓励其继续进步，同时也为其他工作人员树立学习榜样，起到激励后进的作用"。

二是"表彰奖励制度"的词义解释。关于"表彰奖励制度"概念，根据知网检索结果，以"表彰奖励制度"为主题的文章仅有6篇。现有研究并未对"表彰奖励"以及"表彰奖励制度"有一个相对成熟而统一的概念。本课题将"表彰奖励制度"概念界定为国家、政府、组织（包括社会组织和企业）对为国家和社会作出突出贡献和显著成绩，或具有模范行为的个人和集体，给予一定形式的精神激励与物质奖励，以鼓励进步、树立榜样、激励后进的制度规范。

三是"表彰奖励"的应用实践。从表彰奖励活动开展情况看，目前，表彰奖励主要按主体、对象、周期、事由等划分成几类。此外，从表彰奖励的方式来看，表彰奖励既有物质奖励又有精神激励。根据功勋荣誉表彰奖励获得者待遇落实相关规定，功勋荣誉表彰奖励获得者可获得不同等次的奖金，同时按规定享受相应的政治、工作和生活待遇。

四是人才表彰奖励制度范畴。从制度范畴来看，人才表彰奖励包括各层级勋章和荣誉称号以及各层级表彰奖励当中，以人才为对象的相关制度。

五是人才表彰奖励制度构成。本课题将"人才表彰奖励制度"界定为国家、政府、组织（包括社会组织和企业）对为社会作出突出贡献或具有模范行为的个人给予一定形式的物质奖励与精神激励，以鼓励进步、树立榜样、激励后进的制度规范。

（三）国内外研究概况

国内关于人才表彰奖励制度的研究主要集中在"基础研究""问题研究""对策研究"三个方面。基础研究包括概念、制度演化、制度运行经验、国际经验借鉴等方面。问题研究包括主体问题、设置问题、标准问题、激励问题等方面。对策研究包括"完善奖励机制、消除评奖障碍、关注多种群体"等方面。国外相关研究主要为两类：一类为以"国家表彰奖励制度"为主题的总体面上的研究；另一类为更为具体的以"科技奖励制度"为主题的细分领域研究。

总体来看，国内外以"人才表彰奖励制度"为主题的研究尚未形成清晰明确的研究方法、研究范围和研究脉络，各学者在此范围内的研究内容较为零散，关联度尚不十分紧密。具体来说，当前学界对"人才表彰奖励制度"的研究存在三方面问题。一是尚未明确概念。人才表彰奖励制度涉及的核心问题有"何为需要表彰奖励的人才？""何种表彰奖励属于人才表彰奖励制度?""人才表彰奖励制度与国家功勋荣誉表彰体系有何异同?"等等,对这些核心问题鲜有研究。二是尚未形成共识。学界对人才表彰奖励的直接研究尚不丰富,间接研究如"国家荣誉制度""功勋荣誉体系""国家表彰奖励制度"等较为丰富,体现出当前学界尚未形成对人才表彰奖励制度这一研究主题的共识。三是尚未形成体系。人才表彰奖励制度研究可分为"制度设计""制度供给""制度落实"三方面内容,现有研究多从制度具体内容、特点等角度进行研究,研究内容多从某一领域人才表彰奖励制度或某类人才表彰奖励制度出发,研究尚未形成体系。

二、我国人才表彰奖励制度现状

表彰奖励是一种重要的激励方式。人才表彰奖励是我国人才引进、培养、使用、保障等一系列人才工作中的重要一环。人才表彰奖励制度是做好人才工作的重要抓手。2021 年中央人才工作会议提出了优化人才表彰奖励制度的具体要求。优化人才表彰奖励制度的前提和基础是厘清我国人才表彰奖励制度的现状。

(一)人才表彰奖励的制度体系

目前,我国并没有形成基于统一认识的"人才表彰奖励制度"概念,且"人才表彰奖励制度"与"功勋荣誉表彰制度"在理论探讨和实际运用中存在被混用的情况。因此,有必要在区分功勋荣誉表彰制度与人才表彰制度的基础上,阐述人才表彰奖励制度的具体范围和相关规范。

1. 人才表彰奖励制度的具体范围

人才表彰奖励制度的制度体系由"1 + 1 + 3"的顶层架构与具体操作规范构成。

功勋荣誉表彰制度的"1 + 1 + 3"顶层架构同样也是人才表彰奖励制度的顶层架构,具体指的是"1 个意见、1 部法律、3 个条例"。"1 个意见"指的是中共中央《关于建立健全党和国家功勋荣誉表彰制度的意见》,"1 部法律"指的是《中华人民共和国国家勋章和国家荣誉称号法》,"3 个条例"指的是党内、国家和军队 3 个荣誉表彰条例。

人才表彰奖励制度的具体操作规范包括《评比达标表彰活动管理办法》《社会组织评比达标表彰活动管理办法》《全国评比达标表彰保留项目目录》以及全国评比达标表彰工作协调小组制定的评选评奖工作负面清单等。其中,《评比达标表彰活动管理办法》规范了党的机关等各类主体举办的面向各地区各部门或者本系统本行业的各类评比达标表彰活动。《社会组织评比达标表彰活动管理办法》规范了在社会组织登记管理机关依法登记的社会团体、基金会、民办非企业单位（社会服务机构）主办的各类评比达标表彰活动。《全国评比达标表彰保留项目目录》与评选评奖工作负面清单从正反两方面规范评比达标表彰活动的范围。

2. 不同类别人才表彰奖励制度的具体规范

除顶层架构与具体操作规范之外，不同类别人才、专项工作都有各自相对完备的人才表彰奖励制度的具体规范。此外，以《国家科学技术奖励条例》为主的科技领域表彰奖励制度已基本完善，故不再赘述。

首先，《公务员奖励规定》《事业单位工作人员奖励规定》等构成了不同类别人才的表彰奖励制度规范。如 2020 年修订的《公务员奖励规定》，与之前历次的奖励规范相比，呈现出鲜明的亮点，相关制度规范更加明确具体。第一，奖励条件突出政治素质要求。《公务员奖励规定》修改了"公务员奖励"的定义，突出了"政治素质过硬"的要求，并将其置于工作表现突出之前。第二，奖励权限进一步细化且清晰。明确了副省级城市党委和政府的奖励权限，还细化了垂直管理或双重领导等机关的奖励权限。第三，细化了及时奖励的主要情形、程序要求以及结果运用等，首次明确了及时奖励可以适当简化程序。第四，突出向基层和工作一线倾斜。明确要求公务员奖励应当严格标准、控制数量，注重向基层和工作一线倾斜。第五，奖励工作情况实行备案制度。第六，奖励事迹注重公开宣传。

其次，《中国人民解放军纪律条令》具体规范了军队的奖励工作。《中国人民解放军纪律条令》明确规定了奖励的目的和原则、奖励的项目、个人奖励的条件、单位奖励的条件、奖励的权限、奖励的实施、奖励的待遇等。按照《中国人民解放军纪律条令》，军队奖励的权限属于连级以上单位（层次从低到高分别为连级单位、营级单位、团级单位、副师级单位、正师级单位、军级单位、战区军种、战区军兵种、中央军委）；必要时，上级单位可以实施属于下级单位批准权限的奖励。另外，中央军委具体规定战时奖励权限下放办法，便于发挥表彰奖励的及时、适时激励功能。

最后，《关于建立和完善慈善表彰奖励制度的指导意见》《人力资源社会保障部办公厅关于在"三区三州"事业单位开展脱贫攻坚专项奖励的通知》等规范了慈善、扶贫等不同专项工作的表彰奖励工作。如为贯彻落实《国务院关于促进慈善事业健康发展的指导意见》中关于"完善慈善表彰奖励制度"的明确要求，2015 年，民政部、人力资源和社会保障部联合发文对各级政府开展的慈善表彰奖励工作进行规范和指导。又如 2019 年，人力资源社会保障部办公厅印发通知开展脱贫攻坚工作专项奖励。

3. 不同行业人才表彰奖励制度的具体规范

教育、文化、体育等不同行业也有相应的表彰奖励制度规范。

首先，教育人才表彰奖励制度。《中华人民共和国教育法》规定"国家对发展教育事业作出突出贡献的组织和个人给予奖励"。《中华人民共和国教师法》规定：教师在教育教学、培养人才、科学研究、教学改革、学校建设、社会服务、勤工俭学等方面成绩优异的，由所在学校予以表彰、奖励。国务院和地方各级人民政府及其有关部门对有突出贡献的教师，应当予以表彰、奖励。对有重大贡献的教师，依照国家有关规定授予荣誉称号。

其次，文化人才表彰奖励制度。党的十八大以来，中国文联先后修订出台《全国性文艺评奖管理办法》《全国性文艺评奖评委库建立实施规范》《全国性文艺评奖工作专项经费管理办法》《全国性文艺评奖组织机构组成原则》《关于继续深化全国性文艺评奖制度改革的意见》等配套文件，按照示范导向明确、评奖标准科学、奖项设置合理、评奖数量适当、评奖程序规范、章程细则严谨、监督保障到位、奖惩机制有效、宣传推介有力、品牌效应凸显的原则，积极推动各项改革措施的落地落实，为推出优秀文艺作品人才，满足人民精神文化需求发挥了积极作用。

最后，体育人才表彰奖励制度。2015 年，国家体育总局印发《运动员、教练员体育运动奖章授予办法》，以鼓励和表彰优秀体育人才为国家取得优异运动成绩和作出突出贡献。体育运动奖章的授予主要根据运动员、教练员在本年度重大国际比赛中取得的运动成绩，并结合被授予者的综合表现予以确定。

4. 不同地方人才表彰奖励工作的政策体系

地方人才表彰奖励工作的政策体系不断完善。调研发现，在各级表彰奖励协调机构成员单位共同努力推动下，广西表彰奖励政策体系不断完善。综合政策方面，出台了党内表彰、评比达标表彰活动管理、表彰奖励获得者待遇和帮扶、先进典型学习宣传等政策文件。专项政策方面，出台了民族团结、经济发展、科学技术、学术成果、文艺创作、见义勇为、慈善事业、统一战线等评选表彰办法，为规范开展各项表彰活动提供政策规范。

（二）人才表彰奖励的奖项设置

课题组梳理了我国各级各类表彰奖励项目，初步明确了人才表彰奖励的奖项设置及工作开展情况。整体来看，定期奖励和及时奖励互相补充，涵盖全时段；基于职业身份贡献的奖励涵盖经济社会生活全部内容；基于公民身份的奖励和不基于公民身份的奖励相互补充，涵盖国内外；基于不同群体的奖励涵盖国内全部对象。

1. 定期奖励和及时奖励互相补充，涵盖全时段

我国的国家级表彰奖励由中共中央、国务院、中央军委名义单独或者联合开展。表彰范围包括坚决贯彻执行党的理论和路线方针政策，模范遵守宪法法律，在中国特色社会主义伟大事业中作出突出贡献，道德品质高尚，群众公认的个人和集体。定期表彰奖励项目一般每 5 年开展 1 次。对在抢险救灾、处置突发事件或者完成重大专项任务中作出突出贡献的个人或者集体可以给予及时性表彰奖励。可以看出，这些表彰奖励项目中，既有基于长期表现或贡献的奖励，如"全国劳动模范和先进工作者"，又有基于临时表现或贡献的奖励，如"全国抗击新冠疫情先进个人和先进集体"，涵盖了"平时"和"急时"全时段。

2. 基于职业身份贡献的奖励涵盖经济社会生活全部内容

从党群系统表彰奖励项目和部门表彰奖励项目来看，基本上每个部门都有自己的先进工作者奖励项目，奖励基于职业身份的贡献。比如"全国新闻出版广播影视系统的先进工作者""全国人力资源社会保障系统先进个人"等，基于职业身份贡献的奖励涵盖经济社会生活全部内容。

3. 基于公民身份贡献和不基于公民身份的奖励相互补充，覆盖国内外

我国目前的人才表彰奖励项目中，既有基于公民身份贡献的奖励，如"全国道德模范""全国五一劳动奖章"等，又有基于贡献不限公民身份的奖励，比如，中华人民共和国主席进行国事活动，可以直接授予外国政要、国际友人等人士"友谊勋章"，各地也有以外国友人为授奖对象的友谊奖，奖励对象覆盖国内外。

4. 基于不同群体的奖励涵盖国内全部对象

表彰对象为女性群体的奖励项目包括"全国三八红旗手标兵""三八红旗手"等，在女性群体里还细分为母亲、青年女科学家等不同群体。比如"中国优秀母亲表彰""中国青年女科学家奖"等。除此之外，还有特定身份群体，如"全国优秀县委书记""全国离退休干部先进个人"等。特定年龄群体，如"中国青年五四奖章""全国优秀少先队员"等。特定范围群体，如针对侨界高端人才的"中国侨界贡献奖"等。

三、我国人才表彰奖励制度的运行成效

在较为完善的顶层架构与具体操作规范制度体系指导下，在不同类别及领域等人才表彰奖励制度的具体规范下，我国的人才表彰奖励工作积累了丰富的实践经验。

（一）表彰奖励项目实现数量上做减法、效果上做加法的目标

自 2006 年国务院发布《国务院办公厅转发监察部等部门关于清理评比达标表彰活动意见的通知》以及随后监察部等九部门发布《关于落实〈国务院办公厅转发监察部等部门关于清理评比达标表彰活动意见的通知〉的实施方案》开始，各地区、各部门按照"全面清理、逐级负责、严格审核、大幅减少、统一规范"的原则，全面清理各类评比达标表彰活动，评比达标表彰活动总量大幅减少。2006 年至 2009 年，中央纪委牵头，人力资源和社会保障部等部门参与的清查评比达标表彰项目工作共清查出各种评比达标表彰项目 148 405 个，保留了 4 218 个项目，总撤销率为 97.16%。2010 年 10 月，中共中央办公厅、国务院办公厅印发了《评比达标表彰活动管理办法（试行）》，同年年底成立了全国评比达标表彰工作协调小组（以下简称"国评组"），负责全国评比达标表彰工作的政策指导、统筹协调、审核备案、监督检查工作。2018 年 12 月，在全面清理的成果基础上，《评比达标表彰活动管理办法》进一步规范了评比达标表彰活动，强调"严格审批、总量控制、合理设置、注重实效"的原则。2021 年 6 月，国评组发布评选评奖工作负面清单。这些举措有力推动了表彰奖励项目的大幅缩减和实效提升。

（二）不同类别的人才表彰奖励工作有序开展

如 1995 年 7 月人事部印发了《国家公务员奖励暂行规定》，1996 年第一届全国"人民满意的公务员"评选表彰活动以此为依据开展，从 1996 年起至今，已开展了九次"人民满意的公务员"评选表彰活动。公务员表彰奖励成为深入开展做人民满意的公务员活动的重要举措，不仅对获奖公务员具有激励作用，还从治国理政的高度引导所有公务员的行为。事业单位工作人员奖励以贯彻落实《事业单位工作人员奖励规定》为重点，人力资源和社会保障部指导各地各部门制定相关实施细则，规范开展事业单位奖励工作。高技能人才的表彰奖励以参加和筹办世界技能大赛为契机，以高技能人才评选表彰活动为抓手，表彰中华技能大奖获得者、全国技术能手，宣传报道世界

技能大赛金牌选手等优秀技能人才，发挥表彰奖励制度功能，营造劳动光荣、技能宝贵、创造伟大的氛围。

（三）人才表彰奖励成为推动工作的重要动力来源

比如，广西壮族自治区，其表彰项目内容基本覆盖各领域人才队伍。在总量控制的前提下，通过优化项目设置，整合同类项目等方式，尽可能增加对各类人才群体的覆盖。现有的 60 个保留项目中有涉及人才项目 37 个，成果类项目 5 个，针对教师、文艺工作者、记者、工程师、企业家等各类人才群体，覆盖科技、文化、教育、环保、工业等各领域。

专项工作的人才表彰奖励有效推动了工作进展。以脱贫攻坚工作为例，2019 年"三区三州"事业单位脱贫攻坚专项奖励工作聚焦脱贫攻坚任务要求，突出工作实绩表现，体现向基层一线倾斜的原则。经过逐级推荐、严格筛选和审议研究，四川、云南、西藏、甘肃、青海、新疆 6 省（区）及新疆生产建设兵团共评选嘉奖 3 万余人、记功 3 千余个、记大功百余个，并在全国扶贫日前后开展集中宣传。这一专项工作的人才表彰奖励激励广大事业单位工作人员见贤思齐、奋发有为、锐意进取，凝聚打赢脱贫攻坚战的强大合力。

四、我国人才表彰奖励制度面临的问题

尽管人才表彰奖励制度的运行成效显著，但实际工作中，仍然存在一些问题。从实践来看，我国人才表彰奖励制度面临的主要问题是表彰奖励制度与相关制度之间的层次、功能及关系需要重新调整。具体包括与功勋荣誉制度的层次需要区分，与薪酬分配制度的功能需要区分，不同表彰奖励制度相互之间的关系需要统筹；涉外评选评奖的制度供应和规范管理存在失序问题；表彰奖励制度功能发挥存在一些障碍等。

（一）表彰奖励制度与相关制度之间的层次、功能及关系需要重新调整

1. 表彰奖励制度与功勋荣誉制度的层次存在交叉

人才表彰奖励制度规范是我国功勋荣誉制度规范的重要组成部分，且必须遵循功勋荣誉制度规范的要求。但从表彰奖励的层级和对象来看，人才表彰奖励制度规范仅包括"表彰奖励"部分，且只针对"人才"开展。

人才表彰奖励制度与功勋荣誉制度的主要差异在于层级以及公权力的介入强度。功勋荣誉制度的层级更高，公权力介入的强度更大。作为高层级的

功勋荣誉项目应该是少而精，授予主体、授予对象都应是严格限制的，且更加强调国家意志的体现。人才表彰奖励项目则可以适当扩大，且更加强调社会意志的体现。

实践中，人才表彰奖励制度呈现出两个问题，一是有向更高层级的功勋荣誉制度覆盖的趋势，人才表彰奖励制度倾向于附着荣誉属性，比如强调提高奖励层级、突出荣誉属性等。二是表彰奖励项目过多过滥，但清理规范之后总量控制又无法满足现实需要。针对过多过滥的表彰奖励项目进行清理规范十分必要，但清理规范之后的总量控制又带来社会对表彰奖励项目的实际需要与严格的总量控制管理之间的张力，以及作为工作抓手的表彰奖励与减轻基层负担的实际要求之间的张力等问题。

2. 表彰奖励制度与薪酬分配制度的功能存在交叠

表彰奖励制度与薪酬分配制度的关系在不同的人才类别当中呈现出不同的关联度。

公务员、事业单位工作人员的表彰奖励制度与薪酬分配制度关联度较小，这主要是因为两种制度的功能作用在制度设计和制度实施中都比较明确。如公务员表彰奖励是防止因公务员晋升资源匮乏而产生激励困境的有效举措，旨在建设信念坚定、为民服务、勤政务实、敢于担当、清正廉洁的高素质专业化公务员队伍。公务员奖励制度对获得奖励的公务员的标准和条件，奖金的发放主体、数量、来源、标准以及奖金标准调整等都有具体的规定。同时，各地区各部门均无权自行设立《公务员奖励规定》以外的其他种类的奖励。违反规定标准发放奖金、重复发放奖金等都是明确禁止的行为。因此，可以看出，物质奖励的标准不可能承担起薪酬分配的制度功能。

《事业单位工作人员奖励规定》对给予一次性奖金的对象范围也有明确规定。尽管获奖人员所在地区或者单位经批准可以追加其他物质奖励，不计入工作人员所在单位绩效工资总额，但所需经费通过相关单位现有经费渠道解决。因此，事业单位在有限的经费渠道范围内不会将物质奖励的比重设置过高，更不会与薪酬分配制度产生功能上的交叉或替代。当然，尽管相关制度已强调以精神奖励为主，但在制度运行与实施中，精神奖励与物质奖励逐步呈现出界限模糊的趋势，精神奖励物质化、物质奖励荣誉化的现象时有出现。

表彰奖励制度与薪酬分配制度的制度功能交叉主要体现在作为人才工作抓手的人才奖励上。一方面，人才引进过程中的奖励不同于设立某一奖项，而是以人才住房补贴、安家补贴、工作经费等方式直接发放，所以并没有被纳入评比达标表彰活动的规范之中。这意味着这些奖励项目的设置也不受评比达标表彰活动具体操作规范的约束。另一方面，各地政府的人才奖励管理办法中没有对人才奖励的标准进行限制，大部分都依据地方财政力量和相关方重视程度设置金额标准。因此就出现了对人才进行高额奖补，奖补的金额远超过其薪酬待遇的现象，在某种程度上已不再是激励精神升华、激励工作创造性的奖励制度功能，而承担起了薪酬分配制度的功能。

3. 不同表彰奖励制度之间存在衔接问题

国家表彰奖励制度和地方表彰奖励制度之间应该呈现出一种有序衔接、功能互补的关系。目前，部分表彰奖励项目未严格区分国家表彰奖励与地方表彰奖励，缺乏有地方特色和地方创新的表彰奖励项目，国家表彰奖励与地方表彰奖励互补特征不明显。比如，广西壮族自治区的同志在调研中指出，中央部委与地方表彰项目数量和结构不协调。中央部委保留表彰项目超过500个，多数为单项业务表彰和行业性表彰。还有个别部委在专项工作考核中设置扣分指标，硬性要求地方设立对应表彰项目。区直部门普遍要求对应上级开设表彰项目，但受表彰项目限额规定无法实现。

不同表彰奖励制度之间应当呈现出一种统筹协调、互补互促的关系。目前，不同管理部门的人才表彰奖励制度适用不同的管理规定。《全国评比达标表彰保留项目目录》同样是按照管理主体区分不同的评比达标表彰项目。科学技术奖励活动包括社会力量设立的科学技术奖励，按照《国家科学技术奖励条例》有关规定办理。全国性文艺评奖和新闻媒体评奖由中央宣传部按照有关规定办理。基于此，实践中人才表彰奖励制度呈现出管理部门化明显、综合管理不足的问题。《全国评比达标表彰保留项目目录》以管理主体区分评比达标表彰项目，势必难以从不同人才类型、不同地区、不同行业部门等多视角来统筹协调各项目，实践中难免会出现表彰奖励获得者对象集中的问题。

除此以外，按照《国家功勋荣誉表彰条例》规定，市级党委和政府表彰奖励项目每年不超过2个，县级党委和政府表彰奖励项目每年不超过1个，省级工作部门表彰奖励项目每年累计不超过20个。调研过程中，广西壮族自治区的同志提出，目前总量控制难以满足各级需求，工作实践中各部门普遍要求增加表彰项目名额。由于表彰奖励项目按照"总量控制"进行规范，迫切需要社会力量设奖进行有效补充。我国社会力量设奖虽有所发展，但规范性、权威性不足，尚不足以成为政府表彰奖励的有力补充。

（二）涉外评选评奖的制度供应和规范管理存在失序问题

2019 年，演员江一燕获"美国建筑大师奖"引发质疑。公众的质疑点主要集中在奖项的权威性和江一燕的获奖者身份。从奖项的权威性来看，据媒体披露的信息，该奖项设立时间短，距江一燕领奖之时仅设立 4 年，且受奖范围广，一次颁发几百个项目。从江一燕的获奖者身份来看，江一燕并非实际的设计者而是作为甲方出现在设计团队名单里。2022 年，诺贝尔奖获奖名单出来之后，多所国内高校发布喜讯，称其荣誉教授获得诺贝尔奖，被网友批评"蹭诺奖热度"。这些事情都与涉外评选评奖相关，且都折射出涉外评选评奖的一些问题。

涉外评选评奖包括两方面的内容：一类是我国以外国人为评选对象设立的奖项。另一类是外国设立的、颁奖对象包括中国人的奖项。前者被纳入我国的功勋荣誉表彰体系一管理。后者涉及我国公民接受国际奖励授奖的规范管理问题。

1. 不同对象接受国际奖励的规范不明确

从对象范围来看，目前仅党政领导干部接受国际奖励有相关制度进行规范，且没有细分级别、岗位、单位性质等。党中央《关于规范党政领导干部接受国际奖励和国内民间奖励的意见（试行）的通知》对党政领导干部接受国际奖励进行规范管理，总体要求是自觉申报，严格审批，杜绝危害国家总体安全、影响公正执行公务、变相输送利益等问题的发生。但由于该通知的密级属性，我们对通知的详细内容不得而知。但实践中反映的情况表明，该通知并未对不同级别（如中管干部和非中管干部）、不同岗位（如核心涉密人员和非核心涉密人员）、不同单位性质（如驻外机构人员和非驻外机构人员）等人员接受国际奖励进行区别化管理。

事实上，专业技术人员尤其是高校学者，是接受国际奖励的主要对象主体。从法律规范依据来看，《事业单位工作人员处分暂行规定》第 16 条第 4 款明确，接受损害国家荣誉和利益的境外邀请、奖励，经批评教育拒不改正的，属于违反政治纪律行为，给予记过处分；情节较重的，给予降低岗位等级或者撤职处分；情节严重的，给予开除处分。但从管理实践来看，目前高等学校对高校教师接受国际奖励基本上缺乏比较有效的管理手段，仅在需要前往境外领取奖项时，对差旅和会议审批进行相应的管理，既缺乏事前的报备审批，又没有事后的备案要求。

2. 不同管理环节的管理举措不清晰

从管理环节来看，目前仅党政领导干部对拟接受国际奖励有自觉申报的要求，事前事后监管均显不足。目前，我国对外国奖项的权威性、政治中立性等甄别缺乏指导意见。因此，对于提名制的奖项，个人在接受国际奖励时，往往依据个人经验或媒体报道作出判断。囿于有限的信息，这些判断往往难以支撑对某一奖项的甄别。尤其是一些别有用心的奖项往往会隐藏真实意图，误导个人做出判断，这使仅仅依靠个人力量进行甄别的难度进一步加大。

对于申请制的奖项，个人申请时需要提供佐证材料，比如律师申请境外的奖项时往往需要提供能证明业绩的相关案例，单一的佐证材料或许没有太大的安全隐患。但随着申请境外奖项的人数增多，数据材料往外输出的数量增加，这些数据材料放在一起就很有可能对我国的司法安全产生一定的影响。

除此之外，目前尚无对获得外国奖项后的宣传进行规范管理的相关制度。《中国共产党党内功勋荣誉表彰条例》第 27 条对党内功勋荣誉表彰获得者的先进事迹和精神风范的宣传主体、媒介等进行了具体规范。但接受国际奖励后是否要进行宣传，宣传主体、媒介如何确定都缺乏相应的制度规定。这一制度空白在党政领导干部群体当中矛盾并不突出，因为宣传工作纪律实际上会对接受国际奖励后的宣传进行约束。对于接受外国奖励数量最大的主体——高校学者而言，获奖后的宣传规范往往由其所在的学校进行管理。比如，有的高校明确凡涉及境外评奖、授予学位需要报道的，必须按照不同情况分别报送有关部门征求意见。但由于缺乏统一的管理规范，往往各高校管理规范标准松紧不一，难免会出现管理缺位、不到位的现象。

3. 制度对行为的导向作用不确定

从制度导向来看，现有的制度规范并未明确目前究竟是支持鼓励还是控制约束我国公民接受国际奖励。首先，我国的功勋荣誉表彰奖励获得者待遇落实的相关制度规范并未将任何国际奖励纳入其中。也就是说，国际奖励不作为获得特殊贡献待遇的依据。对于是否享受特殊贡献待遇，我国的制度规范仍以功绩是否符合全国或省级劳动模范条件为主要判断依据。比如，《国务院关于工人退休、退职的暂行办法》第 4 条规定，获得全国劳动英雄、劳动模范称号，在退休时仍然保持其荣誉的工人……其退休费可以酌情高于本办法所定标准的 5% ~ 15%。

其次，我国公民接受国际奖励的情况比较复杂，对接受国际奖励的行为持支持鼓励还是控制约束的导向，目前尚无明确的制度规范。比如《公民举报危害国家安全行为奖励办法》《毒品违法犯罪举报奖励办法》明确对公民的举报危害国家安全行为、举报毒品违法犯罪行为等持支持鼓励的导向。

最后，竞赛类的国际奖项比较常见的规范管理做法是公布类似竞赛"白名单"目录。比如，文化部曾采取目录式的管理方式，以一种框定范围的方法对参与国际竞赛表明支持鼓励的导向，即在目录内的为支持鼓励的奖项且可获得参赛经费补贴。文化部 2006 年曾出台《文化部关于对出国参加国际艺术比赛的管理模式进行改革的通知》，采取定期公布文化部鼓励参加的国际艺术比赛目录，并根据选手获奖成绩按照规定发放参赛经费补贴方式进行管理。与此类似的是广东省律师协会的做法。2020 年 7 月，广东省律师协会发布了《关于支持律师事务所和律师参与国际法律评级机构评选的通知》，其中明确表述："对于 2020 年 7 月 15 日至 2023 年 7 月 14 日期间，成功入选钱伯斯（Chambers and Partners）、法律 500 强（The Legal 500）、《亚洲法律杂志》（ALB）三家国际法律评级机构中法律业务类榜单或获得相关奖项（不含提名、候选名单）的广东省内的律师事务所（总部须在广东）及其执业律师"，给予资金奖励、推荐参与相关重大涉外经贸活动及加大宣传推广力度。

（三）表彰奖励制度功能发挥存在一些障碍

在国家表彰奖励办公室的大力支持下，中国人事科学研究院课题组开展了综合调研工作。课题组对国家表彰奖励办公室提供的国家级、省部级评比达标表彰项目列表进行了结构化分析，对我国多个省、自治区、直辖市人社厅（局）门户网站评比达标表彰项目公开信息进行了整理，同时前往广西、湖南、广东三地开展实地调研，了解工作情况，掌握现存问题，听取意见建议。在上述工作的基础上，课题组发现充分发挥表彰奖励制度功能面临亟待解决的四个问题。

1. 制度功能定位认识有偏差，亟须澄清

调研发现，目前各地区各部门对表彰奖励制度的功能定位认识有偏差。一是将表彰奖励当成一种福利，要求尽可能实现对象全覆盖。有些部门以平衡各行业各领域工作者的实际需要为由，要求设立各种各样的奖励项目；有些部门在开展表彰奖励工作时，以平衡不同地区、不同单位工作者为由，要求增加表彰奖励名额、缩短表彰奖励周期等。二是将表彰奖励当成主要的工作手段，要求尽可能实现工作事项全覆盖。不少部门过于依赖表彰奖励推动工作的作用，把增加表彰奖励项目，尽可能覆盖所有工作事项作为抓好工作的最优解决思路。

2. 表彰奖励项目设置有局限，亟须调整

根据国家表彰奖励办公室提供的项目列表，截至目前，纳入全国评比达标表彰保留项目目录管理的项目共计 1 614 项。其中，中央单位项目 279 个，全国性社会组织项目 206 个，地方项目 775 个，临时表彰项目 374 个。

一是面向系统内的人员及工作表彰项目数量过多。当前，中央单位和地方均设置了一定数量的以系统内人员及工作为表彰对象的项目。有些单位甚至只设置了面向本系统内人员及工作的项目，如外交部、工信部、中国人民银行、审计署等。中央单位开展的 279 项评比达标表彰项目中，以本系统人员和工作为表彰对象的项目达到 134 项，占比为 48.03%。尤其是国务院 24 个组成部门的 92 项评比达标表彰项目中，系统内人员及工作表彰项目数量高达 52 项，占比达到 56.52%。各地系统内人员及工作的表彰项目也很多，如北京市信访工作先进集体和先进个人、北京市先进科技工作者等。

二是部门项目设置交叉重复。有的部门之间存在项目设置交叉重复的现象。如新闻类奖项，既有中国记协的"中国新闻奖"，也有中央纪委国家监委机关的"党风廉政建设好新闻奖"，还有中央政法委的"全国政法新闻作品"以及全国政协办公室的"全国政协好新闻"。有的部门内部存在项目设置交叉重复的现象。如公安部以在职在编人民警察为表彰对象的项目有四个，包括"全国特级优秀人民警察""全国公安系统优秀人民警察""全国我最喜爱的人民警察""全国铁路公安系统优秀人民警察"；水利部针对水利系统既设置了"全国水利系统先进集体、先进工作者和劳动模范"，又设置了七个流域机构的先进个人和集体表彰项目。

总体来看，面向系统内人员及工作的表彰项目数量过多，表彰奖励对象范围受限，不利于表彰奖励示范功能的发挥。项目设置交叉重复，既浪费有限的表彰奖励公共资源，挤压新项目设置空间，又容易造成受奖者"赢者通吃"的局面，加重马太效应，影响示范功能。

3. 表彰奖励项目动态调整有欠缺，亟须优化

一是紧密围绕国家战略安排进行项目调整和更新不足。当前评比达标表彰项目多为常规性表彰，包括面向系统内人员或重点工作等开展的项目以及面向社会开展的有一定历史的传统项目，如全国三八红旗手、中国青年科技奖等。在表彰奖励项目总量控制的原则下，项目保持总体稳定，但紧密围绕国家战略安排方面调整和更新不足，对国家发展重点领域重点方向的引领支撑作用稍显不足，如党的二十大提出"实施科教兴国战略，强化现代化建设人才支撑"，将教育、科技、人才并列，进行统筹谋划和一体化部署，但现

有的教育、科技、人才表彰奖励项目数量总体较少且缺乏统筹协调，缺乏新的有影响力的项目。

二是项目支撑中心工作、引领工作发展的功能发挥不够。从制度设计来看，表彰奖励的引领功能应当体现为中心工作推进到哪里，表彰奖励就跟进到哪里。但调研情况表明，在总量控制的原则下，市县确定 2 个项目的方式往往难以实现围绕中心、引领工作的功能。具体来说，地方表彰奖励工作部门在确定市州 2 个项目时，往往采取部门报需求，表彰奖励工作部门报上级领导权衡的自下而上方式。这种方式往往缺乏长期的规划安排，且过多地权衡部门工作需要，难以从整体上把握表彰奖励制度支撑中心工作、引领工作发展的需要。

4. 监督检查与经验交流有不足，亟须完善

一是相关制度规范缺乏监督检查。比如《评比达标表彰项目目录管理办法（试行）》第 5 条要求，各省（自治区、直辖市）评比达标表彰工作协调小组办公室在人力资源社会保障厅（局）门户网站显著位置公布计划开展的评比达标表彰项目目录。但从全国 32 个省、市、自治区人社厅（局）门户网站的情况来看，仅北京市、上海市、黑龙江省 3 个地区公布了全部目录，25 个地区按年度公布目录或者公布部分目录，内蒙古自治区、辽宁省、吉林省、江苏省、安徽省、海南省 6 个地区尚未公布目录。

二是地方探索缺乏经验交流。在表彰奖励项目设置方面，地方探索有围绕中心工作布局表彰奖励的经验。比如，广西紧密围绕中央和自治区中心工作布局表彰奖励工作，梳理检查现有保留表彰项目与党的二十大报告部署重大任务的对应情况，确保项目覆盖广西政治、经济、文化、社会、生态文明建设各领域和各项重点工作。在改进工作方式方面，地方探索有归口管理的经验。比如，深圳市改变市级表彰项目确立的工作方式，由之前自下而上的申报，改变为表彰奖励部门与委办沟通，确定市委、市政府的重点工作，形成表彰奖励的项目库，按照重要程度进行统筹安排。调研发现，这些地方探索的经验并未得到充分的交流和宣传，未能形成示范效应。

五、优化我国人才表彰奖励制度的思考

任何一项制度，都是针对具体时空中的具体问题创造、发展出来的解决办法。研究和思考某一制度，自然无法脱离制度衍生的时空环境以及其意在解决的问题。基于上述人才表彰奖励制度运行的成效和需要优化的问题分析，优化人才表彰奖励制度应当朝构建层次分明的人才表彰奖励制度体系和

形成功能明确的人才表彰奖励制度体系两个方向努力，最终完善统筹协调的人才表彰奖励制度体系。同时，强化涉外人才评选评奖的制度供应和规范管理，加强保障以便充分发挥表彰奖励制度的作用。

（一）构建层次分明、功能明确、完善协调的人才表彰奖励制度体系

首先，构建层次分明的人才表彰奖励制度体系关键在于厘清人才表彰奖励制度与功勋荣誉制度的层次。从主体来看，党和国家功勋荣誉表彰工作委员会对党和国家功勋荣誉表彰工作进行统筹协调、政策制定和督促落实。全国评比达标表彰工作协调小组在党和国家功勋荣誉表彰工作委员会统一领导下，对全国评比达标表彰工作进行政策指导、统筹协调、审核备案、监督检查。

具体而言，以清理规范评选达标表彰活动为契机，扩大清理规范的范围，对各级各类的功勋荣誉、表彰奖励项目进行梳理甄选。区分出荣誉属性突出的项目，将其纳入功勋荣誉制度中。同时梳理依附于功勋荣誉制度的各种待遇权利，如政治待遇、经济待遇、生活待遇等，适度弱化物质待遇特权，突出功勋荣誉制度的精神激励作用。区分出奖励属性突出的项目，将其纳入表彰奖励制度中。同时，适度削减依附于表彰奖励制度上的荣誉属性，以更好地区分功勋荣誉制度与表彰奖励制度。

其次，功能明确的人才表彰奖励制度体系关键在于区分人才表彰奖励制度与其他制度的功能定位。明确人才表彰奖励制度与薪酬分配制度的功能差异，要树立正确的人才评价使用导向，避免表彰奖励与物质利益简单挂钩，避免表彰奖励的物质待遇替代薪酬制度的功能等。中央已开始进行顶层设计并出台制度规范，如2018年7月，中共中央办公厅、国务院办公厅发文明确规定，不把人才荣誉性称号作为"承担各类国家科技计划项目、获得国家科技奖励、职称评定、岗位聘用、薪酬待遇确定的限制性条件"，让人才称号回归荣誉性本质。地方人才引进过程中的高额人才奖励并未纳入评比达标表彰活动保留项目的范围，实际上与我们讨论的人才表彰奖励制度范畴有一定的差别。从目前公布的评比达标表彰活动保留项目目录的分析来看，现有的人才表彰奖励项目主要集中在高技能人才表彰、杰出专业技术人才表彰、有突出贡献的人才表彰等方面，强调的是对人才作出贡献的肯定和表彰，与地方政府作为人才吸引手段的人才奖励有着本质的区别。基于此，一种方法是从人才表彰奖励制度的角度进行规范，将其纳入评比达标表彰活动的清理规范范围，制定出相应的管理办法。另一种方法是从薪酬分配制度出发，制定人才待遇的指导性规定，约束高额人才奖励开展人才引进工作的行为。

最后，完善统筹协调的人才表彰奖励制度体系关键在于国家表彰奖励和地方表彰奖励、部门间表彰奖励以及政府与社会力量表彰奖励项目的统筹协调。

国家表彰奖励与地方表彰奖励、部门间表彰奖励的统筹协调要重点关注地方表彰奖励项目、部门表彰奖励项目的特色和创新。在目前表彰奖励项目总量严格控制的前提下，应当适度考虑不同地方、不同部门表彰奖励项目的特色和创新。这项工作可以从两方面开展：一方面中央和省（自治区、直辖市）两级审批主体在项目设立审批的过程中应当充分考虑地方表彰奖励项目的特色和创新。另一方面各地区各部门设立、调整或变更评比达标表彰项目时也应当充分体现表彰奖励项目的特色。事实上，调研发现，有些地方人才表彰奖励工作积累了丰富的经验，可供其他地方借鉴推广。以广西为例，广西的经验主要体现为立足广西区情、服务广西发展，打造具有民族边疆地区特色的表彰政策体系。紧密围绕全面建设新时代壮美广西工作任务布局表彰项目，经梳理，广西现有保留表彰项目与党的二十大报告部署的重大任务基本对应，在深入贯彻落实"五个更大"重要要求、全面建设新时代壮美广西工作任务上体现了明确的激励导向。比如，在加强民族边疆地区建设方面，设立民族团结、双拥、退役军人、边海疆治理突出贡献奖等表彰项目；在绿色发展方面，设立环境保护、人居环境、生态林业表彰项目；在维护国家安全方面，设立网络安全、民兵、征兵等表彰项目；在推动高质量发展方面，设立了高质量发展先进县、财税金融、乡村振兴、旅游、数字广西等表彰项目；在鼓励科技创新方面，设立了青少年科技创新奖、青年科技奖、杰出工程师奖、广西科技奖和优秀专家等表彰项目，形成了覆盖多方位全年龄段的科技表彰体系。表彰奖励活动紧跟中央、自治区重大决策部署，凝心聚力助推广西经济社会发展。

政府表彰奖励与社会力量设奖之间的统筹协调要秉持规范管理与培育并重的理念，清理规范表彰奖励项目的同时有序发展社会力量表彰奖励，妥善处理好表彰奖励项目总量控制与突发事件表彰奖励的现实需求之间的矛盾。合理调整政府表彰奖励与社会力量设奖之间的关系，需要为社会力量设奖提供必要的政策支持以及具有引导促进作用的制度规范，适度鼓励并规范引导非政府奖励发展，充分发挥社会和市场的力量，增加人才奖励获得机会，满足人才物质奖励和部分荣誉的需求。目前，科技奖励领域正在形成国家科技奖少而精、省部级奖和社会力量设奖健康有序发展的局面，这正是完善统筹协调的人才表彰奖励制度体系的发展方向。

在发展社会力量设奖方面，可以借鉴美国的相关经验。美国社会力量开展数量众多、影响力大的人才表彰奖励项目。首先，设奖主体类型众多。美国设奖的社会力量主要分为四类：一是以美国国家科学院（NAS）、国家工程院（NAE）、美国科学促进会（AAAS）、美国物理学会（APS）、美国化学学会（ACS）、美国水产养殖协会（USAS）等为代表的学术机构、专业学会或行业协会等专业组织；二是美国国家图书基金会（American Booksellers Association）、斯隆基金会（The Alfred P. Sloan Foundation）等基金会组织；三是私营公司或个人，如国际商业机器公司（IBM）设立了 IBM 博士奖学金，约翰·泰勒和爱丽丝·泰勒夫妇于 1973 年设立了泰勒环境成就奖（Tyler Prize for Environmental Achievement），克利夫兰奖；四是美国其他的社会组织。

其次，资金来源方式多渠道，包括学协会的自筹、基金会的赞助、企业或个人的捐助等，如美国国家科学院的研究创新奖（The NES Award for Initiatives in Research）由朗讯公司资助；美国国家工程院戈登奖（Bernard M. Gordon Prize）由美国国家工程院院士戈登出资设立。

最后，美国政府对社会力量奖项的设置、运行和评审等很少干预，申报人符合项目申报条件即可参与，不受级别限制。[①]

（二）强化涉外评选评奖的制度供应和规范管理

从现实需求来看，奖励需求的扩张以及国际奖励的鱼目混珠使得规范管理迫在眉睫。一方面，国内奖项"总量控制"的原则客观上无法满足日益增长的奖励需求。目前，我国国内的评比达标表彰项目采取"总量控制"的原则。《评比达标表彰活动管理办法》规定，我国评比达标表彰工作遵循严格审批、总量控制、合理设置、注重实效的原则。与国内表彰奖励项目受到严格的总量控制相伴相生的，是公众对于评选评奖的迫切需要。以律师行业为例，目前《全国评比达标表彰保留项目目录》上涉及律师表彰的项目只有 3 个，分别是全国总工会的"全国维护职工权益杰出律师"，每 2 年一次；司法部的"全国法律援助和法律服务工作先进集体、先进个人"，每 3 年一次；司法部的"全国优秀律师事务所和全国优秀律师"，每 4 年一次。截至 2022 年 6 月，全国共有律师事务所 3.7 万余家，律师 60.5 万人。2021 年，4 年一次的"全国优秀律师事务所和全国优秀律师"表彰活动，共表彰 130 家律师事务所和 289 名律师。数字对比很直观地说明了目前国内表彰频次和表彰

---

① 赵小平，刘淑青. 中美社会力量设奖法律制度比较研究［J］. 科技与法律，2011（1）：6－9.

项目范围与现有的律师队伍人数以及对表彰奖励的迫切需求形成较大的反差。

另一方面，部分国际奖励的权威性及其宣传效果客观上满足了奖励需求。在国内表彰奖励的需求无法得到满足的情况下，转向追逐国际奖励成为众多机构和人员的必然选择。同样以律师行业为例，行业管理规范不允许律师打广告、做宣传，但承揽业务无疑需要相应的资质或能力证明，在国内奖励严格受到限制的同时，国际奖项无疑契合了律所和律师对影响力和知名度加持的需要。

因此，奖励需求的扩张以及国际奖励的鱼目混珠使规范管理迫在眉睫。国内相关行业机构或个人希望能有更多的表彰奖励项目，在国内表彰奖励项目总量控制的情况下，对国际奖项的追捧成为必然之势。与此同时，国际奖项鱼目混珠，目前的管理规范还存在一些制度空白，追捧背景下容易产生政治安全、数据安全等问题。因此，平衡供需之间的张力，规范管理国际奖励迫在眉睫。

（三）加强保障以便充分发挥表彰奖励制度的作用

一是澄清对表彰奖励功能的认识。事实上，表彰奖励既不是一种福利，又不是唯一有效的工作手段。表彰奖励制度是我国功勋荣誉制度的重要组成部分，精神引领、典型示范、价值导向是其重要的功能作用。要发挥表彰奖励制度的功能，势必要求表彰奖励项目少而精，既不需要覆盖所有对象，又不需要覆盖所有工作事项。因此，需要强化宣传引导，强调表彰奖励制度在意识形态引领、核心价值观实现等方面的政治引导作用，澄清相关认识，统一思想，方能有效避免思想源头上的错误带来工作方向的偏差。

二是调整优化评比达标表彰项目，调整优化的举措包括设置基础奖项，使之更具专业性和包容性，更广泛覆盖系统内外人员；设置专门奖项，服务工作大局；强化基础项、增加专门项、合并同类项、减少交叉项、取消不宜项，实现评比达标表彰项目的优化整合。

三是宏观层面强化评比达标表彰项目紧密围绕中央中心工作布局的要求，加强指导，全面统筹评比达标表彰项目；省级表彰奖励工作部门要积极梳理，查漏补缺，实现表彰奖励服务国家战略发展需要的功能作用。

四是强化监督检查，加强宣传交流。强化对相应制度规范落实的监督检查，督促各地表彰奖励工作部门积极履行职责，充分发挥职能作用。同时，搭建交流平台，创新交流方式，让地方探索中形成的有益经验得到全面推广，为其他地区解决类似问题提供参考。

参考文献

［1］包伟民．宋代制度史研究百年（1900－2000）［M］．北京：商务印书馆，2004：15.

［2］董丽君．论公务员奖励之授予［J］．江海学刊，2006（1）：125－130.

［3］杜明鸣，袁娟．应急管理表彰奖励的激励功能与实施管理探析［J］．中国人事科学，2020（4）：15－26.

［4］国务院．国务院关于促进慈善事业健康发展的指导意见（国发〔2014〕61号）［Z］.2014.

［5］华晓晨．国家行政奖励体系研究［J］．中国人才，2004（7）：58－61.

［6］贾湛．中国劳动人事百科全书［M］．北京：兵器工业出版社，1991：643，855.

［7］江国华．中国国家荣誉制度立法研究［J］．中州学刊，2014（1）：48－55.

［8］李龙亮．促进型立法若干问题探析［J］．社会科学辑刊，2010（4）：110－113.

［9］刘昌武．国家荣誉制度构建研究［D］．长沙：湖南大学，2009.

［10］民政部，人力资源和社会保障部．关于建立和完善慈善表彰奖励制度的指导意见（民发〔2015〕138号）［Z］.2015.

［11］钱宁峰．论《行政奖励法》的立法思路［J］．河北法学，2014，32（8）：53－61.

［12］人力资源社会保障部办公厅．关于在"三区三州"事业单位开展脱贫攻坚专项奖励的通知（人社厅函〔2019〕81号）［Z］.2019.

［13］人民日报评论员．全方位培养引进用好人才——论学习贯彻习近平总书记中央人才工作会议重要讲话［J］．中国人才，2021（10）：38－39.

［14］宋培杰．关于人事管理中奖励工作之我见［J］．遵义医学院学报，1995（2）：164－165.

［15］苏力．大国宪制历史中国的制度构成［M］．北京：北京大学出版社，2018：4.

［16］苏蒲霞．中国行政奖励体系研究［D］．兰州：兰州大学，2007.

［17］王贵松．行政资助裁量的正当化规制［J］．学习与探索，2008（6）：128－132．

［18］王理万．国家荣誉制度及其宪法建构［J］．现代法学，2015，37（4）：77－88．

［19］吴江．国家荣誉制度建设研究［M］．北京：党建读物出版社，2017：65．

［20］徐维．我国人才表彰奖励制度的优化发展［J］．中国人事科学，2022（6）：1－8．

［21］杨惠基．行政执法概论［M］．上海：上海人民出版社，2001：172．

［22］杨士秋，王京清，公务员奖励［M］．北京：党建读物出版社，中国人事出版社，2009：49．

［23］尤乐．论行政资助之合法性原则［J］．广西社会科学，2012（1）：84－89．

［24］张琼．我国国家表彰奖励制度发展研究［J］．中国人事科学，2021（5）：80－92．

［25］张树华，潘晨光，祝伟伟．关于中国建立国家功勋荣誉制度的思考［J］．政治学研究，2010（3）：39－43．

［26］中共吉林省委 吉林省人民政府关于激发人才活力支持人才创新创业的若干政策措施（2.0版）［J］．吉林省人民政府公报，2021（5）：4－9．

［27］中共中央办公厅，国务院办公厅．关于深化项目评审、人才评价、机构评估改革的实施意见（中办发〔2018〕37号）［Z］．2018．

［28］中共中央，国务院．国家功勋荣誉表彰条例（中发〔2017〕21号）［Z］．2017．

《人才表彰奖励制度研究》
课题组成员名单

课题顾问：

任文硕（中国人事科学研究院绩效管理与考核奖惩研究室主任、研究员）

课题组长：

徐　维（中国人事科学研究院绩效管理与考核奖惩研究室副主任、副研

究员）

执行组长：

毕占方（中国人事科学研究院绩效管理与考核奖惩研究室助理研究员）

课题组成员：

张　琼（中国人事科学研究院绩效管理与考核奖惩研究室助理研究员）

杜明鸣（中国人事科学研究院绩效管理与考核奖惩研究室助理研究员）

张延体（山东省公共就业和人才服务中心高级讲师）

中国人事科学研究报告
THE REPORT OF CHINESE PERSONNEL SCIENCE

高技能人才与专业技术人才
职业发展贯通优化路径研究①
——以广西为例

提 要：实现高技能人才与专业技术人才职业发展贯通，是解决人才工作中突出问题的一个关键点。本文在梳理两类人才贯通概念及国内研究现状的基础上，分析吉林省、山东省、江苏省及上海市等先进地区的两类人才贯通政策、队伍建设、实施成效，揭示先进地区出台政策前具有三个共性经验。在此基础上，通过探究当前广西全区及试点城市的两类人才队伍情况，指出实施两类人才贯通政策的必要性，归纳广西两类人才贯通工作存在的五方面问题。由此提出广西实现两类人才贯通优化提升路径是健全完善两类人才贯通政策，推动人才培养和产业升级的同步发展，创新两类人才贯通机制，落实两类人才贯通待遇，扩大政策知晓度、营造惜才氛围。

关键词：高技能人才 专业技术人 职业发展贯通 优化路径

一、绪论

（一）选题背景

自2018年起，人力资源社会保障部先后印发《关于在工程技术领域实

---

① 本文系中国人事科学研究院2023年度课题"高技能人才与专业技术人才职业发展贯通优化路径研究——以广西为例"报告的部分内容。

现高技能人才与工程技术人才职业发展贯通的意见（试行）》《关于进一步加强高技能人才与专业技术人才职业发展贯通的实施意见》等文件，从在工程技术领域首先支持高技能人才参加职称评审，逐步扩大贯通领域、淡化学历要求、建立绿色通道，破除人才贯通壁垒，拓宽人才发展空间，打通两类人才职业发展通道。2022 年 10 月，中共中央办公厅、国务院办公厅印发《关于加强新时代高技能人才队伍建设的意见》，明确提出要拓宽高技能人才职业发展通道，建立职业资格、职业技能等级与相应职称、学历的双向比照认定制度。

中国的经济已由高速增长阶段转变为高质量发展阶段，人才资源已成为驱动高水平创新，促进区域高质量发展与社会进步的关键要素，"技术人才技能化，技能人才技术化"是人才队伍发展的一种必然趋势。

（二）研究思路及研究方法

1. 研究思路

本文以广西为例，从广西实施两类人才贯通的现状出发，通过对吉林省、山东省、江苏省及上海市等先进地区经验的比较，以及对试点城市柳州的个案分析，探寻现阶段广西两类人才贯通中存在的问题，借鉴先进地区贯通经验，提出两类人才贯通的优化提升路径。

2. 研究方法

（1）文献研究法。通过检索梳理两类人才贯通的文献，明确研究思路和框架。

（2）调查研究法。综合运用实地调研、专家访谈和问卷调查等方法，充分了解广西两类人才队伍建设及贯通现状，探究两类人才贯通存在的问题。

（3）比较分析法。通过比较分析，总结先进地区有益经验，比对广西创新做法，提出优化路径。

（三）研究意义

从理论意义上看，本文从两类人才贯通实践出发，分析二者之间相辅相成的互动关系，既可为人才评价制度改革提供合理化建议，又可丰富我国人才科学研究成果。

从政策意义上看，研究两类人才贯通现状及优化路径，对广西乃至国家层面人才政策制定具有一定的参考价值。

（四）近年来相关学术研究情况

目前，国内学界关于两类人才贯通的研究成果，主要表现在三个方面：

一是对"两类人才贯通"政策的研究，主要从政策的重要性方面进行定性分析，而对政策实施成效的定量研究较少。二是对"两类人才贯通"的研究，主要从"贯通"的意义、模式与影响因素等方面进行，但对区域"两类人才贯通"未形成一个科学合理的评价指标体系。三是对"两类人才贯通"的研究，主要着眼于两类人才的互补关系，但针对二者"贯通"发展的互动关系研究较少。

二、广西与先进地区两类人才贯通政策比较

吉林省、山东省、江苏省及上海市的两类人才贯通工作，打破人才发展"独木桥""天花板"的现象，贯通工作成效走在全国前列。

（一）先进地区两类人才贯通基本情况

1. 吉林省两类人才贯通政策及成效

"十三五"期间，吉林省技能人才总量达 214.4 万人，其中，高技能人才达 60.1 万人。2021 年，吉林省组织开展首批"高精尖缺"高技能人才职称单独评定工作。共有 60 名高技能人才获得高级职称。2022 年，吉林省继续支持高技能人才参加工程系列职称评审，将贯通领域扩大到工程、农业等8 个职称系列。

2. 山东省两类人才贯通政策及成效

山东省在两类人才贯通方面的主要做法如下：

一是明确贯通领域。二是打破学历、身份限制。三是建立绿色通道。四是强化技能贡献。五是重视技工院校作用，打破技工院校毕业生成长通道的"天花板"和"隔离墙"。仅 2022 年，全省有 693 名高技能人才通过贯通政策取得相应层级专业技术职称。

3. 江苏省两类人才贯通政策及成效

江苏省苏州市是较早推出两类人才贯通相关政策的城市，2013 年，苏州在机械、电子信息等行业试点高技能人才职称评审工作。

江苏拟用三年左右实施"十百千万"人才计划，打响做实十大品牌，建成用好百强载体，培育选拔千名以上领军人才，培养造就万名以上高技术技能人才。2023 年上半年江苏全省新增专业技术人才 30.6 万人，新增高技能人才 11.48 万人，人才总量保持全国领先地位。

4. 上海市两类人才贯通政策及成效

2021 年上海市出台《关于加强本市高技能人才与专业技术人才职业发展贯通的实施办法》。数据显示，截至 2022 年，上海市技能劳动者总量约

413 万人，高技能人才约 119.5 万人。①

（二）广西与先进地区两类人才发展贯通中的共性经验

1. 出台政策前在部分地区（行业）先行试点②

2020 年，上海市选取电气、医药、汽车、申通等 9 家高技能人才基地开展高技能人才和工程技术人才评价贯通试点工作，同时，在全国率先探索职业院校高技能人才评聘教师系列专业技术职称试点工作。2021 年进一步破除高技能人才参加职称评审障碍，突出职业能力和工作业绩评价。

2016 年起，山东省在全国率先提出贯通技工院校毕业生成长通道，全省技工院校类毕业生按照全日制中高职或本科毕业生享受相应政策待遇。2021 年进一步拓展贯通领域，打破学历资历限制，促进技术技能人才融合发展。

江苏省 2021 年横向推动工程类等 8 大领域技术技能人才贯通，截至2022 年超 1.5 万名高技能人才获得专业技术职称，262 名高技能人才获评高级职称。

2014～2016 年，广西重要的工业城市柳州市率先开展贯通高技能人才与工程技术人才职业发展通道试点工作，极大地激发了技能人才干事创业热情。

2. 明确专业技术人才参与职业技能评价的申报条件

吉林省、山东省、江苏省和上海市等先进地区具体规定了各自的贯通要求。明确具有高超技艺技能和一流业绩水平的高技能人才可直接申报评审中级以上职称。

广西则有如下规定：专业技术人才参加职业技能评价，取得助理级、中级、高级职称的，可分别申请参加与现岗位相对应职业（工种）的高级工（三级）、技师（二级）、高级技师（一级）职业技能评价；专业技术人才取得职业资格或职业技能等级后，可按国家职业技能标准规定的工作年限申报相应职业（工种）晋级评价；专业技术人才取得职业资格或职业技能等级后晋升职称的，可直接按职称申报相应等级的职业技能评价，不受工作年限限制。

3. 细化设定贯通要求

两类人才的评价标准、评价方式、评价主体的确定，直接决定评价的科

---

① 据《文汇报》2023 年 1 月 13 日报道整理。
② 以下材料均据各省人社厅官网相关信息整理得到。

学性。

吉林、山东、上海均明确具有高超技艺技能和一流业绩水平的高技能人才，可直接申报评审中级以上职称；获得中华技能大奖、全国技术能手，担任国家级技能大师工作室带头人等特别优秀高技能人才，可直接申报高级职称。

江苏创新评价标准，把技能技艺、工作实绩等作为重要依据和参考，在评审中增加企业推荐环节。

广西规定，满足规定条件的高技能人才对应申报职称评审的，不受学历限制，不要求发表论文，不对外语和计算机应用能力做硬性要求；注重操作技能考核，高技能人才若具有所申报职业相关专业毕业证书的，可免于理论知识考试；获得广西技能大奖、广西技术能手，担任自治区级技能大师工作室带头人，全国职业技能大赛获金、银、铜牌选手可以直接申报评审对应系列副高级职称（包括在区外获得同类省级成就）；获评中华技能大奖、全国技术能手，担任国家级技能大师工作室带头人，享受国家政府特殊津贴的高技能人才，世界技能大赛获奖选手可以直接申报评审对应系列正高级职称。

4. 重视两类人才贯通政策实效

各省（区）均对高技能人才取得职称后的待遇进行规定，普遍要求建立企业内部技能岗位等级与管理、技术岗位序列相互比照，专业技术岗位、经营管理岗位、技能岗位互相衔接机制，对在聘的高级工、技师、高级技师在学习进修、岗位聘任、职务职级晋升、评优评奖、科研项目申报等方面，比照助理级、中级和副高级职称专业技术人才享受同等待遇。鼓励实行高技能领军人才年薪制、股权期权激励，设立特聘岗位津贴、带徒津贴等，按实际贡献给予高技能人才绩效奖励，切实保证高技能人才待遇水平。

（三）广西两类人才贯通工作创新点

与先进地区相比，广西结合区情，在两类人才贯通政策中提出一些创新做法。

优化人才评价方式。广西规定，对技术技能型人才，要注重评价实际操作能力和解决关键生产技术难题的能力和贡献；对知识技能型人才，要注重评价运用理论知识指导生产实践和推动科技成果转化应用的能力。对不同类型的技能人才适用更加细化考核评价方式，促进评价体系进一步朝科学化、精细化方向发展。

简化人才贯通流程。广西规定，专业技术人才参加职业技能评价，具有所申报职业相关专业毕业证书的，可免于理论知识考试，进一步鼓励吸引专业技术人才申请职业技能评价、取得相应的职业技能等级。

在人才聘用待遇上率先创新。广西规定，事业单位中取得职称的技能人才，可以按照岗位管理有关规定聘用到相应的专业技术岗位或工勤技能岗位，按所聘岗位兑现待遇。这一规定有利于激发技能人才的工作积极性。

三、广西两类人才队伍现状与实施贯通政策的必要性

（一）广西人才队伍现状

1. 广西技能人才队伍现状

（1）技能人才结构与分布情况。截至 2021 年年底，全区 2 544 万就业人员中技能人才有 754.78 万人，占 29.67%。全区共有高技能人才 171.8 万人，其中高级工 146.04 万人、技师 20.63 万人、高级技师 5.13 万人（见表1）。

表1　　　　　　　　广西技能人才结构情况（截至 2021 年年底）

时间	就业人员总量（万人）	技能人才总量（万人）	总计	初中级技能人才		总计	高技能人才			备注
				初级工	中级工		高级工	技师	高级技师	
2019 年	2 558	678.94	513.23	269.92	243.31	165.71	140.85	19.89	4.97	
2020 年度新增		37.95	35.21	24.55	10.66	2.74	2.38	0.28	0.08	人社部门
		—	—	—	—	0.67	0.66	0.01	0.00	行业部门
2020 年	2 558	716.89	548.44	294.47	253.97	169.12	143.88	20.18	5.05	
2021 年度新增		37.90	35.21	22.98	12.23	2.69	2.16	0.45	0.08	人社部门
		—	—	—	—	—	—	—	—	行业部门
2021 年	2 544	754.78	583.65	317.45	266.20	171.80	146.04	20.63	5.13	

（2）技能人才培养情况。广西重点企业注重人才培养和引进。"十四五"时期开局以来，广西优先重点发展的 14 个千亿元产业聚集了 75.2% 的高技能人才，在参与重大生产决策、重要技术攻关中发挥重要作用。总体来说，广西高技能人才资源现状呈现出快速发展的态势。高校支持技能人才方面的建设取得一定成果，行业内部人才培养和引进也取得成绩。

2. 广西专业技术人才队伍现状

近年来，广西进一步加强专业技术人才队伍建设，截至 2021 年年底，全区专业技术人才总量达到 253.5 万人，与 2012 年 123 万人相比，增幅达到 106%。

人事制度改革与政策创新

人才集聚更激发职称评定的热度。2022 年，广西共新增取得高级职称 4.42 万人；有 31.09 万人报名参加专业技术人员资格考试，取得资格证书的有 4.03 万人。

人才培训助力专业技术人才知识更新。2022 年，通过广西专业技术人员继续教育信息平台参加公需科目学习的人数为 107.8 万人，考试通过的人数为 107.2 万人。

（二）广西实施两类人才贯通政策的必要性

1. 实施贯通政策是贯彻落实国家政策的必然要求

为贯彻落实习近平总书记关于人才工作重要指示精神及中央人才工作会议精神，广西在 2021 年印发实施办法，深化人才发展体制机制改革，加强全区两类人才队伍建设。

2. 人才队伍存在的问题充分说明实施贯通的紧迫性

（1）广西人才吸引力相对缺乏，竞争力不足。从人口总量上看，广西历年常住人口总量保持低速增长，从 2016 年至 2020 年，常住人口总数从 4 857 万人增长到 5 019 万人，只增长了 162 万人，年均增长率约 6%。截至 2022 年年底，广西专业技术人才总量为 280.4 万人，高级职称人数 39.6 万人，占比 14.12%。按照人社部 2021 年统计公报的"3 935 万人取得各类专业技术人员资格证书"口径测算，广西专业技术人才总量是全国的 7.12%。

从技能人才队伍情况来看，2019～2021 年广西技能人才总量不断增加，3 年间增加了 75.84 万人。但高技能人才相对变化不大。2021 年广西高技能人才有 171.80 万人，占技能人才总量 754.78 万人的 22.7%，比全国平均值 30% 低 7.3 个百分点，见图 1。

专业技术人才总量暂无最新准确数据，但可以通过拥有大专及以上文化程度的人口占总人口比例简单判断专业技术人才总量。根据第七次人口普查发布的数据，2020 年年底广西常住人口中，拥有大专及以上文化程度的人口为 541.65 万余人，每万人中大专及以上文化程度人口为 542 人，在全国排名第 20 名，据此推算，广西的专业技术人才总量的全国排名应在 20 以下。

（2）人才培养体系尚未健全。学校专业设置与经济社会发展不匹配。2022 年广西人才网招聘人才，排名前十的职位分别是销售类、建筑/工程类、客服/技术支持类、IT/互联网/技术类、行政/文职/后勤类等，与毕业生专业情况存在一定程度错位。

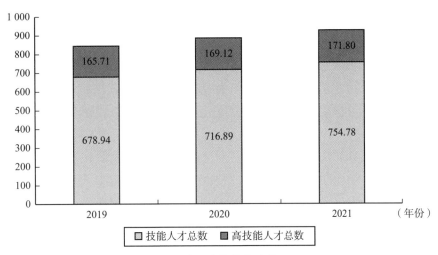

图1 广西高技能人才情况

资料来源：《广西统计年鉴》（2017~2021）。

技能人才培养能力较为薄弱。职业学校数量较少、设施较差、经费不足。全区可培训高级工以上的职业培训机构105家，仅占全区961家职业培训机构的10.93%，培养能力不足。

职业院校教师薪资水平低，导致师资流失。

（3）高质量企业总量偏少，人才成长载体匮乏。高质量的产业和企业是承载高水平人才的基础。截至2022年年底，广西国家级"专精特新"企业总数仅103家，在全国排名靠后，远低于广东（433家）、湖南（241家）、四川（212家）（见表2），近年来受疫情等诸多不利因素影响，广西企业对人才的吸引力较低。

表2　　　2022年部分省（区）国家级"专精特新"企业发展情况

地区	企业数（家）	占比	企业总数（万家）	人均GDP（元/人）
广东	433	8.80%	719.78	101 905
湖南	241	4.90%	157.81	73 598
四川	212	4.31%	226.83	67 777
广西	84	1.71%	112.88	52 164
云南	61	1.24%	103	61 716
贵州	52	1.06%	101.9	52 321

资料来源：根据工业和信息化部、国家市场监管局、国家统计局网站公布的相关数据整理。

（4）人才待遇偏低。由于经济总量等因素限制，广西人才的平均薪酬水平相对低于国内先进地区。2020年广西居民人均可支配收入24 562.3元，位居全国倒数第 4。城镇非私营单位就业人员平均工资 82 751 元，位居全国倒数第 8①，经走访广西大学、桂林医学院等部分院校了解到，每年约有 1/3 毕业生选择到区外就业。

（5）人才政策优势不足。目前，地方政府对人才队伍统筹谋划不够，部门信息互通和协同联动不足，资金分配体系不够完善，优惠保障支撑政策不完备。

综上所述，实现两类人才贯通，对于提高广西人才队伍整体水平，优化全区人才队伍结构与质量，壮大知识技能型、复合技能型人才队伍，使广西产业更好更快地适应新技术革命的需求，实现"弯道超车"，具有重要意义。

四、广西两类人才贯通现状及问题

（一）两类人才贯通现状

1. 自治区层面两类人才贯通情况

2014 年起，广西在全国率先探索开展高技能人才和专业技术人才职业发展贯通试点，贯通系列一开始仅局限于工程系列。2021 年，贯通系列拓宽至工程、农业、工艺美术、文物博物、实验技术、艺术、体育、技工院校教师 8 个职称系列。截至 2022 年底，全区共有 2 397 名高技能人才申报职称，评审通过 1 354 名，高技能人才中共通过工程师职称 917 名，高级工程师职称 239 名（见表 3）。

表3 广西高技能人才申报职称统计 单位：人

申报年度	中级		高级		中高级合计		备注
	申报	通过	申报	通过	申报	通过	
2017	26	20	0	0	26	20	工程系列
2018	13	12	2	2	15	14	工程系列
2019	13	10	0	0	13	10	工程系列
2020	45	43	4	4	49	47	工程系列
2021	912	686	340	167	1 252	853	工程系列
2017～2021	1 009	771	346	173	1 355	944	工程系列
2021	1 167	869	586	142	1 753	1 011	8 个贯通系列
2022	1 376	1 028	589	326	1 965	1 354	8 个贯通系列

① 《中国统计年鉴 2021》。

从表 3 看，从 2017 年至 2022 年年底，广西约有 3 821 名高技能人才申报相应系列专业技术职称，其中有 3 718 人集中在 2021～2022 年，2017～2020 年仅 103 人申报职称。实施办法印发后贯通领域得以扩大，2021 年高技能人才申请中高级职称评审合计 1 753 人，2022 年合计 1 965 人，增长率 12.09%。

从表 4 看，2021 年到 2022 年，高技能人才申报职称通过率总体呈上升趋势。高技能人才申请中级职称平均通过率由 74.46% 增加至 74.71%，申请高级职称的平均通过率提升较为明显，由 24.23% 增加至 55.35%，总平均通过率则由 2021 年的 57.67% 增加至 68.91%，说明实施办法的印发，进一步破除了两类人才贯通的障碍，帮助更多高技能人才实现了职业发展贯通。

表 4   广西高技能人才申报职称通过率情况

申报年度	通过率	中级	高级
2021	57.67%	74.46%	24.23%
2022	68.91%	74.71%	55.35%

2. 广西两类人才贯通个案分析——以试点市柳州为例

自 2014 年实施"双贯通"政策以来，广西在重点工业城市柳州市开展贯通试点，有 893 名高技能人才申报职称，通过 739 人，通过率达 82.75%，为柳州经济社会高质量发展培育了一批有技术、有理论、能干事的复合型人才。

(二) 广西两类人才贯通中存在的不足与问题

1. 申报人数偏少，贯通通过率偏低

从通过率上看，高技能人才申报职称的平均通过率即使从 57.67% 增至 2022 年的 68.91%，但通过率仍然相对偏低，一定程度制约了贯通政策发挥成效。中级通过率变化不大，稳定在 74% 左右，高级通过率由 2021 年的 24.23% 提升至 55.35%，几乎翻了一倍，但仍然没有突破 60%，反映出广大高技能人才通过申请职称充分实现职业发展贯通还存在一些困难，见图 2。

2. 贯通领域不足，申报人数分布不均

以 2022 年为例，在广西已完成贯通 8 个职称系列当中，工程系列占 84.68%，除工程系列之外的 7 个系列仅占全部申报者的 15.3%，说明目前

广西实现贯通的高技能人才仍然以工程系列为主，其余系列申报人数还有待提高，见图 3。

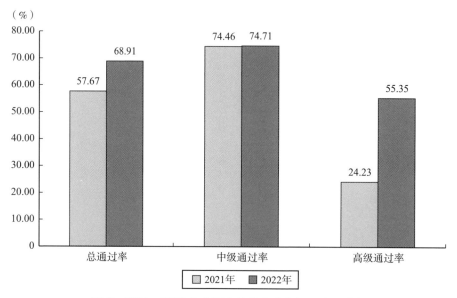

图 2　2021~2022 年广西高技能人才申报职称通过率

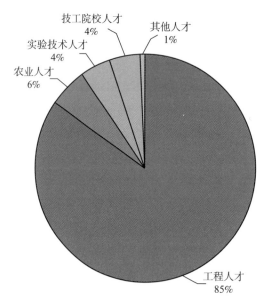

图 3　2022 年广西申报各系列贯通人才结构

3. 政策兑现力度不足

广西两类人才贯通政策兑现力度有待加大。部分地方政府主动服务意识不强，务实管用措施不多。区内大部分企业未建立技能人才薪酬分配制度，对持有双向职业资格的人员没有明显的激励机制，因而申报人员数量少。

4. 政策社会知晓度不高

从课题组针对人才贯通政策所做的问卷调查看，社会上对两类人才贯通政策较为关注，有超过70%的被调查者愿意申报相应的职称或进行技能等级认定（见表5）。

表5　　　　　　　　　　　　两类人才申报意愿调查结果

政策名称	非常愿意	愿意	不清楚	不愿意
技能人才申报专业技术职称评定	28.35%	53.29%	15.12%	3.24%
专业技术人才申报专业技能等级认定	28.44%	53.29%	15.3%	2.97%

五、广西两类人才贯通的优化路径

在"十四五"规划新征程上，广西将着力优化两类人才贯通路径，让更多的两类人才助力全区经济社会发展。

（一）健全完善两类人才贯通政策

各级人社部门要健全完善高技能人才参加职称评审相关政策。明确高技能人才参加职称评审的申报条件、直报条件、评价要求、申请渠道。同时，明确专业技术人才参加职业技能评价相关政策、参评条件、考评要求和评价渠道。加强评价制度与用人制度衔接。

各地可探索企业内部专业技术岗位、经营管理岗位、技能岗位相互衔接，鼓励按实际贡献给予高技能人才绩效奖励。支持各类企事业单位对在聘的高技能人才在学习进修、岗位聘任等方面，分别比照对应技术职称专业技术人员享受同等待遇。

（二）推动人才培养和产业升级同步发展

大力发展职业教育。支持优质中等职业学校与高等职业学校联合开展五年一贯制办学，探索开展区内应用型本科学校高技能人才特招试点，拓宽学生成长成才通道。加强顶层设计，健全"赛训结合"竞赛体系，鼓励职业院校、技工院校依据赛制任务不断丰富活动载体，提升学生专业技能水平，助力优质复合型人才培育。允许职业学校开展有偿性社会培训、技术服务或创办企业，支持职业学校与东盟国家机构合作开展职业教育培训。

加强校企合作。紧扣广西发展需要，人社部门定期编制发布《重点产业急需紧缺人才职业（工种）目录》，推动人才培养和产业发展实现精准对接。加强对校企合作工作的统筹指导，鼓励企业与学校组建教育联盟，支持校中厂、厂中校建设，鼓励学校组织对口专业大类赴企业开展实训实习，多元化培养优质人才。

（三）创新两类人才贯通机制

促进职业教育一体化贯通改革。根据产业发展需要优化院校布局和专业设置，稳定中等职业学校招生规模。全面推行工学一体、产教融合的教学模式，加强一体化（双师型）教师队伍建设，适当增加职业院校（技工院校）高级专业技术岗位设置比例，推行"职称证书＋技能等级证书"制度，支持职业学校设立一批产业导师特聘岗位。

充分创新贯通评价机制。可以采取理论知识考试、技能操作考核、业绩评审、面试答辩、竞赛选拔等多种方式评价，对具有突出贡献的企业或职工可开辟绿色通道单独分组、单独评审，吸纳更多相近专业领域的技能人才参加职称评审（技能等级认定）的相关工作。同时，鼓励技能等级评价与企业技能人才自主评价充分结合，支持人才集中、技术实力强、内部管理规范的规模以上企业自主开展高技能人才技能等级认定和专业技术职称评审工作。

（四）落实两类人才贯通待遇

做好高层次人才服务工作。对领军人才政策规定以外的诉求"一事一议"视情帮助，对领军人才配偶、子女未就业的"一对一"精准帮扶。

将高技能领军人才纳入广西 C、D、E 高层次人才认定范围，按照人才层次享受住房、医疗、子女入学等相应待遇。高技能人才参加职称评审不受学历、论文等限制，首次聘用到事业单位专业技术或工勤岗位可不受岗位结构比例限制。

落实人才待遇政策。鼓励广西各地市结合自身实际制定高技能人才引进和技能等级晋升补贴政策，分级开展休假疗养、研修交流和节假日慰问等活动。鼓励各设区市建立技师、高级技师一次性补贴制度，实行"技师＋工程师"等团队合作模式，支持高技能人才主持或参与科研项目。

鼓励取得职称的高技能人才坚守在生产服务一线。探索建立各类岗位序列相互比照，专技、管理、技能岗位互相衔接的机制，鼓励实行年薪制、股权期权激励等措施，切实提高高技能人才和专业技术人才的待遇水平。

（五）扩大政策知晓度，营造惜才氛围

在全社会营造尊重知识、尊重人才、尊重创新的良好氛围，努力做到用事业造就人才、用环境凝聚人才、用机制激励人才、用法制保障人才。

大力宣传有关人才支持政策。定期向社会发布人才相关政策"一揽子"宣传资料，扩大政策宣传面。充分利用政策宣讲会、报纸、新媒体等多种宣传形式及时解读有关政策，提升政策知晓度，推进人才政策"应享尽享""应享快享"。

健全完善关心关爱人才工作机制。坚持从"政治上关心、生活上关爱、安全上保障"三方面做好人才关心关爱服务，努力使高技能人才和专业技术人才感受到组织的关怀，进一步稳定人才队伍。

持续开展高技能领军人才宣传选树。向全社会大力弘扬工匠精神，鼓励培养更多高素质技术技能人才、能工巧匠、大国工匠，为全面建设社会主义现代化国家、实现中华民族伟大复兴的中国梦提供有力人才和技能支撑。

参考文献

［1］陈李翔．贯通技术与技能人才职业发展是顺应技术变革浪潮的必然选择［J］.职业，2021（2）：16－18.

［2］陈晓伟．让技能报国成为时代强音［J］.中国人才，2017（11）：16－17.

［3］陈晓宇．完善企业高技能人才的制度建设［J］.观察思考，2018（8）：110－111.

［4］崔秋立．扩大"贯通"的重大意义和政策创新［J］.中国人力资源社会保障，2021（3）：28－29.

［5］杜伟．完善专业技术人才与高技能人才职称贯通对策研究［J］.吉林省教育学院学报，2022（8）：183－186.

［6］范巍．打破技能人才成长壁垒贯通两类人才职业发展［J］.中国人力资源社会保障，2021（2）：22－23.

［7］韩学琴．让一线职工评职称，公司的配套政策也要同步跟上［J］.班组天地，2021（8）：19.

［8］何文明，毕树沙．畅通我国技术技能人才成长通道的现实路径［J］.中国职业技术教育，2021（2）：59－62.

［9］刘海鹏．山东率先在技工院校打通高技能人才与专业技术人才的双向评价贯通通道［J］.中国培训，2022（3）：9.

［10］鲁武霞．高技能人才的技能成长困境及其突破［J］.现代教育管

理，2013（11）：71 – 75.

［11］牛巧红．浅谈广东技能人才评价推动高质量发展的对策［J］．中国培训，2023（4）：27 – 29.

［12］温金海，陈晓伟，崔秋立，等．如何进一步完善技能人才评价体系？［J］．中国人才，2021（2）：23 – 27.

［13］徐胤莉，王丹中．职业教育人才贯通培养的逻辑起点与实施策略［J］．中国职业技术教育，2021（13）：21 – 25，66.

［14］杨玉霞，刘国颖，徐丽娟．企业高技能人才继续教育机制建设探讨［J］．决策探索（下半月），2016（11）：24 – 25.

［15］喻凯，何玮，杨柳．企业高技能人才队伍建设面临的困境及对策分析——以广东省 Z 市为例［J］．四川劳动保障，2018（1）：68 – 73.

《高技能人才与专业技术人才职业发展贯通优化路径研究
——以广西为例》
课题组成员名单

课题组长：
吴骏强（广西壮族自治区人力资源和社会保障研究所所长）
课题组成员：
刘树霖（广西壮族自治区人力资源和社会保障研究所专技十一级）
邓　卉（广西壮族自治区人力资源和社会保障研究所专技五级、主任编辑）
黄爱明（广西壮族自治区人力资源和社会保障厅一级主任科员）
陆梅玲（广西壮族自治区人力资源和社会保障研究所专技八级）
黄　波（广西壮族自治区人力资源和社会保障厅一级主任科员）
陶聆之（广西壮族自治区技工教研室专技七级、高级讲师）
罗宁新（广西经贸职业技术学院教师、教授）

继续教育制度法制化可行性研究报告[①]

提　要：我国专业技术人员继续教育制度法制化建设的历程主要分为三个阶段，即初步建设阶段、加快建设阶段和深化拓展阶段。经过四十多年的努力，我国专业技术人员继续教育制度法制化建设取得了巨大成就，但也存在诸多问题，如法规建设层次不高、法律效力偏低，现行的继续教育规范性文件缺乏实操性，继续教育管理体制尚未理顺，继续教育立法的相关理论研究严重不足，等等。本报告认为，我国专业技术人员继续教育立法存在必要性，也具有高度可行性：中央对人才队伍建设的新要求新部署为继续教育立法提供了动力，现有法律制度为继续教育立法提供了充分依据，人社系统的有关规定和实践为继续教育立法打下了良好基础，行业规定和地方立法实践为继续教育立法提供了重要参考，发达国家和地区的继续教育立法实践提供了丰富的经验借鉴。

关键词：继续教育　终身教育　法制化　继续教育立法

现代继续教育已经成为与传统正规教育并列的、全民化、制度化的教育形式，因此，加强对继续教育法制化建设的研究，研究国家立法的可行性，对于加强专业技术人员继续教育，加强专业技术人才队伍建设，深入实施人

[①]　本文系人力资源社会保障部 2022 年度部级课题"继续教育制度法制化可行性研究"报告的部分内容。

才强国战略，为全面建成社会主义现代化强国、实现第二个百年奋斗目标提供人才支撑，具有重要意义。

一、继续教育与专业技术人员继续教育制度法制化概念界定

（一）继续教育概念的发展

继续教育的概念经历了一个不断发展、充实、进化的过程。继续工程教育萌发于 20 世纪 30 年代的美国。当时，美国、英国和德国等国家工业发展迅速，工程师数量和水平都难以满足工业生产的需要，于是采用开办短期培训班的办法，快速培训工程技术人员。这一培训方式在很多国家发展起来，逐渐形成了一种国际性的大规模新型教育活动，一般称之为"继续工程教育"（Continuing Engineering Education）。继续工程教育起初主要是指对工程技术人员的再次教育或连续教育。随着继续工程教育活动的发展和深入，继续工程教育的范围不断扩大，接受教育的专业已不仅仅局限于工程技术，而是把农业技术、医疗卫生、自然科学等都纳入了继续工程教育的范畴。把原来单一的教育对象——工程技术人员扩充为从事自然科学的管理人员、研究人员和技术人员，因而也称之为继续教育。随着经济社会发展和科技进步，继续教育的对象也由工程技术、农业技术、医疗卫生、自然科学领域的工作人员，扩展到学校教育之后的所有社会成员，继续教育开始与终身教育、终身学习等概念联系在一起，成为终身教育、终身学习的重要组成部分。

在我国，继续教育的概念也有一个引入、发展的过程。1979 年 5 月，我国政府派代表参加在墨西哥召开的第一届世界继续工程教育大会，我国正式引入现代意义上的继续教育概念。1981 年起，劳动人事部及各部门、各地方政府开始相继设立继续教育管理机构。1986 年通过的"七五"计划中明确提出"要逐步建立和完善对科技人员继续教育的制度"。1987 年 10 月，国家经委、国家科委、中国科协联合颁发了《企业科技人员继续教育暂行规定》，这是我国专门为继续教育制定的第一个行政法规。1987 年 12 月，国家教委、国家科委、国家经委、劳动人事部、财政部和中国科协六部门联合颁发了《关于开展大学后继续教育的暂行规定》，提出"大学后继续教育的对象是已具有大学专科以上学历或中级以上专业职务的在职专业技术人员和管理人员"。1991 年，人事部印发《全国专业技术人员继续教育"八五"规划纲要》，要求对专业技术人员进行全员继续教育。1995 年，人事部印发《全国专业技术人员继续教育暂行规定》，明确指出，"继续教育的任务，是使专业技术人员的知识和技能不断得到更新、补充、拓展和提高，完善知识

结构，提高创造能力和专业技术水平。""继续教育对象，是事业、企业单位从事专业技术工作的在职专业技术人员。"2015年，人社部印发《专业技术人员继续教育规定》，指出该规定适用对象是"国家机关、企业、事业单位以及社会团体等组织的专业技术人员"。2021年4月修正的《中华人民共和国教育法》规定，"国家鼓励发展多种形式的继续教育，使公民接受适当形式的政治、经济、文化、科学、技术、业务等方面的教育，促进不同类型学习成果的互认和衔接，推动全民终身学习。"从以上发展历程可见，继续教育的概念在中国也经历了一个不断发展的过程，一方面，"继续教育"和"继续工程教育"曾经是一个概念，但当前"继续教育"概念在内涵和外延方面都比"继续工程教育"更为宽泛；另一方面，教育部门的"继续教育"概念比人社部门的"继续教育"概念更为宽泛，人社部门的"继续教育"主要是指专业技术人员的继续教育。

（二）继续教育与专业技术人员继续教育制度法制化

联合国教科文组织出版的《职业技术教育术语》给继续教育下了定义，广义的继续教育是指那些已脱离正规教育、已参加工作和负有成人责任的人所接受的各种各样的教育。它对某个人来说，可能是接受某个阶段的正规教育；对另外的某个人来说，可能是在一个新领域内探求知识和技术；对另外的某个人来说，可能是在某个特殊领域内更新或补充知识；还有的人可能是在为提高其职业能力而努力。[①] 不同国家的专家对继续教育的概念也做出了诠释。

总体而言，继续教育是面向学校教育之后所有社会成员特别是成人的教育活动，是终身学习体系的重要组成部分。在教育对象上，继续教育涉及所有已经脱离或完成正规教育的社会成员。在组织管理上，继续教育涉及众多政府职能部门，如人力资源社会保障部门、教育部门、科技部门、文化部门、卫生部门、工业和信息化部门等几乎所有政府部门。狭义的继续教育是指对专业技术人员进行知识和技能的增新和补充，拓展和提高其创新、创造能力和专业技术水平，完善其知识结构，提高其整体素质的教育。狭义的继续教育主要针对学校教育之后的专业技术人员，而非所有已经脱离或完成正规教育的社会成员，是指对接受过一定的学历教育且获得了某种专业技术职称的在职人员进行的教育活动。在组织管理上，由人力资源社会保障部门综合管理，其他部门配合、协同。本课题采用狭义的继续教育概念，即专业技

---

① 崔丽芳，关珍银. 继续教育的新诠释 [J]. 继续教育研究，2009（12）：6.

术人员的继续教育。

终身教育则是指贯穿于人一生中各个年龄阶段的各种形式的教育，是人们在一生中所受到的各种教育培训的总和。[①] 普通教育、职业教育、继续教育都只是终身教育的一个部分、一种形式、一个阶段或环节，是部分与整体的关系。

专业技术人员继续教育制度法制化，是指以立法的方式，以法律形式规定用人单位和专业技术人员在继续教育方面的权利义务、内容与方式、组织管理、投入机制、激励保障等，使专业技术人员继续教育有法可依、依法施行。

二、我国专业技术人员继续教育制度法制化建设的基本情况

（一）我国专业技术人员继续教育制度法制化建设历程

以《全国专业技术人员继续教育暂行规定》和《专业技术人员继续教育规定》两个文件的颁布为主要标志，我国专业技术人员继续教育制度法制化建设的历程主要分为三个阶段。

1. 初步建设阶段（1979～1995 年）

1979 年 5 月，我国代表团参加了在墨西哥召开的第一次世界继续工程教育大会，随后"继续教育"这一理念引入国内，最初的概念是"继续工程教育"，因此在制度建设初期主要推行对象为科研院所、高校和企业的从事工程技术类工作的人员等。1980 年，我国制定了《关于积极开展在职科技人员专业继续教育工作的意见》，从教育方针、内容、经费来源、组织等各个方面对于我国科技人员的继续教育做了原则性规定，它标志着我国继续教育的制度建设有了实质性的突破。1987 年 10 月，国家经委、科委、科协联合颁布了《企业科技人员继续教育暂行规定》，明确提出"继续教育关系到企业的生存发展和科技人员的切身利益。参加继续教育是科技人员应享有的权利和义务"，并且对企业继续教育的对象、内容、培训目标、组织实施、政策措施等具体内容做出相应规定，自此，企业科技人员的继续教育开始进入有章可循的阶段。

1987 年 6 月，国家教育委员会《关于改革和发展成人教育的决定》，要求"各地区、各部门要认真总结经验，提出开展继续教育的具体任务、目标

---

① 何齐宗在《终身教育的理论与实践》（科学出版社 2020 年版）中认为，终身教育是人们在一生中所受到的各种培养的总和，它包括一切教育活动、一切教育机会和教育的一切方面。

和重点，国家有关部门要建立和逐步完善继续教育制度"，并且指出"大学后继续教育的对象是已具有大学专科以上学历，或中级以上专业职务的在职专业技术人员和管理人员，重点是中青年骨干"，自此继续教育开始突破"工程技术人员"的狭隘范畴。同年12月，原国家教委、计委、经委、劳动人事部、财政部、科协又联合颁布了《关于开展大学后继续教育的暂行规定》，首次明确继续教育的对象、任务、课程设置、开展形式以及学习证明等内容，标志着继续教育工作走向法制化和规范化的道路。1989年4月，原农业部、人事部、中国科协联合颁布了《农业专业技术人员继续教育暂行规定》，开启了部门专业技术人员继续教育法规的实践。同年10月，天津市人大常委会讨论通过了《天津市专业技术人员继续教育规定》，诞生了我国第一部地方继续教育专项法规。1991年7月，国家人事部和全国人大教科文卫委员会联合在天津举办了继续教育立法研讨班，专题讨论我国地方继续教育立法问题。这是我国继续教育发展史上的一次重要活动，对推动我国继续教育法制化管理产生了深远的意义。自此之后，部分省区相继开展继续教育立法工作，广西（1991）、青海（1992）、新疆（1992）、海南（1992）、上海（1993）、福建（1993）、北京（1995）等纷纷出台专业技术人员继续教育规定。

1991年12月，人事部印发《全国专业技术人员继续教育"八五"规划》，提出要实施《全国专业技术人员继续教育规定》。1995年3月，我国颁布《中华人民共和国教育法》，其中就建立与完善终身教育体系、努力为公民接受终身教育创造必要条件做出明确规定，在教育基本法律层面将继续教育作为一项国家制度确定下来，为继续教育立法的持续推进提供了法律依据。1995年11月，在总结改革开放初期实施专业技术人员继续教育经验的基础上，人事部印发《全国专业技术人员继续教育暂行规定》（以下简称1995年《暂行规定》），进一步明确继续教育是专业技术人才队伍建设的重要内容，对高级、中级、初级专业技术人员的继续教育工作作出了全面规定，初步确立了继续教育的法律地位。

2. 加快建设阶段（1996～2015年）

为适应"九五"期间科学技术与经济发展的需要，有效提高专业技术人员队伍素质，推动继续教育事业在更高起点和更大范围为经济建设中心任务服务，人事部于1996年底制定《全国专业技术人员继续教育"九五"规划》，提出"完善继续教育法规制度，逐步建立科学化、制度化、网络化的管理体系"，要求"各地、各部门要结合实际情况，制定相应办法，完善配套制度建设，逐步形成多层面的继续教育法规体系"，并且提出"到'九五'末期，争取三分之一以上的地方制定继续教育地方性法规"的发展目标。

为推动地方继续教育立法进程，促进继续教育工作逐步走上规范化、法制化轨道，1997 年 12 月，人事部考核培训司在汕头市召开了第二次继续教育立法研讨会。这次研讨会进一步明确了继续教育立法的意义，以及加强继续教育法规制度建设的路径方法。2000 年前后，继续教育地方立法的数量显著提升，地方对立法文本从文字表述到内容形式上不断进行规范，北京、天津、宁夏、重庆、甘肃多个省市对已出台的地方性法规、规章进行修订，立法质量有效提升，继续教育法制化进程不断向前推进。

为贯彻落实《中共中央国务院关于进一步加强人才工作的决定》，全面加强专业技术人才队伍建设，人事部、教育部、科技部和财政部于 2007 年联合颁布《关于加强专业技术人员继续教育工作的意见》，提出要"积极推动法制化进程。加快研究制定《全国专业技术人员继续教育条例》，继续推动地方和行业部门继续教育法规制度建设，使我国的继续教育工作逐步纳入制度化、法制化轨道"。同年 12 月，全国人大常委会审议了《关于制定继续教育法的议案》（第 467 号），后因种种原因而搁置。

《国家中长期教育改革和发展规划纲要（2010—2020 年）》中，我国第一次将继续教育列入我国教育发展任务之一，提出要"加快继续教育法制建设"。《国家中长期人才发展规划纲要（2010—2020）》提出要"研究制定人才开发促进法和终身学习、工资管理、事业单位人事管理、专业技术人才继续教育、职业资格管理、人力资源市场管理、外国专家来华工作等方面的法律法规"。2011 年以来，我国继续教育地方立法的重心由快速立法向完善法律体系转变，修法成为重要的工作内容。上海、重庆、陕西等多个地方在 2010 年对地方立法文本进行了修订。

党的十八大指出，要"积极发展继续教育，完善终身教育体系，建设学习型社会"。为了规范继续教育活动，保障专业技术人员权益，不断提高专业技术人员素质，2015 年 8 月，人力资源和社会保障部（以下简称人社部）以部令形式发布《专业技术人员继续教育规定》（以下简称 2015 年《规定》）。这是第一部以部令形式颁布的专业技术人员继续教育方面的部门规章。这一规定的颁布对于保障专业技术人员继续教育权益，不断提升专业技术人才能力素质，加强专业技术人才队伍建设，服务创新驱动发展战略，推进专业技术人员继续教育制度化、法制化建设，具有十分重要的意义。

2015 年 12 月，全国人大常委会第二次修正《中华人民共和国教育法》

时，首次从国家法律层面将"成人教育"一词全部修改为"继续教育"，提出国家鼓励发展多种形式的继续教育。

3. 深化拓展阶段（2016年至今）

党的十九大报告指出全面依法治国是中国特色社会主义的本质要求和重要保障，"坚持全面依法治国"是新时代坚持和发展中国特色社会主义的十四个基本方略之一。2017年年底，在《全国人民代表大会教育科学文化卫生委员会关于第十二届全国人民代表大会第五次会议主席团交付审议的代表提出的议案审议结果的报告》中明确指出，关于制定继续教育法这一立法项目确有立法必要，建议有关部门认真研究论证，加快调研起草工作，条件成熟时提请全国人大常委会审议。

这一阶段，行业主管部门聚焦重点难点，摸准实际需求，制定继续教育规定或贯彻落实《专业技术人员继续教育规定》的配套政策，如2018年财政部和人社部颁布《会计专业技术人员继续教育规定》，2019年国家档案局和人社部颁布《档案专业人员继续教育规定》，2020年国家新闻出版署、人社部印发《出版专业技术人员继续教育规定》，2022年文旅部印发《演出经纪人员继续教育制度（试行）》、国家新闻出版署印发《新闻专业技术人员继续教育暂行规定》，对相关行业专业技术人员继续教育的总体原则、管理体制、内容形式、考核监督等做出了明确要求。

2019年中共中央、国务院印发《中国教育现代化2035》，进一步提出构建服务全民的终身学习体系，构建更加开放畅通的继续教育制度；建立全民终身学习的制度环境，开展多类型多形式的职工继续教育，推进教育治理体系和治理能力现代化；提高教育法治化水平，构建完备的教育法律法规体系；健全教育法律实施和监管机制。

为全面推进人力资源和社会保障法治建设，人社部于2021年底印发《人力资源和社会保障法治建设实施方案（2021—2025年）》，提出要健全人力资源和社会保障法律制度体系，推进治理规范化程序化法治化，加强重要领域立法。因此，进一步加强专业技术人员继续教育制度的法制化建设工作，是新时期广大继续教育工作者的重要任务。

（二）继续教育制度法制化建设的主要成就

经过四十多年的努力，我国专业技术人员继续教育制度法制化建设取得了巨大成就。

1. 继续教育法律规范体系逐步完备

改革开放以来我国继续教育在立法方面取得显著进展，一系列法律法规相继出台，涉及继续教育的多个领域，法律规范体系逐渐建立起来。我国现有的继续教育法律规范体系包括国家相关法律、地方性法规、国务院部门规章、地方政府规章、地方行业部门规章等。① 这五类法规规章构成了我国专业技术人员继续教育的法制体系。在国家相关法律层面，《中华人民共和国宪法》《中华人民共和国教育法》《中华人民共和国高等教育法》《中华人民共和国职业教育法》《中华人民共和国劳动法》《中华人民共和国就业促进法》《中华人民共和国科学技术进步法》等全国人大及其常委会颁布的法律中，都有关于继续教育或终身教育的相关规定。地方性法规层面，省级区域也进行了大量专业技术人员继续教育立法。

2. 专业技术人员继续教育规章制度逐步健全

人社部门在专业技术人员继续教育方面，制定了大量的政策，不断完善专业技术人员继续教育制度。2015 年《专业技术人员继续教育规定》是在1995 年《全国专业技术人员继续教育暂行规定》基础上的完善。同时，为了贯彻落实中央对专业技术人员人才队伍的建设，人社部在新世纪启动专业技术人员知识更新工程，出台一系列相关制度文件，有力促进和保障了我国专业技术人员继续教育工作的开展，也为我国进一步提升专业技术人员继续教育立法位阶，奠定了良好的制度基础。

3. 专业技术人员继续教育地方立法取得重大成就

自天津市人大常委会于 1989 年 10 月通过我国第一部地方性继续教育法规《天津市专业技术人员继续教育规定》，到目前为止，全国已有 14 个省、自治区、直辖市人大常委会完成专业技术人员继续教育立法。这些立法都是基于狭义的继续教育概念，即企业事业单位中的专业技术人员继续教育。此外，12 个省、自治区、直辖市人民政府颁布专业技术人员继续教育规定。继续教育地方立法工作取得巨大成就，如表 1 所示。

表 1　　　　　　　　31 个省、自治区、直辖市继续教育立法情况

制定单位	省级人大常委会	省级人民政府	人社厅/局	尚未制定相关规定
省级区域	天津、广东、北京、福建、陕西、河南、云南、宁夏、四川、重庆、江苏、山东、甘肃、新疆	河北、辽宁、吉林、黑龙江、上海、浙江、安徽、江西、湖北、广西、贵州、青海	内蒙古、西藏	山西、湖南、海南
数量	14	12	2	3

① 闻建华. 我国继续教育立法现状及相关问题思考［J］. 宁波大学学报（教育科学版），2008，133（3）：130 - 132.

4. 行业部门继续教育制度建设取得巨大成绩

1987 年以来，国家部委层面的行业主管部门与专业技术人员综合管理部门或联合或单独，先后颁布了 20 余个[1]行业性专业技术人员继续教育规定。在各行业主管部门中，教育部、卫生部、药监局、住建部、档案局、财政部、新闻出版总署等部门在本部门本行业专业技术人员继续教育制度建设上取得了较大成就。据不完全统计，从 1995 年《全国专业技术人员继续教育暂行规定》到 2015 年《专业技术人员继续教育规定》之间，经由中华全国律师协会、中国质量检验协会等全国性行业协会发布的行业专业技术人员继续教育规定有 13 个。全国性行业组织在专业技术人员继续教育工作及其制度建设中发挥了重要作用，也积累了丰富经验。

5. 继续教育机构与职能建设不断加强

继续教育法制化进程的持续推进离不开机构及其职能建设。1983 年劳动人事部科技干部局设置了继续教育处，此后，各地区、各部门陆续设置了管理继续教育的机构。1988 年机构改革后，专业技术人员继续教育工作划转人事部负责。人事部 1995 年《全国专业技术人员继续教育暂行规定》明确，人事部负责全国继续教育的宏观管理，制定规划、法规，组织示范活动，进行协调和政策指导。1995 年《全国专业技术人员继续教育暂行规定》标志着我国专业技术人员继续教育的管理体制、工作体系基本形成。1998 年国务院机构改革方案中进一步明确，人事部负责专业技术人员的继续教育工作。此外，各地各部门以国家级继续教育基地为龙头，普遍建立了区域性、行业性基地，继续教育基地网络持续完善，逐步形成了以国家级基地为龙头、省市级基地为依托，上下衔接、分类分层、优势互补的继续教育基地体系。

6. 继续教育规范化、制度化水平不断提升

一方面，在党和国家的顶层设计中，继续教育已然成为专业技术人员提升能力素质的必由之路。国家"十三五"规划、"十四五"规划明确作出建设学习型社会的部署安排，全国干部教育培训规划将专业技术人员继续教育作为干部教育培训的重要组成部分。另一方面，作为继续教育龙头工程，专业技术人才知识更新工程成就斐然，并建立了完备有力的制度保障体系。在工程实施方案基础上，人社部先后出台了高级研修项目、急需紧缺人才培养培训项目和岗位培训项目、国家级继续教育基地建设项目等管理（实施）办法，会同财政部印发国家级继续教育基地补助经费管理办法，从制度层面规

---

[1] 人事部 1995 年《暂行规定》和人社部 2015 年《规定》分别统计，但计为一个文件。

范了工程项目的运行管理。伴随着工程实施，专业技术人员继续教育规范化、制度化水平显著提高。

（三）继续教育制度法制化建设中存在的主要问题

1. 法规建设层次不高、法律效力偏低

目前实行的专业技术人员继续教育规定以部令形式颁布，其在强制力和公信力等方面与全国人大及其常委会制定的法律还存在很大差距。目前，继续教育的规范性文件主要通过意见、决定等形式呈现，主要通过人社部门的规范性文件予以调整，较为零散，位阶较低。我国自 20 世纪 80 年代以来相继颁布了《中华人民共和国义务教育法》《中华人民共和国高等教育法》《中华人民共和国职业教育法》，并多次进行修订，而唯独作为教育"四大块"重要组成部分的继续教育缺失单行法律。[①]"继续教育法"作为整个继续教育法律体系的核心，是制定其他相关法律法规的基础，它的缺失，从某种意义上说已经成为制约我国继续教育高质量发展的一个重要因素。

2. 现行的继续教育规范性文件缺乏实操性

现行继续教育规范性文件大多政策性、宣示性、倡导性色彩较浓，内容较抽象笼统，所调整的对象、范围、权利义务等缺乏具体规定等，故这些文件在实践中往往成为"宣教资料"。[②] 相关文件欠缺对法律责任的规定，对责任后果的规定较为滞后甚至缺失，从而导致难以有效保障权利。现行继续教育相关法律法规的主要内容大都是一些原则性规定，缺乏具体的实施细则，特别是有关专业技术人员继续教育的激励机制、约束机制、保障机制等方面的具体配套制度建设明显不足。此外，文本用语不规范，模糊语言使用较多，模糊语言带来的自由裁量问题，让继续教育在实际开展中缺乏规范性的约束。

3. 继续教育法律主体不明确

目前关于继续教育立法的理论研究和实践探索，主要集中于教育部门牵头的"终身教育"和人社部门牵头的"专业技术人员继续教育"两大类。因此，在继续教育立法工作的讨论中，不乏针对"继续教育"和"终身教育"名称的选用、继续教育法律地位、调整范围、适用对象、执法主体、主管部门等的争论，究其原因都在于长期以来国内各界对继续教育的认识模糊，又存在着多种分散的行业继续教育规范、职业继续教育法律规范以及不

---

① 蔚华，王丽婉. 我国继续教育立法的历史演进与发展展望［J］. 成人教育，2022，42（8）：6-11.

② 韩敬. 我国继续教育立法的困境与优化路径［J］. 法制与经济，2022，31（5）：62-66.

同名称的终身教育条例等，造成继续教育领域提法多样、法律地位不明确、多头管理、责任主体不清等问题。

4. 继续教育管理体制尚未理顺

从部门机构设置情况来看，继续教育在人社系统一直被看作专业技术人员管理的重要内容，人社部专业技术人员管理司下设继续教育处，各省市人社厅对继续教育政策制定和组织实施职能放在专业技术人员管理处，管理体制相对清晰。而在教育系统，继续教育被看作成人教育的重要组成部分。1998 年以前，教育部设成人教育司，主管全国成人教育。1998 年以后，教育部撤销了成人教育司，设立了职业教育与成人教育司。虽然从名称上看职成司（处）既主管职业教育又主管成人教育，但实际管理的是中等职业教育和中等成人教育，而高等职业教育和高等成人教育划归高等教育司（处）管理。继续教育分属两个不同部门管理，很难得到充分重视和发展。

5. 继续教育立法的相关理论研究严重不足

理论研究是立法的基础性工作，继续教育立法工作是建立在对继续教育概念的明确界定、对继续教育理论的深刻理解、对继续教育实践的不断探索基础之上的。然而，当前继续教育立法理论研究严重匮乏，在中国知网上以"继续教育立法"为关键词进行搜索，仅有 39 篇文章，其中近 10 篇属于宣传报道，理论研究类文章不足 30 篇。就已有研究成果内容来看，对继续教育立法的基础、理念、原则、重点、技术等探讨较少，继续教育立法方面的比较研究不足，实证研究更是少之又少，尚未形成自身的话语体系。

6. 教育部推动的《终身教育法》立法陷入困境

随着终身教育理论研究的深入和教育实践的开展，终身教育的立法化成为保障终身教育规范化与可持续发展的一项重要选择。教育部于 2003 年开始研究起草《终身教育法》，2004 年调整为"开展起草《终身学习法》的可行性研究"，在《教育部 2022 年工作要点》中表述为"推动终身学习法立法研究"。教育部推动的《终身学习法》立法也面临终身教育地方立法同样的问题。由于理论研究分歧、概念界定争议、法律调整对象难以确定、实践推进遭遇诸多困难、与现有法律体系存在矛盾等问题，《终身学习法》的立法工作遇到障碍。

三、主要发达国家继续教育立法基本经验

（一）通过立法保障继续教育的重要地位

为继续教育制定专门的法律是各国的共识。发达国家通过较为完善的法

律法规确立了继续教育的法律地位，受教育者接受继续教育的权利得到有效保护，继续教育的质量也得到了有力的保障。

美国 1862 年通过《莫里尔法案》，办起了"赠地学院"，并开始进行以成年人为对象的推广教育；《乔治—巴登法案》（1946 年）规定，对渴望就业者和有必要提高工作能力者进行培训和再培训；《国防教育法》（1958 年）要求各地区设立职业技术教育领导机构，有计划地对青年和成年人开设职业训练；《高等教育法案》（1965 年）提出加强对继续教育活动的援助；《成人教育法案》（1966 年）就成人教育的目的、任务、内容、教师培训、管理体制、经费等问题做了全面而系统的规定，为继续教育的发展提供了法律保证；1976 年颁布的《终身学习法》更是极大地促进了成人继续教育立法与政策实施；还颁布了《职业训练合作法案》（1982 年）、《职业培训计划》（1992 年）等。① 这些法案为美国继续教育提供了有力的法律支撑。

英、德、日、韩等主要发达国家都通过制定相应的教育政策法规来推进终身教育体系的建设。从英、德、日、韩等国关于终身教育的立法来看，有其共同点：一是立法目的明确，都是为了建构国家的终身教育体系；二是确立了政府在推进终身教育总的法律地位和责任；三是都明确了员工或国民享受终身教育或终身学习的权力；四是制定了一系列发展终身教育的制度和措施；五是对终身教育的机构和设施做出了具体规定，也在法律层面保障国内继续教育的重要地位。

（二）通过法律手段保证继续教育的经费来源

财政支持是发展终身教育的根本与基础，各国通过立法的方式为国内继续教育事业提供支持。英国和日本是两个非常典型的国家。英国政府 1992 年颁布的《继续教育和高等教育法》规定，继续教育拨款委员会负责拨付继续教育经费，继续教育经费总数的 3/4 或 4/5 来自该委员会。英国在 1998 年发表《学习时代》绿皮书之后，进一步加大了对终身教育的支持力度。"向学习者投资"是英国政府发展终身教育的基本原则之一。英国政府承诺在政策和资金上全力支持和帮助建立国家终身学习框架与创建全国性的能适应各种学习需要的产业大学和远距离学习网络。日本则采取了系统的政策措施保障终身教育发展的物质基础，一是增加文部省终身学习局的预算，二是对终身学习事业实行税制上的优惠，三是设立用于终身学习事业的国库补助金。法国的"1%事业"制度更是从法律的角度赋予企业终身教育的经济义务。

---

① 宋孝忠. 欧美发达国家继续教育立法初探 ［J］. 继续教育研究，2009（11）：8－10.

为加快开展继续教育，美国政府除不断添加国家财政拨款外，通过法令、法规明确各级政府和基地在继续教育经费的份额，规定企业、工业界及雇主对员工教学经费的义务。同时，倡导并鼓励民间团体和个人出资教学，以保障资金来源，确保继续教育的有效开展。各州开展继续教育的公立大学、社区学院、成人校园所需经费的70%均由政府供给，私立大学所需经费的13%也由政府供给。《职业教育法案》公布后，美国政府拨出大笔联邦经费，用于建设区域职业基地、开展职业教师的训练以及进行职教的科学研究等。

（三）通过法律法规强化继续教育的激励机制

发达国家通过在法律法规中强化对继续教育的激励措施，形成了非常强的实效性且各有特色的激励机制。美国在20世纪90年代以来，政府多次强调并倡导个人、家庭及企业应积极参与人力资本投资，并为此出台了税收基数冲抵与减免政策，以提供实质性的支持与激励，还设立了种类繁多的奖学金，如联邦直接助学金、帕金森助学金、传统黑人学员补助金等，极大地激励成人的学习热情。英国特别注重激发雇主参与成人继续教育的积极性，极力鼓励学习者参加各种能够提高其技能的培训学习活动。2009年颁布的《学徒制、技能、儿童和学习法案》提出通过减税等措施调动雇主参与成人教育活动的积极性。德国联邦政府和州政府为了激励人们参加继续教育，对继续教育经费设置了两种不同的核算方法，要求企业来承担相应费用，在一定程度上激发了员工参与培训的积极性。德国对个人实施继续教育援助制度也具有极大的激励性。为促进终身教育的发展，德国政府还推出带薪教育休假制度，每年给予劳动者10天左右的教育假期。日本的《终身学习振兴法》规定，"对在终身教育活动中作出贡献的民间组织事业者，给予税收方面的优惠，或者给予资金、债务保证方面的援助"。韩国的《终身教育法》制定了一系列相应的制度与措施，如引入了"学习休假制度"和"学习费用援助制度"的法律条款。从发达国家的种种做法和经验来看，都对成人教育与学习给予了充分尊重和重视，对相关弱势群体给予了特别的关照和支持。在继续教育发展不平衡不充分的现实情况下，应通过探索有效的继续教育激励机制，调动更多的相关主体充分参与继续教育、关注继续教育、发展继续教育。

（四）通过法律法规保障继续教育质量

质量是继续教育发展的生命，从发达国家的实践来看，其都通过完善的法律对继续教育发展中的教师、机构、标准、评估、督导等方面进行规范，保障了本国继续教育的质量。德国各州颁布的《继续教育法》均对从事继续教育教学人员的资质有明确的规定。德国大学也同时设有培养继续教育人才的专业。韩国在其《终身教育法》第四章整章对终身教育师的任职资格、考核认定、等级评定、工作开展、培训学习、晋升聘用等作出了明确规定。在对继续教育机构的认证方面，美国也发布了明确的规定和要求。例如，美国医学继续教育认证工作由继续医学教育认证委员会负责，委员会由美国医学专业协会、美国医院协会、美国医学协会、医院医学教育协会、美国医学院校协会、医学专业理事会和美国国家医学学会联盟 7 个组织构成，由其负责对提供继续医学教育项目的组织机构进行认证，确保继续教育的质量和信誉。在继续教育的评价督导方面，英国也通过立法明确规定了职业与继续教育督导的职能，制定了职业与继续教育督导框架的大纲、评价指标和标准。

四、继续教育立法的必要性和可行性

当前阶段，加快推动继续教育立法工作，既具有必要性，又具有一定可行性。

（一）继续教育立法的必要性

1. 通过立法加强专业技术人员继续教育是实施人才强国战略的重要举措

专业技术人才是我国人才队伍的骨干力量，是全面建设社会主义现代化国家的重要力量，是党和国家的宝贵财富。2021 年习近平总书记在全国人才工作会议上指出，要深入实施新时代人才强国战略，加快建设世界重要人才中心和创新高地；要大力培养使用战略科学家，打造大批一流科技领军人才和创新团队，造就规模宏大的青年科技人才队伍，培养大批卓越工程师。党的二十大报告提出，要深入实施科教兴国战略、人才强国战略、创新驱动发展战略；要加快建设国家战略人才力量，努力培养造就更多大师、战略科学家、一流科技领军人才和创新团队、青年科技人才、卓越工程师、大国工匠、高技能人才。

人才强国战略的核心是"人才兴国"，是要培养造就包括专业技术人员在内的大批人才，普通教育和继续教育是培养人才的两个关键环节。我国高度重视普通教育工作，进行了多项立法，投入了大量资源，但对继续教育的重视程度、顶层设计、立法支持、管理体系构建、资源投入等均有明显不足，没有充分发挥继续教育在人才强国战略中应有的地位和作用。

2. 推动继续教育立法是补齐立法短板、构建终身学习社会的必然要求

"终身教育"在 1995 年被写入《中华人民共和国教育法》。党的十六大提出,"形成全民学习、终身学习的学习型社会,促进人的全面发展"是全面建成小康社会的重要目标,为此,必须"加强职业教育和培训,发展继续教育,构建终身教育体系"。党的十八大提出,要积极发展继续教育,完善终身教育体系,建设学习型社会。党的二十大进一步提出,要"统筹职业教育、高等教育、继续教育协同创新,推进职普融通、产教融合、科教融汇""推进教育数字化,建设全民终身学习的学习型社会、学习型大国"。推进继续教育创新发展,建设全民终身学习的学习型社会、学习型大国已成为中国式现代化道路的重要组成部分。

终身教育主要有普通教育、职业教育和继续教育三种形态。构建终身教育体系,建设全民终身学习的学习型社会,就必须统筹发展好普通教育、职业教育和继续教育。这既是构建全民终身学习的学习型社会的客观需要,又是建设中国式现代化的迫切要求。当前我国在教育领域的综合性法律有《中华人民共和国教育法》,普通教育有《中华人民共和国义务教育法》《中华人民共和国高等教育法》,职业教育有《中华人民共和国职业教育法》,但继续教育还没有专门法律,终身学习社会建设存在立法短板。

3. 加快继续教育立法是有效应对新一轮技术革命、知识迭代更新加速的迫切需要

自工业革命以来,产业迭代速度愈来愈快,第一次技术革命持续了近 100 年,第二次技术革命持续了约 70 年,20 世纪下半叶以来的信息技术和产业革命持续了不到半个世纪,又有一大批新技术快速成长起来,并在最近 20 年形成了新一轮科技和产业变革大潮。进入 21 世纪,技术发展的趋势主要表现为新一代信息技术、新能源、新材料和生物技术以及它们之间的深度融合,这使产业之间的边界日益模糊,信息化与工业化的深度融合、大规模集成和重组,又不断推动新技术的迭代更新。[①] 2022 年下半年以来,以 ChatGPT 为最新代表的人工智能与机器人的发展、应用超出预期,越来越多工作岗位未来将被 AI 所替代。不久的将来,继续教育与培训将是缓解就业压力、推动解决结构性就业矛盾的关键途径。随着新一轮技术革命的发展、互联网的普及,知识迭代更新加快,很多领域都以越来越快的速度产生新的

---

① 孙夕龙. 在新一轮科技革命和产业变革中发展战略性新兴产业 [N]. 光明日报,2021 – 09 – 27 (06),https://m. gmw. cn/baijia/2021 – 09/27/35192888. html.

问题，挑战原有认知，创造着新知识。学生所学部分知识，毕业时就可能已趋于陈旧甚至过时。因此，加快继续教育顶层设计和立法具有战略意义。

4. 实现继续教育立法是专业技术人员继续教育健康发展的重要保证

我国专业技术人员继续教育法制化建设取得了较大成就，但也存在诸多问题，如法规层次不高，法律效力偏低，2015年人社部颁发的《专业技术人员继续教育规定》属于政府部门规章，权威性、强制性不足；法规规章的制度约束力不足，以"指导性""鼓励性"政策为主，缺乏"硬"约束；条款内容多属"粗线条"规定，缺乏具体实施细则，配套制度建设不足；部分条款内容老化；法制体系的整体性不足，法制建设"政出多门"，缺乏顶层设计，等等。这些问题与"科教兴国""人才强国""创新驱动"等国家战略对专业技术人员继续教育和创新人才培养的要求还不相适应。

当前我国已进入高质量发展阶段，党中央确定了建设世界人才中心和创新高地的战略目标，中国式现代化道路已经起航。各地区各部门、各行各业、各类专业技术人员人群，对继续教育产品高质量供给的需求、对继续教育培训工作的高效率监管的期待，已经成为普遍共识。只有不断优化和完善相关规定，通过提高立法位阶加强专技人员继续教育权利和义务保护，在立法过程中充分照顾各方利益相关者的关注和诉求，充分调动继续教育制度中各相关者的积极性和内在动力，不断提高专业技术人员继续教育产品和服务的专业化水平和服务质量，才能真正保障专业技术人员继续教育健康发展。

（二）继续教育立法的可行性

1. 党中央、国务院对人才队伍建设的新要求新部署为继续教育立法提供了动力

党的二十大报告指出，要深入实施科教兴国战略、人才强国战略、创新驱动发展战略；加快建设教育强国、科技强国、人才强国；统筹职业教育、高等教育、继续教育协同创新；建设全民终身学习的学习型社会、学习型大国；培养造就大批德才兼备的高素质人才；完善人才战略布局，坚持各方面人才一起抓，建设规模宏大、结构合理、素质优良的人才队伍；加快建设世界重要人才中心和创新高地；努力培养造就更多大师、战略科学家、一流科技领军人才和创新团队、青年科技人才、卓越工程师、大国工匠、高技能人才。这些新要求、新部署为推动继续教育立法、发展专业技术人员继续教育提供了强大动力。

2. 现有法律制度为继续教育立法提供了充分依据

2018年《中华人民共和国宪法》规定，"国家发展社会主义的教育事业，提高全国人民的科学文化水平""国家发展各种教育设施，扫除文盲，对工人、农民、国家工作人员和其他劳动者进行政治、文化、科学、技术、业务的教育，鼓励自学成才。国家鼓励集体经济组织、国家企业事业组织和其他社会力量依照法律规定举办各种教育事业"。《中华人民共和国教育法》《中华人民共和国高等教育法》《中华人民共和国职业教育法》《中华人民共和国劳动法》《中华人民共和国就业促进法》《中华人民共和国科学技术进步法》《中华人民共和国公务员法》等法律，均多多少少对继续教育做出了原则性规定。这些原则性规定对专业技术人员继续教育的对象、权利义务、基本类型、培训机构、政府责任等进行了简单描述和界定，是专业技术人员继续教育立法的重要依据。

3. 人社系统的有关规定和实践为继续教育立法打下了良好基础

人事部 1995 年颁布的《专业技术人员继续教育暂行规定》和人社部 2015 年颁布的《专业技术人员继续教育规定》，从部门规章层面清晰界定了专业技术人员继续教育立法的基本要素，包括立法的目的、意义、适用对象和范围、原则、费用、管理体制、内容和方式、组织管理和公共服务、法律责任等。原人事部和人社部还颁布了大量专业技术人员继续教育相关政策文件和规划，持续实施专业技术人才知识更新工程。在专业技术人员继续教育体系建设、制度建设、法制建设等方面都积累了丰富的经验，为我国继续教育立法奠定了良好基础。

4. 行业规定和地方立法实践为继续教育立法提供了重要参考

1987 年以来，国家经济委员会、农业部、教育部等相关部委与人事部（人力资源和社会保障部）单独或联合行动，陆续出台了 20 项针对各行业专业技术人员继续教育规定、制度及实施办法，对主要行业领域的专业技术人员继续教育做出明确规定，形成了丰富、立体的制度与规范体系。在地方立法方面，14 个省级人大常委会完成专业技术人员继续教育立法，12 个省级人民政府颁布了专业技术人员继续教育规定；地方省级人社部门以及其他职能部门印发了大量专业技术人员继续教育实施意见、继续教育基地管理办法，以及其他行业领域或职业领域职业资格（执业资格）管理的实施意见或相关文件。

5. 发达国家和地区的继续教育立法实践为我国提供了丰富的经验

西方发达国家有关继续教育的立法主要有三种情况。一是直接制定继续教育法律，如法国 1971 年、1978 年先后颁布《继续职业教育法》《继续教育法令》，美国 1980 年制定《中学后继续教育法》，英国 1992 年、2007 年、

2017 年先后颁布《继续教育与高等教育法》《继续教育和培训法》《技术与继续教育法》；二是制定成人教育法律，如美国 1966 年制定《成人教育法》，韩国 1982 年通过《成人教育法》；三是制定终身教育法，如法国 1972年颁布《终身职业教育法》，美国 1976 年制定《终身学习法》（也称《蒙代尔法》），日本 1990 年出台《终身学习振兴法》，韩国 1999 年通过《终身教育法》。西方发达国家继续教育立法实践提供了有益借鉴。

五、加快专业技术人员继续教育制度法制化进程的建议

加快专业技术人员继续教育制度法制化进程，可从理论基础、舆论环境、政策储备、具体工作等多个方面进行。

（一）加强法制化建设研究，奠定理论基础，储备政策选项

重点可从如下三个路径着手，加强对我国专业技术人员继续教育法制化的基础研究。一是进一步深刻理解党的二十大报告中有关继续教育相关论述和中央建设世界人才中心和创新高地的精神，加强对相关部门落实中央精神的法规、政策、举措研究；二是进一步深入研究我国各地区各部门专业技术人员继续教育的法规政策和实践；三是对西方发达国家工程师、医生、教师等重点职业人群继续教育领域进行深入研究，发掘其可值得借鉴的经验、做法。

（二）开展调研，广泛征求各方意见，营造有利氛围

选择有一定代表性的地方区域、行业领域，开展扎实的实地调研和问卷调查，广泛征求各方对专业技术人员继续教育及其法制化建设的意见和建议。通过广泛调研与征求意见，一方面，摸清专业技术人员继续教育立法中涉及的重要利益相关者对立法可行性、必要性及法规内容的意见，为起草、完善专业技术人员继续教育条例的建议文本提供充分参考；另一方面，也为专业技术人员继续教育法制化建设营造有利舆论氛围，构筑良好社会基础。

（三）起草《专业技术人员继续教育条例（草案）》，完善继续教育法规体系

从多个方面研究《专业技术人员继续教育条例（草案）》文本的起草工作，如：是界定为狭义的继续教育立法还是广义的继续教育立法；进一步厘清专业技术人员继续教育立法的上位法，进一步优化立法的指导思想和专业技术人员继续教育的原则；优化继续教育管理流程，提高管理效率和社会效益；进一步加强继续教育经费投入机制建设；加强用人单位激励，进一步明

确用人单位继续教育义务规定、经费保障规定、奖励性规定和惩戒性规定；提高继续教育供给质量；鼓励和加强继续教育方式方法创新，调动专业技术人员的积极性；加强继续教育内容创新和学时管理。

（四）推动国家把继续教育立法工作提上议事日程

在具备一定理论基础、政策选项，形成有利的社会氛围和舆论环境，专业技术人才和继续教育工作者达成一定共识，《专业技术人员继续教育条例（草案）》文本相对成熟后，提请党中央、国务院把专业技术人才继续教育立法工作纳入议事日程，推动立法启动的相关工作。争取用 5～10 年的时间，至少达成以国务院行政法规的形式完成专业技术人员继续教育立法的目标。

参考文献

［1］白婕，王永刚．发达国家继续教育政策法制化研究［J］．天津职业院校联合学报，2011（13）：38－41.

［2］柴娟娟，李国强，闻建华．我国继续教育法制建设现状分析与策略建议［J］．开发研究，2010（5）：131－132.

［3］陈莺．美、法、日、韩四国终身教育立法比较与对我国的启示［J］．南京广播电视大学学报，2018（3）：25－30.

［4］刁庆军．继续教育理论探索［M］．北京：清华大学出版社，2015.

［5］高金龙，黄日强．德国成人继续教育立法［J］．成人教育，2007（10）：93－94.

［6］何齐宗．终身教育的理论与实践［M］．北京：科学出版社，2020.

［7］侯健．改革开放四十年教育立法的经验和问题［J］．国家教育行政学院学报，2018（12）：10－16.

［8］蒋楠晨，陈丽，郑勤华．中外终身教育立法比较研究［J］．现代远距离教育，2013（5）：3－9.

［9］兰岚．论日、韩终身教育立法的嬗变及对我国的立法启示［J］．终身教育研究，2020，31（1）：38－45，64.

［10］兰岚．中国终身教育立法研究［M］．北京：法律出版社，2020.

［11］兰岚．终身教育立法研究之与现有法律体系的冲突与协调［J］．现代远距离教育，2017（5）：66－74.

［12］李昕阳，李晓白，罗兆博．现代继续教育研究［M］．吉林：吉林

人民出版社，2020.

[13] 李之琳. 西方继续教育的发展与我国的立法选择 [J]. 继续教育，2006（1）：21 – 23.

[14] 梁雯. 我国地方终身教育立法比较研究——基于地方终身教育促进条例的分析 [J]. 河北大学成人教育学院学报，2017（6）：23 – 29.

[15] 刘波. 终身教育立法的理论与实践：现状、困境及对策 [J]. 中国职业技术教育，2016（23）：17 – 25.

[16] 刘奉越. 继续教育立法的价值意蕴、实践困境与路径选择 [J]. 国家教育行政学院学报，2020（2）：9 – 14，39.

[17] 马怀德. 教育法治四十年：成就、问题与展望 [J]. 国家教育行政学院学报，2018（10）：10 – 15，58.

[18] 庞学铨. 面向二十一世纪的继续教育 [M]. 浙江：浙江大学出版社，2008.

[19] 申素平，周航，郝盼盼. 改革开放 40 年我国教育法治建设的回顾与展望 [J]. 教育研究，2018（8）：11 – 18.

[20] 宋孝忠. 欧美发达国家继续教育立法初探 [J]. 继续教育研究，2009（11）：8 – 10.

[21] 王晓初. 专业技术人才队伍建设与管理 [M]. 北京：中国劳动社会保障出版社，2011.

[22] 王轩，张宇. 浅谈加快我国继续教育立法进程的必要性和可行性 [J]. 河北工业大学成人教育学院学报，2007（12）：13 – 16.

[23] 吴乐乐. 专业技术人员继续教育政策实施的实然问题与应然内容 [J]. 当代继续教育，2020（4）：34 – 38.

[24] 吴遵民，国卉男，赵华. 我国终身教育政策的回顾与分析 [J]. 教育发展研究，2012（17）：53 – 58.

[25] 吴遵民，黄健. 国外终身教育立法启示——基于美、日、韩法规文本的分析 [J]. 现代远程教育研究，2014（1）：27 – 32.

[26] 吴遵民，黄欣，蒋侯玲. 终身教育立法的国际比较与评析 [J]. 外国中小学教育，2008（2）：1 – 9.

[27] 吴遵民，黄欣，刘雪莲. 建立和完善终身教育体系的法律制度研究 [J]. 继续教育研究，2006（6）：19 – 23.

[28] 吴遵民. 现代终身教育体系论：中国终身教育发展的路径与机制 [M]. 上海：上海人民出版社，2019.

［29］吴遵民．终身教育研究手册［M］．上海：上海教育出版社，2019．

［30］闫树涛．发达国家继续教育管理体制机制研究［M］．北京：人民出版社，2021．

［31］余晓红，汪燕，王少敏．继续教育立法的竞合问题研究——以地方性法规为视角［J］．职教论坛，2021（3）：113－119．

《继续教育制度法制化可行性研究报告》
课题组成员名单

课题顾问：

李志更（中国人事科学研究院副院长、研究员）

课题组长：

刘文彬（中国人事科学研究院教育培训与能力建设研究室主任、副研究员）

课题组成员：

葛　婧（人力资源社会保障部教育培训中心副研究员、博士）

谢　晶（中国人事科学研究院教育培训与能力建设研究室副研究员、博士）

邢　蓉（中国人事科学研究院教育培训与能力建设研究室研究实习员）

冯惠霞（中国人事科学研究院教育培训与能力建设研究室研究实习员）

郝　丽（中国人事科学研究院教育培训与能力建设研究室科研助理）

中国人事科学研究报告

THE REPORT OF CHINESE PERSONNEL SCIENCE

战略科学家培养问题研究[①]

　　提　要：当前全球百年未有之大变局加速演进，新一轮科技革命改变着国际竞争格局，面临新困境、新挑战，如何培养战略科学家并最大限度发挥其核心引领作用，是实现高水平科技自立自强、支撑中国式现代化的重要抓手。本研究一是研究了"战略科学家"的概念及其人格特质、评价标准等。二是分析了全球 5 个科学和人才中心的演变，得出我国培养战略科学家应加强宏观环境建设，重视科研机构创新，引导科学家服务大局，重视对科技人才的早期甄别。三是分析了"全球高被引科学家"榜单，得出中国"全球高被引科学家"是成熟稳定且有发展潜力的人才梯队，是战略科学家的"蓄水池"；中国"跟跑"美国的学科领域与"卡脖子"领域高度吻合；中科院等高水平研究机构、清华大学等高水平研究型大学，是科学家成长的沃土。四是分析了战略科学家的成长和流动规律，得出影响科学家成长和流动的因素主要有时代变革需求、科研创新环境、家庭成长环境、名师指导与精英教育、个人爱国情怀等。五是提出了战略科学家培养的相关建议，包括构建战略科学家培养体系、坚持科研一线培养战略科学家、高质量打造战略科学家梯队、着重发挥各类人才平台作用、深耕战略科学家培养新"沃土"、重视"全球高被引科学家"群体。

　　关键词：战略科学家　概念和特点　培养建议

---

　　① 本文系人力资源社会保障部 2022 年度部级课题"战略科学家培养问题研究"报告的部分内容。

一、研究背景与意义

2021 年 9 月，习近平总书记在中央人才工作会议上明确指出："要大力培养和使用战略科学家，有意识地发现和培养更多具有战略科学家潜质的高层次复合型人才，形成战略科学家成长梯队"。2022 年 4 月，中共中央政治局召开会议审议《国家"十四五"期间人才发展规划》，再次强调要"大力培养使用战略科学家，打造一大批一流科技领军人才和创新团队"。同年，党的二十大报告再次对"加快建设国家战略人才力量做出重要部署，提出努力培养更多大师、战略科学家、一流科技领军人才和创新团队、青年科技人才、卓越工程师、大国工匠、高技能人才"。国家战略人才力量是立足于中国式现代化建设的基础性、战略性支撑，新时代更是赋予战略人才力量更加丰富和深刻的内涵，而战略科学家作为战略人才力量的"金字塔尖"在国家科技发展和创新中的地位和作用越来越重要。综观世界科技发展，中国在创新领域已经位于前列，从质量和发展水平上来看，也正在从跟跑向并跑、领跑转变。此时提出战略科学家的培养问题，顺应了当下新发展阶段的人才需求。

（一）推动高质量发展需要战略科学家

当前中国正处在由高速发展向高质量发展转变的关键阶段。高质量发展的核心就是创新驱动。这种转变意味着在当前和未来，迫切需要有更多科学新发现、技术新创造突破现有水平。而发展科技和推动科技创新的关键，还是要依靠战略科学家引领。科学技术是第一生产力，人才是第一资源，战略科学家是第一资源中的核心和灵魂。我国在实施新发展理念、推动高质量发展过程中迈出坚实步伐，更需要大力培养使用战略科学家，有意识地发现和培养更多具有战略科学家潜质的高层次复合型人才，形成战略科学家成长梯队，从而为推进高质量发展打牢强大人才基础。

（二）促进科技进步需要战略科学家

"全球进入大科学时代，科学研究的复杂性、系统性、协同性、不确定性显著增强，战略科学家引领开拓科学前沿的重要性日益凸显"。当前世界范围内科学技术的发展正在进入空前活跃时期。信息科学、生命科学、新材料、新能源等多个重要领域正在酝酿新的科技突破和产业变革。在这种背景下，需要一批战略科学家参与顶层设计，前瞻性地把握新一轮产业技术革命的特征，提前布局促进关键技术研发、发展新兴战略产业。同时，在制定重大政策和决策时，听取他们的意见和建议，把握战略主动，做好战略谋划，明确科技创新主攻方向和突破口，厘清我国未来经济社会发展需求和科技路线布局，从深层次上解决我国科学技术以及经济社会发展中一些"卡脖子"问题，赢得发展的战略主动权。

（三）提高国际竞争力需要战略科学家

当今国际竞争日趋激烈，归根结底是科技和人才的竞争，战略科学家也因此日益成为国家急需人才。他们专业精深，着眼国家长远利益，能够站在科技前沿，推动形成具有一定科学品质的战略思想和理论方法，因而在科学研究领域站得高、看得远、把握得准。面对世界发展大势，面对日趋激烈的国际竞争，战略科学家是国家急需的，并已成为当今世界各国发展的战略资源。"千军易得，一将难求"。习近平总书记强调指出，我们必须"坚持实践标准，在国家重大科技任务担纲领衔者中发现具有深厚科学素养、长期奋战在科研第一线，视野开阔，有前瞻性判断力、跨学科理解能力、大兵团作战组织领导能力强的科学家"，提高我国在宏观决策时的科学性、合理性和前瞻性，从而为我国在当今激烈国际竞争格局中赢得优势。

（四）实现中国式现代化需要战略科学家

在实现全面建成社会主义现代化强国目标，以及实现中华民族伟大复兴中国梦的伟大征程中，同样也离不开战略科学家和创新型科技人才的智慧和力量。国家发展靠人才，民族振兴靠人才，新时代召唤着更多战略科学家脱颖而出。同时，我们必须增强忧患意识，更加重视人才自主培养，加快建立人才资源竞争优势，加快建设世界重要人才中心和创新高地，"完善战略科学家和创新型科技人才发现、培养、激励机制，吸引更多优秀人才进入科研队伍，为他们脱颖而出创造条件"，营造和厚植创新创造创优生态，为建设世界科技强国，为全面建设社会主义现代化国家发挥好关键变量的支撑引领作用。

二、国内外已有研究综述

（一）相关理论研究

1. 国内研究情况

目前，国内学术界围绕战略科学家的概念内涵及外延、特征特质、培养使用规律、对策建议等进行了研究。战略科学家不只是科学家，还是战略性、高层次的管理人才，是科研和管理能力兼具的复合型顶尖人才，是能长期在学科领域（或大学科群或多学科）或大兵团式科技项目中把握战略方向，引领整体发展，凝聚和建设高层次人才队伍或科学家群落，自身拥有重大科学贡献或研究业绩的战略核心人物和一线顶尖科学家（汪长明，2020；陈骏，2021；余仲华，2022）。习近平总书记指出，相比一般科学家，战略科学家更具战略能力，即拥有以科学规律为核心战略能力的同时又具备了对科技前沿引领领航能力、前瞻性预测判断能力、跨学科科研能力、战略决策能力和大兵团作战组织领导能力。战略科学家从青年科技人才中脱颖而出（吴江，2023），要选拔有志向、有兴趣、有天赋的优秀人才，采用"精英式教育"的模式因材施教，变特长为专长，为年轻人创造机会，使其研究工作与国际前沿接轨（厚宇德，2022）。要探索持续性和周期性的支持机制，培养和造就战略科学家（姚凯，2022）。

2. 国外研究情况

由于文化和制度环境的差异，国外并没有"战略科学家"的说法，研究中出现较多的概念有"杰出科学家"（"Outstanding Scientists""Distinguished Scientists"）、"科学精英"（"Scientific Elite"）等。国外研究学者还把杰出科学家划分为不同的群体，以群体作为研究对象来研究科学家，例如研究诺贝尔奖获得者群体，高被引科学家群体，不同国别、地域的杰出科学家等。他们试图相对全面地归纳其群体特征特质，从而总结出成才规律。

（二）相关政策研究

1. 国内政策情况

关于"战略科学家"的概念，最早最权威的诠释是习近平同志在2021年中央人才工作会议上的讲话。2022年4月29日，《国家"十四五"期间人才发展规划》强调，要大力培养使用战略科学家，打造大批一流科技领军人才和创新团队。党的二十大报告再次强调，"加快建设国家战略人才力量，努力培养造就更多大师、战略科学家、一流科技领军人才和创新团队、青年科技人才、卓越工程师、大国工匠、高技能人才"。

在部委层面，最具代表性的是2022年工信部发布的《工业和信息化部关于加强和改进工业和信息化人才队伍建设的实施意见》。该意见提到，坚持实践标准，从国家重大项目担纲领衔专家中推荐一批战略科学家人选。坚持长远眼光，有意识地发现和培养更多工业和信息化领域具有战略科学家潜质的高层次复合型人才。除此之外，人社部2022年印发的《国有企业科技人才薪酬分配指引》提到，对于企业发展至关重要的战略科学家、顶尖领军人才等特殊关键核心技术人才，可不限于岗位薪酬框架，实行"一人一议"

的协议开放薪酬,对标市场 90 分位值以上,可上不封顶。

在地方层面,多地纷纷出台相关政策响应中央号召。2021 年湖北省委、省政府出台《关于加快推进科技强省建设的意见》,制定"开展基础研究人才专项支持行动""大力培养青年科技人才"等 5 条措施,明确提出,近 5 年引进培养 50 名战略科学家、500 名创业领军人才。江苏也聚焦战略科学家培育做了大量卓有成效的基础工作,如"333 工程"、双创计划、双创团队、科技镇长团、产业教授、科技副总等特色人才项目,经过多年来的探索实践与创新发展,有效集聚了大批高层次科技人才。北京市 2023 年研究制定评定标准,遴选一批市级战略科学家,为未来战略科学家的引育集聚确立基准,并在团队作战、攻关一线中挖掘培养具有战略科学家潜质的高层次复合型人才,在国际人才竞争中吸引和集聚战略科学家,形成战略科学家成长梯队。

2. 国外政策情况

主要发达国家对战略科学家、战略人才力量的诉求与日俱增。美国构建了"高质量准入、规范细化"的战略人才移民体系、构建了"高投入度、宽覆盖面"的留学生资助与培养体系。自"二战"以来,涌现出奥本海默、爱德华·特勒、弗朗西斯·柯林斯等一大批杰出的战略科学家。日本政府 2001 年出台《第二个科学技术基本计划》,提出"日本要在未来 50 年内争取拿到 30 项诺贝尔奖"。截至 2021 年年底,日本已经拿到 20 个诺贝尔奖,日本用了 2/5 的预期时间已达成 2/3 的目标,而且奖项普遍集中在物理学、化学和生理学或医学领域,这与日本当时重视教育和自主科研是分不开的。

三、战略科学家的基本情况

(一)战略科学家的概念内涵

1. 战略科学家概念

基于对国内外学术界、政策界关于战略科学家相关表述的理解,课题组认为,战略科学家既是战略家,又是科学家,是科学帅才,是国家战略人才力量中的"关键少数",战略科学家具有深厚科学素养,长期奋战在科研第一线,视野开阔,前瞻性判断力、跨学科理解能力、大兵团作战组织领导能力强。如果对应到具体的人,就是钱学森、邓稼先、李四光、袁隆平、华罗庚、陈省身等守望"国之大者"的科学家。

2. 战略科学家来源

战略科学家归根到底要从科技创新主战场中涌现出来,从科技创新主力军中成长起来。具体可以分为时间和空间两个维度来看。

从时间维度来看，战略科学家从科技创新主力军中成长起来。国家战略人才力量是由不同层次人才组成的雁阵梯队，其中，顶尖的战略科学家是关键少数，其成长和培养是个系统工程，科技领军人才和创新团队、青年科技人才都是战略科学家的后备力量，需要大量时间在实践中加以锻炼培养（见图1）。其中，科技领军人才仅限于科学层面，虽具有杰出的科研能力，是所研究领域的带头人，能够带领创新团队承担并完成国家重大科技任务，攻克关键核心技术难题，取得重大科技创新突破，但"战略性"相对较弱。相较之下，战略科学家不仅掌握最前沿的领域知识，更重要的是具有代表性科学话语权，能够站在科学研究制高点系统谋划。科技领军人才的"战略性"还需要一定时间加以培养。

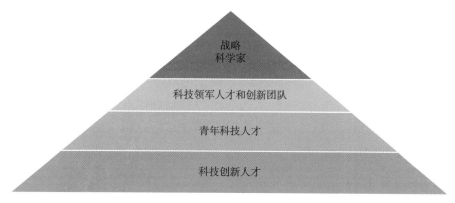

图1　战略科学家时间维度的培养过程

青年科技人才则是战略科学家的"源头活水"，青年科技人才思维活跃、富有创造力和创新精神，受好奇心驱动敢于自由探索前沿科技"无人区"，突破颠覆性技术，突破固有思维框架、取得突破性的科学发现，是最具创新活力的群体。但参与国家重大研究项目的经验不够，是具有战略科学家潜能的后备力量。

从空间维度来看，战略科学家从科技创新主战场中涌现出来。战略科学家不是突然冒出来的，也不是可以培养出来的，而需要为其提供培植"沃土"，让科学家专心致力于科学，真正的战略科学家就会源源不断地涌现。这就需要依靠国家乃至国际的重大科技任务和科研项目培养科技攻关和解决"卡脖子"关键核心技术的能力，在科研前沿领域培养国际视野和前瞻性思考的能力，在基础研究领域培养原始创新能力，在科研第一线的实践中加以历练和锻造，对具有战略科学家潜能的后备力量委以重任，使其脱

人事制度改革与政策创新

颖而出（见图2）。

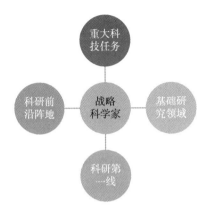

图2　战略科学家空间维度的培养过程

（二）战略科学家的特征特质

1. 人格特质

爱国情怀。科学无国界，但科学家有祖国。老一辈战略科学家在骨髓深处都有对国家的眷恋、对民族的深情。新中国成立时国家一穷二白，一大批战略科学家回归祖国，驱动他们归国的动力就是对国家未来发展愿景的坚定信心，为中华民族崛起而奋斗的强烈使命感，他们也因此成为中国现代科学和现代技术的奠基人、开创者。

领导才能。战略科学家领导才能杰出，具有崇高的道德风尚和人格魅力，能团结吸引大批科技创新人才共同奋斗，带领团队攻坚克难，承担起领衔大兵团攻关重大科技任务的使命，切实满足国家创新需求。

奉献精神。战略科学家具有无私利性的高尚情操。他们做人简单，做事勤奋，心无旁骛，把时间和精力聚焦在勇攀科学高峰上，除此之外还关心后辈，毫无保留地传授自己的科研经验。诺贝尔奖自然科学奖获得者中，有师徒关系的获奖者比例高于40%，优秀的师承关系也是21世纪日本诺贝尔奖井喷的原因之一。

团结协作。如果把科学的整体发展看成一个宏大的工程，战略科学家就是"总工程师"或"架构师"。战略科学家作为"总师"需要协调各方，他们普遍有宽广的心胸、包容的心态、低调严谨的行事方式和合作互动共赢的品质。

2. 科学特征

追求真理。在科学理想上，战略科学家追求真理，具有自我实现甚至超我实现的追求。钱三强曾说过："科学不是为了个人荣誉，不是为了私利，而是为了人类谋幸福。"

勤勉坚韧。在科学信念上，战略科学家具有科研自信和勤勉拼搏的坚韧意志，具有批判精神，敢于突破难关，甘于坐冷板凳。他们所取得的成绩，都只是由于长期思索、忍耐和勤奋而获得的。

创新探索。在科学态度上，战略科学家严谨缜密、实事求是、精益求精，拥有强烈的求知欲和探究无限科学未知的好奇心。他们勇于探索创新，不仅擅于提出问题，而且善于解决问题，不仅能够跟踪研究，而且能够超越研究。

独立思考。在科学思维上，战略科学家具有强大的独立思考能力，所承担的科研项目、所提出的问题、解决问题的科学路线和技术路线，都不是事先给定的、亦步亦趋跟随别人的，而是独立思考、自由探索的结果，因而能够超越前人，实现重大原始创新、突破性创新、颠覆性创新，创立新的学科或开辟学科新的成长点。

跨界学习。在科学视野上，战略科学家具有强大的跨界学习能力和敏锐的洞察力，知识获取范围几乎横跨各门自然科学、社会科学和人文学科，而且能够融会贯通、举一反三，综合性地解决本学科甚至其他学科的重大问题。

3. 战略特征

前瞻视野。在战略眼光上，战略科学家视野开阔、眼光前瞻，能够准确把握世界科技发展趋势和国家战略需要，充分理解科技进步与经济发展的深刻关系，开拓新的科技领域，引领科技发展、满足未来需求。

全局谋划。在战略布局上，战略科学家能够开展战略性谋划和布局。在科学发展趋势上，他们能跨领域洞察科学发展态势，清楚大多数科学领域的主要发展趋势。在国际政治发展趋势上，他们具有对国际局势的判断能力，能分辨出哪些科学领域是竞争重点，哪些领域适合常规式发展，哪些领域可以加强合作，并且就此提出战略性意见，以此抢占世界科技前沿发展的制高点。

四、全球科学和人才中心建设与战略科学家

2021年9月的中央人才工作会议上，习近平总书记指出，"人类历史上，科技和人才总是向发展势头好、文明程度高、创新最活跃的地方集聚"。16世纪以来，全球先后形成5个科学和人才中心，一是16世纪的意大利，二是17世纪的英国，三是18世纪的法国，四是19世纪的德国，五是20世

纪的美国。上述 5 个科学和人才中心，涌现出了哥白尼、伽利略、牛顿、拉格朗日、爱因斯坦、爱迪生等一大批世界顶尖科学家。本研究从政治经济等宏观因素、科学家职业形成等中观因素、科学家本人受教育背景等微观因素方面分析了 5 个科学和人才中心的演变机制，得出对我国培养战略科学家的启示。

（一）加强经济、政治、文化等外部宏观环境建设

世界科学中心的演变显示，经济、政治、文化等科学系统之外的宏观因素最有可能促进科学中心的形成，政治因素最有可能引发科研活动的衰落。这要求我国各级人才管理部门更加注意工作的系统性、整体性，统筹推进经济、政治、文化、社会等环境建设，尤其是更加注重政治环境建设，营造有利于科研探索活动的土壤，推进科研活动实现高质量发展。

（二）重视科研机构的组织创新和战略科学家培养

世界科学中心的演变显示，越到近代社会，科学的组织化程度越高，学科的发展、科研组织形态和科研体制的创新在世界科学中心形成中的作用越来越重要，有魅力的科研机构领导者对学科人才培养、学术产出、学派形成的作用也愈加重要。各国各地区人才主管部门要尊重科研一线的组织创新，积极发现更有效的培养方式，不断提高战略科学家的领导力。

（三）科学家要服务国家发展战略，立足知识演变规律，回应时代之问

世界科学中心的演变显示，在对古代自然哲学的继承和回应时代之问的过程中逐渐形成现代自然科学的分化。中国式现代化新征程已开启，每一位科学家要紧紧服务国家发展战略，遵循科学内部知识体系演进的规律，紧紧围绕实践中产业和社会的需求，致力于回答"时代之问"，不负作为科学家的天职和使命。

（四）加强人才引进、使用、激励和本土科学家培养

世界科学中心的演变显示，越到近代社会，世界科学中心的形成越发依赖于更多杰出科学家的培养和汇聚。如何吸引更多人才，如何使引进的人才能留下来、作用发挥出来，如何通过本地教育、科技与产业部门的紧密合作，在本土上成长出更多的优秀人才，是各国、各地区人才主管部门的重要使命和职责。

（五）重视对科学家和科技人才的早期甄别和培养

通过对世界科学中心和 23 位科学家的案例分析发现，必要的物质条件，

尤其是民主、平等、宽容，带有人文主义的教育环境是科学家成长的沃土。在合适的家庭环境、学校环境、工作环境之外，科学家主要依靠其强大的内驱力——尤其是对科学探索的强烈兴趣，专注、勤勉、不畏挫折等精神——开展科研探索。这说明，家庭、学校和科研机构是甄别、培养科学家和科技人才的重要载体，整个社会范围内要注意民主、平等、宽容氛围的构建，给热爱科研探索的各年龄段人群以足够的信任和空间，创造条件让他们探索和发现。

五、全球战略科学家结构研究：以高被引科学家为例

20 世纪的美国，作为全球第 5 个科学和人才中心，集聚了全球近 50% 的高被引科学家。本文以科睿唯安 2018～2022 年"全球高被引科学家"榜单为例，从静态分布和动态变化两个角度，统计了过去 5 年"全球高被引科学家"的结构特征和变化趋势，得出了"全球高被引科学家"在国家/区域、工作机构、学科方面的集中情况和流动趋势。

（一）中国"全球高被引科学家"中院士和杰出青年的比例约为 26.7%，"全球高被引科学家"是战略科学家的"蓄水池"

2018～2022 年，中国共有 1 747 人（4 474 人次）入选科睿唯安"全球高被引科学家"名单，上述科学家分布在 380 个机构，包括科研院所、高校和企业。中国"全球高被引科学家"中被选为"两院院士"的有 138 人，占 7.9%，"获得国家杰出青年科学基金资助的全球高被引科学家"有 413 位，占比 23.6%。去除同时获得"两院院士""杰出青年"称号的 84 人，获得"两院院士"或"杰出青年"称号的占比 26.7%。以 2022 年国家杰出青年为例，2022 年，共计 294 人获批"国家杰出青年科学基金"，上述人员同时入选"全球高被引科学家"的有 22 人，占杰出青年总人数的 7.5%，其中，有 13 人在 2022 年以前入选"全球高被引科学家"榜单，即先入选"全球高被引科学家"，后成长为"国家杰出青年"。由此可见，"全球高被引科学家"是战略科学家的"蓄水池"。

（二）中国"全球高被引科学家"呈梯次分布，是建制完整的战略科学家后备力量

从科学家身份看，中国"全球高被引科学家"中有中国科学院院士、有国家杰出青年基金获得者，还有在校博士生。从被引次数看，部分科学家自 2018 年起连续五年在多个领域入选"全球高被引科学家"，有些科学家则是

近一两年的后起之秀。从年龄结构看，课题组此前的抽样调查数据显示，在351份有效样本中，40岁及以下的有63人，41～50岁的有113人，51～60岁的有125人，60岁及以上的有50人。中国"全球高被引科学家"中功成名就的顶尖人才、正挑大梁的青年人才和尚待开发的在校生兼而有之，是成熟的人才梯队，是建制完整的战略科学家后备力量。

（三）中国"全球高被引科学家"数量仅次于美国，总体来看具有较强的国际竞争力

5年来，美国共入选13 385人次，位居第一，占世界总入选人次的41.18%。位居第二的是中国（含港澳台），5年共计入选4 474人次，比美国少9 000人次，仅占美国的1/3。其中中国大陆3 948人次，占比12.15%，比第三名英国多1 306人次。

（四）中国"全球高被引科学家"呈现自然科学多，人文科学少；应用学科多，基础学科少；交叉学科多，单一学科少的特点

"全球高被引科学家"在中国共分布在22个学科领域，其中20个属于自然科学类，2个属于人文科学类。临床医学5年共计入选2 334人次，占7.17%，数学5年仅入选375人次，占1.15%。跨领域学科5年共计入选13 072人次，占比高达40.21%。

（五）中国"全球高被引科学家"学科领域分布不均，数量较少的领域正是"卡脖子"领域

中国"全球高被引科学家"分布在跨领域学科的有1 373人，占总人数的58.72%，位列第一。位列第二的是化学，有203人，占8.68%。免疫学、神经科学与行为学、药理学与毒理学、精神病学与心理学等医学相关领域，分子生物学与遗传学、微生物学等生物学相关领域，占比不到0.4%。与美国相比，中国"全球高被引科学家"在生物学、医学相关领域较少，空间科学领域"高被引科学家"数量为0，上述领域正是《关于加强和改进新时代人才工作的意见》提出的"卡脖子"重要领域，也是"十四五"期间战略科学家培养的重点领域。

（六）各机构人员人次有明显等级划分，但人员基本稳定，中科院具有较强优势

在上榜的72个国家（地区）中，5年共计入选人次大致可分为4个区间，分别是：1 000人以上（哈佛大学），550人左右（斯坦福大学、中国科学院），200～400人（20个，其中中国1个），50～200人（49个，其中中

国7个）。在上榜机构中，中科院"全球高被引科学家"数量排名第三，可与斯坦福大学比肩，数量仅次于哈佛大学。由此可见，我国在全球科技竞争中具有一定的硬实力。就历年变化情况看，各机构入选人次历年比重变化基本控制在0.5%以内，机构人员基本稳定。

六、战略科学家培养成长和流动特点

战略科学家是"关键少数"，因其数量不足以支撑统计结果，本研究将范围扩大至数量较多、最具战略科学家潜质的国内顶尖科学家，重点分析"两弹一星元勋"的成长规律和流动特点，以期为战略科学家培养提供借鉴。

（一）战略科学家的成长规律

1. 成长契合时代变革需求

时势造英雄，也造就了战略科学家的成长。战略科学家的成长，响应了时代的变革需要。比如，"两弹一星"元勋成长在中国近代，他们的成才和发展深受当时社会大环境的影响，实现救亡图存的时代主题、实现科学强国的赶超意识和实现国家安全的迫切需求都是时代赋予他们的历史使命。

2. 具有良好的家庭教育成长环境

良好的家庭条件和家庭教育以及家和万事兴的融洽氛围，给战略科学家的成长注入了动力。比如，"两弹一星"元勋虽然生活在20世纪初期，但相对而言较为优良的家庭环境，对他们的童年、少年和青年时期产生了重要的影响，为他们的学习提供了物质条件，也使他们早期的智力得到较为充分的开发。

3. 成长于能够激发科学精神的科研生态

战略科学家一般成长于宽松、自由、民主、尊重氛围强的学术科研生态环境。比如，"两弹一星"的研制实现了政治家和科学家的良性互动，科研群体领导与一般研究人员的协同，不同领域、不同行业的协同，保持了科研自由的环境，能够积极发挥科学家及其他科技人员的主导作用，尊重一线科技人员的意见，特别是在重大科技决策中倾听科学家的意见和建议，确定研发任务之后，主管部门和领导对于执行过程不做过多干预。

4. 成长中形成了为国为民的价值观和使命感

战略科学家在成长过程中形成了忧国忧民、为国为民、先天下之忧而忧的人生价值观和使命感。比如，"两弹一星"元勋具有浓烈的爱国情怀、无私的奉献精神。他们具有"国为重、家为轻，科学为重、名利为轻"的家国情怀,实践"两弹一星"精神(热爱祖国、无私奉献、自力更生、艰苦奋斗、大力协同、勇于登攀)。

5. 接受过多学科精英式教育和名师指导

战略科学家接受过优质的基础教育和高等教育,并得到了名师的指导,具备多学科交叉融合的知识结构。比如,"两弹一星"元勋大多在当地学风良好的著名中小学完成学业,其中的70%的人中小学学习成绩优秀,特别是数理化成绩优异、英语基础扎实,为进一步深造打下良好的基础。从学历背景来看,"两弹一星"元勋大多具有研究生和海外学习经历。从就读大学看,他们全部毕业于国内外知名大学。从导师情况看,"两弹一星"元勋的导师全部是国内外知名学者,如国内的叶企孙、吴有训、赵忠尧、饶毓泰、周培源、任之恭、吴大猷、王柱溪、竺可桢等。他们留学欧美时的导师均为当时学术领域的权威,如钱三强的导师伊丽娜·居里是居里夫人的女儿、诺贝尔化学奖的获得者。

6. 科研实践中培养了多组团作战的优秀领导力

科技攻关离不开多组团跨部门协作作战,战略科学家在协作攻关过程中形成了开展科学技术研究的大兵团作战的组织领导能力。对牛顿、爱因斯坦、爱迪生、卢瑟福、居里夫人、奥本海默、钱学森、钱三强、袁隆平等战略科学家领导力的研究表明,战略科学家的领导力呈现出不同的风格与内涵,但一般都存在着普遍的共性,其中包含善于组织指挥协同,能有效组织科学家团队开展大科学工程项目的联合攻关,并取得优秀成就。

(二)战略科学家的培养方式

1. 坚持严要求、高标准遴选培养对象

从国外著名科研机构看,遴选战略科学家培养对象,都坚持严要求、高标准,以招揽世界高水平人才。比如,德国马普学会最核心的战略人才是研究所所长,他们皆是特定学科领域的带头人,由马普学会采取全球公开招聘的方式,重点考察应聘者是否具有国际领先的研究水平,应聘者提出的研究计划是否具有创新性和可行性等。

2. 坚持国家科技发展战略需求导向

从国外战略科学家的培养需求看,一般以国家重大科研攻关任务为导向,紧扣国家和科技战略发展需要,以及市场需求,聚集各类战略性科研人才。比如美国能源部国家实验室通过与其他研究力量共建国家战略方向上的研究中心(Research Center)、创新中心(Innovation Hub)、创新研究所(Innovation Institute)、研究联盟(Research Consortium)以及签订合作项目协议

等多种方式，汇聚大学、非营利机构和企业等研发力量开展联合攻关。

3. 坚持在重要科研领导岗位和攻关项目中锻炼培养

战略科学家是长期奋斗在科研一线，甘于坐冷板凳，在发现问题、面对问题、解决问题的实践中不断锤炼而成的，特别是在重大攻关项目中培养的。比如，"两弹一星"元勋大都有担任重要领域和岗位的领导工作经历。王大珩 37 岁时受命筹建中国科学仪器馆并担任馆长；朱光亚不满 35 岁时被任命为核武器研制科学技术领导人；任新民 39 岁时被任命为军事工程学院炮兵工程系副主任兼火箭武器教授会主任；邓稼先 35 岁时参加主持原子弹研制任务等。最高奖获奖者都是长期奋战在科研第一线的战略科学家。

4. 坚持"精英教育"模式培养

战略科学家培养不同于普适性教育，一般采取少而精培养模式，集中优质师资和优越的培养条件与环境，有针对性地重点培养。比如，在中国近现代教育史上，西南联大物理系堪称实施精英教育的成功典范。1938～1946 年平均每年招生不到 17 人，平均年招生数远低于现在国内很多大学物理专业博士的年招生数，学生少而精。该物理系有着强大的教师阵容，如饶毓泰、郑华炽、叶企孙、周培源、吴有训、赵忠尧等，他们都是留学归来并已取得重要科研成果的物理学家，培养出了杨振宁、李政道、邓稼先、朱光亚、陈芳允、黄祖洽等一批优秀科学家。

5. 坚持多梯队并行培养

战略科学家是培养未来战略科学家的关键导师，需要承担起培育人才的神圣职责和使命。从王大珩成长为战略科学家的经历看，他得到了当时国内外科学大家的指导和培育。对王大珩有重要影响的有叶企孙、吴有训和周培源。叶企孙理论与实践并重的独特人才培养方式让王大珩等学子受益匪浅。吴有训手把手地指导学生实际操作，王大珩就是在他的课上掌握了烧玻璃的火候和吹玻璃的技术。周培源"要把改变中国落后面貌作为我们的责任，要把眼光放开，不能把自己圈在纯粹物理的小范围内"的教诲让王大珩走上用自己的知识服务国家的道路。

（三）战略科学家的流动特点

1. 爱国情怀是战略科学家回归祖国的重要内因

战略科学家有着忧国忧民之心，对国家和民族发展怀有真挚感情，具有崇高的使命感。为了祖国命运、党和人民的需要，甘愿牺牲一切，排除万难回归祖国，贡献科研智慧。钱学森曾经说："我的事业在中国，我的成就在中国，我的归宿在中国。""我在美国前三四年是学习，后十几年是工作，所有这一切都在做准备，为了回到祖国后能为人民做点事。因为我是中国人。"

2. 中心城市是战略科学家的主要聚集地

从国内外情况看，战略科学家的流动首选经济较发达的城市。《2022"理想之城"全球高水平科学家分析报告》显示，2021 年北京、上海、纽约、伦敦、波士顿高水平科学家人数位列全球 20 座主要城市前五位，香港、深圳分别排在 10 位、14 位。北京、上海近年来已经初步成为高水平科学家集聚的全球高地。北京高水平科学家集聚、引领辐射效应显著。上海人才枢纽地位凸显，对海外人才吸引力突出。粤港澳大湾区人才高速汇聚，国际化特征鲜明。

3. 国际双向流动是战略科学家流动常态

战略科学家一般具有国外学习或工作的经历，跨国双向流动的科学家占相当一部分比例。靳军宝等（2021）研究发现，从高被引科学家在学习阶段和工作阶段的跨国（地区）比例来看，有跨国（地区）流动经历的高被引科学家占总人次的 63.16%。美国仍然是我国高被引科学家跨国（地区）回国的最主要来源国。

4. 中国逐渐成为战略科学家主要的流入地

随着我国科教兴国战略、人才强国战略和创新驱动发展战略的深入实施，国内的科研生态环境发生翻天覆地的改善，对海外战略科学家的吸引力逐步加大，我国逐渐成为战略科学家的理想流入地。据孙康和司月芳（2022）研究发现，从高被引华人科学家国外到国内的移动情况看，占比约为 20% 的高被引华人科学家回到了中国，科学家回国有集聚的趋势，主要集中在国内的核心城市，主要的流入城市是北京和香港，其次是南京、杭州等省会城市。

七、结论和建议

（一）构建战略科学家培养体系

构建以"战略人才力量（战略科学家梯队）+ 平台支撑 + 成长环境打造"为一体的战略科学家培养体系。

第一，加强国家战略科技力量建设，构建原始创新与关键核心技术突破和战略科学家培养使用的联动机制。推进大科学平台、重大科技任务和战略科学家的协同发展。打造全生命周期战略科学家成长生态链条。

第二，健全完善科学家参与科学决策的长效机制。对国家经济社会发展有长远影响的重大科技发展战略，应有科学家参与，为科学决策提供前瞻性和预见性判断；在服务国家重大战略需求的重点科技领域，可通过发挥科学家的战略领导和学术引领作用，重塑科研组织模式，提升组织领导能力；重大科技攻关项目应建立以科学家为主导的决策咨询制度，不断提升科学家科研创新直觉的敏锐性。

第三，综合考虑战略科技力量、高校和科研院所、新型科技企业、国家高水平科技自立自强四个方面的需求，以"创新＋创业""科技＋资本""战略＋科学"的范式，在产学研深度融合中探索战略科学家培养新模式。

（二）坚持科研一线培养战略科学家

第一，围绕国家重点领域、重点产业组织产学研协同攻关，探索构建战略性科学家发现与识别机制。战略科学家不是"天生"的，而是长期奋战在科研一线，在发现问题、面对问题、解决问题的过程中历练而成的。因此，应坚持人才引领驱动，善于给担纲领衔者搭平台、架梯子，在实践中不断锤炼科学家的战略眼光；同时进一步深化人才评价激励制度改革，突出服务国家战略需求导向和原创引领导向，激发人才创新创造活力，不断完善战略科学家的发现、培养和激励机制。

第二，持续优化战略科学家发现机制和项目团队遴选机制。在国家重大科技项目实施"揭榜挂帅""赛马制"，坚持实践标准，重视长期奋战在科研第一线的高层次复合型人才，在重大科学突破和技术攻关中发现和培养战略科学家。

（三）高质量打造战略科学家梯队

第一，建立高潜力人才贯通培养机制。人才培养是一项系统工程，战略科学家的培养延伸到基础教育。"将小学、初中、高中和大学各阶段的课程与前沿科技、基础科学原理紧密融合，提升自然科学类学生的人文素养，优中选优进行战略科学家贯通培养和前瞻培养"。

第二，建立优秀青年科技人才培养机制。重视青年科技人才，支持更多青年科技人才挑大梁、当主角，在实践中不断提高科学研究水平。让青年科技人才在国家重大科技任务、重大平台基地、重点攻关课题负责人的数量达到一定比例。在科研经费、团队建设、承担项目、实验室建设等方面提供稳定支持，使国家重大科技任务平台成为孵化器，为建设战略科学家梯队培育青年科技人才后备力量。

（四）着重发挥各类人才平台作用

第一，加强高水平研发平台建设，让现有的部分战略科学家脱颖而出。继续大力提升研发投入强度，依托现有国家科研机构、高水平研究型大学等，建设面向前沿领域和未来科技的高水平研究团队。

第二，鼓励部分发达地区的地方政府联合高水平科研机构和研究型大学，布局前沿科技领域的高水平研发机构。

第三，鼓励民营资本根据产业需求筹建高水平科研机构等。通过建设多元高水平研发平台，试点各类科研管理体制改革，创造宽松的创新氛围，吸引全球顶尖战略科学家及其创新团队入驻。

（五）深耕战略科学家培养新"沃土"

第一，探索"战略＋市场"的战略科学家培养路径。聚焦关键核心技术攻关，在面向国家战略需求导向，解决关键领域"卡脖子"问题的重大科技任务中发现战略科学家。

第二，优化科技资源配置，促进官产学研体系协同创新，强化企业在创新中的主体地位，推动创新要素向企业集聚，在统筹协同和融通创新中培养战略科学家。

第三，中国拥有超大规模和整体市场的优势，科技创新面向经济主战场，应充分发挥市场机制作用，以市场需求为导向，提高战略科学家对市场规律和产业发展规律的认识和理解，在推进创新链与产业链深度融合中打造战略科学家队伍，强化国家战略科技力量。

（六）重视"全球高被引科学家"群体

第一，以历年"全球高被引科学家"名单为基础，形成全国、各地区、各领域的"全球高被引科学家"人才地图，按图索骥。同时，以战略眼光聚焦"全球高被引科学家"的培养和应用转化，关注潜在的高被引科学家，同时注重战略科技人才培养的"点、线、面、体"动态框架，强调战略科技人才生态化培养。

第二，建议制作中国自己的高被引科学家目录，范围扩大到高被引论文的被引次数位居考察期间ESI学科领域总被引次数的前2%～3%。对这部分人才特别是青年人才给予重点关注和支持。

第三，专门研究我国"全球高被引科学家"领域覆盖问题，力求做到保持优势、缩小差距、填补空白。

参考文献

［1］陈骏．大力引培更多战略科学家［J］．群众，2021（24）：4－5.

［2］冯粲，童杨，闫金定．关于培养使用战略科学家的思考——基于中外 100 位战略科学家的履历分析［J］．科技导报，2022，40（16）：38－45.

［3］洪志生．面向高水平科技自立自强，培养战略科学家［N］．科技日报，2021－11－11（008）.

［4］洪志生，孙颖，洪月苇，周城雄．基于国家战略科技力量培养战略科学家的思考与展望［J］．中国科技人才，2022（4）：30－40.

［5］厚宇德．战略科学家的有效培养方法——以分析杰出战略科学家个人品质及学术道路为基础［J］．科技导报，2022，40（16）：27－37.

［6］胡艳，杨志宏，张奚若．生命历程理论视角下战略科学家的成长轨迹及机制——以应用光学专家王大珩为例［J］．科技导报，2022，40（16）：82－89.

［7］黄涛，樊艳萍．"两弹一星"功勋科学家的成长成才启示［J］．中国人才，2021（12）：12－15.

［8］黄涛．战略科学家是如何炼成的——以钱学森为例［J］．中国科学基金，2010，24（2）：87－90.

［9］黄文龙．杰出科技人才成才因素研究［D］．武汉：武汉科技大学，2017.

［10］靳军宝，曲建升，吴新年，等．2014—2019 年我国高被引科学家跨国（地区）流动特征研究［J］．情报理论与实践，2021，44（5）：78－83.

［11］井润田．高校科研团队管理与战略科学家能力建设［J］．上海交通大学学报（哲学社会科学版），2022，30（4）：43－56.

［12］科技部人才中心政策研究小组．党的十八大以来科技人才政策综述［J］．中国科技人才，2021（5）：6－13.

［13］蓝志勇．论人才强国战略中的人才生态环境建设［J］．行政管理改革，2022（7）：4－13.

［14］李国杰．造就战略科学家梯队，培养科技战略意识［J］．科技导报，2022，40（16）：1－2.

［15］李婧铢，董贵成．习近平关于战略科学家重要论述的精髓要义

［J］．科学社会主义，2022（3）：48 – 52.

［16］刘垠，陆成宽，操秀英．引领前瞻布局的战略科学家如何培养［N］．科技日报，2023 – 03 – 11（008）.

［17］明媚，沈丽丽．杰出科学家"大五"人格特质研究——基于对日本诺奖获得者的 CV 分析［J］．中国高校科技，2020，386（10）：50 – 53.

［18］孙昌璞．战略科学家培育之我见［J］．科技导报，2022，40（16）：18 – 26.

［19］孙康，司月芳．创新型人才流动的空间结构与影响因素——基于高被引华人科学家履历分析［J］．地理学报，2022，77（8）：2113 – 2130.

［20］汪长明．战略科学家的时代召唤与制度催生［J］．理论导刊，2020，432（11）：100 – 104.

［21］王运红．充分发挥战略科学家的引领作用［J］．中国人才，2021（12）：16 – 18.

［22］吴江．深入实施人才强国战略［J］．红旗文稿，2023（3）.

［23］肖小溪，代涛．国立科研机构培养使用战略人才的国际经验及启示［J］．科技导报，2022，40（16）：46 – 54.

［24］肖小溪，李晓轩．关于国家战略科技力量概念及特征的研究［J］．中国科技论坛，2021（3）：1 – 7.

［25］姚凯．建设高水平人才高地，厚植战略人才成长沃土［J］．第一财经，2022（9）.

［26］余仲华．关于战略科学家概念界定的思考［J］．中国科技人才，2022，68（6）：46 – 50.

［27］Branka Golub. The croatian scientific elite and its socio-professional roots［J］．Scientometrics，2006，43（2）.

［28］Parker J N. Lortie C，Allesina S. Characterizing a scientific elite：The social characteristic of the most highly cited scientists in environmental science and ecology［J］．Scientometrics，2010（85）：129 – 143.

《战略科学家培养问题研究》
课题组成员名单

课题组长：

范 巍（中国人事科学研究院企业人事管理研究室主任、研究员）

执行组长:

赵　宁(中国人事科学研究院企业人事管理研究室副研究员)

课题组成员:

王晓辉(中国人事科学研究院企业人事管理研究室副主任、副研究员)

佟亚丽(中国人事科学研究院企业人事管理研究室研究员)

葛　婧(人力资源社会保障部教育培训中心综合培训处副研究员)

赵智磊(中国人事科学研究院企业人事管理研究室助理研究员)

曹　婕(中国人事科学研究院企业人事管理研究室研究实习员)

中国人事科学研究报告

THE REPORT OF CHINESE PERSONNEL SCIENCE

青年科技人才培育机制研究[①]

提　要：本报告聚焦基础研究与应用基础研究青年科技人才，重点关注培育机制中的项目资助、培养、评价、使用、激励等领域，综合采取文献研究、问卷调查、座谈访谈等研究方法，梳理青年科技人才成长和创新规律，总结国内外先进地区青年科技人才培育实践，分析我国当前青年科技人才培育面临的问题及挑战，并提出对策建议。当前我国青年科技人才培育中存在着项目资助体系尚不健全、评价制度不够完善、科研工作压力强度过大、以科学家为本位的管理激励机制尚未形成等问题。为此课题组建议，要完善青年科技人才项目资助体系，设立青年探索发展研究基金，针对创新性强、风险性高的研究进行前期支持；完善青年科技人才评价发现机制，建立创新策源能力评价标准；加强青年科技人才培养开发机制，大力推动博士后工作改革创新；完善青年科技人才使用激励机制，创新重大项目科技人才资源配置模式，创造青年科技人才承担大项目的机会；完善科研事业单位收益分配模式；构建基于信任和包容的人才管理、开发、服务体系。

关键词：青年　科技人才　培养　评价

青年科技人才不仅是当下科技创新的生力军，更是未来科技队伍实力的决定性力量。习近平总书记在 2021 年中央人才工作会上强调，要造就规模宏大的青年科技人才队伍，把培育国家战略人才力量的政策重心放在青年科

---

①　本文系人力资源社会保障部 2022 年度部级课题"青年科技人才培育机制研究"报告的部分内容。

技人才上，支持青年人才挑大梁、当主角。党的二十大报告指出，要努力培养造就青年科技人才。完善青年科技人才培育机制，全方位培养、引进和用好青年科技人才是建设战略人才力量、解决当下关键核心技术"卡脖子"困境的当务之急和重要抓手。

2022～2023年，中国人事科学研究院课题组聚焦基础研究与应用基础研究青年科技人才，重点关注培育机制中的项目资助、培养、评价、使用、激励等领域，采用线上线下相结合方式，召开杰出科学家、人才项目和称号获得者、青年科技人才代表以及政府相关部门等参加的座谈会5场、访谈15场，回收有效调查问卷326份；针对企业博士后，走访24家博士后工作站设站单位和博士后创新实践基地，召开17场座谈会，回收有效调查问卷203份。在此基础上，课题组系统分析青年科技人才的成长规律与培养规律，梳理当前在青年科技人才发现、培养、使用方面存在的突出问题，提出了当前及今后一个时期健全青年科技人才培育机制的相关对策建议。

一、我国青年科技人才发展现状

党的十八大以来，以习近平同志为核心的党中央高度重视青年，加大对青年科技人才的支持力度，推动我国青年科技人才队伍建设取得历史性成就。

（一）青年已经成为科技人才队伍主体

根据《中国科技人力资源发展研究报告（2020）》的测算，截至2020年底，我国拥有科技人力资源约1.1亿人。截至2019年底，科技人力资源中，29岁以下有3 666.1万人，占36.8%；30～39岁有3 800.6万人，占37.1%；39岁以下的科技人力资源合计占比73.9%，见表1。[1] 青年更是高学历层次科技人才资源主体。我国本科及以上科技人力资源约为4 663.2万人，其中，29岁及以下有1 930.7万人，占41.4%；30～39岁有1 774.4万人，占38.1%，39岁及以下合计占79.5%。

表1　　　截至2019年底各学历层次科技人力资源年龄段分布情况　　　单位：万人

年龄范围	专科	本科	研究生	合计
60岁及以上	152.3	107	0.3	259.6
50～59岁	437.5	292	2.7	732.2
40～49岁	1 054.8	550.5	5.6	1 610.9

---

① 中国科技人力资源发展研究报告（2020）［M］. 北京：清华大学出版社，2021：53.

续表

年龄范围	专科	本科	研究生	合计
30～39 岁	1 926.2	1 735.7	38.7	3 700.6
29 岁及以下	1 735.4	1 902.7	28	3 666.1
总计	5 306.2	4 587.9	75.3	9 969.4

资料来源：中国科技人力资源发展研究报告（2020）［M］. 北京：清华大学出版社，2021：53–54.

（二）科技人才红利将持续释放

近 10 年我国科技人力资源的年龄结构一直保持年轻化的特征与趋势。除了 60 岁以上群体外，其余各年龄段科技人力资源数量都处于增长状态。2005 年，39 岁及以下科技人力资源占比约为 65.7%，到 2019 年已经为 73.9%。① 随着高等教育普及化和扩招政策的持续，未来一段时期，我国科技人力资源年轻化的趋势将继续保持。在我国老龄化社会不断加深的背景下，科技人力资源的年轻化特征将对我国经济社会发展产生持续的积极影响。

（三）青年已经成为科技创新的生力军

近年来，我国博士后每年进站人数都超过 2.5 万人，其中 80% 集中在自然科学领域。国家重点研发计划参研人员中，45 岁以下占比达 80% 以上。国家自然科学奖获奖者成果完成人的平均年龄已低于 45 岁。嫦娥团队、神舟团队平均年龄是 33 岁，北斗卫星团队核心人员平均年龄 36 岁，中国天眼 FAST 研发团队平均年龄只有 30 岁。② 我国当代青年科技人才的职业生涯与到 21 世纪中叶全面建成社会主义现代化强国的时间高度契合。

二、当前我国青年科技人才培育机制中存在的问题

面对新发展阶段、新任务与新挑战，对标世界重要人才中心和创新高地建设，我国青年科技人才培育机制中仍存在一些亟待解决的问题。

（一）青年科技人才项目专门支持体系尚不健全

1. 各类资助项目支持的规模和广度不足

调查显示，56.29% 的受访者认为，青年科技人才所获得的资源和政策支持有限，居本次调查中青年科技人才发展问题之首。48.11% 的受访科技人才认为，当前对青年科技人才支持的项目数量少、支持的广度不够。国家

---

① 中国科技人力资源发展研究报告（2020）［M］. 北京：清华大学出版社，2021：150–151.
② 科技部解读《关于进一步加强青年科技人才培养和使用的若干措施》［EB/OL］.（2023–09–27）. https：//baijiahao. baidu. com/s？id=1775444597308627174&wfr=spider&for=pc.

自然科学基金委数据显示，近几年，尽管各类项目资助量都有不同程度的提升，但相比于每年持续攀升的申请量，资助率整体上仍远低于 20%～25%，且持续走低。[①] 以其面上项目为例，由 2014 年的最高值 25.4% 已经降至 2022 年的 17.6%。[②]

2. 项目申报打招呼，圈子内分配项目资源

调查显示，53.46% 的受访者认为，当前重要科研计划指南的制定较多遵照学术权威的意见，青年人难以参与（见图 1）。申报中还广泛存在打招呼、圈子问题。根据国家自然科学基金委员会对评审专家的调查，2018～2021 年，项目评审中"偶尔""经常"被"打招呼"的比例总体居高不下，近四年其占比一直在 73% 以上。[③] 以同门情谊打造利益圈子的现象不时存在。有的学科所谓"大佬"徒子徒孙遍地，以师生、同门为纽带互相提携，形成封闭的"圈子"。[④] 调研中有青年科技人才表示，"一些重大科研基金、重要科技奖项没有'大佬'支持，不是一个圈子，（申报成功）根本没戏。"

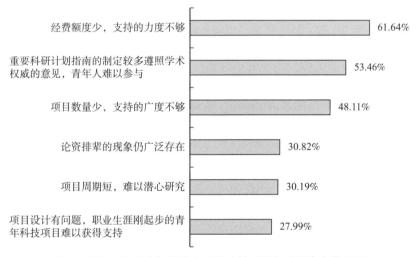

图 1　受访者认为青年科技人才的支持项目与计划存在的问题

① 张韶阳，雷蓉，高阵雨，等．持续升级科学基金人才资助体系　为基础研究高质量发展提供有力支撑［J］．中国科学基金，2022，36（5）：765－771．

② 国家自然科学基金委员会的自然绩效评价：资助率持续降低，报告建议：提升到 25%［EB/OL］．（2023－09－26）．http：//www.futureyuanjian.com/news．

③ 倪善强，张柯，蔡斌，黄宝晟，杨峰，朱蔚彤．科学基金系统性改革以来深入推进廉政风险防控体系建设的回顾与展望［J］．中国科学基金，2022，36（5）：715－721．

④ 于国君，郭妙兰，余哲西．晒一晒"象牙塔"里的那些官僚主义［J］．中国纪检监察，2021（24）：42－44．

人事制度改革与政策创新

3. 适应基础研究特点与规律的支持与资助模式尚未真正建立

调研中专家表示，目前对基础研究的内涵界定不清晰，反复强调的"基础研究"往往是实际应用科技领域或有应用背景的科技领域中提炼出来的"基础性问题"。有受访专家表示，在关注大科学的同时，不能因此忽略小科学的意义。[①] 小科学更加灵活，富有创造性和探索性，更容易促使年轻人脱颖而出。[②] 还有受访专家表示，真正适应基础学科自身的特殊性的项目设置、经费拨付、考核管理模式尚未形成。长期以来，相关部门以应用研究领域的立项、管理、考核模式进行基础研究资助，但一些基础研究，例如数学、理论物理等领域，往往不适合建立大型团队，不宜写出明确的研究目标和技术路线。

（二）青年科技人才评价制度不够完善

1. 对"帽子"的争夺已经超越了对创新本身的追求

调研了解到，青年科技人才对年龄和帽子的紧迫感越来越强。人才项目在有的单位、部门和地方被异化，很多单位把"优青"项目当成小"杰青"对待，把"杰青"当成院士候选人对待。[③] 在科研待遇水平整体偏低的背景下，人才与科技项目携带巨大资源禀赋与学术声誉，迫使青年科研人员进入人才项目竞争轨道。目前针对青年科技人才群体的知名度较高的主要人才项目（"四青"）——国家"万人计划"青年拔尖人才（青拔，35 岁以下）、教育部"长江学者奖励计划"青年学者（青长，自然科学和工科 38 岁/人文社科 45 岁）、国家自然科学基金优秀青年科学基金项目获得者（优青，男 38 岁/女 40 岁）、国家自然科学基金优秀青年科学基金项目（海外）获得者（海外优青，原青千，40 岁以下）——普遍都有年龄限制，同时国内博士延期毕业率越来越高[④]，"争帽子"的时间窗口越来越短。因此，青年科技人才普遍有较强的紧迫感。调研中有青年科技人才表示，"我们理工科院校，有一个不成文规律：35 岁之前没拿下一个国家自然科学基金的青年课题，40 岁之前没拿下一个'优青'，45 岁之前没拿下一个'杰青'，那后面就没

---

① 2006 年诺贝尔化学奖得主、世界顶尖科学家协会主席罗杰·科恩伯格认为，"在过去的一个世纪中，大家熟知的生物医学的重大进展：X 射线、抗生素、无创影像、基因工程的发展等，都有一个共同之处，并不是来自所谓的大科学工程，而是来自个人的努力。""关注小科学"，以及"关注有意义的大科学项目"，才是未来一个可能的方向。

② "大科学"与"小科学"概念是美国耶鲁大学科学史专家普赖斯 20 世纪 60 年代在其著作《小科学与大科学》一书中提出的。所谓"大科学研究"，是指规模巨大、人数众多、投资庞大并且有相当大的社会影响的综合性科学研究，美国学者认为，一亿美元以上的多学科研究，就能称得上大科学研究；而"小科学研究"是单学科的、人数较少、投入较小的研究，也更加前沿和创新。

③ 根据国家自然科学基金委数据，2018 年以来，50 岁以下的中国科学院院士全部曾获杰青基金资助。

④ 教育部数据显示，2003 年博士研究生延期毕业率约为 46.5%，2012 年突破 60%，2018 年已达到 64%。

有机会再评院士了。"正如一位受访专家所言："很多优秀学者为竞争人才称号和'帽子'，不得不花很多精力去做学术研究之外的事情，这实际上是对国家科技资源的巨大浪费，怎么让人才称号激发科技人才对学术与真理的内在追求，而不是去追求学术之外的东西，这可能是管理上需要研究的课题。"

2. 人才评价引发青年科技人才两极分化

各种人才项目广泛推行，它们在常规学术头衔系统之外构建了新的身份等级系统，其所带来的地位、声誉和影响甚至远超常规学术头衔系统，这使其成为有志者的必争项目，学术职业"成功"的标志就是一步一顶帽子。入围者"赢者通吃"，待遇与国际接轨，从此名利双收、前景看好，而落选者则可能因此"矮人一头"、面临职业发展的天花板，不仅薪酬待遇和资源禀赋与入选者有天壤之别，且基本退出了学术精英的竞争。科研人员之间基于学术能力的差异而出现群体分化是必然趋势，但落选也存在人脉、运气方面因素的影响，这些学术之外的因素甚至可能导致不分伯仲的竞争者拥有迥然不同的命运。正如一位受访专家所言："况且国内没有拿到'帽子'的，贡献不一定比他（取得人才项目的人）差，时间长了以后，你说心理能够平衡吗？""这个制度激励了一部分人的积极性，却把一部分人的积极性打压了，一旦错过了那趟车以后，很多都会受到影响。"调研中也有专家反映，"有很多数据很好看的，是因为一个团队很多人的成果加在了这一个人身上；也确实涌现了很多先进，但他们绝不是典型代表，他们的土壤不代表正常水平，也很难复制。"

3. 破"四唯"、立新标有待持续推进

课题组问卷调查显示，61.06%的受访者认为，"老人评新人""伪同行评议""关系评议"等问题仍普遍存在，居人才评价问题之首（见图2）。调研发现，在论文、称号、职称、学历、奖项等原有核心评价指标被破除之后，分层分类的新标准的建立需要一定时间和实践的探索与检验，出现了一些"有破无立"的现象。以代表作制度为核心的同行评议机制的建立，将成为"破立并举"的关键。然而，在科研机构和企事业单位内建立起高水平、公正而有效的同行评议环境，需要进行大幅度的评价制度和技术革新，这对于部分机构来说难度不可小觑。[①] 一些科研机构的人才评价陷入了形式上"去五唯"，实际上的"无唯而治"局面，以领导集体的评价替代专业群体

---

① 有研究认为，对于在部分科研机构和企事业单位工作的科技人才而言，以往的定量指标是一种不甚合理但被认为"相对客观"的标准。之所以被认为"相对客观"，是因为部分单位有时不足以构建客观公正的同行评议过程。这也是过去定量指标评价体系虽不合理、不科学，但仍被长期沿用的核心原因之一。

人事制度改革与政策创新

的评议；以事务性工作的态度替代创新性工作的成果。而部分人才竞争激烈的科研机构则由"几个指标"变为"十项全能"，从部分定量指标变为论文、专著、专利、项目、经费、奖项、教学、指导学生、行政工作、团队建设、平台打造、学术影响、社会认同、经济效益等方面"皆唯"的要求。

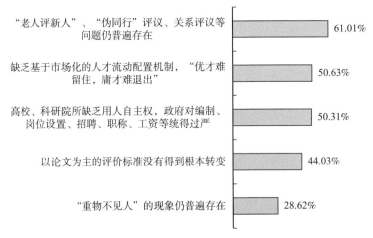

图2 受访者认为人才评价和激励机制存在的问题

4. 高潜力青年科技人才发现标准没有建立

一流人才标准成了"数数"（论文数量及刊物等级、基金、头衔等）、以顶刊论文数量论英雄，过度强调论文和"SCI 至上"的倾向依然严重。正如有学者所认为的，虽然现在的计数模型越来越精致，但模型再精致、数据再丰富，这种评价如果不能反映学术创新的内在品质，就难以做到完全客观。[①] 受访专家指出，"现在说白了，就是比论文，谁的影响因子高，谁的数量多，都在比这些东西。""由大到强不是靠文章堆起来的。""只为完成任务、方便发表，才做研究，出不了人才。"调查显示，44.03%的受访者认为，以论文为主的评价标准没有得到根本的改变。而潜心钻研、以作出突破和原创为己任的一流人才往往不符合这些条件。有专家表示，"顶刊论文不等于顶级成果、重大项目不等于重大成果""不能把二流人才标准误作为一流人才标准"，"一流人才的标准应该是代表作，代表作是原创突破性成果的才是一流人才。"[②] 正如诺贝尔生理学或医学奖得主本庶佑所言，"真正一流的工作往往没有在顶级刊物上发表。这是因为，一流的工作往往推翻了定论，因此不受人待见，评

---

① 阎光才. 谨慎看待高等教育领域中各种评价［J］. 清华大学教育研究，2019，40（1）：1－4.
② 刘益东. 打造以一流人才为中心的卓越科研体系——关于设立基础研究特区的建议与思考［J］. 国家治理，2022（3）：29－34.

审员会给你提很多负面的意见，你的文章也上不了顶级刊物。"①

（三）高强度科研工作压力抑制青年科技人才创新热情

1. 对研究活动的过度控制损害青年科技人才创新热情

科学研究以项目化运作为常态，这种运作方式为科技人才提供了有组织的、基准性的研究活动形式，设定严格的时间框架和项目进度的里程碑，实质是一种保证不受任何组织或个人懈怠影响的超效率（hyper-efficient）组织形式。项目提供方与组织方通常要求项目化研究活动参与者定期提交研究阶段性成果报告，科技人才将工作流程与结果的评审以及监督权让渡给资金提供者。这种专业研究权与研究管理权的分离，给从事专业研究活动的科技人才带来深度的监督控制。一方面导致各种进度会、督查会、评审会连绵不断，另一方面也使得研究者无法完全掌控自己的工作时间，逐渐失去对学术沉思、循环探究等非线性实践活动的掌控。青年科技人才通常在各种课题研究中承担基础性工作角色，越是基础性工作，其工作自主性程度越差，研究不再属于自己，而归属于项目的委托方。

2. 高强度科研压力引发青年科技人才身心健康问题

项目化的研究是一种独立工作模式，具有独特的结束与开始时间，而科技人才往往会同时推进多个项目，这将导致青年科技人才在项目化工作中注意力分散或效率低下，引发超负荷的工作压力。调研中受访青年科技人才多次谈到工作时间紧张问题，"每个人都是多个课题研究同时推进，总感觉时间不够用，工作压力很大。"而且往往是越能干的青年人参与的课题越多，压力也越大。在项目化的学术工作中，角色冲突、过程冲突以及规范冲突会持续出现。时间性压力、职业发展的不安全感、工作集约化、生活—工作平衡、工作的标准化与控制都会给科技人才的日常工作状态带来挑战。并且，项目的参与者通常忽视项目要求与自我实际能力的差距，总认为工作负荷逐渐增加是可能的，提高了对自身能力的期望，继而在现实中不得不面对更高负荷的工作。长久的项目化工作浸润会使青年科技人才逐渐将其特质和价值取向内化，一方面极易获得负面的工作感知与自我认知，另一方面则进一步加强自我剥削②。随着绩效、质量与问责不断深入，科技资源的分配愈来愈

---

① 本庶佑：真正一流的工作往往没有在顶级刊物发表 ［EB/OL］. （2021/09/23）. https：//baijiahao. baidu. com/s？ id = 1711385594924472311&wfr = spider&for = pc.

② 剥削，是产生于雇佣关系当中的，是以资本家为主体、劳动者为客体的，并且从生产关系产生之初就普遍存在的一种现象；而自我剥削，是指主动、自愿承担超量工作，以"自我优化、自我完善"的幻觉引导自我奉献自己的剩余价值。

以绩效和效益为依据，这种压力通过各种绩效考核与量化指标层层传递给学术和研究组织中的个人，使看似令人艳羡的学术职业远未如想象中那般轻松和惬意。不少科技人才面临着如高强度压力下的心态失衡、风险规避、职业倦怠、人际关系紧张等身心健康问题。

（四）科技人才管理改革缓慢难以调动青年科技人才积极性

1. 行政干预过多，缺乏用人自主权

根据 2020 年科技工作者状况调查结果，来自高校和科研院所的科技工作者分别有 69.9% 和 64.8% 的人认为"按照党政机关的管理方式管理事业单位，对学术机构干预过多"。课题组调查显示，50.31% 的受访者认为，高校、科研院所缺乏用人自主权，政府对编制、岗位设置、招聘、职称、工资总额等问题统得过严；50.63% 的受访者认为，当前缺乏基于市场化的人才流动配置机制，"优才难留住、庸才难退出"。

2. 科研项目管理和收益管理机制有待完善

距离中央提出的"建立完善以信任为前提的科研管理机制"的要求还存在一定差距。在项目形成、团队遴选、资金使用等方面，仍然存在立项周期长、项目管理较死板等问题。[①] 调研中，研究者普遍反映项目资助"小钱审得严，大钱随便花"，甚至有的研究者认为目前的经费管理体制"用人如防贼"，"一些基础性、探索性研究在立项初期填报预算就要把一年后、两年后要花什么钱写清楚，这是不可能的"。

3. 学术权威掌握资源分配，学术依附现象普遍

"官员学者"现象大量存在，担任行政领导职务的科技人才掌握着学术界的立法权、行政权、科研成果评定权，[②] 同时又是学术工作当事人和获奖者，职业生涯刚起步、无职务且不依附任何权力的青年学者往往处于弱势地位。根据十九届中央第七轮巡视向教育部党组和 31 所中管高校党委进行的巡视反馈，其中一半以上高校被指存在不同程度官僚主义问题。"圈子"不加约束，就会演变成派系，派系之间不单是学术上的分歧，还有行政权力和项目利益上的争夺。没有圈子可依附的青年科技人才相对于有圈子的人才，

---

① 张林山，李叶妍，公丕明，王皓田. 深化我国科技人才发展体制改革研究［J］. 中国物价，2022（2）：81 – 83，112.

② 四川大学邓曦泽组织 16 名研究生对国内获得科研成果奖和科研资源的情况进行了统计分析研究，在新加坡《联合早报》上发表了文章，指出国内学术界的合法腐败，充斥着大量"官员学者"的现象，他们做了统计，在第六、第七届高校科研成果优秀奖的 1 738 名获奖者中，"官员学者"占 939 名；教育部长江学者特聘教授 891 人，"官员学者"占 372 人；国家社会科学基金重大项目首席专家 1 218 人，"官员学者"占 700 人。另外他们获得高端学术资源的比例是普通学者的 33 倍。

无异于单兵作战碰上集体作战。但是一旦集团作战，一线的科研又变成了博士生在承担，老师坐享其成。课题组内"大老板""小老板"称呼不时出现，"大导师"掌控一切，以家长作风扭曲学术传承。① 调研中，青年科技人才反映，"真正的学术是谁在做？中国科研的主力实际上是博士三年级学生。""一线城市研究所和好大学的领导、博导们，他们设备好、经费多，手下动辄十几个博士硕士给他们打工。""教授坐享其成，活分给副教授，副教授就负责把活分给博士生，把文章拿走。然后发了一大堆文章，学生、副教授分别是第一二作者，大导师是通讯作者，哪天副教授发现了这样出文章快，他还会自己写吗？没学生的助教、副教授们可能也同时没课题，他们有什么出路呢？大佬对他们评价的时候真的能坦然说他们是水平差吗？"

4. 没有项目和帽子难以维持体面的生活

稳定支持不仅仅指科研经费的稳定，也指要能让科技工作者的生活有稳定的保障。三四十岁的青年科技人才往往是上有老下有小，有着较重的家庭负担，而这个年龄段的人又因为年龄轻、资历浅，工资收入也往往处于相对较低的水平。调研中青年科技人才反映，"国内青年科技人才的待遇，上限很高，但是跟国外比，下限太低。"中国科学院院士周忠和撰文表示，"目前大多数科技工作者的收入或多或少要与项目或人才计划挂钩，基本保障的比例非常低，如果没有任何项目或者取得人才'帽子'，不足以让科技工作者过上'体面的生活'"。②

（五）博士后制度尚未成为青年科技人才成长的有力支撑

1. 培养能力与招收动力不足并存，中小型高科技企业招收困难

截至 2023 年 6 月，我国累计招收博士后约 34 万人，企业博士后约 5 万人，企业博士后数量在博士后总量中占比较低，大约仅占 15%。问卷调查显示，超过一半的博士后（52%）和设站单位（51%）认为，当前在企业一线从事应用研发的博士后数量太少，见图 3。调研中受中小型高科技企业普遍反映存在招收困难。一是中小型高科技企业的培养能力不足。问卷调查显示，30% 以上的受访博士后和设站单位认为，中小企业招收博士后的基础需要加强。从研究选题来看，访谈中有博士后指出，"企业提不出科学问题，博士后解决不了工程问题"，双方需求和预期难以达到良好匹配。从培养能

---

① 于国君，郭妙兰，余哲西. 晒一晒"象牙塔"里的那些官僚主义 [J]. 中国纪检监察，2021 (24)：42 – 44.

② 给科研人员"松绑"，需要怎样的环境 [N]. 光明日报，2021 – 05 – 30 (10).

力来看，虽然有校企联合导师机制，但是高校导师的指导往往流于形式，而企业导师辅导的系统性、学术性不足，辅导方式也不够规范。二是中小型高科技企业招收动力不足。问卷调查显示，接近30%的设站单位持此观点。调研中较多企业反映，相对于招聘专职研发人员或者向外委托课题项目，采取设站招聘博士后的形式存在暂时性、不确定性、难以掌控、创新转化慢等问题。而且中小型企业"设站易，维护难"的问题较为突出，博士后招收方面需要投入大量时间精力，否则空站三年就被"撤站"，让不少企业望而却步。

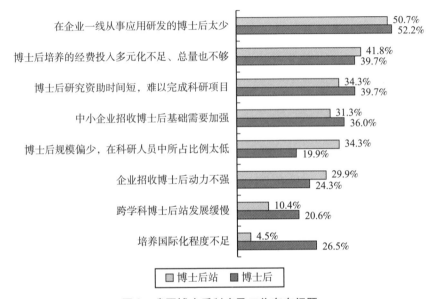

图3 我国博士后制度及工作存在问题

资料来源：根据调查问卷整理。

2. 体现企业博士后研究特点的出站考核标准尚未建立

根据《企业博士后工作管理暂行规定》，企业博士后出站主要考核研究成果的学术水平、研究成果的社会效益和经济效益、工作表现和解决实际问题及组织管理的能力。调研中企业博士后普遍反映，当前体现企业博士后工作特点的出站考核标准尚没有建立，实际上仍然以流动站的考核要求为主。各设站单位对博士后研究人员在站期间的科研成果和出站报告的要求或严或宽或高或低。部分流动站仍然以论文数量和高影响因子期刊为主，而一些偏重实际运用、成果转化的研究领域本身就没有很高影响因子的期刊。还有的流动站将申请发明专利作为应用工程型学科博士后出站指标，但专利申请周期一般为18~24个月，受在站时间限制，实现难度较大。

3. 部分制度规定弹性不足，加大了企业工作站博士后招收难度

《关于改革完善博士后制度的意见》规定，"年龄在35周岁以下、获得

博士学位一般不超过 3 年的人员，可申请从事博士后研究工作"。"申请进入工作站的人员，年龄可适当放宽。"但是与工作站合作的流动站因"控制设站单位招收本单位同一个一级学科、超龄、在职的博士后人员比例"（即"三类人员"比例）的需要，往往会控制工作站超龄博士的指标。访谈中，不少用人单位和受访博士后都认为"35 周岁以下、获得博士学位一般不超过 3 年"的条件过于严苛。实际上企业工作站往往更加欢迎具有一定工作经验的博士进站，他们对产业、企业痛点的理解和把握更为深入和准确。

三、引发青年科技人才培育机制问题的原因分析

引发青年科技人才培育机制问题的原因是多方面的，既有全球知识生产模式的影响，也有高校和科研院所管理模式变化的影响，还有我国长期以来人才发展体制等方面的影响。

（一）功利化和实用主义逐步渗透

20 世纪 90 年代以来，随着全球知识经济的发展，各国政府纷纷将高等教育系统视为国家竞争力的引擎，将高等教育机构视为新经济社会中知识的主要来源，采取各种市场化措施，构建大学—政府—产业的新伙伴关系，创新知识生产模式，建立新的知识循环模式，这对大学中科技人才的知识生产活动产生变革性影响。[①] 工具性和实用主义逻辑主导知识生产。科技人才成为知识生产的"经济理性人"，选择稳定性、短期性、应用性研究项目，相对于高风险与预见性较低的知识创新，更加倾向于追踪较高确定性、成熟且稳定的科学研究议题；相对于长周期研究，更加倾向于短周期项目；相对于基础性研究活动，更加倾向于应用导向与商业利益相结合的研究；相对于基于科学共同体专业知识体系设计的有趣与前沿研究主题，更加倾向于来自产业界和政府的合同研究项目；相对于"科学共和国"内的知识积累，更加倾向于知识的私有化与资本化。调研中有专家表示，这种导向迫使青年科技人才"整天想着发表论文、申请专利、评上人才、获得奖励，没想过搞自然发明与仪器研发，都在追求现象而没有追究本质"。

（二）"学术锦标赛"及科研绩效压力层层传导

随着高等教育全球化、市场化和新公共管理在高等教育领域的深入渗透，为了提升组织绩效，应对外部问责和质量评估的压力，大学等科研院所

---

① 黄璟珲. 学术资本主义与研究议程的重塑：挑战与契机 ［J］. 重庆高教研究，2022，10 (6)：115 -
127.

越来越倾向于运用效率和竞争导向的管理主义手段评估学术人员的绩效并刺激其学术产出，由此引发了"学术锦标赛"的管理模式。当前国内高校和科研院所，尤其是研究型大学，普遍通过多重"委托—代理"机制建立起学术锦标赛体系，并形成了"政府—大学—学科—科研人员"的层层代理机制，而评价标准主要还是依据各种排名，如大学排名、学科排名、科学家排名等。在这种学术锦标赛制下，学校排名依赖于各学科排名，学科排名依赖于学科所有教师或科研人员的成果产出，科研人员尤其是青年科研人员作为成果贡献的终端，承载了很大压力。即便其中有些佼佼者杀出重围并获得更高职位和头衔后，又有更多压力随之而来——无论在学术上还是行政上，他们会承担更大的期待和更多任务。①

（三）科技人才战略投入长期不足

1. 研发经费中人力成本占比低

国家统计局数据显示，2022 年我国全社会研发（R&D）经费投入达到3.09 万亿元，我国稳居世界第二大研发投入国。研发经费主要用于人力、会议、差旅、仪器设备、实验室等相关费用，其中人力支出在研发经费中所占份额的高低反映了一个国家对于科研人员的重视程度。近年来，随着中国劳动力成本的不断提高，中国研发人员支出占研发经费的比例也在随之增加，从 2003 年的 25% 提高到 2015 年的 28%。但即使如此，我国研发人员支出占研发经费的比例较国外差距仍然很大，不仅低于美国（66%）、法国（61%）、德国（60%）、日本（38%）、韩国（43%）等发达国家，甚至远低于俄罗斯（55%）和南非（57%）等发展中国家，见图 4。

2. 劳动者报酬在国民收入中占比低

劳动收入低不仅是青年科技人才面临的问题，甚至也不仅是科技人才面临的问题，计划经济时期，国家为了迅速发展壮大国民经济而实行了抑制消费、扩大积累的政策，劳动报酬占国民收入的比重被压低。改革开放之后，虽然我国已经转向了社会主义市场经济体制，然而计划经济时期遗留下来的收入分配机制仍在起作用，劳动力要素价格仍然被扭曲，没有真正发挥价格信号在资源配置中的调节作用，导致依然存在劳动生产率增长与劳动者报酬增长不同步的问题，致使劳动者报酬在国民收入中的比重长期偏低。② 无论是

---

① 赵星. 科技人才评价"去五唯"之后要警惕开倒车［EB/OL］.（2022/01/04）. 澎湃新闻, http：//www - thepaper - cn. vpn. sdnu. edu. cn/newsDetail_forward_16137702.

② 刘长庚, 柏园杰. 中国劳动收入居于主体地位吗——劳动收入份额再测算与国际比较［J］. 经济学动态, 2022, 737（7）：31 - 50.

以住户部门收入在国民收入初次分配和再分配中的占比为标准，还是以劳动者报酬占国民收入中的比重来看，与发达国家都有很大差距，见图5和图6。①

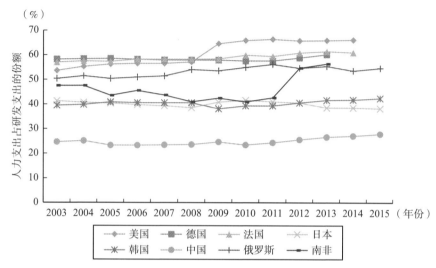

图4　主要国家人力支出占研发支出的份额对比

资料来源：程如烟，许诺，蔡凯．中美研发经费投入对比研究［J］．世界科技研究与发展，2018，40（5）：444－453．

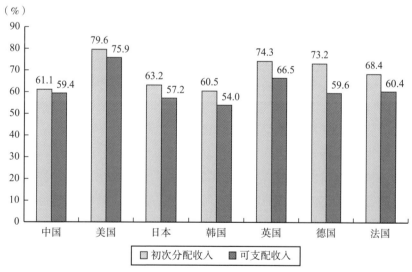

图5　2018年主要经济体住户部门初次分配和可支配收入占国民收入比重

资料来源：中国数据来自国家统计局，其余国家数据来自OECD数据库。

① 陈彬．我国国民收入分配格局的变化特征与优化建议［J］．中国物价，2023，405（1）：53－56，73．

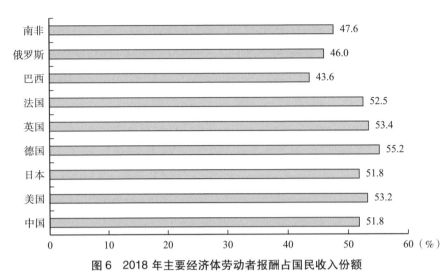

图6　2018 年主要经济体劳动者报酬占国民收入份额

资料来源：中国数据来自国家统计局，其余国家数据来自 OECD 数据库。

四、相关对策建议

"十四五"时期是建设世界科技强国的关键时期，我们要聚焦青年科技人才成长发展面临的共性、突出问题，学习借鉴国外有益经验，进一步加大对青年科技人才培养、支持和使用力度，不断完善有利于青年科技人才成长发展的制度环境，激发广大青年科技人才的创造力和创新活力。

（一）完善青年科技人才项目资助体系

1. 加强青年科技人才项目资助体系规划和布局

采用科研年龄和生理年龄双轨制划定青年科技人才范围。在项目资助和人才项目评选中，在采用生理年龄界定青年科技人才的同时，纳入科研年龄标准。借鉴美国国家科学基金等的模式，以获得博士学位或独立从事科学研究的年限作为补充标准。扩大各类科技项目里青年项目的资助数量和比例。增加对青年科研人员的资金支持，提高申报项目的成功率，并加大对青年人才的持续性经费支持。设立青年探索发展研究基金，针对创新性强、风险性高的研究予以前期支持。采取前期小额资助的方式或者根据成果分期资助，推进非共识项目进入实质性研究阶段，并形成一定的研究基础。

2. 建立专业化、国际化同行专家评审机制

适当提高青年科学家在项目评审中的比例和话语权。建立国际化科研项目评审机制。在重大科研项目的立项、结题验收等环节，遴选国际知名同行专家等非利益相关方进行外部评审。建立非共识科技项目的评价机制。设置单独评审渠道，对于创新性强、风险性大和难度大并且具有较大意义的非共

识项目，可弱化可行性的评估。

3. 加大基础研究项目资助力度

围绕国家重大战略需求、基础科学前沿，通过自然科学基金等渠道，长期稳定支持一批在基础研究领域取得突出成绩且具有明显创新潜力的青年科技人才。建立基础研究经费稳定增长机制和多元渠道。加大财政向基础研究的投入力度。推广北京市自然科学基金与企业联合基金资助模式，引导企业加大对基础研究的支持，引导、鼓励社会以捐赠和建立基金等方式多渠道投入，形成持续稳定、多元化的资金投入支持机制。

4. 建立长周期的科技专项资助机制

面向拔尖青年科学家探索设立专项支持计划，支持拔尖青年科学家自由选题、自主开展风险高周期长的科学研究。面向科技与产业发展所需设立一批长期科技专项，聚焦重大科技基础设施建设、重大装备零部件研制、关键核心技术攻关等原创性高、需求性强的专项课题，探索构建经费"滚动补充"机制，以青年重点计划申报人员的科研能力、业绩和信用显示度指标为主要评价参考点，给连续做出高质量工作的人才以持续支持，简化评价程序。科学合理设置评价考核周期，突出中长期目标导向，鼓励持续研究和长期积累，适当延长基础研究人才、青年人才评价考核周期。

(二) 创新青年科技人才发现评价机制

1. 建立创新策源能力评价标准

破除职称评审、岗位晋级、奖励评价、项目评审中"伪同行"评议、"老人评新人"、关系评议等问题。不以院士、博导、获奖数量作为科技和人才评价的主要标准。不把科技成果的论文数量、代表作数量、影响因子作为唯一的量化考核评价指标。不把科技成果完成人的职称、学历、头衔、获奖情况、行政职务、承担科研项目数量等作为科技项目绩效评价和人才计划评审的主要依据。区别于人事人才制度中的常规人才评价标准，在相关的科技项目和人才项目中建立针对原创突破性成果和一流人才的评价标准。

2. 探索推行青年科技人才举荐制

打破对人才的学历、资历、论文论著、科研成果等的硬性要求，探索推行青年科技人才举荐制。从头部企业、新型研发机构、知名科技服务企业、知名金融投资机构、两院院士等群体中遴选或聘任举荐委员，每名委员每年可举荐若干名优秀青年科技人才，被举荐的青年科技人才可享受相关扶持政策。

（三）完善青年科技人才使用激励机制

1. 创新重大项目科技人才资源配置模式，创造青年承担大项目的机会

在大项目、大工程部署和前沿领域布局时，规划好相关专业领域青年人才梯队建设任务，鼓励和引导资深科技专家和中青年骨干人才结成对子，规定资深专家及时发现、培养、提携优秀青年人才的任务指标。实施让贤制、竞聘制、助理制，及时将后备人才放到重要项目、重要岗位强化历练，在实践中长见识、增才干。将对青年人才的培养情况作为项目结题评估的重要条件。在国际人才交流项目中，重点扶持优秀青年人才与国际同行领域一流专家结成团队、紧密合作、交流互动，在与国际同行交流切磋中提高创新能力。

2. 推动建立现代科研院所制度，探索实施首席科学家全权负责制

筛选一批试点院所通过牵头或参与建设创新创业共同体，加盟高水平新型研发机构等方式，带动内部运行机制改革，整体向新型研发机构转型。支持高校和科研院所组建新型科研单位或创新组织单元，鼓励其加盟高水平新型研发机构，探索"一所（院）两制"运行管理模式。推广新型研发机构改革经验，推动在研发机构开展首席科学家全权负责制改革试点，让一流人才引进一流人才、一流人才培养一流人才。在科研项目实施过程中，首席科学家对科研结果负责，同时对赋予其经费的单位和人员负责，既可以根据需要调整预算、发放激励、购买设备，又可以临时聘用人员，开展跨机构合作。

3. 进一步落实科研事业用人单位自主权

合理界定主管部门举办监督职责和科研院所自主运行管理权。允许副厅级及以上院所在现有内设机构数量内，研究制定内设机构设置调整方案，向编办报备；处级及以下院所根据事业发展需要自主设置内设机构，结果报主管部门。探索实行院所负责人公开遴选制度，可面向全球遴选院（所）长。健全完善事业单位聘用制度、公开招聘制度、人员交流政策，加快形成优秀人才脱颖而出、充满生机与活力的事业单位用人机制。

4. 尽快落实有关人才激励政策，推进国有企业和事业单位工资制度改革

进一步完善事业单位基本工资和津补贴制度，提高基础工资在工资总量中的占比，落实事业单位工作人员基本工资标准正常调整机制；根据单位性质、功能定位、工作任务、人员结构、业绩状况等因素，科学核定事业单位绩效工资总量，并实行动态调整。尽快落实事业单位高层次人才绩效工资总量单列政策，落实科研人员职务科技成果转化奖励政策；允许事业单位用于解决青年人员住房等生活困难的补助不纳入绩效工资总额；切实推进事业单位高层次人才分配方式灵活化，使协议工资制、年薪制、项目工资制等已有政策规定的工资形式能付诸实施；完善国有企业科技创新薪酬分配激励政策，指导国有企业分配向关键核心技术人才、高技能人才倾斜。

（四）推动博士后工作持续改革创新

1. 放松招收规制，提高企业博士后比例

适时论证调整博士后年龄标准的可能性，放宽企业博士后进站的年龄限制。将企业博士后进站的年龄上限调整为 40 岁，不受"三类人员"比例限制，鼓励企业吸引具有工作经验的科研人员及海外博士进站开展科研工作。适时论证调整流动站和工作站联合培养的可能性，放宽独立招收条件。调整当前从"联合培养的工作站"到"独立招收的工作站"的设站进阶模式，建立企业主导、自愿合作的独立招收模式。划定企业设站标准后，符合条件的企业设站单位可自主选择独立招收以及与流动站联合培养的方式。适时论证对连续三年空站运行的工作站采取撤销设站措施的必要性。对于评估合格、管理完善、具备设站和招收条件的设站单位，如果确有招收困难，可探索先不做撤站处理；探索对空站后拟重新招收博士后的工作站采取重新备案制度。

2. 建立符合企业博士后特点的资助与考核体系

在博士后科学基金中设立专门的企业博士后资助项目。引导青年人才聚焦科技优先发展领域、战略性领域和产业前沿领域的新问题开展创新性研究和前瞻性探索。组建针对企业博士后资助项目的专家评审委员会，提高来自企业、熟悉产业发展方向的专家比例。进一步完善博士后科学基金项目和资金管理。博士后基金项目准予结题的项目，结余资金留归依托单位使用，依托单位应当将结余资金统筹安排用于基础研究直接支出，优先考虑原项目团队科研需求。建立"菜单式"出站考核标准体系。合理设置出站论文和科研成果要求。应用性强、实践性强的研究方向不将论文作为出站考核的主要指标，标准中不简单设立论文数量、影响因子等硬性要求。逐步将论文"必选"转变为成果"多选"，建立"菜单式"评价指标体系。推广代表性成果制度，标准开发、技术推广、技术解决方案、创新突破、高质量专利、成果转化等成果均可作为出站成果。

3. 加强中小企业培养能力，引导博士转变就业理念

引导各地博士后主管部门加强对中小型高科技企业特别是民营中小型高科技企业博士后工作的扶持。加强对企业博士后的需求收集、政策和经验宣讲、问题解答等工作。积极支持有需求的企业依托重大科技任务和创新平台

设立博士后创新岗位，加大对企业博士后工作的政策、项目和资金支持力度，支持博士后在企业从事关键核心技术和"卡脖子"领域研究，加快构建具有博士后特色的企业创新联合体。加强观念宣传，以工程博士为重点，引导博士转变固守学术职业的传统观念，树立鼓励青年博士向一线企业流动的鲜明导向，引导基础理论功底扎实、专业技术能力和水平突出，具备较强工程技术创造能力的博士进站开展研究，扎根工程实践一线和生产一线解决复杂工程技术难题，在推动产业发展和工程技术进步方面作出创造性成果。

（五）营造有利于青年科技人才脱颖而出的发展环境

弘扬科学精神，加强激励引导。弘扬老一辈科技工作者的科学精神，大力宣传科学家百折不挠、甘于奉献、团结协作、前赴后继的高尚情操。净化学术环境，反对"圈子"文化，不浮躁、不急功近利，构建正确的科学价值观，做负责任的研究与创新，引导青年科技人才树立"敢为天下先"的创新意识和自信心。设置科学节、人才节、青年人才节，组织各种形式的宣传活动，使科学家成为青少年学习的偶像、树立远大志向的标杆。对优秀青年科技人才加大奖励，使其获得社会荣誉感，从而吸引更多的人投入科研工作。将塑造青年科技人才的良好价值观作为长效机制，在各种实际工作中加强引导。

参考文献

［1］高瑞，王彬．中国杰出青年科技人才的成长过程及特征——基于"科学探索奖"获得者的履历分析［J］．科学管理研究，2022，40（2）：139－146．

［2］哈里特·朱克曼．科学界的精英——美国诺贝尔奖奖金获得者［M］．北京：商务印书馆，1979．

［3］冷熙亮．14 岁至 35 岁：当代青年的年龄界限［J］．中国青年研究，1999（3）：21－23．

［4］李德才，杨成平，吴勇．科技人才成长规律的研究［J］．长沙大学学报，2006（6）：40－42．

［5］李祖超，李蔚然，王天娥．24 位国家最高科学技术奖获得者成才因素分析［J］．教育研究，2014，35（12）：61－71．

［6］梁立明，赵红州．科学发现年龄定律是一种威布尔分布［J］．自然辩证法通讯，1991（1）：28－36．

［7］廖中举．青年科技人才创新环境调查分析与对策建议——基于 1662 份问卷的实证研究［J］．中国青年研究，2013（8）：72 – 75.

［8］柳堤，李政．遵从科创规律：再谈科创成果与年龄的关系［J］．今日科苑，2021（6）：17 – 26.

［9］罗伯特·K. 默顿，马亭亭，林聚任．科学界的优势和劣势累积［J］．贵州社会科学，2010（11）：21 – 23.

［10］罗伯特·默顿．科学社会学［M］．鲁旭东，林聚任，译．北京：商务印书馆，2003.

［11］穆荣平，廖原，池康伟．杰出科学家成长规律研究——以诺贝尔科学奖得主和中国科学院院士为例［J］．科研管理，2022，43（10）：160 – 171.

［12］潜伟．科学文化、科学精神与科学家精神［J］．科学学研究，2019，37（1）：1 – 2.

［13］芮绍炜，刘倩铃．青年科技人才成长环境的国别比较与启示［J］．中国科技人才，2022（3）：40 – 49.

［14］孙锐．新时代新阶段人才强国战略的新内涵［J］．中国人才，2021（6）：20 – 23.

［15］王忠军，贾文文．科研人员职业成功影响因素：基于学术大家的回溯性案例研究［J］．科技进步与对策，2016，33（6）：128 – 134.

［16］吴殿廷，李东方，刘超，张若，顾淑丹，蔡春霞．高级科技人才成长的环境因素分析——以中国两院院士为例［J］．自然辩证法研究，2003（9）：54 – 63.

［17］赵红州．关于科学家社会年龄问题的研究［J］．自然辩证法通讯，1979（4）：29 – 44.

［18］CAO C. Chinese scientific elite：a test of the universalism of scientific elite formation［D］．New York：Columbia University，1997.

《青年科技人才培育机制研究》
课题组成员名单

课题组长：

孙　锐（中国人事科学研究院人才理论与技术研究室主任、研究员）

执行组长：

孙一平（中国人事科学研究院人才理论与技术研究室副主任、研究员）

课题组成员：

孙彦玲（中国人事科学研究院人才理论与技术研究室副研究员）

冯　凌（中国人事科学研究院人才理论与技术研究室副研究员）

范青青（中国人事科学研究院人才理论与技术研究室助理研究员）

王海燕（山东省审计厅四级高级主管）

张轶贤（中国人事科学研究院人才理论与技术研究室主任科员）

齐国旭（山东财经大学公共管理学院硕士研究生）

汪双梅（西南交通大学公共管理学院硕士研究生）

博士后管理创新服务产业发展研究①
——以福建省为例

提　要：博士后制度是我国培养高层次人才和青年科技人才的一项重要战略举措。福建省在博士后管理创新服务产业发展方面取得了良好成效，并探索形成了具有福建特色的实践经验，包括完善支持博士后管理服务产业发展的政策体系、海峡博士后交流资助计划促进两岸产业与人才融合发展、产业园区设站引聚博士后资源、山区在沿海建立研发中心探索柔性引才、发挥用人主体的作用形成企业博士后科研工作站服务产业发展特色经验等。然而，福建省博士后管理创新服务产业发展也面临福建省经济社会发展水平限制、进站博士后资助水平偏低、校企联合招收培养效果不佳、博士后人才服务产业发展激励不足海峡博士后交流资助计划促进产业发展效果待提高等制约。为此，促进福建省博士后管理创新服务产业发展，应从以下方面着手：一要优化博士后工作平台布局，加大博士后引进招收支持力度；二要提高联合培养质量，促进产才融合发展；三要加大选拔培养力度，为博士后人才提供成长支持；四要优化评价激励机制，激发博士后创新创造活力；五要发挥福建优势，推进博士后培养国际化；六要提高人才服务水平，鼓励博士后留闽创新创业。

---

① 本文系中国人事科学研究院 2023 年度课题"博士后管理创新服务产业发展研究——以福建省为例"报告的部分内容。

人事制度改革与政策创新

关键词：博士后　管理创新　产业发展　福建省

党中央、国务院高度重视高层次人才和青年科技人才工作。党的二十大报告指出，要加快建设国家战略人才力量，努力培养造就更多大师、战略科学家、一流科技领军人才和创新团队、青年科技人才、卓越工程师、大国工匠、高技能人才。中央人才工作会议强调，要造就规模宏大的青年科技人才队伍，把培育国家战略人才力量的政策重心放在青年科技人才上，支持青年人才挑大梁、当主角。博士后是青年科技人才的主力军，是国家战略人才力量的重要组成部分。博士后制度是我国培养高层次创新型青年人才的一项重要制度，在培养高层次创新型青年人才、推动产学研深度融合、促进经济社会高质量发展中发挥着重要作用。为推动新时代博士后事业服务产业高质量发展，课题组会同中国人事科学研究院调研组赴福建泉州、厦门市开展博士后工作实地调研，在此基础上形成研究报告。

一、福建省博士后管理创新及服务产业发展成效

（一）福建省博士后"两站一基地"平台建设情况①

截至 2022 年底，福建省共有博士后科研工作站 139 家，博士后科研流动站 83 家。设站学科覆盖了除军事学外 12 大学科门类的 53 个一级学科。行业覆盖电子信息、石油化工、装备制造、生物医药、新能源和新材料等福建省主导产业、战略性新兴产业，设站企业绝大部分为高新技术企业或上市公司。

截至 2023 年 9 月，福建省共有博士后创新实践基地 123 家，其中依托企业设立的博士后创新实践基地数量共 105 家。从创新实践基地所在行业的角度看，制造业占据主导地位，主要涉及机械装备产业、电子信息产业、新能源及新材料类、生物医药类等行业。这与福建省打造万亿级主导产业和发展战略性新兴产业的产业发展战略定位紧密衔接，也与福建省"四大经济"中的数字经济、绿色经济发展关系密切。经博士后创新实践基地的培育，已有多家博士后创新实践基地升级为博士后科研工作站。

（二）福建省博士后人才培养情况②

从博士后招收规模看，截至 2022 年底，福建省累计招收培养博士后人员近 4 200 人。福建省博士后年度进站人数从 1986 年招收 1 人逐步提升至

---

①② 根据中国博士后网上办公系统统计数据整理。https：//www. chinapostdoctor. org. cn/auth/login. html。

2022 年的 363 人。从博士后专业分布来看，博士后研究人员也与产业发展结构保持较高的匹配度。2016 年以来，各年度福建省进站博士后中，自然科学类博士后占比在 78%～88%，社会科学类占比较少。截至 2023 年 9 月，福建省在站博士后 1 262 人。其中，工学类在站博士后人数为 460 人，占比达 35.45%；理学类在站博士后人数为 389 人，占比 30.82%；医学类在站博士后为 148 人，占比 11.73%；社会科学类在站博士后占比几乎不超过 15%，且以管理学和经济学的博士后研究人员居多。

（三）博士后人才创新成果服务产业发展成效显著[①]

一是形成一支高素质博士后人才队伍。福建省博士后中先后有郑兰荪、田中群、侯建国、孙世刚等 6 人入选"两院"院士（约占在闽院士总数的 1/5），160 多人入选国家和省级人才选拔项目，其中 20 多人入选"百千万工程"国家级人选（约占人选总数的 1/10）。

二是产生了一批高质量学术成果。截至 2021 年，福建省博士后研究人员主持或参与国家级、省部级等各类项目约 656 项，在《自然》等具有重要影响力的高水平国内外期刊上发表论文约 1 143 篇，获得授权专利约 1 127 项，荣获国家科技进步奖在内的各类奖项 120 余项。

三是转化了科研成果，创造良好经济效益。鼓励企业设站招收博士后研究人员，动员参与福建省成果转化专项、省重点关键共性技术攻关等，涌现出了一大批创业领军人才，促进科研成果转化，实现直接经济效益约 30 亿元，博士后研究人员成为产业转型发展新动力。

四是为福建聚集了一批青年优秀人才。2022 年福建省博士后研究人员出站 267 人，出站留闽博士后 144 人，占比为 53.9%，大部分成长为所在单位创新创业青年骨干力量。

二、福建省博士后管理创新服务产业发展的探索实践[②]

（一）完善支持博士后管理服务产业发展的政策体系

1. 博士后平台建设条件注重向创新产业倾斜

福建省博士后平台建设注重产业导向，主动对接福建省创新驱动发展战略行动计划。如福建省人社厅出台文件明确"鼓励、支持中小型高科技企业

---

① 根据福建省人力资源和社会保障厅历年有关《福建年鉴》供稿资料整理。
② 根据截至 2023 年福建省各地市博士后有关政策规定及福建省人力资源和社会保障厅内部统计数据整理。

特别是民营中小型高科技企业申报设立博士后科研工作站，对列入我省《实施创新驱动发展战略行动计划》范围的新产业、新技术、新平台、新业态及新模式行业龙头企业，予以优先支持"。福建省级博士后创新实践基地建设则明确申报明确推荐条件之一为"新一代信息技术、人工智能、新材料、生物医药等战略性新兴产业和数字经济、海洋经济、绿色经济、文旅经济中具有较高成长性的科技型企业以及由科技型企业家或从海外引进的高层次人才创办……的企业"。

2. 加大建站支持力度，鼓励各类产业主体参与博士后工作

福建各设区市结合当地实际，给予新设博士后工作站和创新实践基地相应的经费支持。如厦门市给予新设的博士后工作站 200 万元补助经费，给予新设博士后创新实践基地 60 万元补助经费；福州、泉州、莆田、宁德四地给予新设博士后工作站建站单位 100 万元建站补助，且泉州对建站单位每招收 1 名博士后研究人员增加 3 万元建站补助；漳州、南平、三明、龙岩分别给予新设博士后工作站建站单位 60 万元、50 万元、30 万元、30 万元建站补助，且三明市对工作站或创新实践基地每新招收 1 名博士后研究人员，在站期间按每人每年 10 万元给予建站经费资助。

3. 省级博士后人员资助向产业创新人才倾斜

福建省在分配博士后研究人员省级日常经费资助中注重服务产业发展，资助条件设置向省重点产业及领域倾斜。如在 2022 年博士后研究人员省级财政资助工作中，明确对"在我省战略性产业、支柱产业和'四大经济'领域和省级创新实验室从事基础研究前沿领域和应用研究关键共性技术的博士后人员优先资助"，并将部分资助指标分解至设区市工作站。

4. 加大留闽支持力度，鼓励博士后出站持续服务当地产业发展

福建省各设区市除了为博士后研究提供 5 万 ~ 10 万元不等的生活补助/补贴外，还参照引进人才支持政策，为博士后人员提供出站留在当地就业创业的安家补助及相关引进人才待遇。如福州市为博士后出站留榕提供 30 万元落地奖励，分 3 年发放。厦门市为博士后出站留厦工作给予 30 万元安家补贴。泉州市对出站留（来）泉博士后人员视同新引进人才等。

5. 支持创新创业，激励博士后科研成果转化

福建在站博士后研究人员与在职人员享受同等的科技成果转化激励政策。在站博士后研究人员按规定享受国家和省关于支持科技人员创新创业的激励政策，享受在站期间科研成果转化收益。符合条件的工科类青年博士后研究人员，受聘于企业、到众创空间培育或创领办企业的，可申请相应的资

金和政策支持。鼓励符合条件的企业按照有关规定，通过股权、期权、分红等激励方式，调动博士后研究人员创新创业的积极性。

（二）海峡博士后交流资助计划促进两岸产业与人才融合发展

福建省海峡博士后交流资助计划立足福建对台独特优势，发挥博士后制度和海峡两岸学科产业优势，引进培养一批青年创新创业人才，是对博士后制度的重要发展和创新。海峡博士后交流资助计划根据招收交流博士后类型不同分别给予 20 万~50 万元的资助，年资助经费总额 960 万。其资助方式有三种：博士后研究人员引进培养资助、两岸博士后人才项目交流资助、优秀台湾博士引荐奖励。项目自 2017 年实施以来，福建省已经开展了 7 批资助工作，资助引进招收台湾博士 48 人，两岸联合培养招收 16 人，短期访学研究和参加国际学术会议 28 人，累计资助经费 2 900 余万元[①]。

一方面，项目推动了闽台博士后学术、技术和人才项目的交流合作。福建省探索创新博士后培养模式，实行两岸联合培养，促进闽台博士后科研人员更加便捷地开展跨区域的学术交流和技术合作，高效推动技术的转移和应用。资助计划实施以来，福建省先后举办"福建省海峡博士人才交流合作对接会""海峡博士人才学术论坛"达 24 场，促进了人才引进和交流对接，促成了项目合作。

另一方面，通过引进和培养优秀的博士后人才，促进高层次创新创业人才队伍建设，推动了福建省科研创新、成果转化和产业发展。海峡博士后交流资助计划在申请条件设置上，明确对引进招收的台湾博士优先考虑紧缺急需的电子信息、装备制造、生物及新医药等学科专业。如厦门市以海峡两岸生技和医疗健康产业合作区为载体，深化对台交流合作，两岸的医疗健康产业形成互补效应；泉州市以纺织服饰产业为载体，借助台湾纺织业独特优势，通过合作发展进一步提升该领域的整体竞争力。

（三）产业园区设站引聚博士后资源，提高产才融合覆盖面

园区类博士后科研工作站是指由产业园区、工业园区、开发区等园区内多家企业联合申报设立博士后科研工作站，其设站层次包括园区总站与企业分站。截至 2023 年 9 月，福建省已有园区类博士后工作站总站 11 家、共设博士后工作站分站 38 家，服务范围覆盖园区，并辐射所在县域，为园区产业集聚、人才集聚提供了良好平台。从园区类博士后工作站总站分布来看，

---

① 福建省人力资源和社会保障厅、福建省财政厅关于印发《海峡博士后交流资助计划（试行）》的通知。

泉州 6 家，福州 2 家，厦门、三明、南平各 1 家。

福建泉州在产业园区设站方面起步早，设站多，全省园区类博士后工作站中，泉州市设站数量超过省内其他设区市的总和，占比达 54.55%。泉州市在长期实践探索中形成了特有的灵活高效模式。一是统一设站和管理。这种模式可以集中资源，提高效率，使博士后工作站更好地服务于整个园区内的企业，确保了博士后工作站的质量和标准。二是政府主导日常管理。采用"政府主导、依托企业"的模式，县级人事部门或组织部门直接管理，设置编制，专人负责博士后工作，更好地发挥政府的作用，有利于博士后工作站的规范化和健康发展。三是扩大博士后服务范围。部分园区博士后工作站的成果延伸到全县域，能够带动县域内的相关产业和企业创新发展，帮助解决制约小微企业的难题，从而促进区域经济的发展和提升产业集群的整体竞争力。

（四）山区探索柔性引才，促进产学研资源整合和技术转化

山区引才留才难，山区工作站也存在空站压力，部分企业通过在沿海发达城市建立研发中心，探索柔性引才。如福建龙岩紫金矿业集团股份有限公司将研发中心设在厦门，三祥新材料股份有限公司将研发中心设在福州。通过"人才飞地"，可以统筹产学研资源，促进企业博士后工作站产学研资源整合和技术转化。一是建立"企业+高校+政府"联合培养模式。由企业提供实践基地和科研设备，高校、科研院所提供师资和学术指导，政府提供资金和政策支持，共同申报博士后科研项目，推动科技创新和成果转化，推进技术转移和产业化进程。二是采用开放共创的合作方式。通过与上下游企业合作，深入了解市场需求和产业发展趋势，更好地将研究成果应用于实际生产中，推动产业链的协同发展。三是搭建项目供需平台。将生产经营、项目实施中形成的科研需求，经专家审查，公布在平台网站上，博士后可登录网站揭榜领题。

（五）企业博士后科研工作站服务产业发展特色经验

福建省根据产业发展布局，对符合产业发展方向且具备一定科研实力的企业进行建站培育。福建省企业博士后科研工作站紧密围绕各地主导产业、战略性新兴产业发展需求，积极开展与高校、研究机构深度合作，同时强化不同产业间的协同发展。如泉州市各区县都有自己的优势产业，并非互相冲突，而是可以形成上下游合作关系，形成更具竞争力的产业集群。企业注重在招用育留中积极发挥主体作用，为博士后提供适合其研究领域和技能的研究项目和资源，并提供良好的工作环境和条件。部分博士后出站后继续担任企业技术顾问，形成稳定的长期合作关系。此外，福建省企业注重发挥以博引博，以

博带博作用，以此为产业发展提供更多具备实践经验和创新能力的人才。

三、福建省博士后管理创新服务产业发展存在的制约

（一）福建省经济社会发展水平限制了博士后人才吸引力

一是福建省人才吸引力受到区位因素制约。福建省位于长三角和粤港澳大湾区经济圈之间，由于相邻两大经济圈人才"虹吸"效应，使福建省在全国人才竞争中处于相对弱势。人才整体吸引力也在一定程度上制约了博士后人才的招收引进。福建省博士后出站后流入外省（市）中，按照受欢迎程度排名依次是广东、浙江、江苏、北京、山东、上海，留闽比例有待提高。二是福建省产业集聚与博士后人才吸引力的良性循环还不畅通。福建省产业发展集聚与周边发达省份相比仍有一定差距。福建省产业发展水平与企业科研实力制约了博士后平台尤其是企业博士后科研工作站的建设，不利于营造产业高端人才集聚、发展环境。三是福建省高等教育综合实力不强。尽管福建省经济总量已居全国前十，但高等教育实力徘徊在全国第 15 位～18 位，高等教育综合实力整体不强。福建省国家"双一流"建设高校及学科数偏少，博士、硕士学位授予单位分别居全国第 16 位、第 23 位，具有博士后科研流动站的设站高校仅 8 所。从福建省高等教育科技创新能力来看，福建省高校建设国家重点实验室仅 6 个，年均承担国家自然科学基金项目仅 800 项。2021 年省属高校技术转让合同实际收入仅 3 282 万元，排全国第 18 位。[①]

（二）福建省进站博士后资助水平偏低

一方面，博士后进站人员日常资助水平不高。福建省对博士后进站人员的日常经费资助为 8 万元/年，每年资助约 60 名，与沿海发达省份日常经费资助水平及覆盖面有较大差距。另一方面，博士后相关基金支持覆盖范围较小。近年来国家自然基金和博士后基金资助比例不高，约 17%[②]，意味着大多数博士后在站期间拿不到科学基金资助。

（三）博士后人才校企联合招收培养效果不明显

一是联合招收博士后沟通联系较为困难。受限于沟通渠道、沟通层级等因素，各设站单位普遍反映招收博士后研究人员渠道偏少，寻找高校开展联合培养存在一定难度。高校流动站参与工作站联合招收的积极性不高。工作站与流动站联合培养双方未形成双向合力。二是联合培养形式大于实质。工作站与流

---

① 福建省教育厅综合报告课题组"加快建设高等教育强省研究"，内部刊物，2023 年第 25 期。

② 福建省人力资源和社会保障厅内部统计数据。

动站联合招收培养博士后人才过程，部分流动站在联合招收培养中的作用发挥仅限于联合办理进出站手续、配备指导教师等，在联合科研攻关、成果转化、信息交流等方面缺乏深入合作等情况，易造成博士后青年优秀人才培养与产业研发方向的脱节。三是流动站对联合培养的博士后审核程序不够完备。部分工作站由于缺乏经验，导致联合培养博士后在流动站办理进、出站手续时的流程较为烦琐、博士后重复提供材料频次较高，不利于为博士后人才提供优质服务。

（四）博士后人才服务产业发展激励不足

一是博士后人才参与职称评审权利落实不够到位。福建省已出台相关政策明确博士后研究人员在站期间科研成果可作为在站或出站后评聘职称的依据。然而部分博士后工作站、流动站认为博士后仅是临时性的短期工作，为博士后提供职称评审服务积极性不足，在一定程度上阻碍了博士后人才创新成长与职业成长。二是对博士后创新创业孵化资助不足。福建省尚未形成博士后科技成果转化的多元化资金投入机制。全国博士后创新创业大赛主要资助已成功转化为市场产品的博士后，对于计划自己创业的博士后则无相应资助政策。三是博士后创新服务产业发展平台建设不足。福建省尚未建立专门的博士后创新中心，更多是依托现有各级各类孵化器、创业基地或众创空间，以及"中国·海峡项目成果交易会""福建海峡技术转移中心"等项目推介对接平台扶持博士后创新创业，博士后创新创业氛围不浓。

（五）海峡博士后交流资助计划促进产业发展效果有待提高

一是海峡博士后交流资助计划开展不显著。近年来，台湾地区对人才到大陆就业工作和交流合作严格控制，二是博士后进站年龄限制不利于引进台湾地区博士后人才。由于台湾地区教育体制与大陆有所不同，博士年龄普遍偏大。在对招收在职、超龄等三类博士后的数量限制前提下，吸引台湾博士来闽从事博士后研究难度较大。2019年、2020年、2021年，福建省依托海峡博士后交流资助计划，分别引进招收台湾博士后33人、5人、4人，资助经费分别为600万元、308万元、132万元。[①]

四、促进福建省博士后管理创新服务产业发展的对策建议

（一）优化博士后工作平台布局，加大博士后引进招收支持力度

1. 加强博士后创新载体建设

鼓励符合条件的高校、科研院所（含创新实验室）、其他企事业单位、

---

① 根据福建省人力资源和社会保障厅历年有关《福建年鉴》供稿资料整理。

产业园区申报设立博士后流动站（工作站）、创新实践基地。每年遴选若干个产学研成果显著的优秀博士后科研流动站（工作站）、创新实践基地，提高建设资金支持力度。各地、各单位可给予相应的配套建设经费资助。以博士后工作站为纽带，促进产业链创新链人才链融合。要加强知识产权保护，保护各方的创新积极性与创新成果，激发博士后人才创新创造活力。

2. 实施福建省博士后引才专项

聚焦福建省基础研究领域、关键核心技术领域和哲学社会科学重点领域，每年择优遴选招收一批海内外优秀博士后，专项资助其从事博士后研究，加速培养一批一流的创新型青年科研人才，力争把更多的优秀海内外博士留在福建。为高端博士后人才的招收培养提供"一事一议"方案，并为引才专项博士后配备高水平的合作导师，实现学科交叉、强强联合。

3. 拓宽联合招收博士后渠道

建议搭建博士后联合招收平台，政府牵头为校企牵线搭桥，汇聚博士后联合招收需求信息，推动学科相近、有研发基础的高校与企业共同培养博士后。同时，搭建海内外博士后招收平台，扩大博士后招收宣传的覆盖面和影响力。

（二）提高联合培养质量，促进产才融合发展

1. 发挥校企联合培养双主体地位，提高协同培养效果

校企双方应加强联合培养制度建设，结合各自物质条件与研究基础，明确联合培养博士后的工作、学习模式，共同制定研修计划，并明确经费使用、绩效考核、成果推广、知识产权归属等具体内容，使双方的合作效率达到最大化。

2. 提高高层次人才在博士后培养中的参与度

企业应为在站博士后提供既有理论高度又有实践经验的技术人才作为企业合作导师。同时，高校流动站也应积极引导，推动院士等高层次人才积极参与企业博士后联合培养，提升企业博士后学术能力，为取得一批既有理论深度又有市场价值的原创性学术成果创造良好条件。

（三）加大选拔培养力度，为博士后人才提供成长支持

1. 支持博士后申报有关人才项目

支持符合条件的博士后人才申报青年学者等人才项目，在国家高层次人才特殊支持计划青年拔尖人才项目中单列在站博士后申报名额。允许省外来闽从事研究工作的博士后在站期间申报省引才"百人计划"待引进人才项

目。符合相应资格条件的，可以申报省"雏鹰计划"青年拔尖人才和省级高层次人才认定等省级重大人才项目。

2. 提高博士后日常资助标准和科学基金资助标准

建议结合福建省经济社会发展水平，参照周边省份，提高省级财政博士后日常资助标准，扩大资助覆盖面。提高博士后科学基金资助标准，鼓励各设区市、设站单位给予博士后人才获得国家自然科学基金、社会科学基金等项目相应的配套支持，并依据博士后科研贡献度给予奖励。

3. 保障博士后工资待遇水平

设站单位应统筹使用相关资金，保障博士后工资待遇水平符合国家政策要求。允许事业单位引进或聘用海内外博士后所需绩效工资总量在事业单位绩效工资总量中单列，相应增加单位绩效工资总量，鼓励事业单位根据市场标准采用年薪制、协议工资制等方式确定。

4. 健全博士后培养多元化投入机制

在发挥政府投入引领示范作用基础上，鼓励地方和引进单位以多种形式增加投入，探索搭建金融和风投机构与博士后科研项目的对接平台，以及博士后创新创业投资基金，加强对博士后的配套支持，为博士后培养及创新创业提供资金支持。

（四）优化评价激励机制，激发博士后创新创造活力

1. 畅通博士后人才职称评审通道

鼓励博士后平台支持在站博士后参加职称评审，确保在站博士后与在职人员享有同等的参加职称评审权利，允许在站满一年的博士后参与副高级职称评审。博士后出站 2 年内，科研创新成果突出的，经原所在博士后科研流动站（工作站）、创新实践基地推荐，可以申报福建省相应职称。

2. 推进博士后科研成果转化

支持设站单位把博士后放在关键科研岗位上锻炼成长。博士后在站期间，按国家有关规定享受科研成果转化收益。可依托承担单位申报省发展改革委、省科技厅等单位相关重点项目、科技计划等，通过股权投资、贷款担保贴息、风险补偿等市场化机制进行项目支持。

3. 鼓励博士后积极参加创新创业赛事

建议加大对"全国博士后创新创业大赛"获奖者奖励力度，对获金、银、铜奖的获得者，可认定为福建省相应类别高层次人才。建议举办省级博士后常态化揭榜领题试点，通过企业出题发榜、人才应征揭榜，搭建起科研人员与企业之间对接的"桥梁"，在攻克"卡脖子"技术上形成协同优势。

（五）发挥福建优势，推进博士后培养国际化

1. 提升博士后国际化交流水平

扩大博士后招收引才视野，加大博士后国境外交流项目资助范围，提高博士后制度对发达国家及特定优势产业集中国家的优秀博士后的吸引力。鼓励博士后研究人员积极参加国际学术会议、国际化学术培训等，了解和掌握国际前沿学术动态和科技发展趋势，提高自身的科研能力及学术影响力。

2. 发挥闽台"五缘"优势，继续实施海峡博士后交流资助计划

积极拓展各种非官方渠道，加强政策宣传，促进台湾地区博士引进。同时，应积极主动了解台湾博士工作生活情况，推动"以台湾博士引博士"。此外，要适当放宽对台湾博士后招收的年龄限制，以更大范围吸引台湾优秀博士。

3. 探索建设金砖国家博士后创新示范中心或成果转化基地

建议依托坐落于厦门的金砖创新基地赋能平台，拓展金砖创新基地功能，建设金砖国家博士后创新示范中心或成果转化基地，促进金砖国家科技交流，争取每年引进一批金砖国家优秀博士生来示范中心开展创新研究，并以博士人才交流促进产业创新发展。

（六）提高人才服务水平，鼓励博士后留闽创新创业

1. 优化人才发展生态，优化创新创业环境

要充分利用福建省"六区叠加"先行先试优势，创新人才发展体制机制，搭建产业链创新链人才链深度融合平台，推动海内外引才联络站、人才驿站、人才之家等建设，强化人才队伍支撑，提高福建人才竞争力和吸引力，促进优势产业链集聚与升级，为博士后人才干事创业提供良好平台。

2. 提升博士后人才服务水平，提高博士后人才归属感

提升博士后管理各环节的规范化、信息化、人性化水平。加强博士后人才职业规划与发展指导，提高博士人才职业素养和综合能力，提高博士后人才留闽工作及继续为闽提供智力服务的积极性。提供优质服务保障，消除后顾之忧，让博士后人才安心科研。

3. 提高博士后人才留闽待遇

对于博士后出站来闽留闽工作，建议参照各地引才政策，给予同等安家补助和引才生活补助等。事业单位引进博士后，对于满编的事业单位可专项申请使用人才编制，从人才周转编制池中统筹解决。事业单位引进紧缺急需博士后人才，用人单位无相应岗位空缺的，可按规定申请设置特设岗位。

参考文献

［1］葛昀洲. 企业博士后培养机制研究［D］. 上海：上海交通大学，2020.

［2］柳学智，等. 加快推进我国博士后事业发展研究［A］. 中国人事科学研究院编著. 中国人事科学研究报告［M］. 北京：中国人事出版社，2023：399－401.

［3］罗梅芳. 福建省山区企业博士后科研工作站的困境及对策——基于福建省三明市的思考［J］. 经济师，2021（1）：121－122.

［4］马立超. 一流高校博士后管理制度实施成效、困境与优化路径——基于博士后个体视角的混合研究［J］. 大学教育科学，2022（2）：54－63.

［5］王超，龙黎，汪旭东. 博士后队伍在主导性产业升级中的作用分析——基于供求匹配的视角［J］. 黑龙江高教研究，2015（12）：40－43.

［6］王日洲. 泉州市"政府运作、依托企业"模式博士后科研工作站研究［J］. 发展研究，2012（9）：127－128.

［7］吴安玲. 福建省晋江市博士后工作站柔性管理研究［D］. 泉州：华侨大学，2017.

［8］姚云. 中国博士后制度的发展与创新［J］. 教育研究，2006（5）：36－40.

［9］曾令君，陈智强. 博士后管理制度创新对青年人才队伍发展的驱动作用［J］. 科技创新与应用，2021（1）：47－49.

［10］张斯虹. 我国博士后制度管理模式：问题与展望［J］. 高教探索，2005（4）：40－42.

［11］赵祥辉，张娟. 培养抑或使用：身份定位对博士后职业发展能力的影响——基于 2020 年 *Nature* 全球博士后调查数据的实证分析［J］. 湖南师范大学教育科学学报，2023，22（1）：100－110.

《博士后管理创新服务产业发展研究——以福建省为例》
课题组成员名单

课题组长：

郑亨钰（福建省人事人才研究所所长、高级经济师）

课题组成员：

黄信有（福建省人社厅专家工作处处长）

王日洲（福建省人事人才研究所副所长、高级经济师）

郑文林（福建省人社厅专家工作处四级调研员）

段晓川（福建省人事人才研究所高级经济师）

郑婉菁（福建省人事人才研究所经济师）

林　茜（福建省人事人才研究所助理经济师）

林晨妍（福建省福州市人社局人力资源开发处副处长）

袁沁茹（福建省人事人才研究所经济师）

谢　烨（福建省人事人才研究所经济师）

课题执笔：

郑婉菁（福建省人事人才研究所经济师）

林　茜（福建省人事人才研究所助理经济师）

林晨妍（福建省福州市人社局人力资源开发处副处长）

本课题由中国人事科学研究院和福建省人事人才研究所共同完成。

中国人事科学研究报告
THE REPORT OF CHINESE PERSONNEL SCIENCE

工匠精神融入技工教育人才
培养的路径探析①

提　要：技工教育是技能人才培养的前端阵地，在人才培养源头培植好工匠精神，有利于提升技能人才素质，为实现工业经济高质量发展提供人才保障与技能支撑。为全面掌握技工教育人才培养中工匠精神培育现状，课题组深入学校内部通过问卷调查与实地访谈的方式，充分了解学生对工匠精神的认知认同、情感认同及行为认同现状，系统剖析工匠精神融入人才培养存在的困境，梳理工匠精神有效融入技工院校人才培养的典型案例及企业工匠精神培育的经验做法，并提出强化工匠精神与技能人才培养有机融合的对策建议。

关键词：工匠精神　技工教育　人才培养

一、引言

2022 年 4 月，习近平总书记致信祝贺首届大国工匠创新交流大会，强调"技术工人队伍是支撑国家制造、国家创造的重要力量，我国工人阶级和广大劳动群众要大力弘扬劳模精神、劳动精神、工匠精神，为推动高质量发展、实施制造强国战略、全面建设社会主义现代化国家贡献智慧和力量。"同年 5 月，"工匠精神"被正式写入新修订的《中华人民共和国职业教育

---

① 本文系中国人事科学研究院 2023 年度课题"工匠精神融入技工教育人才培养的路径探析"报告的部分内容。

法》，这是时隔 26 年的首次修订，以立法的形式明确工匠精神的核心地位，为技能人才内涵式培养指明了方向。

技工教育作为技能人才成长的"前端阵地"，肩负着为新时代经济社会发展培养和输送高素质技能人才的重任。将工匠精神嵌入技工教育人才培养过程中可谓意义重大，从微观层面而言，两者的有机融合有助于从源头上筑牢技工院校学生的工匠意识，从而全面增强技能人才的就业竞争力、岗位胜任力、职业发展潜力；从中观层面而言，两者的有机融合有助于技工教育纠正教学理念，深挖办学特色，守住技能人才培养的阵地优势；从宏观层面而言，两者的有机融合可以直接促进技能人才队伍素质能力的全面提升，为实现经济高质量发展提供人才保障与技能支撑。

二、概念界定和理论基础

（一）概念界定

本研究关于工匠精神的界定参考习近平总书记在全国劳动模范和先进工作者表彰大会对工匠精神内涵的高度概括，即执着专注、精益求精、一丝不苟、追求卓越，具体解析见表 1。

表 1　　　　　　　　　　工匠精神不同维度内涵解析

维度	性质	核心要义	具体内涵
执着专注	精神状态	时间上的坚持 精神上的聚焦	在技能学习中具有很强的耐心和很好的执行能力，对所学技能专业及将要从事的技能岗位具有很强的认同感
精益求精	品质追求	质量上的完美 技术上的极致	针对所学技能知识能主动提出问题并解决问题，对技能精度具有极高的要求
一丝不苟	自我要求	细节上的坚守 态度上的严谨	在课程学习环节，能够熟练掌握理论基础知识；实习实训环节，能做到设备操作、任务完成等零差错
追求卓越	理想信念	理想上的远大 信念上的高远	在学习过程中钻研新知识、探索新技术，愿意扎根技能岗位，立志成为工匠型技能人才

（二）理论基础

烙印理论根源于生物学，1937 年率先由奥地利生物学家洛伦茨提出，从雏鸭行为研究中发现，最先被注意到的移动客体会对刚孵化出的雏鸭产生烙印刺激，并形成跟随依附型行为"印记"一直保留下来。1965 年，斯廷奇库姆将烙印理论引入组织研究领域，用以研究解释特定阶段环境如何对个性或组织产生影响，后续大量研究借助该理论探求个体早期职业生涯经历中的所学、所感与所悟对整个职业生涯的影响。鉴于工匠精神自身具备可烙印性、工匠精神培育存在"敏感期"，工匠精神养成可发挥可持续功效，本研究引入烙印理论构建技工院校学生工匠精神的烙印机制，分析工匠精神烙印的前提基础、烙印的过程演进、烙印的检验升华，进而提升研究的理论性与科学性（见图 1）。

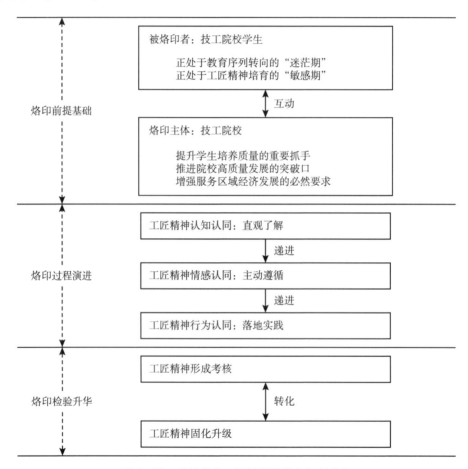

图 1　技工院校学生工匠精神的烙印机制分析

三、工匠精神融入技工教育人才培养的调研与分析

（一）调研设计与实施

本研究采取问卷调查法和访谈法相结合的调研方法，问卷调查选定山东省 6 所厅属技师学院学生作为主要研究对象，通过"问卷星"发放电子问卷，共回收有效问卷 3185 份。以技工院校不同岗位类别的教师为访谈对象，

具体包括专业教师、思政教师等。

（二）调研样本简述

为检验数据的信度，对工匠精神量表采用克伦巴赫系数（Cronbach's alpha）检验，使用统计软件对数据进行分析后得到克隆巴赫系数为 0.98，表明量表具有很高的内部一致性。采用 KMO（Kaiser - Meyer - Olkin）和 Bartlett's 球形检验对量表效度进行分析，本量表的 KMO 值为 0.957，KMO 值接近于 1，意味着变量间的相关性越强。此外，Bartlett's 球形检验的 p 值为 0.00，达到了 0.001 的显著水平，总之该问卷量表具有很好的效度。

（三）技工院校学生工匠精神现状分析

1. 认知认同现状分析

在学生对工匠精神的认知方面，询问"您对工匠精神内涵的了解程度"，非常了解和比较了解工匠精神内涵的学生只有 38.68%，占比最高的选项为学生对工匠精神内涵的了解"一般"，高达 44.49%，16.83% 的学生对工匠精神不太了解或完全不了解（见图 2）。总体来看，学生对工匠精神的了解程度不高，只能凭借个人理解谈点粗浅的个人见解。

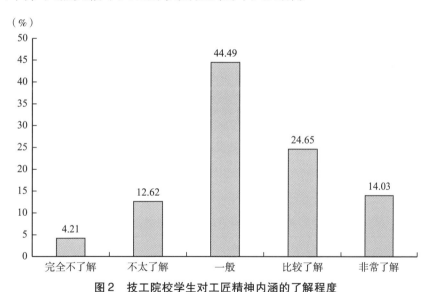

图2　技工院校学生对工匠精神内涵的了解程度

2. 情感认同现状分析

在学生按照所理解的重要程度对工匠精神维度进行排序时，第一重要中占比最高的是执着专注（59.28%），第二重要中占比最高的是精益求精（53.38%），第三重要中占比最高的是一丝不苟（53.12%），第四重要中占比最高的是追求卓越（69.95%）。这说明执着专注、精益求精的工匠精神更多地被学生所关注，而对于一丝不苟、追求卓越维度工匠精神的关注相对较少（见图3）。

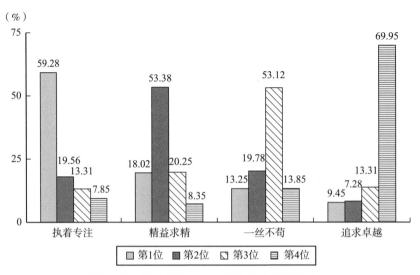

图3　技工院校学生对工匠精神维度重要性排序

3. 行为认同现状分析

在技工院校学生工匠精神的养成方面，研究围绕工匠精神的四个维度，量化为 8 个具体指标，设置为李克特五级量表的形式。其中得分最高的维度为"执着专注"，分值为 3.74；得分第二的维度为"精益求精"，分值为 3.56；得分第三的维度为"一丝不苟"，分值为 3.37；得分最低的维度为"追求卓越"，分值为 3.14（见表2）。对比上述技工院校学生对工匠精神各维度重要性排序分析发现，学生对工匠精神重要性排序与自身工匠精神养成得分之间存在内在一致性，即不同维度重要性感知程度越高，其得分也相应较高。

表2　　　　　　　　　　技工院校学生工匠精神养成情况

工匠精神维度	工匠精神指标	指标平均值	维度平均值
执着专注	在技能学习中具有很强的耐心程度和很好的执行能力	3.76	3.74
	对所学技能专业及将要从事的技能岗位具有很强的认同感	3.69	
精益求精	针对所学技能知识能主动提出问题并解决问题	3.59	3.56
	对技能精度具有极高的要求	3.53	
一丝不苟	在文化课程学习环节，能够熟练掌握理论基础知识	3.41	3.37
	实习实训环节，能够做到设备操作、任务完成等零差错	3.34	

工匠精神维度	工匠精神指标	指标平均值	维度平均值
追求卓越	在学习过程中钻研新知识、探索新技术	3.15	3.14
	愿意扎根技能岗位，立志成为工匠型技能人才	3.12	

在对工匠精神的 8 个指标进行平均化处理后，得出技工院校学生工匠精神的总体得分，均值为 3.47，处于中等水平。按照年龄阶段划分及班级层次，分别与工匠精神得分进行交叉分析得出，随着年龄阶段的不断提高，学生工匠精神养成得分呈现上升态势；同时班级层级越高，学生工匠精神养成得分越高（见表 3）。这在一定程度上也反映出工匠精神的培养是一个不断强化的过程，具有时间与空间双维度的差异性，技工院校需要把握好工匠精神培育的契机，分阶段、分层次不断引导学生理解、学习以及固化工匠精神。

表3　　　　　　　年龄阶段、班级层次与工匠精神得分交叉分析情况

交叉要素	层级划分	工匠精神得分均值
年龄段与工匠精神得分交叉	16 岁及以下	3.11
	16~18 岁	3.35
	18 岁及以上	3.61
班级层级与工匠精神得分交叉	中级工班	3.09
	高级工班	3.29
	预备技师班	3.72

（四）技工院校学生工匠精神学习的途径和效果分析

从技工院校学生学习和获取工匠精神的途径看，占比位居第一的是课堂教学，81.89% 的学生认为课堂教学是自身获取和学习工匠精神的重要途径。占比位列第二的是实习实训，61.98% 的学生表示实习实训是自身获取和学习工匠精神的重要途径。占比位列第三的是思政教育，有 36.67% 的学生通过思政课程来学习工匠精神。占比位列第四的是文化宣传，31.93% 的学生表示通过学校开展的文化宣传来学习工匠精神。占比位居第五的是职业技能大赛，职业技能大赛以高标准、严要求的培训理念对培养工匠精神发挥着毋庸置疑的作用，技工院校的学生表示自己参加完全职业技能大赛后个人的提升是全方位的（见图4）。在所调研的学生群体中，虽然仅有 5.68% 的学生

参加过职业技能大赛，然而有22.2%的学生认为将其作为工匠精神学习的途径，说明职业技能大赛的开展对于学生工匠精神的学习具有一定的辐射和带动作用。此外，分别有 17.08%、11.59%、11.37%和9.83%的学生从讲座和演讲比赛、校园景观环境、学生管理、社团活动的途径来获取与学习工匠精神。

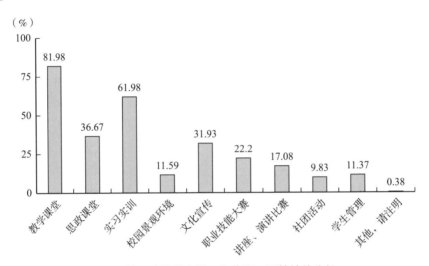

图4　技工院校学生学习和获取工匠精神的途径

在不同获取和学习途径对技工院校学生工匠精神的影响效果方面，研究将其分为五个方面，分别为课堂教学、实习实训、校园文化、实践活动与学生管理。不同途径对学生学习工匠精神帮助程度的得分对应为1～5，分值越高，代表帮助程度越高。课堂教学、实习实训、校园文化、实践活动与学生管理对学生工匠精神养成的帮助程度得分分别为4.00、3.98、4.00、4.02、4.01，各个维度之间的差异度不大。数据在一定程度上反映出各类工匠精神的融入途径虽有形式差异，但其成效差异并不显著，只要运用时机得当、使用充分，均可以达到工匠精神培养的目标。

四、工匠精神融入技工教育人才培养面临的困境

实地调研了解到，省属 6 家技师学院在学生工匠精神培养方面开展了系列探索，如工匠精神融入课堂教学、实习实训、校园文化、实践活动和学生管理等，但实际效果欠佳。本章节结合问卷数据、教师访谈的相关内容，从观念、载体、保障和氛围四个角度剖析工匠精神融入技工院校人才培养面临的困境。

（一）观念落后：认识深度不够

1. 学校支持力度薄弱

第一，技工院校对工匠精神培育的重要性认识不到位。"弘扬与传承工匠精神"仍停留在口号呼吁阶段，国家层面尚未建立起统一的课程标准，各技工院校也未真正沉下心全面分析研判工匠精神与人才培养的内在耦合机制，搭建学生工匠精神培养的制度支撑体系，只是通过校园景观塑造、宣讲活动等碎片化的培育渠道给学生传递工匠精神，缺乏系统性方案、规范性步骤的指引与推进。

第二，将工匠精神置于边缘化地位。技工院校同样受工具理性、功利主义等社会观念的影响。在教学过程中，更加聚焦于专业知识传授和技能训练提升，而忽视了对学生工匠精神等思想层面的培育，理论学习与技术技能培养同工匠精神之间"两张皮"的问题突出。

2. 学生主体责任认识弱化

一方面，对工匠精神认知能力偏弱。通过调查样本分析得出，调查对象的平均年龄不到17周岁，最小的学生年龄仅有14岁，"不成熟"是这一年龄段学生的特质，缺少独立解决问题的创新思维和钉钉子精神，更谈不上对工匠技艺的深度理解和向往；从生源结构角度，技工院校的学生大多来自初中毕业生，高中毕业生占比极低，知识体系薄弱，对工匠精神的发展历史、延伸知识缺乏深层次的理解。

另一方面，未来职业规划不清晰。区别于学历教育，技工教育隶属于类型教育，两者教学理念与教学目标等均存在显著差异，目前社会对学历教育所培养人才的职业生涯或多或少有所认识，但是对技工院校培养人才未来职业规划通常较为模糊。此外，技工院校中的一些学生是由于中、高考受挫，被迫选择了技工院校，其在专业选择上往往盲目被动，对所学专业了解不足、兴趣不浓，专业认同感不强。

（二）载体乏力：融入路径闭塞

1. 课程体系设计不完善

一是课程设置"重技能轻人文"。技工教育被狭隘地理解为技术教育，过分宣扬工具理性，推崇技术至上，院校对"传技"和"育人"关系的把握存在偏差，在人才培养过程中仍将专业技能培养作为主要目标，隐性职业素养如工匠精神培养相对薄弱。二是缺乏完善的"工匠精神"课程体系。院校大多是通过思政课向学生渗透工匠精神，没有专门开设培育工匠精神的课程，学校的思政课程主要以理论知识为主，专业课程教学过程中，缺乏对工匠精神等内容的挖掘与利用。

2. 竞赛辐射范围有限

在对参加职业技能大赛学生的工匠精神得分的差异进行分析时发现，参加职业技能大赛的学生工匠精神得分达到 4.12，而未参加职业技能大赛的学生工匠精神得分为 3.38，显著低于参加过职业技能大赛的学生，可见参加职业技能大赛对学生工匠精神培养的作用是非常显著的。当前虽然我国的职业技能大赛日益增多，但是专业方向多聚集在某些固定领域，涵盖面窄，绝大多数在校生难以接触到高规格、高水平的技能竞赛平台，难以在实战比拼中磨砺与学习工匠精神、提升工匠意识。

（三）保障不够：配套资源缺失

1. 教师示范引领作用发挥不充分

在教学实践中，对于教师的要求进一步提高，迫切需要更多的一体化教师，不仅需要具备工匠精神的理论素质还要有丰富的实践经验。但是在实际中技工院校青年教师占据大部分，尤其是近年来新引进青年教师人数偏多，很多教师是直接从学校毕业来到技工院校教书育人，缺乏教学经验和企业实践经验，自身对企业和行业的新发展、新要求了解不够，对工匠精神的理解不够透彻。

2. 校企合作未发挥实效

首先，校企合作难以有效落实，从不同的利益出发点考虑，校企双方未形成人才培养的合力。调查问卷数据显示，56.64% 的学生表示校企合作教学模式对工匠精神的习得作用最为突出（见图 5），但对比现阶段的校企合作教学模式对工匠精神培育的成效，目前均值仅为 3.98，位居所有工匠精神培育的末位，因此校企合作教学模式对工匠精神培育的效果与期待差距显著。落差产生的根源大致可以归结于学校与企业两者间利益不对等，对于学校来说，按照人才培养要求需要定期将学生送到企业开展不同类型的实习，且这是学校人才培养的刚需。但对于企业发展而言，其面临着参与人才培养公益性和功利性的矛盾，参与校企合作的短期收益小，人才就业去向还不稳定，出于利益最大化和安全责任的考虑，企业在实际操作中常常将学生当作廉价劳动力来使用，校企合作存在"一头热一头冷"的现象，停留在相对基础的阶段，学生的工匠精神未能得到有效培养。

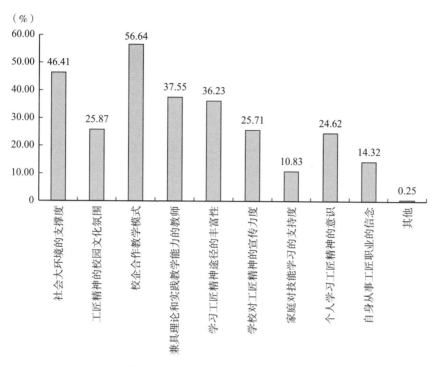

图 5 影响技工院校学生学习工匠精神的因素分析

（四）氛围不足：生存土壤"贫瘠"

1. 社会价值趋向存在偏差

首先，深受"学而优则仕""万般皆下品，唯有读书高"等中国传统文化观念的影响，教育层面忽视对技术技能人才的培养，技工教育的认可度不高。同时，当前存在"重学历轻技能"的社会观念，大部分家庭并不愿意孩子就读技工院校学习技术，而更倾向于追求学历。其次，以技术技能人才为代表的工匠群体社会地位和收入水平偏低，工作性质偏向于艰苦劳累，职业晋升的机会相对有限，影响社会对工匠群体的认可和工匠精神的认同，从而一定程度上造成了技工院校中工匠精神氛围的缺失和不足。

2. 校园文化氛围营造效果不佳

工匠精神的培育只停留在表面，效果不佳。根据学生版问卷，有 57.27% 的学生认为校园文化氛围影响自身学习工匠精神，在所有因素中占影响学生工匠精神学习的第一位。在调研中发现，技工院校围绕工匠精神进行了校园景观文化建设和文化活动的开展，虽然活动的形式丰富多样，但部分活动可能仅仅流于形式，加之学生主动学习意识不强，在工匠精神的培育过程中处于被动接受的一方，使得活动的辐射力相对有限，工匠精神难以深入人心、

人事制度改革与政策创新

落地生根。

五、工匠精神植入技能人才培养的校企实践经验总结

（一）院校实践：山东劳动职业技术学院特色劳动文化体系

1. 构建工匠精神培养体系

在课堂教学环节，学校为建成学生劳动态度职业行为养成机制，探索建立了劳动教育"必修课＋特色课"和劳动实践"校内一体教学＋校外专业实践"相结合的工匠精神培养体系。在实习实训环节，校内开发与具体岗位匹配度高的实践教学项目，此外依托校外实习基地，通过跟岗实习、顶岗实习等实践环节强化学生的工匠精神，学生参与真实的企业项目，遵循企业规章制度，感受企业文化，养成良好的操作规范习惯，培养工匠精神。

2. 塑造"以文化人"一体格局

一是塑造校园文化景观。在校园景观建设中重点突出劳动精神与工匠文化的展示，建设劳动文化展馆、劳模印记文化景观、"脉"老机床系列景观、"视界"雕塑等。二是优化提升室廊文化。在实习实训场地建设企业形象展示区，劳动模范、大国工匠风采展示区以及杰出校友、大赛获奖选手及教学名师展示区，优秀学生作品展示区等，鼓励广大学生以先进为榜样，不断攀登技术技能高峰。三是开展"劳动文化月"系列活动，活动涵盖"劳动大展台""劳职大能手"等15项内容，通过多元化活动促进学生工匠精神的培养。

3. 成立研究中心深挖内涵建设

学院成立全省首家劳动文化（教育）研究中心，重点对工匠精神和劳动教育的内涵、实施劳动教育实践以及新时代劳动教育理念、保障等内容进行探索，积极开展劳动教育发展的研究、培育、咨询、指导、评估与服务等工作。

（二）企业实践：海信"匠王"培养行动

1. 将工匠精神内嵌于日常工作

一是把工匠精神外化为行为标准。海信以产品质量把控为抓手引导员工深刻领悟工匠精神内涵，引导员工树立把每一个产品当作艺术品一样精心雕琢、不断更新知识技能、争做行业专家型人才的意识。推行"一口清"（将操作流程倒背如流）、"一手精"（严格执行标准，高质量完成每道工序）、"实名制"（每道工序后贴上执行者名字）等工作标准。

二是为工匠精神构建提高保障制度。建立科学的工匠培育制度，增加人力资本投入，用质量管控制度、操作流程制度、工匠培育传承制度等来指导

工匠精神贯彻落实，用待遇激励巩固工匠精神，提高工匠的政治、经济、社会等福利待遇，全面提高工匠人才的社会地位。

三是将工匠精神根植于企业文化。海信将"长期注意"打造为商业管理的基本内核，将工匠精神融入生产文化、研发文化、质量文化等企业文化的子文化当中，构建质量管理文化，多措并举营造尊崇和弘扬工匠精神的企业文化氛围，将工匠精神内化于员工的工作理念和行为准则中。

2. 将工匠精神渗透到"匠王"培养

海信明确提出"高水平技能人才不是单凭自己能力成长起来的，而是公司辅导他、培养他成长起来的"，因此集团积极修订技能人才管理办法，增加"匠王"评选标准，细化"匠王"评选培养步骤。

第一步，盘点企业内部重点工种拟定"匠王"评选条件，选定具备专注本职岗位、勤于钻研技术、善于传帮带等工匠精神的一线员工作为"匠王"培养人选、潜力人选，建立技能人才梯度。第二步，通过高技能人才师带徒、带项目等方式进行初期培养，动态管理"匠王"后备人选。第三步，初期培养结束后进行遴选与评价，甄别出优质学员进入专班培训，组织知识培训、交互培训与实践培训。第四步，综合培养带徒人次、参与培训状况、提出改善提案数量、岗位竞赛成绩等评选"匠王"，并配套津贴、薪酬、荣誉等多层面激励。第五步，聘任"匠王"成立工匠创新工作室，带头创新工作技术方法、提报新型专利等。

（三）工匠精神植入人才培养的校企实践对比

较之于院校人才培养中的工匠精神融入，企业在此方面的探索与实践，具有三个方面的特质。第一，重视核心理念的体系化，将工匠精神渗透到企业发展战略、企业文化等方面，在各个环节都注重工匠精神的冠名与引领。第二，突出抽象概念的目标化，海信在工匠精神培育传承中有着清晰的目标定位，具体细分为两个层面，第一层面是秉持工匠精神打造核心产品与服务，严格把控产品质量、服务品质；第二层面是弘扬工匠精神培育人才，塑造"匠王"人才成长目标，引导技能人才实现由工到匠的质变转型。第三，强调关键目标的操作化，围绕既定的工匠精神培育传承目标，海信进一步细化推进步骤。

六、工匠精神融入技工教育人才培养的对策建议

技工教育需锚定时代发展需求，遵循工匠精神培育循序渐进的规律，建立起工匠精神融入技工教育人才培养的生态体系，全面提升学生对工匠精神

人事制度改革与政策创新

的认知认同、情感认同与行为认同，在学生求学的"窗口期"烙印下培植好工匠精神。

（一）战略优化：树牢厚植工匠精神的价值导向

一是站在国家战略层面坚守工匠精神培育，聚焦"中国制造2025""技能中国"等国家战略，全面审视工匠精神之于经济转型战略诉求、技工教育人才培养使命以及技工院校改革创新的历史必然与时代价值，从宏观层面上将工匠精神根植于技工教育的治校方略与价值追求中，从微观层面上将工匠精神浸润于教学管理、教风学风等价值体系，进而将弘扬与践行工匠精神塑造为院校的文化自觉。二是基于工匠养成的逻辑引领工匠精神培育，瞄准劳动力市场需求，一方面设定以专业课程、实践操练以及技术攻关为基础的专业技能培养目标，力争培养技术卓越的技能人才；另一方面设立以职业素养、职业操守以及理想信念为核心的人文素养培养目标，搭建起技能培养与工匠精神培育的耦合机制。

（二）教育筑基：搭建培育工匠精神的联动载体

首先深挖思政课堂与课程思政的育人成效，立足地方特色、行业特色等挖掘周边"看得见、摸得着"的工匠精神案例，丰富思政课程中工匠精神传播的介质与素材；严格贯彻课程思政制度，督促教师立足每节课的课程内容明确思政目标、重点与方式，从教学源头把工匠精神培育"摆上台面"。其次将工匠精神融入理论教学全过程，对标行业需求、企业用人标准、职业资格认定标准等内容，借助教学任务分析等方法探索各专业中工匠精神培育重点与契机，并将分析结果细化至培养方案与课程标准。最后强化工匠型教师队伍建设，既要内部强化师资力量，明确规定教师需"进企业交作业"，探索工匠型教师遴选培养机制，督促教师在具体实操中体会技能提升的过程以及工匠精神内涵与外延；也要外部寻找师资增援，通过"柔性引才"的方式邀请企业一线能工巧匠、科研院所技术人员等担任兼职教师。

（三）实践历练：铸就践行工匠精神的练兵平台

一是构建"师带徒"工匠精神传承体系，技工院校探索遴选优质一体化教师成立导师团队，以导师与学生结对子为根基，全面推广项目导向、案例推演等教学活动；探索推行小组制教学模式，以班级为单元甄选出技能优异、工匠精神突出的学生担当小组长，以小组长为核心形成班小组，构建"教师是大师傅，小组长是小师傅"教学格局。二是深化工学结合人才培养模式，依托校企合作开展分阶段的实习实训。第一阶段，在技能习得初期阶段开展"认岗实习",将学生塑造为"旁观者",置身岗位感受职业氛围、行为准则等,形成对工匠精神的认知认同。第二阶段,在技能初具雏形阶段开展"跟岗实习",将学生塑造为"参与者",投身一线配合企业师傅完成技能操作,促成对工匠精神的情感认同。第三阶段,在技能成熟稳定阶段开展"顶岗实习",将学生塑造成"实践者",扎根生产线独立完成操作,在实操中磨砺达成对工匠精神的行动认同。

(四)文化浸润:塑造融合工匠精神的校园环境

一方面打造涵养工匠精神的校园"硬环境",借助古今知名工匠、鲁班锁等工匠精神特色元素塑造校园雕塑、核心景观带、文化广场等;规划建立工匠精神相关文化橱窗与长廊,系统展示工匠精神发展脉络与大国工匠、杰出校友等先进典型,借助多维度的工匠精神展现方式,潜移默化中达到以景感人、以美育人、以文化人的成效。另一方面塑造渗透工匠精神的校园"软环境",技工院校需定期组织工匠文化节,围绕主题开展工匠精神主题演讲、技能比武等系列活动,创建工匠精神"自热"品牌活动;同时邀请大国工匠、先进劳模等进校园、进课堂,通过开设工匠大讲坛、建立名师工作室等多元活动,打造工匠精神"即食"品牌,为学生近距离接触技能大师、领悟工匠精神提供机会。

(五)氛围助力:营造弘扬工匠精神的社会环境

一是深挖工匠精神的文化特质,进一步夯实"热爱劳动、专注劳动,以劳动为荣的精神"意识,在全社会营造一种重视劳动、关注工匠、崇尚一线劳动者的社会氛围,树立起"技能人才在社会上有地位、在事业上有前途、在发展上有能力"的新风尚,大力宣传技能人才的社会使命和重要作用,从而凝聚社会共识。二是打破往常"侧重于典型事迹荣誉报道"的形式,在宣传报道优秀技能人才重要作用和突出贡献的基础上,进一步深入剖析优秀技能人才的成长历程,着重宣传成才过程中个人付出因素、社会平台助推作用以及工匠精神的促进作用,营造学习工匠、争当工匠的社会氛围,激发培育和弘扬工匠精神的内驱力。

参考文献

[1] 冯宝晶. 高职院校加强工匠精神培育的必要性与主要路径 [J]. 教育与职业, 2021 (14): 108 – 111.

［2］高怡凡．工匠精神引领高素质工匠人才培育的有效策略［J］．人才资源开发，2023（15）：47－48．

［3］李淑玲．智能制造背景下的工匠精神维度结构研究［D］．北京：首都经济贸易大学，2020．

［4］刘志兵，许顿凡，梁娇娜．工匠精神融入中职职业生涯规划教育的必要性、困境及路径［J］．机械职业教育，2023（4）：41－46．

［5］苗钊宽，王迪君．"一核三阶四维"：中职学校工匠精神培育的探索与研究［J］．中国培训，2023（6）：84－86．

［6］乔江艳，赵丽曼．高职教育工匠精神的时代内涵、现实困境和培育路径［J］．吉林工程技术师范学院学报，2022，38（11）：19－23．

［7］孙杰，周桂瑾．技能型社会建设视域下工匠精神融入高职院校思想政治教育的价值意蕴与实现路径［J］．中国职业技术教育，2023（24）：91－96．

［8］汪淼．新时代职业院校弘扬和培育劳模精神和工匠精神的路径［J］．劳动保障世界，2020（14）：57．

［9］张文，谭璐．新时代职业教育工匠精神的新内涵、价值及培育对策［J］．教育与职业，2020（7）：73－80．

［10］朱永跃，过旻钰，陈雯．传统与现代交融视角下制造业员工工匠精神量表开发及应用［J］．科技进步与对策，2021，38（9）：124－133．

《工匠精神融入技工教育人才培养的路径探析》课题组成员名单

课题组长：
胥　玮（山东省人力资源社会保障科学研究院院长）

课题组成员：
赵盈瑞（山东省人力资源社会保障科学研究院副院长）

孙　倩（山东省人力资源社会保障科学研究院助理研究员）

陈文倩（山东省人力资源社会保障科学研究院研究实习员）

本课题由中国人事科学研究院和山东省人力资源社会保障科学研究院共同完成。

人才工作与人才队伍建设

全球基础研究人才分布和发展趋势研究[①]

提　要：本文基于基础研究文献被引频次的大数据，从文献计量定量评价的视角出发，通过分析文献被引次数的量的变化，区分基础研究人才能力的质的差异，从地域（国家和地区）和时间（2012～2021年）两个维度对基础研究人才进行深入、准确的量化比较，勾勒出全球基础研究人才分布的全景图，全面、客观、准确地反映了全球基础研究人才的分布和发展趋势，为政策制定和理论研究提供实证参考。

关键词：基础研究　人才　指数　文献计量分析　全球

基础研究是创新的源头，人才是基础研究的主要驱动因素。了解和评估基础研究人才的分布和发展趋势，是政策制定和理论研究的重要依据。本文依据科睿唯安 InCites 数据库文献数据，以地域和时间为维度，勾勒出全球基础研究人才分布的全景图，描绘了全球基础研究人才的发展趋势，为全面客观地了解全球基础研究人才分布情况与发展趋势提供了翔实准确的洞察基础，为精准制定基础研究人才发展相关政策提供了实证参考。

一、研究设计

本文的数据来源于科睿唯安的 InCites 数据库，数据更新时间为 2023 年

---

① 本文系中国人事科学研究院 2023 年度课题"全球基础研究人才指数分析（2022）"报告的部分内容。

1 月 27 日。科睿唯安遵循客观性、选择性和动态性的文献筛选原则，将文献被引频次作为主要影响力指标，筛选每一研究领域中最有影响力的期刊等文献，确保文献的代表性。经过数据清洗，最后纳入统计分析的文献数据共 59 660 540 篇。

（一）基础研究领域的划分

本文以科睿唯安 Web of Science 学科分类为基础，选择了 198 个 Web of Science 学科，根据中国国家自然科学基金委员会关于学科组的划分，归入相应的学科组，形成 8 个学科组和 1 个交叉学科（见表 1），进一步将各学科组和交叉学科归为总体，这样就将基础研究领域划分为学科、学科组、总体三个层次。

表 1   基础研究领域的划分

学科组	Web of Science 学科
	数学（Mathematics）
	数学物理（Physics, Mathematical）
	统计学和概率论（Statistics & Probability）
	应用数学（Mathematics, Applied）
	逻辑学（Logic）
	跨学科应用数学（Mathematics, Interdisciplinary Applications）
	力学（Mechanics）
	天文学和天体物理学（Astronomy & Astrophysics）
	凝聚态物理（Physics, Condensed Matter）
	热力学（Thermodynamics）
数学与物理学	原子、分子和化学物理（Physics, Atomic, Molecular & Chemical）
	光学（Optics）
	光谱学（Spectroscopy）
	声学（Acoustics）
	粒子物理学和场论（Physics, Particles & Fields）
	核物理（Physics, Nuclear）
	核科学和技术（Nuclear Science & Technology）
	流体物理和等离子体物理（Physics, Fluids & Plasmas）
	应用物理学（Physics, Applied）
	多学科物理（Physics, Multidisciplinary）

学科组	Web of Science 学科
化学	有机化学（Chemistry, Organic）
	高分子科学（Polymer Science）
	电化学（Electrochemistry）
	物理化学（Chemistry, Physical）
	分析化学（Chemistry, Analytical）
	晶体学（Crystallography）
	无机化学和核化学（Chemistry, Inorganic & Nuclear）
	纳米科学和纳米技术（Nanoscience & Nanotechnology）
	化学工程（Engineering, Chemical）
	应用化学（Chemistry, Applied）
	多学科化学（Chemistry, Multidisciplinary）
生命科学	生物学（Biology）
	微生物学（Microbiology）
	病毒学（Virology）
	植物学（Plant Sciences）
	生态学（Ecology）
	湖沼学（Limnology）
	进化生物学（Evolutionary Biology）
	动物学（Zoology）
	鸟类学（Ornithology）
	昆虫学（Entomology）
	制奶和动物科学（Agriculture, Dairy & Animal Science）
	生物物理学（Biophysics）
	生物化学和分子生物学（Biochemistry & Molecular Biology）
	生物化学研究方法（Biochemical Research Methods）
	遗传学和遗传性（Genetics & Heredity）
	数学生物学和计算生物学（Mathematical & Computational Biology）
	细胞生物学（Cell Biology）
	免疫学（Immunology）
	神经科学（Neurosciences）
	心理学（Psychology）
	应用心理学（Psychology, Applied）

续表

学科组	Web of Science 学科
生命科学	生理心理学（Psychology，Biological）
	临床心理学（Psychology，Clinical）
	发展心理学（Psychology，Developmental）
	教育心理学（Psychology，Educational）
	实验心理学（Psychology，Experimental）
	数学心理学（Psychology，Mathematical）
	多学科心理学（Psychology，Multidisciplinary）
	心理分析（Psychology，Psychoanalysis）
	社会心理学（Psychology，Social）
	行为科学（Behavioral Sciences）
	生物材料（Materials Science，Biomaterials）
	细胞和组织工程学（Cell & Tissue Engineering）
	生理学（Physiology）
	解剖学和形态学（Anatomy & Morphology）
	发育生物学（Developmental Biology）
	生殖生物学（Reproductive Biology）
	农学（Agronomy）
	多学科农业（Agriculture，Multidisciplinary）
	生物多样性保护（Biodiversity Conservation）
	园艺学（Horticulture）
	真菌学（Mycology）
	林学（Forestry）
	兽医学（Veterinary Sciences）
	海洋生物学和淡水生物学（Marine & Freshwater Biology）
	渔业学（Fisheries）
	食品科学和技术（Food Science & Technology）
	生物医药工程（Engineering，Biomedical）
	生物技术和应用微生物学（Biotechnology & Applied Microbiology）
地球科学	地理学（Geography）
	自然地理学（Geography，Physical）
	遥感（Remote Sensing）
	地质学（Geology）

续表

学科组	Web of Science 学科
地球科学	古生物学（Paleontology）
	矿物学（Mineralogy）
	地质工程（Engineering, Geological）
	地球化学和地球物理学（Geochemistry & Geophysics）
	气象学和大气科学（Meteorology & Atmospheric Science）
	海洋学（Oceanography）
	环境科学（Environmental Sciences）
	土壤学（Soil Science）
	水资源（Water Resources）
	环境研究（Environmental Studies）
	多学科地球科学（Geosciences, Multidisciplinary）
工程与材料科学	冶金和冶金工程（Metallurgy & Metallurgical Engineering）
	陶瓷材料（Materials Science, Ceramics）
	造纸和木材（Materials Science, Paper & Wood）
	涂料和薄膜（Materials Science, Coatings & Films）
	纺织材料（Materials Science, Textiles）
	复合材料（Materials Science, Composites）
	材料检测和鉴定（Materials Science, Characterization & Testing）
	多学科材料（Materials Science, Multidisciplinary）
	石油工程（Engineering, Petroleum）
	采矿和矿物处理（Mining & Mineral Processing）
	机械工程（Engineering, Mechanical）
	制造工程（Engineering, Manufacturing）
	能源和燃料（Energy & Fuels）
	电气和电子工程（Engineering, Electrical & Electronic）
	建筑和建筑技术（Construction & Building Technology）
	土木工程（Engineering, Civil）
	农业工程（Agricultural Engineering）
	环境工程（Engineering, Environmental）
	海洋工程（Engineering, Ocean）
	船舶工程（Engineering, Marine）
	交通（Transportation）

续表

学科组	Web of Science 学科
工程与材料科学	交通科学和技术（Transportation Science & Technology）
	航空和航天工程（Engineering, Aerospace）
	工业工程（Engineering, Industrial）
	设备和仪器（Instruments & Instrumentation）
	显微镜学（Microscopy）
	绿色和可持续科学与技术（Green & Sustainable Science & Technology）
	人体工程学（Ergonomics）
	多学科工程（Engineering, Multidisciplinary）
信息科学	电信（Telecommunication）
	影像科学和照相技术（Imaging Science & Photographic Technology）
	计算机理论和方法（Computer Science, Theory & Methods）
	软件工程（Computer Science, Software Engineering）
	计算机硬件和体系架构（Computer Science, Hardware & Architecture）
	信息系统（Computer Science, Information Systems）
	控制论（Computer Science, Cybernetics）
	计算机跨学科应用（Computer Science, Interdisciplinary Applications）
	自动化和控制系统（Automation & Control Systems）
	机器人学（Robotics）
	量子科学和技术（Quantum Science & Technology）
	人工智能（Computer Science, Artificial Intelligence）
管理科学	运筹学和管理科学（Operations Research & Management Science）
	管理学（Management）
	商学（Business）
	经济学（Economics）
	金融学（Business, Finance）
	人口统计学（Demography）
	农业经济和政策（Agricultural Economics & Policy）
	公共管理（Public Administration）
	卫生保健科学和服务（Health Care Sciences & Services）
	医学伦理学（Medical Ethics）
	区域和城市规划（Regional & Urban Planning）
	信息学和图书馆学（Information Science & Library Science）

学科组	Web of Science 学科
医学	呼吸系统（Respiratory System）
	心脏和心血管系统（Cardiac & Cardiovascular Systems）
	周围血管疾病学（Peripheral Vascular Disease）
	胃肠病学和肝脏病学（Gastroenterology & Hepatology）
	产科医学和妇科医学（Obstetrics & Gynecology）
	男科学（Andrology）
	儿科学（Pediatrics）
	泌尿学和肾脏学（Urology & Nephrology）
	运动科学（Sport Sciences）
	内分泌学和新陈代谢（Endocrinology & Metabolism）
	营养学和饮食学（Nutrition & Dietetics）
	血液学（Hematology）
	临床神经学（Clinical Neurology）
	药物滥用医学（Substance Abuse）
	精神病学（Psychiatry）
	敏感症学（Allergy）
	风湿病学（Rheumatology）
	皮肤医学（Dermatology）
	眼科学（Ophthalmology）
	耳鼻咽喉学（Otorhinolaryngology）
	听觉学和言语病理学（Audiology & Speech – Language Pathology）
	牙科医学、口腔外科和口腔医学（Dentistry，Oral Surgery & Medicine）
	急救医学（Emergency Medicine）
	危机护理医学（Critical Care Medicine）
	整形外科学（Orthopedics）
	麻醉学（Anesthesiology）
	肿瘤学（Oncology）
	康复医学（Rehabilitation）
	医学信息学（Medical Informatics）
	神经影像学（Neuroimaging）
	传染病学（Infectious Diseases）
	寄生物学（Parasitology）

学科组	Web of Science 学科
医学	医学化验技术（Medical Laboratory Technology）
	放射医学、核医学和影像医学（Radiology, Nuclear Medicine & Medical Imaging）
	法医学（Medicine, Legal）
	老年病学和老年医学（Geriatrics & Gerontology）
	初级卫生保健（Primary Health Care）
	公共卫生、环境卫生和职业卫生（Public, Environmental & Occupational Health）
	热带医学（Tropical Medicine）
	药理学和药剂学（Pharmacology & Pharmacy）
	医用化学（Chemistry, Medicinal）
	毒理学（Toxicology）
	病理学（Pathology）
	外科学（Surgery）
	移植医学（Transplantation）
	护理学（Nursing）
	全科医学和内科医学（Medicine, General & Internal）
	综合医学和补充医学（Integrative & Complementary Medicine）
	研究和实验医学（Medicine, Research & Experimental）
交叉学科	交叉学科（Multidisciplinary Science）

（二）文献类型的选择

基础研究成果的主要形式是在期刊、报纸、图书等各种媒介上或者在会议、研讨、论坛等各种活动中发表的论文、综述、评论等各种文献。

考虑到学科之间文献类型存在差异，本文选择了多种文献类型，涵盖了所研究学科的主要文献类型（见表 2）。

表 2　　　　　　　　　　本研究选择的文献类型

中文名称	英文名称
期刊论文	Article
会议论文	Proceedings Paper
会议摘要	Meeting Abstract
综述	Review
编辑材料	Editorial Material

续表

中文名称	英文名称
快报	Letter
更正	Correction
图书章节	Book Chapter
图书综述	Book Review
传记	Biographical – Item
新闻条目	News Item
数据论文	Data Paper
转载	Reprint
软件评论	Software Review
参考书目	Bibliography
数据库评论	Database Review
硬件评论	Hardware Review
图书	Book
记录评审	Record Review
发表内容摘要	Abstract of Published Item
摘录	Excerpt
研究报告	Note
研讨	Discussion
个人研究领域	Item About An Individual
年表	Chronology

（三）人才活跃期的界定

基础研究成果随着时间的推移而连续累积，基础研究人才也随之连续分布，只有"活跃的"基础研究人才有可比性。

考虑到基础研究的长期性，本报告以 10 年作为基础研究人才的活跃期，基于 10 年数据进行统计分析，评估在这一活跃期内某一区域某一研究领域中基础研究人才的分布和发展趋势，能够更为合理地反映该研究领域的人才发展状况。

考虑到基础研究的动态性，本报告以 1 年为活跃期，对活跃期内各年度数据进行统计分析，及时反映基础研究人才的年度变化情况。

（四）文献计量方法

一篇文献可能有一个或多个作者，作者可能属于一个或多个国家（地区），甚至一篇文献可能属于一个或多个学科。在本文中，如果一篇文献有多个作者，视为一个作者；如果一篇文献的作者属于多个国家或地区，视为作者所属的每一国家或地区都拥有该篇文献，例如某篇文献有 7 个中国作者，3 个美国作者，那么中国和美国各自计量为 1 篇文献；如果一篇文献属于多个学科，视为文献所属的每一学科都拥有该篇文献，例如某篇文献既属于有机化学，又属于高分子科学，那么有机化学和高分子科学各自计量为 1 篇文献。

（五）基础研究人才层次划分

本报告将基础研究人才界定为，在某一学科某一年度的文献中，被引频次的累计百分比处于前 10% 的文献的作者。

为了对基础研究人才进行更细致的区分，我们继续以 1‰、1%、10% 为标线，将基础研究人才划分为 A、B、C 三个层次（见表 3）。

表 3 基础研究人才层次划分

人才层次	累计百分比 p
A	$p \leq 1‰$
B	$1‰ < p \leq 1\%$
C	$1\% < p \leq 10\%$

（六）基础研究人才指数构建

学科是基础研究领域划分的基本单元，也是基础研究人才划分的基本单元，本文以学科为基本单元构建指数，进行学科层面的指数计算；在学科分析的基础上，根据学科组的划分，对应汇总相应学科的指数，形成学科组的指数；进一步汇总学科组的指数，形成总体指数。

根据学科、学科组、总体三个研究领域层次和 A、B、C 三个人才层次，构建某一区域某一时限某一研究领域某一人才层次的人才指数，具体指数如下：

A 层人才指数：某一区域在某一时限某一研究领域中 A 层人才的人次数。

A 层人才占比：某一区域在某一时限某一研究领域中 A 层人才指数占全球相应年度相应研究领域 A 层人才指数的百分比。

B 层人才指数：某一区域在某一时限某一研究领域中 B 层人才的人次数。

B 层人才占比：某一区域在某一时限某一研究领域中 B 层人才指数占全球相应年度相应研究领域 B 层人才指数的百分比。

C 层人才指数：某一区域在某一时限某一研究领域中 C 层人才的人次数。

C 层人才占比：某一区域在某一时限某一研究领域中 C 层人才指数占全球相应年度相应研究领域 C 层人才指数的百分比。

为了比较各区域各领域基础研究人才的发展情况，本文选择 A、B、C 层人才占比作为人才比较的主要指数。

二、研究发现

以基础研究总体为单元，在数学与物理学、化学、生命科学、地球科学、工程与材料科学、信息科学、管理科学、医学 8 个学科组和交叉学科组的指数计算基础上，汇总各个学科组的计算结果，从总体层面揭示全球基础研究人才的分布特点和发展趋势。

（一）总体层面的人才比较

1. A 层人才

A 层人才最多的国家是美国，占全球 A 层人才的 22.37%，中国和英国分别以 11.98% 和 7.61% 的世界占比排名第二位和第三位，三者的 A 层人才合计达到全球的 41.96%；其后是德国、澳大利亚，世界占比分别为 5.10%、4.35%；加拿大、法国、意大利、荷兰、瑞士、西班牙、日本的 A 层人才比较多，世界占比为 4%～2%；韩国、印度、瑞典、新加坡、比利时、中国香港、丹麦、沙特阿拉伯也有相当数量的 A 层人才，世界占比均超过 1%；奥地利、伊朗、巴西、挪威、以色列、芬兰、土耳其、中国台湾、爱尔兰、俄罗斯、马来西亚、葡萄牙、南非、波兰、新西兰、希腊、巴基斯坦、捷克、越南、墨西哥、埃及、智利、罗马尼亚、卡塔尔、阿联酋、阿根廷、匈牙利、泰国、中国澳门、孟加拉国有一定数量的 A 层人才，世界占比均低于 1%。

在发展趋势上，美国、英国、德国、加拿大、法国呈现相对下降趋势，中国大陆、印度、沙特阿拉伯、伊朗呈现相对上升趋势，其他国家和地区没有呈现明显变化。

2. B层人才

B层人才最多的国家是美国，占全球B层人才的20.28%，中国大陆和英国分别以14.58%和6.97%的世界占比排名第二、第三位，三者的B层人才合计达到全球的41.83%；其后是德国、澳大利亚，世界占比为4.76%、4.05%；加拿大、意大利、法国、荷兰、西班牙、瑞士、印度的B层人才比较多，世界占比为4%~2%；日本、韩国、瑞典、新加坡、中国香港、比利时、伊朗、沙特阿拉伯、丹麦也有相当数量的B层人才，世界占比超过1%；巴西、奥地利、挪威、中国台湾、土耳其、芬兰、葡萄牙、以色列、波兰、马来西亚、俄罗斯、巴基斯坦、爱尔兰、希腊、南非、新西兰、埃及、捷克、墨西哥、越南、匈牙利、智利、罗马尼亚、泰国、阿根廷、阿联酋、斯洛文尼亚、哥伦比亚、卡塔尔有一定数量的B层人才，世界占比均低于1%。

在发展趋势上，美国、英国、德国、加拿大、法国、日本呈现相对下降趋势，中国大陆、澳大利亚、印度、伊朗、沙特阿拉伯呈现相对上升趋势，其他国家和地区没有呈现明显变化。

3. C层人才

C层人才最多的是美国，占全球C层人才的20.08%，中国大陆和英国分别以15.90%和6.45%的世界占比排名第二、第三位，三者的C层人才占全球的42.43%；其后是德国，世界占比为4.86%；澳大利亚、意大利、加拿大、法国、西班牙、印度、荷兰、日本、韩国的C层人才比较多，世界占比为2%~4%；瑞士、瑞典、伊朗、比利时、中国香港、巴西、新加坡、丹麦也有相当数量的C层人才，世界占比均超过1%；沙特阿拉伯、中国台湾、土耳其、奥地利、波兰、芬兰、葡萄牙、挪威、马来西亚、以色列、俄罗斯、巴基斯坦、埃及、希腊、爱尔兰、南非、新西兰、捷克、墨西哥、泰国、智利、越南、匈牙利、罗马尼亚、阿根廷、阿联酋、哥伦比亚、斯洛文尼亚、卡塔尔有一定数量的C层人才，世界占比低于1%。

在发展趋势上，美国、英国、德国、加拿大、法国、日本呈现相对下降趋势，中国大陆、印度、伊朗、沙特阿拉伯呈现相对上升趋势，其他国家和地区没有呈现明显变化。

（二）学科组层面的人才比较

按照A、B、C三个人才层次，对各学科组人才进行汇总分析，从学科组层面揭示人才的分布特点和发展趋势。

1. 数学与物理学

数学与物理学 A 层人才最多的国家为美国，占该学科组全球人才的 20.30%，中国大陆以 14.82% 的世界占比排名第二位，二者的 A 层人才世界占比合计超过全球的 1/3；B、C 层人才最多的国家为中国大陆，分别占该学科组全球人才的 18.51% 和 17.96%。英国、德国、法国、意大利、日本等也储备了一定的数学与物理学基础研究人才。

在发展趋势上，美国、英国、德国、法国、日本各层人才均呈现相对下降趋势，中国大陆呈现相对上升趋势，其他国家没有呈现明显变化。

2. 化学

化学 A、B、C 层人才最多的均为中国大陆，分别占该学科组全球人才的 24.42%、31.70%、31.89%；美国 A、B、C 层人才分别以 20.06%、17.07%、15.20% 的世界占比排名第二位。英国、德国、韩国、新加坡、澳大利亚、日本等也有相当数量的化学基础研究人才。

在发展趋势上，总体来说，美国、日本呈现相对下降趋势，中国大陆呈现相对上升趋势，其他国家没有呈现明显变化。

3. 生命科学

生命科学 A、B、C 层人才最多的国家均为美国，分别占该学科组全球人才的 26.37%、24.63%、24.02%；英国 A、B 层人才分别以 8.66%、8.06% 的世界占比排名第二位；中国大陆 B、C 层人才分别以 7.97%、10.60% 的世界占比排名第三位。德国、加拿大、澳大利亚、法国、意大利等也储备了一定的生命科学基础研究人才。

在发展趋势上，总体来说，美国呈现相对下降趋势，中国大陆呈现相对上升趋势，其他国家没有呈现明显变化。

4. 地球科学

地球科学 A、B 层人才最多的国家均为美国，分别占该学科组全球人才的 16.06%、14.92%；中国大陆 A、B 层人才分别以 13.53%、14.35% 的世界占比排名第二位；地球科学 C 层人才最多的国家为中国大陆，占该学科组全球人才的 16.52%。英国、德国、澳大利亚等也储备了一定的地球科学基础研究人才。

在发展趋势上，总体来说，美国、英国、德国、法国、日本各层人才均呈现相对下降趋势，中国大陆呈现相对上升趋势，其他国家没有呈现明显变化。

5. 工程与材料科学

工程与材料科学 A 层人才最多的国家是美国，占该学科组全球 A 层人才的 20.75%，中国大陆以 19.54% 的世界占比排名第二位，二者的 A 层人才达到全球的 40.29%；工程与材料科学 B、C 层人才最多的均为中国大陆，分别占该学科组全球 B、C 层人才的 25.29%、26.24%，美国 B、C 层人才分别以 16.11%、14.05% 的世界占比排名第二位；二者 B、C 层人才超过全球的 40%。英国、澳大利亚、德国等也储备了一定的工程与材料科学基础研究人才。

在发展趋势上，总体来说，美国呈现相对下降趋势，中国大陆呈现相对上升趋势，其他国家没有呈现明显变化。

6. 信息科学

信息科学 A 层人才最多的国家是美国，占该学科组全球 A 层人才的 25.79%，中国大陆以 18.39% 的世界占比排名第二位，二者 A 层人才超过了全球的 40%；信息科学 B、C 层人才最多的均为中国大陆，分别占该学科组全球 B、C 层人才的 22.34%、20.76%，美国 B、C 层人才分别以 19.83%、18.04% 的世界占比排名第二位；二者 B、C 层人才分别超过全球的 40% 和三分之一。英国、澳大利亚、德国、加拿大等也储备了一定的信息科学基础研究人才。

在发展趋势上，总体来说，美国、加拿大呈现相对下降趋势，中国大陆呈现相对上升趋势，其他国家没有呈现明显变化。

7. 管理科学

管理科学 A、B、C 层人才最多的国家均为美国，分别占该学科组全球人才的 29.40%、26.66%、24.30%；英国 A、B、C 层人才分别以 11.62%、11.29%、10.74% 的世界占比排名第二位；二者 A、B、C 层人才占比接近或超过全球的 40%。中国大陆、澳大利亚、荷兰、加拿大、德国等也储备了一定的管理科学基础研究人才。

在发展趋势上，总体来说，美国、英国呈现相对下降趋势，中国大陆呈现相对上升趋势，其他国家没有呈现明显变化。

8. 医学

医学 A、B、C 层人才最多的国家均为美国，分别占该学科组全球人才的 21.15%、22.52%、25.40%；英国 A、B、C 层人才分别以 9.59%、8.79%、7.94% 的世界占比排名第二位；二者 A、B、C 层人才占比接近或超过全球的三分之一。加拿大、德国、意大利、法国、澳大利亚等也储备了一定的医学基础研究人才。

在发展趋势上，总体来说，美国呈现相对下降趋势，中国大陆、印度呈现相对上升趋势，其他国家没有呈现明显变化。

9. 交叉学科

交叉学科 A、B、C 层人才最多的国家均为美国，分别占该学科组全球人才 36.08%、30.66%、26.99%；中国大陆、英国、德国、瑞士、法国等也储备了一定的交叉学科基础研究人才。

三、讨论与结论

从全球基础研究人才分布和发展趋势看，尽管基础研究人才分布十分广泛，但是分布极不均衡，主要集中在美国、中国大陆、英国和其他发达国家。美国在大多数基础学科上占据优势，但是呈现相对下降趋势，中国大陆近年来进步明显，自然科学总体层面的 A、B、C 层人才占比已居世界第二位，有多个学科的人才占比接近甚至超过美国，但是在大多数学科上存在明显短板，仍处在追赶世界领先水平的进程中。

在学科组层面，中国大陆基础研究人才在化学、工程与材料科学、信息科学上具有一定优势，各类人才占比均列全球前两位，与排名第一的美国差距较小。在数学与物理科学、地球科学、交叉学科上，中国大陆虽然位列第二、第三位，但是与美国相比，差距显著。在医学、生命科学、管理科学上基础研究人才排名靠后，人才劣势明显。

基于研究发现，本文建议：一方面，中国基础研究人才的发展趋势良好，建议继续加大投入，保持发展的趋势；另一方面，各学科人才发展并不平衡，有些学科人才发展短板明显，在保持优势学科人才发展的同时，增量资源适度向这些学科倾斜，尽快补齐这些学科短板。

参考文献

［1］教育部，科技部. 教育部科技部印发《关于规范高等学校 SCI 论文相关指标使用树立正确评价导向的若干意见》的通知［Z］. 2020.

［2］科技部. 科技部印发《关于破除科技评价中"唯论文"不良导向的若干措施（试行）》的通知［Z］. 2020.

［3］张端鸿. 高被引学者是否等同于高水平学者？［N］. 北京科技报，2017－03－20（007）.

［4］ Clarivate，Clarivate Identifies the One in 1 000 Citation Elite with Annual Highly Cited Researchers List （EB/OL）．［2022 – 10 – 24］. https：//clarivate. com/news/clarivate – identifies – the – one – in – 1000 – citation – elite – with – annual – highly – cited – researchers – list/.

［5］ InstitutEuropéend' Administration des Affaires，2021 Global Talent Competitiveness Index：Fostering green and digital jobs and skills crucial for talent competitiveness in times of COVID – 19 （EB/OL）．［2022 – 10 – 26］. https：// www. insead. edu/newsroom/2021 – global – talent – competitiveness – index – fostering – green – and – digital – jobs – and – skills – crucial – for – talent – competitiveness – in – times – of – covid – 19.

［6］ International Institute for Management Development，World Talent Ranking 2021 （EB/OL）．［2022 – 10 – 26］. https：//www. imd. org/centers/ world – competitiveness – center/rankings/world – talent – competitiveness/.

［7］ Springer Nature Limited. A brief guide to the Nature Index （EB/OL）． ［2022 – 10 – 24］. https：//www. nature. com/nature – index/brief – guide.

［8］ United Nations Development Programme，Global Knowledge Index 2020 （EB/OL）．［2022 – 10 – 26］. https：//www. undp. org/publications/global – knowledge – index – 2020.

《全球基础研究人才指数报告（2022）》
课题组成员名单

课题组长：

柳学智（中国人事科学研究院副院长、研究员）

课题组成员：

苗月霞（中国人事科学研究院公务员管理研究室主任、研究员）

王　伊（中国人事科学研究院国外人力资源与国际合作研究室副主任、二级翻译）

刘　晔（中国人事科学研究院公务员管理研究室助理研究员）

邵　彤（中国人事科学研究院人才战略与政策研究室助理研究员）

张　琼（中国人事科学研究院绩效管理与考核奖惩研究室助理研究员）

首都双碳人才队伍建设研究[①]

提　要：实现碳达峰、碳中和是以习近平同志为核心的党中央统筹国内国际两个大局作出的重大战略决策，是着力解决资源环境约束突出问题、实现中华民族永续发展的必然选择，是构建人类命运共同体的庄严承诺。要完成双碳任务目标，其关键是人才，需要加强双碳人才队伍建设。当前，北京市双碳人才队伍建设与实现中央和北京市提出的双碳目标还存在一些差距，特别是缺乏专门推动首都双碳人才队伍建设的政策体系。因此，开展双碳人才队伍建设研究，具有重要战略意义。

关键词：双碳　双碳人才　人才队伍

一、相关概念

（一）碳达峰

碳达峰是指二氧化碳排放量达到历史最高值后，先进入平台期在一定范围内波动，然后进入平稳下降阶段。碳排放达峰是二氧化碳排放量由增转降的历史拐点，标志着碳排放与经济发展实现脱钩，达峰目标包括达峰时间和峰值。

以目前人类科技水平，生产生活中无论如何都会产生例如二氧化碳等温室气体的碳排放。我们现在说的"零排放"，并不是指不排放，而是通过使

---

① 本文系北京市发展和改革委员会委托中国人事科学研究院 2022 年度研究课题"首都双碳人才队伍建设研究"报告的部分内容。

用可再生能源、可回收材料、提高能源效率，以及植树造林、碳捕捉等方式，来将自身碳排放"吸收"，实现正负抵消，达到相对"零排放"。中国承诺在 2030 年前，二氧化碳的排放不再增长，达到峰值之后再慢慢减下去。

（二）碳中和

碳中和一般是指国家、企业、产品、活动或个人在一定时间内直接或间接产生的二氧化碳或温室气体排放总量，通过植树造林，节能减排等形式，以抵消自身产生的二氧化碳或温室气体排放量，实现正负抵消，达到相对"零排放"。

碳中和概念问世于 1997 年伦敦 Future Forest 公司的商业策划，并于 2006 年被《新牛津美国字典》评为年度字汇，获选主要原因在于它已经从最初主要局限在企业和消费者层面，指企业、团体或个人计算在一定时间内直接或间接产生的温室气体排放总量，通过植树造林、节能减排等方式，以抵消自身的碳足迹，实现二氧化碳"零排放"这一主要由环保人士倡导的概念，到逐渐获得越来越多民众支持，并且成为受到美国政府当局所重视的实际绿化行动。

随着全球气候治理机制的运行，国际上制定了三个应对气候变化的重要法律文件，即《联合国气候变化框架公约》《京都议定书》和《巴黎协定》，国家层面的减排态度趋向积极。联合国政府间气候变化专门委员会（IPCC）和英国标准协会（BSI）界定了气候中性和碳中和概念。其中，IPCC 的《全球升温 $1.5^{\circ}C$ 特别报告》认为，气候中性是指人类活动对于气候系统没有净影响的一种状态，需要在人类活动引起的温室气体排放量、排放吸收量（主要是 CO_2）及人类活动在特定区域导致的生物地球物理效应之间取得平衡。BSI 制定的 PAS 2060 中指出，碳中和是指一标的物相关的温室气体排放，并未造成全球排放到大气中的温室气体产生净增加量。碳中和与气候中性都可以称为"零碳排放"，指释放的"碳"与吸收的"碳"可以相抵消，从而达到零碳的均衡状态。[①]

（三）双碳

碳达峰与碳中和一起，简称"双碳"。2020 年 9 月 22 日，中国政府在第七十五届联合国大会上提出，中国将提高国家自主贡献力度，采取更加有力的政策和措施，二氧化碳排放力争于 2030 年前达到峰值，努力争取 2060

---

① 张莹，黄颖利. 碳中和实践的国际经验与中国路径 [J]. 西南金融，2022（9）：94 - 106.

年前实现碳中和。2021 年 3 月 5 日，2021 年国务院政府工作报告中指出，扎实做好碳达峰、碳中和各项工作，制定 2030 年前碳排放达峰行动方案，优化产业结构和能源结构。碳中和入选《咬文嚼字》发布的 2021 年十大流行语。12 月 13 日，双碳入选国家语言资源监测与研究中心发布的 2021 年度中国媒体十大流行语。

（四）双碳人才

关于"双碳人才"的概念目前尚无统一认识和界定，一般来说包括"碳中和"技术研发与技术应用的新工科人才，碳核算、碳交易、碳金融、碳排放与碳资源管理，国际气候变化谈判，"碳中和"政策与立法、执法、司法和相关法律服务等新文科人才。

本报告鉴于双碳人才的复杂性和动态多变性，从涉碳的职业结构和国家有关双碳政策文件中重点发展的专业领域来界定双碳人才。"双碳人才"是指双碳技术研发与技术应用、管理和服务等领域的人才，主要包括新能源利用、智慧能源互联网、新能源汽车、智慧交通系统、氢能、储能、建筑零碳技术、碳捕集利用与封存（CCUS）、森林增汇等重点领域的战略科学家、科技领军人才、优秀青年科技人才、卓越工程师、创新型人才和优秀高校毕业生；碳管理工程等"双碳"专业技术人才和碳排放管理等技能人才；党政"双碳"综合管理人员；资源环境类、气候变化等复合型对外工作人才。从职业的核心结构看，包括"1 + 4 + 6 + N"，其中"1"是指碳管理工程技术人员；"4"是指碳排放管理员、碳汇计量评估师、建筑节能减排咨询师、综合能源服务员；"6"是指碳排放管理员下设民航碳排放管理员、碳排放监测员、碳排放核算员、碳排放核查员、碳排放交易员、碳排放咨询员六个工种；"N"是指未来出现的双碳新职业和新专业领域。从专业领域看，主要包括储能、氢能、碳捕集利用与封存、碳排放权交易、碳汇、绿色金融；低碳、零碳和负碳等领域新材料、新技术、新装备；领导干部双碳教育培训；双碳国际交流与合作；碳中和专项法律；标准计量体系；统计监测能力；财税价格政策；推进市场化机制建设等。

2021 年 3 月，人社部、国家市场监督管理总局、国家统计局发布了 18 项新职业，其中"碳排放管理员"被列入《中华人民共和国职业分类大典》。将碳排放管理员明确列为一种职业，将其定义为从事企事业单位二氧化碳等温室气体排放监测、统计核算、核查、交易和咨询等工作的人员。"碳中和"人才是复合型、创新型专业技术人才。无论是"碳中和"新工科人才，还是"碳中和"新文科人才，都要求学科交叉、专业复合、思维系统、能力多元。

2022 年发布的《中华人民共和国职业分类大典（2022 年版）》中与双碳直接相关职业包括"1 + 4 + 6"，其中"1"是指碳管理工程技术人员；"4"是指碳排放管理员、碳汇计量评估师、建筑节能减排咨询师、综合能源服务员；"6"是指碳排放管理员下设民航碳排放管理员、碳排放监测员、碳排放核算员、碳排放核查员、碳排放交易员、碳排放咨询员六个工种。

（五）国际《碳中和联盟声明》

2017 年 12 月，29 个国家在"同一个地球"峰会上签署了《碳中和联盟声明》，做出了 21 世纪中叶实现零碳排放的承诺；2019 年 9 月联合国气候行动峰会上，66 个国家承诺碳中和目标，并组成气候雄心联盟；2020 年 5 月，有 449 个城市参与由联合国气候领域专家提出的零碳竞赛。截至 2022 年 4 月 26 日，已有 131 个国家、116 个地区、235 个城市及 697 个企业提出了净零排放的气候承诺，覆盖了全球 88% 的碳排放量、90% 的 GDP 及 85% 的人口。其中，不丹和苏里南已经实现了碳中和目标，英国、瑞典、法国、丹麦、新西兰、匈牙利六国将碳中和目标写入法律，欧盟、西班牙、智利和斐济 4 个国家和地区提出了相关法律草案。

二、我国双碳相关产业发展与政策概况

（一）我国双碳相关产业总体发展情况

我国近年来减排成效显著，2019 年碳排放强度比 2005 年下降 48.4%。我国主动提出双碳目标，将使碳减排迎来历史性转折，这也是促进我国能源及相关产业升级，实现国家经济长期健康可持续发展的必然选择。实现双碳目标，是一场广泛而深刻的系统性变革，而能源革命将是这场系统性变革的重中之重。[①] 就我国而言，当前碳排放主要来源于化石能源的利用过程。据《中华人民共和国气候变化第二次两年更新报告》，能源活动是我国温室气体的主要排放源，约占我国全部二氧化碳排放的 86.8%。能源活动中，化石能源又占重要地位。近年来，我国积极布局可再生能源产业。相关数据显示，"十三五"期间，我国水电、风电、光伏、在建核电装机规模等多项指标保持世界第一；截至 2020 年年底，我国清洁能源发电装机规模增至 10.83 亿千瓦，占总装机比重接近 50%。

① 刘中民. "碳达峰"与"碳中和"——绿色发展的必由之路 [N]. 2021 – 08 – 13.

虽然发展可再生能源取得一定成绩，但要替代化石能源，成为我国能源消费结构的主体，还需要时间。目前，可再生能源存在能量密度低、时空分布不均衡、不稳定、成本较高等特点，成为其规模化应用的瓶颈。在双碳目标指引下的能源革命，意味着要将传统的化石能源为主的能源体系转变为以可再生能源为主导、多能互补的能源体系，进而促进我国能源及相关工业升级。破除能源之间的壁垒，促进多能互补、取长补短，提高能源整体利用率，这是能源变革势在必行之举。以石油和煤炭为例，我国石油资源短缺，且存在基础石化产品不足，制约下游精细化工行业发展的问题；而我国煤炭资源约占石化资源总量的95%，如果能以其为原料制取清洁燃料及基础化学品，将成为缓解石油供应压力和弥补石油化工缺陷的补充途径。[①] 目前，我国已经实现了一些对双碳目标共性支撑技术的创新，为各领域减排提供持续支持。如氢能及储能技术、先进安全核能技术、二氧化碳捕集利用与封存（CCUS）技术等。2020年10月，千吨级"液态阳光"合成示范项目成功运行，该项目利用太阳能等可再生能源发电、电解水生产"绿色"氢能，并将二氧化碳加氢转化为"绿色"甲醇等液体燃料。[②]

双碳目标的提出，为碳金融行业的蓬勃发展提供了契机。建设全国碳市场是利用市场机制控制和减少温室气体排放、推进绿色低碳发展的一项重大创新，有助于推动实现双碳目标。2021年7月16日，我国碳市场正式启动，一举成为全球规模最大的碳市场，源源不断地为碳金融市场注入活力。2020年年底，中国形成了广东、湖北、福建、天津、北京、上海、深圳、重庆8个地区，以发电、石化、化工、建材、钢铁、有色金属、造纸和国内民用航空八大高耗能行业为主，商业银行、企业、第三方碳排放资产管理机构、碳排放权交易所四方共同参与的碳排放交易体系。2022年2月7日，海南国际碳排放权交易中心获批设立，将推动"蓝碳"产品的市场化交易，对我国双碳目标意义重大。

但是，目前碳金融市场发展仍有许多阻碍，存在制度体系不健全、融资效率低下、产品创新力度不强、人才匮乏等问题。第一，碳排放配额分配立法层级不高，缺少国家层级立法，抑制了碳金融市场活跃度。碳交易过程中缺乏有效的法律保障，监管法律制度不完善，碳金融融资方面也存在信息披露机制不完善，企业以涉及商业秘密为由不履行信息披露义务或虚假披露信

[①] 刘中民."碳达峰"与"碳中和"——绿色发展的必由之路［N］.2021 – 08 – 13.

[②] 中国科学院，https：//www.cas.cn/cg/cgzhld/202101/t20210112_4774334.shtml.

息，导致交易双方信息不对称等问题。第二，国内的金融机构正在不断创新碳金融产品和服务模式，但是其创新程度与碳金融市场需求之间仍存在较大差距。清洁能源产业具有的前期投入巨大、科技依赖性高、投资回报周期长、投资风险高等特点，阻碍了碳金融市场的资金流入。第三，由于碳金融市场建设及金融机构创新力不足等，导致我国碳金融市场产品较为单一。虽然目前碳金融市场存在碳基金、碳债券、碳排放权抵押质押贷款、碳保险等产品，但是发行数量不具规模，交易金额较小，仍处于零星试点状态。第四，国际合作有待加强。我国碳金融的发展相对滞后，发展理念还不成熟。将国内碳金融市场与国际碳金融市场接轨，学习国际碳金融市场的先进理念，借鉴国际优秀做法，结合我国的基本国情，走出一条具有中国特色的碳金融之路，不仅能够加快我国双碳目标的实现，还能提升我国在环境保护领域的国际地位。[①]

（二）中央层面双碳相关政策概况

实现碳达峰、碳中和，是以习近平同志为核心的党中央经过深思熟虑作出的重大战略决策，事关中华民族永续发展和构建人类命运共同体。"中国将提高国家自主贡献力度，采取更加有力的政策和措施，二氧化碳排放力争于 2030 年前达到峰值，努力争取 2060 年前实现碳中和。"自 2020 年 9 月在第七十五届联合国大会一般性辩论上首次作出这一承诺以来，习近平总书记在诸多国际场合、国内工作会议和地方考察时多次就碳达峰、碳中和作出重要论述。[②]

自 2020 年 9 月在第七十五届联合国大会一般性辩论上首次作出这一承诺以来，习近平总书记在诸多国际场合、国内工作会议和地方考察时多次就碳达峰、碳中和作出重要论述。

2021 年 5 月，习近平总书记在中央全面深化改革委员会第十九次会议上的讲话中指出，要围绕生态文明建设总体目标，加强同碳达峰、碳中和目标任务衔接，进一步推进生态保护补偿制度建设，发挥生态保护补偿的政策导向作用。[③]

2021 年 7 月，习近平总书记在亚太经合组织领导人非正式会议上的讲话中提出，中方支持亚太经合组织开展可持续发展合作，完善环境产品降税清

① 张增峰．"双碳"目标下中国碳金融市场发展的困境与出路［J］．环境保护与循环经济，2022，42（7）：1 - 3．

②③ 学而时习．关于碳达峰、碳中和，总书记这样说［EB/OL］．（2021 - 09 - 27）．http：//www. qstheory. cn/zhuanqu/2021 - 09/17/c_1127873054. htm.

单，推动能源向高效、清洁、多元化发展。①

2021 年 10 月，《中共中央国务院关于完整准确全面贯彻新发展理念做好碳达峰碳中和工作的意见》发布，作为碳达峰碳中和"1 + N"政策体系中的"1"，意见为碳达峰碳中和这项重大工作进行系统谋划、总体部署。《国务院关于印发 2030 年前碳达峰行动方案的通知》随后发布，通知强调，将碳达峰贯穿于经济社会发展全过程和各方面，重点实施能源绿色低碳转型行动、节能降碳增效行动、工业领域碳达峰行动、城乡建设碳达峰行动、交通运输绿色低碳行动、循环经济助力降碳行动、绿色低碳科技创新行动、碳汇能力巩固提升行动、绿色低碳全民行动、各地区梯次有序碳达峰行动等"碳达峰十大行动"。②

党的二十大报告强调，实现碳达峰碳中和是一场广泛而深刻的经济社会系统性变革。经济的增长以及新型工业化、信息化、城镇化、农业现代化的持续加快将推动能源消耗继续增长。多方机构研究表明，我国一次能源消费将大概率在 2035 年前达峰，60 亿～62 亿吨标煤，即较 2020 年水平再增加 10 亿～12 亿吨标煤。实现能源领域碳达峰需要能源需求增量全部由低碳和零碳能源满足，其中零碳能源既包括风能、光能、水电、核电、生物质能、地热能等非化石能源，又包括煤炭 + CCUS（碳捕获封存与利用）、天然气 + CCUS 等脱碳后的化石能源。鉴于 2030 年前 CCUS 技术尚不具备大规模部署条件，故需立足我国能源资源禀赋，坚持先立后破，有计划分步骤实施碳达峰行动，深入推进能源革命，加强煤炭清洁高效利用，加快规划建设新型能源体系，有计划分步骤实施碳达峰行动。

三、北京市双碳相关产业发展与政策概况

（一）北京市双碳相关产业发展概况

长期以来，北京市积极推动绿色北京建设，深化落实首都功能定位，率先树立减量发展理念，大力疏解非首都功能，产业结构持续优化。经过多年努力，北京节能低碳发展取得显著成效，2021 年全市万元地区生产总值二氧化碳排放量、万元地区生产总值能耗较 2012 年分别累计下降 48% 和 38%，碳效、能效始终保持全国省级地区最优水平，碳达峰、碳中和工作基

---

① 中共中央国务院关于完整准确全面贯彻新发展理念做好碳达峰碳中和工作的意见 [EB/OL]. (2021 - 10 - 25). http：//china. cnr. cn/gdgg/20210422/t20210422_525468997. shtml.

② 中共中央国务院关于完整准确全面贯彻新发展理念做好碳达峰碳中和工作的意见 [EB/OL]. (2021 - 10 - 25). http：//china. cnr. cn/news/20211025/t20211025_525641937. shtml.

础良好。①

北京市作为前期开展碳排放权交易试点之一，取得了较好的运行成效。首先，北京市积极完善碳交易顶层设计，构建了由地方性法规、部门规章和若干实施细则组成的"1＋1＋N"政策法规体系，为其他地区试点和全国碳交易提供了借鉴。2013 年北京市人大发布《关于北京市在严格控制碳排放总量前提下开展碳排放权交易试点工作的决定》，其后政府相继出台了《北京市碳排放权交易管理办法（试行）》《北京市碳排放权交易试点配额核定方法（试行）》等多项配套文件，形成较为完善的碳交易法规政策和标准体系，使北京市开展碳排放权交易有法可依、有章可循。其次，由于碳排放权交易覆盖的行业很多，发现各行业间的减排成本有差异，提高市场的流动性和效率。最后，兼顾历史与对标先进，适度从紧分配配额，稳定的碳价客观反映了较为平衡的市场供求关系。但也存在碳配额分配较为宽松，市场活跃度不足，碳价仍未完全体现碳排放的外部成本，缺少经济处罚和评估考核手段等问题。此外，北京市碳市场只能开展现货交易，并开展了配额抵押式融资、配额回购式融资、配额场外掉期等金融产品探索，但由于碳市场规模小、流动性低，并未大规模推广。近年来受防范化解金融风险政策影响，碳市场金融创新受到一定阻碍。②

绿色金融是指金融部门将环保、节能、低碳作为投融资决策的考虑依据，通过金融产品和服务来推动经济社会和金融业自身的可持续发展。我国绿色金融发展仍处于初始的探索阶段，北京在全国相对处于领先水平，截至2022 年 6 月底，北京辖内主要中资银行绿色信贷余额 1.58 万亿元，同比增长 24.54%；2022 年上半年，北京地区非金融企业发行绿色债券超 1 000 亿元，占全国总发行量近 40%，居全国首位；截至 2022 年 6 月底，碳市场各类碳排放权交易产品累计成交 9 393.64 万吨，成交额 30.37 亿元，试点碳配额成交均价稳居全国第一位。全国"生态保护和环境治理业"上市公司注册在京 12 家，居全国首位。下一步北京市将服务国家金融管理中心建设，加强各部门联动，推动北京绿色金融规范健康发展，着力打造全方位服务研究决策和市场运行的全球绿色金融和可持续金融中心。

随着双碳政策的密集发布，整个能源行业开始转型发展，为光伏、风电、储能等清洁能源企业创造出空前机遇。2022 年上半年，北京本地光伏、

① 新京报. 北京确保如期实现碳达峰目标，http：//www.xhgz.org.cn/Home/NaviInfo/879b0aad－625d－40da－af23－5dc58fd01689.
② 贾彦鹏. 北京市区域碳排放权交易市场建设现状研究［J］. 中国经贸导刊，2022（3）：55－57.

地热等新能源发电大幅增加，新能源汽车产量增长 1.6 倍，互联网和绿色低碳领域投资成为新的增长极，增势良好。作为我国完全以非化石能源发电为主业的大型清洁能源企业，中国广核集团有限公司的新能源业务布局良好。2021 年 11 月，中广核风电有限公司在北京产权交易所完成增资引战，引入全国社保基金等 14 家具有重大业务协同效应的产业投资者和实力雄厚的财务投资者，募资 305.3 亿元，一举创下国内新能源电力领域最大股权融资项目等资本市场多项纪录，同时也是双碳目标提出以来，中央企业的最大混改项目。①

（二）北京市双碳相关政策概况

2021 年 3 月，北京市发布《北京市国民经济和社会发展第十四个五年规划和二〇三五年远景目标纲要》，其中提出"能源资源利用效率大幅提高，单位地区生产总值能耗持续下降，碳排放稳中有降，碳中和迈出坚实步伐，为应对气候变化做出北京示范"的发展目标。②

2021 年 4 月，北京市积极响应国家号召，为早日实现 2030 年前碳达峰、2060 年前碳中和的目标，下发了《北京市生态环境局关于做好 2021 年重点碳排放单位管理和碳排放权交易试点的工作通知》文件，通知中明确指出，要根据相关政策法规，强化重点碳排放单位责任，发挥市场机制对温室气体排放控制的促进作用，切实减少温室气体排放。通知中将碳排放权交易等相关工作做了细致划分，在之前工作的基础上优化交易机制，协同控制大气污染物排放，早日实现碳排放控制目标。通过碳排放报告及监测计划报送、第三方核查报告报送、碳排放配额发放、配额清算、碳排放交易执法、配额账户管理六项工作，将全市碳排放交易流程进行合理安排。③ 为更具体地推行双碳政策实施，同年 6 月，北京市正式发布《电子信息产品碳足迹核算指南》DB11/T 1860—2021、《企事业单位碳中和实施指南》DB11/T 1861—2021、《大型活动碳中和实施指南》DB11/T 1862—2021 三项标准，以上标准于 2021 年 10 月 1 日起实施。

2020 年 6 月，北京市发展改革委会同北京市科学技术委员会印发《北

① 践行"双碳"战略 国内新能源领域最大增资项目落地——中广核风电有限公司增资项目案例（北京产权交易所）。
② 北京市国民经济和社会发展第十四个五年规划和 2035 年远景目标纲要［EB/OL］.（2021 - 03 - 31）. https：//www.ndrc.gov.cn/fggz/fzzlgh/dffzgh/202103/t20210331_1271321.html？code =&state =123.
③ 北京市生态环境局关于做好 2021 年重点碳排放单位管理和碳排放权交易试点工作的通知［EB/OL］.（2021 - 04 - 21）. https：//www.bjets.com.cn/article/zcfg/202104/20210400001897.shtml.

京市构建市场导向的绿色技术创新体系实施方案》，创新主体对北京市绿色技术创新的重点领域、关键环节、空间布局等方向性政策进一步明晰。但是，相较于其他高精尖产业，绿色技术创新主体具有行业分布散、中小企业多等特点，部分绿色技术创新主体难以满足北京市统一的高精尖或者创新支持政策，部分创新主体的获得感尚不明显。为此，北京市发改委 2021 年相继印发《北京市关于进一步完善市场导向的绿色技术创新体系若干措施》《北京市创新型绿色技术及示范应用项目征集遴选管理细则》《关于开展北京市 2021 年创新型绿色技术及应用场景征集的通知》3 个文件，形成北京市构建市场导向的绿色技术创新政策 2.0 版。其中，碳达峰碳中和围绕风电、氢能、新能源汽车、低功耗半导体和通信、光伏、碳捕集利用和封存（CCUS）、近零能耗建筑、资源循环利用、低碳家居等 9 个重点发展方向，加强支持核心技术攻关、系统集成、成果转化、示范推广、规模化应用、标准制定和知识产权布局等。①

2022 年，北京市在一系列"十四五"规划和行动计划中制定和落实碳达峰行动方案和配套措施，明确既符合自身实际又满足总体要求的目标任务。《北京市深入打好污染防治攻坚战 2022 年行动计划》增加了应对气候变化、生态保护两部分行动内容。2022 年 10 月，北京市人民政府印发《北京市碳达峰实施方案》，围绕"效率引领、科技支撑、机制创新"三个方面，积极为我国如期实现碳达峰、碳中和目标愿景作出北京贡献。方案提出，将碳达峰、碳中和目标要求全面融入国土空间规划、国民经济社会发展中长期规划和各级各类规划，推动各区探索差异化碳达峰、碳中和路径。围绕碳达峰、碳中和重大战略技术需求，推进能源领域国家实验室建设，谋划布局一批新型研发机构和科研平台。开展碳达峰、碳中和科技创新专项行动，打造能源技术迭代验证平台，围绕新能源利用、智慧能源互联网、新能源汽车、智慧交通系统、氢能、储能、建筑零碳技术、碳捕集利用与封存（CCUS）、森林增汇等重点领域开展技术研发攻关，尽快实现关键技术突破和产业化示范应用。在积极培育绿色发展新动能方面，《北京市碳达峰实施方案》提出，围绕碳达峰、碳中和激发的产业需求，持续推进绿色制造体系和绿色供应链体系建设，大力发展新能源、新材料、新能源汽车、氢能、储能等战略性新兴产业。积极培育龙头企业，抢占绿色产业发展制高点。培育壮大绿色低碳

① 北京市推出构建市场导向绿色技术创新政策 2.0 版 ［EB/OL］. （2021 - 10 - 11）. http：//www.ce.cn/xwzx/gnsz/gdxw/202110/11/t20211011_36982023.shtml.

产业咨询和智能化技术服务新业态，为绿色低碳发展提供全方位技术服务。同时，为了推动产业结构深度优化，《北京市碳达峰实施方案》明确要加快推动科技含量高、能效水平高、污染物和碳排放低的高精尖产业发展，综合提升劳动生产率和产业附加值。推动重点领域低碳发展，提升生态系统碳汇能力。① 在《北京市碳达峰实施方案》基础上，北京市还将逐步研究制订双碳背景下推动能源结构绿色低碳转型实施方案，建筑、交通领域实施方案，公共机构绿色低碳引领行动实施方案，可再生能源替代行动方案，碳达峰、碳中和科技创新行动方案等 30 项专项政策，形成北京市碳达峰、碳中和"1 + N"政策体系。②

四、北京市双碳人才队伍建设现状与挑战

（一）北京市双碳人才队伍建设现状

北京市在双碳人才队伍建设上作了一些有益探索，具体表现在如下三个方面：

1. 对双碳人才队伍建设的政策设计作了初步探索

北京市委市政府非常重视双碳工作，为贯彻落实党中央、国务院双碳战略部署，也出台相关政策，如《北京市国民经济和社会发展第十四个五年规划和二〇三五年远景目标纲要》《北京市"十四五"时期应对气候变化和节能规划》提出，发挥首都示范引领作用，"十四五"时期碳排放达峰后稳中有降、碳中和迈出坚实步伐；重点领域能效和碳排放水平保持全国领先，碳中和迈出坚实一步。北京市人民政府印发《北京市碳达峰实施方案》提出，围绕"效率引领、科技支撑、机制创新"三个方面，积极为我国如期实现碳达峰、碳中和目标愿景作出北京贡献。北京市委明确提出，北京作为首都，应该在双碳方面走在全国前列，争当领头羊，在全国碳达峰碳中和行动中发挥示范引领作用。从加强北京市双碳人才队伍建设的政策看，《北京市"十四五"时期应对气候变化和节能规划》提出，推进科技创新和试点示范，培育高精尖专业人才；加强重大基础问题研究和专业人才建设；加大人才培养力度，设立节能降碳发展智库，鼓励高校设置应对气候变化、碳达峰碳中和相关学科，加强创新型、应用型、技能型人才培养，壮大节能降碳领域管理

---

① 北京市碳达峰实施方案 ［EB/OL］. （2022 – 10 – 14）. https：//huanbao. bjx. com. cn/news/20221014/1261191. shtml.

② 北京市碳达峰实施方案 ［EB/OL］. （2022 – 10 – 13）. https：//www. ncsti. gov. cn/zcfg/zcwj/202210/t20221014_100052. html.

人员和专业人才队伍。

2. 北京市双碳人才培养平台建设成效初显

课题组对北京市属高校涉碳情况作了整理，从北京市属高校涉碳学院、专业和学术活动情况看，大部分北京市属高校设立了碳中和未来技术学院、氢能研究中心、建筑节能减排研究所、未来建筑技术学院、环境与能源工程学院、化学与材料工程学院、生态环境学院、资源环境与旅游学院、生物与资源环境学院、双碳研究院、中国 ESG 研究院、碳中和联合创新中心、电气与控制工程学院、储能技术研究中心、人工环境与能源应用研究所等涉碳学院和研究机构，并开设了资源、环境及循环经济、土木工程、环境科学与工程、热能工程、能源与动力工程、新能源科学与工程、清洁能源、供热供燃气通风及空调工程、环境生态工程、建筑环境与能源应用工程、资源与环境、工业工程、建筑环境与能源应用工程、出版印刷、包装工程等涉碳专业。目前有关市属高校主办的具有一定影响力的涉碳学术论坛或研修班有数十个，比如全球气候变化与中国行动方案（北京）论坛、双碳战略下我国的创新发展与生态保护高级研修班、中国审计学会审计教育分会资源环境审计学术专题会议、北京国际城市设计大会专题论坛、明湖论坛、双碳目标路径技术交流暨工作座谈会、助力双碳战略的智能化分布式能源应用论坛、中国 ESG 与"双碳"战略学术研讨会、中国城市环境卫生协会有机固废专业委员会年会、双碳研究院系列讲座、全国印刷机械标准化年会暨首届全国涂布机标准化年会、平谷区低碳循环农业示范项目的现场交流会。

3. 拥有一批合作培养双碳人才的优质资源

北京是全国央属高校资源最为丰富的城市。一批在京央属高校已经开设了能源动力类、环境科学与工程类、电气工程类、物理学类、化学类、材料类、建筑类、碳经济等双碳相关的专业或碳中和学院与研究院，这为北京加速双碳人才队伍建设提供了优质的合作资源。比如，清华大学相继开设了清洁能源研究院碳中和研究所、山西碳中和战略创新研究院以及碳中和研究院，重点发挥学校基础研究深厚和学科交叉融合的优势，实现多院系多学科联合创新，集中优势资源加快突破碳中和领域关键核心技术攻关，攻克一批碳中和"卡脖子"关键核心技术。北京大学相继成立了能源研究院碳中和研究所以及碳中和研究院，将围绕气候治理政策体系构建、降碳与污染治理、能源与产业结构转型等国家双碳战略需求，建立智库平台，开展气候变化与碳循环、零排负排关键技术等研究。北京科技大学成立二氧化碳科学研究中心，聚焦国家二氧化碳科学研究领域的战略需求，积极组织承接国家和地方任务部署，加速推动我国在二氧化碳减排、捕集及资源化利用领域的重大突破和跨越。中国石油大学（北京）与东营市政府在京举行共建重质油国家重点实验室碳中和联合研究院。中国人民大学建立双碳研究院，打造国内一流、国际知名的高端智库和开放平台，以此为基础推动扩大中国石油集团与中国人民大学在智库建设、人才培养、产业发展、科技创新等领域的全方位战略合作。中央民族大学碳中和研究院，对标国家战略需求，着力解决在实现"双"目标过程中的环境和经济社会可持续发展的重大科技问题，为民族地区高质量发展提供重要支撑。此外，在中国地质大学（北京）、中国石油大学（北京）、中国矿业大学（北京）的碳储科学与工程专业在 2022 年秋季开始招生。而中国人民大学应用经济学院的"碳经济"硕士专业学位授权点也获批。

（二）北京市双碳人才队伍建设面临的挑战

课题组调研显示，北京市双碳人才队伍建设与实现新时代中央和北京市提出的双碳目标还存在一些差距，高校、科研院所、企业等用人单位提出了有利于北京市双碳人才队伍建设的政策诉求。主要表现如下：

一是北京市双碳人才总量不足。比如，双碳领域战略科学家、科技领军人才和创新团队、优秀青年科技人才、卓越工程师等科技创新人才有待进一步壮大，特别是企业缺乏气候、区域规划、能源管理、碳核查等领域的综合性人才。双碳人才的引进力度有待加强；有待增加双碳领域硕士、博士生招收指标，以及博士后人才培养数量。

二是双碳人才自主培养体系和职业体系还不完善。比如，企业等用人单位期待政府加大支持双碳职业培训，以及加强通识性的双碳职业教育；鼓励高校和企业建立平台联盟加强合作；面向不同需求和群体，分类进行双碳领域的人才培养；推进博士后创新实践基地建设；拓展双碳人才培养的覆盖面，并与实际工作相结合；深化高校、科研机构等与国际组织的交流合作；针对双碳新专业和新项目设立专项资金，支持相关学科建设；进一步优化社会科学双碳人才项目包括青年人才项目的申请渠道。

三是双碳人才的评价和激励机制有待进一步完善。比如，双碳专业人才职业资格认证和职称评审的制度有待优化设计，以鼓励更多人才进入并留在双碳领域；用人单位期待政府强化双碳人才激励，出台具体的激励措施，评选行业标杆人物；进一步畅通晋升渠道和人才专业评价体系；统一的规范化培训考试，并同人才落户、职称评审等制度挂钩。

五、北京市双碳人才队伍建设的对策建议

结合国家和北京市碳达峰、碳中和要求，以及北京市实际，提出如下双碳人才队伍建设的建议：

一是引育双碳科技创新人才队伍。重点培养战略科学家、科技领军人才和创新团队。积极参与国家重大科研和工程示范项目，支持培养一批双碳领域战略科学家、科技领军人才和创新团队。加快优秀青年科技人才和卓越工程师成长；在双碳领域北京市重点研发技术项目、自然科学基金、社会科学基金中设立专门的青年项目；积极引进海外双碳领域创新型人才；发挥国家、市属重大人才工程牵引作用，依托北京市海外高层次人才引进计划，积极引进双碳关键核心、"卡脖子"领域的急需紧缺、国际一流的创新型人才。

二是强化双碳综合管理与复合型人才队伍建设。加强双碳综合管理人员队伍建设。在各区、各部门、市属国有企业科学设置双碳工作机构，优化人员结构；制定实施加强干部双碳教育培训实施方案，科学化、制度化、规范化开展干部教育培训；建立双碳智库体系和专家队伍；组建市级双碳领域专家顾问委员会，开展双碳重大政策研究和战略咨询；支持在双碳领域有较大影响力的市属高校、科研机构开展双碳政策研究，建设双碳高端智库；加快建设复合型对外工作人才队伍；加大对双碳复合型人才的支持力度，在有关高校设立双碳对外工作人员联合培养项目，引育一批通晓市情国情、熟悉国际规则的资源环境类国际组织后备人才。

三是优化双碳技术技能人才评价和培育机制。完善双碳人才职业体系。以国家职业分类大典为基础，逐步建立和完善涵盖碳排放监测、核算、核查、交易、评估、咨询等多层次双碳职业体系；支持双碳企事业单位积极参与国家新职业（工种）申报，动态跟踪国家新职业目录调整，积极参与"碳排放管理员""碳汇计量评估师""建筑节能减排咨询师""综合能源服务员"等职业标准的制定与修订，支持企业设置双碳相关岗位，研究制定碳排放权交易从业人员和第三方机构管理规则，加强从业行为监督管理。

参考文献

［1］贾彦鹏. 北京市区域碳排放权交易市场建设现状研究［J］. 中国经贸导刊，2022（3）：55 – 57.

［2］张莹，黄颖利. 碳中和实践的国际经验与中国路径［J］. 西南金

融，2022（9）：94－106.

［3］张增峰．"双碳"目标下中国碳金融市场发展的困境与出路［J］.
环境保护与循环经济，2022，42（7）：1－3.

《首都双碳人才队伍建设研究》
课题组成员名单

课题组长：

范　巍（中国人事科学研究院企业人事管理研究室主任、研究员）

执行组长：

王晓辉（中国人事科学研究院企业人事管理研究室副主任、副研究员）

课题组成员：

佟亚丽（中国人事科学研究院企业人事管理研究室研究员）

邢　蓉（中国人事科学研究院教育培训与能力建设研究室助理研究员）

赵　宁（中国人事科学研究院企业人事管理研究室副研究员）

赵智磊（中国人事科学研究院企业人事管理研究室助理研究员）

曹　婕（中国人事科学研究院企业人事管理研究室研究实习员）

中国人事科学研究报告

THE REPORT OF CHINESE PERSONNEL SCIENCE

基层专业技术人才队伍建设关键问题与对策研究①

提　要：基层专业技术人才是我国人才队伍的重要组成部分，是推动基层经济社会发展、提供基层公共服务、大幅度提升基层经济社会发展水平、实现城乡一体化的重要支撑和保障力量。党的十八大以来，党和国家高度重视基层专业技术人才队伍建设，不断完善基层专业技术人才管理政策和制度，大力促进基层专业技术人才队伍发展。本报告中的基层专业技术人才指在县级以下各类组织机构中从事专业技术工作的人员，主要分布在基层各类事业单位和非公经济组织中。近年来，我国围绕脱贫攻坚、乡村振兴，持续出台贫困地区倾斜性政策措施，基层专业技术人才队伍建设工作取得了较大成效。随着新型城镇化加速推进，新产业、新业态层出不穷，对基层专业技术人才的需求也随之发生巨大变化。但总体上看，我国目前基层专业技术人才依旧存在基础比较薄弱、人才数量匮乏、整体素质不高、职业发展空间有限、人才吸引力不足等关键问题，需要坚持问题导向，提出符合实际、务实管用的政策建议，以期能够最大限度激发基层专业技术人才活力。

关键词：基层　专业技术人才　县级以下　关键问题

一、研究概述

纵观以往研究成果，对基层专业技术人才总体状况进行的相关研究较

---

① 本文系中国人事科学研究院 2023 年度课题"基层专业技术人才队伍建设关键问题与对策研究"报告的部分内容。

少，但是围绕不同行业、不同地区的基层专业技术人才发展情况、存在问题、对策建议的研究相对较多。这些研究分别从不同的角度，采用不同的研究方法对基层专业技术人才队伍建设进行深入分析。

在基层专业技术人才队伍建设存在的主要问题方面，《半月谈》编辑部等单位以网络调查和专题实地调研的方式展开基层"人才荒"现象调查，其调查结论之一是生存难、发展难导致基层人才逃离与流失，要使人才扎根基，政策必须生根。梁欢（2020）提出广西基层专业技术人才普遍存在人才结构不合理，条件艰苦，待遇偏低，基层引才、留才难，政策宣传和落实力度有待加大，激励保障力度有待加大等问题。[①] 周祺（2022）指出，乡村振兴专业技术人才引才、留才难题亟待解决，人才流动性大，县级部门专业技术人员服务乡村缺乏一定动力，乡镇普遍存在"混岗"、人岗不匹配，人才培养使用"两极分化"等现象。[②] 袁鹏举（2020）在谈及基层事业单位专业技术人才短缺原因时提出，究其原因，与国家经济体制的改革与社会及人才市场饱和等因素有着密不可分的关系。[③] 受经济结构影响，基层事业单位相比公务员、国有企业、私人企业等已不具备薪金优势，加上许多事业单位中平均主义思想仍然存在，这导致许多事业单位专业技术人才多劳少得，导致人才流失情况日益严峻。韦伟光（2016）在以广西为例对职称倾斜政策效果进行实证分析后得出结论，基层专业技术人才职称评审倾斜政策的实施效果明显，有一定的社会经济效益，但政策引导人才向基层流动的实施效果不佳，与政策当初设定的"引得进人才"目标有较大差距。[④] 江璐璐（2021）在研究专家服务基层这一具体工作实践时提出，主要存在缺乏统一的工作机制、没有形成强有力的资金保障、缺乏平台项目等问题。[⑤]

在基层专业技术人才队伍建设的对策建议方面，梁欢（2020）提出要加强职称评聘和岗位设置管理，畅通人才流动渠道，创新人才引进方式。[⑥] 周祺（2022）指出，一是要重培育，夯实专业技术人才扎根服务乡村的决心和

① 梁欢. 广西基层专业技术人才队伍建设存在的问题及对策建议 [J]. 人力资源，2020 (16)：50 - 51.

② 周祺. 浅谈乡村振兴专业技术人才队伍现状及对策 [J]. 就业与保障，2022 (3)：25 - 27.

③ 袁鹏举. 基层事业单位专业技术人才短缺问题及制约因素 [J]. 环渤海经济瞭望，2020 (07)：138 - 139.

④ 韦伟光. 基层专业技术人才职称评审倾斜政策效果评价——基于广西的实证分析 [J]. 兰州教育学院学报，2017，33 (11)：70 - 73.

⑤ 江璐璐. 乡村振兴背景下专业技术人才服务基层工作的对策思考——以可克达拉市开展专家服务基层工作为例 [J]. 人才资源开发，2021 (24)：16 - 17.

⑥ 梁欢. 广西基层专业技术人才队伍建设存在的问题及对策建议 [J]. 人力资源，2020 (16)：50 - 51.

能力。二是要抓关键，建好保障型人才队伍。三是要建立机制，鼓励专业技术人才积极服务乡村振兴。四是要强保障，优化引才留才环境。① 王国庆（2020）在加强基层专业技术人才队伍建设方面提出要建立以创新创效为导向的人才开发机制，以人尽其才才尽其用为导向的人才选用机制，以价值引领为导向的人才考评机制和以激发活力为导向的人才激励机制。② 宁永鑫、段晓川（2020）在谈到福建省基层卫生人才队伍建设意见建议时着重提出，一是要深化医教协同，加大基层卫生人才供给。③ 二是要建立以需求为导向、以紧缺专科为重点、适合基层卫生机构特点和需求的人才进修培训机制。三是强化顶层设计，把基层卫生人才队伍建设纳入全省人才队伍建设总盘子，同步规划、同步部署、同步推进。

二、政策制度及相关实践

党的十八大以来，面对我国人才供给区域不均、艰苦边远地区和基层人才相对匮乏的难题，党中央明确提出"要健全人才向基层流动、向艰苦地区流动的激励机制"的要求。加快基层专业技术人才发展对我国全面建成小康社会意义重大，人才队伍建设的成效在很大程度上取决于相关政策制度环境。因此，为适应国家经济社会发展的总体需要，基层专业人才队伍建设需要政府发挥宏观政策调控功能，改革创新基层专业技术人才的评价、使用、流动、薪酬、培训等机制，促进经济社会的协调可持续发展。

（一）人才评价方面

1. 建立"双定"职称评审管理制度

2016 年 7 月，人社部出台的《关于加强基层专业技术人才队伍建设的意见》中提出："鼓励各地、各部门结合实际情况，探索建立'定向评价、定向使用'的基层高级专业技术职称评审管理制度"。为有效解决深度贫困地区专业人才供给不足问题，2019 年以来，人社部对"三区三州"等深度贫困地区基层专业技术人才职称评审开展"定向评价、定向使用"工作，单独评审、单列标准、单独确定通过率，评审结果定向在基层使用，积极发挥人事人才政策导向作用，助力脱贫攻坚。截至 2019 年年底，"三区三州"共

---

① 周祺. 浅谈乡村振兴专业技术人才队伍现状及对策 [J]. 就业与保障, 2022 (3): 25－27.

② 王国庆. 加强基层专业技术人才队伍建设的几点思考——以胜利油田为例 [J]. 石油化工管理干部学院学报, 2020, 22 (5): 40－44.

③ 宁永鑫, 段晓川. 福建省基层卫生人才队伍建设现状、问题及对策建议 [J]. 中国人事科学, 2020 (7): 37－42.

有 15 964 人申报"双定向"高级职称评审，评审通过 13 661 人，加上前期试点评审的 4 700 人，共有 18 361 人通过高级职称评审，初步实现了贫困地区高层次人才总量的稳步提升。

2. 实施部分职业资格考试单独划线制度

为进一步加大对"三区三州"深度贫困地区的专业技术人才政策倾斜力度，有效增加人才供给，2019 年 3 月，人社部考试中心出台《关于部分职业资格考试在"三区三州"试行单独划定合格标准的通告》，对护士、社会工作者、执业药师、社会工作者职业资格，高级会计师、高级审计师、高级统计师专业技术资格和一级翻译专业资格等基层急需的职业资格实施单独划定考试合格标准政策。根据这项政策，"三区三州"等深度贫困地区可结合本地实际，按照国家确定的原则，单独划定本地区合格分数线，经人社部及行业主管部门备案后实施。通过"单独划线"取得的证书，仅在当地有效。截至目前，"三区三州"等深度贫困地区"单独划线"共有 11 588 人成绩合格，比"单独划线"前增加 7 097 人，增幅为 158.03%，有效缓解了"三区三州"等深度贫困地区专业技术人员总量不足、专业性不强等问题。

3. 完善符合基层实际的评价标准

2016 年 7 月，人社部出台的《关于加强基层专业技术人才队伍建设的意见》中提出："坚持德才兼备，突出以品德、能力、业绩和贡献为主的评价导向，建立体现基层专业技术人才工作实际和特点的评价标准。克服唯学历、唯论文等倾向，提高履行岗位职责的实践能力、工作业绩、工作年限等评价权重。对论文、科研等不作硬性要求，可用能够体现专业技术工作业绩和水平的工作总结、教案、病历、技术推广总结、工程项目方案、专利成果等替代。基层专业技术人才参加职称评审时外语和计算机应用能力可不作要求"。

2017 年 1 月，中办、国办印发《关于深化职称制度改革的意见》，对基层一线工作的专业技术人才职称评价提出了一系列新精神，例如："对在艰苦边远地区和基层一线工作的专业技术人才，淡化或不做论文要求""对在艰苦边远地区和基层一线工作的专业技术人才，以及对外语和计算机水平要求不高的职称系列和岗位，不作职称外语和计算机应用能力要求""对长期在艰苦边远地区和基层一线工作的专业技术人才，侧重考察其实际工作业绩，适当放宽学历和任职年限要求""鼓励有条件的地区单独建立基层专业技术人才职称评审委员会或评审组，单独评审"。

2016 年 7 月，人社部和国家卫健委联合印发《关于进一步改革完善基层卫生专业技术人员职称评审工作的指导意见》，明确从健全评审体系、优化评审条件、完善评审标准和建立长效机制等方面完善基层卫生专业技术人员职称评聘工作，不再将论文、职称外语等作为申报的"硬杠杠"，职称外语成绩可不作为申报条件，对论文、科研不做硬性规定，可作为评审的参考条件，引导医生回归临床。同时，强调评审指标要"接地气"，结合基层工作实际，依据医疗卫生机构功能定位和分级诊疗的要求，对县级医疗卫生机构和乡镇卫生院、社区卫生服务中心的卫生专业技术人员的评审标准有所区别，重点加强对常见病、多发病诊疗、护理和康复等任务，以及公共卫生服务等任务的考核评价，实现"干什么评什么"，避免职称评审和实际工作出现"两张皮"的现象。

（二）人才使用方面

1. 推行基层特设岗位计划

一是全科医生特设岗位计划。2013年12月，卫健委联合四部委印发《关于印发开展全科医生特设岗位计划试点工作暂行办法的通知》，率先在安徽、湖南、四川、云南等四个中西部省份开展全科医生特设岗位试点工作，通过在县级公立医疗机构设置全科医生特设岗位专门用于聘用派驻乡镇卫生院工作的全科医生，优先解决艰苦边远地区全科医生紧缺及乡镇卫生院无执业医师的问题，激励全科医生长期在基层服务。二是基层农技推广特设岗位计划。2013年8月，农业部、人力资源社会保障部、教育部、科技部联合印发《关于实施农业技术推广服务特设岗位计划的意见》，细化了特岗农技人员的招募与管理、激励与扶持等相关政策。农技特岗计划属于引导和鼓励高校毕业生到基层服务项目。

2. 统筹使用各类编制资源

2018年1月，国办印发《关于改革完善全科医生培养与使用激励机制的意见》，在医疗卫生领域首次提出"县管乡用""乡管村用"政策，即对经住院医师规范化培训合格到农村基层执业的全科医生，可实行"县管乡用"。对经助理全科医生培训合格到村卫生室工作的助理全科医生，可实行"乡管村用"。2018年1月，中共中央、国务院印发《关于全面深化新时代教师队伍建设改革的意见》，提出实行义务教育教师"县管校聘"，深入推进县域内义务教育学校教师、校长交流轮岗，实行教师聘期制、校长任期制管理，推动城镇优秀教师、校长向乡村学校、薄弱学校流动。2021年2月，中共中央办公厅、国务院办公厅印发《关于加快推进乡村人才振兴的意见》，明确提出，要建立县域专业人才统筹使用制度，积极开展统筹使用基层各类编制资源试点，探索赋予乡镇更加灵活的用人自主权，鼓励从上往下跨层级调剂行政事业编制，推动资源服务管理向基层倾斜。推进义务教育阶段教师"县管校聘"，推广城乡学校共同体、乡村中心校模式。加强县域卫生人才一体化配备和管理，在区域卫生编制总量内统一配备各类卫生人才，鼓励实行"县聘乡用"和"乡聘村用"。

3. 实施艰苦边远地区公开招聘倾斜政策

为鼓励引导人才到基层和艰苦边远地区县乡事业单位干事创业，2016年7月，中组部、人社部印发《关于加强基层专业技术人才队伍建设的意见》，规定艰苦边远地区在坚持公开招聘基本制度的基础上，可以适当放宽年龄、学历、专业等招聘条件，拓宽招聘渠道，明确规定可以拿出一定数量岗位面向本县、本市或周边县市户籍人员（或生源）招聘。对高层次和急需紧缺专业技术人才，可根据实际情况，采取面试、组织考察等方式公开招聘。对采取统一考试方式招聘的，可根据工作需要适当降低开考比例，或不设开考比例，划定成绩合格线。同时，各地区可以结合本地实际，其他条件特别艰苦、"招人难""留人难"问题突出的县乡参照执行。

2016年11月，中组部、人社部印发《关于进一步做好艰苦边远地区县乡事业单位公开招聘工作的通知》，针对国家确定的集中连片特殊困难地区的县、国家扶贫开发工作重点县，从实施范围、合理设置招聘条件、改进招聘方式方法、完善激励保障措施、严密组织实施等方面，提出了进一步做好事业单位公开招聘工作的政策措施和要求。例如，在招聘条件设置方面，提出招聘县乡事业单位管理人员和初级专业技术人员，年龄可以放宽到40周岁以下；招聘中、高级专业技术人员，可以根据工作需要进一步放宽；招聘乡镇事业单位工作人员，学历最低可以到高中、中专（含技工学校）；招聘县乡事业单位专业技术人员，可以适当放宽专业要求；可以拿出一定数量岗位面向本县、本市或者周边县市户籍人员（或者生源）招聘，积极探索从优秀村干部中招聘乡镇事业单位工作人员。此外，还明确提出对放宽条件招聘的人员，用人单位可以视情况在聘用合同中约定3~5年最低服务期限，并明确违约责任和相关要求。在最低服务期限内，其他单位不得以借调、帮助工作等方式将其借出或调走。

为进一步加大人事扶贫倾斜性政策供给，2019年，人社部研究制定了关于加强"三区三州"等深度贫困地区事业单位人事精准扶贫工作的配套措施，指导"三区三州"深度贫困地区落实基层事业单位公开招聘倾斜政策，优化基层事业单位岗位管理制度，重点解决招人难、留人难问题。

4. 建立各类人才定期服务乡村制度

2018 年 1 月，中共中央、国务院印发的《关于全面深化新时代教师队伍建设改革的意见》，首次明确提出，将中小学教师到乡村学校、薄弱学校任教 1 年以上的经历作为申报高级教师职称和特级教师的必要条件。2019 年 12 月，第十三届人大第十五次常务委员会通过的《中华人民共和国基本医疗卫生与健康促进法》，从法律层面明确国家建立医疗卫生人员定期到基层和艰苦边远地区从事医疗卫生工作制度，提出执业医师晋升为副高级技术职称的，应当有累计一年以上在县级以下或者对口支援的医疗卫生机构提供医疗卫生服务的经历。

5. 实施专业技术人才到乡镇工作岗位聘用制度

不少省份为加强基层专业技术人才队伍的建设，在基层事业单位专业技术岗位聘用办法上进行了创新。例如 2019 年 7 月，山东省出台的《关于改革完善乡镇基层事业单位专业技术岗位管理制度的指导意见》提出，对按国家和省规定条件取得专业技术职务资格人员，乡镇基层事业单位急需且本人自愿聘用到乡镇基层事业单位工作的，在乡镇基层事业单位工作期间，可高聘一个层级或在同层级内高聘一个等级专业技术岗位（专业技术一级、二级岗位除外）。相应岗位没有空缺的，可使用特设岗位予以聘用。基层急需且具有研究生学历或硕士、博士学位人员，应聘到乡镇基层事业单位工作的，试用期满首次聘用时，单位可根据其能力水平聘用到中级、副高级专业技术岗位；基层急需且具有全日制本科学历或取得预备技师职业资格的技工院校全日制毕业生，应聘到乡镇基层事业单位工作的，试用期满首次聘用时，单位可根据其能力水平聘用到十一级专业技术岗位。相应岗位没有空缺的，可使用特设岗位予以聘用。

（三）人才流动方面

1. 多渠道开发高校毕业生基层就业岗位

2017 年 1 月，中办国办印发《关于进一步引导和鼓励高校毕业生到基层工作的意见》，提出要多渠道开发基层岗位，为高校毕业生到基层工作搭建平台。结合政府购买基层公共管理和社会服务开发就业岗位；引导高校毕业生投身扶贫开发和农业现代化建设；引导高校毕业生到中西部地区、东北地区和艰苦边远地区工作；鼓励高校毕业生到基层机关事业单位工作；支持高校毕业生到基层创新创业。

2. 实施高层次人才服务基层项目

2016 年，国办印发《关于深入推行科技特派员制度的若干意见》，以引导各类科技创新创业人才和单位整合科技、信息、资金、管理等现代生产要素，深入农村基层一线开展科技创业和服务，对新时期推行科技特派员制度重点任务进行了部署，并从壮大科技特派员队伍，完善科技特派员选派政策，健全科技特派员支持机制等层面对科技特派员制度的实施措施提出了要求。

3. 开展医疗、教育人才"组团式"援疆援藏工作

一是医疗人才"组团式"援疆援藏。2015 年，党中央启动实施医疗人才"组团式"援藏项目，7 个对口支援省市 65 家医院及国家卫生健康委直属医院选派上千名骨干医生，帮扶西藏自治区"1 + 7"医院。2017 年，中共中央组织部、人力资源社会保障部、教育部、国家卫生健康委联合下发《关于进一步加强医疗人才"组团式"支援工作的通知》。二是教育人才"组团式"援疆援藏。2015 年，中央召开第六次西藏工作座谈会，明确提出每年选派基础教育阶段若干名教师进藏支教，并组织西藏教师到内地培训。2015 年 12 月，教育部等部委联合印发《"组团式"教育人才援藏工作实施方案》。2021 年 12 月，教育部会同国家发改委、财政部、人社部联合印发《关于开展"组团式"援疆教育人才选派工作的通知》，决定进一步拓展"组团式"援疆领域，开展"组团式"援疆教育人才选派工作。

4. 引导高层次人才向中西部、东北高校流动

2017 年 7 月，教育部出台《关于加快直属高校高层次人才发展的指导意见》，指出"鼓励高层次人才向中西部和东北地区高校流动。坚持正确的人才流动导向，在薪酬、职务、职称晋升等方面采取倾斜政策，引导高层次人才向中西部和东北地区高校流动。突出重大人才项目政策导向，通过设立专项计划、适度放宽年龄限制、加大支持力度等方式进行倾斜。支持中西部和东北地区高校发掘特色资源，搭建特色平台，发展特色学科，增强人才集聚优势。不鼓励东部地区高校从中西部、东北地区高校引进人才，支持东部地区高校向中西部、东北地区高校输出人才，帮助中西部和东北地区'输血和造血'。"为减少西部高校人才的严重流失和无序流动问题，2019 年 6 月，中共中央、国务院印发《关于进一步弘扬科学家精神加强作风和学风建设的意见》明确提出"支持中西部地区稳定人才队伍，发达地区不得片面通过高薪酬高待遇竞价抢挖人才，特别是从中西部地区、东北地区挖人才。"

5. 支援西部和东北地区人力资源市场建设

为加强西部和东北地区人力资源市场建设，进一步解决我国人力资源市

场发展不平衡、不充分的问题，自 2017 年起，人社部每年组织实施西部和东北地区人力资源市场建设援助计划，聚焦深度贫困地区人力资源市场建设和东西部人力资源市场协作等内容，重点支持人力资源服务机构助力脱贫攻坚，举办人力资源市场高校毕业生招聘活动，加强人力资源市场供求信息监测，强化人力资源市场管理人员和人力资源服务从业人员培训，促进与东部省份人力资源市场建设对口交流。截至目前，人社部连续 4 年组织实施西部和东北地区人力资源市场建设援助计划，累计支持 15 个省（区、市）和新疆生产建设兵团共 63 个项目，有效促进了相关地区人力资源服务业高质量发展。

（四）人才激励方面

1. 乡镇工作补贴制度

2015 年 3 月，人社部、财政部出台《关于乡镇机关事业单位工作人员实行乡镇工作补贴的通知》，规定对乡镇事业单位职工，给予按月人均不低于 200 元的工作补贴，并向条件艰苦的偏远乡镇和长期在乡镇工作的人员倾斜。

2. 艰苦边远地区津贴制度

2018 年 2 月，人社部、财政部联合印发《关于调整艰苦边远地区津贴标准的通知》，提出将适时调整事业单位工作人员艰苦边远地区津贴标准，适当向高类区和低岗位人员倾斜，扶持贫困地区事业单位提高工资收入水平。对于一些具体地区的津贴标准，人社部明确要求，完善西藏事业单位工作人员西藏特殊津贴实施办法，建立动态增长机制，及时调整西藏特殊津贴标准。指导四省提高四省藏区事业单位工作人员工资收入水平。适时调整南疆四地州事业单位工作人员南疆工作补贴标准。艰苦边远地区津贴体现了不同地区在自然地理环境等方面的差异，是对艰苦边远地区现行特殊工资政策的改进和完善，更有利于发挥工资的补偿和导向作用。

3. 高校毕业生到基层工作高定工资制度

2016 年 12 月，中共中央办公厅、国务院办公厅印发《关于进一步引导和鼓励高校毕业生到基层工作的意见》，提出实施高校毕业生到基层工作高定工资政策，即"对到中西部地区、东北地区或艰苦边远地区、国家扶贫开发工作重点县县以下机关事业单位工作的高校毕业生，招聘为事业单位正式工作人员的，可提前转正定级，转正定级时的薪级工资，在未列入艰苦边远地区或国家扶贫开发工作重点县的中西部地区和东北地区的高定一级，在三类及以下艰苦边远地区或国家扶贫开发工作重点县的高定两级，在四类及以上艰苦边远地区的高定三级"。

4. 专业技术人员到基层兼职兼薪政策

2015年1月,人社部和农业部联合印发的《关于鼓励事业单位种业骨干人员到种子企业开展技术服务的指导意见》规定,种业领域人员到农村合作社、农业企业任职兼职或创新创业,可获得合理工资待遇。2017年5月,人社部印发《关于支持和鼓励事业单位专业技术人员创新创业的指导意见》,明确提出支持和鼓励事业单位选派人员到企业挂职或者参与乡镇项目合作,兼职兼薪。

（五）人才培训方面

1. 实施免费师范生制度

2018年3月,教育部等五部门印发的《教师教育振兴行动计划（2018—2022年)》提出,改进完善教育部直属师范大学师范生免费教育政策,将"免费师范生"改称为"公费师范生",履约任教服务期调整为6年。2018年7月,国务院办公厅印发《教育部直属师范大学师范生公费教育实施办法》,将"师范生免费教育政策"调整为"师范生公费教育政策",国家公费师范生享受免缴学费、住宿费和补助生活费"两免一补"公费培养,以及毕业后安排就业并保证入编入岗等优惠政策,鼓励支持公费师范生毕业后到农村学校任教服务。招收免费师范生到中西部省份中小学任教,许多中西部地区中小学实现了接收北京师范大学、华东师范大学等高校毕业生"零的突破",为地方源源不断补充了具有较高素质的优秀教师。

2. 实施基层专业技术人才继续教育制度

专业技术人才继续教育一直发挥着提升基层专业技术人才能力素质的主渠道作用。2016年,人社部出台的《关于加强基层专业技术人才队伍建设的意见》提出,"进一步强化继续教育对提升基层专业技术人才能力素质的主渠道作用。落实继续教育有关规定,基层专业技术人才每年参加继续教育时间累计不少于90学时,用人单位保障其参加继续教育权利和学习期间各项待遇。推进继续教育制度与工作考核、岗位聘用、职称评聘等人事管理制度的衔接。建立定期从基层选拔优秀专业技术人才到高等学校、职业院校、医疗机构、科研院所等进修学习制度。加强对新晋中、高级专业技术职称的基层专业技术人才专项培训工作。充分利用继续教育基地、各类教育培训机构和远程教育等资源,开展形式多样的继续教育活动,不断提升基层专业技术人才岗位适应、职业发展和实践的能力"。

三、基层专业技术人才队伍建设状况分析

近年来，各级人社部门深入贯彻落实习近平总书记关于人才工作重要指示精神和党中央决策部署，加快推进体制机制改革，创新政策措施，基层专业技术人才队伍建设取得显著成效。

（一）基层教育专业技术人才队伍建设状况

近年来，专任教师配置状况总体得到改善，教师年龄结构、学历结构、职称结构逐步优化。国家统计局数据显示，2021 年，全国共有专任教师 1 844.37 万人，比 2020 年增加 51.40 万人，增长 2.87%。

基层教育人才队伍稳步壮大，师资配置水平提升。一是幼儿园专任教师数增长，幼师短缺问题得到有效缓解。2021 年，全国共有学前教育专任教师 319.10 万人，比 2020 年增加 27.76 万人，增长 9.53%；乡镇共有学前教育专任教师 163.15 万人，比 2020 年增加 14.89 万人，增长 10.04%。二是义务教育阶段专任教师人数稳步增加。2021 年，全国义务教育阶段专任教师共有 1 057.19 万人，比 2020 年增加 27.7 万人，增长 2.69%。其中，农村初中专任教师 241.28 万人，比 2020 年增加 1.16 万人。三是义务教育阶段生师比继续优化。2021 年，全国小学教育生师比为 16.33∶1，比 2020 年下降 0.37；全国初中教育生师比为 12.64∶1，比 2020 年下降 0.06。

基层教育人才队伍结构进一步优化。一是学历水平不断提升。2021 年，在全国幼师中，具有大专及以上学历的专任教师占专任教师总数的 87.60%，比 2020 年提高 2.6 个百分点。小学专任教师学历合格率为 99.98%，专任教师中本科及以上学历的人员占比为 70.30%，比 2020 年提高 4.3 个百分点。初中专任教师学历合格率为 99.91%，专任教师中本科及以上学历的人员占比为 90.05%，比 2020 年提高 1.49 个百分点。二是职称结构持续优化。2021 年，全国初中专任教师中，拥有高级职称教师 84.35 万人，占比 21.24%，比 2020 年提高 0.87 个百分点。三是年龄结构继续改善。2021 年，全国义务教育阶段专任教师中，35 岁以下的教师有 397.80 万人，占比 37.63%，比 2020 年提高 0.79 个百分点。

基层教育人才仍存在几方面问题。一是城乡中小学教职工编制标准及管理机制仍需完善。在生源分散的山区、边远地区学校，如果按照生师比核定教职工数量，无法满足教育教学实际需求。二是农村教师队伍结构性矛盾仍较突出。学科结构不匹配，很多农村中小学缺少体育、音乐、美术、英语及信息技术教师。年龄结构失衡，一些边远贫困地区的农村学校多年未补充年

轻的新教师，教师老龄化问题严重。三是边远艰苦地区教师职业吸引力不足，优秀教师派不进、留不住。四是一些基层地区还存在低薪聘用代课教师的现象。

（二）基层卫生专业技术人才队伍建设状况

国家统计局数据显示，2022 年年末，全国卫生人员总数 1 441.1 万人，比上年增加 42.5 万人，增长 3.0%。其中，卫生技术人员 1 165.8 万人，比上年增加 41.4 万人，增长 3.7%。

基层卫生人才资源总量稳步增长。截至 2022 年年末，全国卫生技术人员中，基层医疗卫生机构有 345 万人，占比 29.59%，比上年增加 14.8 万人；专业公共卫生机构有 78 万人，占比 6.69%，比上年增加 1.6 万人。每千人口执业（助理）医师 3.15 人，比上年提升 3.62 个百分点；每万人口全科医生数为 3.28 人，比上年提升 6.49 个百分点；每千人口注册护士 3.71 人，比上年提升 4.21 个百分点；每万人口专业公共卫生机构人员 6.94 人，比上年提升 2.2 个百分点。在村卫生室工作的 136.7 万人中，执业（助理）医师和持乡村医生证的人员 114.1 万人，占比 83.47%，

基层卫生人才素质能力持续提高。"十三五"期间，卫生技术人员中大学本科及以上学历者所占比例由 32.2% 提高到 42.1%，医疗卫生机构高级职称卫生技术人员比例由 7.7% 提高到 8.9%。从机构看，社区卫生服务机构、乡镇卫生院、疾病预防控制机构卫生技术人员本科及以上学历均增加 10 个百分点以上；社区卫生服务机构、乡镇卫生院高级职称的技术人员占比均增加 2.0 个百分点。基层卫生人才的服务效能提升。2022 年，全国县级（含县级市）医院诊疗人次 13.5 亿，比上年增加 0.3 亿人次；入院人次数 8 445.6 万，比上年增加 67.5 万人次。乡镇卫生院和社区卫生服务中心（站）诊疗人次 20.4 亿，比上年增加 0.4 亿人次。乡镇卫生院和社区卫生服务中心（站）诊疗量占总诊疗人次的 24.2%，所占比重比上年提高 0.7 个百分点。

基层卫生人才配置不断优化。"十三五"期间，农村地区医护比由 1∶0.94 优化到 1∶1.02，倒置状况得到逆转；西部地区医护比由 1∶1.17 优化到 1∶1.26。基层医疗卫生机构卫生技术人员、执业（助理）医师、注册护士占全国同类人员的比重分别增加 1.4 个百分点、1.7 个百分点和 2.6 个百分点。城乡间每千人口卫生技术人员配备差值缩小 0.06，东、中、西部地区每千人口执业（助理）医师配比由 1∶0.87∶0.86 提高到 1∶0.92∶0.89，每千人口注册护士配比由 1∶0.88∶0.93 提高到 1∶0.98∶1.04。在乡村卫生

人员中，乡村医生和卫生员占比由 69.7% 下降到 54.9%，执业（助理）医师占比由 22.3% 提高到 32.3%，注册护士占比由 8.1% 提高到 12.8%。

与此同时，我国基层卫生专业技术人才队伍仍存在诸多不足。一是从数量看，基层卫生人才尚不能满足当下医疗卫生服务需求。全科医生配备低，基层临床辅助人员缺乏，一些卫生院内政府配备的仪器设备出现闲置情况。二是从质量看，基层卫生人才普遍存在学历低、医疗知识匮乏、技术能力不足等问题，高学历人才占比较低，人才梯队青黄不接，基层医疗机构医生基本功差、城乡卫生人员的业务技术水平差距不断拉大、诊疗水平难以取得居民信任。现有全科医生中，有很大一部分是通过转岗培训或在岗培训获得执业资格证书，医疗服务水平不尽如人意。三是从待遇看，基层医院人员工资普遍较低，部分乡村医生仍属于农民身份，没有统一的退出和养老保障机制。基层医疗卫生机构设置的高级岗位十分有限，晋升空间小，制约了医疗卫生人才成长的可能性与积极性。

（三）基层农业专业技术人才队伍建设状况

国家统计局数据显示，截至 2020 年年底，全国农村实用人才总量约 2 254 万人，占主体的高素质农民超过 1 700 万人，90% 的人从事农业生产 5 年以上。全国农业科研人才总量达到 62.7 万人，农技推广机构人员近 55 万人，为加快农业科技创新提供了重要支撑。目前，农村实用人才队伍已基本形成五个"方面军"，即生产型人才、经营型人才、技能带动型人才、科技服务型人才、社会服务型人才。适应各地农业产业结构调整和现代农业发展的新形势，近年来一些具有地方特色的农村实用人才新类型不断涌现。

基层农业人才队伍结构明显优化。随着农业农村经济持续健康发展，农村实用人才在市场经济大潮中历练成长，增长才干，一大批复合型人才涌现出来，增强了农村实用人才队伍服务农业农村经济发展的能力；随着进城务工农民渐次返乡，创业型农村实用人才日益增多，为农业农村经济发展注入了新的活力；城市人才到农村基层就业，进一步优化了农村实用人才队伍结构。2020 年，全国返乡下乡人员累计超过 780 万人，其中大中专以上学历的占 40% 以上。

基层农业人才素质不断提升。通过采取异地研修、集中办班、现场实训、网络培训等多种方式开展农技人员培训，每年支持全国 1/3 农技人员（约 15 万人）参加相关培训，每 3 年轮训一次。鼓励支持基层农技人员通过脱产进修、在职研修等方式学习专业知识，提升学历层次，提高知识技能和业务水平。2022 年，累计培训基层农技人员 16.86 万人次，其中农技推广骨干人才 2.10 万人次。全国 1/3 以上在编基层农技人员接受了 5 天知识更新培训，1 万名以上农技推广骨干人才接受了连续不少于 5 天的脱产业务培训，全国农民教育培训整体迈上新台阶。

基层农业专业技术人才队伍建设还存在很多短板。一是人才总量少，影响发展后劲。在基层农业专业技术人才队伍中，具有大学本科以上学历的相当少，而且年龄普遍偏大；初、中级职称人员占很大比例，技术能力不强。很多专业素质较强的技术人员被调到了行政部门。整个农业中直接在乡村一线工作的只有少数部分，严重影响了农业的发展。二是工作条件差。有些地区的农业综合服务中心甚至没有固定的办公用房、培训教室，没有交通工具和化验分析仪器等必备的设备，没有试验、示范基地，成了名副其实的"三无站"。薄弱的基础设施不仅制约了服务，而且压抑了现有工作人员的积极性，难以吸引到高水平的年轻人才。三是经费不足，阻滞技术的更新。基层农业专业技术人才办公条件、生活条件差，靠吃财政饭、大锅饭，缺乏内生动力。有相当一部分农业技术人员的待遇还比不上外出务工人员，导致许多基层农业专业技术人员不安心本职工作，纷纷另谋出路。许多乡镇农技站由于经费困乏，钱少事多，疲于应付，阻碍了新技术的研究开发与推广。

四、基层专业技术人才队伍建设关键问题分析

基于调研反馈的普遍性、突出性问题，结合国家乡村振兴战略、脱贫攻坚任务等顶层设计、基层经济社会未来发展趋势以及公共事业服务发展需要，总结出以下制约基层专业技术人才队伍建设的关键性问题。

（一）人才相对缺乏与人才浪费现象并存

一是民生领域人才明显不足。近年来，虽然通过实施一系列"引、育、留"人才激励政策，基层专业技术人才总量得到大幅度增加，但基层专业技术人才由于受交通、环境、待遇、照顾家庭等因素影响，报考岗位经常无人报考，专业技术人才增长仍较为缓慢。基层偏远地区的医疗、教育机构仅能提供最基本的医疗、教育服务，普遍存在"有编无人"现象。2021 年，全国乡镇地区义务教育阶段专任教师共有 652.47 万人，比 2020 年减少 1.13 万人。其中，小学专任教师 411.19 万人，比 2020 年减少 2.29 万人；全国乡村医生和卫生员 69.67 万人，较上一年减少 9.88 万人。中西部地区乡村人才资源尤其不足，从事农业科研、技术推广和经营管理的乡村人才主要集中在行政机关、事业单位、企业或高校，在乡村基层极度缺乏。比如，西藏作为全国五大牧区之一，每名兽医技术人员要负责约 4 700 头畜牧防疫，每

名畜牧技术人员要负责管理约 12 万公顷草场，现有农牧业人才远不能满足全区农牧业实际需求。大多数村级医疗机构没有配备全科医生，甚至聘用没有医师资格证的公益性岗位人员，诊治病患"凭经验"、医疗器械"成摆设"。基层教师特别是新任教师素质参差不齐、师生比例过大、教学任务繁重，教学水平堪忧。例如那曲地区比如县达塘小学在校生 800 多人，实际任课教师仅 30 人，师生比为 1∶27，远低于国家标准。

二是新兴行业人才严重缺乏。随着我国基层社会主义现代化建设的不断深入，社会服务功能日臻完善，服务的科学化专业化水平越来越高，经济金融、社会工作、信息技术等新兴行业专业人才严重缺乏。以西部某艰苦边远地区为例，该地每年投入工程建设方面的资金近 100 亿元，项目涉及全地区所有县，服务半径大，工作任务重，而设计评审、项目管理、经济金融等专业技术人才不到 3 人，现有人才根本无法满足工作需要，导致工程建设滞后，监管不到位，严重制约了基础设施建设和经济社会发展。很多基层地区几乎都没有社会工作方面的专业人才，社会救助仅限于为被救助者提供食、住等最基本生活保障，心理抚慰、专业护理、技能培训等方面的深度社会救助还是空白。

在人才缺乏的同时，现有人才浪费的现象也不同程度存在。被调研地普遍反映，一是新考录人员存在素质不高、能力不强、专业不对口等问题，存在"学非所用、用非所长"的现象。二是由于缺乏竞争激励机制，部分用人单位"论资排辈"和"干与不干一个样、干好干坏一个样"等陈旧思想依然存在，加之对人才缺乏关心服务，导致部分人才干事创业积极性不高、主动性不够。

（二）人才能力不足与学习培训不够并存

虽然近年来我国基层专业技术人才总量明显增多，但人才队伍整体素质、能力水平偏低，人才梯队存在断层，尤其是实用性、技能型、复合型人才相对紧缺，人才难以适应社会发展需要，已经成为制约经济社会跨越式发展的短板。根据《2022 年中国卫生健康统计年鉴》，2021 年，在社区卫生服务中心拥有高级职称的卫生技术人员占比 7%，本科及以上学历的卫生技术人员占比 44%；在乡镇卫生院，拥有高级职称的卫生技术人员仅占 3.9%，本科及以上学历的卫生技术人员占比 24%。贵州安顺全市仅有农技人员 1 355 人，十级（办事员）及以下人员 973 人，占 71.8%，45 岁以上 578人，占比 42.6%。且存在"高学低能""高职低能"的现象。

在人才能力不足的同时，还存在学习培训不够的问题。以农业领域为例，农业的不断发展对基层农技推广人员专业知识的要求越来越高，但基层农技推广人员学历偏低，理论知识相对缺乏，参加专业培训的机会较少，导致基层农技推广人员专业结构、知识结构更新不及时，队伍整体技术水平不高，难以适应当前现代农业发展的需要。一方面，基层人才数量不足等因素导致工学矛盾较为突出，许多单位因工作离不开，很难派出人员参加脱产培训；另一方面，由于基层专业技术人员自身内在学习动力不足，"积极学、主动学"的专业技术人员不多，虽然各级各类专业培训机会不少，但是"学有所成"的不多，把培训学习当成休假疗养的现象很普遍，导致基层专业技术人员的知识水平和素质能力基本属于自然成长状态，难以适应知识更新发展的需要。据了解，很多培训项目都存在因学员自身原因导致中断培训、放弃学习等现象，在一定程度上影响了培训的整体效果。此外，基层专业技术人才培训效能有待进一步提高。据南部某县问卷调查，有53.8%的人表示制约专技干部快速成长的主要因素为培养管理机制不健全。开展培训时多是以理论培训为主，将干部的自身专业实际与培养课程相结合得还不够，很少有结合全县发展、乡村振兴发展实际开展的针对项目建设、招商引资、生态建设、旅游管理等专业方面的实践性培训活动或课程，存在"学用不紧密"的现象，导致专技人才知识更新和继续教育跟不上，层次提高缓慢。

（三）人才流动不合理与队伍不稳定问题并存

一支既相对稳定又合理流动的人才队伍对于推动基层各项事业发展具有重要意义。一方面，市场规律要求人才应当进行有效合理的流动，但是由于行政政策限制人才流动和基层条件艰苦留住人才困难等方面原因，人才大多是由基层向城镇腹地单向流动，人才在基层培养、机关锻炼、上下流动的机制还未形成。据调查统计，由生活、工作的客观环境形成的人才流动"势能差"，不愿长期在条件艰苦的乡镇地区工作，服务乡镇基层意愿普遍偏低，尤其女性专业技术人员、年轻干部调离乡镇的意愿更为强烈。另一方面，一些基层地区为了防止人才过快流失，要求新分配人员3~5年内不得调离，这一办法可以暂时确保基层岗位有编有人。大部分基层专业技术人员在满足调动年限后均选择调动到城区单位，偏远乡镇的流动性更大。外地干部则通过考试、借调等方式调离到自己家乡或大城市。

由于留不住经过培养、历练的专业技术人才，加之新的人才引进难度大，县乡较多岗位没有专业技术人才接续负责，专业技术工作成效大打折扣，县乡长期培养干部的积极性也受到一定程度的影响。福建浦城县教育系统中乡镇（村）学校新招的外地教师由于无法适应乡镇教学、住宿环境

人才工作与人才队伍建设

等因素，往往未达到最低服务年限便选择自动离职，自动离职率占全县事业干部的 95%。2017～2019 年，陕西省宝鸡市 4 个县区县属事业单位流出县外的 161 人中，全日制本科及以上学历 123 人，占比 76.4%；30 岁及以下 58 人，31～40 岁 84 人，合计占流出人数的 88.2%。此外，基层专业技术人员"断层"的现象仍不同程度存在，特别是乡镇一级基层专业技术人员过于年轻化，人员流动快，县乡文化中心、农牧中心、后勤中心等单位工作能力强的年轻专业技术人员很快被上级部门抽调或通过选拔考试调走，常年从事非专业技术工作，导致乡镇始终处于培养干部人才的状态。据福建浦城县统计，乡镇至少有 30% 的专业技术人才专职或兼职行政工作，特别是近年来新考录的专业技术人才，大多在乡镇党办等综合行政部门从事工作。

（四）人才引进困难与人才流失严重并存

基层和艰苦边远地区人才引进普遍比较困难。以西藏为例，2013 年西藏自治区计划面向区外重点高校引进毕业生 500 名，实际引进 58 人，引进率仅为 11.60%；2014 年，计划引进 442 名，实际引进 133 人，引进率仅为 30.09%，引进人才数量与预期目标相比仍存在较大差距。在人才引进困难的同时，人才流失依然十分突出。2005～2012 年，阿里地区共流失 608 人，流失人才数占同期新分配人才总数的 18.90%，比同期人才增长率高出 8 个百分点。

分析人才流失的原因，主要有以下五个方面：一是工资待遇较低。当前，基层专业技术人才工资的保障作用突出，激励作用不够。以卫生行业为例，医疗卫生机构的投入和补偿机制不尽完善，基本工资水平较低。二是基层生活条件相对艰苦，有些基层地区仍存在"用水难、用电难、吃饭难、住房难"。三是医疗保健条件较差，工作任务繁重。四是经济社会发展较为滞后，为人才施展才华搭建平台、创造环境和条件的能力不足。五是人才政策吸引力不够，基层地区普遍财力薄弱，用于引进人才的资金相对有限。

五、新时代基层专业技术人才队伍发展的特点与趋势分析

（一）人才年轻化趋势日益明显

近年来，随着国内人才环境的改善，国家从各层次、各阶段支持青年科技人才发展，越来越多的青年人才在科技创新的第一线"冒尖"。伴随着国

家对基层就业的支持力度加大，基层地区提供了越来越多的就业机会和良好的职业发展前景，对毕业生产生了吸引力。越来越多的毕业生选择回乡就业，基层就业成了他们的新选择。以某西部省份为例，35 岁以下专业技术人才占比为 62.8%。某乡一单位除了 8 名班子成员是 2009 年前参加工作，其他均为近 3 年新分配的大学毕业生。因此新时期的基层人才队伍建设要尤为关注青年专业技术人才的职业通道问题和精神文化建设，确保青年基层人才发展有空间、上升有通道、待遇有保障。

（二）人才需求结构发生变化

近年来，国家针对"三农"发展问题投入了比较大的精力，农村改造、新农村建设、合村并镇、脱贫攻坚等一系列的措施、各个方面全力支持基层发展，此外随着城镇化快速推进和市场化改革深入推进，城乡基层治理发生了巨大变化，对基层人才的需求也随之发生巨大变化。以新型职业农民、乡村振兴人才、扶贫相关专业技术人才、乡村专业化治理人才为代表的新兴基层专业技术人才的需求越来越大，已成为关系到各地基层治理体系和治理能力现代化建设的重要因素。

（三）人才区域性流动趋势变强

改革开放初期，西部基层地区人才流失严重，"孔雀东南飞"是普遍现象。党的十八大以来，西部广大基层地区经济社会发展取得重大历史性成就，扩展了国家发展的战略回旋空间。当前中部崛起、西部大开发战略和"一带一路"倡议，使国家开发与发展的境界发生了深刻的转变，正从粗放式的资源开发进入精细化的内涵发展，基层专业技术人才随之出现从东部向中西部地区流动的趋向。[①] 特别是随着我国乡村振兴战略的实施，乡村开始成为我国未来经济发展的新的增长点，已具备吸纳集聚更多基层专业技术人才的能力。[②] 在此情况下，国家积极提倡人才向农村基层和艰苦边远地区流动，鼓励和支持各类人才到农村基层和艰苦边远地区自主创业和灵活就业，乡村基层专业技术人才流动逐渐频繁起来。

（四）单位人才自主使用权限扩大

对基层专业技术人才领域的"放管服"成为一大趋势，基层用人单位主体作用不断扩大。首先是基层公开招聘自主权下放，不少地区向县一级全部

① 邹宏如，敖洁，李铁明. 印度科技人才培养及其启示 [J]. 贵州大学学报（社会科学版），2006（7）：117-121.

② 周扬. 论人才集聚 [J]. 中外企业家，2011（20）：127-128.

下放了事业单位公开招聘组织权限，公开招聘计划由上级部门审批制改为备案制和承诺制，招聘时间、招聘形式、聘用办理等均充分尊重用人单位自主权。其次是自主开展职称评审，当前职称评审权下放已经在全国范围内推行，基层职称"双定向"也全面铺开。再次是岗位管理自主权下放，基层事业单位可以根据事业发展和工作需要自主设置单位内部机构岗位名称、岗位数量、岗位等级，自主制定岗位说明书，对岗位聘用人员的条件、数量、职责任务等进行规范。最后，不少地方还在基层事业单位资助考核、资助制定离岗创业办法等方面有新的尝试，未来对基层专业技术人才领域的自主权下放还将向更多环节、更大范围、更深层次发展。

（五）人才素质要求进一步提高

新时代我国经济转型升级步伐大大加快，人口质量与城镇化水平大幅提高，发展动能转换的引擎已变为劳动者科学素质、技能水平和创新能力的提升，新技术的应用对人力资源市场的影响越来越大。最活跃的发展动力在基层，最复杂的矛盾问题也在基层。基层治理是整个国家治理体系的终端，也事关千千万万人民群众的切身利益。随着我国各方面改革进入攻坚期和深水区，国家和社会都处于大的转型和变革的阶段，基层公共事务工作的特殊性、复杂性、突发性、烦琐性等程度进一步提高，对基层专业技术人才处理基层问题的能力也提出了更高的要求。

六、新时代基层专业技术人才队伍建设的对策建议

（一）坚持党管人才工作原则，健全基层专技人才工作机制

要坚持加强党对基层人才工作的全面领导，贯彻党管人才原则，把基层专业技术人才队伍建设纳入党委人才工作的总体规划并将其视为人才队伍建设整体布局的一部分，同步规划、同步部署、同步推进。积极调动各种资源、力量在吸引基层专业技术人才、服务基层专业技术人才、留住基层专业技术人才方面下功夫，进一步提高基层公共事业服务水平，确保基层专业技术人才发展有空间、上升有通道、待遇有保障，扎根基层创新创业。

（二）加大人才培养培训力度，提升专业技术人才素质

积极开展基层业务骨干挂职研修、外培、学习交流等工作，在人才"请进来""走出去"方面建立定频的、常态化的交流互动项目。探索轮转制、学分制等形式，缓解因人员紧张造成的工学矛盾。对选派单位适当地给予经费补助，提高选派单位积极性。确保派出单位人事关系及工资福利待遇保持

不变，行政职务安排、专业技术职务评聘等不受影响。加强基层专业技术人才继续教育基地建设。鼓励基层依托当地职业院校、医疗机构、科研机构或大型企业公司，创建省、市级专业技术人才继续教育基地，分行业、分领域、分专业承办基层专业技术人才研修培训项目。基层单位应保障专业技术人员参加继续教育权利和学习期间各项待遇，基层专业技术人才每年必须完成继续教育学习最低学时。开展"凡晋必学"制度，基层专业技术人才在申报高一级职称前，要有接受本专业学习培训的经历。鼓励基层专业技术人才接受上级单位、高校、继续教育基地组织的线上或线下培训，不断提升能力素质。对新取得中、高级职称的基层专业技术人才进行岗前培训。支持有关部门、地方政府、高等学校、职业院校加强合作，按规定为艰苦地区和基层一线"订单式"培养专业人才。订单式培养可采用"定向招生，专班培养，定向就业"的方式，解决基层专业技术人才"引不进、留不住"等突出问题。

（三）持续深化职称制度改革，拓宽专技人才发展通道

进一步突出品德、能力、业绩和贡献为主的评价导向。深入实施基层专业技术人才"定向评价、定向使用"政策，在"双定向"的基础上，鼓励地方针对特殊领域、特殊群体、特殊对象探索"定向设岗、定向评价、定向使用"的"三定向"政策。具体来说，就是建立定向设岗制度。基层事业单位专业技术岗位均设置为定向岗位，坚持按需设置、动态调整，不受结构比例限制；完善定向评价机制。单独制定体现基层专业技术人员工作实际和特点的定向评价标准条件，实行单独分组、单独评审、单独确定通过率；优化定向使用方式。基层事业单位专业技术人才取得职称后，要按照"即评即聘"的原则定向使用，聘任到相应岗位上，及时兑现工资待遇。

（四）创新事业单位岗位管理，用好用活有限岗位资源

鼓励地方探索建立定向设岗制度，即面向特殊领域、特殊群体、特殊对象专设的给予特殊政策的特设岗位，赋予基层事业单位人员使用更大的灵活性。鼓励地方对岗位设置实行总量管理、动态调整、统筹调控。进一步提高乡镇基层事业单位专业技术岗位设置比例，重点提高高级岗位设置比例。积极推行高级专业技术岗位市域、县域、行业内统筹管理使用机制，探索"打包"设置乡镇事业单位岗位，推广基层专业技术人才岗位"县管乡用""县管校用""乡聘村用"等模式。鼓励支持乡镇基层事业单位引进专业技术人才团队。对取得专业技术职务资格人员，乡镇基层事业单位急需且本人自愿聘用到乡镇基层事业单位工作的，在乡镇基层事业单位工作期间，可高聘一

个层级或在同层级内高聘一个等级专业技术岗位。相应岗位没有空缺的，可使用特设岗位予以聘用。针对基层普遍存在的专业技术人才岗位虚设、人岗分离、混编混岗问题，在人才招聘环节严格按照"专业对口、人岗相适"原则，提高专业、经历与岗位的对口度，最大限度按毕业生所学专业合理配置人才，明确具体去向、具体岗位，严禁混编混岗。此外，要进一步完善转岗细则和调动审批细则等配套制度，切实提高专业技术人才在岗率，确保基层专业技术人才留岗履职。

（五）完善人才流动配置机制，更好发挥政府引导作用

建立引导专业技术人才向艰苦边远和基层一线流动的长效机制。试点在教育、卫生领域探索各市县辖区内农村中小学校、薄弱学校、乡镇卫生院出现空岗、空编时，允许跨校、跨院评聘职称，通过职称评聘的方式，引导优秀教师、医疗卫生人员向基层薄弱地区流动。对基层专业技术人才的配置要充分考虑当地相关行业产业特点和规模、工作职责和任务、服务对象状况与分布、服务半径与手段、地域范围与交通等因素。根据实际情况科学核定人员编制数量和人才引进与配备，并进行动态调整。突出高校毕业生群体，持续推进"三支一扶""西部志愿者"等计划，完善引导鼓励高校毕业生到基层工作的政策措施。继续实施好"农村订单医学生免费培养"项目、国家免费师范生和定向生培养计划等，进一步扩大定向生招生范围。改进完善基层事业单位公开招聘办法，放宽条件，降低进入门槛。建立城市医生、教师、科技、文化等人才定期服务乡村制度。推广医疗、教育人才"组团式"援疆援藏经验做法，逐步将人才"组团式"帮扶模式拓展到其他艰苦地区和更多领域。鼓励地方整合各领域外部人才成立服务基层顾问团，支持引导退休专家服务基层。

（六）强化人才激励保障机制，激发专技人才内生动力

适时在更多领域、更大范围推进事业单位岗位绩效工资制度，允许差额拨款事业单位和自收自支事业单位推行绩效工资制度，绩效工资向工作一线、业务骨干、关键岗位和有突出贡献人员倾斜，打破"大锅饭"和平均主义。同时，借助落实绩效工资的契机而系统导入对专业技术人才的科学化、专业化和规范化管理。充分发挥专业技术人才队伍文化建设和精神奖励在基层地区的正向激励作用。积极开展优秀基层专业技术人才奖励工作，鼓励设立基层优秀专业技术人才，如"基层名医""基层名师"等奖励专项或在开展人才选拔和项目资助等工作中，注重向基层推广应用新技术、新成果且取

得显著经济社会效益的专业技术人才倾斜，适当提高基层专业技术人才比例。注重加强表彰奖励在人才职务晋升、职称评定、科研项目申报等方面的结果运用。推动政府人才公共服务体系向基层延伸，提升服务保障基层专业技术人才工作生活的能力水平，加强对基层专业技术人才的服务保障。

《基层专业技术人才队伍建设关键问题与对策研究》
课题组成员名单

课题组长：
李学明（中国人事科学研究院人才战略与政策研究室主任、副研究员）

执行组长：
邵　彤（中国人事科学研究院人才战略与政策研究室助理研究员）

课题组成员：
沈妍辉（中国人事科学研究院人才战略与政策研究室助理研究员）
秦嫣然（中国人事科学研究院人才战略与政策研究室研究员实习员）
陈立新（中国人事科学研究院人才战略与政策研究室副研究员）

"双碳"人才的能力素质要求及开发策略[①]

提　要：习近平总书记在党的二十大报告中强调"立足我国能源资源禀赋，坚持先立后破，有计划分步骤实施碳达峰行动。"我国一贯高度重视应对气候变化工作，在第七十五届联合国大会上宣布"二氧化碳排放力争于 2030 年前达到峰值，努力争取 2060 年前实现碳中和"的目标，宣示了我国走可持续绿色发展的决心和担当。人才是第一资源，要在经济社会可持续发展的基础上实现"双碳"目标，必须在人才开发上下更大功夫。本研究首先介绍了"双碳"人才问题提出的背景，并提出了对"双碳"人才的定义和分类。随后，本研究梳理了"双碳"人才队伍现状，提出了"双碳"人才开发面临的问题和挑战。以双碳相关领域的专业人才为调查对象，本研究基于问卷调查的结果，构建了分层分类的双碳人才胜任素质模型体系，对各类"双碳"人才所需的能力素质要求进行了梳理和总结。最后，本研究结合国家"双碳"目标和各区域的经济社会发展现状和规划，提出五个方面的"双碳"人才开发政策建议。

关键词："双碳"人才　胜任素质模型　人才开发

一、"双碳"人才问题提出的背景

2020 年 9 月，习近平总书记在第七十五届联合国大会正式宣布"中国

[①]　本文系中国人事科学研究院 2022 年度课题"'双碳'人才的能力素质要求及开发策略"报告的部分内容。

将提高国家自主贡献力度，采取更加有力的政策和措施，二氧化碳排放力争于 2030 年前达到峰值，努力争取 2060 年前实现碳中和"，宣示了我国走可持续绿色发展的决心和担当。2021 年 4 月 23 日召开的四十国领导人气候峰会上，习近平总书记提出"六个坚持"，深入阐明了中国有关实现碳达峰与碳中和的详细目标。2021 年 10 月 24 日，《中共中央国务院关于完整准确全面贯彻新发展理念做好碳达峰碳中和工作的意见》和《国务院关于印发 2030 年前碳达峰行动方案的通知》正式印发，从国家层面对"双碳"工作进行顶层设计。2021 年 12 月 8 日，习近平总书记在中央经济工作会议上提出"推进碳达峰碳中和是党中央经过深思熟虑作出的重大战略决策，是我们对国际社会的庄严承诺，也是推动高质量发展的内在要求"。2022 年 10 月，习近平总书记在党的二十大报告中强调"立足我国能源资源禀赋，坚持先立后破，有计划分步骤实施碳达峰行动"。我国一贯高度重视应对气候变化工作，坚定不移走生态优先、绿色发展之路，是全球生态文明建设的重要参与者、贡献者、引领者。目前，我国已建立碳达峰碳中和"1 + N"政策体系。"1"由《中共中央　国务院关于完整准确全面贯彻新发展理念做好碳达峰碳中和工作的意见》《2030 年前碳达峰行动方案》两个文件共同构成，"N"是重点领域、重点行业实施方案及相关支撑保障方案。总体上已构建起目标明确、分工合理、措施有力、衔接有序的碳达峰碳中和政策体系。[①] 在推进实现碳达峰碳中和这场系统性变革的过程中，如何充分发挥人才作为第一资源的作用，加快构建"双碳"人才开发体系，对于如期实现"双碳"目标至关重要。

二、"双碳"人才概念的界定和分类

目前，学术界对"双碳"人才直接进行概念界定的研究较少，对特定战略背景的人才研究较丰富。结合学术界的相关定义，本研究对双碳人才的定义为，在国家碳达峰、碳中和战略背景下，从事于节能、排污和新能源等双碳相关行业，具有双碳事业奉献精神，具备碳排放、核算、交易和咨询等技能和经验的，为碳达峰、碳中和相关产业的发展作出较大贡献的专业人才。

本研究对大量既有研究成果展开深入分析，并结合多家"双碳"转型企业的座谈调研以及行业专家意见建议，将"双碳"人才分为"双碳"管理

---

① 黄志斌. 积极稳妥推进碳达峰碳中和［N］. 光明日报，2022 – 12 – 14.

人才、"双碳"科技人才、"双碳"专业人才，以及"双碳"技能和专业辅助人才。"双碳"管理人才指为实现"双碳"目标提供从规划到执行的相关服务，包括规划和政策制定和实施、目标设定、碳足迹测算与分析、政策咨询、企业碳中和路径规划、项目落地及绿色金融等，以及对清单编制和核算、区域碳核查和企业碳排放进行监管等角色的融合型人才。"双碳"科技人才指从事基础研究、科学发现、科技攻关、高技术研究计划、重大科技专项等创新性科技工作，致力于支撑和引领"双碳"科技发展、促进科技进步、提升科技创新能力的人才。"双碳"专业人才指掌握必备专业理论知识和具备解决"双碳"工程技术难题、工程项目设计、工艺流程标准开发等能力的人才，或通过应用"双碳"科学或技术的概念和理论，进行技术创造发明、技术推广应用，提供科技创新产品和服务，或以系统方式教授上述内容的专业性"双碳"人才。"双碳"技能和专业辅助人才的工作内容通常与执行科学概念、操作方法、生产制造、政府或商业法规的应用相关，突出掌握实际操作能力，能够运用理论知识指导生产实践，创造性开展工作和解决一线操作难题的和执行相关任务的人才。

三、"双碳"人才开发的现状和问题

自习近平总书记提出"双碳"目标后，各领域"双碳"行动方案陆续出台，"双碳"人才相关的政策举措也不断优化。对于"双碳"人才的培养，我国在碳达峰碳中和"1＋N"政策体系下，不断统筹优化"双碳"科技人才培养举措，顶层设计已相对健全。但在省区市县各级政府部门制定的"双碳"工作实施方案及规划中，对"双碳"人才培养虽有所提及，却仍然缺乏关于"双碳"人才的专项政策，缺少更具体的实施举措。[①]

在主管部门层面，2021 年 11 月，工业和信息化部发布了《"十四五"工业绿色发展规划》，指出应着重和充分发挥行业协会、培训机构等各方作用，建立完善多层次人才合作培养模式。[②] 2022 年 4 月 24 日，教育部印发《加强碳达峰碳中和高等教育人才培养体系建设工作方案》，从加快紧缺人才培养、促进传统专业转型升级、加强高水平教师队伍建设等 9 个方面，明确

---

① 中国经济网. 助力"双碳"，人才缺口这么补［EB/OL］.（2023 – 02 – 13）［2023 – 06 – 20］. http：// gb. crntt. com/doc/1065/9/5/4/106595493_4. html？docid = 106595493.

② 教育部关于印发《加强碳达峰碳中和高等教育人才培养体系建设工作方案》的通知［EB/OL］.（2022 –024）［2023 – 06 – 20］. https：//www. moe. gov. cn/srcsite/A08/s7056/202205/t20220506_625229. html.

22 条主要任务和重点举措。[①] 同年 8 月 17 日，科技部等九部门发布《科技支撑碳达峰碳中和实施方案（2022—2030）》，提出推动国家绿色低碳创新基地建设和人才培养，培养和发展壮大碳达峰碳中和领域战略科学家、科技领军人才和创新团队、青年人才和创新创业人才，建设面向实现碳达峰碳中和目标的可持续人才队伍。

当前，我国在"双碳"人才开发方面，仍然面临一些问题和挑战。一是基础理论研究和实践探索不足。目前我国已完成"双碳"目标的顶层设计，发布了《关于完整准确全面贯彻新发展理念做好碳达峰碳中和工作的意见》《国家 2030 年前碳达峰行动方案》。但"双碳"目标相关的基础理论研究和地方实践探索还十分欠缺，现有"双碳"研究人才和应用人才也难以支持"双碳"目标引发的发展建设新需求。二是部门间尚未建立沟通合作机制。从调研情况看，由于不同领域对"双碳"人才的要求各有差异，当前我国"双碳"人才开发在部门间协同治理方面还存在很大的提升空间，在"双碳"人才培养、人才技能需求预测、人才工作环境优化、人才交流合作等方面尚未形成合力。三是人才供需不平衡和错配问题。"双碳"目标催生了全新的业务和商业模式，进一步扩大"双碳"领域的人才缺口，为各业务领域增加大量就业机会，但也在一定程度上造成了短时间内人才供需不平衡和错配的问题。四是人才培训难以满足实际要求。基于"双碳"目标的实现，高校、职业培训机构、企业等对"双碳"人才培养、课程设计、培训考核的调整速度相对较慢，针对创新型人才的培养重视程度不足，对于如何将"双碳"有机融入相关人才培养活动，也没有形成可操作的方案。五是人才评价标准和体系仍待完善。目前"双碳"人才的评价机制尚不健全，评价标准和体系仍待完善，人才职业发展路径尚不清晰。六是人才激励机制相对缺乏。目前大多数单位实施的绩效评价体系，没有准确体现出"双碳"人才在实现单位"双碳"目标方面的工作贡献度，考核指标相对单一，未能体现"双碳"人才岗位的性质难度和具体工作所需的知识技术含量。七是"双碳"领域师资力量缺乏。当前，"双碳"领域的人才培养，师资力量仍显不足，一方面是基础性专业师资缺乏，另一方面是高水平创新师资缺乏。八是专业设置和课程建设有待加强。尽管我国已提前布局，不少高校与"双碳"相关的专业和课程建设也取得了一定成效，但专业和课程的内涵建设仍有待

---

① 罗胜强，姜嬿．（2018）．单维构念与多维构念的测量．陈晓萍，沈伟，组织与管理研究的实证方法（3 ed.，pp. 42463）．北京：北京大学出版社．

加强。

四、"双碳"人才胜任素质模型

本研究的子研究遵循心理测量学程序[①]，综合运用统计学方法，对基于理论研究提出的一系列胜任特征，首先进行符合心理测量学的素质条目转化、开发量表设计问卷；其次进行数据收集、清洗；再次进行描述统计、探索性因子分析；最后形成具有实证数据支撑的胜任素质模型。

（一）数据收集与胜任素质测量

1. 样本与数据收集

鉴于本研究主要考察双碳人才通用胜任素质模型与各类双碳人才胜任素质模型，本研究对双碳相关领域，包括节能减排、绿色能源、绿色金融等双碳行业的专业人才为调查对象，通过问卷星平台发放并回收问卷 1 584 份。课题组经过数据清洗，用于胜任素质模型研究的有效问卷共 698 份，问卷有效率为 44.1%。剔除无效问卷后，样本量仍达到题项数量的 5 倍以上，适合进行因子分析。

经过信效度检验和探索性因子分析，采用 Kaiser 标准化最大方差法进行因子旋转，正交旋转 7 次后收敛，得出比较清晰的五因子结构，累计方差贡献率为 56.753%，能解释大部分的变异量，结果如表 1 所示。

表 1　　　　　　双碳人才胜任素质的因子分析结果 （N＝698）

	成分				
	1	2	3	4	5
严谨细致	0.782				
自信果断	0.765				
顾全大局	0.754				
爱岗敬业	0.710				
求知欲强	0.639				
表达沟通能力	0.626				
风险承受能力	0.586				
资源整合能力	0.425				

---

① 周坚. 构建服务"双碳"战略的一流人才培养体系 ［EB/OL］. （2022 - 09 - 28）［2023 - 06 - 20］. https：//www.ndrc.gov.cn/fggz/hjyzy/tdftzh/202209/t20220928_1337490.html.

续表

	成分				
	1	2	3	4	5
"双碳"政策掌握		0.737			
"双碳"法律知识		0.681			
"双碳"国际标准		0.650			
"双碳"技术应用		0.627			
"双碳"前沿知识		0.615			
"双碳"基础理论		0.606			
"双碳"项目经验		0.589			
"双碳"跨学科知识		0.527		0.464	
组织领导能力			0.717		
开拓创新能力			0.651		
逻辑推理能力			0.618		
信息分析能力			0.595		0.436
外语知识			0.451	0.444	
通晓自然科学知识				0.827	
通晓社会科学知识				0.805	
计算机和信息技术知识				0.642	
学习领悟能力					0.708
调查研究能力					0.609
环境适应能力					0.601
团队合作能力					0.583

注：提取方法：主成分分析法。
a. 旋转在 7 次迭代后已收敛。

2. 因子命名

课题组进一步根据每一主成分中原始指标的系数值分析该主成分的含义，并对其进行命名。最后得出五个维度的胜任素质，命名如表 2 所示。

表 2　　　　　　　　　双碳人才胜任素质构成维度及命名

维度	素质
维度 1：双碳事业奉献精神	严谨细致、自信果断、顾全大局、爱岗敬业、求知欲强、表达沟通能力、风险承受能力、资源整合能力

人才工作与人才队伍建设

续表

维度	素质
维度 2：双碳特殊知识与经验	"双碳"政策掌握、"双碳"法律知识、"双碳"国际标准、"双碳"技术应用、"双碳"前沿知识、"双碳"基础理论、"双碳"项目经验、"双碳"跨学科知识
维度 3：可信赖的行动派	组织领导能力、开拓创新能力、逻辑推理能力、信息分析能力、外语知识
维度 4：科学素养	通晓自然科学知识、通晓社会科学知识、计算机和信息技术知识
维度 5：学习更新能力	学习领悟能力、调查研究能力、环境适应能力、团队合作能力

3. 双碳人才通用胜任素质模型

首先，研究呈现双碳人才通用胜任素质模型（1 级）5 维度雷达图，5 个维度的相对得分如图 1 所示，维度 2 双碳特殊知识与经验得分最高，维度 4 科学素养得分最低。

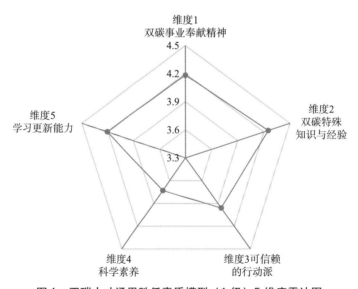

图 1　双碳人才通用胜任素质模型（1 级）5 维度雷达图

资料来源：本研究整理。

其次，研究呈现双碳人才通用胜任素质模型（2 级）复合条形图，如图 2 所示，数据点与右侧坐标轴呈现了通用模型（1 级）5 个维度的相对得分。条形图与左侧坐标轴呈现了各维度细化到 2 级指标的得分。复合条形图呈现出每个 1 级维度中，各 2 级指标在维度均值上下的波动情况。

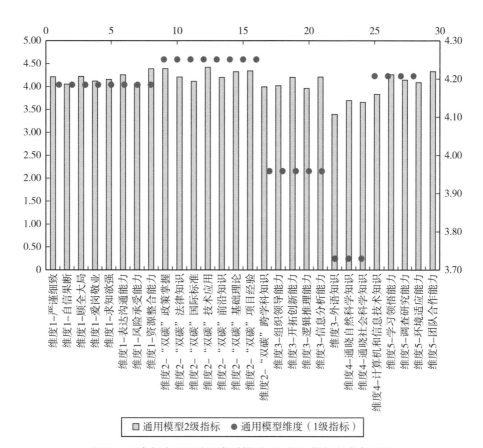

图2　双碳人才通用胜任素质模型（2级）指标复合条形图

资料来源：本研究整理。

（二）分层分类的双碳人才胜任素质模型体系构建

基于本研究有关双碳人才科学分类的研究，本子课题拟采用职业和双碳全生命周期行动两个双碳人才分类方式，构建分层分类的双碳人才胜任素质模型体系。具体而言，研究从职类角度细分出四类双碳人才，各类"双碳"人才的雷达图如图3所示。

1. 双碳专业人才的界定及其与通用胜任素质模型的比较（N＝308）

如图4和图5所示，双碳专业人才胜任力特点：此类型人才占整体的44%，是通用胜任素质模型形态的重要塑造者。尽管如此，双碳专业人才在科学素养方面略高于双碳通用人才。

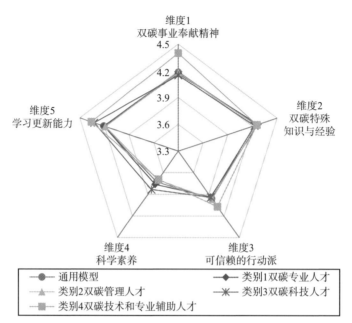

图 3 各类双碳人才与通用胜任素质模型的比较雷达图

资料来源：本研究整理。

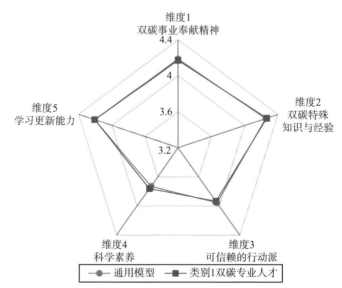

图 4 双碳专业人才与通用胜任素质模型 5 维度比较雷达图

资料来源：本研究整理。

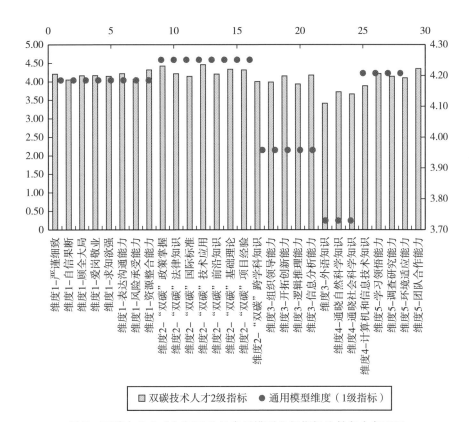

图5 双碳专业人才与通用胜任素质模型2级指标比较复合条形图

资料来源：本研究整理。

2. 双碳管理人才的界定及其与通用胜任素质模型的比较（N=319）

如图6和图7所示，双碳管理人才胜任力特点：此类型人才占整体的46%，是通用胜任素质模型形态的重要塑造者。双碳管理人才在学习更新能力方面略高于双碳通用人才；双碳管理人才在科学素养方面略低于双碳通用人才，反映出从事碳管理工作不用特意强调理工科求学背景。

3. 双碳科技人才的界定及其与通用胜任素质模型的比较（N=24）

如图8和图9所示，双碳科技人才胜任力特点：此类型人才占整体的3%①，是此次通用胜任素质模型调研中的少数群体。双碳科技人才在科学素养、学习更新能力方面显著高于双碳通用人才。

---

① 由于本子群体未达到大样本 N>30 的标准，因此基于该子群体的胜任力特点分析结论仅供参考。

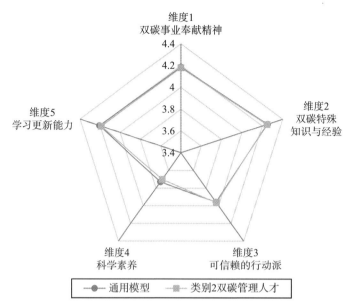

图 6　双碳管理人才与通用胜任素质模型 5 维度比较雷达图

资料来源：本研究整理。

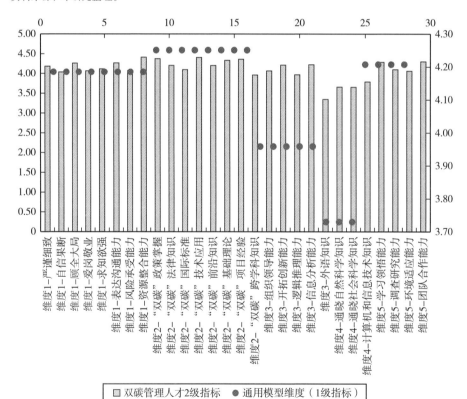

图 7　双碳管理人才与通用胜任素质模型 2 级指标比较复合条形图

资料来源：本研究整理。

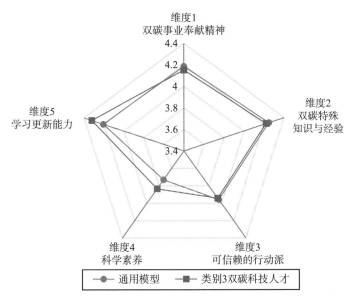

图8 双碳科技人才与通用胜任素质模型5维度比较雷达图

资料来源：本研究整理。

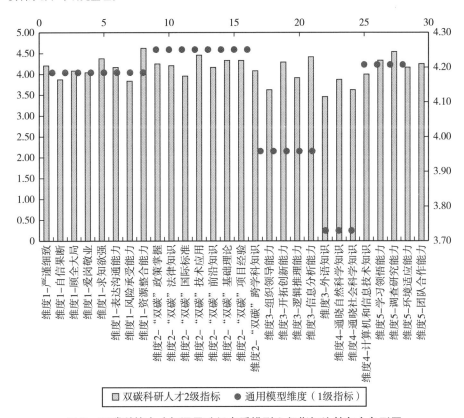

图9 双碳科技人才与通用胜任素质模型2级指标比较复合条形图

资料来源：本研究整理。

4. 双碳技能和专业辅助人才的界定及其与通用胜任素质模型的比较（N=37）

如图 10 和图 11 所示，双碳技能和专业辅助人才胜任力特点：此类型人

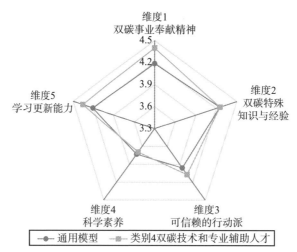

图 10 双碳技能和专业辅助人才与通用胜任素质模型 5 维度比较雷达图

资料来源：本研究整理。

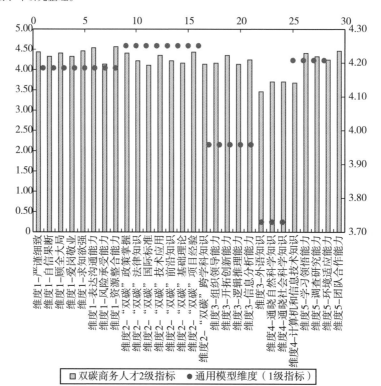

图 11 双碳技能和专业辅助人才与通用胜任素质模型 2 级指标比较复合条形图

资料来源：本研究整理。

才占整体的 5%，是此次通用胜任素质模型调研中的少数群体。双碳技能和专业辅助人才在双碳事业奉献精神、可信赖的行动派，以及学习更新能力方面显著高于双碳通用人才。

五、"双碳"人才的能力素质要求

本研究以"双碳"管理人才、科技人才、专业人才、技能和专业辅助人才为例，对其所需的能力素质要求进行了梳理和总结。

（一）"双碳"管理人才能力素质要求

1. 知识技能要求

"双碳"管理人才主要为实现"双碳"目标提供从规划到执行的相关服务，包括目标设定、碳足迹测算与分析、政策咨询、企业碳中和路径规划、项目落地及绿色金融等，形成融合发展战略的综合性举措，助力组织实现净零目标。从工作内容来看，"双碳"管理人才需要掌握控制并优化碳减排成本、规避政策和市场风险、识别和运用各种机遇等各项工作环节。从知识储备来看，"双碳"管理人才具有突出的复合型属性，需要具备碳排放管理知识、国家相关政策、企业经营管理知识、企业发展规划知识等。

2. 能力素质要求

"双碳"管理人才需要面对严格的国家政策要求和复杂多变的国际市场环境，迅速地定位工作目标和自己的角色，快速熟悉陌生环境、熟悉变化的规则和理解复杂环境下的人际关系，持续不断地协调组织复杂的利益相关方形成合力，并且应对项目中的不确定性并解决从未遇到过的问题。因此，从能力的角度来看，组织领导能力、资源整合能力、环境适应能力等是"双碳"管理人才能力要求的重要内容。

（二）"双碳"科技人才能力素质要求

1. 知识技能要求

从知识储备来看，"双碳"科技人才具有很强的专业属性，这就要求该类人才需要系统了解碳排放相关和前沿理论知识；掌握碳排放核查规范；能够设计碳达峰路径/规划，还包括碳中和专项立法、碳定价机制研究、生态系统固碳增汇、碳排放核算体系研究等。

2. 能力素质要求

从能力的角度看，"双碳"科技人才的创新性属性比较突出，需要具备工作创新能力、分析判断能力、独立工作能力、环境适应能力、系统思维能力、主动学习能力、灵活应变能力、数据挖掘、数据处理与分析、平台控制、平台管理和维护等。

（三）"双碳"专业人才能力素质要求

1. 知识技能要求

从知识的角度来看，专业人才需要具备商业服务知识、商业宣传知识、传统营销知识、现代电子商务知识、碳交易知识等。专业人才的主要工作是将企业产品的效益最大化，因此在其日常工作和商业活动中，需要掌握商业服务知识、商业宣传知识、传统营销知识等。同时，在互联网发达的今天，也需要具备互联网领域的知识和金融领域知识，以便可以更好地为企业服务。

2. 能力素质要求

从能力的角度来看，专业人才需要具备工作创新能力、分析判断能力、环境适应能力、系统思维能力、主动学习能力、灵活应变能力、商业宣传能力、人际沟通能力等。

（四）"双碳"技能和专业辅助人才能力素质要求

1. 知识技能要求

从知识的角度来看，"双碳"技能和专业辅助人才具有较强的专业性和操作性属性，需要具备碳达峰碳中和知识、掌握本行业生产运行的基本情况、碳排放特点、监测设备特性等。"双碳"技能和专业辅助涉及的行业较多，每个行业的技能和专业辅助人才需要在专精于自身行业的基础上，结合碳达峰碳中和的任务目标，提高生产制造技艺。

2. 能力素质要求

从能力的角度来看，技能和专业辅助人才需要具备动手实操能力、分析判断能力、独立工作能力、环境适应能力、系统思维能力、主动学习能力、灵活应变能力、数据挖掘、数据处理与分析、平台控制、平台管理和维护等。

六、"双碳"人才开发政策建议

实现"双碳"目标面临的任务具有复杂性强、覆盖面广等特点，因此对人才的专业性、创新性和实践性都有很高的要求。未来应结合国家"双碳"目标和各区域的经济社会发展现状和规划，加快研究因地制宜的"双碳"人才开发体系，具体可从以下几方面入手。

（一）优化人才开发总体布局

"双碳"战略是系统性变革，构建"双碳"人才开发体系必须坚持系统性、全局性观念，相关部门各司其职、密切配合，做到长短结合、点线面结合、中外融通结合，健全政府、社会、单位多元化人才投入机制，共同抓好人才开发工作各项任务落实。[5]

1. 整体规划和重点布局相结合

根据本研究提出的基于双碳全生命周期行动的人才分类方式以及分层分类的双碳人才胜任素质模型，工业、建筑、交通，以及农林等部门双碳人才胜任力的情况都有所差别。为此，必须从注重整体布局和优先培养急需紧缺人才两方面入手，明确不同行业部门对"双碳"人才的需求，结合高校、职业院校、人才交流培训机构和行业企业的不同优势特点，深化"双碳"人才培养供给侧结构性改革，以人才培养体系系统性重构回应"双碳"需求。

2. 通用能力和专业能力相结合

"双碳"目标催生了新的人才需求，对人才能力提出更高要求，与"双碳"目标相适应、具备通用能力和专业能力的复合型人才成为新的人才培养方向。基于"双碳"人才通用能力和专业能力需求，结合双碳人才胜任素质模型的科学素养与双碳特殊知识与经验两大维度，"双碳"人才的培养既要坚持厚基础、跨学科，做好"双碳"通识教育，又要立足工程技术、金融管理等不同行业背景开展有针对性的专业教育，培养多元能力复合的专门人才。

3. 自身特色与国际标准相结合

本研究通过双碳人才胜任素质模型发现，双碳特殊知识与经验这一维度包括"双碳"国际标准、"双碳"前沿知识等。要探索、借鉴发达国家有关的前沿实践经验，引进"双碳"技能有关的国际先进知识体系，培养具有家国情怀和国际视野的一流人才，建设中国特色、世界水平的碳达峰碳中和人才培养体系。

4. 科普宣传和引导示范相结合

"双碳"人才培养的关键一步在于转变观念。尤其是各级政府部门，可以通过开展人才"双碳"素养提升行动，为各类"双碳"人才涌现营造良好的生态环境。在社会实践和日常生活中抓好绿色低碳教育，开展绿色发展制度与政策、绿色低碳技术与产品的科普宣传，营造绿色低碳发展良好氛围，让践行低碳理念成为自觉行为方式。

5. 资源整合与交流合作相结合

充分发挥政府部门、行业组织、科研机构、人才交流培训机构、企业等作用，从国内"双碳"人才培养方案、师资队伍、硬件设施、数据整合、实践案例等多个方面推动"双碳"人才培养和开发资源的集成和有效共享。与其他国家政府部门合作推动"双碳"人才培养资源的集成共享，与世界一流大学和学术机构合作开展"双碳"领域国际联合培养，与企业、协会多方通过产教融合、培训交流以及技能提升推动"双碳"人才培养与市场需求相结合。

（二）加强人才技能培训更新

"双碳"人才培养是一项长期任务和系统工程，涉及学科专业、教育教学、师资队伍等多个方面，必须坚持系统观念、多维发力，构建符合人才成长规律、教育教学规律、科技创新规律的一流人才培养体系。

1. 探索高等教育人才培养

"双碳"人才培养首先要聚焦解决基础研究人才数量不足、质量不高的问题。本研究界定了双碳科技人才的定义，即从事科学发现、技术发明、研发设计等创新性工作，并提供科技创新产品和服务的"双碳"人才。针对双碳科技人才提炼的胜任素质模型显示，双碳科技人才对人才的科学素养和学习更新能力两方面有更高要求。

高校、教育培训机构、人才交流机构要发挥培养"双碳"基础研究人才主力军作用，一是优化"双碳"学科专业体系。重点建设新能源、储能、氢能等紧缺学科专业，向节能减排、低碳经济、清洁能源等方向拓展，建立交叉学科发展引导机制，转变学科单一发展的惯性，探索和培育与"双碳"相关的新兴学科方向。二是打造"双碳"教育教学体系。聚焦不同类型、不同层次人才培养目标，以提升"双碳"素养为核心，加强系统性教学设计。三是深化开展产学研合作。加强高校与行业产业、重点企业良性互动，组建"双碳"产教融合发展联盟，组织创新团队开展跨学科、跨领域产学研协同攻关。四是构建"双碳"师资体系。系统开展碳达峰碳中和师资培训，提升教师"双碳"素养和育人能力，精准引进"双碳"急需紧缺人才培养领域的一线专家、技术骨干及海外高层次人才。

2. 开展职业技能培训

由于"双碳"人才队伍建设还处于初级阶段，短期内供需不平衡的状况难以避免，对于有双碳人才需求的企业来说，难以直接从高校端引进完全对口专业的复合型人才。在没有特定对口专业的人员可招聘的情况下，目前关键是要加强对存量人才的培养，在其原有知识技能与工作经验的基础上进行补足。

一是鼓励支持企业开展职业技能提升培训。对于已经在职的工作人员，尤其是从事高碳行业的人才，支持企业利用自身教育培训资源，有针对性地开展在岗培训、脱产培训、在线学习等职业技能培训，并给予转岗技能培训补贴。二是支持职业院校扩大相关的培训供给。鼓励职业学校打造以实现"双碳"目标为指导的课程体系，根据双碳发展需要将新技术、新工艺、新规范纳入教学标准和教学内容。加强与企业、人才交流培训机构合作，深化"共建专业、共育人才、共建基地"的培养机制，以多样化方式开展人才培训。三是深入实施终身职业技能培训制度。面对"双碳"技术的快速进步、"双碳"目标持续推动的大趋势，深入实施适应人才成长和就业创业需要以及经济社会发展需求的终身职业技能培训制度至关重要。

（三）持续开展人才需求预测

一是研究制定"双碳"人才需求预测工作实施办法。结合国内外有关经验，确立双碳人才需求预测工作的基本原则、适用范围、指标体系、预测模式以及预测结果反馈与应用机制。

二是建立"双碳"人才需求预测长效工作机制。定期统计明确双碳人才数量、教育背景、职业岗位能力要求等人才发展现状，基于目前人才基础数据和双碳有关产业发展现状，预测未来双碳人才需求数量、人才缺口数量。

三是建立"双碳"重点领域高层次人才动态监测机制。充分利用数据信息对双碳重点领域的全球高层次人才流动情况进行分析，把握高层次人才流动规律，加快人才库更新周期，为人才靶向引进和自主培养提供参考。

四是建立"双碳"人才需求预测结果反馈机制。根据有关预测结果动态调整相关学科专业设置，推动人才培养供给侧对接需求侧。开展紧缺人才培训和水平评价项目，科学编制紧缺人才需求目录。

（四）构建人才评价激励机制

建立多元化人才评价机制。围绕"双碳"产业发展、创新需求和社会发展需要，加快推进以创新价值、专业能力、胜任素质、实绩贡献为导向的"双碳"人才评价体系建设。实施人才分层分类评价，根据不同"双碳"人才所需的专业性水平和创新能力，建立适应不同人才特点的评价体系。

强化人才评价正向激励作用。用好用活人才分类评价结果，把人才评价结果作为岗位聘用和提拔使用的重要依据。引入能力考核评价体系，鼓励各类双碳人才提升科学素养、双碳特殊知识与经验，构建学习型的双碳人才队伍，最大限度发挥绿色低碳人才创新积极性和主动性。

健全以业绩为导向的人才激励机制。加快实行符合科技创新和行业特点的绩效工资制度，逐步提高"双碳"人才的福利待遇。对于承担重大科研任务和技术攻关难题的科技人员，加快落实灵活薪酬制度和奖励措施。

（五）推动"双碳"领域引才引智

一是大力促进"双碳"领域人才引进。以国家"双碳"发展需求为导向，依托各类引才引智计划，构筑集聚国内外科技领军人才和创新团队的绿色低碳科研创新高地。鼓励相关企业、科研院所引进具有国际视野的"双碳"人才，进一步完善人才引进政策措施，完善海外"双碳"人才来华服务的"绿色通道"，精准提升引才效率，为人才引进争取主动权，鼓励更多优秀的"双碳"国际人才来华发展。

二是探索创新"双碳"领域技能人才交流合作。探索"双碳"国际化技能人才的培养与开发，依托人才交流机构、职业技能培训机构，深化与在"双碳"人才领域经验丰富的外国院校、机构合作，促进各层次、各阶段"双碳"领域技能人才的跨国培养、出国实习、短期交流等交流合作。通过举办国际"双碳"人才创新创业大赛、技能大赛、技能博览会等活动，加强"双碳"人才技能开发领域的国际交流和国际经验借鉴。

三是持续加强"双碳"人才技能提升的国际先进知识体系引进。引进"双碳"技能有关的国际先进知识体系，融合国内外的"双碳"教育理念和培训课程，进一步加强跨国界的人才学术交流与合作协同拓展。例如引进英格兰可持续制造与创新技能学院课程、爱尔兰 NZEB 短期课程、澳大利亚"绿色管道工项目"等国外绿色低碳知识体系，并基于中国国情开发出符合我国人才培训需求的本地化课程，将引进国外先进知识体系平台建设与市场化有机结合。

参考文献

［1］黄志斌．积极稳妥推进碳达峰碳中和［N］．光明日报，2022－12－14．

［2］中国经济网．助力"双碳"，人才缺口这么补［EB/OL］．（2023－02－13）［2023－06－20］．http：//gb. crntt. com/doc/1065/9/5/4/106595493_4. html？docid＝106595493．

［3］教育部关于印发《加强碳达峰碳中和高等教育人才培养体系建设工作方案》的通知［EB/OL］．（2022－024）［2023－06－20］．https：//www. moe. gov. cn/srcsite/A08/s7056/202205/t20220506_625229. html．

［4］罗胜强，姜嬿．（2018）．单维构念与多维构念的测量．陈晓萍，沈

伟，组织与管理研究的实证方法（3 ed.，pp. 42463）［D］. 北京：北京大学出版社.

［5］周坚. 构建服务"双碳"战略的一流人才培养体系［EB/OL］. （2022 - 09 - 28）［2023 - 06 - 20］. https：//www. ndrc. gov. cn/fggz/hjyzy/td-ftzh/202209/t20220928_1337490. html.

《"双碳"人才的能力素质要求及开发策略》
课题组成员名单

课题组长：

王　伊（中国人事科学研究院国外人力资源与国际合作研究室副主任、二级翻译）

课题执行组长：

王秋蕾（中国人事科学研究院国外人力资源与国际合作研究室二级翻译）

课题组成员：

熊　缨（中国驻欧盟使团一等秘书）

吴雨晨（中国人事科学研究院国外人力资源与国际合作研究室助理研究员）

西　楠（首都经济贸易大学劳动经济学院讲师）

李　鑫（中国节能环保集团副研究员）

中国人事科学研究报告

THE REPORT OF CHINESE PERSONNEL SCIENCE

信息时代技术转移复合型人才开发策略研究[①]

提　要： 当前，我国正处于新旧动能转换的关键时期，处于"两个一百年"奋斗目标实现的历史交汇点，同时也是实现经济高质量发展的重要突破期。单纯的科研投入并不能直接、有效地促进经济增长，从大学、科研机构等学术研究单位产出的科研成果，需要通过市场化创造商业价值，才能更好地成为促进经济发展的关键生产力，技术转移人才是盘活我国科技研发存量、实现科技成果转移转化的关键。当前我国技术转移人才面临严重缺口、受教育程度下滑趋势明显以及专业化程度不足等问题。本文以技术转移人才作为研究对象，分析了技术转移人才群体特征情况。进一步地，本文探究了技术转移人才职业发展所面临的困难，并提出技术转移人才能力素质提升的主要方向。为加快技术转移人才能力素质培养，本研究基于能力模型和冰山模型构建了"四度能力模型"，并解读了相关维度关系。据此，对我国现阶段加快培育复合型技术转移人才提出了相关政策建议。

关键词： 技术转移人才　四度能力模型　人才开发

习近平总书记在《深入实施新时代人才强国战略加快建设世界重要人才中心和创新高地》中强调"创新是第一动力""人才是第一资源"。技术转

---

①　本文系中国国际人才交流基金会委托中国人事科学研究院 2022 年度研究课题"信息时代技术转移复合型人才开发策略研究"报告的部分内容。

移人才在科技创新成果的转移与转化过程中发挥着重要的"桥梁"作用。因此,加大对高素质、科学化、专业化、职业化技术转移人才队伍的培育与建设,切实推动我国科技创新成果的充分转化与高效利用,对实现我国经济的高质量发展与推动产业结构转型升级具有重要的战略意义。

一、国内技术转移人才的发展现状

(一)人才面临严重缺口

技术交易机构是以企业和产业需求为导向,整合创新要素和创新资源,提供技术孵化、技术转让、技术咨询、技术评估、技术投融资、技术产权交易、知识产权运营及技术信息平台等专业性和综合性服务的机构,是技术转移服务体系的重要组成部分。根据全国技术市场调查统计数据,全国 26 家主要技术交易机构共有从业人员 1 149 人,2021 年共促成技术交易 5 576 项,开展 727 次技术推广和交易活动,组织技术转移相关培训 26 826 人次。从技术交易机构从业人员数量可以侧面推断出技术交易机构从业人员数量较低、机构头部效应不明显、技术交易人才仍然面临严重缺口等问题。

国家技术转移机构是为实现和加速科学知识、技术成果、科技信息和科技能力等系统知识从技术供给方向技术需求方转移,提供技术经济、技术集成、技术评价和技术投融资等服务的机构,是技术转移体系的重要组成,是承载技术转移人才的重要载体。截至 2021 年年底,全国共有各类技术转移机构 420 家,其中反馈有效数据的 399 家机构全年促成技术转移项目 148 947 项,达成技术合同成交金额 1 817 亿元。2021 年,这 399 家技术转移机构共有从业人员 55 924 人。

高等院校是设立技术转移机构和培养技术转移人才的重要载体,根据《2022 年中国专利调查报告》,在高等院校层面,我国约有 50.8% 的高校设立了专利转移转化机构,但是我国大学技术转移机构的专职工作人员平均数量为 3 人,80.5% 的高校专职知识产权管理人员人数在 2 人以下。由此可见,近年来,虽然我国大学从事科研工作的人力资源丰富、科研经费充足,但是明显缺乏专门的技术转移专业人才,科研成果落地并实现产业化仍然任重道远。在企业层面,2022 年调查数据显示,48.7% 的企业专利权人反映"缺少高端专业人才"是制约企业专利产业化的最主要原因,这也能够直接证实我国技术转移人才的综合能力难以满足社会发展的需要。进一步开发技术人员综合能力、培育高素质技术转移人才已然成为当下优化技术转移体系的重中之重。

人才工作与人才队伍建设

（二）综合素质总体较好，但下滑趋势明显

上文所述 420 家技术转移机构中反馈有效数据的 399 家机构获得技术经纪人资格的有 4 441 人，占总人数的 7.9%；大学本科及以上人员有 45 631 人，占总人数的 81.6%，总体上具有较好的教育背景；中级职称及以上人员有 33 908 人，占总人数的 60.6%。如图 1 所示，2021 年技术转移机构从业人员的学历及中级职称以上的人数较 2020 年有所下滑。学历及职称作为技术转移人员综合素质的重要体现，其走向趋势也在一定程度上意味着技术转移人员的综合能力可能较以往有所下降。

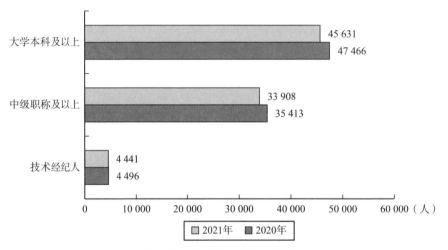

图 1　国家技术转移机构人员组成

具体到以天津市为例，在天津市登记的 883 名技术转移人员中，博士 59 人、硕士 300 人、本科 450 人，硕士及以上学历的技术转移人员占总人数的 40.66%，本科及以上学历占比高达 91.62%；从学科背景来看，天津市技术转移人员中具备理工科专业背景的人员比例有 506 人，占比约为 57.30%，其余人员则分散于经济学、管理学、法学、教育学、文学等诸多学科，整体上显现出了高学历、理工科为主、多学科交融的教育背景。

（三）专业化程度不足

我国的技术从业人员总体规模较小，存在着较为明显的人才缺口，尤其是缺乏专职从事成果转化服务的人员。高校作为技术的重要产出单位，全国除部分顶尖高校外，绝大多数高校的技术转移工作由兼职的科研人员或行政人员负责，这些人员本身已经需要负责教学科研、学生管理等诸多工作，往往难以主动开展科研成果转化、推进技术转移服务。即使是高校里技术转移机构的专职人员，其工作也主要是出售学校档案室的专利证书，对专利技术的创新性、盈利能力以及市场需求情况往往了解不足，对于专利转化业务的相关流程和手续也是不甚了解。社会上的技术转移人员往往占有较大比例，但是由于信息不对称问题，与科研机构联系不够紧密，往往是在知识产权、财税法律、投融资等已有的业务基础上延伸服务，缺少主动联系交易双方这一关键环节，仅仅是在已有的交易双方达成意向后进行补充性服务，很少能够主动提供深入、专业的技术转移服务。

二、基于问卷调查的我国技术转移人才特征分析

（一）男性比例较高，年龄集中在 35 岁左右

采取随机抽样获取的样本数据显示，技术转移人才男性比例远高于女性，其中男性技术转移人才占比 66.11%，女性技术转移人才占比 33.89%，男女比例约为 2:1。

从年龄分布来看，技术转移人才年龄分布主要集中在 30~39 岁，以青壮年劳动力为主，占比约为 59.52%，年龄段在 40~49 岁的次之，年龄分布在 30 岁以下和 50~59 岁的则相对较少（见表 1）。

表 1　　　　　　　　　　　技术转移人才年龄分布

年龄段	频数	百分比（%）
30 岁以下	100	14.01
30~39 岁	425	59.52
40~49 岁	172	24.09
50~59 岁	16	2.24
60 岁及以上	1	0.14
合计	714	100.00

（二）学历水平总体较高，本科率高达 90%

总体来看，我国技术转移人才总体受教育水平较高，本科以上的从业人员占比高达 93.14%。具体来看，本科学历的群体占比最高，其次是硕士学历，这两类文化程度的技术转移人才占比分别为 70.45%、21.57%，从业人员为大专/高职及以下学历的仅占 6.86%，表明我国技术转移人才的学历水平呈现较高态势（见表 2）。良好的教育背景将有助于技术转移人才更容易接受新鲜事物，将会在很大程度上帮助技术转移机构开展后期的教育培训，提升技术转移工作的相关技能。

表2 技术转移人才学历分布

学历	频数	百分比（%）
大专/高职及以下	49	6.86
本科	503	70.45
硕士研究生	154	21.57
博士研究生	8	1.12
合计	714	100.00

（三）从业时间较短，民营企业居多

样本数据显示，技术转移人才的从业时间总体偏少，在技术转移或转化行业从业时间为 4 年以下的高达 46.22%。其次是 5 ~ 9 年，占比约为 24.79%。之后依次是 10 ~ 14 年、14 ~ 19 年、20 ~ 24 年、25 ~ 29 年以及 30 年以上，工作年限整体呈现出阶梯式下降的趋势（见表 3）。这种现象的背后，一方面是由于我国长期以来对技术转移工作的不重视，另一方面则主要归结于我国的技术转移培训体系不健全，技术转移人员缺乏专业化技能，难以扎根了解技术转移相关工作与程序，岗位从业人员流动性较大。

表3 技术转移人才从业经验分布

从业年限	频数	百分比（%）
0 ~ 4 年	330	46.22
5 ~ 9 年	177	24.79
10 ~ 14 年	141	19.75
15 ~ 19 年	45	6.30
20 ~ 24 年	16	2.24
25 ~ 29 年	4	0.56
30 年及以上	1	0.14
合计	714	100.00

技术转移人才工作或者服务最多的是民营企业或者个人，占比高达52.24%，远高于国有企业的29.55%和外资或合资企业的14.71%（见表4）。这主要是由于民营企业作为国民经济的重要组成，经济活力旺盛，主动寻求与企业未来发展方向相匹配的技术，并期望通过技术转移来占领市场份额，实现经济效益最大化。

表4 技术转移人才工作或服务单位性质分布

单位性质	频数	百分比（%）
政府机关	13	1.82
国有企业	211	29.55
外资/合资企业	105	14.71
民营企业/个体	373	52.24
其他（请说明）	12	1.68
合计	714	100.00

（四）岗位分布以技术、管理类为主

样本数据显示，技术转移人才工作岗位的分布主要集中于技术类（39.92%）、管理类（50.98%），这两类的比例之和就已经高达90.9%，是技术转移人才工作岗位的主体。其他岗位如科研类、营销类则仅占3.50%、4.62%（见表5）。技术类技术转移人才需要对已有科研成果的价值、应用方向、发展前景等有着较为清晰的认知，管理类技术转移人才则辅助科研成果交易双方完成技术转移的相关程序，包括所有权的转让、程序的合规性等方面。科研并不是技术转移机构所承担的主要职能，技术研发的长周期限制了营销岗位的规模，因而技术转移机构中就呈现出技术类、管理类岗位占比较高，科研类、营销类岗位占比较低的特点。

表5 技术转移人才工作岗位分布

岗位类型	频数	百分比（%）
技术类	285	39.92
管理类	364	50.98
科研类	25	3.50
营销类	33	4.62
其他（请说明）	7	0.98
合计	714	100.00

（五）中级职称群体占比较高

职称级别是衡量人才专业技能熟练度与贡献度的重要体现，能够最直接、最直观地反映人才的能力。由样本数据可以看出，技术转移人才为中级职称的约占38.52%，其次是没有职称的技术转移工作人员，两者相差不大，仅为5.75%。副高级以上职称的人才仅占16.95%，与之形成强烈反差的是技术转移人才在中级及以下职称高达 50.28%，整体上职称认定仍然处于较低状态（见表 6）。这在一定程度上体现出我国技术转移人才工作经验较少，人才培训不足致使工作人员难以做出突出贡献，未来如何进一步提升技术转移人才工作技能是当下开发技术转移复合型人才的重中之重。

表 6　　　　　　　　　　技术转移人才职称分布

项	频数	百分比（%）
初级	84	11.76
中级	275	38.52
副高级	106	14.85
正高级	15	2.10
无	234	32.77
合计	714	100.00

三、信息时代下技术转移人才职业发展面临的困难及提升方向

（一）技术转移人才职业发展所面临的主要困难

尽管目前技术转移人才培养已经受到了业界的广泛重视，但技术转移人才培养仍然面临一系列问题，致使高素质复合型技术转移人才凤毛麟角。本文对技术转移人才职业发展状况进行了调查，调查结果如下（见表 7）。

一是职业晋升渠道狭窄。样本数据显示，高达 68.91% 的人认为技术转移职业晋升通道较窄，薪资提升较慢，这是因为与其他行业相比，目前技术转移仍然属于小众行业，虽然部分地区已经规范了技术转移职称序列，但是行业发展仍处于探索起步阶段，技术转移人才的职业上升通道还没有被完全打通。另外，由于技术转移行业的整体收入水平相对较低，这恐将在一定程度上降低优秀人才的从业意愿。

二是相关培训机会较少、工作技能掌握不足，这也是制约技术转移人才职业发展的重要一环。这一现象主要归结于我国技术转移人才培养体系不完善，尽管目前已经衍生出部分培训项目，但主要是短期职业培训，其培训内容、培训效果和培训范围与市场预期相比仍有一定的差距。另外，我国已于 2020 年颁布了《国家技术转移专业人员能力等级培训大纲》，但是技术转移人员的能力鉴定尚未形成全国统一的定型标准。在信息时代下，新技术、新平台、新业态的应用都将给技术转移人员带来新的挑战，其工作技能也逐渐

捉襟见肘，难以满足工作需要，因而"技术的更新迭代速度太快，难以跟上步伐"也是技术转移人才职业化过程中面临的主要困境。

三是技术转移人才职业发展过程中还面临着"能接触到的相关资源缺乏""与相关从业人员的联系不够紧密"等问题。这可能是由于相比于发达国家，我国技术市场发展时间较短，技术转移从业人员从业年限有限，缺少具有丰富阅历和实操能力的高素质技术转移人才，也未能形成技术转移从业协会或联盟等机构，从而难以实现资源的有效共享。

表7　　　　　　　　技术转移人才职业发展面临困难统计

面临困难	选项	频数	百分比（%）
职业晋升通道较窄，薪资提升较慢	不同意	222	31.09
	同意	492	68.91
工作条件较差，工作不稳定	不同意	542	75.91
	同意	172	24.09
相关培训机会较少，工作技能掌握不足	不同意	288	40.34
	同意	426	59.66
与相关从业人员的联系不够紧密	不同意	432	60.5
	同意	282	39.5
能接触到的相关资源缺乏	不同意	309	43.28
	同意	405	56.72
社会对于技术转移工作的认可度不高	不同意	439	61.48
	同意	275	38.52
技术的更新迭代速度太快，难以跟上步伐	不同意	446	62.46
	同意	268	37.54
继续教育机会较少	不同意	538	75.35
	同意	176	24.65
创业能力培训较少	不同意	559	78.29
	同意	155	21.71

（二）个人能力素质提升的主要方向

国家和企业作为促进技术转移人才职业发展和能力提升的重要载体，可借助特定手段或措施来培育高素质、复合型技术转移人才。根据调查研究数据，个人能力素质提升的主要方向大致可以分为以下五个方面（见表8）。

一是约有68％的人认为应当建立明确的技术转移规范标准及体系。我国的科技体制不同于其他国家，科技成果转化模式和路径自然也应该具有中国特色，因此我国应当进一步加强政府引导和技术转移制度创新，现阶段有必要建立一个广泛的、规范的技术转移标准及体系，鼓励科研单位与社会企业合作开展研究，参与技术转移和商业化，驱动大规模、高效率的技术成果向产业部门转移，实现巨大的经济绩效。

二是约有62％的技术转移人才认为"增加资金支持，增加技术转移相关的培训项目"迫在眉睫。可以说资金支持是培养大规模技术转移人才的基本前提，这就要求我们各相关部门增加财政预算，尤其是针对国家级技术转移机构，可适当规定各部门用于培训技术转移人才的预算资金比例。更为重要的是，我们要建立信息化技术转移人才培养体系，包括提升师资信息技术运用能力、增加培训机构规模和现代化信息手段，高效有序地开展招生和培训工作，逐步建成包括继续教育在内的健康有序的技术转移人才培养体系，使得技术转移人才能够满足技术转移行业发展的实际需求。

三是约有65％的人提出国家和企业要完善技术转移人才职称评价体系，并且要能够建立清晰的职业晋升通道。好的技术转移人才不是只依靠培训机构培养出来的，而是理论与实践相结合的产物。技术转移人才在社会上能否得到良好的职业发展，直接决定了未来技术转移人才的数量、质量，影响着技术转移的成功与否，又会对后续院校培养产生反馈和导向作用。而且2017年《国家技术转移体系建设方案》中已经明确提出"完善多层次的技术转移人才发展机制""支持和鼓励高校、科研院所设置专职从事技术转移工作的创新型岗位"，因此科研单位、企业应主动利用政策优势积极争取将技术转移人才纳入职称评审，结合自身实际情况设立技术转移岗位，加强技术转移人才职业探索，满足技术转移人才职业发展需求。

四是部分人认为国家和企业应当鼓励技术转移人才与业界、学界或非营利组织建立联系，这一比例达到38.38％。推动技术转移人才与科研单位、业界企业密切互动可有效提升技术专利的实施率和产业化率，同时要注意扩大现代信息技术在协作过程中发挥的作用，比如围绕 IT 平台构建虚拟孵化器，等等。只有在与需求方、供给方的深度接触中，才能切实了解技术的特点以及技术的未来应用场景，进而实现技术的供需匹配，使科研成果经济效益最大化。

表8　　　　　　　　　技术转移人才职业发展提升方向统计

名称	态度	频数	百分比（%）
建立明确的技术转移规范标准及体系	不同意	228	31.93
	同意	486	68.07
增加资金支持，增加技术转移相关的培训项目	不同意	269	37.68
	同意	445	62.32
鼓励与业界、学界或非营利组织建立联系	不同意	351	49.16
	同意	363	50.84
完善技术转移人才职称体系，建立清晰的职业晋升通道	不同意	250	35.01
	同意	464	64.99
鼓励业界和学界积极参与技术转移工作	不同意	440	61.62
	同意	274	38.38
出台相关法律政策以鼓励研发项目的商业化	不同意	475	66.53
	同意	239	33.47
与国际相关从业人员建立紧密联系	不同意	593	83.05
	同意	121	16.95
建立长效可行的绩效评价体系	不同意	521	72.97
	同意	193	27.03
提供可供技术转移工作参考的公开数据和案例	不同意	502	70.31
	同意	212	29.69

四、基于"四度能力模型"的技术转移人才职业素质解析（见图2）

（一）高度——价值维度

高度主要是考察技术转移人才的基本职业素养，具体是指技术转移人才是否能够保守职业秘密、是否能做到爱岗敬业。技术转移和成果转化过程中，一些项目涉及科研单位的技术秘密与前沿动态，技术转移人员在实施技术转移的过程中，要能够做到秉承职业操守，保守技术秘密。爱岗敬业是指忠于职守的事业精神，也是职业道德的基础。一方面表现为热爱自己的工作岗位，能够做好本职工作，另一方面就是要用一种恭敬严肃的态度对待所进行的工作。技术转移人才作为实现"跨越科技成果转化最后一公里"的关键，理应强化技术转移人才队伍基本职业素质建设，严格遵守职业基本要求。

中国人事科学研究报告
THE REPORT OF CHINESE PERSONNEL SCIENCE

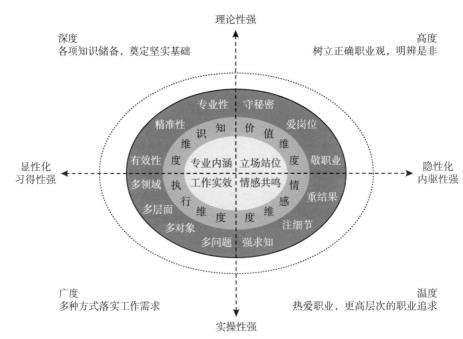

图2 技术转移人才素质能力"四度能力模型"

（二）深度——知识维度

深度主要是考察技术转移人员的知识储备，包括技术转移人员是否具备能够专业、精准、有效完成工作的知识涵养，这是技术转移人才实现长期发展的内在要求。具体来说是指技术转移人才是否能够具有科技服务业基础知识和规范、产业技术领域基础知识等领域知识。长期以来，存在技术转移专业和学科设置缺失，专业化师资队伍匮乏，技术转移人员存在明显的知识结构不健全的问题。只有经过不断地学习和积累，掌握技术转移各相关领域理论和知识，才能精准高效地解决技术转移过程中面临的复杂问题。技术转移人员如果在深度上有所缺失，出现知识盲区和短板，会导致在处理复杂问题时看不到本质、找不对矛盾、用不对方法，将会极大降低技术转移工作的效率，甚至可能出现技术转移失败的现象。

（三）广度——执行维度

广度主要是考察工作实效，是指技术转移人才是否具有应对多领域工作内容、完成多层面事务、协调多个工作对象以及解决多项问题等执行维度的能力。在技术转移转化过程中，懂科技创新规律、懂市场商务实践、懂法律法规的"专才"稀缺，市场亟须一批科技"摆渡人"，既能帮企业解决"卡脖子"的技术难题，又能帮科研院所实现增值收益。而现实情况是大部分技术转移服务人员没有经过规范的专业技能的训练，缺乏专业技能。同时由于技术转移人员缺少技术转移服务方法的应用训练，在技术的供给与需求的匹配中还处于"摸着石头过河"的状态，对具体的技术转移服务有时会"束手无策"。

从技术转移这项工作实际来看，技术转移人员的工作具有两大特点：一方面是技术转移人员工作职责范围广，包括论证技术可行性与市场前景、辅助科研成果落地运营、开展商务谈判与沟通、进行调查研究、整合多项资源等涉及技术转移的方方面面；另一方面，技术转移人才角色交叉多，技术转移人员的部分工作职责需要与金融、财会、科研、企业等部门有效协同来实现。因此，技术转移人才除了担任本身的角色之外，还需要承担组织员和协调员的职责，处理多个教育主体之间的关系，以促进技术转移的顺利推进。

（四）温度——情感维度

温度主要是考察技术转移人员对于工作的热情，具体是指技术转移人员是否具有比较强的求知欲望、是否注重结果导向、是否更加关注细节等特点，这是对技术转移人才更高层次的要求。一是要有较强的求知欲，要有刨根问底的精神，能够充分挖掘技术的特质，这样才能准确判断该技术应用的市场前景，进而衡量出技术的市场价值；二是要以结果为导向，技术转移涉及程序复杂，但根本目的是实现技术落地，应尽可能简化各项程序，有效对接各项资源，加快技术转移进程；三是要更加关注细节，成果技术转移转化需要有对技术成果商业价值的判断能力，而技术、产业、资本等各方都是相对独立的，需要技术转移人才认真梳理各方资源优势，整合对接潜在合作投入方，从而将各项资源链接为一个整体。

五、结论与政策建议

本研究在分析国内外技术转移产业、技术转移人才以及相关人才政策的基础上，利用自有技术转移人才样本数据库，详细分析了我国技术转移人才群体特征、岗位胜任力，对信息时代背景下技术转移人才各项能力指标（专业知识技能、职业能力素质、个人性格特点）进行了剖析，提出了技术转移人才职业发展的现状以及可能的改进方向。同时，本文在梳理冰山模型与四度能力模型这两个人才能力素质培养模型的基础上，构建了"四度能力模型"，从高度、深度、广度和温度四个维度对技术转移人才职业素质进行了解析并解读了相关维度关系。根据上述研究，对我国现阶段加快培育复合型技术转移人才的思路具有以下启示。

人才工作与人才队伍建设

（一）借鉴国际经验，优化人才培养机制

借鉴美、英、德、日等发达国家的相关经验做法，结合中国技术转移实际，加大政府引导与制度创新，优化人才培养机制，加速培养符合信息时代要求的技术转移复合型人才。首先，制度创新和改善是优化技术转移人才构成的关键，我国应进一步加强政府引导和技术转移制度创新，具体来说，制定广泛性、全国性的协调鼓励政策，通过利益分配比例的调整和配套政策的完善来鼓励大学和企业合作开展研究，而且要制定完善相关的法律法规来保障技术转移的顺利推进，明确人才需求方向，进而在实践中高效率地培养技术转移人才。其次，技术转移人才是技术转移构成的核心，是提升技术转移效率的关键，同时鉴于技术转移对技术转移人才的动态需求变化，中国应尽快适应技术转移发展对技术转移人才的需求导向，建设专业化的技术转移人才培养体系，完善技术转移人才的培养模式，提高技术转移人才的培养质量，尤其是要面向高新技术产业和先进技术产业运营落地输送技术转移人才，优化技术转移的人才构成。

（二）突出需求导向，畅通职业晋升渠道

上述研究发现我国技术转移人才男性占比较高，年龄集中在 35 岁左右，中青年是我国技术转移人才的主体，受教育水平整体较高，本科率高达 90%。但从业时间较短，民营企业从业人员相对占比较高。岗位分布以技术类、管理类为主，中级职称群体占比较高。因此，培育复合型技术转移人才要建立在准确把握现阶段技术转移人才特征的基础上。

一是针对技术转移从业人员从业时间较短的特点，要加强对技术转移人才就业的跟踪和辅导，畅通职业晋升渠道，完善多层次的技术转移人才发展机制，从而保证技术转移人才在社会上具有良好的职业发展前景。

二是针对绝大多数技术转移人员在民营企业的特点，我们要支持和鼓励高校、科研院所根据自身实际情况设置专职从事技术转移工作的创新型岗位，甚至可以借鉴发达国家先进经验，对部分科研单位技术转移岗位做出最低比例限制，同时要建立技术转移工作的有效绩效考核机制。

三是针对技术转移从业人员岗位分布以及高级职称占比低的特点，要鼓励和规范高校、科研院所等科研单位符合条件的科技人员从事技术转移的工作，此举或有助于我国短期内填补技术转移人才空缺，但需注意相关从业知识和技能的培训。另外科研单位应该主动作为，利用政策优势积极争取将技术转移人才纳入职称评审，加强技术转移人才职业探索。

（三）增加培训机会，提升人才岗位胜任力

大多数技术转移从业人员认为自身岗位胜任力有限，难以满足信息时代的需求。参加技术转移培训课程或工作坊以掌握新技能是技术转移人才最希望的提升渠道，其他培训方式对技术转移人才相差不大。因此，要增加各类培训机会，提升技术转移人才的岗位胜任力。

一是建立合适的技术转移人才培训体系，相关培训单位要紧跟技术转移人才市场的需求，在明确人才培养目标的基础上，加强顶层设计，确定技术转移人才的培养路径，从而促进技术转移从业人员职业生涯的全生命周期发展。

二是推动有条件的高校设立技术转移转化相关课程或工作坊，技术转移人才属于复合型、应用型人才，要妥善利用好我国丰富的高校资源，鼓励校外实践导师、校内科研领头人参与技术转移授课，鼓励教师从事技术转移理论与实践研究，利用高水平的师资力量培养高素质、高能力的技术转移人才。

同时，我们应该注意到，要继续聚焦于人才开发策略，优化提升技术转移人才能力素质培养模型，在人才的选拔和提升等环节力图实现指标量化，继续描绘技术转移人才的特征，继而针对人才发展模式的不足之处进行有针对性的培训。信息时代对技术转移人才提出了新的挑战和要求，应对这些挑战是技术转移人才能力素质提升的重点。因此，要提高技术转移人才对信息技术的掌握能力，充分利用大数据、人工智能前沿技术对信息能力的提升作用，同时积极了解这些科学技术变革的前沿信息，多参加相关学术机构的技术研讨会或者发布会，加快国际前沿技术与国内产业的接轨进程。

（四）鼓励多措并举，明确能力素质提升方向

我国技术转移从业人员普遍存在技术转移职业晋升通道较窄、相关培训机会较少、能接触到的相关资源缺乏、与相关从业人员的联系不够紧密等诸多问题。而国家和企业作为促进技术转移人才职业发展和能力提升的重要载体，可借助特定手段或措施来培育高素质、复合型技术转移人才。

一是建立明确的技术转移规范标准及体系，应当进一步加强政府引导和技术转移制度创新，鼓励科研单位与社会企业合作开展研究，参与技术转移和商业化。

二是增加资金支持，增加技术转移相关的培训项目，适当给技术转移相关部门增加财政预算，尤其是针对国家级技术转移机构，促使其发挥示范带

头作用，同时可适当规定各部门用于培训技术转移人才的预算资金比例。

三是鼓励技术转移人才与业界、学界或非营利组织建立联系，推动技术转移人才与科研单位、业界企业密切互动，可有效提升技术专利的实施率和产业化率。

（五）清晰四个维度，多维强化个人职业能力

本文已通过"四度能力模型"分析明确了个人职业能力的四个维度，在信息时代，可以从以下四个方面进一步强化技术转移人才职业能力。

一是强化职业道德学习，增加能力培训项目。在培养技术转移人才的过程中要多加强职业道德素质培养，比如要严格保守职业秘密、爱岗敬业，等等，通过氛围熏陶和培养来不断锤炼技术转移人才面对思想、文化和舆论冲击的定力和能力。与此同时，相关单位要适当增加能力培训项目，使技术转移人才能够做到坚持自我革新，时刻保持对自我能力和水平的正确认知，严格坚守职业道德底线。

二是丰富业务知识学习课程，不断拓展能力深度。政府相关部门要通过方便阅读渠道、增加培训机会、提高深造比例等方式来使技术转移人才学习技术转移相关领域知识和理论，为职业长远发展提供专业支撑，同时要积极举办会议或其他活动，方便技术转移人才与行业领头人、科研人员、管理人员进行交流，精准把握技术转移的特点，总结工作经验和心得。

三是注重业务能力训练，拓展能力广度。技术转移是一项系统性工程，要求技术转移人员拥有资源整合能力、承压能力等多项能力，因此要善于协调运用相关部门或专业机构的力量，加强与其他领域从业人员的协同，做到广开视角、统筹资源，真正地使技术与企业需求结合，产生经济社会效益。

四是坚持提高职业修养，提升能力温度。技术转移人才只有切实做到热爱这份工作，才能得到正向的情感反馈，才能促进情感维度能力的提升。这就要求在增加课程学习的同时要注意明确技术转移的意义和贡献所在，增强技术转移人才的岗位认同感，使其充分认识到技术转移对于社会发展的重要意义，把技术成果实现转移、产生经济社会效益作为岗位价值的基本体现，推动其做到关注细节、结果导向、求知欲强，提升自身职业素养，使技术转移人才实现职业发展与个人发展的良性循环。

参考文献

［1］陈华，邓寒梅，师伟力．英国技术转移的管理模式及借鉴研究

[J].产业与科技论坛，2021，20（14）：221－223.

［2］黄勇荣，陈伟强.中日大学技术转移比较与启示［J］.南宁职业技术学院学报，2021，29（5）：15－21.

［3］李玲娟，蒋能倬，张波.美国技术转移政策的要点及借鉴［J］.科技导报，2020，38（24）：53－61.

［4］刘开振，李刚，陈啸寅，等.美国高校技术转移的主要模式与发展成效及其启示［J］.科技资讯，2020，18（13）：198－201.

［5］杨茹.基于能力素质模型的高潜力青年员工选拔培养［J］.中国人力资源开发，2015（6）：33－40.

［6］赵鑫.英国技术转移模式对天津发展的启示［J］.科技资讯，2021，19（20）：77－79.

《信息时代技术转移复合型人才开发策略研究》
课题组成员名单

课题组长：
熊　缨（中国驻欧盟使团一等秘书）

课题执行组长：
吴雨晨（中国人事科学研究院国外人力资源与国际合作研究室助理研究员）

课题组成员：
王　伊（中国人事科学研究院国外人力资源与国际合作研究室副主任、二级翻译）

王秋蕾（中国人事科学研究院国外人力资源与国际合作研究室二级翻译）

张龙天（中央财经大学讲师）

人才工作与人才队伍建设

金融科技人才测评系统的开发[①]

提 要: 首先介绍金融科技人才行业的发展,其次介绍了北京市尤其是西城区金融科技行业的发展情况。重点针对金融科技人才测评系统开发的各个重大问题进行逐一说明。先说明了金融科技人才测评系统的内涵、功能定位、筹备事项、开发步骤、测评指标及其考察方式、测评工具、配套系统、内容模块、系统界面设计、数据采集及系统维护,其次说明了开展金融科技人才测评服务的宗旨和内容、应用场景、市场需求和风险,以及金融街开展金融科技人才测评的可行性。

关键词: 金融科技 人才测评 系统开发

一、金融科技行业的发展

(一)金融科技

金融科技(FinTech)是指在金融领域应用科技创新,以提高金融服务效率和便利性的一种新兴行业。金融科技利用最新的科技手段,包括大数据、云计算、人工智能、区块链等,改变金融业务的运作方式和传统金融机构的商业模式,为个人和企业提供更快速、更安全、更便捷的金融服务,包括支付结算、贷款借贷、投资理财、保险等。

金融科技是金融领域与科技领域的结合,涉及的领域范围包括但不限于以下几个方面:

[①] 本文系中国人事科学研究院 2022 年度课题"金融科技人才测评系统的开发"报告的部分内容。

（1）金融业务：理解金融市场、金融产品和金融业务流程，应用于支付结算、贷款借贷、投资理财、风险管理等方面，提高效率和便利性。

（2）数据科学与分析：利用大数据和数据分析技术，挖掘分析金融数据，为决策提供支持，用于风险评估、反欺诈、信用评估等。

（3）科技创新：利用云计算、人工智能、区块链等最新的科技手段，改变金融服务的运作方式和商业模式，开发金融科技平台、构建智能投顾模型、优化金融风控算法等。

（4）用户体验与界面设计：关注用户体验，通过优化界面设计和交互方式，提供更便捷和无缝的金融服务体验。

由于金融科技涉及的领域广泛，跨领域的合作和融合变得至关重要。金融机构需要与科技公司合作，从事金融科技的专业人士需要跨领域的知识和能力。这种跨领域融合将推动金融科技的发展和创新。

近年来人工智能、大数据分析和云计算等技术的进步，为金融科技带来新的机遇和挑战。新兴技术的应用使金融服务更加个性化、智能化和高效化。全球范围内，各个国家和地区的金融科技发展具有不同的速度和特点。国际合作与竞争推动了全球金融科技创新生态系统的形成，预计在未来几年中，金融科技将继续迎来新的突破和变革。

（二）我国金融科技发展现状

中国得益于庞大的互联网用户基数和移动支付的普及，成为全球最大的金融科技市场之一。中国的金融科技发展涵盖了移动支付（例如支付宝和微信支付）、互联网银行、区块链、云计算等领域，中国政府也积极推动金融科技的发展，并制定了一系列支持政策，对金融科技领域有多项鼓励措施和优惠政策：

（1）政策支持：我国政府出台了一系列的政策文件，支持金融科技的发展和创新。例如，国务院发布的《关于积极推进"互联网＋"行动的指导意见》和中国人民银行发布的《关于积极推进金融科技创新的指导意见》以及《金融科技发展规划（2022—2025）》，都提出了支持金融科技发展的政策措施。

（2）监管创新：为了推动金融科技的发展，政府鼓励金融监管机构采用创新的监管方式，如沙盒试验、特许经营等，为金融科技企业提供更灵活的监管环境。

（3）资金支持：政府设立了多个专项基金，用于支持金融科技领域的创新和创业。例如，中国银监会设立了金融创新发展基金和金融科技发展基金，用于支持金融科技的创新项目。

（4）减税和免税政策：一些地方政府为吸引金融科技企业落户，推出了减税和免税的优惠政策。例如，对于符合条件的金融科技企业可以享受企业所得税优惠。

（5）园区建设：为了集聚金融科技企业和人才，一些地方政府建设了专门的金融科技园区。这些园区提供了办公场所、孵化服务和配套资源支持，以促进金融科技的创新和发展。

在各地各级政府的重视下，我国的金融科技有了长足的发展。根据时任人民银行党委书记、银保监会主席郭树清 2020 年 12 月 8 日在新加坡金融科技节的演讲，近年来金融科技在中国迅猛发展，金融科技应用取得了很大成绩，包括金融机构数字化转型持续推进，产品和工具应用日益丰富，金融服务的效率和包容性大幅提高。

2022 年初中国人民银行颁行《金融科技发展规划（2022—2025）》，强调要高质量推进金融数字化转型，健全适应数字经济发展的现代金融体系，推动我国金融科技从"立柱架梁"全面迈入"积厚成势"新阶段，力争到 2025 年实现整体水平与核心竞争力跨越式提升。《金融科技发展规划（2022—2025）》提出了八个方面的重点任务：

一是强化金融科技治理，全面塑造数字化能力，健全多方参与、协同共治的金融科技伦理规范体系，构建互促共进的数字生态。

二是全面加强数据能力建设，在保障安全和隐私前提下推动数据有序共享与综合应用，充分激活数据要素潜能，有力提升金融服务质效。

三是建设绿色高可用数据中心，架设安全泛在的金融网络，布局先进高效的算力体系，进一步夯实金融创新发展的"数字底座"。

四是深化数字技术金融应用，健全安全与效率并重的科技成果应用体制机制，不断壮大开放创新、合作共赢的产业生态，打通科技成果转化"最后一公里"。

五是健全安全高效的金融科技创新体系，搭建业务、技术、数据融合联动的一体化运营中台，建立智能化风控机制，全面激活数字化经营新动能。

六是深化金融服务智慧再造，搭建多元融通的服务渠道，着力打造无障碍服务体系，为人民群众提供更加普惠、绿色、人性化的数字金融服务。

七是加快监管科技的全方位应用，强化数字化监管能力建设，对金融科技创新实施穿透式监管，筑牢金融与科技的风险防火墙。

八是扎实做好金融科技人才培养，持续推动标准规则体系建设，强化法律法规制度执行，护航金融科技行稳致远。

（三）北京市的金融科技发展

北京市金融监管局于 2019 年发布了《关于设立北京市金融科技监管沙盒的通知》，参与北京市金融科技监管沙盒的企业需要符合一定的条件和要求，包括合规经营、风险可控、技术可行等。

北京市的金融科技发展具体目标主要包括以下几个方面：

（1）建设国际金融科技中心。北京市致力于打造国际领先的金融科技中心，吸引并扶持全球金融科技企业和创新项目。通过建设金融科技创新试验区、推动国际交流与合作等途径，加强北京作为金融科技创新中心的地位和影响力。

（2）培育一批领军企业和创新项目。北京市鼓励金融科技企业创新发展，重点培育和扶持一批具有核心竞争力和创新影响力的金融科技领军企业。通过政策支持、创业孵化、金融科技试点等方式，加快培育金融科技的示范企业和项目。

（3）推动金融科技与实体经济融合发展。北京市鼓励金融科技与传统金融机构、实体经济企业深度合作，推动金融科技与实体经济的融合。通过金融科技的技术创新和应用，提升金融服务实体经济的能力和效率。

（4）培养高素质金融科技人才。北京市注重金融科技人才的培养和引进，培养一批既具备金融知识背景，又具备信息技术和创新能力的人才。通过专门的培训和教育项目，提高金融科技人才的水平和能力。

为了促进金融科技发展，北京市推出了以下计划：

（1）金融科技创新试验区建设。设立金融科技创新试验区，搭建创新平台和生态系统，推动金融科技的应用和创新。试验区提供政策扶持和创业支持，吸引金融科技企业落地发展。

（2）金融科技人才培养计划。加强金融科技人才建设，建立一支高素质的金融科技人才队伍。通过专门的培训机构、学术研究机构和校企合作，加强金融科技人才的培养和引进。

（3）金融科技产业发展计划。制定金融科技产业发展规划，通过支持金融科技创新与创业、促进金融科技与实体经济融合等措施，推动金融科技产业的发展。

（4）加强金融科技监管。加强对金融科技领域的监管，制定相应政策和规范，保障金融科技行业的稳定发展。同时，加强金融科技与数据安全、网络安全等的协同治理。

（5）推动金融科技与实体经济融合。鼓励金融科技企业与传统金融机构、实体经济企业合作，推动金融科技与实体经济的融合发展，促进金融科技的应用和创新。

在金融科技行业发展方面，北京市采取了以下举措：

（1）支持设立创新金融科技企业。北京市鼓励金融机构与科技企业合作创新，支持设立专门的金融科技公司，为其提供政策扶持和资金支持。

（2）推动金融科技创新试验。北京市设立金融科技创新试验区，支持金融科技企业开展试点项目，推动金融科技创新在市场中的应用。

（3）加强金融科技人才培养。北京市注重培养金融科技专业人才，设立专门的培训机构和学术研究机构，提供相关教育和培训课程。

（4）支持金融科技产业园区建设。北京市支持金融科技企业入驻园区，并提供优惠政策，为其提供良好的发展环境和硬件设施。

（5）加强金融科技监管。北京市加强对金融科技行业的监管，制定相关规范和标准，维护市场秩序和金融系统的稳定。

（6）拓展国际合作。北京市积极开展与其他国家和地区的金融科技合作，促进国际金融科技创新和经验交流。

北京市在金融科技领域积极开展了国际合作，并取得了重要进展：

（1）与东南亚地区的国家合作。北京市与东南亚地区的金融科技先进地区如新加坡、马来西亚等进行了合作，推动金融科技创新和交流。例如，北京市与新加坡金融科技协会签署了合作协议，共同推动金融科技创新和跨境合作。

（2）与欧洲国家合作。北京市与欧洲国家，特别是英国、德国等国家开展了金融科技创新合作。例如，北京市与英国伦敦金融城进行了金融科技合作，共同推动金融科技发展和交流。

（3）与国际组织合作。北京市积极参与国际金融科技组织的合作和交流。例如，北京市加入了金融稳定理事会中央银行数字货币技术工作组（CBDC Working Group），与全球中央银行开展数字货币技术的合作和研究。

（4）与国际金融科技企业合作。北京市吸引以及合作了一些国际知名的金融科技企业，如蚂蚁集团、腾讯、华为等。这些企业在金融科技领域具有丰富的经验和技术，并与北京市的金融机构合作推动金融科技创新和发展。

（5）与发展中国家合作。北京市积极开展与发展中国家的金融科技合作，为其提供技术支持和经验交流。例如，北京市与一些非洲国家开展了金融科技的合作项目，推动金融科技在发展中国家的应用和发展。

发展金融科技必须具备相应的人才队伍支撑，需要延揽和培养与发展目标相适应的科技人才队伍。为此北京市出台了很多金融科技人才的政策，内容主要如下：

（1）人才招聘支持。北京市鼓励金融科技企业引进高层次人才和技术专业人才，提供相关补贴和扶持政策。例如，引进的博士毕业生，可享受一定的租房、落户等优惠待遇。

（2）人才培养支持。北京市支持金融科技人才的培训和学习。一方面，设立了专门的培训机构和学术研究机构，提供相关教育和培训课程；另一方面，鼓励企事业单位与高校合作，开展金融科技相关的培训项目。

（3）创业支持。北京市对金融科技创业者提供一系列扶持政策，包括资金支持、场地支持、知识产权支持等。其中，金融科技创新试验区设立了专门的创业基金，为金融科技创业者提供初期的资金支持。

（4）政策配套。北京市出台了一系列扶持金融科技发展的政策，包括税收优惠政策、人才住房政策、科研项目支持等。这些政策为金融科技人才提供了良好的创新创业环境和发展机会。

总之，北京市通过多方面的政策支持，积极培养和引进金融科技人才，推动金融科技行业的发展。

（四）北京市西城区在发展金融科技方面的优势

北京市西城区在发展金融科技方面有以下优势：

（1）金融资源优势。北京市西城区是中国金融业的重要区域之一，拥有众多金融机构。包括国有银行、股份制银行、城市商业银行、农村商业银行、外资银行、信托公司、保险公司、证券公司等。这些金融机构在西城区提供各种金融服务，包括贷款、储蓄、投资、保险、证券交易等。同时，西城区也是中国金融监管机构的分支机构所在地，包括中国人民银行、国家金融监督管理总局、中国证券监督管理委员会等。这些金融机构和监管机构的存在，使西城区成为北京市金融业的重要区域之一。

（2）人才和科技优势。金融街有各类金融机构1 900余家，总部企业175家，资产规模超100万亿元，占全国金融资产规模的40%，金融从业人员约25万人。西城区位于北京市中心，毗邻中关村科技园区，周边聚集了众多高等院校和科研机构，如清华大学、北京大学等，吸引了大量科技人才聚集于此，这些人才团队在金融科技领域具有丰富的经验和技术实力，为金融科技的创新提供了有力的支撑。西城区内拥有许多创新园区和科技企业孵化基地，为科技人才提供了良好的创新氛围和发展平台；西城区内有许多知

人才工作与人才队伍建设

名的科技企业和研发机构，形成了产业集聚效应，为科技人才提供了丰富的就业机会和发展空间。

（3）政策优势。西城区作为北京市政府的中心区域，享有政策资源优势。西城区政府自己也出台了一系列支持科技创新的政策，包括《关于促进金融服务业高质量发展的实施意见（金服十条）》、2023 年 5 月《关于支持国家级金融科技示范区建设若干措施》等。

（4）文化优势。西城区作为北京的历史文化名区，拥有丰富的文化资源和旅游资源。这为金融科技企业提供了独特的商业环境，使科技与文化的结合更加容易，具备了独特的优势。

（5）地域的人才培养和学术研究优势。北京可以借助北京市金融科技人才的培养优势和学术优势。在金融科技人才培养方面，北京市有多个全国一流的大学设立了专门的金融研究机构和研究专业，具有雄厚的研究实力，便于与其开展产学研合作。

北京市西城区在发展金融科技方面具有的优势为金融科技企业提供了丰富的支持和合作机会，具备良好的发展前景。此外，西城区建立了高端智库，与高校建立了合作联盟，已经建设了相应的高校合作机制。

二、金融科技发展的人才需求

（一）金融科技人才

金融科技人才是指具备金融和科技背景、科技技能和科技知识，并能在金融行业中应用和创新的专业人士。金融科技人才既具有金融领域的知识和技能，如金融市场、金融产品、风险管理、客户分析等，同时又具备科技方面的知识和技能，如编程、数据分析、人工智能等。

金融科技人才的具体职能和角色多种多样，包括但不限于以下几种：

（1）技术开发与工程师。负责设计、开发和维护金融科技平台和系统，如支付系统、投资交易系统、风控系统等。他们需要具备良好的编程能力和技术背景，熟悉金融市场和金融产品。

（2）数据科学家与分析师。负责利用大数据和数据分析技术，挖掘和分析金融数据，为金融决策和风险管理提供支持。他们需要掌握各种编程技术和数据分析专业软件，具备深入的数学、统计学和机器学习知识，同时对金融市场和金融产品有一定的了解。

（3）产品经理和运营专员。负责金融科技产品的规划、设计、推广和运营。他们需要深刻理解金融市场和用户的需求，同时也需要熟悉科技产品的开发和运营流程。

（4）风险管理与合规专员。负责金融科技平台的风险管理、合规和监管事务。他们需要了解金融市场的法律法规，熟悉风险管理和合规制度。

金融科技人才需要具备以下几个方面的素质和能力：

（1）技术能力。金融科技人才需要具备一定的技术能力，包括编程能力、数据分析、人工智能等方面的技术知识和技能。

（2）金融背景。金融科技人才需要熟悉金融行业的基本知识和业务流程，了解金融业的特点和趋势，并能将技术应用于金融领域解决实际问题。

（3）创新思维。金融科技人才需要具备创新思维和解决问题的能力，针对运营和发展中的问题能够提出新的理念和方法，推动金融服务和科技应用的发展。

（4）团队合作能力。金融科技人才需要具备良好的团队合作能力，能够与其他领域的专业人士合作，共同推动项目的进展和实施。

（5）学习能力。金融科技行业变化快速，人才需要具备快速学习新知识和技术的能力，不断更新自己的知识和技能。

（6）综合素质。金融科技人才需要具备较高的综合素质，包括沟通能力、分析能力、问题解决能力等，能够在复杂的环境中开展工作。

这些是认定金融科技人才的一些基本要素，当然具体标准会根据具体岗位和职责而有所不同。

（二）我国的金融科技人才现状

金融科技本身是新兴行业，其业务和运营模式都在不断探索和变革之中，因此对人的需求也是动态变化的。相比高速发展的金融科技行业，我国的金融科技人才储备相对不足，面临不少挑战和困难。

第一，虽然随着金融科技行业的快速发展，各大高校和科研机构纷纷开设相关专业和课程，培养了一批优秀的金融科技人才，人工智能、大数据分析、区块链等领域已经积累了部分专业人才，但由于高校和研究院金融科技专业是新开的，培养方法上理论多实践少，所培养的人才既缺乏理论知识，又在经验方面存在匮乏，与行业所需的人才还存在距离，这些培养出来的人才发挥作用还需要假以时日。

第二，虽然政府积极鼓励金融科技人才的培养和发展，各地推出了相关的人才政策和资助措施以吸引和培养更多的金融科技人才，但这些政策的落地和配套建设还有待完善。

第三，由于金融科技领域的技术和知识更新迅速，人才需求的多样性和复杂性不断提高，导致人才供给和行业需求之间存在一定的差距。

第四，金融科技人才的培养需要跨学科的知识整合和综合能力的培养，这对培养体系和机制提出了更高的创新要求，但既有的培养体系有其已经形成的格局和发展节奏，改革不仅有难度而且需要时间。

显然，在行业蓬勃发展的背景下，在加强金融科技人才的培养和储备力度的同时，必须建立相应的人才甄别和配置机制，提高人岗匹配程度，以提高人才配备的效率，降低用人单位的时间成本、机会成本和财务成本，满足行业高速发展的需求。

想提高人才配备效率，解决问题的策略大致有两种：一是设立人才标准，开展人才资质认定，按照行业发展对人才的需求认定从业资质。这方面有些企业已经有了一些可资借鉴的经验和做法，但并未形成通用的标准，效果如何也有待观察。二是要开展人才测评，通过人才测评实现对人才标准的操作化、具体化以及岗位特异化，也保障人才认定和使用中的公平性。

三、金融科技人才测评系统

（一）金融科技人才测评系统的功能定位

打造金融科技领域专用的人才测评系统，以满足不同金融科技企业的人才测评需求，服务于人才市场的同时为政府提供金融科技人才市场的信息。

这种功能定位要求系统通过评估候选人的技术能力、创新能力、领导能力、团队合作能力等方面的表现，帮助金融科技企业确定最适合其需求的人才。具体功能如下：

（1）人才筛选。通过评估候选人的能力和潜力，帮助金融科技企业筛选出具备所需技能和素质的人才，提高招聘效率和准确性。

（2）人才评估。对候选人在各项能力上的表现进行评估，提供客观、准确的评估结果，帮助金融科技企业了解候选人的优势和发展潜力。

（3）人才发展。通过评估结果和反馈，为金融科技企业提供候选人的发展建议和培训需求，帮助他们更好地发展和提升能力。

（4）数据分析。对评估结果进行数据分析，提供统计和趋势分析，帮助金融科技企业了解人才市场的情况和趋势，为人才战略和规划提供参考。

（二）筹备金融科技人才测评系统需要考虑的内容

建立一个针对金融科技企业的人才测评系统需要考虑以下几个方面：

（1）定义评估指标。根据金融科技企业的需求和特点，确定评估指标，包括技术能力、创新能力、领导能力、团队合作能力等。这些指标应该与金融科技行业的要求相匹配，并能够准确评估候选人的能力和潜力。

（2）设计评估工具。根据评估指标，设计相应的评估工具和测试题目。可以采用多种形式，包括在线测试、面试、案例分析、技能演示等。评估工具应该能够客观、准确地评估候选人在各项能力上的表现。

（3）制定评估标准。根据评估指标和评估工具，制定相应的评估标准。评估标准应该具体明确，能够帮助评估者对候选人进行综合评估，并作出准确的判断。

（4）建立评估团队。组建专业的评估团队，包括具有金融科技领域经验的专家和评估人员。评估团队应该熟悉金融科技行业的发展和需求，能够准确评估候选人的能力和潜力。

（5）数据分析和反馈。对评估结果进行数据分析，提供详细的反馈报告给金融科技企业和候选人。报告应该包括候选人在各项能力上的评估结果，以及相应的发展建议和培训需求。

（6）持续改进和系统维护。根据评估结果和反馈，不断改进评估系统和评估工具，根据市场变化和行业发展，改进评估系统，调整评估内容和方式，以提高评估的准确性和有效性。

（三）金融科技人才测评系统的开发步骤

开发一个金融科技企业人才测评系统可以按照以下步骤进行：

（1）需求分析。与金融科技企业的管理层、人力资源部门等相关人员进行沟通，了解他们对人才测评系统的需求和期望，明确系统的功能模块、评估指标、数据分析要求等。

（2）设计系统架构。根据需求分析的结果，设计系统的整体架构和模块划分，确定系统的技术平台、数据库结构、界面设计等。

（3）开发核心功能。根据系统架构，逐步开发核心功能模块，如能力评估模块、知识评估模块、综合素质评估模块等。开发过程中需要关注用户体验和界面友好性，确保用户能够方便地进行评估操作。

（4）数据分析和报告生成。开发数据分析模块，实现对评估结果的数据统计和趋势分析功能。同时，开发报告生成模块，能够根据评估结果自动生成详细的评估报告。

（5）学习和发展资源整合。整合学习和发展资源，包括培训课程、学习材料、在线学习平台等，确保候选人能够方便地获取学习和发展资源。

（6）管理和追踪功能开发。开发管理和追踪模块，实现候选人信息管理、评估进度追踪、评估结果记录等功能，方便金融科技企业进行人才管理和决策。

（7）测试和优化。进行系统测试，发现和修复可能存在的问题和 Bug，并根据用户的反馈和需求进行系统优化和改进。

（8）部署和上线。将系统部署到服务器上，并进行上线操作，确保系统能够稳定运行。

（9）培训和支持。为金融科技企业的管理人员和人力资源部门提供系统培训和技术支持，确保他们能够熟练地使用和管理系统。

（10）持续改进。根据用户的反馈和市场需求，持续改进和升级系统，提供更好的用户体验和功能支持。

开发金融科技企业人才测评系统的步骤要根据实际情况有所调整和变化。

（四）金融科技人才测评平台的内容模块

一个完整的金融科技企业人才测评系统平台可以包括以下几个内容模块：

（1）动机和个性特质评估模块。用于评估候选人内在的行为动力、个性特质和适应能力，包括适应性、抗压能力、创造力等。可以通过心理测试、问卷调查等形式进行评估。

（2）能力评估模块。用于评估候选人在各项能力上的表现，包括技术能力、创新能力、领导能力、团队合作能力等。可以通过在线测试、面试、案例分析等形式进行评估。

（3）知识评估模块。用于评估候选人在金融科技领域的知识和专业素养。可以通过在线测试、问答题、技能演示等形式进行评估。

（4）综合素质评估模块。用于评估候选人的综合素质，包括沟通能力、问题解决能力、逻辑思维能力、自我管理能力等。可以通过面试、个人陈述、团队合作项目等形式进行评估。

（5）管理、履历和追踪模块。用于管理评估过程和评估结果，包括候选人信息管理、履历、贡献、评估进度追踪、评估结果记录等，帮助金融科技企业进行有效的人才管理和决策。

（6）学习和发展资源模块。提供丰富的学习和发展资源，包括培训课程、学习材料、在线学习平台等，帮助候选人不断提升能力和知识。

（7）数据分析和报告模块。用于对评估结果进行数据分析，并生成详细的评估报告。报告可以包括候选人的评估结果、发展建议、培训需求等信息，帮助金融科技企业做出准确的人才决策。

（五）金融科技人才的测评指标和考察方式

根据北京金融街人力资源协会前期研究成果，金融科技人才分高、中、低三个水平，每个水平的测评指标及其权重是不同的。以高级金融科技人才为例，其测评指标和权重按照如下体系和考察方式进行：

（1）心理素质。分动机特征和个性特征两个方面。动机特征包括成就动机、行业专注和沉稳坚定3项；个性特征包括责任担当、理性自信和乐观坚韧3项。考察方式包括心理测验、投射技术、360度评价、面试、评价中心技术、个人履历、背景调查和组织考察。

（2）能力素质。包括通用能力和管理（专业）能力两个方面。通用能力包括学习思维、国际视野、创新突破和风险处置4项；管理（专业）能力包括政策落实、战略决策、组织实施和团队建设4项。考察方式包括360度评价、心理测验、履历分析、面试、评价中心技术、个人背景调查和案例分析。

（3）职业道德。共有4个方面，分别是价值认同、合规守法、诚实守信和客户至上。考察方式包括心理测验、背景调查、个人诚信记录和行业口碑。

（4）履历贡献。包括4项指标，分别是学历背景、数智专技、从业经历和突出贡献。考察方式包括履历分析、背景调查、面试和材料审核。

（六）金融科技人才的测评工具

金融科技人才的测评，除了利用已有的心理测验和成熟的测评方法之外，还需要专门开发以下测评工具：

（1）专业技术测评系统或工具。包括用于专业技术技能测试的内容、题库、方式和系统平台，测试内容包括但不限于关键编程语言、数据分析工具、系统调试操作、区块链技术等，采用编程题、模拟题、实操、案例分析等形式评估应聘者的实际技能水平。

（2）设计金融领域知识考试。内容涵盖金融市场、风险管理、金融产品等方面的专业知识，用选择题、情境分析等方式评估应聘者的金融科技专业知识。

（3）开展创新思维评估。引入创造性思维和问题解决能力的测评题目，通过案例研究、模拟情境等方式，评估应聘者在新兴科技领域的应变能力和创新潜质。

（七）金融科技人才测评的配套系统

在移动互联网、智能手机、人工智能迅速发展的时代，测评系统必须结合各种现代技术开发相应的配套系统，这样才能满足新时代客户人群的服务需求，其中的关键有三个：

第一是开发在线测评终端，如客户端软件、网页测评、小程序、E-mail、公众号或 App 等（上述方式中至少应该具备两三种手段），以提供实时的、自助式的、方便快捷的、可在笔记本电脑甚至是手机上进行测试的渠道。

第二是开发测试题库，就是无论是能力、知识还是技能测试都需要有相应的题型和题目，而且数量必须充分，以满足随时进行、题型齐全、题目不重复、不怕盗题的需求。解决这个问题的方式只有两种，要么是建立一支编题审题专家队伍，有计划地充实题库，要么是在考试前夕组织专家突击命题、审题和阅卷。

第三是开发能够实现上述各种功能的系统平台，具有刊登招考公告、考试报名、在线测试、实时反馈、结果报告、成绩寄送、档案管理、数据分析等功能。甚至需要根据用户需求，提供定制化的在线测评系统，提供个性化的服务，如测评内容、评估标准、用户权限等。

（八）金融科技人才测评系统的数据采集

金融科技人才测评系统的数据采集可以通过以下几种方式实施：

（1）用户自主填写。系统可以提供相应的表单或问卷，让用户自主填写相关信息。用户可以在系统中输入个人基本信息、工作经历、教育背景等内容，以及进行自我评价和技能自测等。

（2）数据导入。系统可以支持将用户的数据从其他系统或文件中导入。例如，可以通过客户人力资源部门提供的考生资料，以 Excel 文件的方式批量导入用户的基本信息、工作经历等。

（3）第三方数据集成和传输。系统可以与其他相关的系统进行数据传输和集成，获取相关数据。例如，可以与人力资源管理系统、学校教务系统等进行数据集成，获取用户的工作经历、教育背景等信息。

（4）测评测试。系统可以通过实际的测评测试获取用户的评估数据。用户可以在系统中完成相应的测评测试，系统会记录用户的答题结果和评分等数据。

（5）自动化数据抓取。系统可以通过自动化的方式从互联网或其他数据源中抓取相关数据。例如，可以通过网络爬虫技术从招聘网站、社交媒体等抓取用户的工作经历、项目经验等信息。

在数据采集过程中，需要注意保护用户的隐私和数据安全。可以采取匿名化处理、数据加密等措施，确保用户的个人信息和评估数据的安全性。同时，需要遵守相关的数据隐私法规和政策，保护用户的合法权益。

四、金融科技人才的测评服务

（一）金融科技人才的测评服务

金融科技人才测评系统的服务宗旨是促进金融科技行业的发展，支持人才的选拔、引进、使用和培养，以提高金融科技人才的质量和能力，推动金融科技行业的创新和进步。

金融科技人才的测评对于政府发展金融科技具有重要意义。通过科学、客观地评估和发展金融科技人才，政府可以提高金融科技人才的质量和竞争力，推动金融科技的创新和发展，促进金融科技产业的繁荣和国家经济的可持续发展，具体而言：

（1）人才引进和培养。通过金融科技人才测评，政府可以了解人才的技能和潜力，有针对性地引进和培养金融科技人才，从而提高政府金融科技领域的专业能力和竞争力。

（2）人才评价和激励。通过金融科技人才测评，政府可以客观评估人才的绩效，为人才提供个性化的激励机制，激发金融科技人才的创新和工作动力，推动金融科技的发展。

（3）人才资源规划。通过金融科技人才测评，政府可以了解人才的技能结构和分布情况，有针对性地进行人才资源规划，合理配置金融科技人才，提高政府在金融科技领域的管理效能和决策能力。

（4）人才交流和合作。通过金融科技人才测评，政府可以量化了解人才的国际竞争力和合作潜力，促进国际的人才交流和合作，推动金融科技的跨国合作和创新发展。

（二）金融科技人才测评系统的应用场景

开发完成后的金融科技人才测评系统，可供客户（企业或个人）多方面利用。

（1）招聘与人才管理。系统评估候选人的金融科技技能，提高招聘效率，根据测评结果，客户可以更准确地匹配候选人与职位要求，确保招聘到与职位最匹配的人才。

（2）培训与发展。根据测评结果识别员工的技能强项和薄弱点，有针对性地进行培训，制订员工发展计划，帮助员工提升金融科技领域的知识和技能，促进职业发展。

（3）团队建设。借助测评系统了解团队成员的综合能力，了解团队整体的技能构成，从而更好地分配任务和项目，构建高效协作的团队。

（4）绩效评估。将测评系统的评估结果纳入绩效评估体系，提供客观数据支持，客观地衡量员工在金融科技方面的表现，为薪酬调整和晋升决策提供依据。

（5）行业竞争力。使用测评系统评估公司在金融科技领域的整体竞争力，比较公司内外金融科技人才的水平，制订提升计划以保持组织的竞争优势。

（6）推介人才。根据测评结果，对人才进行各种素质维度及其组合的排名，在系统网页、具有合作关系的人才网站上对人才进行推介，或者根据用户对人才的需求，从系统受测者组成的人才库里提取人才信息，进行排序，向用户推介人才，促进人才和用人单位的对接，在帮助金融科技人才加快就业、找到自己的事业发展平台的同时，及时满足企业或用人单位的人才需求。

（7）人才市场监测。根据人才报考信息、用人单位需求信息和市场人才配置信息，定期提供金融科技人才市场动态和发展趋势，为政府相关管理部门的决策提供可靠的决策信息，为教育培训机构提供市场决策和教育教学规划的专业咨询与支持。

（三）金融科技人才测评服务的市场需求和风险

金融科技人才测评系统的市场需求，可以从以下几个方面考虑：

（1）金融科技人才招聘和选拔面临的挑战。企业在招聘和选拔金融科技人才时，由于金融科技领域新，技术更新快，市场环境变化也快，人才紧缺，资质要求不明确、不统一乃至人才资质认定难，给金融科技人才的招聘、选拔和培养带来巨大的挑战。人才测评可以提供客观、科学的评估标准和评估方法，帮助企业更好地选择和招聘人才。

（2）各方人才招聘、发展和培训的需求。企业需要了解员工的潜力、能力和发展方向，以便为其提供有针对性的培训和发展计划；也需要准确地了解应聘者，以便及时招聘到合格的人才减少用人的机会成本；政府需要明确统一的人才统计口径和人才市场信息，及时了解行业的发展动态，银鹰行业的发展正面临政策调整的重要阶段。通过人才测评可以为员工、应聘者、企业和政府提供上述所需的信息。

（3）企业绩效管理和人才激励的需要。人才测评可以帮助企业评估员工的绩效和贡献，并为其制定相应的激励机制。通过科学的评估方法，可以更公平、客观地评价员工的工作表现，提高绩效管理的效果。

（4）高效团队建设。团队合作是企业成功的关键因素之一。人才测评可以评估员工的团队角色、沟通能力和合作能力，帮助企业构建高效的团队，提高团队协作和绩效。

（5）员工职业发展和个人成长。个人对于职业发展和个人成长的关注度越来越高。人才测评可以帮助个人了解自己的优势和发展领域，并为其提供个性化的职业规划建议，促进个人成长和发展。

但不是任何时候人才测评系统都有市场需要。开展人才测评服务，需要考虑在以下情况可能不受欢迎：

（1）企业已有有效的招聘和选拔方法。企业认为它们已经有一套有效的招聘和选拔方法，可以准确评估科技人才的技能和能力，因此不认为需要人才测评服务。

（2）人才市场供应充足。如果地区金融科技人才的市场供应充足，企业可以通过其他途径轻松找到合适的科技人才，不需要金融科技人才测评服务。

（3）测评成本过高。对于一些预算有限或发展处境艰难的企业来说，开展金融科技人才测评需要投入较高的成本，测评工具的购买和使用、专业人员的培训和薪酬等对它们来说可能负担不起。

（4）客户对测评结果的可靠性和准确性存疑。企业可能怀疑人才测评结果的可靠性和准确性，认为测评结果受主观因素、测评技术、测评手段、测评方法的影响，无法全面、及时、真实反映人才的实际情况。

（5）企业文化和价值观不适配。某些客户可能认为人才测评的方法和理念与其企业文化和价值观不适配，认为测评对其没有价值。

因此，开展科技人才测评服务，需要预防可能的风险。

（四）金融街开展科技人才测评的可行性

北京市金融街开展科技人才测评的可行性在于以下几点：

（1）金融街的特殊地位。北京市金融街是中国金融业的核心区域，集聚了众多金融机构和科技企业。金融街作为金融科技行业的重要集聚地，对科技人才的需求量大、质量要求高。

（2）科技人才的紧缺情况。金融科技行业迅猛发展，对于具备相关技能和知识的科技人才的需求也在不断增加。然而，科技人才的供给相对不足，市场上存在科技人才紧缺的现象。

（3）人才选拔的需求。金融街的金融科技企业对于高素质的科技人才有着较高的要求。通过科技人才测评，可以客观评估人才的专业知识、技能和潜力，为企业提供更准确的人才选拔和发展建议。

人才工作与人才队伍建设

（4）政府政策支持。政府对金融科技行业的发展给予了重要支持。北京市金融街作为金融科技行业的核心区域，也积极推动科技人才的发展和引进。政府的政策支持为科技人才测评服务提供了良好的环境和机会。

（5）人才培养和发展。科技人才测评不仅仅是对人才进行选拔，还可以作为人才培养和发展的重要工具。通过科技人才测评，可以为企业提供人才发展的指导和建议，帮助人才做好个人职业规划，促进人才成长。

《金融科技人才测评系统的开发》
课题组成员名单

课题策划：

许樾真（北京金融街人力资源协会）

喻　涛（北京金融街人力资源协会）

课题组织：

宇长春（北京市西城区委党校副校长、高级经济师）

执笔人：

陈海平（北京师范大学心理学部）

本课题由中国人事科学研究院和北京金融街人力资源协会共同完成。

高端制造业技能人才生态评价指标体系研究
——以河北为例①

　　提　要： 本研究首先分析了高端制造业及其技能人才生态现状。高端制造业表现出四大特点：迅速发展、高营收和产品附加值、研发投入增加、数字化转型。高端制造业技能人才生态具有多样化需求、短缺人才、标准化培训、高创业倾向等特点。由于河北高端制造业资料数据相对缺乏，本次研究以河北制造业技能人才的就业、培育、行业协调性三个方面的分析作为铺垫，为探索河北高端制造业技能人才生态打下基础。依据以上现状基础，研究从技能人才的培育生态、势能生态、动能生态、创新生态和服务与支持生态5方面构建"高端制造业技能人才生态评价指标体系"，包括5项一级指标、14项二级指标和34项三级指标。并利用Matlab2020软件和Hopfield神经网络模型、AHP－熵值法模型对指标进行权重模拟、测算和评级，评估结果显示河北的培育生态最优，势能生态良好，动能生态一般，服务与支持生态一般，创新生态相对较差。最后，基于模型结果，提出了培育高端制造业技能人才生态的对策建议。

　　关键词： 高端制造业　技能人才生态　评价指标体系

---

　　① 本文系中国人事科学研究院2023年度课题"高端制造业技能人才生态评价指标体系研究——以河北为例"报告的部分内容。

人才工作与人才队伍建设

一、引言

"十四五"时期是发展中国式现代化的关键五年，须立足新阶段、贯彻新理念、构建新格局，人才是第一资源，是创新的关键。为促进人才发展，中共中央办公厅、国务院办公厅印发《关于分类推进人才评价机制改革的指导意见》《关于深化人才发展体制机制改革的意见》等多项政策指导意见，十分重视人才发展体制机制改革，构建可持续的人才生态。习近平总书记提出，要创新人才评价机制，建立健全以创新能力、质量、贡献为导向的科技人才评价体系，形成并实施有利于科技人才潜心研究和创新的评价制度。

为应对新时期的新要求，为奋进中国式现代化发展，国家高度重视人才生态建设、人才发展体制机制改革等工作，积极改善人才环境、激发人才活力。所以为促进中国式现代化高质量发展，积极探索人才生态评价机制，有相当的必要性。在发展新阶段，河北省制造业迎来了新契机、明确了新目标，"以新型工业化为主线，加快制造业高端化、智能化、绿色化转型"，需不断刺激、激发制造业产业人才活力，创新人才生态评价机制，助力河北省制造业产业和企业高质量发展。故本研究探索河北省高端制造业技能人才生态评价指标体系，有一定的理论意义和实践价值。

二、河北制造业人才生态现状

(一) 制造业就业生态

1. 从业人员数量、平均工资均稳步提升

依据表 1，河北制造业从业人数呈稳步增长趋势，从 2019 年的 959 799 人增加至 2021 年的 986 500 人。从各单位制造业从业人员占比情况看，国有企业或单位、城镇集体单位的制造业就业占比仅仅占很小一部分，绝大部分的制造业从业者在"其他单位就业、其他单位其他就业"类别中，个体工商户、自由或者半自由职业者仍是制造业的主要从业就业方式。

表 1　　　　　　　2019~2021 年河北制造业从业人员数量　　　　　　单位：人

河北制造业从业人员数量	2019 年	2020 年	2021 年
国有企业单位	22 668	20 389	20 389
国有单位其他就业	424	322	396
城镇集体单位	14 345	16 562	16 597
城镇集体单位其他就业	924	847	765

续表

河北制造业从业人员数量	2019 年	2020 年	2021 年
其他单位就业	905 186	904 613	935 168
其他单位其他就业	16 252	15 936	13 185
合计	959 799	958 669	986 500

资料来源：《中国劳动统计年鉴（2019—2021）》。

依据表 2，河北制造业从业者的平均工资水平呈上涨趋势，从 2019 年的 4 094.82 元/人增加至 2021 年的 4 360.65 元/人。其中工资水平最高的是国有企业单位，制造业的平均工资水平约为 6 287 元左右。工资水平较低的是城镇单位其他就业，平均工资水平约为 2 500 元左右。

表 2　　　　　　2019～2021 年河北制造业从业人员平均工资　　　　单位：元/月

河北制造业从业人员平均工资	2019 年	2020 年	2021 年
国有企业单位	6 287.17	6 287.17	6 287.17
国有单位其他就业	2 448.25	2 561.08	3 358.33
城镇集体单位	3 422.45	3 444.33	3 513.33
城镇集体单位其他就业	2 505.58	2 517.08	2 547.00
其他单位就业	5 758.99	5 800.92	6 086.25
其他单位其他就业	4 146.47	4 147.33	4 371.83
平均工资	4 094.82	4 126.32	4 360.65

资料来源：《中国劳动统计年鉴（2019—2021）》。

2. 制造业人才区位优势逐渐显现

为进一步分析河北制造业从业生态，本文结合京津冀地区的制造业从业人员数量做进一步分析。在从业人员数量和变化趋势方面，北京的制造业从业人员数量呈递减趋势，从 2019 年的 658 876 人递减至 2021 年的 598 567 人。天津的制造业从业人员数量同样呈递减趋势，从 2019 年的 682 271 人递减至 2021 年的 651 221 人，制造业从业人员减少程度小于北京。而河北的制造业从业人员数量呈递增趋势，从 2019 年的 955 264 人递增至 2021 年的 986 500 人，制造业从业人员数量增长趋势明显，见表 3。

表 3　　　　　　2019～2021 年京津冀地区制造业从业人员数量　　　　单位：人

京津冀—制造业从业人员数量	2019 年	2020 年	2021 年	平均占比
北京	658 876	645 440	598 567	27.94%
天津	682 271	674 188	651 221	29.48%

京津冀—制造业从业人员数量	2019 年	2020 年	2021 年	平均占比
河北	955 264	958 669	986 500	42.58%
合计	2 296 411	2 278 297	2 236 288	100.00%

资料来源：《中国劳动统计年鉴（2019—2021）》。

再从整体占比方面观察，北京和天津的制造业从业人数分别占比为 27.94%、29.48%，在京津冀区域范围两者的占比相近。河北的制造业从业人数占比约为 42.58%，说明河北在制造业从业人员存量上具有一定优势。

再进一步分析京津冀地区制造业从业人员平均工资状况。北京的制造业从业人员平均工资水平最高 10 229.48 元/人，天津的制造业从业人员平均工资水平约为 7 686.023 元/人，河北的制造业从业人员平均工资水平最低，约为 4 193.93 元/人，京津冀区域间的制造业从业人员平均工资具有较为明显的差距，见表 4。

表 4 2019~2021 年京津冀地区制造业从业人员平均工资 单位：元/月

京津冀—制造业从业人员平均工资	2019 年	2020 年	2021 年	均值
北京	9 985.56	10 003.81	10 699.08	10 229.48
天津	7 094.13	7 133.13	8 830.81	7 686.023
河北	4 094.82	4 126.32	4 360.65	4 193.93

资料来源：《中国劳动统计年鉴（2019—2021）》。

（二）技能人才培育生态

在河北技能人才培育生态方面，本文主要从技工院校、就业训练中心、民办职业培训机构三个技能人才教育主体角度进行分析。

1. 技工院校

依据表 5 河北技工院校发展情况，技工院校数量三年间没有变化，维持在 195 所院校。在教职工方面，河北技工院校教职工人数从 2019 年的 14 125 人递增至 2021 年的 14 808 人。在资金支持方面，技工院校的经费从 19.6 亿元增加至 22.7 亿元。

表 5 河北技工院校发展情况

项目	2019 年	2020 年	2021 年
技工院校数量（个）	195	195	195
教职工数量（人）	14 125	14 446	14 808

续表

项目	2019 年	2020 年	2021 年
经费来源（亿元）	19.6	21.6	22.7
毕业人数（人）	40 428	42 713	43 618
毕业生——获取中级职业资格占比（％）	44.59	45.56	44.61
毕业生——获取高级职业资格占比（％）	14.35	14.31	17.35
就业率（％）	98.62	98.26	98.69

资料来源：《中国劳动统计年鉴（2019—2021）》。

在技工院校对学生的教育培养方面，每年的毕业生人数呈明显的递增趋势，从 2019 年的 40 428 人逐渐递增至 2021 年的 43 618 人。在获取的职业资格方面，每年的毕业生中有将近 45％ 的学生能拿到中级职业资格。

2. 就业训练中心

就业训练中心的发展同样对技能人才培养具有较为重要的作用。依据表 6 河北就业训练中心发展情况，就业训练中心的机构数量保持在 805 个，其教职工人数 3 年间稳步增长，从 10 112 人逐渐增长至 10 298 人，经费来源从 2.1 亿元增长至 2.5 亿元。

表 6   **河北就业训练中心发展情况**

项目	2019 年	2020 年	2021 年
机构数量（个）	805	805	805
教职工人数（人）	10 112	10 277	10 298
培训人数（人）	402 525	419 438	422 528
获取职业资格人数（人）	160 244 （39.81％）	167 946 （40.04％）	169 950 （40.22％）
经费来源（亿元）	2.1	2.3	2.5

资料来源：《中国劳动统计年鉴（2019—2021）》。

在教育和培训方面，培训人数从 402 525 人逐渐增长至 422 528 人，获取职业资格人数方面从 160 244 人逐渐增长至 169 950 人，获取职业资格占比情况从 39.81％ 逐渐增加至 40.22％。

3. 民办职业培训机构

民办职业培训机构的数量 3 年间在逐渐增加，从 1 195 个逐渐增加至 1 224 个。教职工人数从 17 988 人逐渐增加至 18 223 人，呈稳步增长趋势，见表 7。

表 7　　　　　　　　　　　河北民办职业培训机构情况

	2019 年	2020 年	2021 年
机构数量（个）	1 195	1 203	1 224
教职工人数（人）	17 988	18 018	18 223
培训人数（人）	622 578	641 590	669 525
就业人数（人）	210 696	226 699	228 947
就业率（%）	33.84	35.33	34.20
获取职业资格人数（人）	301 425	312 007	315 987
获取职业资格率（%）	48.42	48.63	47.20

资料来源：《中国劳动统计年鉴（2019—2021）》。

在培训教育方面，河北民办职业培训机构的培训人数从 622 578 人稳步增长至 669 525 人，培训后就业人数从 210 696 人逐渐增长至 228 947 人，培训后就业率略有波动，基本维持在 35% 左右。获取职业资格人数，从 301 425 人逐渐增加至 315 987 人，培训后获取职业资格率略有波动，基本维持在 48% 左右。

（三）与其他行业的协调发展程度

根据《河北省 2022 年国民经济和社会发展统计公报》，全省生产总值实现 42 370.4 亿元。依据《河北省制造业高质量发展"十四五"规划》，制造业增加值占 GDP 比重达到 27.00%，见表 8。

表 8　　　　　　　2022 年河北制造业及其相关产业的 GDP 及占比

行业分类	GDP（亿元）	占比（%）
制造业	11 440.01	27.00
农、林、牧、渔业	4 697.40	11.09
建筑业	2 413.60	5.70
批发和零售业	3 429.10	8.09
交通运输、仓储和邮政业	3 013.30	7.11
信息传输、软件和信息技术服务业	914.40	2.16
居民服务、修理和其他服务业	524.30	1.24
河北省 GDP 增加值	42 370.4	——

资料来源：《河北省 2022 年国民经济和社会发展统计公报》《河北省制造业高质量发展"十四五"规划》。

河北省的制造业与其他行业的协调发展程度还有提升的空间。河北省政府应加大政策支持力度，鼓励制造业企业提高创新能力，推动制造业与服务业、科技创新、环境保护的深度融合，实现经济的高质量发展。此外，加强与周边地区的合作和交流，积极参与国家和区域发展战略，也为河北省的协调发展提供更多机遇。

三、研究设计

（一）评价的指标选取与介绍

技能人才评价的实质是确定技能人才在专业领域人才生态中所处的生态位置，并通过一定手段来识别、评估和显现其生态位置所代表的生态能力和生态动力。人才的生态势能是人才在其领域内的价值、能力和影响力，包括其专业技能、贡献及能级；人才的生态动能则关注于人才在生态系统中的活动性和发展潜力，体现其职业生涯中的动态变化、成长和提升的可能性。除了要评价技能人才生态的动能和势能外，技能人才的培育生态、创新生态、服务与支持生态同样需要进一步关注和分析。

（二）构建高端制造业技能人才生态评价指标体系

综合前两节对高端制造业技能人才的"培育生态""势能生态""动能生态""服务与支持生态"四部分评价指标的分析与总结，进而构建"高端制造业技能人才生态评价指标体系"，见表9。

表9　　　　　　　　高端制造业技能人才生态评价指标体系

一级指标	二级指标	三级指标	资料来源
培育生态 A1	技工院校 B1	技工院校数量（个）C1	《中国劳动力统计年鉴（2020—2022）》
		教职工数量（人）C2	
		就业学生数量（人）C3	
		获取职业资格证书数量（人）C4	
	就业训练 B2	技能培训机构（个）C5	
		教职工数量（人）C6	
		参与技能培训人数（人）C7	
		获取职业资格证书数量（人）C8	
	民办职业技能培训 B3	技能培训机构（个）C9	
		教职工数量（人）C10	
		参与技能培训人数（人）C11	
		获取职业资格证书数量（人）C12	

一级指标	二级指标	三级指标	资料来源
势能 生态 A2	人才存量 B4	高端制造业人才存量（人）C13	《河北人才发展报告（2020—2022）》； 河北人社网（https：//rst. hebei. gov. cn/ index. html）
		高端制造业人才占比（%）C14 （高端制造业人才占比制造业就业 人数）	
	经济贡献 B5	高端制造业 GDP（万元）C15	《河北省制造业高质量发展"十四五"规 划》；《河北经济年鉴（2020—2022）》； 《河北省国民经济和社会发展统计公报 （2020—2022）》
		高端制造业总产值占比（%）C16 （高端制造业产值占制造业总产值）	
	能力价值 B6	平均工资收入（元）C17	《河北人才发展报告（2020—2022）》 《中国劳动力统计年鉴（2020—2022）》
		平均职业技能水平 C18	《中国劳动力统计年鉴（2020—2022）》
动能 生态 A3	人才存量增速 B7	高端制造业人才增量（人）C19	河北人才发展报告（2020—2022）；河北 人社网（https：//rst. hebei. gov. cn/index. html）
		高端制造业人才增速（%）C20	
	产值增速 B8	高端制造业产值增量（万元）C21	《河北省制造业高质量发展"十四五"规 划》；《河北经济年鉴（2020—2022）》； 《河北省国民经济和社会发展统计公报 （2020—2022）》；《河北蓝皮书：河北经济 发展报告（2020—2022）》
		高端制造业产值增速（%）C22	
	产业活性 B9	与商品和服务业耦合协调度 C23	"商品和服务业"选取：批发和零售业； 租赁和商务服务业；交通运输、仓储和 邮政业；居民服务、修理和其他服务业。 资料来源：《中国城市统计年鉴（2020— 2022）》
		与科技类行业耦合协调度 C24	"科技类行业"科学研究和技术服务业； 信息传输、软件和信息技术服务业。 资料来源：《中国城市统计年鉴（2020— 2022）》
创新 生态 A4	研发投入 B10	R&D 投入额（万元）C25	《中国城市统计年鉴（2020—2022）》
		R&D 占比 GDP（%）C26	
	技能专利 B11	技能专利授权量（件）C27	《中国城市统计年鉴（2020—2022）》
		技术市场成交额（万元）C28	国家统计局官方网站（https：//data. stats. gov. cn/）
	数字化转型 B12	工业数字化转型程度 C29	《"十四五"信息化和工业化深度融合发 展规划》工业企业的关键工序数字化率 约已达到 55.3%
		工业企业数字化转型指数 C30	A 股上市公司企业年报计算（2020 年）

一级指标	二级指标	三级指标	资料来源
服务与支持生态 A5	孵化基地 B13	创新创业基地、众创空间数量——省、市（县）级 C31	河北人社网（https：//rst. hebei. gov. cn/index. html）；以及各市人社局官网
		服务技能人才数量（人）C32	
	政策支持 B14	技能人才激励政策数量（件）C33	河北人社网（https：//rst. hebei. gov. cn/index. html）；以及各市人社局官网
		科学技术财政支出（万元）C34	《中国城市统计年鉴（2020—2022）》

"高端制造业技能人才生态评价指标体系"，共包含 5 项一级指标（A1～A5），14 项二级指标（B1～B14），34 项三级指标（C1～C34），各指标对应的数据来源详见表9。

学界关于人才生态评价的研究方法诸多，基于本文对高端制造业技能人才生态评价指标的数据来源，主要依据客观数据，而非主观打分数据。（1）为进一步科学合理地评价和衡量高端制造业技能人才生态，本文选取"AHP－熵值法"对高端制造业技能人才生态进行评价，确定各指标的权重。（2）再通过 Hopfield 神经网络分析对 5 项人才生态的等级进行评价，尝试分析河北高端制造业技能人才生态的发展状态。

（三）评价方法及数据来源

1. 熵值法

熵值法是一种用于评估指标离散程度的数学方法。该方法常用于多指标综合评价中，以确定各指标对最终评价结果的权重分配。

2. 层次分析法（AHP）

本文主要运用层次分析法确定指标体系中各指标的权重。研究开始在传统的层次分析法中引入模糊数据，从而将主观、不确定性的信息更好地反映在数据评价过程之中。

3. 模糊综合评价

确定各指标后，本文将利用模糊综合评价对各项指标进行评级，评价其优劣好坏，从而为后文对策建议提供依据。

4. 离散 Hopfield 神经网络

Hopfield 网络作为一种全连接型的神经网络，曾经为人工神经网络的发展开辟了新的研究途径。

5. 评价思路和数据来源

确定高端制造业技能人才生态评价指标体系中各指标权重，针对主客观赋权方法的优缺点，我们力求将主观随机性控制在一定范围内，实现主客观赋权中的中正。

四、实证检验

（一）模型检验

依据模糊层次分析法的计算步骤，选取置信系数 0.6（中等模糊程度），乐观系数 0.6（风险偏好中性），综合专家的评判数据，得到最终判断矩阵，并计算权重及一致性检验如表 10。最大特征值 Amax = 3.168，特征向量 [0.425，0.173，0.147，0.162，0.093]。通过此算法依次算成对比矩阵，计算结果显示全部通过一致性检验。

（二）各项指标权重结果

依据表 10 高端制造业技能人才生态评价指标权重结果。一级指标的 5 项技能人才生态中，培育生态（A1）权重最大（0.425），排在第 2 位的是势能生态（A2），权重为 0.173，服务与支持生态（A4）权重为 0.162，位列第 3，动能生态（A3）位列第 4，权重为 0.147，创新生态（A5）的权重最小，为 0.093。一级指标排序结果为，培育生态 A1 > 势能生态 A2 > 服务与支持生态 A4 > 动能生态 A3 > 创新生态 A5。

表 10　　　　　　　　　高端制造业技能人才生态评价指标权重结果

一级指标	ωA	二级指标	单排序权重	三级指标	合成权重	Top10
培育生态 A1	0.425	技工院校 B1	0.404	技工院校数量（个）C1	0.0368	①
				教职工数量（人）C2	0.0319	⑥
				就业学生数量（人）C3	0.0291	
				获取职业资格证书数量（人）C4	0.0293	
		就业训练 B2	0.314	技能培训机构（个）C5	0.0322	④
				教职工数量（人）C6	0.0295	
				参与技能培训人数（人）C7	0.0305	⑩
				获取职业资格证书数量（人）C8	0.0296	
		民办职业技能培训 B3	0.282	技能培训机构（个）C9	0.0342	②
				教职工数量（人）C10	0.0316	⑦
				参与技能培训人数（人）C11	0.0320	⑤
				获取职业资格证书数量（人）C12	0.0291	

一级指标	ωA	二级指标	单排序权重	三级指标	合成权重	Top10
势能生态 A2	0.173	人才存量 B4	0.222	高端制造业人才存量（人）C13	0.0296	
				高端制造业人才占比（%）C14（高端制造业人才占比制造业就业人数）	0.0274	
		经济贡献 B5	0.486	高端制造业 GDP（万元）C15	0.0312	⑧
				高端制造业总产值占比（%）C16（高端制造业产值占制造业总产值）	0.0304	
		能力价值 B6	0.292	平均工资收入（元）C17	0.0291	
				平均职业技能水平 C18	0.0302	
动能生态 A3	0.147	人才存量增速 B7	0.312	高端制造业人才增量（人）C19	0.0281	
				高端制造业人才增速（%）C20	0.0285	
		产值增速 B8	0.453	高端制造业产值增量（万元）C21	0.0327	③
				高端制造业产值增速（%）C22	0.0306	⑨
		产业活性 B9	0.235	与商品和服务业耦合协调度 C23	0.0265	
				与科技类行业耦合协调度 C24	0.0242	
服务与支持生态 A4	0.162	孵化基地 B13	0.417	创新创业基地、众创空间数量－省、市（县）级 C25	0.0298	
				服务技能人才数量（人）C26	0.0297	
		政策支持 B14	0.583	技能人才激励政策数量（件）C27	0.0283	
				科学技术财政支出（万元）C28	0.0265	
创新生态 A5	0.093	研发投入 B10	0.362	R&D 投入额（万元）C29	0.0261	
				R&D 占比 GDP（%）C30	0.0268	
		技能专利 B11	0.221	技能专利授权量（件）C31	0.0255	
				技术市场成交额（万元）C32	0.0246	
		数字化转型 B12	0.417	工业数字化转型程度 C33	0.0289	
				工业企业数字化转型指数 C34	0.0295	

进一步，再分析二级指标结果：

（1）技能人才培育生态（A1）中，技工院校（B1）的权重为 0.404，排在第 1 位，排在第 2 位的是就业训练（B2），权重为 0.314，民办职业技能培训（B3）位列第 3，权重为 0.282。

（2）势能生态（A2）中，经济贡献（B5）的权重为 0.486，排在第 1

位，排在第 2 位的是人才存量（B4），权重为 0.292，能力价值（B6）位列第 3，权重为 0.222。

（3）服务与支持生态（A4）中，政策支持（B14）的权重为 0.583，排在第 1 位，排在第 2 位的是孵化基地（B13），权重为 0.417。

（4）动能生态（A3）中，产值增速（B8）的权重为 0.453，排在第 1 位，排在第 2 位的是人才存量增速（B7），权重为 0.312，产业活性（B9）位列第 3，权重为 0.235。

（5）创新生态（A5）中，数字化转型（B12）的权重为 0.417，排在第 1 位，排在第 2 位的是研发投入（B10），权重为 0.362，技能专利（B11）位列第 3，权重为 0.221。

再继续分析三级指标结果，由于指标众多，主要介绍排在前 10 位的指标（TOP10）：

（1）技工院校：技工院校数量的权重为 Top①，教职工数量的权重为 Top⑥。

（2）就业训练：技能培训机构的权重为 Top④，参与技能培训人数的权重为 Top⑩。

（3）民办职业技能培训：技能培训机构的权重为 Top②，教职工数量的权重为 Top⑦，参与技能培训人数的权重为 Top⑤。

（4）经济贡献：高端制造业 GDP 的权重为 Top⑧。

（5）产值增速：高端制造业产值增量的权重为 Top③，高端制造业产值增速的权重为 Top⑨。

此权重结果能在一定程度说明下列问题：

（1）河北高端制造业技能人才生态中，人才培育生态发展相对较好。河北的技工院校发展、技能人才的教育、培训方面有一定优势，具有较充足的人才储备，整体上技能人才的培育生态发展较好。

（2）河北高端制造业技能人才的势能生态中，高端制造业技能人才的经济贡献具有相对优势，同时也证明现实中河北制造业的经济产业支柱地位。

（3）河北高端制造业技能人才的动能生态中，产值增速较为突出，略显不足的是产业活性指标。说明高端制造业与其上下游产业的联系、跨行业合作等方面有待加强，同时高端制造业人才的多行业、跨行业交流有待进步。

（4）河北高端制造业技能人才的服务与支持生态中，政策支持的力度相对较大，而技能人才创新创业的孵化基地建设有待深入。

（5）河北高端制造业技能人才的创新生态中，数字化转型趋势明显，而技能专利的发展相对较弱，说明在河北高端制造业领域中技术创新、技能进步、技术技能专利的发展有待进一步探索。

（三）高端制造业技能人才生态的分等级评价分析

1. 评价等级标准集与指标权重集的建立

目前我国对于高端制造业技能人才生态评价还没有一个确切的标准，因此很难以一个准确的数值来作为评判的等级标准。本文将其分为5个等级。

2. 基于 Hopfield 神经网络分析的等级评价

依据上述矩阵数据，为了对高端制造业技能人才生态各指标进行等级评价，构建离散 Hopfield 高端制造业技能人才生态评价模型。分析过程如图1所示。

设定合理的等级评价指标 → 对等级评价指标进行编码 → 待分类的等级评价指标编码 → 创建 Hopfield 神经网络 → 仿真模拟结果，同时验证模型稳定性

图1 高端制造业技能人才生态评价模型分析过程

3. 等级评价编码

由于离散型 Hopfield 神经网络神经元的状态只有1和-1两种情况，所以将评价指标映射为神经元的状态时，需要将其进行编码。编码规则为：当大于或等于某个等级的指标值时，对应的神经元状态设为"1"，否则设为"-1"。理想的5个等级评价指标编码如图2所示，其中〇表示神经元状态为"1"，即大于或等于对应等级的理想评价指标值，反之则用●表示。则各等级标准的结果呈现为：

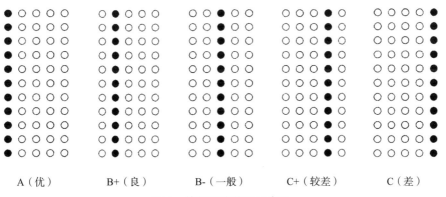

A（优）　　　B+（良）　　　B-（一般）　　　C+（较差）　　　C（差）

图2 等级评价编码示意图

依据上述标准，将11位专家对"河北高端制造业技能人才生态"的打分结果作为初始数据予以输入。同时，将人才生态评价指标的平均值作为各

个等级的理想评价指标，即作为 Hopfield 神经网络的平衡点。

4. 模型创建与仿真分析

将本文设定的"A（优）、B + （良）、B - （一般）、C + （较差）、C（差）"5 个等级评价指标编码后，即可利用 MATLAB 自带的神经网络工具箱函数创建离散型 Hopfield 神经网络。

5. 结果分析

仿真结果如图 3 所示。其中，第一行表示 5 项理想的人才生态等级评价指标编码；第二行表示 5 项待评级的人才生态评价指标编码；第三行为设计的 Hopfield 神经网络分析的分类结果。

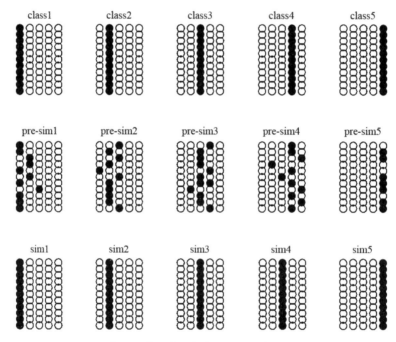

图 3　高端制造业技能人才生态的分等级评价结果

从图中可以清晰地看出，设计的 Hopfield 网络可以有效地进行分类和评价，同时与前节权重分析结果相呼应，从而可一定程度上反映出河北高端制造业技能人才生态的程度和现状。

依据 Hopfield 神经网络分析的结果，河北高端制造业技能人才生态的等级评价结果为，培育生态（A1）的等级评价为 A（优），势能生态（A2）的等级评价为 B + （良），动能生态（A3）的等级评价为 B - （一般），服务与支持生态（A4）的等级评价为 B - （一般），创新生态（A5）的等级评价为 C（差）。

五、结论与对策

（一）结论

（1）河北高端制造业技能人才生态中，人才培育生态发展相对较好。河北的技工院校发展、技能人才的教育、培训方面有一定优势，具有较充足的人才储备，整体上技能人才的培育生态发展较好。

（2）势能生态中，高端制造业技能人才的经济贡献有相对优势，同时也说明了现实中河北制造业的经济产业支柱地位。

（3）动能生态中，产值增速较为突出，略显不足的是产业活性指标。说明高端制造业与其上下游产业的联系、跨行业合作等有待加强，同时高端制造业人才的多行业、跨行业交流有待进步。

（4）服务与支持生态中，政策支持的力度相对较大，而技能人才创新创业的孵化基地建设有待深入。

（5）创新生态中，数字化转型趋势明显，而技能专利的发展相对较弱，说明在河北高端制造业领域中技术创新、技能进步、技术技能专利的发展有待探索。

（二）对策

1. 优化职业教育与技能培训

培育生态的提升需要在职业教育和技能培训方面进行优化。政府和企业需加大对技工院校和职业培训机构的投资，确保教培机构拥有先进的教学设施和高水平的师资力量。推动产教（训）融合，鼓励企业与教育机构合作，开发符合市场需求的课程和培训项目，培养出能够迅速适应产业需求的高素质技能人才。推广职业资格认证和技能竞赛，提高技能人才的社会认可度和职业发展前景，吸引更多年轻人投身高端制造业。

2. 完善人才的"引留育"体系

完善人才引进、留用、培养体系，打造更适宜的人才势能生态。企业应积极对接政府政策，动态更新人才政策和管理策略。优化人才引进渠道和程序，提供住房、医疗、子女教育等保障以及设立专项科研基金以支持高水平研究，提供福利待遇和职业发展机会。同时建立内部培训体系，定期组织专业技能提升课程和学术交流活动，为技能人才提供广阔的发展空间和公平的晋升机会。

3. 激活市场机制

激活市场机制，合理化人才流动，促进人才动能生态的发展。高端制造业具有技术革新快、紧随市场变动等特点，应推动制定灵活的人才流动政策，以激励人才向关键领域和高增长行业流动。通过搭建行业间交流平台，提升劳动市场的透明度和公平性，促进相近行业之间的人才互通有无，避免人才资源浪费，有效发挥人才的综合效能。企业则需要打破传统的人才储备模式，采取更开放的招聘策略，引进具有跨行业经验的人才，增强企业的应变能力和市场竞争力。

4. 丰富孵化平台功能

服务与支持生态的优化可通过丰富孵化平台功能来实现。持续建设和完善高端制造业孵化器和产业园区，为初创企业和创新项目提供从资金、技术到市场推广的全方位支持，帮助企业渡过初创期的难关，迅速成长为行业的中坚力量。推动建立行业协会和专业服务机构，提供法律、金融、市场等专业服务，助力企业健康发展。持续完善产业园区和孵化平台扶持政策，包括税收优惠、科研资助和技术推广等，营造良好的政策支持环境。

5. 提升人才研发创新能力

创新生态的优化对于高端制造业的长远发展至关重要。高端制造业应加强与教培机构合作，开发数字技术相关的定制课程，培养符合未来产业需求的技术人才。建立研发中心和创新实验室，不仅为人才提供实验平台，还应通过研发补贴和税收优惠鼓励人才进行原创性研究与开发。定期举办创新竞赛和技术研讨会，激发员工的创新思维和协作能力，可以有效提升员工的实际操作技能和创新能力，从而加速新技术的应用和产品的市场推广。

《高端制造业技能人才生态评价指标体系研究——以河北为例》
课题组成员名单

课题组长：
邢明强（河北省人力资源社会保障科学研究所副所长、研究员）
课题组成员：
梁高杨（河北经贸大学讲师）
王　峰（河北省人力资源社会保障科学研究所副研究员）
平　原（河北省人才服务中心高级经济师）
吕飞龙（河北师范大学实习研究员）
蒋文博（河北师范大学实习研究员）

梁梦璇（河北师范大学实习研究员）

侯欣月（河北科技大学实习研究员）

魏　月（河北师范大学实习研究员）

本课题由中国人事科学研究院和河北省人力资源社会保障科学研究所共同完成。

中国人事科学研究报告

THE REPORT OF CHINESE PERSONNEL SCIENCE

我国高水平人才高地雁阵格局发展对策研究①

提 要：当今世界国际形势错综复杂，随着新一轮产业革命和科技浪潮的加速到来，全球人才也呈现流动规模不断扩大、流动速度持续提高的特点，区域化和局部化人才流动的趋势更加明显。在此背景下，我国亟须加速实现全球人才资源的配置，赢得新一轮全球竞争。高水平人才高地是人才发展的极核区、高势能区，在构建新时代人才发展战略布局中发挥着关键作用，构建人才发展的雁阵格局，则是使区域人才集聚形成协同效应，提升我国全球人才竞争力的重要支撑。本文即以高水平人才高地为研究对象，雁阵格局为研究视角，明晰定义、划分梯度，探讨构建高水平人才高地雁阵格局存在的现实瓶颈，并尝试通过国内典型地区经验总结，为我国高水平人才高地雁阵格局的构建提供梯度发展的对策建议。

关键词：高水平人才高地 雁阵格局 发展对策

一、时代背景

（一）全球人才流动新趋势带来历史机遇

当前，国际形势错综复杂，政治经济格局加速演变，产业链、供应链面临重塑问题，全球人才流动也出现了一些新的特点：人才流动规模不断扩大，流

---

① 本文系中国人事科学研究院 2023 年度课题"我国高水平人才高地雁阵格局发展对策研究"报告的部分内容。

动速度持续提高，区域化和局部化人才流动趋势明显，欧洲国家、亚洲（特别是东亚）国家以及"一带一路"共建国家出现了越来越多的"人才集聚型"全球城市。随着我国经济与研发环境持续改善，人才回流拉力也逐渐提升，已经开始迎接海外科技人才回流高潮。《2022 中国海归就业调查报告》显示，2022 年回国求职留学生数量再创新高，同比增长 8.6%。[①] 建设高水平人才高地，成为应对全新历史机遇，重构国际人才竞争、科技竞争新格局的核心要义。[②]

（二）建设科技强国需要人才的支撑引领

新一轮科技革命和产业变革交汇发展，实现高水平科技自立自强对于维护国家战略利益、推动高质量发展具有前所未有的紧迫性。高水平科技自立自强离不开高水平人才的支撑和引领，习近平总书记在中央人才工作会议中指出，"加快建设世界重要人才中心和创新高地""综合考虑，可以在北京、上海、粤港澳大湾区建设高水平人才高地，一些高层次人才集中的中心城市也要着力建设吸引和集聚人才的平台"，这是党中央对新时代人才工作的顶层设计和战略谋划。

（三）区域间发展不均衡的难题亟待破解

世界上任何规模化发展中的经济体经济发展的不充分和不平衡的现象都普遍存在[③]，人才资源也难以摆脱这一规律。构建人才发展的雁阵格局则为上述难题提供了一个很好的破解思路，即通过把人才资源放在区域空间以及产业体系的复合视野中予以统筹安排并实现最优规划，使各区域人才集聚形成协同效应，发挥结构化优势，使人才集聚的专业类型、数量规模、能力水平与地方产业相匹配相契合。

二、高水平人才高地与雁阵格局的科学内涵

（一）高水平人才高地的内涵

1. 高水平人才高地的概念

高水平人才高地代表着顶尖人才的高度集聚，科技创新的高度活跃，经济社会的高速发展，是人才发展的极核区、高势能区。[④] 高水平人才高地包含两层含义，一层是高水平的人才高地，另一层则是高水平人才的高地。高水平的人才高地能实现产业链、创新链、资金链、教育链、人才链、服务链六链

① 孙亚慧. 更多留学生愿回国就业 [N]. 人民日报海外版，2023 – 02 – 15 (010).
② 加快建设高水平人才高地 [J]. 求是，2021 (24)：5.
③ 白彦. 从区域均衡发展迈向共同富裕 [J]. 人民论坛，2023 (13)：19 – 23.
④ 上官剑. 大力实施海聚英才青年专项行动 为加快建设高水平人才高地贡献青春力量 [J]. 中国共青团，2023 (5)：2.

高度融合，形成一种人才内部各要素与经济社会发展诸要素间的平衡状态。[①]
高水平人才的高地则是能集聚与培养各类顶尖人才的主要阵地，是具备示范效
力的战略支点。无论是高水平的人才高地，还是高水平人才的高地，都是通过
国家政策导向实现资源倾斜，从而集聚并培育一支能够释放出与社会主义现代
化强国建设匹配的人才效能的人才队伍，形成人才资源的比较优势。[②]

2. 高水平人才高地的要素结构

从静态层面来看，高水平人才高地主要体现为人才素质的高标准、人才
结构的高适配、人才数量分布的高密度、人才流动的高频率和人才产出的高
效益五个方面；从动态层面来看，高水平人才高地具有机制活、平台高、环
境好等核心要素[③]，这些核心要素是吸引优秀人才集聚、实现优秀人才自我
价值的关键。[④] 总而言之，人才高地的"高"最终体现在人才队伍的质量、
数量、流动、结构和效益上。其中，质量上表现为人才素养高且有一批拔尖
人才；数量上表现为区域内人才数量充足；流动上表现为区域内人才流动灵
活，且能够吸引大批来自国内外的优秀人才；结构上表现为人才结构优，专
业结构和层次结构能与经济社会协调发展；效益上表现为人才的产出效益
高，尤其是创新成果丰富，见图 1。

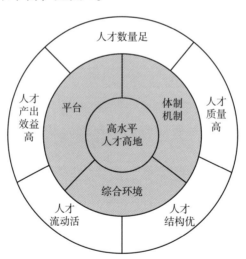

图 1　高水平人才高地要素结构

① 周仲高. 加快建设高水平人才高地［N］. 中国社会科学报，2022 – 11 – 17（001）.

② 李广稷，孟东方. 把高水平人才高地建设落到实处［J］. 中国人才，2023（9）：52 – 53.

③ 萧鸣政，应验，张满. 人才高地建设的标准与路径——基于概念、特征、结构与要素的分析［J］. 中
国行政管理，2022（5）：50 – 56.

④ 王子丹，袁永，胡海鹏，等. 粤港澳大湾区国际科技创新中心四大核心体系建设研究［J］. 科技管理
研究，2021，41（1）：70 – 76.

（二）雁阵格局的内涵

1. 雁阵格局的概念

雁阵是生物空气动力学上的一个概念，20 世纪 60 年代，日本经济学家赤松要（Kaname Akamatsu）[1]首次将雁阵效应用于解释社会经济发展，其主要内涵是，不同发展水平国家的经济、产业具有明显的梯度差异，经济发展水平高的国家会将低端产业转移到经济发展水平低的国家。2021 年 9 月，习近平总书记在中央人才工作会议上强调"加快形成战略支点和雁阵格局"，为人才建设领域发挥雁阵效应提供了方向指引。在此基础上，有大量学者基于雁阵理论开展了如何优化我国人才区域布局的研究。例如，姚凯指出，加快建设世界人才中心和创新发展高地，在空间战略上要实现"3 + N"的雁阵发展格局，这一发展格局不是"均等"布局，而是要突出不同类型城市和区域的战略定位[2]；何丽君研究认为，在新发展格局下，需要将区域引入人才战略的规划和实施，要聚焦重点区域，发挥东部区域的领头雁作用[3]。所以，人才发展的雁阵格局可归纳为人才资源的优化配置，是不同地区依据各自产业基础和特点，形成差异化定位后的区域人才发展布局。

2. 雁阵格局的区域互动机制

在雁阵格局中，技术、人才、资金等资源要素得到有效统筹，头雁的引领作用、强雁的助力功能、尾雁的支撑效应得到充分体现[4]。通过合作机制，长三角、粤港澳大湾区、环渤海湾、北部湾等区域进行经济协作和技术、人才合作，呈现"1 + 1 > 2"的效应；通过市场机制，行政区划的限制以及体制壁垒在不同程度上被打破，人才、资本、产业等生产要素在区域间自由流动；通过互助机制，沿海发达地区向西部输送了大量资源要素，以珠三角地区的劳动力生产资源流动为例，外地高素质劳动力来到珠三角地区工作，有效促进了新兴产业的改革和技术革新，当该新兴产业在珠三角地区已经实现高度产业化经营后，相关人才再根据回流机制流回欠发达地区，将技术、管理模式和理念传播到其他地区，见图 2。

---

① Akamatsu K. A theory of unbalanced growth in the world economy [J]. Weltwirtschaftliches Archiv, 1961, 86 (2): 196 – 217.

② 姚凯. 以区域合理布局和协调发展　着力打造人才竞争优势 [J]. 中国人才, 2022 (12): 12 – 14.

③ 何丽君. 中国建设世界重要人才中心和创新高地的路径选择 [J]. 高等学校文科学术文摘, 2022, 39 (6): 1.

④ 王运虎, 王玥洁. 战略支点　雁阵格局——基于区域层面的人才战略布局 [J]. 人才资源开发, 2023 (9): 24 – 26.

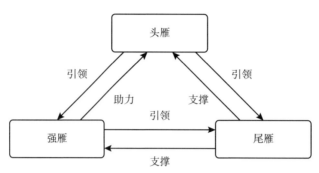

图2 雁阵格局互动机制

三、高水平人才高地雁阵格局构建

(一) 区域要素禀赋分析

1. 人才规模

人才规模能够直观地反映创新人才数量、创新人才基础水平。北京具备人才基础规模的绝对优势，是创新主体最为活跃的区域，区域内集聚了大批创新人才，全国超半数的两院院士聚集在此。上海的人才基础规模位列第二，其两院院士数和科技创新领军人才数均仅次于北京，见图3。其余城市的人才基础规模与北京、上海存在较大差距，有较大提升空间，城市人才基础规模差异大。

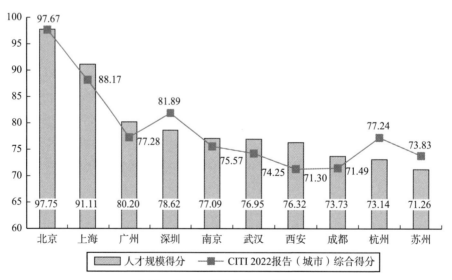

图3 人才规模排名前 10 强城市

资料来源:《中国创新人才指数 2022 (城市)》。

2. 人才结构

人才结构反映创新人才在学历、产业等维度的结构分布情况，体现创新人才质量。研究显示，不同城市呈现不同的发展特征。北京、上海等城市人才学历结构表现突出，深圳、苏州等城市人才技能结构较优，见图4。但人才结构与人才规模发展存在较大差异，说明各城市人才规模和人才结构间匹配度不高，仍有一定的优化空间。研究结果反映出各城市应当在提升人才规模总量的同时，注重人才质量的优化提高，实现规模与质量齐头并进。

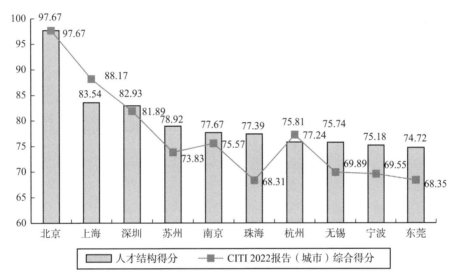

图 4　人才结构排名前 10 强城市

资料来源：《中国创新人才指数 2022（城市）》。

3. 人才效能

人才效能用以反映各城市创新人才带来的科技产出与经济价值。北京在人才效能上几乎形成压倒性优势，人才产生的科技、经济效益远远超过其余城市。上海在人才效能上仅次于北京，以经济效益见长。深圳在人才的科技效益和经济效益上表现稳定。其余城市的人才效能与第一梯队城市存在较大差距，见图5。

4. 人才环境

良好的人才环境将激发人才创新创造的活力，加速创新人才成长。北京依托国家级创新基地、新型研发机构等创新平台，以"大科学装置＋大科学任务"等形式，吸引全球顶尖科研人才开展科研工作，并取得明显成效，见图6。广州在人才培养方面十分突出，广州政府不断加大对提高市民科学素养的资金投入力度，人均科普经费得到大幅提升，从 2019 年的 8.68 元/人增加至 2020 年的 16. 25 元/人。

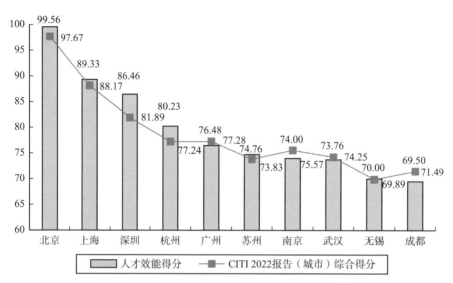

图 5 人才效能排名前 10 强城市

资料来源：《中国创新人才指数 2022（城市）》。

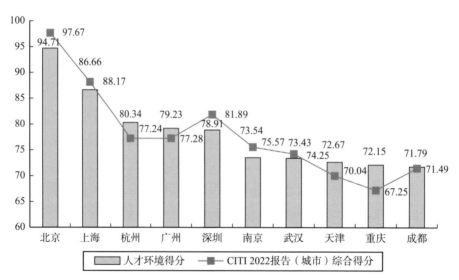

图 6 人才环境排名前 10 强城市

资料来源：《中国创新人才指数 2022（城市）》。

（二）雁阵梯度划分

1. 头雁区域

根据中共中央政治局会议要求，北京、上海、粤港澳大湾区要坚持高标准，努力打造创新人才高地示范区。从高水平人才高地到创新人才高地示范区，凸显了北京、上海、粤港澳大湾区在人才强国雁阵格局中的"头雁效应"。三大创新人才高地示范区之间并不是相对独立的孤点，而是一个内里相互联系、统一发展的有机整体，通过北京、上海、粤港澳大湾区等头雁区域的建设，能够以点连线、以线带面，进一步优化我国人才队伍结构，提升我国人才工作效率。

2. 强雁区域

高水平人才集聚平台是贯彻落实新时代背景下人才强国战略的重要抓手。本研究对全国各地人才工作会议情况进行分析发现，许多省市把谋划建设高水平人才集聚平台作为一项重要工作进行部署安排，例如长沙、武汉、南京、福州、厦门等各城市群主要城市均提出支持本省区域性中心城市建设高水平人才集聚平台，这些地区与上文划分的强雁区域相吻合，是我国经济发展活跃、开放程度高、创新能力强的代表性区域，人才载体平台、人才服务环境等优势突出，是人才强国雁阵格局中的"腰部力量"，发挥着承前启后的中场角色。表1是部分城市出台的相关人才政策。

表1   出台高水平人才集聚平台创建政策的部分城市

城市	相关政策
长沙	《长沙市争创国家吸引集聚人才平台若干政策（试行)》
武汉	《"武汉英才"计划培育支持专项实施方案》
南京	《以加快打造高水平人才集聚平台为总牵引全面推进新时代人才强市建设行动方案（2023—2025 年)》
福州、厦门	《关于支持福建探索海峡两岸 融合发展新路 建设两岸融合发展示范区的意见》

3. 尾雁区域

人才是地区发展的重要生产力，部分地区受地理位置和客观条件的制约，发展有限，与头雁区域、强雁区域形成较大的差距，这些地区通常与欠发达地区存在较大重合，例如青海、西藏、新疆等。上述地区人才少是通病，产业基础较差，经费投入严重不足，科研人员工资待遇不高，很难吸引高端人才全职在岗，对人才引进支持力度有限，是人才强国雁阵格局中的尾雁区域。

四、高水平人才高地雁阵格局发展瓶颈

（一）大国博弈造成国际高端人才流动受阻

当前，国际格局和大国间力量对比在发生着亘古未有的根本性、趋势性

变化，以美国为代表的部分西方国家针对部分高科技产业和关键核心技术，对我国实行大规模"结构封锁"，不断对中国企业、高校和科研院所采取压制性措施，包括技术封锁、出口管制、政治打压等系列手段，实施产业链"去中国化"。可以看出，美国对中国的人才竞争意图非常明显，通过对知识产权、智力资本保护限制高端人才与中国的交流与流动，通过留学生、移民政策等大力延揽来自中国的国际人才，最大限度地遏制关键技术和人才向中国转移，造成我国人才国际流动受阻。

（二）头雁区域需进一步引育关键领域人才

我国经济已进入高质量发展阶段，头雁区域需要加快调整产业结构，促进产业转型升级，提高经济质效，更好地发挥引领作用。

一是硬科技领域高端技术人才存在缺口。例如，根据北京市人力资源和社会保障局发布的资料，北京市在医药健康、集成电路、智能装备等领域存在较大的人才缺口，缺乏相应的专业技能人才。[①]

二是人才供需存在结构性失衡的情况。一方面，在某些领域或岗位上存在着人才过剩或过度竞争的现象，而在某些领域或岗位上则存在着人才匮乏的现象；另一方面，我国目前还缺乏完善的人才培养体系，尤其是基础研究和应用技术领域缺乏有效的激励机制和评价标准，导致了高层次人才培养不足。这些问题导致部分关键领域无法得到相应水平和数量的高层次人才的支撑。

（三）强雁区域需进一步提高产才融合程度

除头雁区域外，我国强雁区域同样集聚了一定规模、不同等级、不同领域的人才，但这些区域的产业升级受到人才水平和人才结构的限制，产业与人才的匹配度有待提高。

一是人才产业分布与地区产业结构存在偏离。例如湖北省虽然战略性新兴产业的技能型人才与产业匹配度有向好趋势，但是在信息技术与光通信等行业，技能人才供需矛盾仍然突出。[②] 陕西省科技领军人才的产业分布与产业结构不完全匹配，存在一定偏离，领军人才的产业化效率不高，没有利用好领军人才对产业的引领和支撑作用。[③]

---

① 郭晓合，赖庆晟，叶修群. 中国自由贸易试验区建设研究［M］. 北京：光明日报出版社，2022.

② 邓今朝，万佳洁，高江豪. 湖北省技能型人才与产业匹配度评价研究［J］. 当代经济，2021（5）：4－7.

③ 张秀妮，杨程凯. 陕西省科技领军人才与产业的匹配分析［J］. 竞争情报，2020，16（2）：17－24.

二是人才发展与产业发展存在脱节现象。例如江苏作为科教大省、人才大省，科教资源丰富，根据江苏社科规划网数据，仅南京就有 120 个国家级研发平台、53 所高校、193 家科技企业孵化器，可以看出，江苏地区科教力量雄厚，人才资源相对集中，但目前仍较少有与之相匹配的产业高地。浙江多数传统制造行业存在剩余劳动力，而新兴制造领域对就业人员有持续需求，但传统制造业就业人员转移就业速度与能力无法满足结构变化的需求。①

（四）尾雁区域需进一步畅通人才流动互通

跨区域人才流动渠道不通畅、制度不健全等因素导致尾雁区域人才流动秩序不规范的问题日益突出，主要表现在以下几个方面：

一是区域间人才争夺激烈。为了吸引和留住人才，各地在落户、住房、医疗、子女教育等方面提供高额补贴。这些优惠政策虽然能够在一定程度上吸引人才就业，但也存在恶性竞争、资源浪费等问题。②

二是区域间人才流动受限。为了保障引进的人才不流失，部分地区采取了如违约金、设置服务期限、档案管理等限制性措施，以实现引入的人才与引才地区的强绑定。上述这些措施虽然有利于稳定人才队伍，但也存在侵犯人才自主权、阻碍人才正常流动、损害人才创新活力等问题。

三是区域间人才交流合作不足。由于缺乏有效的交流平台和协调机制，部分地区在人才交流合作方面存在重数量轻质量、重引进轻合作等问题。这些问题既不利于形成区域间协同发展、优势互补的局面，又不利于提升区域整体竞争力。

五、典型人才高地建设经验

（一）北京

1. 战略导向，坚持自主培养

党的十八大以来，北京始终坚持从战略高度重视和推进人才培养工作。以重大人才工程为抓手，构建与中央联动的人才培养体系，分层次、多渠道加大对战略科学家、科技领军人才和创新团队、卓越工程师、优秀青年人才等各方面人才的培养支持力度，建立自主培养和国内国际交流合作相衔接的

① 皮江红，朱卫琴. 浙江制造业人才结构与产业结构匹配性研究 [J]. 浙江工业大学学报（社会科学版），2022，21（1）：46－53.

② 戈艳霞. 当前我国"人才争夺战"的起因、潜在问题与对策建议 [J]. 西南民族大学学报（人文社科版），2020，41（3）：199－204.

开放培养体系。

2. 聚焦需求，引进紧缺人才

北京立足于"引进最紧缺的人才"要求，全面研判世界科技创新和产业变革大局，从国家战略和北京实际需要出发，着力引进具有推动重大技术革新能力的科技领军人才、具有世界眼光和战略开拓能力的企业家以及经济社会发展急需的其他各类人才，积极参与全球性、区域性人才和智力资源交流合作，着力搭建高层次国际交流合作与政策对话平台。

3. 构筑平台，提升保障水平

北京通过构筑平台培养人才、不拘一格引进人才、优化环境使用人才，不断加大在人才政策、服务、环境等方面的创新力度，在做强公共服务的同时，努力为人才提供分类施策、"一人一策"的个性化服务，并大力营造鼓励创新、宽容失败的社会氛围，逐步形成引才聚才"强磁场"。

（二）上海

1. 市场主导配置人才

改革开放不久，上海便确立了市场主导人力资源市场的思想，在全国率先建立人才交流市场，成立人才交流服务中心，对上海人才交流市场进行改革，措施包括鼓励民营资本、外国资本建立人才中介服务机构，成立人才中介行业协会对中介机构进行行业监管，建立全国首家人力资源产业服务园等。可以说，上海人才市场的发育并逐步成熟，激发了市场主导型人才聚集模式的持续性，也最大限度发挥了高端人才聚集效应。

2. 产业聚集吸引人才

因为资源集聚是实现资源优化配置的先决条件，是经济高效运行的基础和重要标志，所以产业集聚源于资源的集聚，同时，人才集聚又是人力资源随着产业集聚等原因产生的空间上的集中现象。以浦东为例，开发开放三十年来，浦东的人才集聚和产业集聚就是相伴共生的，仅陆家嘴金融区域就汇集了包括银、保、证等持牌金融机构700余家，其他非银行类金融机构1 400余家，各类总部机构300余家，这些机构的聚集加速了金融人才向陆家嘴区域流动。

3. 营造环境留住人才

改革开放以来，上海着力营造尊重人才鼓励创新的社会环境、制度化的法治环境、国际化的生活环境、便利化的政务环境，推动高端人才集聚。在创新环境上，完善商业银行与风投、天使资金投贷联动模式，在张江设立长三角资本服务市场基地，在上海证券交易所设立科创板并试点注册制，设立科技创新券等。在生活服务环境上，上海积极开展"互联网＋"政务服务，便利高端人才事务办理，同时在户籍政策、子女教育等方面提供高品质的生活环境。

（三）粤港澳大湾区

1. 贯通人才评价，加强跨境执业政策衔接

首先，出台精细化政策指引与人才评价细则。广东先后出台《关于公布广东省认定香港专业能力评估证书职业能力第一批目录清单的公告》等文件，使人才跨境执业工作开展有规可循、有理可依。其次，制定明确标准对人才执业资格进行跨地认定。前海制定了香港地区税务师、物业管理师、会计师等在当地执业的执行细则，形成了资格认证、合伙联营、考试互免等特殊的执业资质衔接机制。最后，落实专业技术职称的跨地评定。南沙实施"一试三证"职业资格评价体系，可对28个专业技术工种的等级进行考核评估。深圳率先试点对在深工作的香港专科医师进行高级职称的认定工作。

2. 提升服务水平，打破人才跨境流动壁垒

为打破港澳人才在内地开展商务活动存在的制度壁垒，广东省出台16项出入境政策和粤港澳大湾区出入境便利措施。港珠澳大桥建成通车后，三地口岸实行"三地三检"24小时通关模式，珠澳两地实行"合作查验，一次放行"创新通关探索。2018年，广东进一步在横琴、前海、南沙自由贸易区探索免除办理《台港澳人员就业证》的先行经验，降低港澳人才在大湾区内享有完整居民权利的门槛。港澳企业商事登记实现"一网通办"，目前已有上万家港资企业采用简化版公证文书办理了相关企业登记业务，全面降低在粤港澳企业及其人才的行政负担。

3. 统筹人才培养，实现育才资源跨境共用

粤港澳三地教育行政部门已经建立定期会商机制，统筹制定了一系列促进人才培育一体化的战略规划与协作项目，统筹各项人才培育的政策方案。一是高校间共建。2016年以来，在中山大学倡导下，粤港澳三地高校共同成立粤港澳高校联盟。三地高校相继成立粤港澳超算联盟、粤港澳空间科学与技术联盟、粤港澳海洋科技创新联盟等，在专业细分领域推动科研项目的有效对接。二是校地间共建。大湾区各大城市通过与粤港澳高校开展合作办学项目，推进新建高校、新建大学校区、研究生院等建设，如香港理工大学（佛山）、澳门科技大学（中山）等，通过推动人才平台共建实现育才资源共享。

中国人事科学研究报告 THE REPORT OF CHINESE PERSONNEL SCIENCE

六、高水平人才高地雁阵格局发展对策

(一) 打造创新人才高地示范区，放大头雁引领效能

一是集聚培养亟须紧缺战略人才。战略人才是支撑创新人才高地示范区建设的重要力量，头雁区域要加强战略规划，明确关键领域对战略人才的需求，制定相应的引进策略及人才培养计划；加大投入和支持力度，为战略人才提供先进的设备设施、充足的科研经费，保障其工作和生活条件，激发人才的创新动力。

二是构建全球人才交流与合作新格局。头雁区域要构建开放包容、互利共赢的国际人才合作平台，推动"双向流动、有来有往"的人才循环机制；实施更加开放、更加积极、更加有效的人才引进政策，制定差异化和个性化的人才引进方案，简化人才引进的程序和条件，为高层次国际人才提供快捷通道；支持更多科技人才走出国门，开展高水平国际学术交流与合作，积极融入全球创新网络。

三是着力建设高能级创新平台。一流的创新平台是人才成长的事业舞台，发起国际大科学计划，建设科技平台、实验室、新型研发机构和大科学装置，是集聚人才、加快形成战略支点和雁阵格局的必然要求。北京、上海、粤港澳大湾区作为头雁，需持续优化并争取更多国家创新平台落地，形成跨领域、大协作、高强度的现代工程和技术科学研究能力，强化基础前沿领域研究和颠覆性技术突破。

(二) 建设高水平人才集聚平台，发挥强雁助力作用

一是推动科技和人才有机融合。强雁区域要加大人才和科技的财政投入，积极承接国家重大项目、重大平台，结合地方发展规划，实施重大人才工程、重点领域研发计划、基础研究等系列重大计划，建设实验室、重大科技基础设施集群等平台体系，构建起以人才为中心、覆盖科技创新全链条的政策制度体系，提高国际开放水平，努力打造在国内乃至国际有竞争力的引才育才"金字招牌"。

二是强化人才与产业、技术和市场对接。强雁区域需强化企业技术创新主体地位，引导人才积极开展关键核心技术攻关工作，引导组建由龙头骨干企业牵头、高校院所支撑、各创新主体相互协同的创新联合体，围绕产学研合作打造卓越工程师队伍，提升支持科技型中小企业研发的人才服务，加快构建战略性产业集群创新体系，以吸引人才的"聚才盆"支撑打造产业转型

升级的"聚宝盆"。

三是加强与头雁区域的人才交流与合作。进一步打破区域间的人才壁垒,加强人才集聚,积极促进强雁区域与头雁区域进行产业合作和人才合作,充分发挥强雁区域的助力功能,承接头雁区域产业落地和产业配套,实现人才资源的优化配置和共享利用。

(三)因势利导延揽溢出型人才,夯实尾雁职称底座

一是建立合理的人才激励机制。尾雁区域在资源禀赋上,对于人才缺乏天然的吸附力,因此必须明确地区定位,合理制定符合地方发展承受能力与实际需求,探索完善高层次人才、高技能人才的分配激励政策,稳步提高各类人才的收入水平。

二是优化人才发展环境,提升人才服务水平。尾雁区域要遵循人才集聚规律,重视支持创新人才的团队建设,要关注人才社会属性,通过完善人才住房、就医、子女入学、配偶就业等保障服务政策,切实营造尊才重才惜才的浓厚氛围。

三是推动人才素质有序提升。鼓励头雁、强雁区域高层次人才参与尾雁区域的重大项目和重点产业,带领中低层次人才解决实际问题,发挥高层次人才的示范和带动作用,提高尾雁区域中低层次人才的能力和素质。

(四)统筹谋划全国一盘棋布局,塑造错位共进格局

一是建立区域间人才协同合作机制。国家层面在加强统筹协调和指导的同时,各地区也要结合自身发展定位和需求,建立健全人才跨区域协调与合作的平台和机制,开展多形式、多层次、多领域的人才交流合作,同时,通过制定合理的人才流动政策和规范,实现人才资源的优化配置和共享利用,形成区域间优势互补、协同创新的局面。

二是建立区域间人才评价互认机制。雁阵格局中的各区域要根据自身特点和需求,在建立健全全国统一人才评价标准和体系的基础上,科学客观公正地评价人才的品德、能力和业绩,推进学历学位、职称职业资格等方面的互认工作,完善跨部门、跨地区、跨所有制的人才评价渠道和平台,保障人才在不同地区之间的平等竞争和发展机会。

三是建立区域间人才监督约束机制。一方面,国家层面需要加强监督指导和问责;另一方面,各地区也要根据自身职责和权限,完善跨地区跨部门跨所有制的人才流动协调机构体系和机制,建立健全人才流动信息公开和共享制度,加强对违规违约行为的惩戒和问责,避免不规范的人才流动现象和

问题，促进人才良性有序流动，提高人才流动效率和效果。

参考文献

［1］白彦．从区域均衡发展迈向共同富裕［J］．人民论坛，2023（13）：19－23.

［2］邓今朝，万佳洁，高江豪．湖北省技能型人才与产业匹配度评价研究［J］．当代经济，2021（5）：4－7.

［3］戈艳霞．当前我国"人才争夺战"的起因、潜在问题与对策建议［J］．西南民族大学学报（人文社科版），2020，41（3）：199－204.

［4］郭晓合，赖庆晟，叶修群．中国自由贸易试验区建设研究［M］．北京：光明日报出版社，2022.

［5］何丽君．中国建设世界重要人才中心和创新高地的路径选择［J］．高等学校文科学术文摘，2022，39（6）：1.

［6］加快建设高水平人才高地［J］．求是，2021（24）：5.

［7］李广稷，孟东方．把高水平人才高地建设落到实处［J］．中国人才，2023（9）：52－53.

［8］皮江红，朱卫琴．浙江制造业人才结构与产业结构匹配性研究［J］．浙江工业大学学报（社会科学版），2022，21（1）：46－53.

［9］上官剑．大力实施海聚英才青年专项行动 为加快建设高水平人才高地贡献青春力量［J］．中国共青团，2023（5）：2.

［10］孙亚慧．更多留学生愿回国就业［N］．人民日报海外版，2023－02－15（010）.

［11］王运虎，王玥洁．战略支点 雁阵格局——基于区域层面的人才战略布局［J］．人才资源开发，2023（9）：24－26.

［12］王子丹，袁永，胡海鹏，等．粤港澳大湾区国际科技创新中心四大核心体系建设研究［J］．科技管理研究，2021，41（1）：70－76.

［13］萧鸣政，应验，张满．人才高地建设的标准与路径——基于概念、特征、结构与要素的分析［J］．中国行政管理，2022（5）：50－56.

［14］姚凯．以区域合理布局和协调发展 着力打造人才竞争优势［J］．中国人才，2022（12）：12－14.

［15］张秀妮，杨程凯．陕西省科技领军人才与产业的匹配分析［J］．竞争情报，2020，16（2）：17－24.

［16］周仲高．加快建设高水平人才高地［N］．中国社会科学报，2022 –
11 – 17（001）．

［17］Akamatsu K. A theory of unbalanced growth in the world economy［J］．
Weltwirtschaftliches Archiv，1961，86（2）：196 – 217．

《我国高水平人才高地雁阵格局发展对策研究》
课题组成员名单

课题组长：

刘小群（江苏省人才学会会长、教授）

周文魁（江苏省人才学会副秘书长、副研究员）

课题组成员：

朱　宏（南京北大科技园创新研究院副院长）

汤志雅（南京北大科技园产业研究经理）

石　君（江苏省人才学会办公室主任、高级经济师）

李苹苹（南京江宁人才集团业务经理、经济师）

本课题由中国人事科学研究院和江苏省人才学会共同完成。

云南产才融合发展路径研究[①]

　　提　要：党的二十大报告指出："教育、科技、人才是全面建设社会主义现代化国家的基础性、战略性支撑。必须坚持科技是第一生产力、人才是第一资源、创新是第一动力，深入实施科教兴国战略、人才强国战略、创新驱动发展战略，开辟发展新领域新赛道，不断塑造发展新动能新优势。"产才融合是企业、高校和科研院所结合各自优势、实现资源整合的有效途径，是推动地区产业发展的重要动力。

　　当前，云南省正着力整合升级八大重点产业和"三张牌"战略，加快构建现代化产业体系，全省人才工作要主动适应云南现代化产业发展的新形势新要求，深入推进人才强省和创新驱动战略，坚持高端引领、以用为本、创新驱动、整体推动；增强人才链与产业链契合度，实现产业人才的全面深度融合。为此，云南依托"1＋5＋N"人才雁阵格局，整合高校、科研院所创新创业资源，打造产才合作新模式，搭建产才合作新平台，形成了产业、企业、高校和科研机构有效衔接的产才融合新格局。

　　2023 年 6～10 月，课题组先后赴四川省、上海市、曲靖市、北京市等多地进行实地调研，通过资料搜集、文献研究、访谈、座谈等方式，掌握云南省产才融合概况，学习借鉴全国各省市和区域的先进做法，提出适合云南省情和发展阶段的对策建议。

　　关键词：产才融合　人才　云南

[①]　本文系中国人事科学研究院 2023 年度课题"云南产才融合发展路径研究"报告的部分内容。

一、云南产才融合发展的现状分析

近年来，云南省在推动产才融合发展方面进行了多种路径探索，相关人才工作有序推进，在协同各地各级政府各部门，促进企业、高校、科研机构等多方合作方面取得良好的表现，也存在一些不足。

（一）主要做法

在对云南省产才融合现状调研的过程中发现，已经有一批新做法涌现，包括达成校地合作、校企合作等，这些做法在推动云南省产才深度融合发展的过程中，已初见成效。

1. 积极促成校地合作

（1）开展考察调研。校地合作前期，地州市、县政府会邀请学校师生组成调研团队到本地开展考察调研。通过走访村落、文化博物馆、县文化传习馆等地，开展现场教学，调研团队提出专业建议。同时，与当地政府职能部门、企业代表、行业协会座谈，就调研过程中发现的问题、当地产业发展的具体需求和即将展开的合作进行交流。

（2）成立合作基地。依托特色产业园区成立柔性引才基地，挂牌成立院士专家工作站、专家基层科研工作站、博士后科研工作站、技能大师工作室和众创空间、高校示范基地和实践教学基地等。采取"支部＋公司（龙头企业）＋集体经济组织＋农""党建引领＋公司化运营＋财政扶持资金入股＋村级集体分红"的方式，由高校和科研机构帮助企业制定方案实现纾困解难，企业入驻运营，吸纳周边村民稳定就业连带增加集体经营性收入。

（3）教学资源共享。立足高校资源聚集优势，开展党员干部培训和党外知识分子工作校地共建，通过与高校和培训机构建立合作关系，在培训师资保障、教学资源共享、现场教学共建等方面，开辟本地人才党建培育新模式。邀请省内外知名专家学者到当地重点班次授课，授课内容包括党的二十大精神、乡村振兴、基层党建、招商引资、基层治理、项目管理、高原特色现代农业等，让青年干部和其他有志之士在本地就享有优质教学资源。

（4）推进成果产出。重点产业方面，获制专利，制定特色产业云南省地方标准，打造区域公共品牌。教育教学方面，打造党性教育、农村基层党建、高原特色现代农业等有针对性的教学路线。调研活动方面，承接省级、州级等上级培训，承接配合国内、面向南亚东南亚的国际实地考察活动。

2. 推动校企深度合作

（1）明确合作流程。支持企业在高校、职业院校建设生产性实训基地，高校、职业院校依托企业生产车间等实训资源建设二级学院（系）；设立职业教育发展资金，建立接收学生实习实训成本补偿机制，将规模以上企业接收学生实习实训和开展职业教育情况纳入企业社会责任报告，规模以上企业按职工总数的50%安排实习岗位，接纳职业院校学生实习；支持建设校企一体化合作办学示范校和企业，对成效突出、示范作用强的项目，给予一定奖励，并将其作为企业评优评先、项目资助的重要依据。

（2）打造合作平台。着力推进5G网络建设，依托互联网、云计算、大数据等技术运用，加快建设人才数据平台、人才服务智慧平台、校企合作平台、国际职业技能资格认证平台、产业孵化平台、教师培训平台等6大平台建设。构建一体化对外服务窗口，实现跨系统、跨部门、跨业务、跨层级的协同管理和服务，为人才提供生产生活需要服务，实现审批部门间数据共享。

（3）培育"双师型"人才。加大专业教师实践能力的培养，建立教师企业实践基地，主动对接职业院校行政主管部门，争取将专业教师每两年到企业实践锻炼累计不少于两个月时间，企业实践时间和考核结果计入教师个人继续教育档案，并将此作为教师职称评聘的重要条件。新录用的年轻教师上岗前，必须接受市级专项培训，必须到专业对口的企业实践锻炼一年，非师范类院校毕业的专业新教师还要接受师范类课程专业培训。公共基础课教师要定期到企业接受每年不少于2星期的实践教育，培训职业学院（校）院（校）长到企业挂职培训每年不少于1个月，并将其作为任职的必备条件之一。

3. 实行科技副总、产业导师制度

（1）科技副总是指从省内外高校、高职院校、科研院所选聘科研人员到省内企业兼任总经理、总工程师、副总经理、副总工程师、技术副总、研发副总、技术总监、研发总监、技术中心主任、研发中心主任、首席科学家等技术职务。科技副总职责主要包括帮助企业制定创新规划，系统梳理企业创新需求，完善创新组织管理机制，对企业转型升级、技术创新、产业布局等问题进行咨询诊断；帮助企业针对关键技术难题开展联合研究攻关，推动高校、科研院所相关科研成果在企业转化，指导企业申报省级及以上重大科技计划项目；指导企业建设各类科技创新平台，引进培养创新人才（团队），推动对外科技合作交流，开展创新能力培训。

（2）产业导师是指从省内企业选聘企业高管、技术专家到省内高校兼任学生指导老师。产业导师职责主要包括参与高校人才培养与教学工作，指导青年教师和学生参加技术开发、生产实践，指导学生毕业论文（设计）等；为高校办学提供支持，参与高校学科、学位点和专业建设，参与研究生指导和本专科教育教学工作；与高校联合开展项目申报、科学研究、技术开发、成果转化等活动；推动派出单位与高校共建重点实验室、技术创新中心、工程研究中心、院士专家工作站、博士后工作站等科技创新平台；推动所在单位成为高校产教融合基地，协助做好毕业生就业工作；推动派出单位与高校共建现代产业学院。

（3）科技副总和产业导师支持政策。

一是岗位待遇。科技副总和产业导师人员派出期间，人事及工资关系保留在派出单位，在派出单位享受职务晋升、职称评聘待遇，派出人员所任职务不占接收单位领导职数或专业技术岗位职数。参与接收单位工作，在人才培养、科研开发、成果转化等工作中，与接收单位员工（教师）享有同等权益。派出人员可按规定或协议取得兼职报酬，享受接收单位同职级人员薪酬待遇和科技成果转化收益。接收单位可按劳务费方式发放相关报酬，不计入派出单位、接收单位绩效工资总量。二是人才项目。入选的科技副总和产业导师，符合条件的，按照"就高不重复"原则，享受省级、州（市）级高层次人才相关优惠政策和各项支持举措。期满考核优秀的，省内选聘的人才，在申报"兴滇英才支持计划"人才（团队）或涉及后续经费支持时，同等条件下优先；省外选聘的人才，符合条件的，按照有关政策文件，给予个人最高 100 万元一次性工作生活补贴、最高 1 000 万元项目经费支持。入选的科技副总参照省科技计划项目管理，在人才评价、职称评聘、业绩考核、科技奖励等方面视同省科技计划项目。对自然指数排名前 100 位高校和科研院所毕业的博士、ESI 全球前 1‰学科毕业的博士来滇入选科技副总，并从事科学研究、技术开发的，直接给予省基础研究面上项目支持。三是职称评聘。考核优秀的，派出单位应当将考核结果作为派出人员职称评审、岗位竞聘的重要依据。在职称评审时，科技副总的任职年限认定为基层工作经历。四是服务保障。为选聘人才发放"兴滇惠才卡"B 卡，在选聘岗位工作期间享受医疗、子女就学、配偶（子女）就业、住房、社会保险、税收服务、交通出行、酒店、旅游等 12 个方面人才服务。

（二）存在的问题

云南产才融合发展在推动校地校企合作、创新人才引进与培养模式、人才服务现代产业方面取得明显成效，但总的来看，还存在一些突出问题，成为阻碍云南产才融合发展的因素。

1. 产业基础较薄弱

云南矿产、烟草、旅游、云药、云花、云茶等传统产业虽然有一定优势，但产业链条短、产业价值低、经营管理模式滞后、科技创新能力不强，特别是与一些沿海发达地区相比，云南省的现代服务业发展不充分，结构调整缓慢，创新创业氛围不浓厚，市场主体少、市场不活跃，对人才吸引集聚效应弱。生物医药和大健康、新材料、先进装备制造等新兴产业发展基础薄弱，难以吸引和集聚掌握"卡脖子"关键核心技术、能够推动重大技术革新的高层次创新科技人才。数字经济、平台经济、共享经济等新业态还处于起步阶段，虽然人才需求较大，但新业态对复合型人才要求较高，短期内人才选拔培养成效难以显现。

2. 高端人才供给少

与云南产业发展的人才需求相比，无论通过引进还是培养，高端急缺的产业领军人才、科技创新人才、高技能人才总量明显不足。地域分布上，地域之间"虹吸效应"明显，昆明、玉溪、曲靖、红河、大理等经济条件较好的州市人才总量占全省人才总量的49%，迪庆、怒江、昭通、临沧、普洱等艰苦边远地区人才总量仅占全省人才总量的16.5%，很多一定规模、占地面积大的企业恰恰建在艰苦边远地区，产业引才用才更为不易。行业分布上，70%的高端人才集中在机关、国有企业、高校和科研院所，相比之下，战略性新兴产业、高新技术产业、生态环保等领域和相关企业高层次人才较少。人才服务上，保障不够精准，尚未形成一套成熟完善的人才服务体系，还没有为高端急缺人才建立人才公寓，人才的子女入学、家属就业、医疗保障等问题都无法解决。

3. 政策支持不完备

虽然，国家层面已出台《关于促进科技成果转化的若干规定》《关于充分发挥高等院校科技创新作用的若干意见》《高等院校知识产权保护暂行条例》等政策文件，但是，省级层面没有制定具体的实施细则，在推动产才融合的财税政策、金融政策、知识产权政策、利益分配和风险分担与防控政策等方面还不够完善。

在成果转化和激励管理方面，虽然云南省出台了省高层次人才培养支持计划、省高层次人才引进计划、技能人才培养行动计划、"兴滇人才奖"、"彩云奖"等重大人才项目，但是鼓励高新技术方面的创新创业支持力度不够，也没有及时地管理和支持政策。

4. 合作机制不健全

一是主体间合作机制不畅。教育、科技、人才一体化发展力度不够，产才融合发展主要以"一个院校、一个企业、一个研究机构"的单体模式进行，长期以来企业和高校的合作往往以单个科研项目的形式开展，合作形式以短期的服务团、局部的工作站、企业讲师进入大学讲堂为主，真正的产业技术联盟合作模式尚未建立起来。

二是人才引入和使用机制不畅。目前全省在主管部门报备的兼职创新创业科研人员只有 26 人。尽管有政策依据，但由于思想观念束缚、培养模式单一、营商环境局限等原因，云南本地高层次人才"敢想敢闯"能力普遍较弱，多数人才习惯于长时间只服务所在单位，即使有政策、有余力的情况下，也不会主动寻求"科技副总""产业导师"等兼职工作。

5. 平台建设有滞后

云南现有的产才融合平台以省技术创新中心、省工程技术研究中心、省企业技术中心和制造业创新中心等科研平台为主，权属清晰、规模较小，很难发挥集成效应。曲靖市拟依托曲靖职业技术学院以及曲靖经开区等园区相关企业联合组建"曲靖市现代产业人才培训学院"，但本地整合重点产业、在昆高校、科研院所等资源不够，难以带动全省产才深度融合。

二、外省市产才融合发展的做法经验

针对云南省产才融合还存在的突出问题，课题组有针对性地开展调研，重点考察了经济发达省份和周边地区出台的区域性产才融合政策措施和实施情况，学习研究了当地好的经验做法。

（一）广东省：全面政策指引

2005 年，广东省开创全国先河，与教育部签署《关于提高自主创新能力 加快广东经济社会发展合作协议》，为落实广东省人民政府、教育部、科技部产学研结合工作会议的总体部署，加快实施《广东省教育部科技部产学研结合发展规划（2007—2011 年）》，有效提升广东自主创新能力和产业核心竞争力，2008 年，广东省进一步深化省部产学研合作，提出《关于深化省部产学研结合工作的若干意见》。2010 年，广东省建立起包括教育部、科技部、工信部、中科院和中国工程院的"三部两院一省"产学研合作的新局面，打破高校、科研院所和企业之间的壁垒，推动产学研等主体通过创新合作实现共赢，形成了省市、校地、校企多层次联动，地方政府、高校、企业、研究机构多主体协同创新的新局面。

据不完全统计，省部院产学研合作累计财政投入50亿元，带动地市财政投入200多亿元，社会及企业投入1 000多亿元，吸引全国312所高校、332个科研机构集聚广东开展产学研合作，有效提升了广东科技创新能力。全省21个地市都建有联盟，据不完全统计，联盟累计建立省部级以上各类创新平台300多个，承担省部级以上科技项目1 300多项，累计攻克产业关键、核心、共性技术近3 000项，申请专利近3万件，获得专利授权超过1万件，新增利税超过4 500亿元；为企业培养了高层次技术和管理人才8 000多名。

（二）天津市：强化联动合作

天津市教委会同市规划和自然资源局编制《天津市教育设施布局规划（2018—2035年)》，提出要结合天津市"三区两带中屏障、一市双城多节点"的国土空间总体格局，高等教育布局采取集中与分散相结合的形式，依托现有高等教育布局，统筹高校空间拓展需求，将高校与城市生活、科研、文化、产业空间紧密结合，规划形成六个高等院校聚集区，将大学城打造成产业城。2021年，天津市教委等多部门联合发布《关于推进本科高校现代产业学院建设的指导意见》，提出以天津市传统产业升级、优势产业和战略性新兴产业发展需求为牵引，面向行业特色鲜明、与产业联系紧密的高校，重点是应用型高校，4年内分批培育建设10个左右天津市现代产业学院，培养一大批行业未来领军人才和高层次创新型、应用型、技术技能型人才。

天津市教委，多次组织南开大学、天津大学等在津高校师生及校友企业代表实地调研天开高教科技园，2023年天津高校在园区注册企业321家，其中核心区284家。市教委联合市科技局、市科协，组织高校师生参加天开大讲堂、院士沙龙等活动。积极打通校企握手通道，制定《关于建立校企握手通道的若干举措》，完善科研成果转化全流程服务体系，激发校企主动对接，实现产研深度融合，增强高校与企业、与政府之间的交流，推动资源的精准匹配、多元对接。

（三）上海市临港新区：组建产业大学

上海市临港新区组建的产业大学，面向产业转型发展和区域经济发展需求，以强化学生和入驻园区企业的在职职工职业胜任力和持续发展能力为目标，形成"实训基地＋运营团队＋共建单位"的二级学院模式。产业大学持续夯实"统一品牌、统一协调、统一服务、统一监管、统一考核"的管理职能。成立之初，产业大学就坚持"校企共建，协同育人"，由临港集团和建桥学院配备精干力量，形成领导团队，负责产业大学整体统筹协调及具体工作落实，成立了由临港地区的五所高校领导为成员的校务委员会和由著名专家学者为成员的专家委员会。围绕临港新片区新入驻企业普遍遇到的"招工难、渠道少"等难题，产业大学成立人力资源服务中心，由临港集团人力资源部牵头，邀请人力资源第三方专业机构以及临港五校就业办积极参与，依托临港集团人才工作服务站的空间载体，组建"站长＋人才专员＋服务专员"的服务小组，优先为园区企业解决一线技能型人才紧缺的问题。

2023年，临港区产业大学已具备培训能力的项目达71项，其中，43项能颁发包括技能、职称、学历在内的各类证书，参与合作共建的高校高职有13家，行业协会有9家，各类企业有45家，2022年累计培训35 479人次。

三、推动云南产才融合发展的对策建议

加快推动产才融合发展，要突出问题导向，多措并举，打好"组合拳"。必须以重点产业为先导，以校企合作为主体，做好产业上下游企业、高校和科研机构的有效衔接，以人才链引领产业链，实现人才链与产业链融合共振。

（一）明确人才工作服务产业发展

1. 加强政策统筹引导

加速产业发展，必须以人才为支撑，要坚持党委统一领导、组织部门牵头抓总，涉及重点产业、新兴产业、支柱产业、优势产业打造的各有关部门要调剂配备专门人员负责人才工作，明确各部门工作职责、职能权限，推进信息共享、制度衔接和服务贯通，紧贴产业发展布局同步推进人才工作，统筹用好全省人才政策、项目、资金、园区等资源，形成统一高效的党管人才工作体制。

2. 持续推进双招双引

一是全面统筹职能部门。统筹发挥各职能部门工作力量，对接重点产业专班，完善产业部门抓产业人才队伍建设工作机制，开展走访招商、驻点招商、以商招商、中介招商活动。健全"双招双引"精准政策体系，梳理招才引智与产业发展、投资优惠、税收优惠等系列政策组合，建立标准明确、流程清晰、兑现刚性的招才引智奖励政策。

二是前移招才引智关口。围绕产业链、创新链建设需求，制定重点产业链图谱，以产业为导向开展精准招商引智。在北京、上海、广州、深圳等经济发达、人才聚集的城市建立"双招双引"工作站，搭建招才引智工作

"前哨"。

三是产业链嵌入人才服务。建立数字化平台，打造重点项目调度平台和招商资源信息化社交平台，在平台上发布重点招商载体项目，促进项目落地；拓展提升平台功能，打通税务、发改、财政等多部门数字平台，推进多领域多部门数据资源信息共享。

3. 激发创新创业活力

一是支持科研人员投身科技创业。强化对科教类事业单位的差异化分类指导，研究出台云南省支持高校、科研院所科研技术人员离岗创业的实施细则。研究制定云南省创新型岗位管理实施细则，完善创新型岗位人员激励机制。细化科研人员评价机制，将工作业绩和创新创业情况纳入考评内容，作为科研人员职称评审、岗位竞聘、绩效考核等的重要依据。

二是学训并重提升大学生创新创业素质。鼓励高校实行双创导师制，加强对大学生创新创业的指导。把双创实践融入课程体系，纳入学分管理，以创新研究与创业实践项目带动理论课程学习。鼓励和支持云南省高校、职业院校深化产教融合创新，推广"学生＋教师＋企业"创新创业新模式。

三是推动更多群体投身创新创业。健全留学回国和外籍人才服务机制，开通"绿色通道"，在签证、出入境、工作许可、社会保险、落户、永久居留、子女入学等方面加大支持力度。吸引社会资本建立"云归谷"创业园，着力打造国内一流的海归人才创业园。摸清高校毕业生人才需求情况，建立一批大学生创业园区。

（二）注重人才引、育、留、用

1. 引进急需紧缺人才

加强产业人才需求预测，依托"高层次人才引进计划""高层次人才培养支持计划"和"产业技术领军人才"专项等，有计划地引进一批急需紧缺的高端人才。要进一步发挥 5 个柔性引才基地作用，畅通退休两院院士来滇发挥作用渠道，探索在产业园区和重点企业建立柔性引才基地。

2. 培育用好本地人才

一是培养一批科技创新人才和产业领军人才。支持有条件的高校、科研院所和企业在省外海外设立协同创新中心、离岸创新基地，吸引使用优秀人才。做好云南省人才培养与国家高层次人才培养计划的衔接，加大推送科技创新人才进入国家高层次人才行列力度，争取国家层面在人才培养方面的更多支持。

二是培育一批职业化、市场化的经营管理人才。推行职业经理人制度，鼓励和支持国有企业市场化选聘职业经理人，完善经营管理人才中长期激励措施，完善协议工资、年薪制、一次性奖励等灵活多样的分配办法，提升人才资源配置的效率。利用滇沪合作、省院省校合作等机制，选送经营管理人才到沿海发达地区培训。

三是造就一支专业化、社会化的专业技术人才队伍。进一步下放高级职称评审权限，探索向骨干企业下放专业技术人员职称评审权，激发企业培养专业技术人才的积极性。要加强专业技术人员继续教育，支持在产业园区和重点企业建立专业技术人员继续教育基地，围绕产业发展举办专题知识更新研修活动，定期从事业单位选派专业技术人员到产业园区和重点企业服务锻炼。

四是打造一支技艺精湛的云领工匠和技能人才队伍。建立院校专业设置随产业发展动态调整机制，开展"学历证书＋若干职业技能等级证书"制度试点，推动高技能人才与专业技术人才职业发展贯通，拓宽高技能人才职业发展空间。在重点企业、产业园区建设一批高技能人才培训基地，启动一批新技师、首席技师培养重点项目。要建立多层次、广覆盖的职业技能竞赛体系，以赛促训、以赛促建。

3. 做好人才服务保障

一是健全人才工作机制，完善人才政策，制定发展规划。建立人才工作协调机制，实现资源共享，防止政策"碎片化"；在人才重大项目、人才引进、人才服务等方面"一事一议"，先试先行。

二是推进人才公共服务标准化建设，推动实现经济开发区、自贸实验区、工业园区等人才服务工作站全覆盖，打造与园区共建共管、直接面向园区人才提供高质量"一站式"人才人事公共服务窗口，人才服务责任到人，对引进的高层次人才进行"一对一"跟踪服务；对有住房需求的人才，采取政府出政策，企业出资金、划拨土地的方式，建立人才公寓和国际人才社区；积极为人才提供户籍办理、健康检查、休假疗养、住房入学等方面的综合服务。

（三）全过程完善产才支持政策

1. 鼓励校企合作

健全人才激励、成效评估、成果转化等方面的制度，着力构建以业绩为核心、以贡献为标尺的激励机制，赋予高校、科研院所科技成果使用、处置和收益管理自主权，促进科技成果优先在省内转化实施，以市场化定价机制分配成果转化收益。

2. 补齐配套政策

产学研合作各方要以书面合同形式明确合作内容、知识产权权属分配、成果利益分配、风险承担和技术保密等。鼓励企业以红股或股份期权等形式奖励作出重要贡献的高校及科研机构科研人员，鼓励高校及科研机构的科研人员以知识产权作价出资入股。

3. 重视成果转化

一是制定产学研成果转化政策和管理办法，完善科技成果登记和评奖制度。对产学研合作项目产生的科技成果，原则上在云南登记、评奖及产业化，并由云南省政府推荐参加国家评奖。

二是加快建立和完善科技成果信息开放共享机制，畅通科技成果与市场对接渠道。加强对各类科技成果转化应用的评价管理和跟踪服务，提高科技成果转化质量和效率。依托中国—东盟技术转移中心，加强与东盟国家的技术创新合作。加快技术中介服务人才队伍建设，培育一批高素质技术经纪人，强化技术中介服务。

三是通过提供资金支持、工作室、技术服务等方式，帮助具有技术专利的人才实现科研成果转化，催生一批创新性强、转化率高、成长性好的科创企业；鼓励高校、科研院所与企业合作共建行业细分化、功能齐全化的产才融合平台，涵盖概念验证、孵化育成等面向基础研究成果转化服务。

（四）创新形成产才工作机制

1. 建立多部门协同机制

整合多主体创新要素和资源，凝练产教深度融合、多方协同育人的现代产业学院建设模式。强化高校、地方政府、社会组织、企业机构等多元主体协同，形成共建共管的组织架构，探索理事会、管委会等治理模式，赋予现代产业学院改革所需的人权、事权、财权，建设科学高效、保障有力的制度体系。

2. 鼓励更多社会主体参与

加快实施政社分开，推动实现行业协会与主管部门真正脱钩，充分调动和发挥学会、协会和社会组织的力量，逐步将政府组织开展的人才规划、项目评估、统计评价等工作，通过授权委托或招标等方式，交由社会组织等第三方组织实施。建立省级职业教育工作部际联席会议制度，落实行业部门和地方政府发展职业教育责任，将职教工作纳入政府督导评估的重要内容。

3. 探索市场化合作模式

一是放宽人才服务业准入限制，积极培育各类专业社会组织和人才中介服务机构，构建完善符合市场经济要求的人才供给机制、价格机制、竞争机制和激励保障机制。二是鼓励人才自主选择科研方向、组建科研团队，开展原创性基础研究和面向需求的应用研发；鼓励企业自主创新，构建产业技术联盟，推进产、学、研、销紧密联系，对研发中心和实验室给予很大支持。三是创新企业兼职教师评聘机制，探索实施产业教师（导师）特设岗位计划，完善产业兼职教师引进、认证与使用机制。加强教师培训，共建教师企业实践岗位，开展师资交流、研讨、培训等业务，开展校企导师联合授课、联合指导等活动。

（五）全方位升级产才平台建设

1. 平台提质增量

一是围绕打造万亿级支柱产业和千亿级优势产业，积极争取国家实验室布局云南，重点培育建设高校学科、龙头企业、省部共建等国家重点实验室，在新兴产业链条上新建院士专家工作站、专家基层科研工作站、博士后站和技能大师工作室，搭建一批高端创新平台。

二是完善各种创新创业平台和人才载体的认定管理办法，支持产业园区和骨干企业建设一批层次搭配、布局合理，便利化、全要素、开放式的平台载体，加大科研资金支持力度。

三是聚焦我省特色产业分布，实施新一轮高技能人才培训基地项目，争取建设一批州（市）级公共实训基地和县（市、区）级公共实训基地、国家级高技能人才培训基地和国家级技能大师工作室，以及示范引领、高技能人才聚集的"工匠园区"。

2. 打造产业学院

立足当地（昆明或曲靖），面向全省，辐射南亚东南亚，以校企合作为主体，依托滇中经济圈优势，着力整合昆明经开区、高新区、曲靖经开区等园区经济资源，打破所有制和权属界限，吸引5大支柱产业和8大优势产业的龙头企业积极投身产才融合工作，打造云南未来产业学院。

鼓励学校与企业共同推进产业学院建设，服务重点产业、行业企业，围绕企业产品、技术和生产流程，创新多主体间的合作模式，构建基于产业发展和创新需求的实践教学和实习实训环境。通过引进企业研发平台、生产基地，建设兼具生产、教学、研发、创新创业功能的校企一体、产学研用协同的大型实验、实习实训基地。

3. 推进国际合作

利用中国—东盟自由贸易区、中印缅经济走廊、大湄公河次区域经济合作、跨境经济合作区等云南特有的国际平台优势，继续办好云南国际人才交流大会，开展国际人才交流与合作活动；支持有条件的高校、科研院所、医疗卫生机构和企业在海外建立办学机构、研发机构，吸引使用优秀人才；建立中国·云南国际人才市场，推动人力资源服务业市场化、产业化、专业化、国际化发展；支持产业区联合高校科研院所建立面向南亚东南亚的华文教育中心、澜湄职业教育培训基地、澜沧江—湄公河合作中心和澜湄研究院等人才国际交流合作平台。

《云南产才融合发展路径研究》
课题组成员名单

课题组长：

俞　锦（云南省行政管理研究所专辑岗十级）

课题组成员：

张　朔（云南省行政管理研究所所长）

潘启云（云南省行政管理研究所研究员）

陈旭东（云南省行政管理研究所副研究员）

翟玉凤（云南省行政管理研究所副所长）

杨立伟（云南省行政管理研究所副所长）

杨思莹（云南省行政管理研究所管理岗七级经济师）

李世鸣（云南省行政管理研究所管理岗七级）

杜　鹏（云南省行政管理研究所管理岗八级）

高小庆（云南省行政管理研究所试用期人员）

吕丽芬（云南省行政管理研究所试用期人员）

本课题由中国人事科学研究院和云南省行政管理研究所共同完成。

新形势下宁波引进国际化
人才的对策研究^①

提　要：国际化人才是引领城市创新发展的重要支撑力量，习近平总书记在中央人才工作会议上指出"必须实施更加积极、更加开放、更加有效的人才引进政策，用好全球创新资源"，坚持开放引才，发挥好国际化人才的带动引领作用，是宁波改革开放以来保持高速高质量发展的重要法宝。本文聚焦宁波坚持引进海外高层次人才的工作实践，系统梳理了宁波海外引才工作开展以来取得的成效和经验，剖析存在问题，并提出了创新海外高层次人才引进模式的策略举措。建议宁波进一步优化政策，塑造海外引才政策新优势；进一步提升平台能级，打造海外引才重大新平台；进一步拓展引才渠道，构建海外引才市场新机制；进一步升级引才方法，实施海外引才数字新技术；进一步优化环境，打造以人为本的人才新生态。

关键词：国际化　人才引进　对策研究

"坚持聚天下英才而用之"是我国人才事业发展的重要规律性认识。宁波作为沿海开放城市，始终坚持以开放立市，在国际化人才引进（指从境外国家和地区引进外籍人才或旅外科研人员，又称为海外高层次人才引进，简称海外引才）方面走在全国前列，形成了很多有益的经验做法。

---

① 本文系中国人事科学研究院 2023 年度课题"新形势下宁波引进国际化人才的对策研究"报告的部分内容。

一、宁波海外高层次人才引进的实践成效和主要经验

（一）基本情况

截至 2022 年年底，宁波累计遴选支持人才项目 946 人（个），其中长期项目 903 人、短期项目 43 人，创新项目 521 个，创业项目 425 个，具有海外经历人才领衔项目 894 个，占比 94.5%。

（1）从年龄分布来看，入选人才中 40 周岁（含）以下的 188 人，占比 19.9%；40～50 周岁（含）的 310 人，占比 32.8%；50～60 周岁（含）的 334 人，占比 35.3%；60 周岁以上的 114 人，占比 12%。

（2）从学历职称分布来看，入选人才中博士 835 人，占比 88.3%，其中博士后 63 人；硕士 95 人，占比 10%；本科及大专学历 16 人，占比 1.7%。入选人才中副教授以上 181 人，占比 19.1%，副研究员以上 191 人，占比 20.2%。

（3）从人才国籍来看，中国籍 599 人，外籍 347 人。外籍人才中，美国籍 176 人，其他来源人数较多的国家分别是加拿大、新加坡、英国、德国、乌克兰等，均超过 20 人。

（4）从入选项目产业分布来看，排在前三位的分别是新材料、新一代信息技术和生命健康产业，新材料产业人才项目最多，占总入选数的 32.3%，其次是新一代信息技术，占 22.8%，再次是生命健康，占 18.1%。

（二）主要做法

在海外高层次人才引进过程中，宁波秉持开放揽才、产业聚智、市场发力、生态保障、安全为先的原则，在海外引才领域形成了一批具有宁波特色的重大标志性成果。

1. 开放揽才，广纳天下英才而用之

一是开阔视野揽才。树立全球视野和国际眼光，既深入美国、德国等"创新大国"招引人才，又注重向以色列、新加坡等"关键小国"延揽人才。抓住建设中国—中东欧国家经贸合作示范区的有利契机，与乌克兰国家科学院合作共建的宁波弗兰采维奇材料研究所，短短 2 年时间就引进乌克兰院士 9 名。二是不拘一格揽才。在遴选人才项目时，对符合条件的海外高层次人才采取举荐制、认定制，坚持更开放的引才标准，注重实绩、打破四唯，有针对性地放宽学历、年龄等申报资格条件，大力引进海外高层次人才。三是广建平台揽才。自 2011 年开始宁波陆续在主要发达国家和中东欧国家建立了 167 个海外合作中心（机构），遍及美国、英国、日本、澳大利

亚、中东欧等21个国家和地区，作为开展对外交流、拓展人才智力资源和深化科技合作的对接平台。同时，在宁波本地积极搭建开放性、多形式、长效可持续发展的国际科技合作重要支撑平台，目前已有科技部国际科技合作基地8家，省级国际科技合作基地2家，国家级引才引智基地1家。

2. 产业聚智，推动人才链产业链高度耦合

一是聚焦主导产业。围绕宁波"361"万千亿级产业集群，建立海外引才需求目录、人才清单，解决"要什么人才、人才在哪里"的问题。2022年引进的高层次人才（团队）97.8%集中在"361"万千亿级产业集群，新材料、新一代信息技术和生命健康产业领域延揽的人才占全部入选人才（团队）的73.2%。二是聚焦关键技术攻关。在全国率先实施助力关键技术攻关的"海外工程师计划"，对企业柔性引进的海外工程师、海外顶尖人才分别给予最高60万元、200万元年薪资助。累计引进海外工程师2106名，帮助企业新增专利申请6044项，开展新产品研发和设计项目18877个，其中填补国内空白692个，替代进口1507个，推动企业直接新增产值410.17亿元，增加利税38.63亿元。三是聚焦产业集群发展。聚焦产业链补链延链强链，集聚产业链上下游海外高层次人才，提升了重点产业链的根植性。近年来，宁波形成了产值近20亿规模的膜材料产业链，集聚了大批膜材料人才；半导体产业逐步壮大，集聚了一批产业链上下游企业。其中，海外高层次人才创办的企业发挥了核心作用。

3. 市场发力，全面布局全球引才网络

一是织密企业主体引才网。鼓励民营企业走向海外引才前台，对引进海外优秀人才的企业给予每人最高30万元奖励，对企业给予人才配偶的未就业补贴实行全额补助。吉利汽车研究院集聚全球研发人才超1万人。二是构建专业机构揽才网。上线运行全球引才网络平台，吸引注册海内外知名人才中介机构216家，运用大数据方式提供海外高层次人才信息5045条。线下组建16家人才工作海外合作中心，在全球知名高校邀请18名优秀学子担任校园菁英大使，打造线上线下联动的专业化荐才网络。三是创新编织"以才引才"网。始终秉持"人才最懂人才"理念，激发在甬高端人才热情，推动"以才引才"。市级层面引进的946个高层次人才团队中，半数以上是通过"以才引才"方式引进的，"以才引才"已成为宁波引进海外高层次人才，突破海外封锁、创新引才新路径的典范。

4. 安全为先，有效防控海外引才风险

一是抓实核查检视，确保人才引进符合国际规则惯例。做好全职到岗核查，指导用人单位查询引进人才原工作合同到期情况、人才已辞去海外工作或在海外无工作并全职来宁波工作的书面声明等。做好安全风险检视。指导用人单位综合考虑建议人选来源国家（地区）、研究领域敏感程度及海外工作单位类型等因素，对其海外科研项目、兼职取酬、知识产权等方面情况进行检视，确保合法合规引进。二是加强涉外法律宣贯，助力人才（企业）应对海外侵权纠纷。针对海外形势复杂多变，各类涉外侵权纠纷频发情况，成立中国（宁波）知识产权保护中心，组建应对专家库，为宁波企业梳理并发布国际化发展中可能会遇到的各类知识产权纠纷信息，编制并发布《海外知识产权保护指南》等应对指南。三是指导建立应急预案，妥善应对引才突发事件。建立人才相关重要紧急信息归口收集报送制度，按照事件的突发紧急程度、发展演变态势和可能造成的危害影响程度，对相关情况分类，建立相应应急预案。科学建立即时收报、归口呈报、跟踪续报等应急响应处理机制，妥善解决引才过程中的突发事件。

5. 生态留才，打造"类海外"人才发展环境

一是提升海外人才获得感。对标粤港澳大湾区，在全省率先出台实施海外人才个人所得税优惠替代性举措，对符合条件的在甬海外高层次人才，对其个人所得税已缴税额超过按应纳税所得额 15% 计算的税额部分给予奖励，获支持海外高端人才超 1 500 名。二是提升海外人才满足感。建立海外高层次人才"一领导两专员"联系服务机制，即对所有国家级人才明确由一名市县领导联系服务；为海外高层次人才配备法务专员，提供知识产权海外维权、法律财务支持等专属服务；选派百名助创专员结对百家人才企业，累计帮助解决融资股改、市场对接、项目申报等问题 1 500 余个，人才企业满意率超 95%。三是提升海外人才归属感。对海外高层次人才子女就读国际学校给予最高每年 10 万元学费补助，对海外高层次人才就医产生的医保报销范围外费用给予最高 10 万元补贴。创新推出"互联网＋"社保卡人才服务APP，海外高层次人才只需手机扫码即可享受交通出行、场馆健身、景点游览等 10 项免费服务。海外高层次人才等群体已免费享受公交和地铁出行超过 23 万人次、场馆健身 8 000 余人次、景区景点服务 2 500 余人次。

（三）实施成效

1. 涌现高端科技创新成果

海外高层次人才带来了先进的技术和理念，结合国内产业发展实践，取得了一大批科技创新成果。如江丰电子目前已成为全球领先的超高纯金属溅射靶材企业，公司拥有发明专利 239 项，制定国家标准 14 项。又如"静钻根植桩"技术，获"全国建材行业技术革新一等奖"，达到国际领先水平，为浙东建材集团增产 16 亿元。截至 2022 年年底，海外高层次人才累计获批发明专利 3 908 个，发表 SCI 论文 8 491 篇，转移转化科技成果 1 202 项，开展产学研合作 1 024 项。

2. 填补空白解决技术难题

海外高层次人才发挥技术优势，解决了一大批技术难题，填补了国内空白，突破国外技术封锁，打破对外技术依赖。如光学基膜一直以来被日本东丽、美国 3M 等国外公司垄断，国内光学基膜几乎全部依赖于进口。海外高层次人才创办的宁波长阳科技有限公司，仅用一年时间，就实现了光学基膜新产品从实验室走向市场，填补了国内光学基膜市场的空白，彻底打破了国际巨头在光学膜领域的技术垄断。又如我国中央处理器（CPU）核心封装材料长期处于空白状态，海外高层次人才创办宁波施捷电子有限公司，其领衔的中心处理器（CPU）核心封装材料项目实现了关键封装材料进口替代，其中铟片是国际上第三家、国内首家可提供该产品的企业，助力我国缩短进口替代进程。

3. 创办培育"专精特新"企业

海外高层次人才领衔创办了一批具有高科技含量的"专精特新"企业，成为宁波创新型企业重要组成部分。海外高层次人才共创办企业 385 家，总估值达 422.4 亿元，估值超亿元企业 73 家。人才企业累计研发投入达 55 亿元，2 家企业入选国家级制造业单项冠军示范企业，77 家企业被评为高新技术企业，其中国家级高新技术企业 64 家、省级高新技术企业 3 家、市级高新技术企业 10 家。连续 4 年每年有一家人才企业在 A 股上市，另有 16 家处于 A 股上市或新三板挂牌培育期。

4. 带动集聚人才和劳动力

随着人才企业的发展壮大，人才企业也成了集聚高端人才、吸纳劳动力就业的重要载体。宁波引进的人才项目中，仅团队项目就累计集聚高层次人才 1 884 人。余姚、中官路两大省级人才创业园累计集聚国家级、省级人才工程入选专家 115 名。中科院宁波材料所、宁波大学集聚海外高层次人才 680 人。不仅如此，海外高层次人才创办企业也成了吸纳劳动力就业的重要阵地。

二、宁波海外高层次人才引进面临的形势和挑战

2011 年以来，宁波海外引才取得了显著成效，形成了一系列"宁波模式"和"宁波案例"，为推动经济社会高质量发展提供了强大的动力。进入新发展阶段，构建新发展格局，宁波海外引才面临一些新形势和新挑战，需

要在实践中加以创新、有效应对。

（一）面临的形势

1. 海外引才处于全新的"窗口期"

当前正处于百年未有之大变局，西方发达国家对我国崛起的限制愈演愈烈，各方面的制约手段层出不穷。一方面，西方国家要求有意向回国的海外高层次人才做出彻底切割，必须做出非此即彼的抉择，会使海外高层次人才心态产生分化，但也会使我们引才的目标群体更加清晰，采取的方式手段更加精准有效；另一方面，由于一直以来海外引才的努力和近年来西方国家的限制，掌握尖端技术、具有前沿水平的海外高层次人才规模呈下降趋势，能够做出坚决切割的优秀人才更是数量有限，海外引才已经进入"存量竞争"阶段，国内各城市海外引才的竞争将更趋激烈。

2. 海外引才要求进入"新阶段"

进入新发展阶段、构建新发展格局，我们更加注重科技自立自强，实现更多原创性颠覆性技术创新，突破"卡脖子"技术，维护产业链安全。新阶段有新使命，海外引才也进入全新阶段，使命要求也发生变化。我们原先海外引才更多在于弥补国内外技术差距，通过海外人才引进填补国内技术空白，打破国外技术封锁。进入新阶段，我们海外引才要更加强调高精尖人才、世界一流科学家的引进，提升我国的自主创新能力，实现高水平科技自立自强。对于宁波来说，我们要积极适应海外引才进入新阶段的要求，胸怀"国之大者"，围绕宁波市三大科创高地和标志性产业链建设要求，聚焦引进海外顶尖人才，争取在原创技术方面有所突破，有力服务全省全国大局。

（二）面对的挑战

1. 外部环境：多重因素导致海外引才难度上升

国际环境日趋复杂，不稳定性不确定性明显增加，新一轮科技革命和产业变革深入发展，多重因素导致海外引才难度上升。一是政治因素。以美国为首的"五眼联盟"国家始终企图遏制我国崛起，频繁启动所谓的技术安全调查，开列"实体清单"，限制海外高层次人才对华交流合作。不少海外高层次人才由于担心安全问题，在接触过程中乃至来华创业后都更加小心谨慎。二是技术因素。海外引才的数字化技术运用还需要加强。市场化引才的数字平台还较为缺乏。国际化职业社交平台仍然由西方主导，这些平台掌握了精准引才的工具，还掌握着全球人才的数据权限，以及全球人才竞争的主动权。另外，海外人才数据信息还存在部门化、碎片化等问题，大量华人

（华裔）教授的地理和学科分布，我国留学生存量、增量及流动情况，来华外国留学生的来源、流向等相关数据缺乏长期系统的收集和整理，海外人才群体画像和谱系还没有精准建立起来。

2. 内生动力：海外引才竞争力还需进一步强化

引才政策是海外引才最核心的内生动力，保持引才政策竞争力一直是宁波海外引才工作得以脱颖而出的重要法宝。但是近年来宁波海外引才的竞争力正呈现弱化趋势。一是政策力度不足。由于政策经费投入有限，宁波海外高层次人才（团队）入选比例始终处于低位状态，近5年平均入选比例为9.8%。申报人才（团队）高质量与入选低比例之间的矛盾十分突出。目前宁波在上级引才计划配套、人才薪资补助和领军拔尖人才科技创新贡献奖励等政策点位上，处于空白状态。对于符合省人才计划申报条件并进入评审环节的，缺少相应配套支持政策。二是平台吸附不强。重大平台是海外高层次人才的重要承载阵地，缺乏高能级前沿性的重大平台，也是宁波市海外引才工作中的一大现实障碍。突出表现在企业主体不强。宁波市龙头企业、总部企业不够强大，对于高端人才的吸附力不足，如宁波市没有世界500强企业总部，中国企业500强在宁波的企业只有10家，与深圳、广州、杭州等城市相比还有一定差距；本地高校不足。宁波本地高校实力不强，全市16所高校，仅宁波大学入选国家"双一流"学科建设高校，一级学科博士点数量仅6个，与同类城市相比差距巨大；科研院所缺乏。宁波市目前"国字号"院所、高能级平台还不多，71家产业技术研究院中尚无国家重点实验室布局，较同类城市有差距。

三、宁波海外高层次人才引进模式创新的重点策略

进入新发展阶段，宁波正承担着锻造硬核力量、唱好"双城记"、建设示范区、当好模范生，加快建设现代化滨海大都市和高质量发展建设共同富裕先行市的历史使命，当前海外引才正面临重要的"窗口期"，需要进一步加大海外引才力度，重塑海外引才新机制，加快凝聚战略人才力量，为宁波经济社会高质量发展提供坚强有力的智力保障。

（一）政策再发力，塑造海外引才政策新优势

以系统集成理念推进新一轮海外引才政策优化升级，按照系统谋划、扬长补短、塑造爆点的思路，创新政策引才模式。

一是保持优势政策竞争力。优势政策就是人有我优，但是我们力度更强、吸引力更大。深入实施顶尖人才特殊支持政策，实施领军人才倍增行动，进一步加大人才经费支持投入力度，扩大政策工程入选高层次人才数量

规模，始终保持政策比较优势，对于符合宁波产业发展需要、看准认定的"千里马"，要保持战略定力，以"千金买马骨"的理念，吸引更多海内外优秀人才来甬创业创新。

二是实现追赶政策补差距。追赶政策就是人有我无，需要我们填补空白、补齐短板。宁波市目前在支持用人单位自主引用海外高层次人才、鼓励用人单位"猎头"引才等政策点位上还存在一定空白，导致政策竞争力度不够。空白政策的形成，关键在于我们的思想理念跟不上海外引才形势的发展，不敢突破、不敢尝试。因此，要勇于打破思维定式、路径依赖，赋予用人单位和人才更大的自主权，设立引才伯乐专项奖励和用人单位"猎头"奖励，以"不甘居人后"的理念，加快推进追赶政策落地生效，不让来甬海外人才有落差。

三是推动创新政策出爆点。创新政策就是人无我有，助推我们引领示范、打造爆点。海外形势不断变化，引才政策也必须调整。我们要在调整中掌握先机，改变原先引才政策创新中的机械性重复和修补式思维，以"敢为天下先"的理念，在支持用人单位引用高层次人才、海外人才安全保护、人才创业创新全生命周期支持等领域推出重大改革性突破性政策，成为宁波市海外引才的"一招鲜""撒手锏"。

（二）能级再提升，打造海外引才重大新平台

事业平台是吸引海外人才的关键因素。相比较国内其他城市，高能级平台缺失是宁波市海外引才的重要短板。宁波市必须着力提升平台能级，创新平台引才模式，以高能级平台集聚高层次人才。

一是加快建设重大标志性科创平台。聚焦新材料、工业互联网等研发创新方向，建设沿甬江两岸为主轴的创新带，集全市之力打造面向世界、引领未来、支撑产业的甬江科创区。全力打造甬江实验室，实行政策重点倾斜，支持其自主制定引才管理评价体系，实验室认定的人才直接享受市级相应人才政策。在人才引进聘用、项目组织管理、经费使用等方面赋予其自主权，建成8个国际一流的新材料研究中心，集聚10个以上具有国际一流水平创新研究团队。

二是依托高水平大学集聚海外人才。深入实施高等教育"冲一流、强特色"提升计划，支持宁波大学建设世界一流学科，整体提升。推进宁波诺丁汉大学高水平中外合作大学建设，吸引海外一流高校来宁波市合作办学，鼓励外资研发机构与宁波市高校共建人才培养基地。支持东方理工大学集聚更多海外优秀人才。支持在甬高校与区县（市）联合共建引才共同体，创新共建机制，引进共享海外顶尖人才。

三是依托科研院所集聚海外人才。实施产业技术研究院创新能力提升工程，推进中科院宁波材料所、兵科院宁波分院做大做强，鼓励龙头企业、国内外知名高校牵头建设专业领域研究院。制定出台专门管理办法，对研发人员集聚、科研成果产出等进行绩效评估，并将评估结果与政策支持相挂钩。支持国际知名科技人才组织来甬设立分支机构，吸引各类学术论坛、科学家联盟落户宁波。支持有条件的科研院所参与国际组织活动，定向培养、推荐更多人才进入国际组织工作。

四是依托龙头企业集聚海外人才。创新完善企业人才吸引、评价和激励机制，赋予千亿级企业更大的人才举荐权，支持龙头企业引进急需紧缺海外人才。鼓励企业在海外投资、并购、建立研发中心和高端孵化基地，吸引、使用当地优秀人才。采取"一企一策"等方式，加强企业"四上"培育，未来5年，争取宁波市世界500强企业实现零的突破，引进、培育中国制造业500强企业20家，国家级制造业单项冠军100家，制造业上市企业150家。

（三）渠道再拓展，构建海外引才市场新机制

进一步拓宽海外人才引进渠道，转变以政府为主引才的传统理念，通过加快培育市场化引才主体、以才引才、岗位引才和组建人才发展集团等模式，让市场在国际人才资源配置中发挥决定性作用。

一是注重依靠市场主体"机构引才"。按照"政府退到后台，市场走向前台"的思路，淡化引才活动的政府色彩，更好发挥政府引导和市场主体作用。发挥人才政策导向作用，在海外重点国家和地区广泛布局第三方引才联络站点。开发并用好全球引才网络平台，鼓励民营企业、产业技术研究院、风投机构等引才靠前。鼓励科研机构、企业及园区建设海外孵化器、海外研发机构，支持企业开展以人才和技术为重点的海外并购。支持跨国猎头公司推介人才，发挥跨国猎头公司分支机构众多、市场信息灵敏的优势，通过政府购买市场化服务方式，引导跨国猎头公司精准推送海外人才，提高海外引才实效。逐步放开海外人才专业领域从业限制，对其在完全市场化竞争行业领域从业视同享受国民待遇，建立国际职业资格证书认可清单制度。

二是注重依靠高层次人才"以才引才"。注重发挥已全职在甬的海外人才现身说法作用，打消有意向回国的海外人才顾虑，坚定其回国发展信心，扩大海外人才"朋友圈"。进一步加大在全球重点国家和地区选聘人才大使力度，通过绩效奖励等市场化方式，让人才大使在人才引进、环境宣传、技术合作、文化交流等方面发挥更加积极的作用。依托海外宁波商会、镇海中

学校友会等机构负责人，发挥其在海外商业、留学生人才群体中的影响力，积极推介宁波创业创新环境，推动海外甬籍人才回甬。

三是注重依靠创新平台"特岗引才"。创新发挥高校院所引才主体作用，推动建立海外引才工作专班，专门负责海内外高层次人才引进工作。加速人才循环的战略性国际研究网络推进计划，促进在甬高校和研究机构与海外顶尖机构进行合作研究，向对方机构派遣青年研究人员并吸引对方的研究人员来甬交流。设立国际合作奖励基金，对外籍研究人员给予补助和奖励。支持通过设立科研基金、奖学金等方式吸引外籍人才到我国留学或访学交流。支持国内相关高校院所、产业技术研究院、重点实验室面向全球遴选学术校长、学术院长和首席专家，允许外籍研究人员竞争上岗。支持海外高层次人才回国牵头设立产业技术研究院，支持其担任研究院实际负责人，从团队建设、资金扶持、场地落实等方面给予充分支持。

四是组建人才发展集团"系统引才"。充分发挥市场在人才资源配置中的决定性作用，按照集成式管理、实体性运作、市场化运营模式，组建涵盖高端人才猎头、人才教育培养、人才服务保障、人才创业投资等功能于一体的人才发展集团，服务人才"引育用留"全链条，打造国内行业领先的人才发展服务企业。

（四）方法再升级，实施海外引才数字新技术

以数字化手段推进海外人才引进机制重塑，加快建设人才资源数据平台，形成一体化海外人才资源系统和应用数据仓、专题库，实现数字化人才定位、人才对接和人才服务的系统机制。

一是实现数字化人才定位。放眼全球、对标国际，主动置身国际科技竞争、产业竞争和人才发展竞争，精准绘制海外引才"一清单一地图"，提升海外引才精准度。制定海外引才需求清单，聚焦基础性、前沿性技术创新突破，服务支撑国内重点产业发展，动态谋划和分析需要引进的海外高层次人才，及时发布急需紧缺人才需求清单。建立海外人才地图，采集完善各类海外人才基本信息，形成与宁波有关联的人才信息数据库。按照专业特色、个人意愿、行业领域等信息对人才进行分类。对于收集到的人才数据信息实行标签化分级管理，重点分析人才的流动性、意愿程度、产业需求度等，以星标的方式进行分级，让人才画像更清晰。

二是推动数字化人才对接。建设资源集聚、对接精准、服务高效的数字化"引才云"平台，打造集人才需求"发布—推送—对接—反馈—评价"于一体的海外人才和企业（平台）需求匹配体系，依托可视化模型一键式匹配需求信息，为有意向的企业（平台）快速推送海外人才、提高人才对接数字化水平。加快建设线上海外人才项目路演、人才政策讲座、海外人才线上论坛、专项计划线上评审等数字空间专门板块，引导人才项目和对接从线下转到线上。在人才地图分级分析过程中，对重点需要引进的人才进行精准施策，并建立一人一名联络员制度，按照人才特点制定目标、战术，按需供给。

三是完善数字化人才管理。建立数字化人才企业服务管理平台，集成社保、水电、土地、金融、税收等数据资源，通过数据比对和实时对接确认，提升智慧化的数字管理平台管理能力。推动水电、社保、专利、税务、工商等实时数据接入智慧化管理，为项目管理提供决策依据。

四是加强数字化人才服务。建立海外人才问题需求在线及时发现有效解决闭环机制，形成问题发现、确认、入库、整改、销号、回头看"全链条"制度机制，对全市1 100多家人才企业试点数字化服务机制。建设推广宁波"人才码"，打造省市互通、全市统一的人才综合服务平台，提升一码集成、"人才"无感服务平台。

（五）环境再优化，打造以人为本的人才新生态

在加大海外高层次人才引进力度的基础上，更加关注留才环境生态，坚持"引留并重"，提供更有国际竞争力的人才生态。

一是优化海外高层次人才来（留）甬环境。实施全球高端人才引进直通车制度，率先实行更加开放更加便利的人才引进政策。推广实施外国人才"出入境新政"，进一步放宽外国人才永久居留认定、工作居留许可和留学生直接就业等限定，为海外人才来华提供更大便利。率先试点允许在创业孵化期内的外籍人才及研发团队办理工作许可。适当放宽年龄、学历和工作经历等限制，支持外籍青年人才、科研团队成员办理工作许可。复制推广上海自贸区、海南自贸区（自贸港）等区域的海外人才特殊支持政策，加强人才吸引力。建设一批高水准国际医院、国际学校，整合资源运营好各地的国际青年人才社区，提升城市国际化水平，为海外人才营造良好的安居环境和创业创新生态。

二是优化海外高层次人才激励机制。探索外籍人才参评职称、申请科技项目的可行性路径。建立体制内单位针对外籍人才的收入正常增长机制。支持外籍人才按照知识、技术、管理、技能等创新要素贡献参与分配，实行期权、股权等激励。相关科研单位接受港澳台、国外捐赠或从港澳台、国外购入的教学科研设备、仪器、用具等的，给予免税或保税扶持政策。对被"五眼联盟"国家无故打压的人才，给予"一人一策"专项支持，并争取全职引进回国，消除人才后顾之忧。

人才工作与人才队伍建设

三是优化海外高层次人才生活服务机制。对在国内有稳定住所或固定工作单位的外籍人才，率先探索通过网络登记等方式开展人员居留管理。提高外籍人才用英文姓名办理驾照、子女出生证明、社保卡、购房合同等的便利度。简化已获长期居留资格的外籍人才邀请同行来华交流及出国的相关手续。探索完善外籍人才社保体系。创新海外人才养老保险政策，允许海外人才参加职工保险，允许用人单位一次性补缴社保费。搭建高层次人才商业医疗保险平台，多渠道为海外人才本人及配偶、子女解决商业医疗保险需求，开辟结汇换汇绿色通道，允许海外人才将薪酬收入、科研成果转化收益、投资收益等合法收入汇至境外。

四是强化海外高层次人才安全保障机制。习近平总书记指出，越开放越要重视安全，越要统筹好发展和安全。持续落实安全审查机制，为回国的海外人才提供知识产权保护、科研管理、保密约定等咨询服务。加强人才个人信息管理，在海外引才中特别注意宣传报道的方式方法，稳慎把握宣传口径和范围，全方位保护人才权益。如对部分海外人才，要协助解决其高度关注的知识产权归属、企业注册信息保护、个税税负等问题，对有特殊需求的海外创业人才，允许对其注册信息进行隐藏或者委托直系亲属代为注册。

《新形势下宁波引进国际化人才的对策研究》
课题组成员名单

课题组长：
王明荣（宁波市人才资源研究所所长）
课题组成员：
李　宁（宁波市委组织部人才工作处处长）
王山慧（浙江大学宁波理工学院副教授）
廖绍云（宁波市人才资源研究所二级调研员）

本课题由中国人事科学研究院和宁波市人才资源研究所共同完成。

中国人事科学研究报告

2023 年卷

下册

中国人事科学研究院　编著

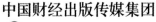

中国财经出版传媒集团

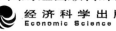

经济科学出版社
Economic Science Press
·北 京·

目　录

人事制度改革与政策创新

人才工作与人才队伍建设

就业创业与人力资源市场

收入分配、劳动关系及其他

江苏省数字技能人才队伍建设研究①

提　要： 党的二十大报告提出，加快建设国家战略人才力量，努力培养造就更多大国工匠、高技能人才。江苏省委、省政府把做好新时代技能人才工作作为实施人才强省战略的重要内容，正在加快打造具有时代特征、江苏特色的技能人才新高地。数字技能人才是技能人才的重要组成部分，高质量的数字技能人才队伍是建设"强富美高"新江苏现代化的重要保障。当前，江苏省正处于从传统制造业大省向创新型"智造"强省转变的关键时期，数字技能人才建设方面存在的一些问题日益凸显，如何建立一支高质量的数字技能人才队伍是我们需要深入思考并着力回答好的问题。为此，本研究聚焦江苏省数字技能人才队伍建设研究，综合运用文献分析法、政策文本分析法、描述性统计分析法、案例分析法等多种研究方法，以全方位"引进，培育，用好"数字技能人才为主线，让数字技能人才赋能"强富美高"新江苏现代化建设为根本目标，着力打造江苏省数字技能人才发展新高地，期望能为江苏省加强数字技能人才队伍建设，加快推进"数字强省"战略，全面实施"技能江苏"行动计划提供参考与借鉴。

关键词： 技能江苏　数字技能人才　人才发展新高地

---

①　本文系中国人事科学研究院 2023 年度课题"江苏省数字技能人才队伍建设研究"报告的部分内容。

人才工作与人才队伍建设

一、引言

党的二十大报告提出，加快建设国家战略人才力量，努力培养造就更多大国工匠、高技能人才。2022 年，中办、国办印发《关于加强新时代高技能人才队伍建设的意见》，全面部署新时代高技能人才工作。江苏省委、省政府把做好新时代技能人才工作作为实施人才强省战略的重要内容，将技能人才工作融入全省经济、人才、教育发展规划，推动产业发展和人才培育深度融合，培养更多卓越工程师和大国工匠，造就一支知识型、技能型、创新型的产业工人队伍，加快打造具有时代特征、江苏特色的技能人才新高地。

数字技能人才是技能人才的重要组成部分，高质量的数字技能人才队伍能够推动创新和竞争力，提升效率和降低成本，解决复杂问题和应对数字化转型挑战的重要支撑。当前，江苏省正处于从传统制造业大省向创新型"智造"强省转变的关键时期，数字技能人才建设方面存在一些问题日益凸显：关键数字技术基础较为薄弱、数字技能人才区域分布不均衡、高端数字技能人才较为缺乏、数字技能人才仍存在较大缺口，等等。如何建立一支高质量的数字技能人才队伍、加快培养"数字工匠"队伍、优化数字技能人才供给结构是我们需要深入思考并着力回答好的问题。

为此，本研究聚焦江苏省数字技能人才队伍建设研究，综合运用文献分析法、政策文本分析法、案例分析法等多种研究方法，以全方位"引进、培育、用好"数字技能人才为主线，让数字技能人才赋能"强富美高"新江苏现代化建设为根本目标，着力打造江苏省数字技能人才发展新高地，期望能为江苏省加强数字技能人才队伍建设，加快推进"数字强省"战略，全面实施"技能江苏行动"提供参考与借鉴。

本项目的具体研究思路是，围绕数字技能人才管理的四个核心环节——育才、引才、用才和留才展开。首先，项目通过比较不同国家或地区在数字技能人才队伍建设方面的经验和做法，总结出国内外数字技能人才队伍建设的主要经验。其次，项目立足于江苏省数字技能人才队伍建设现状，分析了江苏数字技能人才队伍建设取得的成绩并指出当前面临的挑战。再次，通过实地调研，项目总结了典型企业和职业院校的典型做法和存在问题。最后，项目提出促进江苏省数字技能人才发展的对策建议。

二、研究现状与建设经验

（一）研究现状分析

1. 数字技能人才的概念与特征

陈娟认为数字技能人才是数字经济领域具有信息和通信技术（ICT）相关数字技能的从业者，以及其他与信息技术专业技能互补协同的跨界人才。[1]吴帅认为数字技能人才是指从事与数字相关的职业，具有一定的数字职业能力，且具有与数字化相关的技术技能，能够将数字技术应用于生产过程之中，并能够通过其生产劳动助力社会的产业数字化、数字产业化或是数字化转型。[2]荣长海、任凯、王凤慧等提出，高技术技能人才具有三方面特征：一是高超的动手能力，二是突出的创造能力，三是极强的适应能力。[3]王世伟认为高端数字化人才应是具有数字化发展前瞻判断和全局思维的智库战略人才，具有数字化前沿学术理论研究的科研领军人才，具有数字化技术技能和创新示范作用的管理实践人才，具有数字化教育培训经验的优秀教学人才等。[4]

我国人力资源和社会保障部在《关于提升全民数字技能的研究报告》中对数字技能的定义是运用"云计算、人工智能、物联网等数字技术或使用数字设备，生产、获取、分析、传输信息，以解决有关问题、确保数据安全等的数字能力和素养"[5]。谢经良将数字技能定义为拥有数字思维，具备辨析数字信息、使用数字工具、创新数字价值的能力。[6]刘晓认为数字技能的内涵既包括掌握和运用数字技术的能力，又包括适应数字社会生活的情感、态度、素质与价值观。[7]牟天琦等分析指出，掌握数字技能不仅显著提升居民收入水平，并且对农村居民收入增长的促进作用更强。[8]商宪丽等在研究中采纳中央网信办在《提升全民数字素养与技能行动纲要》中提出的数字素养与技能概念及其界定，认为数字素养与技能是数字素养、数字技能、数字能力等概念的加强版，其阐释了数字时代公众理应具备的知识、技能、态度与理解，在外延上数字素养与技能可以涵盖数字素养、信息素养、媒体素养、数据素养、计算机素养、互联网素养、ICT 素养等素养涉及的能力。[9]

广义来说，数字技能人才指的是具备在数字化环境下所需的技能和知识的人才。他们能够适应和应对数字化技术的发展，使用数字工具和平台进行工作，并具备数字思维和创新能力。数字技能不仅是掌握数字工具和技术的能力，更是一种综合能力，涵盖了对数字化世界的理解、应用和创新能力，以及对数字化风险和挑战的应对能力。数字化技能包括支撑数字产业化和产业数字化的技能，具体包括三个维度：数字基础设施技能，如数据及 IT 能力；数字化转型的应用及场景，如数字产业化的技能；数字化战略及顶层设计的技能，如数字化领导力。

2. 数字技能人才研究特征分析

许远提出加强新生劳动力的数字技能培养，提升社会公民的数字应用能力，使之与经济数字化转型需求相匹配，是支撑经济高质量发展的重要举措，并提出我国数字技术人才方面存在能力不足、质量不高以及数量缺口大的问题。[10]武汉大学国家发展战略研究院课题组在《发展数字经济需要深化教育改革与强化人才驱动》一文中提出，数字经济领域人才面临着三方面挑战：一是人才总量不足；二是既具备较强数字化创新能力又具备传统行业技能的跨界人才短缺，成为数字技术赋能实体经济发展的"痛点"；三是人才创新活力有待进一步激发。[11]李宁认为数字技能人才的现状表现为需求量大、技能需求多样化、短缺问题存在以及持续学习的重要性。对于个人来说，拥有数字技能能够在当今数字化时代中获得更多的机会和竞争力。[12]

（二）主要建设经验

近年来，世界主要国家及国内主要城市正在着力构建数字技能人才体系，保障数字经济的持续健康发展。欧盟、英国、新加坡、澳大利亚等通过制定相关政策和举措，采取教育、培训、产业发展等手段提高人才队伍的素质和数量，满足数字经济时代对数字技能人才的需求，以促进国内外数字经济的可持续发展。我国为响应落实国家重大战略，中央和地方密集出台相关政策，旨在加快构建我国数字技能发展体系，推进我国数字化发展进程[13]；主要领先城市群如长三角、珠三角、京津冀地区正在通过加强数字技能人才培养、实施数字化转型战略、强化职业培训和终身学习、推动产教融合、建立数字技能人才评价标准等措施，加快推动数字技能人才建设。

1. 加强顶层设计，推动产教融合

加强顶层设计，确立人才建设重点和优先领域，制定明确的目标和发展路线，建立完善的监测评估机制，定期评估数字技能人才建设的成效，及时优化调整政策。建立多方合作机制，推动产教融合。推动相关利益方密切合作形成合力，推动数字技能人才建设与产业发展良性互动，融合学校、企业、行业协会和专业机构等各方力量，形成多方参与的共识并整合各方资源，推动数字技能人才发展全面推进；促进跨部门合作，加强引导建立数字技能人才建设的协调机构或跨部门工作组，推进政策整体规划和协调。

2. 明确特征内涵，建立评价标准

分析技能人才特征，把握培养内涵。对所需技能的当前和未来趋势、行业和职业领域进行调研和分析，分析不同岗位的职责和职业路径，了解技能人才在不同职业层次的需求和发展方向，理解数字技能人才所需的核心技能，为人才培养提供明确的方向和目标。划分技能水平层级，建立评价标准。对数字技能进行分类，根据不同领域明确相应的技能要求和能力标准，并根据不同层级进行区分；建立数字技能人才的能力层级划分体系，准确评估数字技能人才的水平，确定评估内容和方式，并建立相应的评估体系和标准。

3. 完善基础设施，搭建运作平台

整合数字教育资源，完善基础设施。通过整合开设数字经济专业的高等院校和在线教育平台等资源，加强对数字技能人才的培育和培训。加强数字化技术平台建设，丰富相关知识内容，推动数据资源开放和共享，利用大数据、云计算、人工智能等先进技术平台进行实践和创新；提供资金和平台支持，通过财政补贴、创业基金、税收优惠等政策支持，吸引更多的社会力量参与数字技能人才建设，鼓励企业和机构投资数字技能人才建设的基础设施和运作平台。

4. 强化数字教育，贯通技能培训

全面推进数字转型，强化数字教育。优化教育课程，更新学习资源，结合行业需求和技术发展前沿，提供具有针对性的课程内容；加强专业师资建设，发展高水平教师培训平台，全面改善教师工作、培训和竞争生态。完善数字技能人才的职业技能认证体系，参照国内外一流认证机构建立先进的认证标准，对学生和教师的数字技能水平进行评估和筛选；鼓励数字技能人才参加继续教育学习[14]，持续提升数字技能，建立数字技能人才的终身学习机制，不断更新和提升技能，适应快速变化的技术和市场需求。

三、建设现状与问题

2023年1月，江苏省委副书记、省长许昆林在政府工作报告中提出，江苏要抢占数字经济关键赛道，努力建设"数实融合第一省"，数字技能人才是数字经济强省建设的重要支撑，目前江苏省在数字技能人才队伍建设中已取得一些成果，主要有以下四个方面。

（一）主要成效

1. 发展环境逐渐改善

随着江苏省内数字化转型的不断推进，加上互联网产业的迅猛发展，数字技能人才的发展环境越来越好。《江苏省"十四五"数字经济发展规划》提出要对强化数字人才队伍建设做出系统部署，打造高质量的数字人才队伍，为江苏"数字高地"建设提供强有力人才支撑。江苏省人力资源和社会保障厅印发的《全省人力资源社会保障系统服务数字经济发展若干措施的通知》中明确指出，要深化数字人才发展机制创新，优化数字人才生态环境。强化人才"引、育、留、用、转"全链条保障，夯实数字经济发展的人才基础。2022年9月20日，无锡市人力资源和社会保障局发布了《锚定数字经济新赛道，发力数字人才引育留》，提出要加快数字人才引进，着力数字人才培育，提升数字人才服务。2023年8月17日，苏州市人力资源和社会保障局发布了《关于大力提升数字技能　助推苏州产业创新集群融合发展十条举措》，旨在加快数字技能人才培育，加快布局建设数字技能实训基地目标，即在三年内新增数字技能人才10万人。江苏省与所属各市相关政策的不断出台，为数字技能人才的发展提供了良好的政策环境。

2. 培养体制逐渐完善

数字技能人才的培养是数字技能人才队伍建设中至关重要的环节，江苏省各级政府均高度重视数字技能人才的培养工作，推动数字技能人才培养体系逐渐完善。江苏省内71所本科高校共设置数字化相关本科专业点近500个，政府鼓励技工院校开设数字技能类专业，支持36所技工院校新增数字技能类专业62个，已占全部新增专业的55.4%。江苏省的高校和企业紧密合作，建立产学研基地、联合实验室等机制，共同推动数字技能人才的培养。常州技师学院、镇江技师学院等院校已与华为、京东等企业在专业规划建设、课程设置开发、教学团队打造、实训基地建设、技能竞赛开展和社会服务等方面开展校企合作；淮海技师学院成立首家数字产业学院，校企共同进行数字技能人才全过程培养，校企参与率达100%；江苏全省技工院校新建人工智能、工业互联网等数字技能类专业62个，与1 798家企业深度合作，开设订单班、冠名班、企业新型学徒班2 095个，每年面向社会开展技能培训40万人次，积极探索数字化高技能人才培养路径。

3. 总量和质量双提升

随着《江苏省"十四五"数字经济发展规划》的推进和数字经济的快速发展，江苏省数字技能人才不断增多，具体主要体现在以下几个方面。

（1）江苏省高技能人才总量不断扩大。随着江苏省高技能人才培养和引进工作的不断推进，江苏省高技能人才总量正在不断扩大。截至 2023 年 6 月底，江苏全省高技能人才总量近 487 万人，其中，数字技能人才所占比重较大且在逐年上升，数字技能人才是推动数字化转型，发展数字经济的核心力量。（2）江苏省数字技能人才增速较快。2022 年，江苏省全年新增专业技术人才 64.75 万人，新增数字技能人才 18.62 万人，数字技能人才占比达到 30%。此外，江苏省 2023 年上半年城市新就业的 69.67 万人中，近 1/3 从事于数字经济及其关联领域。（3）江苏省数字技能人才培养方式完善。江苏省每年至少开设 10 个数字技能类评价标准或题库，同时加快培育数字技能类等级认定机构，有序开展数字技能人才评价；同时完善以数字技能需求和技能评价为依据的培训补贴政策，同时推出 100 个以上数字技能培训课程资源，每年开展线上培训 10 万人次以上将数字技能人才纳入政府补贴范围，按规定给予培训补贴。

4. 使用效能显著提高

数字技能人才在促进数字经济发展，推进数字化行业进步，促进数字化转型等方面具有重要意义。（1）促进数字经济的发展。江苏省 2020 年数字经济规模超过 4.4 万亿元，位居全国第二，得益于数字技能人才总量的迅速增长。（2）推进数字化转型的进程。2023 年上半年，江苏加快推进"智改数转网联"，全省新增国家专精特新"小巨人"企业 795 家，数量全国第一；5G 工厂数量增加到 12 家，总数均居全国第一，制造业高质量发展指数连续三年全国第一。据《中国城市科技创新发展报告 2020》，江苏省除宿迁外，其余城市的科技创新发展指数均高于全国平均值，这与江苏省重视数字人才的培育与引进具有关联。

（二）调研情况

2023 年 8 月 14～19 日，课题组先后在无锡、常州和南京调研和走访了四家数字技能人才先进单位，分别是华中科技大学无锡研究院、无锡威孚高科技集团股份有限公司、常州技师学院、南京钢铁集团有限公司。在调研期间，我们既总结了它们一些好的经验做法，也发现了目前数字技能人才方面存在的一些突出问题。

1. 典型经验

（1）华中科技大学无锡研究院（简称"研究院"）。2012 年 10 月由华中科技大学与无锡市人民政府、惠山区人民政府共建成立，2023 年度无锡市数字化人才实训基地。从事产业技术研发、推动技术转移转化、助推地方创新发展的新型研发机构。现有研发办公、孵化加速载体 5 万平方米，专兼职人员 350 余人，其中硕博人才占 74%，各类仪器设备 172 台。

主要经验。研究院与香港科技大学合作，开展"数字化设计与制造创新中心"项目，旨在培养具有数字化设计与制造能力的高端技术人才，为智能制造产业提供技术支撑和人才储备。采用"1 + 1 + 1"模式，实现了学习、实践、就业的无缝对接。研究院与无锡市经济技术开发区合作，建立"数字化人才实训基地"，为高校学生、企业员工、社会人士提供了数字化设计、数字化制造、数字化检测、数字化管理等方面的培训和实训，提高了数字化人才的技能水平和创新能力。研究院与东南大学、华为等合作，开展"东数西算"工程，通过工业互联网平台、工业软件、网络设施及安全等基础支撑，推动各生产要素有机协同、质量管控，实现制造过程的精准可控。培养一批具有数字化、智能化、网络化的高端技能人才。

（2）无锡威孚高科技集团股份有限公司。始建于 1958 年，中国汽车零部件 30 强企业，员工 7 000 余人。2022 年 12 月，被授予"江苏制造突出贡献奖优秀企业"称号。拥有 2 名省产业教授，市级大师工作室 4 个；高级技师/技师 148 人，高级技工 340 人。形成年富力强的产业工人队伍梯队，35 岁以下年轻产业工人比例占到 63%，23% 以上的产业工人具有专科及以上学历。

主要做法。健全完善数字技能人才的培育、使用、激励方式，着力打造数量可观、素质优秀的高端数字技能人才队伍。形成人才创新机制，设立"三航一匠"人才开发体系；实现全员绩效管理机制；项目创新收益和个人收益挂钩；以群众性创新活动为载体，增强职工创新意识和创造活力。竞赛拓宽人才技能，构建"科技创新、技术比武、技能培训、岗位练兵、技能竞赛"五项机制；完善技能培训、竞赛、帮带、晋级、激励机制；创新竞赛形式，以赛促学；提高竞赛质量，以赛增能；拓宽竞赛载体，以赛强技。加强职工权益保障，建设职工权益维护渠道；组织开好职代会；推进民主协商制度；加大纾困帮扶力度。

（3）常州技师学院。江苏省常州技师学院是一所具有 50 年办学历史、以培养中高级技术技能人才为特色的技工院校。1994 年被评为国家重点技工学校，2007 年 3 月更名为"江苏省常州技师学院"。江苏省常州技师学院共有 11 个专业群 48 个专业。拥有省级示范专业 8 个，省级重点专业 19 个，市级示范专业 17 个。建有专业实训中心 13 个，实训室 190 余个。学校共有专任教师 519 人，享受国务院政府特殊津贴专家 2 人，江苏大工匠 3 人，江苏工匠6人，省级名师21人，省级学科带头人51人，高级职称教师232人，全国技术能手12人，江苏省技术能手33人。拥有硕士研究生学历（或学位）的229人。

主要做法。①校校合作。与德国埃尔福特培训中心合作，开设中德班，实现中德"双证"培养。旨在培养具有国际视野和数字技能的高素质技术技能人才，满足智能制造的需求。②校企合作。与南通科技投资集团股份有限公司一道开设国际班，培养数字化、智能化、网络化的高端技能人才。采用"2+1+1"模式，实现了学习、实践、就业的无缝对接。③校府合作。与常州市经济技术开发区合作，建立了"经开先锋"职工职业技能大赛，提高职工数字技能，促进产业转型升级。涵盖了数控车工、数控铣工、数控编程、电工、焊工、机械设计等多个数字技能相关的赛项。

（4）南京钢铁集团有限公司。成立于1958年，是中国钢铁工业协会副会长单位，江苏钢铁工业的摇篮，是"国家高新技术企业""国家级绿色工厂""中国工业大奖""国家企业技术中心""国家首批数字领航企业""国家服务型制造示范企业""全国两化融合标准应用先进单位""国家智能制造标杆企业""国家智能制造、工业互联网、区块链试点示范企业"。

主要做法。①绘制"育龙计划"人才发展地图，针对性地提供数字化培训相关的内容，设置"大浪淘沙"的选拔机制，激励数字化人才的成长和创新。②与东南大学、华为等合作，开展了"东数西算"工程，设立了专业的数字化人才发展序列，实施"双师制"制度引领。③确立"1+2+7"人力资源战略，构建多元化、全覆盖、一体化的职位体系设计，打通了各序列间的发展通道，设立专业数字化人才发展序列，实施"双师制"制度。④采用云课堂录播+直播的方式进行资源的共享，围绕数字化技术、数字化管理，实现分类别、分阶段、分层级、全覆盖、精准培养的数字化人才培养体系。

2. 存在问题

从宏观层面看，存在的一些主要问题包括数字技能人才队伍男女比例不平衡、数字技能人才队伍南北分布不平衡、数字技能人才队伍各层级比例不平衡、复合型技能人才需求较大但供给不足、大专职业院校存在转设职业本科院校的冲动。

从微观层面看，存在的一些主要问题包括企业高端数字技能人才留住难度大、数字技能人才评价标准较为模糊、数字技能人才参加竞赛是把"双刃剑"、技能培训存在滞后性难满足需求。

四、主要对策建议

（一）坚持党对数字技能人才工作的全面领导

（1）坚持党对数字技能人才建设的方向。以习近平新时代中国特色社会主义思想为指导，深入贯彻党的二十大精神，全面贯彻习近平总书记关于做好新时代人才工作的重要思想，以党管人才为核心，立足于新阶段的发展，推行高质量发展。

（2）落实党对高技能人才的目标和任务。"十四五"时期结束之前，数字技能人才占就业人员的比例达30%以上，数字技能高端技能人才占数字技能人才的比例达三分之一。加强数字技能人才对党的思想认同。坚持数字技能人才的党性教育，要求数字技能人才培养和使用期间坚持政治理论学习，深入地学习党的理论，引导广大数字技能人才坚定信仰和理想。

（二）完善数字技能人才队伍建设的顶层设计

（1）确立数字技能人才队伍建设的目标。数字技能人才队伍建设的目标应该为建立一支专业化、高效率的数字技能人才队伍，以满足江苏省产业数字技术创新的人才需求，并且推动江苏省在下一个新发展阶段实现数字经济创新发展。

（2）确定数字技能人才队伍建设的流程。数字技能人才队伍建设的流程可以大致分为三个步骤，引进数字技能人才、培育数字技能人才、使用数字技能人才。

（3）明确数字技能人才队伍建设的资源。建设一支优秀的数字技能人才队伍，需要人力资源、财力资源、技术资源、政策资源等多方面资源的支持。

（三）着力打造江苏数字技能人才发展新高地

（1）培养数字技能人才。加强普通高校、高职院校、技师院校的人才培养，可以先行试验，率先设立数字化相关的专业，开设数字化技能课程，进行数字化技能竞赛，等等，正面激励学生成为数字技能人才。

（2）发展数字技能高端人才。数字技能人才队伍建设需要高端人才的带领，高端数字技能人才能够及时帮助企业进行数字化转型的宏观调整。

（3）补充数字技能发展通道。提供足够的数字技能发展通道，促进在职人员转型为数字技能人才。

（4）补充职业晋升通道，鼓励员工积极学习数字技能。

（5）建立跨部门和跨行业的合作机制，打破数字技能的技术壁垒，为在职员工提供更多的发展机会和平台。

（四）构建全面的数字技能人才源头培养体系

（1）加快对数字技能人才的培养。建设数字技能人才队伍，必须加快对数字技能人才的培养速度，减少不必要的培养过程，提高数字技能人才的培养效率。

（2）企业和教学机构联合培养。数字技能人才不仅需要课程方面的培养，还需要与实际生产过程相结合，因此企业和教学平台的联合培养必不可少。

（3）实现数字技能人才创新培养。注重学生在数字化技能上的创新能力和创新思维，教学机构可以采用导师和企业导师共同带领学生的方式进行项目式学习、探索式学习等，引导学生在处理问题时，主动使用数字技能去解决。

（五）优化数字技能人才队伍建设的管理方式

（1）适配新时代人才队伍新管理方式。随着当前数字化的不断发展，企业对数字化技能人才的管理方式也需要不断创新和调整，从强调职场文化、建立及时反馈机制、打造人才和岗位画像等方面着手。

（2）完善数字技能人才引育服务体系。制定数字技能人才引育政策包括数字技能人才引进、培养、使用、激励、评价等全方面政策措施，为数字技能人才提供全方面的政策支持。

（3）健全数字技能人才综合评价体系。明确数字技能人才评价标准，建立多元化的评价方式，更好反映数字技能人才的真实水平，增加评价的权威和公平性。

（六）营造数字技能人才队伍良好的生态环境

（1）增大数字技能人才队伍建设的资金投入。为了提高数字技能人才培养的速度，需要增大数字技能人才队伍建设的资金投入。通过设立专项数字技能人才基金、加大政府投入等，为数字技能人才培养提供资金支持。

（2）促进江苏省重点产业使用数字技能人才。江苏省重点企业如果率先大量引用数字技能人才进行数字化转型，能够带领其他企业重视起数字技能人才的作用，实现重点企业领头羊的作用。

（3）优化改善江苏省的数字技能人才新生态。数字技能人才队伍的建设需要外界多方面共同出力，营造出一个数字技能人才新生态，给予数字技能人才良好的发展机会。

中国人事科学研究报告

THE REPORT OF CHINESE PERSONNEL SCIENCE

参考文献

［1］陈娟. 数字人才发展现状及应对策略——基于全球数字人才分布的视角［J］. 才智，2023（12）：1 – 4.

［2］吴帅，李琪. 新发展阶段数字技能人才开发机制研究［J］. 科技中国，2023（5）：35 – 39.

［3］荣长海，任凯，王凤慧，王博. 关于京津冀高端制造业与高技术技能人才培养问题［J］. 理论与现代化，2016（1）：5.

［4］王世伟. 以高端数字化人才引领并推动全民数字素养与技能行动［J］. 图书馆论坛，2022，42（3）：3.

［5］崔秋立. 提高技术工人队伍的数字技能［J］. 中国培训，2022（2）：16 – 17.

［6］谢经良，余贝. 高校数字技能人才培养的时代价值、现实困境及对策［J］. 中国成人教育，2023（1）：25 – 31.

［7］刘晓，刘铭心. 数字技能：内涵、要素与培养路径——基于国际组织与不同国家的数字技能文件的比较分析［J］. 河北师范大学学报（教育科学版），2022，24（6）：65 – 74.

［8］牟天琦，刁璐，霍鹏. 数字经济与城乡包容性增长：基于数字技能视角［J］. 金融评论，2021，13（4）：24.

［9］商宪丽，张俊. 欧盟全民数字素养与技能培育实践要素及启示［J］. 图书馆学研究，2022（5）：67 – 76.

［10］许远. 适应数字经济发展实现高质量充分就业和体面劳动——面向新时代的我国数字技能开发策略及展望［J］. 教育与职业，2023（2）：59 – 67.

［11］武汉大学国家发展战略研究院课题组. 发展数字经济需要深化教育改革与强化人才驱动［J］. 教育研究，2022，43（12）：15 – 19.

［12］李宁，王玉婧，王昕. 数字经济时代新商科人才培养策略研究［J］. 科技创业月刊，2023，36（8）：169 – 171.

［13］吴应强，石乐怡. 数字赋能全民共享——2023 年全民数字素养与技能提升高峰论坛会议综述［J］. 图书与情报，2023（3）：121 – 125.

［14］朱德全，熊晴. 数字化转型如何重塑职业教育新生态［J］. 现代远程教育研究，2022，34（4）：12 – 20.

《江苏省数字技能人才队伍建设研究》
课题组成员名单

课题组长：

许　倩（江苏省行政管理科学研究所所长）

课题组成员：

靳匡宇（南通大学经济与管理学院讲师）

孟上飞（江苏省行政管理科学研究所七级职员）

王长林（南通大学经济与管理学院教授）

董一鸣（河南财经政法大学电商学院讲师）

王明胜（河南财经政法大学电商学院讲师）

贾国鹏（河南财经政法大学电商学院研究生）

卢艺杰（河南财经政法大学电商学院研究生）

本课题由中国人事科学研究院和江苏省行政管理科学研究所共同完成。

中国人事科学研究报告
THE REPORT OF CHINESE PERSONNEL SCIENCE

四川省专业技术人才结构
特征与空间分布研究①

提　要：当前我国现代化的第一特征是人口规模巨大，人力资源存量丰富，但从产业发展来看，一些核心领域、关键环节仍落后于部分发达国家，培育、建设、发展和壮大本土人才队伍成为当务之急。为了解全省企业专业技术人才结构特征和区域分布，本课题根据 2022 年度四川省专业技术人才总量数据，分析了全省专业技术人才的年龄、性别、学历、职称和所在单位所有制结构状况，以及全省五大经济专业技术人才分布等基础情况。同时开展了企业专业技术人才问卷调查，共收回问卷 2 167 张。分析发现，目前全省现代化产业体系建设人才支撑不足，专技人才区域发展不均衡，专技人才招聘难、留人难，专技人才效率偏低，专技人才底数不清晰。原因主要在于专技人才薪酬水平相对较低，地区经济发展水平缺乏吸引力，政策激励不足，统计标准化、信息化程度不够，政策宣传力度不强。因此，课题组认为，为促进四川省专业技术人才高质量发展，一是完善专业技术人才政策体系，增强引才、用才、留才竞争力；二是要创新人才工作机制，注重高层次专业技术人才建设工作；三是促进人才结构优化，强化现代化产业人才支撑；四是建立专技人才统计机制，强化信息化建设水平；五是加强宣传，营造专业技术人才发展的良好环境。

---

　①　本文系中国人事科学研究院 2023 年度课题"四川省专业技术人才结构特征与空间分布研究"报告的部分内容。

关键词：专业技术人才　结构特征　空间分布

党的二十大高度重视人才工作，在党的工作报告中首次集中论述了教育、科技、人才工作，将人才强国战略与科教兴国战略、创新驱动发展战略一体安排部署。四川省是经济大省、人口大省、科教大省，经济总量位居全国第六，对专业技术人才，特别是高层次人才需求尤为迫切。但受经济发展不均衡、产业结构同质化严重、人口分布严重不均等影响，专业技术人才对现代产业支撑不足、人才头雁效应不高。

一、四川省专业技术人才结构特征分布

根据四川省专业技术人员统计数据，2022 年度全省专业技术人才总量共 393 万人。同时，课题组开展了四川省企业专业技术人才问卷调查，共收回问卷 2 167 张。据此，课题组分析了全省专业技术人才结构特征和空间分布情况。

（一）从年龄结构看，专业技术人员总体较年轻

全省 45 岁及以下专业技术人员占比 74.42%，是绝对主力。具体来看，35 岁及以下的专业技术人员共 185.32 万人，占比 47.07%；36 ~ 45 岁专业技术人员为 107.69 万人，占比 27.35%；45 岁及以上专业技术人员共100.73 万人，占比 25.59%，见图 1。

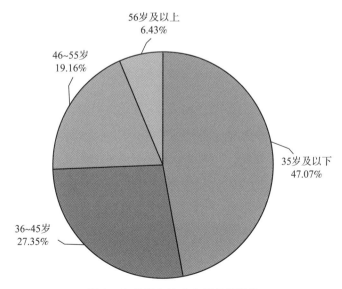

图 1　全省专业技术人员年龄结构

（二）从性别结构看，女性专业技术人员略多于男性

从性别看，专业技术人员男女人数分别为 185 万人和 208 万人，相对比例为 1 : 1.13，女性占比 52.95%，高出男性 5.91 个百分点。女性专业技术人员活跃在各个领域，为推动经济社会发展发挥了重要作用。

（三）从学历结构看，专业技术人员主要为大学本科学历

根据统计数据，全省拥有博士学位的人员共 4.4 万人，占比 1.12%；拥有硕士学位的人员共 31.27 万人，占比 7.94%；拥有本科学历的人员共214.96 万人，占比 54.6%；拥有大专及以下学历的人员共 143.11 万人，占比 36.35%，见图 2。

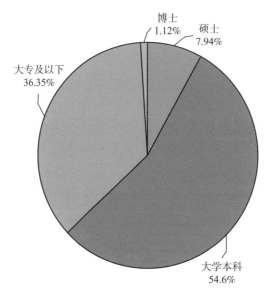

图 2　全省专业技术人员学历结构

（四）从职称结构看，初级职称专业技术人员数量最多

根据统计数据，全省具有相关技术职称的人员数占专业技术人员总人数的 83.94%，共 330.51 万人。正高级专业技术职称人员数共 4.05 万人，占比 1.03%；副高级专业技术职称人员数共 41.31 万人，占比 10.49%；高级职称专业技术人员仅占全省专业技术人员总量的 11.52%。中级专业技术职称人员数共 135.13 万人，占比 34.32%；初级专业技术职称人员数共 135.13 万人，占比 38.10%，见图 3。

（五）从类别结构看，技术类专业技术人员数量最多

全省专业技术人员共分为高等学校教师、哲学社会科学研究人员、自然

科学研究人员等共 28 个系列类别。将 28 个系列类别专业技术人员分为五个大类，分别为研究人员、教师、专业人员、技术人员（主要为理工方面）和其他人员。分析后可以看出，专业技术人才中数量最多的为技术人员和教师队伍，其中技术类专业技术人员占到了约一半，见表1。

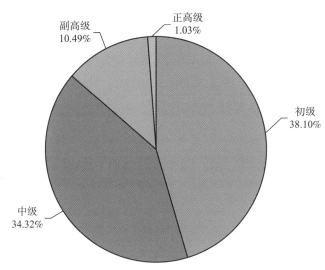

图3　全省专业技术人员学历结构（具有专业技术职称）

表1　　　　　　不同专业领域、不同职称专业技术人员数量及占比情况

专业领域	数量（万人）	占比（%）
研究人员	8	2.03
教师	132.05	33.54
专业人员	44.56	11.32
技术人员	191.98	48.76
其他人员	17.14	4.35

（六）从所有制结构看，公有制单位专技人才储备丰富

根据统计数据，全省有 254 万专业技术人员分布在公有制单位，形成了丰富的人才储备。根据问卷调查分析，国有、集体企业专业技术人才储备也非常丰富，共15.57 万人，占比81.90%；其次为民营企业2.57 万人，占比13.54%；外商投资企业 866 人，占比 0.49%；同时，国有、集体企业职称水平更高，也是学历水平较高的专业技术人才的聚集地。

二、四川省专业技术人才空间分布分析

(一) 五大经济区总体存在较大差异,成都平原经济区优势大

一是五大经济区之间专业技术人员总量差异大,成都平原经济区数量最多。全省除省直部门外,各市(州)级单位的专业技术人员总量为381.93万人,其中成都平原经济区专业技术人员273.77万人,占全省的71.68%,规模巨大;排在第二的川南经济区,专业技术人员数量仅为47.26万人,占比12.37%;川东北经济区数量为40.71万人,占比10.66%。攀西经济区和川西北生态示范区的专业技术人员数量很少,仅占3.85%和1.44%,见表2。

表2 全省五大经济区专业技术人员总量及占比情况

经济区	专业技术人员总量(万人)	在全省专技人员总量中的比例(%)
成都平原经济区	273.77	71.68
川南经济区	47.26	12.37
川东北经济区	40.71	10.66
攀西经济区	14.72	3.85
川西北生态示范区	5.46	1.44

二是五大经济区之间高素质人才分布差异比总量分布差异小,但仍不均衡。从职称层次上看,成都平原经济区高级职称人数最多,达25.47万人,但仅占本地区专技人员总量的9.3%,在五大经济区中最低;川东北经济区拥有高级职称专业技术人员数量为6.99万人,但其占比最高,达到17.2%;而川西北生态示范区拥有高级职称的人员数量虽仅为0.85万人,但占比达到15.6%,仅次于川东北经济区,在一定程度上弥补了专业技术人员规模较小的不足。从学历情况看,各地总体上具有相似性,即大学本科学历人数最多,均超过本地专业技术人员总量的一半,其次分别为大专及以下学历,博士研究生学历人数最少。但是,成都平原经济区的硕士及博士研究生以上学历人数为26.76万人,占比最高,为9.77%,其余地区均不超过4%,因此成都平原经济区对于高学历专业技术人员有更高的吸引力,见表3、表4。

表3 2022 年度全省五大经济区高级职称专业技术人员数量及占比情况

经济区	高级职称专技人员总量（万人）	本区域高级职称在专技人员总量中的比例（％）
成都平原经济区	25.47	9.3
川南经济区	6.50	13.7
川东北经济区	6.99	17.2
攀西经济区	2.20	14.9
川西北生态示范区	0.85	15.6

表4 2022 年度全省五大经济区不同学历专业技术人员数量及占比情况

经济区	博士（万人）	占比（％）	硕士（万人）	占比（％）	大学本科（万人）	占比（％）	大专及以下（万人）	占比（％）
成都平原经济区	2.94	1.07	23.82	8.70	147.45	53.86	99.85	36.47
川南经济区	0.02	0.05	1.62	3.44	27.21	57.56	18.41	38.96
川东北经济区	0.03	0.08	1.43	3.51	23.52	57.78	15.73	38.63
攀西经济区	0.03	0.22	0.40	2.71	7.71	52.35	6.58	44.72
川西北生态示范区	0.00	0.03	0.06	1.06	3.11	57.05	2.28	41.86

三是经济发展水平越高的区域，非公有制单位对专业技术人才的吸引力更大。虽然从全省总体情况看，公有制单位仍然是吸纳专业技术人才的主体，公有制单位的专业技术人员占到绝大多数，为61.85％。但是从区域来看，经济越发达的地区，非公有制单位的专业技术人员的占比越高，如表5所示，成都平原经济区达到42.39％；川西北生态示范区仅占1.35％，该地区的专业技术人员几乎都集中在公有制单位，见表5。

表5 2022 年度五大经济区不同所有制单位人数、占比及与 GDP 的比较

地区	公有制单位人数（万人）	非公有制单位人数（万人）	本地区公有制单位人数占比（％）	本地区非公有制单位人数占比（％）	GDP 总量（亿元）
成都平原经济区	156.27	114.97	57.61	42.39	34 670.81
川南经济区	28.18	19.08	59.63	40.37	9 324.71
川东北经济区	32.24	8.48	79.18	20.82	8 517.94

地区	公有制单位人数（万人）	非公有制单位人数（万人）	本地区公有制单位人数占比（％）	本地区非公有制单位人数占比（％）	GDP 总量（亿元）
攀西经济区	12.58	2.14	85.48	14.52	3 301.88
川西北生态示范区	5.38	0.07	98.65	1.35	934.45

（二）成都平原经济区总量大，但呈结构和规模"倒挂"特征

从专业技术人员规模来看，成都市专业技术人员规模最大，总数约为 218 万人，占整个成都平原经济区专业技术人员总数的 79.66％；其中，拥有高级职称的专业技术人员为 17.37 万人，同样高于其他城市。从职称结构来看，成都市拥有高级职称的专业技术人员占比为 7.97％，低于成都平原经济区平均水平 1.33 个百分点，位居全区末位，呈现结构和规模"倒挂"特征。雅安市和遂宁市拥有高级职称的专业技术人员占比分别为 18.60％ 和 17.37％，分别位居成都平原经济区第一和第二，但以上两市专业技术人员规模较小，分别位居成都平原经济区第八和第六，同样呈现结构和规模"倒挂"特征，见表 6。

表 6　　　　2022 年度成都平原经济区专业技术人员数量及占比情况

市州	总量（万人）	总量占比（％）	高级职称人员数量（万人）	高级职称人员占比（％）
成都市	218.10	79.66	17.37	7.97
德阳市	10.35	3.78	1.68	16.20
绵阳市	11.17	4.08	1.65	14.78
遂宁市	6.74	2.46	1.17	17.37
乐山市	6.33	2.31	0.94	14.90
雅安市	3.19	1.17	0.59	18.60
眉山市	8.99	3.28	1.14	12.72
资阳市	8.91	3.25	0.91	10.26

（三）川南经济区人才分布较为均匀，泸州市人才资源丰富

川南经济区中，泸州市专业技术人员规模最大，为 13.70 万人，拥有高级职称的专业技术人员占比为 15.31％，人员规模和职称占比均位居第一。除内江市仅有 9.64 万名专业技术人员外，其余城市专业技术人员均超过 10

万人。川南经济区四个城市拥有高级职称的专业技术人员占比较低，总体约为 13.75% ，见表 7。

表 7　　　　　　2022 年度川南经济区专业技术人员数量及占比情况

市州	总量（万人）	总量占比（%）	高级职称人员数量（万人）	高级职称人员占比（%）
宜宾市	10.45	22.12	1.44	13.79
泸州市	13.70	28.99	2.10	15.31
内江市	9.64	20.39	1.32	13.70
自贡市	13.47	28.51	1.64	12.15

（四）川东北经济区内部呈单极化趋势，"小而强"特点明显

川东北经济区五市中，南充市人才资源最为丰富，专业技术人员规模为 10.71 万人，显著多于其余各市。其中，拥有高级职称的人数占比为 18.19% ，位居第二。从其余各市来看，专业技术人员规模总量均低于 9 万人，但拥有高级职称的专业技术人员占比情况差异较大，高级职称人员占比平均为 17.17% ，在各经济区中具有优势，见表 8。

表 8　　　　　　2022 年度川东北经济区专业技术人员数量及占比情况

市州	总量（万人）	总量占比（%）	高级职称人员数量（万人）	高级职称人员占比（%）
广元市	8.75	21.50	1.30	14.84
达州市	8.65	21.25	1.62	18.75
南充市	10.71	26.32	1.95	18.19
巴中市	6.21	15.25	1.02	16.51
广安市	6.39	15.69	1.09	17.14

（五）攀西经济区人才分布不平衡突出，攀枝花人才总量较少

攀枝花市专业技术人员规模约为 4 万人，仅占凉山州相应人数的 37.28% 。从职称结构来看，攀枝花市人才结构高级职称比例优于凉山州。攀枝花市拥有高级职称的人员占比为 18.56% ，高出凉山州 4.99 个百分点，见表 9。

表 9　　　　2022 年度攀西经济区专业技术人员数量及占比情况

市州	总量（万人）	总量占比（％）	高级职称人员数量（万人）	高级职称人员占比（％）
攀枝花市	4.00	27.15	0.74	18.56
凉山州	10.72	72.85	1.46	13.57

（六）川西北生态示范区人才资源匮乏，难以形成规模效应

阿坝州与甘孜州专业技术人员分别约为 2.55 万人和 2.91 万人，专业技术人员规模较小，尽管阿坝州拥有高级职称的专业技术人员占比为 17.89％，但难以形成规模效应，人才作用发挥有限，见表 10。

表 10　　　2022 年度川西北生态示范区专业技术人员数量及占比情况

市州	总量（万人）	总量占比（％）	高级职称人员数量（万人）	高级职称人员占比（％）
甘孜州	2.91	53.28	0.39	13.57
阿坝州	2.55	46.72	0.46	17.89

三、四川省专业技术人才发展存在的主要问题及原因分析

（一）存在的主要问题

1. 现代化产业体系建设人才支撑不足

2023 年 6 月 19 日，四川省委十二届三次全会审议通过《中共四川省委关于深入推进新型工业化加快建设现代化产业体系的决定》，坚定不移推进工业兴省制造强省，因此，从制造业和战略性新兴产业的角度来说，如何通过人才工作支持产业技术创新是关键。虽然全省专业技术人才队伍数量上尚属可观，但是高层次人才还难以支撑现代化产业体系建设。图 4 是企业专业技术人才队伍面临的主要问题。

2. 专业技术人才区域发展协调程度仍需提升

全省五大经济区专业技术人才数量差异很大。从规模来看，成都平原经济区人才总数为 273.77 万人，位居五大经济区第一，占全省专业技术人才总量的 71.68％。川西北生态示范区人才规模最小，仅 5.46 万专业技术人才，占全省总量的 1.43％。虽然全省经济发展水平和人口集聚必然导致区域间专技人员数量的差异，但是如表 11 所示，全省仅 50.38％的常住人口集中在成都平原经济区，各区域间常住人口的差距并没有专技人员间的差距大，

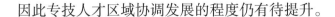

因此专技人才区域协调发展的程度仍有待提升。

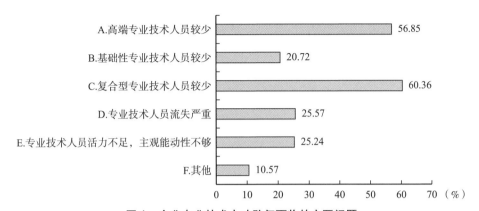

图4　企业专业技术人才队伍面临的主要问题

资料来源：调研组问卷调查分析结果。

表11　全省五大经济区常住人口、专业技术人员总量及占比情况

经济区	常住人口总量（万人）	在全省常住人口总量中的占比（％）	专业技术人员总量（万人）	在全省专技人员总量中的比例（％）
成都平原经济区	4 219	50.38	273.77	71.68
川南经济区	1 440	17.20	47.26	12.37
川东北经济区	1 910	22.81	40.71	10.66
攀西经济区	613	7.32	14.72	3.85
川西北生态示范区	192	2.29	5.46	1.43

3. 专技人才难招聘、易流失影响人才分布优化

问卷调查结果显示，有616家企业面临着无法招聘到专业技术人才的问题，占样本企业的28.43％。25.57％的企业认为专业技术人员流失严重，排在专业技术人员队伍面临的困难的第三位。其中，民营企业在专业技术人才中的招聘难问题更为突出，有308家民营企业反映无法招聘到专业技术人才，占无法招聘到专业技术人才企业的50％，占样本中民营企业的33.55％。有28.73％的企业反映岗位对专业技术人员综合性要求较高，因而无法招聘到企业需求的专业技术人员，有39.29％的企业反映未能招聘到专业技术人员是因为岗位相关专业技术人员数量较少，见图5。

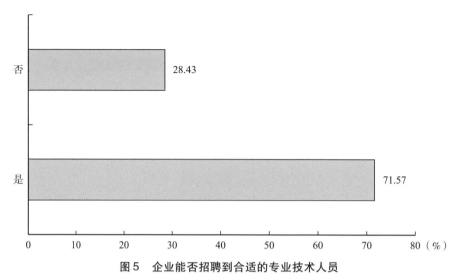

图 5 企业能否招聘到合适的专业技术人员

资料来源：调研组问卷调查分析结果。

4. 专技人才效率偏低难以促进人才结构优化

激励政策不足很可能导致专业技术人才效率偏低。在调研的样本中，有547 家企业反映存在专业技术人才效率低的问题，占全部企业的 25.24%。从反映专业技术人才效率低的企业的地域分布看，企业实际经营地在本省的企业中，绵阳市、攀枝花市、凉山州反映存在专业技术人才效率低的问题。其中绵阳市有 46.43% 的企业反映专业技术人才效率低，攀枝花市有 45.45% 的企业反映专业技术人才效率低，凉山州有 35.88% 的企业反映专业技术人才效率低。

5. 数据统计资料难以支撑精细化掌握专技人才分布情况

目前人才队伍许多基础数据还不能被准确地统计，更谈不上精准地分析研判。目前只是对全省专业技术人才有个总体上的大致了解，但是一直未能清晰明确专业技术人才统计体系，指标体系的科学性、应用性和实用性不强，无法对当前专业技术人才发展实际状况进行有效评估与把握，难以较好汇总收集和整理统计数据。数据多集中于面上收集和罗列，对不同产业、不同行业的人员的具体情况，非公有制单位专业技术人才详细分布状况，人才优势、短板情况缺乏了解。由于缺乏专业技术人才大数据的支撑，且还存在很多的缺失，所以对全省专业技术人才的底数掌握不清晰。

（二）原因分析

1. 专业技术人才薪酬水平相对较低

按照马斯洛的精神需要层次论，人类只有当最低层次的物质需要得以实现之时，才会去寻求更深层次的精神追求。员工在公司工作并全心全意为公司服务的重要目的是能获取大量劳动报酬，所以薪资水准的好坏直接影响雇员对公司的信心。问卷结果显示，有54.55%的企业反映招聘难是因为薪酬水平（含五险一金）与劳动者预期存在差异，是企业招人难、留人难最为主要的原因，见图6。近几年虽然有一定程度的提升，但与沿海发达地区专业技术人才，特别是高层次人才的薪酬水平相比，存在较大差距。另外，从省内来看，成都、德阳、宜宾等收入水平较高的地区对省内其他区域的专业技术人才产生更大吸引力，因而其他市（州）人才流失情况更为严重。

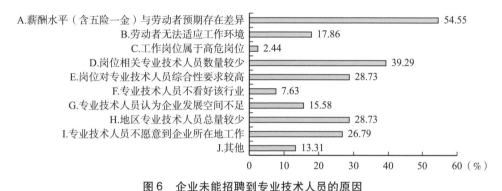

图6　企业未能招聘到专业技术人员的原因

资料来源：调研组问卷调查分析结果。

2. 地区经济发展水平缺乏吸引力

城市要发展，需要人才的聚集，四川虽然出台很多措施吸引高层次专业技术人才、推动人才成长，但东、中、西部省市在经济发展、产业发展、公共服务水平等方面仍存在较大差异，特别近几年来各地掀起了"抢人大战"，作为西部省份吸引力相对不足，难以避免人才往发达省份聚集的趋势，特别是高层次专业人才、复合型专业人才有更高的追求，一旦有机会，更愿意去沿海发达城市发展。因此，即使是全省条件最好的成都平原经济区在引、留高层次、复合型专业人才时竞争力仍然不够。因此，反过来又制约了本地区经济高质量发展。这主要在于四川相对于中、东地区而言，经济发展程度相对较低，缺乏专技人才施展才华的产业、技术技能条件等。

3. 专业技术人才政策激励不足

一方面在于专业技术人才激励政策创新不足。一是激励政策手段吸引力不足。当前经济发展过快，专业技术人才成长速度也很快，然而部分政策已经不能适应当前经济社会的发展趋势。二是人才服务保障更多关注高层次重

人才工作与人才队伍建设

点人群，对其他层次的人才关心、关注少（如中级各类专业技术人才）。另一方面在于人才激励政策协同度不够。一是各地、各单位激励水平参差不齐，人才投入和激励标准也各不相同，对于享受政策情况没有统一规定。二是人才激励政策配套措施不完善。部分人才激励政策的内容在多个文件中一再提出，但仅仅是作了原则性表述，缺少具有操作性和实践性的实施细则，直接导致政策在基层单位和用人单位无法得到有效落实，影响了人才激励政策的执行效果。

4. 专业技术人才统计标准化、信息化程度不够

长期以来专业技术人才统计标准化、信息化程度不够，一方面目前的信息系统不同程度存在一体化、智能化、融合化、可视化程度不高的问题；另一方面存在"信息孤岛"情况，系统之间缺乏协同和有效集成，各市（州）数据资源尚未完全集中，全省统计数据不够精准，更难以对数据进行整理分析得出有益结果。特别是非公有制领域人才总量大，专业技术人才分布广泛，但是在当前的统计体系中，均采取了简单抽样调查或测算的模式，难以掌握这部分人才群体的规模、素质、结构等准确统计数据，见图 7。

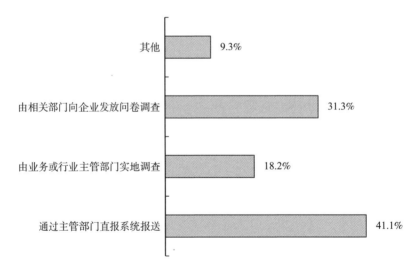

图 7　相关主管部门了解企业专业技术人员数据的方式

资料来源：调研组问卷调查分析结果。

5. 专业技术人才相关政策宣传力度不强

2023 年 7 月，四川省人力资源和社会保障厅印发了《关于进一步优化民营企业职称评审服务工作的通知》。但是问卷调查结果显示，28.98% 的民营企业表示不知晓这个政策。作为专门激发和释放民营企业专业技术人才活力的针对性政策，进一步优化了民营企业职称申报渠道，开通了民营企业职

称评审绿色通道，但是很多民营企业并不知晓此项政策，这对于政策效力的发挥有很大的影响。因此，对于很多民营企业而言，其实有条件、有能力提升企业内专业技术人才职称水平，但由于对相关政策不了解，最终影响了高职称人才比例。

四、对策建议

（一）完善专业技术人才政策体系，增强引才、用才、留才竞争力

1. 深化职称制度改革，实现职称评定务实有效

按照职岗匹配、人岗相适的基本原则，深化职称制度改革，稳步推进各项职称评定工作，建立健全涵盖专业技能、职业道德、创新能力、实际贡献等多维度评价体系，坚决破除人才培育评价中的"四唯"现象。畅通新职业、重点特色产业等领域人才职称评审通道，提高职称评聘机制灵活性与有效性。优化基层人才职称评价体系，壮大乡村振兴人才队伍。

2. 健全人才评价体系，推动地区职称评价结构优化

结合当地教育环境与经济发展阶段等现实情况，因地制宜制定和落实具有地方特色和符合国家有关规定的职称认定办法与实施细则。做到将专业技术人才自身禀赋条件、发展状况与技能知识情况，与所在地区综合发展水平有机结合，并进行系统全面评估，以便更加客观公正、科学有效地衡量和考核地方人才的专业素养与实际能力。

3. 提高政策制定针对性，充分考虑各类人才需求

对一般专业技术人才，可以在福利待遇、支持职称评审、晋升和科研项目申请、补贴，以及就业创业补贴和贷款等政策方面着力，支持他们来川发展事业，支持他们在干事创业中不断成长，不断充实全省高层次、复合型人才队伍；对高层次、急需紧缺人才，可以在家属安置、科研补贴、服务保障等方面着力，支持他们来川开展高精尖、突破性工作。让不同专业、不同产业、不同职称的专业技术人才在川发展有获得感、价值感，营造让人才各得其所、各展其长的良好氛围。

（二）创新人才工作机制，注重高层次专业技术人才建设工作

1. 加强多部门专技人才工作统筹协调

明确相关部门人才政策主体责任。专技人才队伍建设各个环节涉及的职能部门，结合本部门实际制定出台具体实施办法，由部门负责人牵头专技人才工作，落实责任主体。加强专技人才政策统筹协调力度。建立专技人才工作

多部门联席会议制度，强化配合、统筹推动，共同做好专技人才相关工作。

2. 建立高层次人才专项工作机制

完善并落实高层次人才工作目标责任制考核办法，将各市（州）和省人才工作领导小组成员单位列为重点考核对象，对人才工作的组织机构、人才发展体制机制改革、重点人才工程推进、人才发展重大平台建设、人才发展环境等五个方面进行考核，考核结果作为领导班子评优、干部评价、人才项目和资金安排的重要依据。

3. 强化专业技术人才发展激励机制

农业科技、经济和工程领域专业技术人员队伍中，有超过百分之十的人员致力于专业技术相关工作，但不具备职业资格证书。应不断创新技能人才培育体制机制，充分发挥高级人才"传帮带"作用，夯实技能型人才梯队，鼓励青年技术人员学好做实专业工作，积极参与人才评价与职称晋升。畅通青年科技人才晋升通道，分类实施不同类型研究人员评聘办法，改革创新青年科技人才晋升制度与管理办法。

（三）促进人才结构优化，强化现代化产业人才支撑

1. 紧密结合产业发展，聚焦重点产业搭建人才发展平台

加快构建全省人才发展雁阵格局离不开产业人才支撑，四川省委提出要大力发展电子信息、装备制造等六大特色产业，要推动产业发展与健全人才队伍"同部署、同谋划"。聚焦重点产业，着力培养技术创新人才、产业数字人才、人机协同人才和绿色制造人才，积极推动重点领域人才和产业发展需求"双向对接"。引导各地以"项目＋人才"方式，结合各类产业发展项目，积极推进与名校、名院、名企和发达地区的合作。培育特色优势产业，重点支持有优秀人才参与的项目，集聚一批能够推动重点产业提升、带动新兴产业发展的创新团队，形成以高层次人才引领转型发展的良好态势，实现"以产聚才，以才促产"。建设园区、企业、产业创新平台，动员更多力量参与到人才工作中来，形成"政企合作"的人才工作格局。

2. 结合区域发展战略，促进专业技术人才均衡发展

按照省委"五区共兴"发展战略，成都平原经济区、川南经济区、川东北经济区、攀西经济区和川西北生态示范区具有不同的资源禀赋，产业发展上有不同侧重。2021 年 6 月，四川省人民政府印发了《成都平原经济区"十四五"一体化发展规划》《川南经济区"十四五"一体化发展规划》《川东北经济区"十四五"振兴发展规划》《攀西经济区"十四五"转型升级发展规划》《川西北生态示范区"十四五"发展规划》五个规划，指导各个经济区发展。这五个规划明确了各个经济区到"十四五"末要达到的目标，及其产业发展路径。因此在专业技术人才培养上也应当各有侧重，突出比较优势，促进区域间专业技术人才的均衡发展。

3. 适度优化学历结构，推进专业技术人才知识能力提升

聚焦学历教育与技能培训优势互补，鼓励支持引导各行业专业技术人员通过线上线下相结合的学习方式接受学历教育，提高知识存量，拓宽眼界视野，增强驾驭生产规律的能力。在淡化学历本身对于人才评定作用的同时，把握好学历教育与技能培训的边界，充分发挥学历教育在提高专技人才人力资本方面的积极作用，全面系统优化专业技术人员队伍的学历结构。

（四）建立专技人才统计机制，强化信息化建设水平

1. 建立科学有效的专技人才统计机制

促进专业技术人才协调有序发展，基础在于了解全省各类各层次专业技术人才的基本情况。目前，对于公有制单位的专业技术人才有比较清晰的资料，但是非公有制单位的人才情况了解还比较欠缺，但是这些人才在专业技术人才队伍中占比很重，因此需要建立普查、重点调查、抽样调查相结合的人才统计机制。通过普查摸清人才的基本情况、整体结构，通过重点调查和抽样调查对具体的人才情况深化了解。在机制设计中注意调查时间的衔接、指标设置的配套和程序的标准化，以提升数据的连续性、可比性和可用性。

2. 推动专业技术人才统计信息化转型

在建立好专业技术人才统计机制的基础上，强化信息化水平在当前阶段也显得尤为重要。应当抓住全省系统人才人事信息化建设契机，利用全省人才人事一体化平台，将专业技术人才统计纳入人才人事一体化，同时纳入四川人社一体化信息平台建设，进行整体谋划，推动与就业创业、社会保障、劳动关系板块形成"一体四翼"的人社一体化建设。整合省市人才人事碎片化系统，集中建设全省统一的人才人事一体化平台，实行动态调整、定期分析、全面系统掌握全省专技人才情况，做到底数清、情况明，才能更有针对性地做好人才引进、培育工作。

3. 省市联动共建人才人事一体化平台

人才人事一体化平台是省级大集中的信息系统，特别是涉及众多业务部门，整合的资源多，要做到系统性、整体性和协同性，唯有各级人社部门上下通力协作、齐抓共建、共同推进，才能有序推进一体化平台建设。依托省会城市成都的资源优势、地域优势和协调优势，优先将成都市作为省市共建的"先手棋""排头兵"。在省市共建的基础上，全面推广使用人才人事一

体化平台。

（五）加强宣传，营造专业技术人才发展的良好环境

1. 树立专技人才榜样典型

在四川省树立专业技术人才，特别是高层次专业技术人才发光发热典型，从理论知识、业务能力等方面，推荐真正有能力、有技术、有品德的专业技术人才，并充分发挥榜样效应，带动单位其他专业技术人员营造全省专业技术人才积极进取、奋发图强的良好氛围。

2. 加强人才政策梳理解读

主动回应人才关切，大力做好政策解读。针对部分企业和专业技术人员对已出台的相关政策缺乏深入的理解，对政策规定的相关条件、程序认识模糊等问题，加强对最新政策、规定等文件的宣传和解释，如指导技术人员进行职称申报，对申报材料的填写细则、申报的时间节点等信息进行详细解释，让好的政策真正落实到专业技术人才的发展上来。

3. 创新人才政策宣传手段

要持续创新宣传手段，畅通宣传解读渠道。特别是基层专技专业技术人员，充分利用各种宣传渠道、行业部门通知等方式，如开展人才宣传周、安排业务骨干入企入校入单位宣传等形式，聚焦政策精准推送、快速兑现，把政策宣传到位，为人才服务到位，不断营造重视人才、尊重人才、优待人才、服务人才的浓厚氛围，让更多人才知晓政策、享受政策。

《四川省专业技术人才结构特征与空间分布研究》课题组成员名单

课题组长：

赵华文（四川省人力资源和社会保障科学研究所所长）

课题组成员：

唐　青（四川省人力资源和社会保障科学研究所副所长、研究员）

马　杰（四川省人力资源和社会保障科学研究所助理研究员）

刘　玥（四川省人力资源和社会保障科学研究所助理研究员）

杜云晗（四川省人力资源和社会保障科学研究所助理研究员）

本课题由中国人事科学研究院和四川省人力资源和社会保障科学研究所共同完成。

就业创业与人力资源市场

吸引留学人员回国创新创业的政策措施研究[①]

提　要： 留学人员是我国人才资源的重要组成部分，党和国家历来高度重视留学人才工作。近年来，受我国综合国力日益强大、科技水平大幅提升、就业创业环境明显改善、国际关系错综复杂等多重因素的影响，我国留学人员呈现规模性回流态势。据教育部 2017～2021 年留学人员回国数据，每年各类出国留学人员接近或超过八成在完成学业后选择回国发展。据科技部发布的信息，2021 年选择回国的留学人员首次超过 100 万人，已经形成了新中国成立以来最大规模"归国潮"。为更好优化留学人员回国创新创业服务工作，课题组先后赴教育部留学服务中心、人社部留学人员和专家服务中心、科技部中国科学技术交流中心，以及北京、上海和苏州三地留学人员创业园调研，并针对留学回国人员开展问卷调查，形成研究报告。该报告分析了我国留学回国人员基本状况，概述了留学回国人员创新创业的基本特征，总结了国外吸引海外人才的主要经验，提炼了留学回国人员创新创业发展存在的主要问题。报告认为，做好新时代留学回国人员创新创业工作，须以加快建设世界重要人才中心和创新高地为总抓手，构建更加科学高效的留学回国人才管理协作机制，实施更加积极、更加开放、更加有效的留学回国人才服务政策，推动留学归国人才政策国际接轨、人才服务精准高效、人才项目

[①]　本文系人力资源和社会保障部专业技术人员管理司委托中国人事科学研究院 2023 年度研究课题"吸引留学人员回国创新创业的政策措施研究"报告的部分内容。

持续优化。

关键词：留学人员　回国　创新创业　协作机制

一、我国留学回国人员基本状况①

留学人员是我国人才资源的重要组成部分，党和国家历来高度重视留学人员回国创新创业工作。近年来，受我国综合国力日益强大、科技水平大幅提升、就业创业环境明显改善、国际关系错综复杂等多重因素的影响，我国留学人员呈现规模性回流态势。据教育部 2017～2021 年留学人员回国数据，每年各类出国留学人员接近或超过八成在完成学业后选择回国发展。据科技部发布的信息，2021 年选择回国的留学人员首次超过 100 万人，已经形成了新中国成立以来最大规模"归国潮"。

（一）年龄分布

据《中国留学回国就业蓝皮书（2022）》，留学回国人员的年龄集中在 20～30 岁，20～25 岁的人员最多，占比达到 51.61%；其次为 26～30 岁，占比为 32.72%；再次为 31～35 岁，占比为 10.02%；36～40 岁和 41 岁及以上的占比较少，分别为 3.41% 和 2.23%；20 岁以下的占比最少，仅占 0.01%。

（二）留学国别分布

据《中国留学回国就业蓝皮书（2022）》，欧美地区是我国留学回国人员的主要留学目的地，在欧洲留学的留学回国人员占比最多，达到 36.79%；接下来是北美洲和亚洲，占比分别是 24.63% 和 23.03%；来自大洋洲的留学回国人员比较少，为 15.44%。从非洲和南美洲留学回国的人员最少，占比分别是 0.06% 和 0.03%。具体而言，2021 年我国留学回国人员的留学地点包括 116 个国家和地区。留学回国人员具体地区分布主要有英国、美国、澳大利亚、加拿大、韩国、日本、法国、新加坡、德国、俄罗斯以及中国香港特别行政区、中国澳门特别行政区，占总人数的 92.2%。英国是最热门的留学国家，美国和澳大利亚次之，来自这三个国家的留学回国人员占比为 58.04%（见图 1）。

---

① 该部分数据来源于《中国留学回国就业蓝皮书（2022）》。

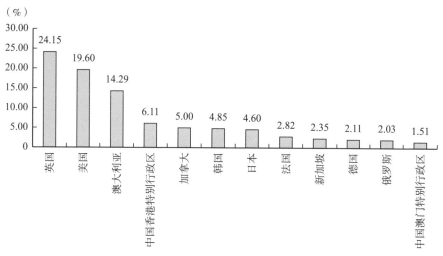

图1　留学回国人员具体地区分布

（三）学位分布情况

据《中国留学回国就业蓝皮书（2022）》，2021年我国留学回国人员在海外攻读包括博士学位、硕士学位、学士学位和高等教育文凭4类。其中，有60.4%的留学回国人员在海外获得了硕士学位，33.42%的人员获得了学士学位，获得博士学位的仅占4.84%，大部分留学回国人员具有硕士学位。

（四）专业分布情况

据《中国留学回国就业蓝皮书（2022）》，2021年我国留学回国人员所学专业占比最多的三个学科分别为理学、管理学和经济学，占比分别为22.71%、21.30%和17.42%。

二、回国创新创业主要特点

留学人员回国创新创业指已经留学回国进行创新创业。问卷调查显示，留学人员回国创新创业主要表现出四大特点：一是市场规模和发展潜力是回国主要考虑因素。国内的市场规模和潜力对留学生归国创新创业产生很大的吸引力，成为留学生回国创新创业的首要因素（见图2）。二是留学人员回国创新创业更加青睐一线大城市。一线城市在市场和营商环境方面更具备优势，在回国创新创业的落地城市中，排名依次是上海、北京、深圳、广州等地。三是创新创业行业领域多为教育培训和文创产业（见图3）。四是留创园企业总体规模普遍偏小。超过八成创业企业属于早期和开办时间在3年以内的项目，超过一半的企业人员规模在5人以下，营业收入规模多在100万元以下。

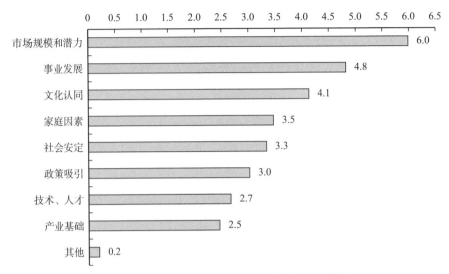

图 2 留学回国创新创业人员的考虑因素重要性排序

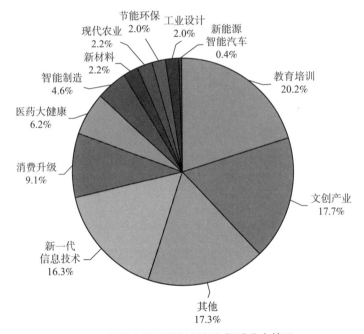

图 3 留学人员回国创新创业领域分布情况

三、国外吸引海外人才的主要经验

（一）韩国

1. 建立海外高层次人才信息库

从 20 世纪 60 年代末开始，韩国科学家和工程师陆续从国外回归，为韩国提供了科学技术界有关权威信息。1966 年，韩国建立了第一个国家科研机构"韩国科学技术研究所",次年又成立科学技术领域的最高领导机构"科学技术部"。该部自成立之日起,把吸引海外科技人才回归作为其长期的工作目标,先后在美、德、英、法、日和加拿大等国资助建立了"韩国籍科技人员协会",以加强国内与海外科技人才之间和韩国籍科技人员之间的联系,收集其信息,便于网罗人才,并形成了一个有利于韩国科技信息交流的国际网络。20 世纪 90 年代,韩国政府又建立了海外人员数据库,这些个人资料对韩国大学和研究机构(公立和私立)开放。大学、研究机构、国内人才市场可以根据需要,有针对性地吸引海外高层次本族裔人才。

2. 制订和实施科技计划

从 20 世纪 80 年代末开始,韩国确立了"科技立国"的国策,把经济技术发展的重心转向独立自主的技术研究和开发能力。韩国依靠科技创新带动本国经济快速增长,仅用三十多年时间,跻身于创新型国家的行列。根据瑞士洛桑国际管理发展学院公布的《2008 国际竞争力年度报告》,韩国的科技竞争力在 55 个评比对象当中排第五位,同时,韩国还是世界知识产权大国,根据世界知识产权组织 2008 年的统计,韩国发明专利授权量达到 120 790 件,仅次于美国和日本,居世界第三。

韩国充分利用海外高级人才提高本国科技水平,实施并资助了"长期回国计划""临时回归计划""外国学者访问计划"以及"科技工作计划"等。政府管辖的一些战略性科研机构也制订了大量吸引人才回国的计划。以"G-7"高科技研究与开发计划为例,确定了 14 项技术为主攻目标,在 10 年间投资 62.5 亿美元,以确保到 2000 年韩国拥有 15 万名高级科研人员,其中 10% 具有世界最高水平,旨在使韩国于 21 世纪初跻身世界先进科技强国之列。进入 21 世纪,韩国政府又及时推出"两万美元时代人力资源开发综合对策",立项培养 1 万名新一代成长动力人才。2004 年,韩国更是举行了声势浩大、全民参与的"科学韩国"活动。

韩国还加强产学研合作平台的建设。20 世纪 70 年代,韩国建立了韩国科学院,各理工科大学和研究生院也积极培养优秀科技人才。同一时期创建的大德科学研究城,吸引并容纳了大量科研人员,仅海外归来的博士就有两千多名,被誉为"韩国科学技术的麦加"和"韩国的硅谷",成为名副其实的科学研究基地。这些研究院或研究城,在人才吸引方面发挥着日益重要的作用。

3. 推进国际合作

自 20 世纪 80 年代起,韩国就不断加强科技外交,以推进国际合作。一是与外国联合建立研究机构,二是主动在国外设立研究机构,三是吸引外国在韩国建立研究机构。1989 年韩国同美国建立了"研究共同体",1992 年又与美国签订了新的科技协定和"保护专利秘密协定"。同年,还与美国建立"韩美科技财团",以支持双方的科技合作,并确定了 7 项共同研究课题。除每年向美国派遣大批留学生外,韩国还有目的地选送专家和教授到美国学习科学技术。在与外国签订技术转让协议或在合资经营的同时,派出大批科技人员向转让技术的有关国家学习,或聘请外国专家训练在本地工作的科技人员。

韩国政府研究机构和企业纷纷在海外设立研究中心,大学优秀研究中心也在海外设立了科学合作中心。这些设在外国的工厂、公司和研究机构,尽量聘用外国专家和在国外的韩国人才,成为韩国吸聚人才的中心。2004 年 2 月,三星公司在杭州宣布,将在中国设立芯片研发中心,计划在中国雇用 100 名高校毕业生。另外,韩国与世界各国广泛建立合作关系,吸引国际组织和外国机构在韩建立研究机构。2004 年 3 月 8 日,美国英特尔公司声明已在韩国设立研究开发中心,以开发无线通信技术和数码技术的相关产品。2004 年 4 月,巴斯德研究所(法国最大的生物研究所,国际医药巨头)在韩国举行揭牌仪式,招聘国际最高水平的研究人员、技术工作者,采取国内外合作研究的方式开展具体的科研工作。为了促进世界著名跨国企业在韩国设立研发中心,韩国 2004 年计划成立专项"国际共同研发基金",投入上千亿韩元,以便让外国 IT 企业与国内企业及研究所进行共同研究,并承诺外国企业单独开发的知识产权将 100% 归外企所有。

4. 实施吸引海外高层次人才回归的优惠政策

对所要吸引回归的人才的标准,韩国曾作了明确规定:具有韩国血统的科学技术人员,在国外取得博士学位并至少有 2 年的工作经验,过去 5 年内至少在专业杂志上发表过 5 篇专业论文。但吸引他们回归的方式灵活多样。20 世纪 80 年代以来,韩国政府将目光瞄准了居留海外的韩籍科学家和工程师。回国人员在国内工作的时间可长或短,允许永久定居,也可暂时回来;同时允许海外人才回国后保留外国国籍;对暂时不愿回国的学者,则动员其回国搞短期科研项目,开展各种学术合作,为韩国提供各方面的信息。由此,保证更广泛地利用各领域人才,使其为国家发展作贡献。

5. 营造良好的创业创新环境

在韩国所实施的一系列政策中,最有特色的就是推行相关法律保护,创造与吸引人才大主题相配套的法治环境。为此,韩国政府相继出台了《韩国科技研究所援助法》《科技成就法》《技术开发促进法》《工程技术人员晋升法》等一系列法律条例，将保护与促进科技、人才发展上升到法律高度，从宏观环境为争取科技人才回归创造了动力。对于引进回国人员，韩国提供了优厚的物质待遇。在政府支持下，20 世纪 70 年代韩国科技研究所就大胆地实行新的工资标准，回国人员每月可得到 250～400 美元的工资，远高于当时韩国人均 50 美元的月工资水平，甚至高于某些国会议员和政府部长的收入。有些企业给予回国人才更高的报酬，除基本工资外，还设立博士津贴、硕士津贴等，此外，还向回国者提供回国所需的搬家费，提供免费住房、子女教育津贴、国内交通津贴，并允许海外自由旅行等。

（二）新加坡

1. 设立专门机构联系海外人才

新加坡经济发展局和人力部共同成立"联系新加坡"（Contact Singapore），旨在吸引国际人才到新加坡工作、投资和生活。它在亚洲（包括北京和上海）、欧洲和北美设立办事处，为有意探讨新加坡职业发展机会的全球精英（包括新加坡侨民）以及到新加坡投资或开拓全新商业活动的个人和企业家提供一站式的服务。"联系新加坡"提供有关新加坡就业机会及行业发展的最新信息，并积极建立平台为全球人才和新加坡雇主牵线搭桥。该机构也与私营企业合作，为有意到新加坡投资的人士提供服务。

2. 启动各类人才计划

新加坡曾约有 1/3 的人才流向海外。为了吸引海外人才回归新加坡，政府先后资助并组织实施了"跨国公司和地区总部计划""投资居留计划""外国学者访问计划""接触新加坡计划"等。从 20 世纪 80 年代开始，新加坡就已经有计划、有组织地实施吸引海外科技人才的政策和措施。

近年来，新加坡政府为有效留住人才每年都批准约 3 万名外国人成为新加坡永久居民，并允许部分外籍专业人士成为新加坡公民。新加坡为吸引人才而招收的硕士生、博士生，毕业后只要找到用人单位就可以获得就业准证留在新加坡工作。2003 年 11 月起，新加坡更进一步打开吸引人才的大门，颁发商业入境证。凡有意在新加坡创业的外国人，凭自己的商业计划，都可以申请来新加坡居留两年。居留期内可以无限次出入境，还能更新居留期限并为家属申请居留权。商业入境证与就业准证最大的不同是不受薪金和学历的限制，只要有好的商业点子，就可以来新加坡创业。2007 年，为招揽海外人才，新加坡人力部推出"旅游工作计划"。目标锁定美国、英国、新西兰、日本、德国、法国、澳大利亚和中国香港地区 8 个发达国家和地区的在籍或刚毕业的大学生。新加坡人力部会给这些参与计划的大学生或大学毕业生提供为期半年的旅游工作准证，他们可以在这里做短期工作，体验在这里工作、生活的情况。

3. 围绕人才创业制定了系列优惠措施

为吸引外国人才，新加坡制定了一系列优惠政策，最突出的是减免税政策。新加坡实行累进税率制。扣除个人所得税减免之外，个人所得税税率保持在 0～20%。居民个人有权就子女抚养费、职业培训费、保险费以及公积金（CPF）缴款等事项享受个人所得税减免，如果非居民个人在一个公历年度内在新加坡受雇累计不超过 60 天，可免缴个人所得税，但在新加坡担任董事、演艺人员或者进修实习的非居民个人除外。非居民个人只对其在新加坡境内赚取的收入缴纳所得税，税率为 15%，或根据居民个人所得税率缴税，以较高者为准，但不得申请个人所得税减免。企业在招聘、培训外来人才方面的支出，为外来人才提供高薪和住房等工资福利待遇的支出都可以享受减免税。此外，政府还通过调低个人所得税、出资为在新加坡工作的外籍人员提供培训机会、制定国外人才居住、减少就业障碍、永久居留和住房、教育、保健、医疗保障等方面的政策和计划等手段进一步吸引人才。为了留住人才，新加坡政府近几年每年都批准约 3 万名外国人成为新加坡永久居民，并允许部分外籍专业人士成为新加坡公民。

4. 吸引外国留学生

除直接吸引海外人才来新加坡工作之外，吸引留学生来新读书并留下工作，是新加坡政府的又一手段。如 1991 年，政府制订了"吸引中国博士生计划"，仅 1992 年，新加坡国立大学和南洋理工大学就引进在欧、美、澳等发达国家和地区学有所成的中国留学生 600 余人从事教学和科研工作，这当中有 50% 以上已成为新加坡公民。在新加坡 3 所大学中外国留学生占 22%，中国留学生又占了一半左右，入学前都要签一份协议，承诺毕业后为新加坡工作 5～6 年，然后才可以到其他国家或继续深造。还有为数不少品学兼优的中小学生也被招来新加坡学习，这些学生由政府培养，除提供良好的学习环境及衣、食、住、行外，每月还提供 250 新元的零用钱。

5. 分类实施移民政策

一是技术移民。新加坡政府致力于吸引世界各国的专业技术精英到新加坡定居，凡是大学或以上学历人士、专业技术人才，有新加坡境内的本地公司雇用，先获得就业准证（EP），都可向移民局申请新加坡永久居民，经批准后成为新加坡永久居民（PR）。目前，计算机工程、电子工程、生物化学、高等护士、中文教育等专业的申请人较易获得工作准证。二是特殊移民。凡是在各领域有特殊成就和贡献者，可直接向移民局申请成为新加坡永久居民。三是落户永久居民（LPR）。拥有可被接受的专业经验或大学以上文凭，目前没有在新加坡工作，但有意落户新加坡的人士，可提出移民申请，申请被批准者可在两年时间内在新加坡联系找工作和迁移家庭到新，如实现此要求，将被批准成为永久居民。四是专业技术人员及技术工人永久居民计划。申请该计划的人士，在申请之前必须先找到工作，持有就业准证，年龄在 50 岁以下。申请人的配偶和年龄在 21 岁以下的子女也可申请永久居民。五是科技企业家就业准证和长期社交准证计划。该计划允许科技企业家和有志成为科技企业家的人士得到就业和长期社交准证来新加坡发掘商业机会并设立新公司。就业准证（Q1）将发给得到国家科技局支持，在本地设立科技企业的科技企业家，有效期是 2 年，可延期至 3 年。长期社交准证（LTSVP）允许科技企业家在新加坡逗留 6 个月，如得到国家科技局的支持，可获允许逗留 1 年。此外，新加坡政府还制定推行了投资移民、商业移民、结婚移民、自雇移民等方面的政策和计划，都是尽可能多地吸引国外人才，促进国家经济更快发展。

（三）日本

1. 留学生引进计划

日本社会正面临严重的老龄化和随之而来的人口减少问题，在此背景下，日本政府认为，从长远来看，吸引海外优秀人才是促进日本经济发展的关键因素之一，拥有不同教育、文化等背景的外国人才独有的想象力和策划能力，能够提高日本经济社会的活力和国际化程度。接收留学生，一贯被认为是引进高端人才的有效途径之一，所以日本将其提升至"国家战略地位"。早在 1983 年，日本政府就提出了"在 21 世纪初接收 10 万留学生"的计划。日本政府规定，留日学生在日本读完大学、大专后，可在日本就业，获工作签证后如果有公司聘用即可获长期居留权，在日本工作 5 年以上且无犯罪记录即可申请日本"永住"资格。2008 年日本留学政策发生重大调整，日本明确提出至 2020 年"接收 30 万留学生计划"。目前日本各大学的在读海外留学生总数约为 12 万人。为此，日本各主要大学将把留学生的比率提高到 20% 以上，并且积极支持其中半数的留学生在日本国内就业。日本所要吸引海外的优秀人才，主要是那些地下资源丰富的发展中国家的留学生。为达到上述目标，日本政府指定东京、早稻田、庆应大学等约 30 所学校为接收留学生的基地，同时予以必要的财政支持，扩大和完善留学生的住宿、医疗、

就业创业与人力资源市场

福利、就业等条件。

2. 放宽各项限制政策

为了吸引各国的高端人才，进而提高日本的国际竞争力，2011 年 8 月 7 日，日本政府出台了新的政策。这项政策旨在扩大吸收科学技术和医疗方面有卓越能力的海外人才，并根据在母国的学历、职业经历、业绩等进行评分，超过一定分数的将被日本政府认定为"高端人才"。根据日本法律，在日外国人申请"永久居留资格"（俗称"绿卡"）时必须满足在日本连续居住 10 年以上的条件。这项政策出台后，被认定的"高端人才"在日本连续居住 5 年以上即可申请。除考虑学历、年收入、母国的职务经历之外，还要求一定程度的日语能力。据了解，测评满分为 100 分，学历与年收入、业绩各占 35 分，个人资历等占 30 分，总分达到 70 分以上可被日本政府认定为"高端人才"。具体优惠政策主要以缩短申请"永久居留资格"的必要年数为主，此外可享受优先办理入国、在留手续、初次入国获得最长 5 年的在留权限等待遇，超过一定年收入的高端人才，其家属及佣人允许同时入国。此外，在留日资格签证为"教授"的外国人还可申请经营事业等资格外的活动。

3. 改善海外人才的生活环境

随着社会的发展，日本的人才引进政策也在不断发展。日本经团连、产业问题委员会、雇佣委员会提出的"有关接收外国人问题的中间方案"明确指出，只有积极地接受外国的高级人才，才能让日本更加充满活力和更富有吸引人的魅力。该方案要求日本政府扩大像律师、公认会计师、医师、牙科医师等一直被日本人独占领域人才的接受范围；缩短审查时间，延长在日居留期限，将"外交""公务"资格以外的其他居留资格，也由 3 年延长到 5 年；与其他国家缔结社会保障协定；接受在护理及福利等领域的外国劳动力。为改变在吸引海外人才尤其是高级人才方面的相对劣势，日本从推动海外人才就业、改善其生活环境等方面入手，采取了诸多切实可行的措施。2007 年 10 月 1 日，日本经过修订的《雇佣对策法》开始生效，这部法律明确将促进留学生等具备高级专业知识和技术的外国人在日本就业提升到国家级雇佣对策的高度，规定雇主有义务改善雇佣管理，使海外人才获得适当的受聘机会，并能够发挥自己的能力。此外，日本政府还就雇主应采取适当措施以改善外籍劳动者雇佣管理制定了指南。指南要求，雇主在外籍员工的考评、待遇、安置等人事管理方面实现透明化，努力营造人尽其才的环境。

4. 力主扶持本土高科技人才

2003 年 10 月，作为日本科技政策最高决策机构的综合科学技术会议，提出了《关于科学技术相关人才培养与使用的意见》，该文件围绕科技人才的培养与使用，就教育体制改革、科技体制改革、公务员制度改革、社会保障制度改革和分配制度改革等提出了一系列积极而切实的政策建议，力主扶植本土高科技人才，引起国际社会的高度关注。该文件的主要观点是，科技人才的培养必须从中小学生抓起；深化高等教育改革，提高大学的科技人才培养能力；通过研究生教育改革的推进，构筑高层次科技人才的培养基地；根据科技事业发展的需要，加强管理型科技人才的开发；通过科技体制和人事制度的全面改革，促进年轻科技人才健康成长；有效利用各类社会科研资源，积极发挥女性和高龄科技人才的作用。

四、创新创业发展存在的主要问题

基于调研分析情况，总体来看，我国各级部门在政策优惠、项目扶持、平台优化等方面着力支持留学人员回国创新创业，留学回国人员创新创业取得了较大的成效，但创新创业发展仍存在一定问题。

（一）政府部门联动协作合力发挥不足

我国留学人员回国创业服务工作涉及多部门、多层级，不同政府部门间存在条块分割、职能交叉的问题。留学人员管理是一个跨部门协作的工作，包括人社、教育、科技、外办、外国专家局等部门都对留学人员回国管理工作承担一定职能，但缺乏一个牵头扎口的部门或日常性协调议事机构。而且，留学回国人员来源广泛，各部门在人才归国、人才招引、招商入驻等方面的数据统计方法不尽相同，导致无法精准获取留学回国人员信息情况。如出入境管理部门只掌握留学人员海关入境的数据，教育部门仅掌握留学回国人员学历认证的数据，人社部门掌握部分入驻留创园企业的留学回国人员数据。由于缺乏数据共享和协调机制，造成数据盲点而无法全链条获取留学回国人员基本信息状况。

（二）市场机制发挥作用不够充分

留学回国人员创办企业普遍存在融资困难、初始资金来源较为单一的问题，缺乏较为成熟的市场投融资体系。问卷调查结果显示，留学人员创办企业发展中遇到的最大障碍是融资难、贷款难、担保难，超过 90% 的留学人员所办企业的初始资金是由主要创业团队成员及其家庭提供的。据教育部留学人员服务中心《中国留学人员回国就业创业现状报告》，留学人员创办企业中来自银行贷款和金融机构投资的占比分别为 11.3% 和 5.6%。

（三）创业孵化服务体系不够完善

留学回国人员创办企业普遍存在一定的经营困境，创业孵化服务体系不太完善。留学回国创业人员需要的创业服务主要包括创业培训、公司注册流程的指导、产业链上下游资源对接、团队搭建等。问卷调查结果显示，留学回国创业人员除了需要及时获取企业注册、市场资源等信息外，同时非常需要创业经验的分享与指导。例如，创业过程中如何与政府、投资机构接触沟通，如何找到满意的合作伙伴等。留学归国人才的优势是掌握国际先进技术，但缺乏相应的经营管理知识与创业经验。调研中有 60% 左右的留学回国人员没有参加过创业培训，反映出针对留学人员的创业培训工作仍有待加强。

（四）平台项目整合优化力度有待加大

留学回国人员创新创业服务工作的成效很大程度取决于创新创业服务平台和项目的运行效果。留学人员回国创新创业过程中，迫切需要及时获取创业服务以及创业支持政策等相关信息。但调研结果显示，留学人员目前普遍反映缺乏足够的渠道获取相关的产业信息，并且现有的创新创业孵化平台和支持项目多而散。国家高层次人才服务窗口、省部共建留学人员创业园等平台，对留学回国人员创新创业发挥了较好作用，但均面临有效抓手不足、吸引优质资源能力不强、影响力和作用发挥不够等问题。留学回国人员创新创业大赛、人才交流对接会等项目支持力度不够大，市场化平台运作体系有待优化。而且，留学回国人员创新创业不仅存在知悉产业信息渠道少，缺乏整合性的政策信息平台的问题，还面临"水土不服"的难题，缺少针对性的多样化社会交流平台。

五、优化创新创业工作的对策建议

做好新时代留学回国人员创新创业工作，必须以加快建设世界重要人才中心和创新高地为总抓手，构建更加科学高效的留学回国人才管理协作机制，实施更加积极、更加开放、更加有效的留学回国人才服务政策，推动归国人才国际接轨、人才服务精准高效、人才项目持续优化。

（一）建立健全留学回国人员创新创业协作工作机制

明确留学回国人员管理牵头部门或组建留学回国人员管理协调议事机构，统筹人社、教育、科技、外办、外国专家局等跨部门的留学人员管理服务协作工作，建立部门间有效的协调运行机制和信息共享机制，优化留学回国人员创新创业管理服务支撑体系。打通政府部门内部信息壁垒，建立重点归国留学人员档案库和人才库，提高资源共享效率，推动形成创新创业合力。

（二）引导市场机制发挥主体作用

政府引导企业等市场主体加大投入力度，探索通过市场机制筹集留学回国人员创业专项资金，吸引、鼓励和引导社会资金参与投入，支持留学回国人员创新创业。进一步畅通各类人才流动渠道，充分发挥市场在实现人才资源配置中的主渠道作用，引导通过市场投融资体系，切实解决留学人员创办企业发展中的融资难、贷款难、担保难问题。

（三）完善创新创业孵化服务体系

充分发挥中国留学人员回国创业专家指导委员会作用，聚焦创业企业实际需求，精准匹配专家，积极推进创业导师走进留学人员创业园等各类服务落地见效，举办留学人员回国服务能力建设系列培训，多措并举帮助解决创业企业的堵点问题。广泛凝聚中国留学人员回国服务联盟共识，集聚融合各类要素，整合优化服务资源，积蓄成势，深度参与各类全国性、示范性人才服务活动，促进留学人员回国创新创业孵化服务规范化、体系化建设。

（四）优化整合创新创业平台项目

依托国家高层次人才服务窗口扎实做好留学人员回国服务工作，大力推进国家高层次人才服务窗口作风建设，坚持"一事一议，特事特办"，切实做好人才创新创业相关待遇落实工作。精准开展国家高层次人才服务基层活动，深入开展国家高层次人才服务行活动，柔性引导高层次专家发挥技术优势，带动激发对接单位创新活力，助力各地招才引智、服务地方发展。进一步加大创新创业项目整合支持力度，发挥好项目间的合力。引导支持各地开展创新创业大赛、人才交流对接会等活动，提高海外赤子为国服务行动计划、国际英才创新创业大赛的吸引力和影响力，扎实开展"最具成长潜力的留学人员创业企业"路演推介系列活动。

《吸引留学人员回国创新创业的政策措施研究》
课题组成员名单

课题组长：

李学明（中国人事科学研究院人才战略与政策研究室主任、副研究员）

执行组长：

邵彤（中国人事科学研究院人才战略与政策研究室助理研究员）

课题组成员：

沈妍辉（中国人事科学研究院人才战略与政策研究室助理研究员）

秦嫣然（中国人事科学研究院人才战略与政策研究室研究实习员）

陈立新（中国人事科学研究院人才战略与政策研究室副研究员）

乡村振兴背景下农民工返乡
创业成效研究①

提　要： 党的二十大报告强调要全面推进乡村振兴，坚持农业农村优先发展，加快建设农业强国，扎实推动乡村产业、人才、文化、生态、组织振兴。当前，乡村振兴战略为农民工返乡创业提供了良好的发展机遇和巨大的发展空间，吸引了越来越多的农民工走向返乡创业之路，实现由"打工者"向"创业者"身份转变，逐渐成为推进乡村振兴的生力军。本课题梳理了支持农民工返乡创业的政策文件，开展了全国范围的抽样调查，在此基础上，提出农民工返乡创业对促进乡村振兴的重要性，对返乡创业农民工进行了群体画像，深入分析他们在返乡创业中遇到的问题，对下一步做好农民工返乡创业工作提出对策建议。

关键词： 乡村振兴　农民工　返乡创业

习近平总书记强调，推动乡村全面振兴，关键靠人。返乡创业的农民工在城市工作期间积累了知识、技术和经验，他们不仅是推动创新创业的重要力量，更是解决"三农"问题，促进农村地区发展，实现城乡协调发展的主力军，对带动当地就业，提高农村地区收入水平，促进城乡协调，增进社会和谐具有重要意义。

① 本文系中国人事科学研究院 2023 年度课题"乡村振兴背景下农民工返乡创业成效研究"报告的部分内容。

就业创业与人力资源市场

一、乡村振兴背景下农民工返乡创业的重要意义

（一）乡村振兴战略对农民工返乡创业的促进作用

1. 对农民工返乡创业人才的需求

乡村振兴战略在新时期对高素质专业人才提出明确要求，乡村发展需要一批爱乡村、爱农民、爱农业、爱奉献的人才带领，组织具有现代思想和技术的农民队伍，在乡村振兴战略目标实现的过程中起重要作用。乡村振兴目标的实现需要新型农业技术人才、具备促进产业长足发展的多专业人才以及具有一定文明素养和文化素养的现代化人才的辅助，并且结合广大农民的积极参与。国务院和政府相关部门结合实际情况制定了《关于推动创新创业高质量发展，打造"双创"升级版的意见》相关政策措施，以确保有效建立和具体落实农民工返乡创业试点，对高质量农民工返乡创业行为给予积极支持，建立科学的平台，腾出巨大的发展空间，为农民工返乡创业提供更好的发展环境。

2. 党中央、国务院对乡村振兴战略政策的扶持

为了进一步确保乡村振兴战略目标得到实现，党和国家结合实际制定了一系列相关扶持政策，力求让每一位返乡创业的农民工享受到政策的红利。针对农民工返乡创业过程中面临的资金问题，有关部门通过开展贷款贴息、创业担保、涉农贷款增量奖励等多元化措施，对返乡创业的农民工释放政策红利。财政部于 2019 年对返乡创业农民工的贷款额度进行全面调整，个人由原来最高贷款 10 万元提升到最高贷款 15 万元，对小微企业创业的担保贷款贴息，则由原来最高 200 万元提高到 300 万元。地方也结合自身实际情况，不断出台多元化扶持政策，使政策红利能够更好释放。这些措施在很大程度上吸引了农民工返乡创业，不仅能够为农民工返乡创业提供良好的环境和大力支持，而且能进一步促进我国乡村振兴战略目标的实现。

3. 乡村振兴战略能够为农民工返乡创业提供良好的平台和项目

自乡村振兴战略提出以来，政府各相关部门积极作为，努力为农民工返乡创业建立有效的发展平台和多元化项目。截至目前，政府已经成立了百多个"创业典型"乡村和千余个有突出特色的全国乡村创新创业园区。未来，国家在资源要素配备的过程中，会对乡村地区给予一定的倾斜，将会在我国乡村地区落户大量新项目、新产业。我国乡村地区必然会上演产业链不断延长、资金供给源源不断、设备设施不断完善的场景。这样的举措不仅能够为农民工返乡创业提供坚实保障和广阔平台，而且还能全面解除农民工返乡创

业的后顾之忧。

（二）农民工返乡创业对乡村振兴战略的促进作用

1. 农民工返乡创业为乡村振兴提供人才储备

人才资源对推动我国乡村振兴起到关键作用，而促进农民工返乡创业能够将大量专业人才带到乡村，使乡村地区专业人才流失严重的问题得到有效解决。农民工在返乡创业之前，长时间在经济文化发达地区务工，不仅掌握先进的管理理念，而且具备熟练使用先进产品、接受先进技术的能力，在进行团队管理、资金管理、企业发展模式等工作的过程中，都具备优势。当这群农民工群体返乡创业时，势必带来各种先进的思想和技术，能对其他农民创业起到示范和带头作用。他们能够因地制宜地结合当地实际情况和自身实际能力，制订出一条科学可行的发展道路，在使自身经济情况得到有效改善的同时，为乡村经济发展贡献力量。

2. 农民工返乡创业有助于乡村地区产业转型升级

实现乡村产业转型升级是乡村振兴战略发展的目标之一。返乡创业农民工可以运用自身在外务工期间掌握的经验技术和学习到的知识，结合现代化经营方式以及先进的管理理念，配合对市场发展变化的敏锐洞察力，对推动乡村地区第二产业和第三产业发展提出全新思路。农民工返乡创业能够为乡村产业发展升级带来有益探索，进一步激发乡村活力，为建立和完善乡村地区可持续发展模式提供积极帮助。

3. 农民工返乡创业能够为乡村振兴提供资金保障

乡村振兴战略是一项系统工程，仅凭借政府的资金支持，很难确保乡村振兴目标的实现。农民工返乡创业不仅带回来技术与项目，也带来创业启动资金。在农民工进行返乡创业的过程中，还可以将亲戚朋友的闲置资金进行有效整合，使这部分闲散资金得到有效应用。这不仅能够使乡村地区劳动力在创业资金的保障下提高就业率，确保区域经济稳步提升，而且可以加快资金的流转速度，从而形成良好的循环体系。

二、我国支持农民工返乡创业的政策演变脉络

进入新发展阶段，加快构建以国内大循环为主体、国内国际双循环相互促进的新发展格局，离不开创业创新动能的进一步释放，也需要农民工返乡创业发挥更大作用。经过对近年来农民工返乡创业政策历史沿革的梳理，进一步明确现有工作思路，分析存在问题，帮助更好改进工作。

中国人事科学研究报告

THE REPORT OF CHINESE PERSONNEL SCIENCE

（一）前期探索演进阶段（2006～2014年）

纵观我国返乡农民工创业的发展进程，较早的关于农民工返乡创业的政策文本可追溯到2006年《国务院关于解决农民工问题的若干意见》。该文件是以国务院名义发布的全面系统地解决农民工问题的指导性文件，肯定了返乡农民工创业对社会主义新农村建设的重大意义。提出通过完善公共设施、开展返乡农民工创业培训等途径，鼓励、吸引外出务工农民返乡回到小城镇创业和居住，促进县域经济发展，提高小城镇产业聚集和人口吸纳能力。此后，支持农民工就业创业的政策相继出台。

2007年下半年开始，金融危机肆虐全球，中国作为全球化的参与者也未能幸免。受其影响，大量农民工失去工作岗位，引发"返乡潮"。为应对金融危机、促进就业，2008年9月国务院办公厅转发《关于促进以创业带动就业工作指导意见的通知》，明确提出重点指导和促进高校毕业生、失业人员和返乡农民工创业。2008年12月，国务院下发《关于切实做好当前农民工工作的通知》，从提升创业能力、优化创业环境、提供创业支持、健全社会保障等方面对农民工返乡创业工作提出了更具体的要求。

此后，人力资源社会保障部、财政部、中国人民银行等相关国家部委以及部分劳务输出大省陆续出台配套政策扶持农民工返乡创业。2009年，教育部出台《关于切实做好返乡农民工职业教育和培训等工作的通知》，对返乡农民工职业教育、技能培训等方面作出要求，为返乡农民工就业创业提供支持。2014年，国务院发布《关于进一步做好为农民工服务工作的意见》，指出通过实施职业技能提升计划、加快农村新成长劳动力职业教育、完善和落实促进农民工就业创业的政策，以稳定和扩大农民工就业创业。至2014年年底，农民工返乡创业相关政策文件不断丰富，但总体上依然嵌入促进农民工就业工作的政策体系之中。

（二）政策体系正式确立阶段（2015～2016年）

随着我国经济步入新常态，原有发展模式已经难以为继，新阶段经济发展急需新动力。2014年，时任总理李克强同志第一次提出了"大众创业、万众创新"战略，旨在为创业者提供良好的创业环境，以激发他们的创业潜能与创造力，助力经济实现转型发展。2015年开始，国务院陆续颁布对"双创"工作的指导意见，《关于发展众创空间推进大众创新创业的指导意见》《关于进一步做好新形势下就业创业工作的意见》《关于大力推进大众创业万众创新若干政策措施的意见》《关于加快构建大众创业万众创新支撑平台的指导意见》。返乡农民工群体是推动"双创"的重要力量，党中央、国务院高度重视返乡农民工创新创业问题，涉及农民工返乡创业的政策也达到了发布的高峰。2015 年 6 月，国务院印发《关于支持农民工等人员返乡创业的意见》，明确了支持农民工等人员返乡创业的总体要求、主要任务、重点工作和相关政策措施。这是国家层面首个关于促进返乡创业的政策性专门文件，是新时期指导和推进农民工返乡创业工作的纲领性文件。在随文下发的附件中，《鼓励农民工等人员返乡创业三年行动计划纲要 2015—2017年》要求由人力资源社会保障部、农业部会同有关部门及全国妇联等群团组织负责创业培训专项行动计划，要求开发有针对性的培训项目，对有培训需求的返乡创业人员开展创业培训，并按规定给予培训补贴。

随后，各部委及各省市陆续响应国家号召，纷纷出台针对农民工返乡创业的支持政策，内容涉及创业培训、税收优惠、金融扶持、场地安排、创业绿色通道等方面，为农民工创业提供多方位的政策支持。自 2015 年提出"大众创业 万众创新"战略至今，农民工创业政策体系在不断汇入"大众创业、万众创新"战略体系。为进一步推进农民工等人员返乡创业培训工作，有效促进农民工等人员在大众创业、万众创新热潮中实现创业就业，2016 年 6 月人力资源社会保障部等五部门联合发布《〈关于实施农民工等人员返乡创业培训五年行动计划（2016—2020 年）〉的通知》。2016 年 11 月国务院办公厅印发《关于支持返乡下乡人员创业创新促进农村一二三产业融合发展的意见》，对农民工、中高等院校毕业生、退役士兵、科技人员等返乡下乡人员到农村开展创业创新给予政策支持。自此，农民工返乡创业政策体系正式确立，并迈入持续发展阶段。

（三）政策体系持续发展阶段（2017 年至今）

2017 年 4 月，国务院发布《关于做好当前和今后一段时期就业创业工作的意见》，提出促进以创业带动就业、抓好重点群体就业创业、强化教育培训、就业创业服务等指导意见。伴随新农村建设、扶贫攻坚战略措施的实施，乡村互联网、交通、物流等设施条件的改善以及创业资源要素向农村集中投放，培育发展乡村新动能的关键在于切实落实创业相关政策。2017 年 7月，国务院下发《关于强化实施创新驱动发展战略进一步推进大众创业万众创新深入发展的意见》，为进一步系统性优化创新创业生态环境，强化政策供给，突破发展瓶颈，充分释放全社会创新创业潜能，在更大范围、更高层次、更深程度上推进大众创业、万众创新提出指导意见。

2017 年 10 月 18 日，习近平总书记在党的十九大报告中提出乡村振兴战略。同年 12 月中央经济工作会议提出，中国特色社会主义进入了新时代，我国经济发展也进入了新时代，基本特征就是我国经济已由高速增长阶段转向高质量发展阶段。乡村振兴及经济高质量发展对返乡农民工创业以及"大众创业，万众创新"提出了更高的要求，迫切要求深入改革"放管服"等创新创业相关制度机制，进一步激发社会创造力，持续优化创业生态，引导返乡农民工创业向更高质量发展。国家及各级部委陆续发布政策文件，对农民工返乡创业工作的政策支持力度持续加大。2018 年 9 月，《国务院关于推动创新创业高质量发展打造"双创"升级版的意见》发布，农民工返乡创业示范平台逐步从示范基地、示范园区向示范县、典型县以及更广范围拓展，促进农村新产业、新业态和产业融合发展的返乡农民工创业政策体系将有力推动创业生态优化和创新创业动力升级。2019 年 12 月，人力资源社会保障部等部门联合发布《关于进一步推动返乡入乡创业工作的意见》，为进一步推动返乡入乡创业工作，以创新带动创业，以创业带动就业，促进农村一二三产业融合发展，实现更充分、更高质量就业提出指导意见。2020 年受新冠疫情影响，农民工进城务工受阻，部分农民工就业创业面临一些困难。为稳定农民工就业创业，各部委相继出台相应政策文件支持农民工返乡创业工作。2020 年 3 月，农业农村部办公厅和人力资源社会保障部办公厅印发《扩大返乡留乡农民工就地就近就业规模实施方案》，2020 年 8 月，人力资源社会保障部等十五部门联合发布《关于做好当前农民工就业创业工作的意见》。与此同时，农业农村部、发改委等各个部委相继出台《关于深入实施农村创新创业带头人培育行动的意见》《关于推进返乡入乡创业园建设提升农村创业创新水平的意见》和《关于推动返乡入乡创业高质量发展的意见》，旨在推动创新创业高质量发展，支持农民工等人员返乡入乡创业、稳定和扩大就业。

总的来看，自 2015 年国务院出台《关于支持农民工等人员返乡创业的意见》以来，各地区纷纷响应，相继出台了针对返乡农民工创业的支持政策，内容涉及税收优惠、金融扶持、场地安排、创业指导、创业培训等多项政策，进一步丰富发展了新时代创业政策体系。

三、我国农民工返乡创业现状分析及地方实践

（一）我国农民工返乡创业现状分析

为深入了解返乡农民工在县域及以下有关创业情况，课题组通过分层抽样的方式确定农民工流出较多的 247 个县级行政区为调查地区，通过两轮调

查，回收有效问卷 25 万多份。从本次调查情况看，返乡农民工创业率约为 16.1%。根据联通大数据显示，截至 2022 年 10 月返乡农民工 1 417 万人，按此测算，全国实有农民工创业人数约为 228 万。总的来看，返乡创业农民工以中青年为主，受教育程度高于农民工平均水平，主要从事投资小、规模小的创业项目，行业分布广泛，经营状况较为稳定。主要特点如下：

（1）31~45 岁、高中及以上学历人群是主体，近三成返乡创业农民工为二次创业。从年龄看，返乡创业农民工平均年龄 38.8 岁，低于农民工平均年龄 2.9 岁，其中 30 岁以下、31~45 岁、46 岁及以上分别占 19%、56% 和 25%。从学历看，大专及以上学历占 28%，高中（含中职、技校）学历占 33%，分别比全国农民工的相同学历占比高出 15 个百分点和 16 个百分点。从创业次数看，农民工返乡后创业一次、二次、三次及以上的分别占 64%、27% 和 9%。

（2）超过六成在外出务工 5 年内返乡创业，近七成返乡农民工创业时长在 3 年以下。从外出务工年限看，外出务工 2 年内选择返乡创业的占 33%，3~5 年内的占 30%，6~10 年内和 10 年以上的分别占 21%、16%。从创业时长看，1 年以下的占 29%，1~2 年的占 24%，2~3 年的占 15%，3~5 年和 5 年以上的分别占 11%、21%。

（3）超过九成返回户籍所在地县域创业，选择户籍地的原因主要是政策优惠、照顾家庭、创业成本低。从创业地点选择看，选择回本村的占 53%，回本乡外村的占 21%，回本县外乡的占 20%，在本省外县和外省的分别占 5%、1%。其中，"家乡政策更优惠""便于照顾家庭""老家创业成本更低"，是选择回户籍地的主要原因，占比均为 19%。

（4）近七成创业项目集中在农林牧渔、批发零售、制造业和住宿餐饮等行业，近七成返乡创业农民工选择在外出务工从事过的行业领域创业。从行业分布看，农林牧渔、批发零售、制造业和住宿餐饮分别占 31%、18%、10% 和 10%。此外，还广泛分布在建筑业、居民服务业、交通运输、教育和信息传输、软件和信息技术服务等行业。从产业分布看，第一产业占 58%，第二产业占 18%，第三产业占 24%。从创业领域与外出务工从事行业关联度看，认为完全一样的占 21%，认为非常相关的占 12%，认为有一些相关的占 34%。

（5）过半数返乡创业企业办理了注册登记，其中七成注册为个体工商户。从注册登记情况看，已注册登记的占 55%，未注册登记的占 45%。创业组织形式以个体工商户为主，在注册登记的企业中，组织形式为个体工商户的占 74%，为股份有限公司和专业合作社的均占 6%，为独资企业的占 4%，为合伙企业的占 3%、为有限责任公司和民办非企业/社团/基金会的均占 1%，其他注册登记形式占 5%。

（6）过半数创业项目启动资金在 5 万元以内，近五成返乡创业农民工的启动资金来自务工积累和家庭支持。从启动金额看，创业项目启动资金在 2 万元以内的占 28%，2 万~5 万元的占 26%，5 万~10 万元的占 21%，11 万~20 万元的占 13%，21 万元及以上的占 12%。从启动资金来源渠道看，来自务工积累和家庭支持的占 48%，来自亲朋好友借款的占 26%；来自创业担保贷款、商业银行贷款和其他渠道的分别占 12%、11% 和 3%。

（7）近半数返乡创业企业年营业收入在 5 万元以内，六成返乡创业农民工认为创业比外出打工强。从年营业收入看，返乡创业企业年经营收入在 5 万元以内的占 45.6%，5 万~10 万元的占 28.5%，10 万~20 万元的占 13.4%，20 万~30 万元的占 5%，30 万元及以上的占 7.5%。从创业与打工的体会看，返乡创业农民工认为创业比外出打工强一些的占 49%，认为比外出打工强很多的占 11%。另外，也有五分之一认为不如外出打工。

（8）每个创业企业平均带动 2.9 人就业。返乡创业以"家族制"为主，这些"夫妻店""兄弟营""父子兵"式的家族企业规模普遍较小。从雇工人数看，返乡创业企业没有雇用员工的占 33%，2 位员工的占 33%，3~5 位员工的占 22%，6~10 位员工的占 7%，11~20 位员工的占 3%，21 位员工及以上的占 2%。按照每个企业雇工中位数进行测算，每个创业企业平均带动 2.9 人就业。

（9）近半数返乡创业企业经营状况较好，近八成返乡创业农民工打算维持和扩大当前生意。从企业经营状况看，返乡创业农民工认为目前经营状况很好的占 14%，经营状况好（略有盈余）的占 32%。另外，四分之一的企业经营状况不佳。从对目前生意的打算看，维持目前这门生意的占 45%，继续扩大原有规模、提质提优的占 28%，找新的项目和机会的占 16%。此外，有 11% 表示不想再干了，打算外出打工。

（二）农民工返乡创业动因分析

1. 健全的政策保障体系为农民工返乡创业奠定了基础

政府大力推行建立返乡创业政策保障。为实现乡村振兴战略，党和国家制定与实施各项惠农政策，吸引外出农民工重新返乡务农振兴乡村农业。同时国家出台各种政策文件，特别是 2015 年连续下发两份文件支持返乡创业工作，表明对返乡创业工作的高度支持。各项政策保障为农民工返乡创业之路保驾护航，进一步促进农民工返乡创业的现实可行性。

2. 城镇生活压力增大成为农民工返乡创业的推力

农民工在城镇就业生活压力较大。一是农民工在城镇就业形势严峻。中国城镇就业人数持续上涨，乡村就业人数持续下降，2020 年城镇就业人员约为乡村就业人员的 1.6 倍。2012～2020 年城镇失业率为 3%～4%，在疫情影响下，2020 年年均城镇调查失业率为 5.6%，城镇就业机会减少，就业压力增大。在城镇生活的强大压力下，返乡成为一种现实可能。二是农民工在城镇生活消费较大。2020 年中国城镇人均消费支出为 27 007 元，月均消费支出 2 251 元，农村人均消费支出 13 713 元，农民工月均收入 4 072 元，城镇人均消费支出高出农村人均消费支出近 1 倍，城镇各项消费支出均远高于乡村消费支出水平，城镇生活压力较大。在就业困难及生活重担的双重压力下，越来越多农民工开始思考该如何创造更高的收入及平衡收支，返乡创业成为首选。

3. 照顾家庭成为农民工返乡创业的拉力

在 2020 年全部农民工中，女性占 34.8%，未婚者仅占 17.0%，丧偶或离婚者为 3.1%，女性占比较上年下降 0.3 个百分点，但由于总量的上升，女性农民工数量也持续增加。近年来，由于外出务工的女性越来越多，有配偶的务工人数更是高居不下，夫妻长时间异地分居导致夫妻感情破裂，离婚率不断上升，留守儿童和留守老人问题严重，农民工在返乡后，能够与家人团聚，方便照顾家庭，有利于家庭和睦及社会稳定。

（三）我国部分地区促进农民工返乡创业的经验做法

1. 江苏关于促进农民工返乡创业的经验做法

近年来，江苏抢抓"大众创业、万众创新"发展机遇，积极探索"产业融合""龙头带动""能人引领"等返乡创业新模式，通过政府推动、产业驱动、服务促动、典型带动等具体做法，为促进农民工返乡创业营造更好的环境。2022 年全省共扶持 19.7 万名农民自主创业，带动就业 44.35 万人，其中返乡入乡创业 4.05 万人，带动就业 8.85 万人。通过梳理，我们发现主要有以下做法：

（1）融入发展大局，突出政府推动。发挥头雁作用，把返乡创业融入政府发展大局，上下联动推动各类群体返乡创业。一是"一盘棋"统筹规划。成立由省委、省政府主要领导任组长的省农民工工作领导小组，多次召开会议，研究谋划农民工返乡创业工作。二是"一条线"组织推进。建立联动推进工作机制，充分发挥省就业工作领导小组作用，在每年春节期间外出务工人员集中返乡之际，采取市各单位协同、省市联动的方式，开展为期三个月的"春风行动"系列活动，为外出务工人员返乡创业提供专属服务。三是"一条龙"政策支持，集成政策资源提供创业补贴、税收减免、场地安排等全方位支持，提高创业担保贷款和税收优惠额度，为农民工返乡创业提供有力政策保障。

（2）融入重点产业，突出产业驱动。把返乡创业融入全省重点产业链发展，鼓励多渠道、多形式、多元化创业。一是围绕主导产业创业延伸产业链条，鼓励和引导外出务工人员等群体返乡入乡，带动资金、技术、市场、人力回流，积极参与上下游、产供销产业配套创新创业。二是围绕家门口创业拓展就业岗位。支持和指导返乡创业人员挖掘当地产业特色，创办领办参办小工厂、小农场、小物流、小电商、小服务等"五小创业"项目。三是围绕数字创业促进群众增收。依托全省蓬勃发展的电商产业优势，大力发展电商经济，吸引更多农民工返乡围绕电商及关联产业创业就业。

（3）融入帮办服务，突出服务促动。构建"能力提升 + 基地孵化 + 创业指导"全程创业服务模式，为返乡创业人员提供保姆式精准服务。一是提升创业能力，将有培训需求的农民工返乡创业人员全部纳入培训范围，并按规定落实培训补贴，促进农民工返乡创业、稳定经营。二是打造创业载体。将发展潜力大、入驻企业多、吸纳就业能力强的返乡创业园纳入省级创业示范基地，给予一次性补助，并在政府投资开发的创业孵化基地安排一定比例场地，免费提供给返乡农民工等创业人员。截至 2022 年底，全省建成省级创业示范基地 509 家，其中涉农示范基地 71 家。三是完善指导队伍。遴选新一批"创响江苏"创业指导专家团，通过进校园、进基地、进企业开展专家团基层行活动，探索具有特色的制度化、标准化、专业化创业服务新模式。

（4）融入城市文化，突出典型带动。把返乡创业融入"全民创业"文化内涵，着力打造"创响江苏"文化，鼓励在外人员纷纷"返乡逐梦"。一是打造品牌赛事。连续举办创业创新赛事，以赛引才，引导、支持大学生返乡创业，大赛社会关注度和影响力不断提升。二是选树先进典型。围绕创业带动就业、履行社会责任、引领示范带动等标准，每年深入挖掘一批返乡创业典型，形成示范带动效应。三是遴选优秀项目。每年遴选推荐一批商业发展前景好，潜在经济或社会效益较高的优秀创业项目并给予 3 万 ~ 10 万元的资金扶持。

2. 安徽关于促进农民工返乡创业的经验做法

安徽省高度重视农民工返乡创业工作，农民工返乡创业人数呈逐年上升趋势，全省累计返乡创业人数约 59.13 万人，创办经济实体约 31 万个。通过梳理，我们发现主要有以下做法：

（1）实施两大专项行动。一是开展创业江淮行动计划。实施新一轮《"创业江淮"行动计划（2021—2025 年）》，把返乡农民工创业工程作为"八大工程"之一。二是开展创业安徽行动。成立了以省长为组长，相关部门为成员的高规格领导小组。将返乡人员创业纳入创业安徽行动，支持有创业意愿和创业能力的农民工、大学生、退役军人等人员返乡入乡创业。三是明确了目标。每年新增市场主体 100 万户以上，其中新增企业 30 万户以上，每年支持高校毕业生、返乡人员、退役军人、脱贫人口等创业者 10 万名以上，每年开展创业培训 10 万人以上，其中线下创业培训 7 万人以上，每年发放创业贴息贷款 60 亿元以上，到 2025 年，设区市均达到省级创业型城市标准，其中 50% 以上达到国家级创业型城市标准。四是出台补贴政策。如按规定给予企业回迁或购置生产设备的补贴补助等。返乡创业企业回迁或购置新生产设备的，由县级人民政府给予一定的设备补助。返乡创业企业自主建设或租赁厂房的，由县级人民政府给予一定的厂房补助。对产业园区、孵化基地内吸纳就业 50 人以上的返乡创业企业，由县级人民政府每年给予最高 5 万元水电气费补贴。

（2）开展特色针对性创业培训和创业服务。将返乡农民工纳入创业培训重点对象，支持有意愿的农民工参加 SIYB 培训、创业模拟实训、网络创业培训等创业培训项目，开展阶梯式创业培训。实施"创业江淮·未来新徽商"特训营项目，联合省农业农村厅每年开设 1～2 期农村创新创业致富带头人特训营班期，免费提供高层次管理进修培训。充分利用安徽省创业服务云平台、省级"筑梦"创业导师团等平台及资源，创新服务模式，提供灵活便捷的在线培训和创业指导帮扶。

（3）加大资金支持力度，放宽申请条件。在国家规定的个人创业担保贷款额度 20 万元的基础上，我省将额度提高到最高 50 万元；降低反担保门槛，10 万元以下免担保，允许借款人从自然人保证或联保、房产等财政抵押、存货等动产抵押、定期存单等质押中自主选择反担保方式，担保机构和经办银行不得强制制定反担保方式。鼓励各地结合实际，适当放宽创业担保贷款借款人条件。每年安排 2 000 万元创业扶持资金，通过云平台免费发放"电子创业券"，用于支持用户在平台购买各类创业服务。截至 2022 年 11

月，全省发放创业担保贷款涉及金额 121 亿元。

（4）强化支持四类创业载体建设。累计支持建设省级农民工返乡创业示范园 156 个，给予每个园区 120 万元资金补助。累计认定安徽青年创业园 37 个，每个园区给予最高 1 200 万元资金补助，支持包括农民工等群体在内的青年群体创业。对获得认定的国家级农民工返乡创业试点（示范县），按照工作绩效，省统筹就业补助资金给予最高 200 万元就业创业项目资金补助。支持地方新建、改扩建或共建一批特色突出、设施齐全的返乡创业产业园区、创业小镇、孵化基地，鼓励农民工等人员在园区创业，加大对园区的支持力度，根据相关政策规定，对于孵化基地，将按照每户每年 5 000 元的标准，由就业补助资金进行补贴。

（5）举办大赛，选树典型。每年开展"赢在江淮"等各类创业大赛。每年认定安徽省农民工"优秀创业项目"20 个、"返乡创业之星"50 个，分别给予 10 万元、5 万元资金奖励。已认定安徽省农民工"优秀创业项目"38 个、"返乡创业之星"91 个。

3. 河南省关于促进农民工返乡创业的经验做法

河南是人口大省，伴随着改革开放大潮，农村劳动力转移就业 3 182 万人，其中省外务工 1 276 万人，返乡创业潜力巨大。通过梳理，我们发现主要有以下做法：

（1）健全工作机制，强化扶持力度。省委省政府历来重视返乡创业，连续六次召开现场推进会，及时作出安排部署。省第十一次党代会明确提出"推动各类人才返乡创业"；楼阳生书记在信阳调研时指出，要深入实施"豫商豫才"回归工程；省政府与人社部签署第二轮《共同推进河南省农村劳动力就业创业促进乡村振兴合作备忘录》，明确"打造返乡入乡创业高质量发展先行区"的工作任务，争取人社部大力支持和具体指导。省政府办公厅出台《关于推动豫商豫才返乡创业的通知》，提出政策支持、用地保障、资金支持、创业服务、组织保障 5 方面 22 条措施，针对豫商、农民工、科研人员、大学生、退役军人等返乡创业的重点人群精准施策，着力破解返乡创业"用地难""融资难"瓶颈。各级党委政府认真落实省委省政府关于推进返乡创业的各项要求，构建省、市、县、乡"四级联动"工作格局。多数县（市、区）切实履行主体责任，积极整合乡村振兴、产业扶贫、招商引资等政策，在财政扶持、土地流转、税费减免、担保贷款等方面为返乡创业提供具体支持，还在户籍管理、子女入学、社会保障等方面提供方便。

（2）加强规划引导，实施项目驱动。各地结合资源优势，因地制宜规划引导返乡创业项目。一是品牌带动型。利用当地已经形成的品牌优势，吸引外出务工人员回归创业。如平舆县利用"白芝麻原产地保护产品"的品牌优势，引导返乡创业人员发展规模化种植。二是链条延伸型。引导返乡创业人员在家乡建立生产基地，为在外创办或打工的企业提供原料供给和配套服务。如鹿邑县秦方华与韩国公司合资，在当地生产尾毛化妆刷，韩国公司负责生产技术和市场营销。三是产业转移型。抓住产业梯度转移的机遇，通过人才、技术、项目"打包"引进、链式引进，引老乡回故乡建家乡。如汝州市主动到浙江柯桥开展亲情招商，引回 160 余家机绣企业、1 300 余条生产线，形成了规模化的机绣产业集群。四是资源开发型。利用当地得天独厚的自然人文资源，吸引外出务工人员返乡创业。如兰考县利用当地桐木资源，创办了 180 多家民族乐器加工企业。五是技术创新型。引导返乡人员利用先进理念，培养企业研发创新能力，带动本地优势产业进行技术提升。如柘城县对金刚石微粉加工技术进行提升，构建了金刚石产业集群。

（3）优化创业服务，提升工作效能。着力打造创业培训、创业担保贷款、创业孵化、创业服务"四位一体"的创业扶持体系，2022 年以来新增返乡创业培训和辅导 20.99 万人次，为返乡创业人员发放贷款 99.05 亿元。充分发挥河南省"农民工返乡创业投资基金"作用，目前投资总额达到 104.37 亿元、带动就业 10 余万人。成立"河南省返乡创业专家服务团"，确立专家服务基层的长效机制，通过举办讲座、互动交流、现场指导等方式，搭建专家与创业者的互动桥梁。按照"政府搭建平台、平台聚集资源、资源服务创业、创业带动就业"的思路，指导各地建设了一批具有区域特色的返乡创业园区，吸引更多有条件有技能的农民工进入园区创业。如清丰县建设家居产业园，平舆县打造建筑防水产业园，汝州市建设汝绣农民工返乡创业产业园，林州市建成建筑产业园，淮滨县建设纺织产业园，鹿邑县建成尾毛化妆刷产业园等，形成了国内外知名的产业特色品牌。

（4）注重示范带动，营造浓厚氛围。持续开展返乡创业示范创建工作，全省累计评审认定省级返乡创业示范县 56 个、示范园区 161 个、示范项目 302 个、返乡下乡创业助力乡村振兴（脱贫攻坚）优秀项目 383 个，累计落实奖补资金 2.837 亿元。选树 95 名河南省"返乡创业之星"，广泛宣传创业事迹，加强经验交流推广。连续举办三届"凤归中原"返乡创业大赛，2022 年推荐的 4 个项目入围第五届"中国创翼"创业创新大赛全国总决赛，并取得劳务品牌专项赛和乡村振兴专项赛"双第一"的好成绩。讲好"返乡创业故事"，在河南广播电视台、《河南日报》等主流媒体推出返乡创业专栏，在抖音等新媒体开通"凤归中原"返乡创业账号，展示返乡创业项目 200 余个，营造创业、兴业、乐业的良好氛围。

四、我国农民工返乡创业存在的问题和困难

（一）返乡创业政策体系中存在的问题

为实现乡村振兴，国家出台一系列政策鼓励和吸引进城务工人员返乡创业，为乡村发展增添活力。政策的相继出台体现了国家对乡村振兴及农民工返乡创业的重视，但在实践中发现，政策还有很多不完善的地方，导致农民工的满意度不高。主要有以下方面：

1. 政策整合发力有待加强

目前支持农民工返乡创业的扶持政策涉及发改、人社、农业、工信等多个政府职能部门，虽然体现了各部门对此项工作的高度重视，但"政出多门"也造成政策碎片化程度较高、信息发布渠道较多、工作职责不明确、经办流程复杂等问题，政策引领综合效应未完全得到释放等问题。如 2019 年 12 月人社部、财政部、农业农村部联合印发《关于进一步推动返乡入乡创业工作的意见》；2020 年 1 月国家发改委、教育部等 19 个部委联合印发《关于推动返乡入乡创业高质量发展的意见》；2020 年 8 月人社部、国家发改委、工信部等 15 部门联合发布《关于做好当前农民工就业创业工作的意见》等，但不同部门、层级之间政策联动、整合效应不强，缺乏统筹管理，导致政策效果"打折扣"。

2. 政策保障有待加强

现行的政策为农民工返乡创业提供了优惠措施，但缺乏相应的后续支持政策。吸引农民工返乡创业的政策文件对前期吸引返乡创业及优惠政策皆作出了明确的规定，例如，"落实定向减税和普遍性降税政策""完善返乡创业园支持政策"等，然而对回乡后创业失败或创业不景气的企业等创业主体的后续支持及措施并没有作出明确具体的规定，尤其缺乏对不景气的微小型企业的后续资金、用地等优惠支持政策，缺乏后续保障措施。同时，走访中普遍反映的创业难题中，农民工反映兜底政策不明确，个体工商户反映对自身保障担忧，大型企业主要集中在用人困难问题上。农民工回乡创业大多以经营夫妻房为主，缴纳社会保险方面也受到影响，社会保险补贴政策就显得非常必要。

3. 政策动态调整待加强

以金融政策为例，针对小规模的创业贷款额度较低，而对应的贷款流程相对复杂，手续烦琐，持续时间长，贷款额度也不尽如人意，所以现实中，返乡农民工大多以自身积蓄或者向亲戚朋友拆借实现，效率更快，效果更好。农民工在创办企业过程中，在抵押物、抗风险、收益比等各方面都显得略为单薄，所以贷款就更加困难。金融政策扶持政策在政策动态的调整过程中，应更加细化，增加实地调研，加深政府与金融部门的对接，针对不同的情况做出具体分析，不能泛而定之，造成资源浪费的同时，也并没有起到应有的扶持作用。

4. 政策宣传推广有待加强

乡村振兴和农民工人员返乡创业的有关政策宣传不到位。意识是行动的先导，若想激励农民工返乡创业，应该让其充分了解政策，这就要求政府部门对相关的政策进行广泛的宣传。然而在实际中发现，政府相关部门忽视了宣传讲解的重要性，有关激励农民工返乡创业的政策、优惠条件等没有做到充分宣传，农民工不了解、不理解、不明白政策的现象时有发生，导致农民工在此背景下对返乡创业的积极性不高，缺乏参与意识。

（二）农民工返乡创业过程中遇到的困难

综合梳理调查情况看，农民工返乡创业不仅面临资金、技术、基础设施、土地、人才等突出短板，同时面临着能力提升困境和激烈的市场竞争。困难主要集中在六个方面：

（1）超过四成（43%）反映资金短缺，融资渠道不畅问题仍存在。返乡创业农民工资金量不大，创业时缺乏通盘考虑，缺乏后续资金和防备风险的能力。而政府提供的资金补贴大多为一次性的，只能暂时缓解资金压力，难从根本上解决问题。受金融体制、企业规模、信用条件、流程烦琐等因素的制约，返乡创业企业获得银行贷款十分困难，调查发现，仅有11%的返乡创业农民工获得过商业银行贷款。

（2）近四成（38%）反映缺乏人才、招工难等问题制约企业发展壮大。目前返乡创业企业人才引进渠道单一，仍以亲戚介绍、朋友介绍为主要途径，引进人才的知识、技能、经验等不一定与企业发展相匹配，即便能招到合适的人才，往往因为乡村与城市在享受公共服务和文化生活等方面也存在不小的差距，难以留住他们。此外，返乡创业企业招用的工人大多具有"亦工亦农"的身份，季节性特征明显，企业在农忙时招人难，对生产经营产生影响。

（3）超过两成（23%）反映用地问题难解决，基础设施建设仍待改善。返乡创业经营场所获取方式多为租用村庄集体荒地或是家庭自有庭院，但场地租金贵，增加了运营成本；自家庭院小，难以满足生产经营需要。同时，还面临着创业建设用地申请难、土地整片流转协调难等问题。调查中还发现，返乡创业农民工反映创业所在地的交通、物流、通信、仓储、用水、用电等基础设施建设难以满足经营需要，分别占比 44%、30%、18%、18%、13% 和 11%。

（4）四成（40%）缺乏技术支撑，企业发展后劲不足。返乡创业农民工外出务工积累了一定技能和经验，但所掌握的技能多数局限于特定技术，经营管理和技术创新能力弱，产品品种单一、科技含量低，市场竞争力和抗风险能力不强。加之返乡农民工创办的企业大都是家庭本位的小微企业，任人唯亲的选人用人机制使得企业缺乏有效的治理。上述各因素叠加导致农民工返乡创办的企业发展后劲不足。

（5）超过半数（52%）没参加过创业培训，培训内容和方式难以满足农民工创业需求。调查发现，一些求富心切、创业迫切的农民工根本没有时间接受培训，也不愿"浪费"时间去培训。同时，现有的创业培训以理论教学为主，而农民工更需要的创业实训和经营管理模拟环节较少。调查中发现，农民工最需要的培训内容是专业技能、经营管理、产品营销等，分别占 59%、45% 和 44%。

（6）超过两成（22%）反映市场竞争激烈，同质化问题严重。农民工返乡创业大多选择的是办养殖场、开小店等门槛较低的创业项目，企业品牌雷同、同质竞争较为激烈。此外，返乡创业企业单一的市场渠道进一步增加了同质现象的发生概率，同地区的创业企业在供应商和客户群体上存在严重的交叉关系，能够接触到外部资源的渠道较少，进一步加剧了返乡创业企业发展的同质化竞争现象。

五、进一步做好我国农民工返乡创业工作的对策建议

促进农民工返乡创业是推动乡村振兴战略的重要举措，对于促进乡村加快发展，推进农村城镇化有着十分重要的意义。但是，扶持农民工返乡创业是一项系统的工程，并且需要长期持久实施，这就与创业政策本身的优劣关系密切，同时也与政策的实施方有很大关系。所以，要促进农民工返乡创业，不仅需要在组织模式、行政方式、激励机制等层面进行改革创新，还需要在具体实施环节上作出调整，这样才能有效提高政策实施的效果，对此课

题组提出以下对策建议:

一是综合运用多种政策工具,最大化发挥返乡创业政策效应。充分发挥农民工返乡创业效能必须依靠政策推动,需要进一步优化组合政策工具,最大限度发挥政策对农民工返乡创业的促进作用。在政策制定上应适当增加如服务外包、政府采购和对外开放等需求型政策工具类型的使用频次,给予初创的小微企业更多发展机会,让返乡创业的农民工参与到政府外包的公共服务供给和公共物品采购的市场竞争中,还可以鼓励有一定资本和技术的返乡创业农民工参与国际合作,开拓海外市场,让农村的特色工艺品等产品走出国门。

二是提高政策制定针对性,满足不同阶段返乡创业需求。创业者在创业的不同阶段需求不同,针对性的政策更容易发挥政策的引导和支持作用。在创业起步期,政府的信息支持和激励引导非常重要,需要针对性出台创业信息支持政策和税收减免等有利于初创的小微企业站稳脚跟的创业政策。在创业发展期,政府部门要制定政策搭建好返乡农民工创业的公共平台、技术平台和区域平台,逐步完善农村地区交通、网络等基础设施。推动农民工返乡创业是一个系统性工程,必须注重返乡创业的阶段性与行业的异质性特征,根据不同的创业阶段和不同的创业领域制定针对性创业政策,政策资源向返乡创业重点领域倾斜,政策落实就更有保障。

三是加强返乡创业孵化载体建设。根据各县域经济发展、产业布局和促进就业创业的实际需要,统筹规划,通过土地、物业的新安排或闲置工厂盘活等方式,开展创业孵化基地、农民工返乡创业园建设。符合创业孵化基地主要功能和基本条件的,由人力资源和社会保障部门按规定程序认定为创业孵化基地或农民工返乡创业园,挂牌并与政府签订购买创业孵化服务,落实创业孵化补贴等创业扶持政策。

四是完善返乡人员创业服务扶持体系。加大创业培训服务力度,开展"创业+职业技能"培训,紧密结合返乡创业人员项目特点和培训需求,制定相应的培训计划,并且结合已有的资源,开发一些具有针对性的培训项目,解决企业在实际经营中遇到的难题。鼓励辖区企业联合高等院校、职业学校建立创业培训实习基地。完善返乡创业公共服务。综合利用中小企业公共服务平台、农村基层综合公共服务平台和农村社区公共服务信息平台,建立综合信息发布制度,根据省市产业政策,公布各项行政审批、核准、备案事项和办事指南,向返乡农民工宣传法律、政策和各类创业信息,为他们提供创业服务引导。

中国人事科学研究报告
THE REPORT OF CHINESE PERSONNEL SCIENCE

《乡村振兴背景下农民工返乡创业成效研究》
课题组成员名单

课题组长：

庞　诗（中国人事科学研究院就业创业与政策评价研究室主任、研究员）

执行组长：

黎　宇（中国人事科学研究院就业创业与政策评价研究室副主任、助理研究员）

课题组成员：

奉　莹（中国人事科学研究院就业创业与政策评价研究室副研究员）

肖鹏燕（中国人事科学研究院就业创业与政策评价研究室副研究员）

李怡林（中国人事科学研究院就业创业与政策评价研究室助理研究员）

韩红梅（中国人事科学研究院就业创业与政策评价研究室科研助理）

数字生态下的新职业与青年高质量充分就业[①]

提　要： 近年来，数字经济已经成为国民经济新的增长点，也是推进中国式现代化的重要引擎。随着数字经济的发展，劳动者的就业环境、就业结构、就业观念与之前相比有了巨大的改变，职业概念内涵也不断丰富。凭借着信息通信技术和数字媒体的蓬勃发展，劳动者告别工业经济时代相对固定单一化的分工角色，逐渐拥有多种职业。新职业不断涌现，也为青年群体带来更多的就业选择。特别是面对当下我国高校毕业生人数持续增长，就业压力持续增加的关键节点，开展本研究对分析新职业促进青年就业作用、破解青年就业难题具有重要的指导意义和实践意义。

关键词： 数字生态　新职业　高质量充分就业

一、研究意义

（一）高质量充分就业是新发展阶段的必然要求

"高质量充分就业"的概念在党的十八大以前一直是以"高质量就业"和"充分就业"的形式分别出现。党的十六大第一次正式提出了中国特色充分就业的目标，将实现社会就业比较充分作为到 2020 年全面建设小康社会

[①] 本文系腾讯科技（深圳）有限公司委托中国人事科学研究院 2023 年度研究课题"数字生态下的新职业与青年高质量充分就业"报告的部分内容。

就业创业与人力资源市场

的重要目标之一。党的十七大提出了实施扩大就业的发展战略和实现社会就业更加充分的新要求。可见，当时更多地关注就业的数量和结构。党的十八大将就业置于优先发展战略地位，既强调要实现充分就业，又提出了高质量就业的要求。党的十九大提出要实现更高质量和更充分就业的新目标。党的二十大首次将"高质量"和"充分"并列，提出"促进高质量充分就业"的目标。

从政策脉络的演进我们可以发现，我国的就业目标先后经历了"比较充分就业""更加充分就业""更高质量的就业""更高质量和更充分就业"，再到"高质量充分就业"，对就业目标表述的变化，表明了自党的十八大以来就业目标中就强调就业质量的提升，这使得我国劳动者的就业质量不断提高，但还不能满足人民对美好生活向往的追求和实现高质量发展目标的需要，仍需着力提升就业质量。由于我国就业市场的多样化，灵活就业人员和新就业形态劳动者占比大，如此庞大的灵活就业人员和新就业形态劳动者已实现充分就业，但存在就业质量不高、劳动保障不健全的问题，正是在此背景下，提出了"高质量充分就业"的新目标。

高质量充分就业的新目标仍然强调"量"和"质"，"量"是指高质量的充分就业，"质"是就业质量。这意味着我们不能简单追求实现充分就业而放弃对就业质量的把控，也不能以追求就业质量为借口而忽视就业结构性矛盾的现状。要在对劳动力要素最大化利用的同时，尽可能地提高就业质量。具体来说，"高质量充分就业"是以"高质量"作为前提条件的"充分就业"。"高质量"的位次先于"充分"，意味着实现高质量充分就业应统筹协调就业规模与就业质量。我国人口规模巨大，就业人口总量在相当长时期内仍将维持高位，劳动力总体供大于求。就业矛盾已经从总量矛盾变成结构矛盾，主要矛盾从数量转为质量，"有人无岗"和"有岗无人"的结构性矛盾使就业工作目标也应根据形势的不断变化适时作出调整和优化。"高质量充分就业"是以"高质量"作为限定条件的"充分就业"。充分是"高质量"的"充分"，是以"高质量"作为标准要求的，不是低水平、低质量的充分就业。党的二十大报告明确提出要不断实现人民对美好生活的向往。就业是劳动者获得收入来源，实现自身价值的方式，也是人民群众获得感、幸福感和安全感更加充实、更有保障、更可持续的主要依托。当前，人民群众对就业的诉求，已经由"找到工作"转为"好找工作"再到"找好工作"，"好工作"必然是"高质量"的，这就要求在推动经济发展扩大就业容量的同时要着力创造更多高质量就业机会。

（二）宏观政策不断出台助力新业态新职业健康发展

2015 年 10 月，党的十八届五中全会首次提出"新就业形态"，强调要加大对新就业形态的扶持力度，此后，新就业形态多次被写入政府工作报告。2020 年 7 月，《国务院办公厅关于支持多渠道灵活就业的意见》强调，当前新业态蓬勃发展，要取消对灵活就业的不合理限制，鼓励自谋职业、自主创业，全力以赴稳定就业大局。新就业形态不仅是稳就业的"蓄水池"，而且往往代表着新技术、新趋势和新需求，越来越多的新就业形态正朝着数字化、个性化、高价值方向发展，成为催生新职业的重要渠道。2020 年 7 月，多部门联合发布的《关于支持新业态新模式健康发展 激活消费市场带动扩大就业的意见》指出，探索适应跨平台、多雇主间灵活就业的权益保障、社会保障等政策，完善灵活就业人员劳动权益保护、保费缴纳、薪酬激励等政策制度。2021 年 8 月，国务院印发的《"十四五"就业促进规划》提出，要健全职业分类动态调整机制，持续开发新职业。一系列政策举措密集出台，反映出我国在引导新职业规范健康发展方面的不懈努力。

（三）新职业为青年群体带来更多就业机会

新职业是创造新就业的重要源泉。根据 2022 年中国人事科学研究院与腾讯社会研究中心共同发布的《2022 年腾讯助力新职业与就业发展报告》，2022 年腾讯数字生态孕育和创造了 147 个新职业。其中稳定期新职业 14 个，主要为发展较为成熟、从业人员规模较大、专业技术技能性较强的新职业新岗位业态；萌芽期新职业 107 个与成长期新职业 26 个，两个类型的新职业都处于持续演变和迭代过程当中，其发展成熟度、技术技能稳定性、从业规模等尚有不小的发展空间，也是未来带来新就业的主要增长点。根据人社部中国就业培训技术指导中心发布的部分职业前景手册，每个处于稳定期的新职业未来 5 年能带动约 50 万~100 万个新就业岗位。经测算，在理想条件下，未来 5 年腾讯生态孕育的新职业发展有望创造约 3 180 万个新就业机会。新职业的发展给青年就业带来了新的机会也提供了更多的就业选择，由于部分岗位与青年群体特点匹配，新产业、新业态、新模式所吸纳的青年群体数量不断增加。

二、概念解析

（一）关于高质量就业概念的研究综述

"充分就业"的理论渊源来自凯恩斯（1936 年）提出的有效需求不足的

理论。凯恩斯认为在资本主义社会中，除了有"自愿失业"和"摩擦性失业"外，还存在"非自愿失业"，即指劳动者愿意接受一定市场工资水平的就业但得不到就业机会。"充分就业"与"非自愿失业"相反，是指在一定市场工资水平下，愿意就业的劳动者都能够就业的状况，这种情况下的失业率被经济学家弗里德曼称为自然失业率。通过刺激有效需求的增加，从而增加就业岗位，就能消除"非自愿失业"，实现"充分就业"。"充分就业"也是国际劳工公约的基本内容。国际劳工组织在就业政策公约（1964 年第 122号）中号召各会员国将充分就业作为一项主要目标，提出实行积极的政策，促进充分的、自由选择的生产性就业[①]。目前，绝大多数市场经济国家尤其是发达国家都将充分就业作为本国宏观经济发展的四大目标之一，作为政党执政纲领的首要内容。

"就业质量"相对有百年理论历史的"充分就业"而言，提出的时间相对较晚。20 世纪 90 年代，国际劳工组织提出了"体面劳动"（decent work）[②] 的概念。这是最早提出的能代表就业质量的概念。自此，国内外学者对就业质量问题展开了大量研究。"高质量就业"由施罗德（Schroeder, 2007）提出，但在我国其是一个相对而言具有中国特色的概念，这一概念首次正式出现在党的十八大报告之中，"高"体现了对"就业质量"的评价核心。国际劳工组织明确提出"体面劳动"理念至今不足 30 年，我国明确将高质量就业作为目标更只有十几年的历史，因此，我国的就业质量仍有比较大的提升空间。

关于"充分就业""高质量就业"以及最新提出的"高质量充分就业"，专家学者从微观、中观、宏观三个层面对其进行了多方位的解读。具体如表 1 所示。

从上述专家学者的研究中我们可以看出，大部分研究集中在宏观维度，主要关注高质量和充分就业的指标构建，以及就业困难群体和就业重点群体，但从用工方和求职者等微观角度进行解读的相对较少。就业体现了劳动者对自身专业、职业和行业的选择，仅限于就业谈就业，就会过分放大宏观调控的力量，忽视掉劳动者个体主观能动性的作用，高质量充分就业的概念更应该转换视域，切实关注劳动者对"高质量"和"充分"的评价和认知。

---

① 生产性就业是指有社会和生产效益的就业，而非无效就业。
② 体面劳动是指在保证自由、平等、安全以及个人尊严的前提下，劳动者能够获得体面、高效的工作机会。

表1   "充分就业""高质量就业"解读

维度	充分就业	高质量就业	高质量充分就业
微观	有就业能力和就业愿望的劳动者都能享有平等的就业机会，劳动者的就业权益得到有效保障（中国就业，2011） 劳动者劳动价值观、专业类别、技术等级、兴趣爱好与工作岗位相适应（汪秋菊，2009）	就业质量是衡量单个劳动者在从事社会劳动中所得到劳动条件的优劣程度（谭永生，2020） 工作体面、工资收入稳定、职业发展前景良好、工作生活平衡度好、工作满意度高等（赖德胜，2018） 劳动报酬的高低、有无社会保障待遇及水平的高低、工作时间的长短、劳动强度的大小、自身劳动权益能否得到保护，以及劳动者对所从事工作的满意度、职业发展空间和社会评价等（刘燕斌，2014） 就业质量涵盖职位匹配度、薪酬水平、工作效率等微观因素（Anker，2003） 体面就业包括就业安全与规范、劳动报酬、工作时间与工作生活平衡度、工作稳定性及社会保障、协调谈判机制、技能培训、员工关系与工作动机（ILO，1999）	从劳动力个体角度，高质量充分就业的内涵应包括较高薪酬、快乐工作、惬意环境、安全劳动、权益保障、发展前景等因素（岳昌君，2023）
中观	充分就业的表现：人岗匹配	高质量就业的劳动力市场供需匹配、要素流动合理畅通、资源配置效率高等（孔微巍，2019）	
宏观	人力资源得到更加充分地开发和利用，就业渠道畅通，劳动者自主择业、自由流动、自主创业的环境良好（中国就业，2011） 所有愿意并有能力工作的劳动者都能获得与之相适应的社会劳动岗位（汪秋菊，2009）	高质量就业具有高效性、稳定性、平衡性、发展性和丰富性五大特征（赖德胜，2023） 高质量就业意味着稳定的就业机会、良好的就业环境、合理的报酬增长、有效的劳动权益保护和完善的社会保障等，同时也包括劳动者的个体感受和职业认同（鲍春雷，陈云，莫荣，2022） 数字经济下就业质量出现明显的分化特征，不同类型的从业者就业质量高低不同（Dunn，2020） 工作稳定、工作待遇比较高、工作环境安全舒适、职位具有提升和发展机会、工作和生活的平衡度好、意见表达和对话机制畅通（赖德胜，2017） 充分的就业机会、公平的就业环境、良好的就业能力、合理的就业结构、和谐的劳动关系等（信长星，2012） 就业质量是衡量一个国家（地区）全体劳动者劳动条件的优劣程度，可以用反映该范围内劳动者劳动条件诸要素的统计数据显示	中国已经基本实现了比较充分和比较高质量的就业，但与人民群众对美好生活的需求相比，与不断增进民生福祉、提高人民生活品质的新要求相比，就业仍存在诸多短板，特别是就业质量总体来说还不够高（赖德胜，2023） 高质量充分就业包含高质量充分两层含义，高质量是前提，就业是目标，是契合数字经济发展，与生产创新相对应的就业（马光秋，阎荣舟，2023） 当下积极就业政策从应对总量矛盾转向应对结构性矛盾，是在发展中保障和改善民生，推动高质量发展，促进全体人民共同富裕的必然要求（蔡昉，2022）

就业创业与人力资源市场

（二）本研究所提出的"高质量充分就业"

本研究所提出的"高质量充分就业"更多地聚焦在个体层面，特别是在数字经济的背景下，随着平台企业的发展，新职业和新就业形态大量涌现，对就业的评价维度也更加自主多元。结合文献研究和访谈调研，我们认为劳动者在收入报酬、工作环境、工作方式、劳动保障、发展前景、社会声望等方面均得到较大满足，才可称为实现高质量充分就业。归结起来，高质量充分就业具有以下几个特征：

（1）充分性，即就业更加充分。具体表现在整个劳动力市场上，就业机会和工作岗位足够多，失业率能维持在一个较低的水平，并且结构性就业矛盾得到缓解，实现人岗匹配。从劳动者个人来看，劳动者能获得满意的薪酬待遇，从而有较高的劳动生产率。

（2）稳定性，即就业状态更加稳定。具体表现在能在同一工作岗位连续工作较长时间，不会轻易转换工作岗位，或者能在比较短的时间内在不同工作岗位上进行转换。除此之外，还表现在有健全的社会保障和和谐的劳动关系，劳动者均能享受较高水平的保障且不会受到劳动纠纷的困扰。

（3）平衡性，即工作和生活之间比较平衡。具体表现在劳动者能够在工作的同时享受更高质量的生活，工作强度和收入水平充分匹配，人身安全得到合理保障，有更多的时间照顾家庭，做自己喜欢的事情。

（4）发展性，即劳动者能获得较大的发展空间。具体表现在劳动者在就业的过程中能创造巨大的个人价值和社会价值，掌握工作方法和技巧，技能水平得到提升；兴趣和潜能被充分激发，实现全面发展；在工作中获得认可和赞扬，有晋升和发展的通道；能够参与社会活动，表达自己的意见和诉求。

（5）丰富性，即工作中的个性化需求得到充分满足。过去生产力发展水平较低，导致分工程度不高，工作种类单一，工作只是获得收入的一种方式，劳动者并没有太大的选择空间。当下，生产力和生产关系飞速发展，人们对生活品质的追求更高，对工作的追求也更加多元化、个性化、精细化，对工作岗位类型、工作具体内容、工作地点方式、工作时间限制等都有了更高的要求。

（三）关于青年群体高质量充分就业的分析维度

为进一步分析青年群体眼中的高质量充分就业，我们结合前文中提出的高质量充分就业特征并与部分青年人访谈结果，提炼出青年人在就业过程中最关注的发展、收入（待遇）以及情感三个维度，作为衡量高质量充分就业的依据。发展维度主要关注的是行业发展前景、职业发展前景以及个人发展前景；收入（待遇）维度主要关注的是薪资待遇、社会保障以及就业稳定性；情感维度主要关注的是职业声望、工作地点、专业对口、个人兴趣、团队氛围、工作环境等。以三个维度建立空间坐标，可以得到青年高质量充分就业的八个象限。

三、青年新职业与新就业调查方法与结果分析

（一）研究方法与数据来源

针对青年就业压力突出等问题，为深入了解当下中国青年的就业观以及对数字生态新职业的看法，2023 年 6 月，中国人事科学研究院、腾讯社会研究中心课题组，联合腾讯企鹅有调，随机向中国 31 个省、自治区、直辖市（不含港澳台地区）18～35 岁青年进行了主题为"2023 年数字生态中的新职业与青年高质量充分就业"的线上调研，回收有效问卷 5 368 份。

（二）样本概况

在回收的 5 368 份有效问卷中，从性别看，男性青年占 50.1%，女性青年占 49.9%。从年龄看，在 18～24 岁的占 29.2%；25～29 岁的占 30.6%；30～35 岁的占 40.3%。从学历看，初中及以下的占 2.2%；高中/中专/技校的占 13.9%；大学专科的占 27.8%；大学本科的占 48.5%；硕士及以上的占 7.6%。从婚姻状况看，未婚的占 46.7%；已婚的占 50.7%；离异的占 2.1%；其他的占 0.5%。从生育情况看，未育的占 52.6%；育有一个孩子的占 38.6%；育有 2 个孩子或以上的占 8.8%。从收入状况看，月可支配收入在 3 000 元及以下的占 26.7%；3 001～5 000 元的占 17%；5 001～8 000 元的占 26%；8 001～10 000 元的占 17.6%；10 001～15 000 元的占 7.9%；15 001～20 000 元的占 3%；20 001 元以上的占 1.9%。从就业情况看，无业的占 4.9%；有工作的占 76.6%；无工作的在校生占 18.5%。

（三）结果分析

从结果来看，在青年择业心态上，待遇大于发展大于情感；青年在关注收入（待遇）和发展前景的同时，对氛围与环境也更加看重；男性青年较关注行业和个人发展前景，女性青年更在意社会保障和团队氛围等。在对当前工作的满意度上，大部分青年逐渐找到了工作和生活的平衡，对当前状态较为满意；已婚已育群体更知足常乐，Z 世代人群则较不安于现状；近半数群体薪资水平未达预期。在理想工作的预期上，有工作的青年人对未来就业前

景展现出更大信心和更强的掌控力；Z 世代青年群体对就业形势的危机意识更加强烈；高学历在校生群体对首份工作薪资有着更高的预期；对于无工作在校生群体而言，先就业再择业成为主要的就业观念。在对数字生态新职业的看法上，新职业在青年群体中传播范围广、社会影响好、前景认可度高；自由灵活以及收入较高最吸引青年从事数字生态新职业，职业稳定性与社会保障不足成主要制约因素；数字技术类新职业成为青年群体就业首选；青年最期待平台提供课程技能培训、专项计划支持创业及共建标准等。

四、政策思考

数字经济的快速发展带来了与此相关的新产品、新服务，同时也衍生了许多新岗位、新业态、新职业。新职业的诞生虽为青年群体提供了大量就业机会，但青年的发展仍然会受限于新职业本身的短板。大量新职业处于萌芽期与成长期，其发展成熟度、技术技能稳定性、从业规模等尚有不小的发展空间，新职业青年不仅要面对新兴行业本身发展的不确定性，更要面对职业培训体系尚未健全、保障体系有待加强、上升通道未能打通等多重问题。为此，我们提出以下建议：

一是深挖数字经济促进充分就业潜能，创造更多高质量就业机会。建议加强政府、企业、社会多方协同，壮大数字经济规模，对于新职业从业人员较多的行业领域，可重点扶持发展，提升市场成熟度，进一步发展壮大行业，创造更多高质量岗位的需求，吸引更多优秀青年投身到该行业中，真正做到以数字经济的高质量发展带动高质量就业，以高质量就业支撑高质量发展。

二是加快推进新职业技能等级认定相关工作，拓宽新职业从业者成长通道。建议政府部门发挥主导作用，鼓励用人单位、行业协会参与职业技能标准制定，逐步形成行业或企业的新职业从业者评价规章，确保在国家标准尚未出台时，为新职业对应的技能等级认定提供一定的过渡性评价规定。同时，引导行业协会建设国际化职业技能体系和资格框架，尝试推动新职业资格国际化，促进职业资格在国际市场的互通互认，助力新职业从业者能更好地在海外发展。

三是健全新职业从业者社会保障体系，维护新职业从业者劳动权益。建议有关部门加快研究适应灵活就业、平台就业等新就业形态的参保缴费政策，保障新职业从业者享受同等的劳动合同、带薪休假、住房公积金、合理工作时间等基本劳动权益。

四是选树优秀典型加强宣传引导，提升青年群体对新职业的认可度。建议政府相关部门联合新职业企业与高校联动开展特色讲座，定期公布新职业有关情况，通过大众接受程度高的媒体平台对新职业青年中的领军人物进行宣传，形成积极健康的职业形象，让青年群体更好地了解新职业，提高社会认可度和大众接受度。同时，可组织新职业体验日活动，让青年群体亲身感受不同新职业的工作内容及细节，培养他们的兴趣、加深他们的印象，为将来从事新职业打下基础。

参考文献

［1］鲍春雷，陈云，莫荣．数字经济发展对就业的影响与对策研究［J］．中国劳动，2022（1）：5－14.

［2］蔡昉．数字经济时代促进高质量充分就业［J］．财经智库，2022，7（6）：5－10，133－134.

［3］孔微巍，廉永生，刘聪．人力资本投资、有效劳动力供给与高质量就业［J］．经济问题，2019（5）：9－18.

［4］赖德胜．创造高质量就业的未来［J］．人口与经济，2023（2）：1－6，26.

［5］赖德胜．高质量就业的逻辑［J］．劳动经济研究，2017，5（6）：6－9.

［6］赖德胜．积极促进高质量充分就业［N］．经济日报，2023－08－16.

［7］赖德胜．新经济：就业结构转型升级的新动能［J］．人才资源开发，2018（9）：24－25.

［8］刘燕斌．试论推动实现更高质量的就业［J］．中国就业，2014（6）：10－11.

［9］马光秋，阎荣舟．数字经济与高质量充分就业研究［J］．理论视野，2023（2）：62－67.

［10］谭永生．中国更高质量和更充分就业的测度评价与实现路径研究［J］．宏观经济研究，2020（5）：82－90，101.

［11］汪秋菊．充分就业内涵剖析［J］．学术交流，2009（5）：88－90.

［12］信长星．努力推动实现更高质量的就业［J］．中国人口科学，2012（6）：2－5.

［13］岳昌君．高质量充分就业的内涵与实现路径［J］．人民论坛，2023（14）：63－66.

［14］张小建．谱写中国就业的时代篇章——《民生之本——为实现劳动者充分就业而奋斗》编后感［J］．中国就业，2011（11）：9－11.

［15］Anker R，Chernyshev I，Egger P，et al. Measuring decent work with statistical indicators［J］．International Labor Review，2003，142（2）：147－178.

［16］International Labor Office. Report of the director－general：decent work［R］．Geneva：ILO，1999.

《数字生态下的新职业与青年高质量充分就业》
课题组成员名单

课题组长：
范　巍（中国人事科学研究院企业人事管理研究室处长、研究员）
执行组长：
王晓辉（中国人事科学研究院企业人事管理研究室副处长、副研究员）
课题组成员：
赵　宁（中国人事科学研究院企业人事管理研究室副研究员）
赵智磊（中国人事科学研究院企业人事管理研究室助理研究员）
曹　婕（中国人事科学研究院企业人事管理研究室研究实习员）
佟亚丽（中国人事科学研究院企业人事管理研究室研究员）
吴雨晨（中国人事科学研究院国外人力资源与国际合作研究室助理研究员）

短视频直播生态孕育新职业
带动新就业研究[①]

提　要： 当前，数字经济蓬勃发展，传统的产业结构、组织方式、生产要素、生活方式等都在发生新变化，人类社会已悄然迈入数字时代。短视频直播生态作为数字时代的主流载体之一，向上承接技术洪流、引领产业变革趋势；向下推动职业分类演变，催生职业的新形态和就业新方式。本研究以快手平台为分析样本，聚集短视频直播生态，阐释新职业、新就业孕育产生的内在逻辑。

关键词： 新职业　新就业　短视频直播

一、研究背景与意义

（一）研究背景

1. 数字技术对经济的创新驱动动能强劲

近年来，数字技术创新加速，与全球经济社会发展融合程度加深，特别是新冠疫情全球蔓延，各国采取了居家隔离、中断交通、封锁市场等控制疫情措施，数字技术相关的远程医疗、线上办公、直播带货等新型工作模式新业态得到快速发展。据中国信息通信研究院 2021 年发布的《全球数字治理

---

① 本文系北京快手科技有限公司委托中国人事科学研究院 2023 年度研究课题"短视频直播生态孕育新职业带动新就业研究"报告的部分内容。

白皮书》的数据，2020 年全球数字服务贸易规模达 31 675.9 亿美元，占服务贸易的比重达 63.6%，比上年提高了 11.8 个百分点，增幅比过去 10 年总和还要多。据中国信通院发布的《中国数字经济发展白皮书（2023）》报告数据：自 2012 年以来，我国数字经济增速已连续 11 年显著高于 GDP 增速，数字经济持续发挥经济"稳定器"和"加速器"作用；中国数字经济增加值规模已由 2005 年的 2.6161 万亿元，扩张到 2022 年的 50.2 万亿元，同比增长 10.3%，高于 GDP 名义增速 4.98 个百分点；数字经济占 GDP 比重达41.5%，这一比重相当于第二产业占国民经济的比重。

2. 短视频直播生态进入健康发展新时期

在技术驱动、资本推动、政策引导等多方合力汇聚下，短视频直播生态自 2011 年快手 GIF 应用以来，经历了探索发展、快速发展、健康发展三个阶段。

（1）探索发展期（2011～2015 年）。随着 3G 网络和 4G 网络、无线网络 Wi-Fi 的逐渐普及，智能手机的升级换代，短视频制作和分发渠道逐渐多元化，快手、腾讯、新浪、趣维科技、美图秀秀、小咖秀等公司作了短视频制作与分发探索。2011 年，快手推出原创移动应用程序 GIF 快手，是短视频的雏形。2012 年，快手从纯粹的工具应用转型为供用户记录和分享生活的短视频社区，迅雷发布有料。2013 年，腾讯微视上线，新浪微博推出秒拍，短视频制作工具小影上线。2014 年美图秀秀推出美拍，腾讯微信加入小视频功能，可以用于聊天和朋友圈发布。2015 年，小咖秀 APP 上线打造 UGC 模式，美拍代表的 PUGC 模式、小影代表的工具模式、秒拍代表的 PGC 模式等形成短视频多元化发展格局。

（2）快速发展期（2016～2018 年）。自 2015 年我国正式实施"互联网＋"行动计划以来，网络基础设施建设提速降费，移动资费大幅下降，内容分发效率提高。与此同时，资本看好短视频行业发展前景而纷纷涌入，促使短视频快速发展，短视频平台多元化，竞争也加剧，专业内容制作者增加，短视频用户规模迅速扩大。2016 年，字节跳动入局，上线抖音、火山小视频，抖音以音乐短视频切入，依靠智能算法通过大规模宣传引流，迅速抢占市场。2016 年腾讯与今日头条公布短视频内容 10 亿补贴计划。主打新闻资讯的短视频平台开始出现。比如，《新京报》的"我们视频"、《南方周末》的"南瓜视业"、《界面》的"箭厂"、"澎湃味"的"梨视频"等受到大众欢迎。2017 年，百度上线好看视频，360 上线快视频，腾讯重启微视，土豆正式转型短视频平台，字节跳动再推西瓜视频。同时，短视频直播行业频发过度竞争、部分内容低俗、侵权等不良现象，国家加强了对行业的监管。经过多轮洗牌，短视频直播行业初步形成了抖音、快手为龙头的"两超多强"格局。2018 年，快手、美拍、抖音相继推出商业平台。2018 年 7 月，国家网信办会同工信部、公安部等五个部门对行业进行整治，12 款短视频 App 被下架。从规模看，《中国互联网络发展状况统计报告》显示，2018 年中国短视频用户规模达 6.48 亿人。中国网络视听节目服务协会发布的《2020 中国网络视听发展研究报告》表明，2018 年中国短视频市场规模达 467.1 亿元。

（3）健康发展期（2019 年至今）。我国千兆光网和 5G 为代表的"双千兆"网络等加快布局建设，已建成全球规模最大的光纤和移动宽带网络，物联网终端用户不断增长，万物互联步伐加快，为短视频直播行业高速发展奠定了良好的基础。2020 年新冠疫情暴发以来，人员流动受到一定限制，线下产业受到不同程度冲击，线上娱乐和电子商务广受欢迎，短视频直播行业爆发式发展。短视频直播行业发展迅速的同时，部分内容低俗、暴力、侵犯知识产权、未成年人沉迷网络等不良现象也开始出现，不利于社会发展，国家有关部门本着鼓励发展和加强监管的方针，制定了《关于促进平台经济规范健康发展的指导意见》《关于支持多渠道灵活就业的意见》《"十四五"就业促进规划》《"十四五"数字经济发展规划》《关于维护新就业形态劳动者劳动保障权益的指导意见》《关于进一步规范网络直播营利行为促进行业健康发展的意见》《关于规范网络直播打赏加强未成年人保护的意见》等一系列政策措施，并开展了"清朗"等专项行动，引导行业沿着健康高质量轨道发展。短视频直播平台间竞争加剧，竞争转向内容质量和创新能力，拓展直播边界，非遗传承、知识普惠、助农惠农、线上招工、线上相亲等直播类型不断成熟。短视频平台加快融合电商，持续拓展电商业务，完善电商生态，"内容＋电商"的种草变现模式被用户广泛接受。我国短视频市场继续保持以抖音和快手为龙头，多个平台竞相发展的格局。第 51 次《中国互联网络发展状况统计报告》显示，截至 2022 年 12 月，短视频用户规模首次突破十亿，用户使用率高达 94.8%；快手已有近 400 种类型直播，其中助农扶农、科普教学等五类直播最受用户欢迎；2021 年 9 月至 2022 年 8 月，抖音平台演艺类直播打赏收入同比上涨 46%，线上直播打赏成为诸多县级戏曲剧团的重要收入来源之一；2022 年第三季度，快手电商商品交易总额达 2 225 亿元，同比增长 26.6%；新开店商家数量同比增长近 80%。

3. 短视频直播生态对新职业和新就业发展促进作用显著

短视频直播平台通过更加贴合用户碎片化内容消费需求的短视频，凭借多元化传播优势，获取了数亿用户，很好结合了社交、娱乐、资讯、电商、知识付费、工作等跨界生态，赋能经济社会发展。短视频直播生态不仅满足了劳动者工作偏好和消费者新需求，还融入了商业机会，衍生了新职业，更好发挥了新职业对新就业的带动作用，以助力高质量充分就业。比如，作为短视频直播平台典型代表，快手催生了娱乐/游戏/才艺主播、影视解说员、探店达人、互联网招聘师、网络教师、家居收纳师、亲子关系引导者、二手车讲解员等新职业。截至 2022 年底，快手平台带动 3 621 万个就业岗位。

（二）研究内容和意义

基于上述短视频直播生态发展背景，为了更系统地理解短视频直播生态助力新职业和新就业，我们开展了本研究，主要回答如下问题：什么是新职业？什么是新就业？新职业发展有何规律和特点？短视频直播生态助力新职业和新就业有哪些关键影响因素？短视频直播生态助力新职业的特点和效果如何？短视频直播生态助力新就业的特点和成效如何？短视频直播生态未来发展趋势如何？通过本研究，我们可以更深入了解短视频直播生态的发展状况，更好理解短视频直播生态与新职业和新就业间关系，更系统了解短视频直播生态对新职业和新就业的促进作用和成效，更好预判短视频直播生态未来发展趋势。

二、短视频直播生态助力新职业和新就业的关键影响因素

短视频直播生态，在数字技术推动、产业转型升级带动、政策驱动和规制、劳动者工作偏好选择、疫情等偶发因素刺激的影响下，创新了内容供给、商业模式、业态形态和工作生活方式，拓展了生态参与终端，满足了劳动者工作偏好和消费者新需求，繁荣了商业生态，促进了乡村振兴，衍生了新职业，更好发挥了新职业对新就业的带动作用。

（一）数字技术创新驱动

近年来我国实施了网络强国、国家大数据、"互联网＋"行动计划等战略举措，移动互联、人工智能、大数据、云计算等新一代信息通信技术快速发展。数字技术有力地推动了经济社会数字化发展，正在改变着人类的生活与工作，对就业的贡献度逐年提高，成为新就业形态的主要推动力量。

一是数字技术提供了良好的网络通信效率效能和用户终端创新供给基

础，使实现短视频直播全场景有效应用和满足丰富多彩用户需求成为可能。比如，我国特别重视第五代移动通信技术（5G），将 5G 网络视为未来物联网、车联网等万物互联的基础，有利于推动虚拟现实和增强现实等成为主流，将促进工业生产、生活方式以及服务模式的变革。比如服务模式远程化、生产工具数字化、服务产品数字化、移动互联个性化服务、服务供给与需求的智能化计算、服务展览虚拟现实化等。第 51 次《中国互联网络发展状况统计报告》显示，2022 年，我国互联网基础资源持续增长，IPv6 地址数量达 67 369 块/32，可有力支撑下一代互联网规模部署；我国光缆线路总长度达到 5 958 万千米，网络运力不断增强；我国千兆光网已经具备覆盖超过 5 亿户家庭的能力，5G 基站达 231 万个；千兆城市平均城市家庭千兆光纤网络覆盖率超过 100%，实现城市家庭千兆光网全覆盖。

二是数字技术提高互联网普及率，劳动分工和人们间交往逐渐突破地域限制，深入广大乡村及偏远的地区，扩大了短视频直播生态终端用户规模和渗透率，加速了依托短视频平台的新职业和新就业的出现。《中国互联网络发展状况统计报告》表明，截至 2022 年 12 月，我国网民规模为 10.67 亿人，同比增加 3.4%，互联网普及率达 75.6%。其中，城镇网民规模为 7.59 亿人，农村网民规模为 3.08 亿人，50 岁及以上网民群体占比提升至 30.8%。据快手公司数据，2023 年第二季度，快手应用的平均日活跃用户及月活跃用户分别达 3.76 亿、6.733 亿，分别同比增长 8.3% 及 14.8%，用户社区规模达历史新高。2023 年第二季度，快手应用的每位日活跃用户日均使用时长为 117.2 分钟。

三是数字技术有利于短视频直播平台与其生态群建立信任链接，搭建可信的商业、工作、生活的数字社区和产业生态系统。借助数字技术赋能，信息获取、交流、利益分配等越发便利和透明，减少了短视频直播生态各方之间信息不对称问题，提高了相互间信任，以平台构建的信任链接为基础，形成了工作生活聚合的数字社区和商业生态，进而推动新职业和新就业形成。比如，快手推出"快聘"平台，构建了以信任为中心的招聘关系和直播带岗模式，为用工企业和求职者搭建了数字化招聘平台。2022 年，快聘吸引月度达 2.5 亿人次蓝领劳动者参与、直播场次超 500 万场，与超 24 万家企业达成合作；快手电商生态通过建立主播与粉丝、商家与用户之间的信任关系，缩短用户消费的决策时间，提升交易达成效率，形成高复购与推荐购买行为。2022 年电商 GMV 达 9 000 亿元。

（二）产业转型升级带动

党中央提出要搞好统筹扩大内需和深化供给侧结构性改革，形成需求牵引供给、供给创造需求的更高水平动态平衡，实现国民经济良性循环。供给侧结构性改革的一个重要着眼点就是调整优化产业结构。优化产业结构的一个最重要举措是加快数字中国建设。《数字中国建设整体布局规划》为我国扩大数字领域消费和投资指明了方向，比如产业数字化转型、数字文化领域的优质网络文化产品供给等，都为短视频直播领域提供了发展良机。一方面，传统行业的转型升级，短视频直播领域通过对传统工作岗位的数字化延伸，形成了数字化新职业和新就业。比如，快手平台衍生的互联网招聘师、互联网营销师、房产主播经纪人、传统文化传承师等职业，是传统的人力资源管理、人力资源招聘、市场营销、房产经纪、非物质文化遗产传承等工作岗位的延伸。另一方面，短视频直播生态的新需求创造了新职业和新就业。比如，快手生态创造了娱乐/游戏/才艺主播、探店达人、美妆博主、快影讲师、快影模板师、影视解说员、MCN 机构主播培训师、新媒体运营师等新职业和新就业。

（三）政策驱动与规制

影响短视频直播生态发展的政策最主要的是行业发展政策和就业政策。当前，国家对短视频直播行业发展和就业制定了一系列政策，并开展了专项行动，对短视频直播生态发展起到鼓励发展和规范有序发展的作用，既要发挥短视频直播生态对就业的带动作用，也要维护短视频直播生态的健康发展，实现生态参与者和谐共生。

我国一直重视就业工作，近年来我国实施就业优先战略，将就业放在经济社会发展的优先位置，坚持把就业摆在"六稳""六保"首位。2019 年以来，平台经济发展潜力巨大，对进一步促进就业和转换经济发展动力发挥了重要作用；与此同时，短视频直播等新就业形态中存在一些问题，针对网络直播营销活动监管、网络直播规范管理、网络直播营利活动、网络直播税收政策、网络未成年人参与网络直播活动的保护措施、网络直播人员报酬分配、直播人员素质提升、劳动者权益等制定了一系列鼓励发展和规范发展并重的政策。比如 2019 年 8 月《国务院办公厅关于促进平台经济规范健康发展的指导意见》，肯定了互联网平台经济推动产业升级、促进就业的重要作用；提出落实和完善包容审慎监管要求，开展职业伤害保障试点，积极推进全民参保计划；2020 年 7 月，国务院办公厅印发的《关于支持多渠道灵活就业的意见》强调，当前新业态蓬勃发展，要取消对灵活就业的不合理限制，鼓励自谋职业、自主创业。2021 年 7 月，人力资源社会保障部等部门联合印发《关于维护新就业形态劳动者劳动保障权益的指导意见》，标志着保护新就业形态劳动者权益和平台用工治理达到了新高度。

（四）劳动者工作偏好选择

劳动者偏好不同，对工作持有的观点不同，进而影响劳动供给和工作绩效。企业能给予劳动者的工作条件，包括工资、薪酬福利、职业生涯规划等，以及企业文化特征，包括企业对员工的尊重与关心、同事间和谐关系以及对员工工作试错的容忍等，都能影响到劳动者本身工作偏好的满足，而且不同劳动者追求的偏好有差异，企业提供的工作条件和企业文化如果能与劳动者个人偏好相匹配，劳动供给时间会提高，工作人员将更积极高质量完成工作；如果两者不匹配，将对劳动供给有负面影响，工作人员会出现消极怠工等问题，工作绩效将降低。当前年轻一代更倾向于弹性工作机制、灵活就业机会，倾向兼顾工作和家庭，追求实现个人价值，而短视频直播衍生的工作岗位具有灵活、个性化、工作时间相对自主、工作场地不固定等特点，比较符合年轻人的劳动偏好和生活追求，深受其喜爱。德勤《2017 "千禧一代"年度调研报告》发现，千禧一代更倾向弹性工作安排，比如弹性选择上班时间、地点，以便在工作的同时能够兼顾家庭责任。他们对雇主也更加忠诚，工作更积极，产生高工作绩效。全球范围内倾向于灵活就业的人占比 31%，欧美发达国家占比 25%，中国、印度等新兴市场倾向于灵活就业的人占到 37%（万宝盛华，2020）。德勤《2020 全球人力资本趋势报告》指出，有 59% 的受访者认同"代际差异正在扩大"，比如不同时代的员工都很在意工作与生活之间的灵活性、期望获得企业承诺及工作保障以及期望获得职业发展。

三、短视频直播生态助力新职业

近年来数字经济加速发展，社会分工不断细化，出现了大量的数字生态。作为数字生态的典型代表，短视频直播生态深度融入各行各业、生产生活之中，衍生出大量新职业和工作岗位。

（一）新职业的概念与发展规律

为了更好理解新职业，我们先回顾职业的发展。职业的变迁与人类社会发展紧密相连。涂尔干认为，职业群体是由那些从事同一种工业生产，单独聚集和组织起来的人们所构成的法人团体。英国学者桑德斯和威尔逊在《职业》一书中提出职业是由用高深的知识解决特定问题的专家组成的集体，拥有复杂的传授和训练体系，并且奉行某种伦理规范或行为规范。美国社会学家阿伯特认为，职业存在于系统中，是一些由个体组成的排他性群体，用某种特定的抽象知识来处理特定情况。在我国，《中华人民共和国职业分类大典》将职业界定为从业者为获取主要生活来源所从事的社会工作类别。

随着社会的发展，新旧职业不断更替，伴随着社会需求日益升级，全新职业不断涌现。这些新出现的职业是社会分工不断细化的结果，与经济社会发展、数字技术创新融合广泛应用、产业结构升级、人民日益增长的美好生活需要密不可分。新出现的职业既包括雇佣关系没有改变的传统职业，技术变革促使它们进行数字化转型，迭代更新，这些职业的活动领域未变，主要工作任务或完成任务的方式发生显著变化，又包括数字技术快速发展背景下新业态和新商业模式催生的新就业形态，这些职业活动领域发生显著变化，形成了新的劳动分工。

那么这些新出现的职业是否都能称之为新职业？新职业的概念有狭义和广义之分。

狭义的新职业是相对静态的，是《国家职业分类大典》新收录和新修订的职业，作为走进公众视野的新兴职业，具有相对独立成熟的专业、技能要求且从业人员已有一定规模。

广义的新职业是相对动态的概念。新职业被纳入《国家职业分类大典》往往存在一定的滞后性，在此之前已经在数字生态中经历了若干个发展变化过程。

新职业的发展大致经历萌芽、成长和稳定三个阶段。萌芽期的新职业通常在数字生态业务和产品创新的过程中产生，总体来看从业者规模较小，稳定性较差，还需要一段时间慢慢发展；成长期的新职业相对较为成熟，从业人员规模迅速壮大，职业发展基本稳定，呈可持续发展态势；稳定期的新职业满足"五性四化"的判断标准，也就是狭义概念上的新职业。从长远来看，萌芽期和成长期新职业带动就业的前景更为广阔。

我们所研究的是广义概念上的新职业，聚焦到短视频直播生态，短视频直播平台依托丰富的内容和精准的技术手段，创造出许多新职业，其中既有传统职业进行的数字化创新转型，如"短视频特效师""新演艺人""互联网招聘师"等，又有新业态催生出的全新职业，如"互联网营销师""商业化流量规划师""农村电商创业带头人""助播"等。

（二）短视频直播生态新职业图景

短视频直播生态依托底层数字技术和海量用户数据资源搭建了丰富的内容社区，满足了用户平等表达自己的想法和被他人认同的需求，这种公平普惠的价值观体现在各个生态领域之中。其中内容创作者通过发布短视频和开展直播提供大量娱乐内容和知识信息，各类才艺主播收获观众的互动赞美和打赏礼物，电商通过直播的形式或植入在短视频中的链接向消费者直接推销商品，广告商在短视频和直播之中嵌入线上营销广告。由此产生了电商营销、内容创作、本地生活、线上营销和其他周边生态领域，这些生态领域推动数字经济与实体经济、国民生活深度融合，为越来越多的新职业发展提供了广阔空间。

根据新职业的发展规律和课题组的不完全调研，短视频直播生态孕育了大量萌芽期、成长期和稳定期的新职业。这些新职业中，有基于数字技术需求形成，能在未来数字经济体系中起到核心作用的"科技探索者"，具有强大内容创作能力的"内容造物师"和具备较强商业属性，基于电商生态体系诞生的"商业训练家"。以快手为例，截至 2022 年底，快手平台全生态直接或间接带动了 92 个数字化新职业。随着短视频直播生态与产业深入融合，更多新业态和新职业不断成长。

四、短视频直播生态助力新就业

短视频直播生态是数字经济的产物，该生态下的新职业与新就业顺应了数字化转型和绿色发展的新潮流，也符合人力资源合理布局和经济高质量发展的新要求。短视频直播生态下的新就业，以开放包容的姿态吸纳了不同知识水平、不同身体条件和不同年龄阶段的从业者，创新就业方式，对实现高质量充分就业提供了基本支撑。

（一）新就业的概念

目前新就业的概念还没有明确界定，但我们通过对"新就业形态"的研究，从中获取了对新就业概念的认知。2015 年 10 月，党的十八届五中全会通过的《中共中央关于制定国民经济和社会发展第十三个五年规划的建议》明确提出"加强对灵活就业、新就业形态的支持，促进劳动者自主就业"。2016 年，《政府工作报告》也加强了对"新就业形态"的关注。中国就业促进会（2017）认为，新就业形态是指与建立在工业化和现代工厂制度基础上的传统就业方式相区别的就业形态，主要包括伴随着互联网技术进步与大众消费升级而出现的去雇主化就业模式，以及借助信息技术升级的灵活就业模式。张成刚（2016）认为，新就业形态可以从生产力和生产关系两个角度理解。生产力角度的新就业形态描述了新一轮工业革命带动的生产资料信息化、数字化、智能化条件下，通过劳动者与生产资料互动，实现虚拟与实体生产体系灵活协作的工作模式；生产关系角度的新就业形态指伴随着互联网技术进步与大众消费升级出现的平台化的就业模式。朱松岭（2018）认为，新就业形态是传统产业在互联网条件下延伸而产生的、尚未完全转化成独立新形态的就业形态。其主要特点包括：（1）传统就业形态的延伸；（2）虚拟与现实相结合的工作模式；（3）私人订制式的雇佣模式；（4）互联网延伸下的就业；（5）具有创新驱动，在互联网下经常延伸出新的形态，具有共享的特征。新就业形态是指依托互联网等现代信息科技手段，有别于正式稳定就业和传统灵活就业的一种就业形态，其主要特点是就业形式多元化、就业管理数字化、组织方式平台化、平台用工规模化、兼职工作便利化、零工就业全时化。

基于此，课题组认为，新就业是指顺应经济社会发展要求而衍生的职业和工作岗位中的就业形态。新就业可从宏观、中观、微观三个层次来理解。从宏观层面看，新就业是规模大、质量高、人力资源配置合理的就业。从中观层面看，新就业可以是全新的就业形态，也可以是传统就业的数字化。从微观层面看，新就业意味着招聘方式的创新、工作要求的更新、劳动收入的增加、发展通道的拓宽和职业声望的提高，是令个体满意的就业。

从形态上看，新就业主要有两种形态：一是传统就业的数字化转型。新就业新在不同的工作方式。互联网招聘师、互联网营销师、房产主播经纪人、传统文化传承师等职业，是传统的 HR、招工中介、销售员、房产中介、非物质文化遗产传承人等职业在数字时代的新形式，其工作方式有所创新，利用新生产工具——智能终端，从业者足不出户就可广泛触达受众，实现传统就业形式的线上化。二是新职业带来的新就业。新就业新在全新的就业岗位。网约配送员、碳管理工程技术人员、碳排放管理员、碳汇计量评估师等已成为《中华人民共和国职业分类大典》正式发布的新职业，并带动产生了全新的就业形态，创造了全新的就业岗位。探店达人、美妆博主、快影讲师、快影模板师、MCN 机构主播培训师等成长期新职业，属短视频直播生态所特有，也带来了就业形态和就业岗位的增加。

从特点和作用上看，新就业因其灵活性、包容性，向下作用于个体，向上服务于社会，进而实现个人和社会层面的高质量就业。新就业以开放包容的姿态吸纳各类群体就业，满足了重点就业群体的物质需求和精神需求，引导实现了人力资源的优化配置，促进了整个社会就业机会的增加和就业质量的提高。新就业对工作时间、地点的要求相对宽松，突破了朝九晚五、固定办公地点的时空限制；为不便出行的残障人士、需要照顾家庭的女性提供了灵活就业的机会，为仍能发挥余热的老年人提供了再就业机会，适应了银发经济的发展需要，为高校毕业生提供了更多的就业选择。

（二）短视频直播生态下新就业的特点

特点一：规模大——缓解就业总量压力。

短视频直播生态创造了更多的就业机会，扩大了就业规模。短视频直播生态下新职业带来的新就业，对从业者基础技能的要求较低，工作时间和地点富有弹性，从业者受地理位置、文化程度、身体条件、生活状态的限制较少，就业形态多样，因而能触达更多群体，实现更大规模的就业，缓解就业总量压力。

特点二：配置优——高效均衡配置人力资源。

短视频直播生态带动的新就业，突破了时间空间和身体条件的限制，促进城乡内部、城乡之间人力资源合理配置。一方面，新就业因其工作时间和工作地点具有弹性，对体力和工作时长的限制较为宽松，为残障人士、全职妈妈、老年人等群体提供了就业创业机会，引导实现城市内部、乡村内部尚未充分利用人力资源的高效配置。另一方面，在农民工进城务工大潮下，人力资源主要由农村流向城市。短视频直播生态孕育的农产品种植、农业技术推广、农产品销售类主播，及其带动的电商生态下仓储、物流类新就业，使得大量农民工从进城务工转到返乡就业创业，其提供的新就业形态能够吸引人口回流，助力构建反磁力吸引体系，引导实现城乡之间人力资源的均衡配置。

特点三：招聘新——创新招聘方式和模式。

短视频直播生态创新招聘方式，实现供需对接，达到"快、准、真"的目的。一是互联网招聘师帮助蓝领群体与用工单位高效匹配。过去，蓝领群体的求职方式主要是熟人介绍、招工广告、劳务中介等，获取求职信息的渠道较少，搜寻成本高，招聘信息层层过滤，薪资逐级抽成。近年来，各大短视频平台推出直播招聘、短视频招聘模式，以其高互动性、高时效性的特点，将工厂、工作环境、HR 搬至线上，使求职者足不出户就可看到实际工作场景，让求职者了解岗位要求、薪资待遇等关键信息，从而帮助求职者找到心仪的岗位，并快速办理入职手续，帮助用工企业更好地了解求职者诉求，实现供需精准匹配。求职者在网络平台的留言会被大数据记忆，从而更好地帮助企业分析求职者分布特征及需求。快手"快聘"业务尤为突出，据统计，2022 年，快聘吸引月度达 2.5 亿人次蓝领劳动者参与。二是互联网招聘师帮助解决大学生就业问题。近年来，各大平台纷纷推出线上招聘端帮助大学生解决就业问题。2022 年 5 月，快手联合中国青年网推出"2022 大学生云端招聘季"活动。中航锂电、精研科技、光宝科技等新能源、智能制造、生物科技类企业，总计提供超过 38 000 个岗位，解决了德州科技职业学院、金华职业技术学院等高职院校毕业生就业问题。"00 后"山东大学生杨明琪，从山东商业职业技术学院毕业，通过快手招工成功进入歌尔集团，并通过快手帮班里六七个同学找到工作。三是直播带岗生态改变政企招聘模式。北京海淀、江苏昆山、山东济南、山西太原等地区政府部门，积极创新招聘方式，在快手等平台通过直播带岗的方式，解决就业问题。富士康、昆山立讯集团等通过快手直播招工，解决了制造企业蓝领群体"7 天内流失"困境，同时降低企业招聘的中间成本。

特点四：机会多——赋予普适性就业创业机遇。

新职业降低就业门槛，形成多种就业形态，提供就业创业机会。短视频生态孕育了主播和短视频内容制作者新职业，带动了 MCN、直播公会等内容生态的就业，带动了生产制造、物流、客服等电商生态的就业，短视频生态内就业形态多样，且普遍对工作时间、地点、从业人员学历、身体状况的要求较为灵活，让农民工、大学生、弱势群体、退役军人等重点群体有了更多就业机会。以快手平台为例，快手与农业农村部、共青团中央联合开展"农村青年主播"培育工作，为青壮年农民工返乡就业创造机会。来自河南省鹤壁市浚县的任建伟，在快手开通账号，克服身体障碍，用脚作麦秸画，吸引了 177 万粉丝，实现了自力更生。2022 年，快手推出面向在校或者毕业两年内的青年群体的"超级新生代"主播激励计划，快手生态内直播公会持续招募大学生主播，传媒公司也提供包括运营策划、摄影剪辑、采购、人事、财务、编导等十余种岗位。实现了短视频生态内雇主与大学生的"双向奔赴"。《短视频直播机构新青年群体就业情况调查报告》显示，薪资待遇、发展前景等因素使得大学毕业生愿意主动投身短视频直播行业，近七成的行业雇主认为大学生综合素质较高，招聘大学生能为公司储备人才，管理难度小、投资回报率高。

五、展望

当下，我国经济由高速增长阶段转向高质量发展阶段，短视频直播生态也进入高质量发展阶段。在数字技术推动、产业转型升级、政策引导、劳动者工作偏好和消费者需求拉动等多方因素影响下，短视频直播生态不断诞生新业态、新职业、新角色，助力高质量充分就业。但与此同时，短视频直播生态还存在低俗、暴力、虚假等内容、知识产权侵权、未成年人沉迷网络等不良现象，以及用户的数字鸿沟有待弥补等问题。未来短视频直播生态将呈现如下发展趋势：

第一，数字技术驱动短视频直播生态的动力将更强，加速职业分化，延伸就业岗位链条。2023 年中共中央、国务院印发了《数字中国建设整体布局规划》，明确夯实数字基础设施和数据资源体系"两大基础"；工业和信息化部部长金壮龙在国新办举行的发布会上表示要加快布局人形机器人、元宇宙、量子科技等前沿领域，全面推进 6G 技术研发。这些数字技术和数字经济发展布局，从技术层面推动短视频直播生态更有效链接、全场景应用，增强短视频直播用户感官体验，进一步加速短视频直播领域细分，提高职业化和专业化水平。

第二，产业数字化转型与数字产业化将更好发挥短视频生态扩容职业和就业岗位的乘数效应。在数字中国建设和供给侧结构性改革推动下，短视频直播生态带动产生的新职业，促进新就业，将加速上下游产业链和传统行业的数字化转型；而产业的转型升级反过来又带动短视频直播生态的新职业发展和新就业。

第三，短视频直播生态发展政策引导作用将增强，鼓励与规制并存，短视频直播更多传播正能量内容，更好发挥其社会正向价值。这逼迫不良社会影响力的短视频和直播发生质量转型，某些职业或就业岗位面临萎缩的风险，同时正能量短视频和直播将为社会广泛接受，其职业和就业迎来发展机遇。

第四，短视频直播生态将进一步促进提升职业素养和就业能力，缓解就业结构性矛盾。如何更好地服务国家供给侧结构性改革要求，从人力资源培训、专业技术素养、领导胜任力、国民数字能力等细分领域出发，提供综合素质培养、能力资格认证等服务，这也许是一个影响新职业和新就业的发展方向。

第五，短视频直播生态虽然从市场格局上趋于相对稳定，但平台间竞争合作关系、各种生态间深度融合发展、提高用户黏性和忠诚度等将是影响新职业和新就业的重要焦点。平台自身发展理念、发展战略、竞争策略、用户资源、资本青睐、核心技术、变现模式等的差异，将形成平台间新的竞争模式，这也会导致新职业和就业岗位在数量和质量上的调整。

参考文献

［1］德勤. 2017 千禧一代年代调研报告［EB/OL］.（2020 - 07 - 01）. https：//wenku. baidu. com/view/2728b989acaad1f34693daef5ef7ba0d4b736d32. html？_wkts_ = 1726053425609&bdQuery = % E5% BE% B7% E5% 8B% A4 + 2017% E2% 80% 9C% E5% 8D% 83% E7% A6% A7% E4% B8% 80% E4% BB% A3% E2% 80% 9D% E5% B9% B4% E5% BA% A6% E6% 8A% A5% E5% 91% 8A&needWelcomeRecommand = 1.

［2］德勤. 2020 全球人力资本趋势报告［EB/OL］.（2020 - 07 - 01）. https：//www2. deloitte. com/cn/zh/pages/human - capital/articles/global - human - capital - trends - 2020. html.

［3］范巍. 新职业反映新需求带动新就业引领新发展［J］. 求贤，2022（8）：14 - 15.

［4］耿强. 新职业为何不断涌现［J］. 人民论坛，2019（16）：61.

［5］快手发布促进就业报告：吸纳和带动 3621 万个就业岗位［EB/OL］.（2023 - 04 - 28）. https：//baijiahao. baidu. com/s？ id = 1764409005200754321&wfr = spider&for = pc.

［6］戚聿东，丁述磊，刘翠花. 数字经济时代新职业发展与新型劳动关系的构建［J］. 改革，2021（9）：65 - 81.

［7］王晓辉. 企业用工灵活化研究［M］. 北京：经济科学出版社，2022.

［8］央广网. 快手推出 2022 大学生云端招聘季，38000 个岗位"云助攻"大学生就业［EB/OL］.（2022 - 05 - 04）. https：//baijiahao. baidu. com/s？ id = 1731867332198119810&wfr = spider&for = pc.

［9］张成刚. 就业发展的未来趋势，新就业形态的概念及影响分析［J］. 中国人力资源开发，2016（19）.

［10］张国玉. 新职业的动力机制与发展趋势［J］. 人民论坛，2021（1）：24 - 28.

［11］中共中央关于制定国民经济和社会发展第十三个五年规划的建议［EB／OL］．（2015－11－03）．https：//www. gov. cn/xinwen/2015－11/03/content_5004093. htm.

［12］中国人民大学国家发展与战略研究院课题组．灵工时代——抖音平台促进就业研究报告［EB／OL］．（2023－02－04）. http：//nads. ruc. edu. cn/zkcg/ztyjbg/c90764ffcbd641b79e3b9e352abeee61. htm.

［13］中国人民大学劳动人事学院．短视频平台促进就业与创造社会价值研究报告［EB／OL］．（2022－03－02）. https：//baijiahao. baidu. com/s？id＝1726175519357370425&wfr＝spider&for＝pc.

［14］中国人事科学研究院课题组．腾讯新职业与就业发展报告［EB／OL］．（2020－07－19）. https：//www. sohu. com/a/794534082_121699314.

［15］中国信通院．数字社区研究报告［EB／OL］．（2023－02－04）. https：//www. xdyanbao. com/doc/yaodtjf5c0？bd_vid＝4665570434145435989.

［16］中国演出行业协会、快手．新网络视野下的直播短视频领域多元就业模式分析报告［EB／OL］．（2024－01－12）. https：//www. douban. com/note/858340023/？_i＝6054170OiXcXKG.

［17］中国演出行业协会．中国网络表演（直播与短视频）行业发展报告（2022－2023）［EB／OL］．（2023－05－11）. https：//baike. baidu. com/item/%E4%B8%AD%E5%9B%BD%E7%BD%91%E7%BB%9C%E8%A1%A8%E6%BC%94%EF%BC%88%E7%9B%B4%E6%92%AD%E4%B8%8E%E7%9F%AD%E8%A7%86%E9%A2%91%EF%BC%89%E8%A1%8C%E4%B8%9A%E5%8F%91%E5%B1%95%E6%8A%A5%E5%91%8A%282022－2023%29/62983907？fr＝ge_ala.

［18］2018年国务院政府工作报告［EB／OL］．（2018－03－05）. https：//baike. baidu. com/item/2018%E5%B9%B4%E5%9B%BD%E5%8A%A1%E9%99%A2%E6%94%BF%E5%BA%9C%E5%B7%A5%E4%BD%9C%E6%8A%A5%E5%91%8A/22411131？fr＝ge_ala.

《视频直播生态孕育新职业带动新就业研究》
课题组成员名单

课题组长：
范　巍（中国人事科学研究院企业人事管理研究室主任、研究员）

课题执行组长：

王晓辉（中国人事科学研究院企业人事管理研究室副主任、副研究员）

课题组成员：

赵　宁（中国人事科学研究院企业人事管理研究室副研究员）

赵智磊（中国人事科学研究院企业人事管理研究室助理研究员）

曹　婕（中国人事科学研究院企业人事管理研究室研究实习员）

佟亚丽（中国人事科学研究院企业人事管理研究室研究员）

上海新就业形态青年群体就业现状、发展困境与政策诉求[①]

提　要：对日益发展的新就业形态，广大青年群体既存在从业向往，又面临诸多困境。本研究在分析该群体的收入水平、从业时间、工作强度和劳动保障等情况的基础上，对就业满意度、就业稳定性、个人预期及政策诉求进行了重点挖掘，认为该群体主要面临收入预期过高与收入下滑风险并存、职业技能提升意愿和培训机会不足、权益保障有待改进，以及精准化的公共政策和服务覆盖不足等问题，提出应立足收入追求、能力提升、政策需求和长远发展加强从业青年预期引导，完善职业技能培训体系，优化公共服务政策体系和加强合法劳动权益保障等。

关键词：新就业形态　青年群体　职业发展　政策诉求

根据全国总工会《迈向新征程的中国工人阶级——第九次全国职工队伍状况调查总报告》，2023 年年初，全国职工总数约 4.02 亿人，其中，新就业形态劳动者已达 8 400 万人[②]。新就业形态的内在特点与青年群体的就业偏好不谋而合，使青年群体从业人员规模日益扩大。上海服务业市场体量大、需求旺盛，出行、外卖、快递、货运等行业企业普遍存在以短视频、直

---

①　本文系中国人事科学研究院 2023 年度课题"上海新就业形态青年群体就业现状及职业发展研究"报告的部分内容。

②　工人日报 . 第九次全国职工队伍状况调查综述［EB/OL］. http：//acftu. people. com. cn/n1/2023/0301/c67502 - 32633839. html，2023. 03.

播带货、知识分享和传播等为代表的新业态细分领域蓬勃发展，从业人员呈现"高学历""青年化"特征，对个人职业发展感受更强烈和预期更高。

新就业形态领域中就业结构灵活化、劳动关系难认定、劳动保护标准缺失、权益保障落实难等问题近年来不断凸显，新业态从业青年较为关注眼前收入，缺乏长远职业规划，导致技能提升和职业转换能力储备不足等问题也较为突出，对政府的就业管理与服务供给提出挑战。本研究选取网约送餐、网约车/代驾、网络电商、网络直播和设计创作五个行业中 16～34 岁的青年从业者，采用问卷调查、座谈访谈等研究方法，从该群体客观画像到主观感受逐步深入分析，总结提炼新就业形态青年群体的整体概况、就业现状、职业发展和政策诉求等方面的特征，有利于探索管理服务模式创新、优化新就业形态青年群体公共服务和提升该群体的权益保障水平。

一、新业态从业青年的就业现状

本研究采集了上述五个行业自 2021～2023 年共计 1 776 份调查样本。整体情况如下：首先，性别结构方面，男多女少，男性占 58.1%，女性占 41.9%；其次，年龄结构方面，主要以 26 周岁以上青年为主，其中，26～30 周岁的占 35.21%，31～35 周岁的占 44.71%；再次，受教育程度方面，该群体主要以大专及以上学历为主，学历层次提升势头明显，研究生学历占 7.55%，本科学历占 39.33%，大专（高职）学历占 27.06%，高中及以下占 26.06%。最后，行业分布方面，依次为设计创作（32.96%）、网络电商（30.26%）、网约送餐（14.06%）、网络直播（11.19%）和网约车/代驾（11.53%）。

（一）主要就业特征与整体概况

1. 新就业形态的内在特征愈加受年轻人青睐

2023 年数据显示，68.69% 的人具有传统正规就业经历，意味着较大比例新业态从业青年从传统正规就业领域转移而来，其中，"喜欢灵活多样的工作体验"（27.23%）是从事当前工作的重要原因之一，主要分布于网络电商（33.09%）、设计创作（31.6%）和网络直播（11.52%）三大行业。76.31% 的人因新就业形态自由度高、灵活性强、收入水平尚可、行业发展前景好和与自己爱好专长相结合而从事当前工作，近两年越来越多高学历青年开始从事新就业形态，大专及以上学历占比由 2021 年的 57.41% 提升至 2023 年的 64.82%，说明新就业形态的内在特点与年轻人的偏好不谋而合，日益受到大学生等年轻群体的青睐。

2. 部分从业人员的工作稳定性相对较好

35.4%的人平均工作年限在1年以上、3年及以下，23.26%的人在3～5年，有21.96%的人从事当前工作的时间超过5年。纵向看，从事当前工作的平均年限由2021年3.5年增加至2023年的3.6年。引入行业因素后发现，网络电商和设计创作行业从业人员的稳定性相对较高，网络直播行业从业人员的沉淀性不断增强，从业3年以上的占比由2021年的6.1%上升至2023年的12.57%，见表1。

表1 从事当前工作3年及以上人员的行业分布 单位：%

行业	2021年	2022年	2023年
网约送餐	19.51	8.76	11.05
网约车/代驾	12.2	5.15	12.76
网络电商	20.73	39.18	30.67
网络直播	6.1	6.7	12.57
设计创作	41.46	40.21	32.95

3. 部分群体的工作强度存在增大趋势

以2021～2023年作为观察区间，周工作天数主要以4～6天为主，占比分别为93.52%、82.49%和68.59%。纵向看，2023年每周工作7天的人群占比明显增加，由0%上升至18.32%；每天工作时长主要集中分布于4～12小时，近三年的占比分别为92.55%、87.15%和81.5%。纵向看，每天工作时长达到12～16小时的人数占比由5.32%上升至9.08%；每周工作时长"以正常工作时间"和"较长工作时间"①为主。纵向看，"短时间工作"的占比增加明显，由11.05%上升至23.65%，同时"较长工作时间"的人数占比下降明显，每周累计工作时间超过56小时的占比由47.37%下降至34.12%。

4. 整体收入水平下滑基础上存在行业差异

平均收入方面，不同行业存在明显差异且行业差距不断扩大。2021年，

---

① 根据板奈（Bannai）和玉木桥（Tamakoshi）对工作时长与健康关系的综述，将每周工作时长"$x \leqslant 34$小时"界定为"短时间工作"，"$35 \leqslant x \leqslant 48$"界定为"正常时间工作"，"$49 \leqslant x \leqslant 55$"界定为"一般长时间工作"，"$x \geqslant 56$小时"为"较长时间工作"。参见 Bannai A, Tamakoshi A. The association between long working hours and health: A systematic review of epidemiological evidence [J]. Scandinavian Journal of Work, Environment & Health, 2014: 5 – 18.

就业创业与人力资源市场

设计创作行业的平均收入高于网络电商、网约车/代驾和网约送餐行业的月收入，网络直播行业的平均收入水平最低。五大行业的收入差距不断扩大，由 2021 年的 1.34 倍扩大到 2023 年的 1.6 倍，见表 2。

表 2　　　　　　　不同行业平均月收入及趋势变化　　　　　单位：元

行业	2021 年	2022 年	2023 年
网约送餐	8 027.68	7 104.76	7 734.44
网约车/代驾	8 229.38	8 182.76	8 508.25
网络电商	8 673.17	10 756.29	7 615.77
网络直播	7 666.67	13 022.58	12 350.09
设计创作	10 295.08	10 569.29	8 495.64
总体月收入	8 957.11	10 288.3	8 653.69

收入稳定性方面，该群体平均月收入水平有所下降，2023 年较 2022 年和 2021 年分别下降了 15.89 和 3.39 个百分点。其中，网络直播的收入增幅较为明显，2023 年较 2021 年度收入增幅为 61.09%，设计创作、网络电商和网约送餐行业从业人员收入均有不同程度下降，降幅分别为 17.47%、12.19% 和 3.65%。

5. 职业伤害和社会保险参保率相对较低

近三年意外伤害发生率整体相对较低，但上升趋势明显，由 2021 年的 5.94% 提高至 8.99%，其中，受过严重伤害的比例有升高趋势，对意外伤害保障的需求度有所提升。近两年，意外伤害保险参加比例仅约 20%，未参加比例却分别高达 72.4% 和 75.55%。外省市户籍灵活就业人员的上海"城职保"参与率也较低，应进一步推动非户籍灵活就业人员参加本市职业伤害保障和基本保险等政策的落实。

（二）就业满意度评价

1. 对当前工作的评价相对较高

近三年"比较满意"和"非常满意"的占比分别为 71.58%、53.39% 和 60.50%。纵向看，满意人群占比略呈下降趋势，不满意人群占比有所上升，分别为 8.42%、21.49% 和 15.97%，对这一变化趋势应给予充分关注。相较 2022 年，行业发展前景（提升 13.63 个百分点）、薪资收入（提升 12.76 个百分点）、工作内容（提升 12.65 个百分点）、社会保障（提升 12.29 个百分点）和工作强度（提升 10.10 个百分点）的满意度明显提升，见表3。整体看，该群体对自身的就业满意度相对较好，既是对自愿进入新就业形态领域就业的反映，又表明相关部门近年来在劳动保护、权益保障方面的政策取得一定成效。

表3　　　　　　　　　基于不同维度对就业满意度的评价　　　　　　　　单位：%

维度	年份	非常满意	比较满意	说不清楚	不太满意	非常不满意
工作内容	2022	9.05	38.69	37.56	11.54	3.17
	2023	14.49	45.90	28.45	9.08	2.09
工作强度	2022	10.86	44.57	30.54	9.95	4.07
	2023	15.97	49.56	21.38	10.21	2.88
社会保障	2022	6.56	32.81	36.65	16.29	7.69
	2023	13.79	37.87	29.32	14.22	4.80
薪资收入	2022	3.62	31.00	23.08	32.13	10.18
	2023	10.82	36.56	21.29	25.39	5.93
人际关系	2022	14.71	57.92	21.27	4.52	1.58
	2023	18.15	51.83	22.69	5.85	1.48
行业发展前景	2022	6.33	28.73	45.48	14.03	5.43
	2023	11.78	36.91	34.21	12.83	4.28
总体工作满意度	2022	7.24	46.15	25.11	18.10	3.39
	2023	13.09	47.47	23.47	13.53	2.44

2. 家人对其当前工作整体持肯定性态度

对于当前工作，65.82% 的人得到了家人的支持，明确表示不支持的占比仅约 10.1%。引入行业的交叉分析后，设计创作行业其家人持支持态度的占比（73.21%）最高，网络电商（69.31%）和网络直播（64.18%）行业从业人员家人对其的支持态度高于网约车/代驾行业（59.52%）和网约送餐（51.16%）。

（三）就业黏性与个人预期

1. 对当前工作的转换意愿整体有所趋弱

2023 年不打算换工作的比例由 2022 年的 68.78% 上升至 79.06%，打算换工作的比例由 31.22% 下降至 20.94%。工作转换"一升一降"数据表明，在当前经济形势下，个人就业预期有所下调，以追求当前工作稳定为主要心态，不轻易作出转换工作的决策。引入行业因素后，近两年，打算换工作的群体以设计创作和网络电商行业为主，其中，设计创作行业由 30.43% 上升至 34.17% ，网络电商行业由 42.03% 下降至 23.33% 。

2. 薪资待遇是工作转换的首要影响因素

2023 年，薪资待遇低、缺乏晋升空间、行业发展前景欠佳和工作压力大是换工作的重要原因。相较 2022 年，工作压力大（15.94% 上升至 27.92%）、工作环境差（7.97% 上升至 12.92%）和缺乏晋升空间（26.81% 上升至 30.83%）三大因素的影响度提升明显，薪资待遇、行业发展前景等的占比有所下降，说明该群体的就业预期有所下调，既有对当下工作的彷徨，又感受到了外部宏观经济形势的寒意。

3. 就业形势预期和薪资期望不断向好

近两年对就业形势的评价均以"保持不变"和"存在恶化趋势"为主，但认为就业形势恶化的占比下降明显，由 56.11% 下降至 42.06% 。认为就业形势改善的占比由 11.54% 上升至 28.89% ，说明伴随疫情结束后经济社会各项活动的有序恢复，就业市场得到明显改善，社会预期不断向好。2022年，打算换工作的群体对新工作的期望月收入是 12 967 元，2023 年 1 月和 8月的调查显示，对新工作的期望月收入分别是 15 378 元和 12 845 元，该群体目前对新工作的收入预期虽然较 2023 年年初有调低趋势，但仍远高于2023 年上述几个行业的当前平均收入水平，个人预期相对较高。

4. 对自身未来收入的整体预期相对稳定

从劳动者对未来半年的劳动收入预期看，大部分人认为收入会基本保持稳定（53.05%），25.82% 的人预期收入会有所增加，21.12% 的人预计未来收入会有所减少。引入行业因素，预期收入增加人群的所属行业基本稳定，主要分布于网络电商和设计创作行业，但占比分别由 2022 年的 35.42% 和32.29% 下降至 2023 年的 30.37% 和 29.26% 。网约送餐、网约车/代驾和网络电商行业预期收入减少人群的占比有所提升，见表 4。

表 4 各行业收入预期趋势变化的占比分布（%）

行业	预期收入增加		预期收入减少	
	2022 年	2023 年	2022 年	2023 年
网约送餐	8.33	17.78	15.44	17.36
网约车/代驾	7.29	11.11	11.03	16.12
网络电商	35.42	30.37	22.79	31.82
网络直播	16.67	11.48	18.38	12.81
设计创作	32.29	29.26	32.35	21.9

（四）职业发展与公共服务诉求

1. 信息获取依赖线上和个人社会网络渠道

近两年数据显示，招聘网站、移动客户端和亲戚朋友熟人介绍是获取就业信息的主要渠道，超过10%的人通过中介机构获取就业信息，对政府就业服务机构和学校推荐渠道的使用率低于10%。纵向看，通过招聘网站获取就业信息的渠道较为稳定，移动客户端的使用占比由47.96%明显下降至30.62%，与此同时亲戚朋友熟人介绍（39.82%上升至47.83%）和现场招聘会（4.75%上升至11.41%）的使用比例上升明显。但当前经济形势下，线上和个人社会网络获取信息的原有路径可持续性不强，公共服务应当及时介入。

2. 社保、培训和就业信息需求持续提升

近两年，该群体对社保缴纳和职业技能培训的需求度较高，对就业岗位信息需求度大幅提升。纵向看，该群体对就业岗位信息（19.46%上升至35.69%）、求职面试指导（7.47%上升至13.04%）和职业生涯规划（13.8%上升至17.03%）的需求度有明显提升；对创业指导与实践的需求度由20.36%下降至14.86%。上述变化趋势显示，受宏观经济形势和就业环境影响，该群体的创业意愿有所下降，对政府公共就业服务的需求度有所提升，希望获得就业岗位信息。同时该群体虽然对自身职业生涯的关注较少，但对职业生涯规划发展和求职能力提升的关注度有所提升。

二、存在的主要问题与挑战

（一）收入预期过高和收入下滑风险并存

1. 部分群体对收入的预期相对较高

一方面，尽管不少行业的实际收入受疫情影响下降明显，但从业青年对未来收入前景以及下一份工作的收入期待却较为乐观，目前虽有调低趋势但仍远高于行业平均收入水平；另一方面，部分行业由于发展红利期逐渐消失、人员不断涌入，收入必然会有所下降，但预期过高不仅会影响工作心态，也会影响对就业满意度的评价。

2. 收入下降或将影响该群体的工作稳定性

一方面，新就业形态在生产模式、组织运作、工作时间等方面的灵活性、自主性都与传统产业截然不同，收入尚可是青年群体从事当前工作的重要原因。但部分行业在现行经济形势下存在收入下降的现实困境，就业

的压力和不确定性显著增加。另一方面，薪资待遇是影响青年群体工作转换的首要影响因素，青年劳动者对未来就业形势以及对薪酬上涨仍抱有乐观期待。因此，部分行业收入下降可能会进一步加剧劳动者的工作转换频率。

3. 收入水平影响"城职保"参保意愿

一方面，该群体本身的参保意愿不高。新就业形态从业人员的就业模式、工作时间和取酬方式极度灵活，社保缴费基数采用年度固定方式与该群体月收入不稳定之间存在一定矛盾，即使收入水平尚可，参保意愿也不强。另一方面，收入下降可能会进一步降低社保参保意愿。由于该群体对眼前收入的关注度较高，政府推动该群体参加"城职保"的难度必将进一步加大，从长远看，该群体将面临保障不足风险。

(二) 职业技能提升意愿和培训机会不足

1. 对自身职业生涯和技能提升缺乏关注

一方面，择业和就业的"短视"行为导致部分青年更关注工作的灵活性和收入水平，对技能提升和职业规划缺乏关注，存在"做一天算一天""以后的事以后再说"的心态，工作转换也基本在低水平岗位之间流动；另一方面，新就业形态工作时间碎片化、随时待命的特点，客观上使劳动者不具备通过长期培训提升专业技能的条件，导致职业转换准备不足，为今后可能发生的失业问题埋下隐患。

2. 职业技能培训与收入和职业发展关联性不够

一方面，企业参与意愿有待提升，不愿意花费人力、财力和时间开展职业技能培训和评价工作。另一方面，青年群体认为培训回报不足，花时间去培训和考证对收入待遇提升和今后发展没有太大帮助。以网约送餐等为代表的行业，就业门槛较低，流动性又强，考取证书对职业转换和未来的职业发展并不能带来明显益处。

3. 职业技能培训尚不能较好适应新就业形态人员特点

一方面，参与职业培训的"工学矛盾"突出。现有政府部门认可的职业技能培训以线下培训为主，有严格的学时和场地要求，这与新就业形态工作时间碎片化、工作地点灵活化的实际有冲突。另一方面，现有培训项目的参评门槛过高。目前针对新就业形态的职业技能等级评价项目不多，已有项目要求申报人在上海缴纳社保，这与从业人员在本地参保率和参保意愿较低的现实冲突。

（三）权益保障不足风险仍待进一步改善

1. 劳动权益的执法边界把握难

一方面，现有治理体系和规则主要局限于"单位＋雇员"的就业模式，而新就业形态劳动者以灵活就业方式参与平台用工，可自主决定是否工作、工作时间地点以及工作量，导致新就业形态人员难以纳入现行的劳动法律法规适用范围。另一方面，平台掌握定价权但缺乏相应规制，"单价既定"下必然形成工作时间与收入水平的对应关系。劳动者为达到预期收入"自愿"提高劳动强度。相关部门由于既缺乏明确法律依据，又考虑到劳动者工作自由度高和可自控劳动强度等因素，对各类劳动权益案件难以按照统一标准进行处置。

2. 基于就业地的职业伤害保障参与率较低

一方面，该群体意外伤害整体发生率和受严重伤害的比例有所提升，对意外伤害保障的需求有所加大，因此筑牢从业人员的职业安全兜底性保障防线成为当前公共政策的当务之急。另一方面，绝大部分人缺乏职业伤害保障。目前本市职业伤害保障试点仅覆盖网约送餐、物流配送行业的从业群体，未参加意外伤害保险的占比仍较高。

3. "城职保"的参保率有待进一步提高

一方面，该群体的参保意识和参保意愿不足。由于较为年轻，对未来养老缺乏认识和规划，同时非本市户籍群体将增加眼前收入作为首要目标，对参加上海"城职保"的积极度不高。另一方面，由于新就业形态从业人员主要按单取酬，业务量或接单量并非一成不变，导致收入存在一定波动，使该群体缺乏稳定收入预期。此外，随着行业发展红利期和宏观经济形势的影响，部分群体的收入存在下降趋势，相较每月超过 2 000 元的缴纳成本，缴费能力偏低。

（四）精准化的公共政策和服务覆盖不足

1. 该群体本身对公共政策的关注不足

一方面，绝大部分非本市户籍灵活就业人员不参加上海社保、不申请居住证积分落户，也不涉及子女教育等需求，缺乏关注公共政策的内在动力。另一方面，由于大部分新业态从业人员每天工作时间较长，大部分精力用于工作和休息，导致在平时工作和生活中无暇关注政府相关政策和公共服务，对自身可享受的公共服务及提供部门的认识较为模糊。

2. 现有政策供给与群体需求存在偏差

一方面，全国各省市已出台的政策主要集中于社会保障、劳动权益和职业培训，而劳动者在整个就业周期中还存在求职指导、劳动保护、薪资保障、职业转换和创业指导等多方面需求，现有政策针对这些需求的服务还涉及较少；另一方面，青年群体对政府公共就业服务的需求不断增强。该群体对就业岗位信息获取、职业生涯规划、求职面试指导和职业技能培训等的需求度较高，而这些恰好是政府公共就业服务的优势所在，也是现有政策服务对该群体覆盖不足的短板所在。

3. 政策宣传和服务的精准性有待提升

一方面，新就业形态从业人员受信息接收渠道窄、职业转换频率高、与政府部门"打交道"少等影响，长期游离于政策视野之外，导致现有公共政策和服务与新就业形态特点和从业人员需求的贴合度不够。另一方面，现有的宣传方式、展示方式与新就业形态灵活、自由、年轻和个性的主流气质不相符，传统宣传方式缺乏新颖性，宣传载体有待丰富，易于青年理解和接受的宣传用语有待进一步优化。

三、进一步完善的对策建议

（一）立足收入追求，加强从业青年预期引导

1. 适时发布信息引导从业人员预期

一是鼓励行业协会开展新就业形态劳动者工资收入水平监测并定期发布信息，使劳动者及时了解新就业形态不同行业收入的真实状况。二是搭建行业内不同企业间的沟通协商机制，引导有条件的行业平台企业科学设定新就业形态从业人员服务定价。三是加强对新就业形态劳动者个人收入预期的引导，理性看待收入的阶段性波动和下滑。

2. 引导青年树立可持续的职业发展观

一是引导其转变"赚快钱"心理，在工作和职业选择上尽量兼顾长远发展，在当前工作上增加经验积累，避免不断在低水平岗位上频繁流动。二是引导该群体关注自身职业生涯发展和技能提升。鼓励平台或所服务企业为青年提供良好的职业发展通道，提升其参与相关职业技能培训的积极性，助力青年群体实现人力资本积累，为今后职业转换打下基础。

3. 以软性举措提升青年群体对收入的综合感知

一是充分发挥工会、行业协会、爱心组织等社会团体资源，为该群体提供劳动保护、生活关爱等方面的保障和服务，推动城市公共文娱资源向青年群体开放，使其更好地平衡工作和生活。二是推动职业伤害试点范围逐步覆盖所有新就业形态从业人员，扩大工会部门职工互助保障参与率，推动灵活

就业人员根据需求选择"城职保"参保，提升职业安全感。三是引导行业协会、头部企业积极推进职业技能培训，并在奖励规则、职业晋升方面探索与技能等级挂钩，探索完善职业技能提升与青年群体收入提升、职业发展间的联动机制。

（二）立足能力提升，完善职业技能培训体系

1. 建立适应新就业形态的职业培训模式

一是探索各类新就业形态劳动者在就业地参加职业技能培训的新模式，依托重点高职院校、社会化机构等构建在项目设计、课程标准、开展形式、考核评价等环节与新就业形态劳动者群体特点和工作特征匹配的职业培训模式。二是在培训时长、培训地点、培训模式等方面标准的制定和安排上充分兼顾该群体的"工学矛盾"，通过精准化教学、弹性学分制与线上线下相结合方式，优化职业技能培训项目的实施方式和流程。

2. 完善职业技能等级评价制度

一是探索非在沪参保人员参加职业技能等级评价方式，将在沪参加职业等级评价与是否在上海参保脱钩，同时把牢考核评价关，避免放开限制后出现的负面效应。二是探索培训补贴不受户籍和地域限制的方式，支持帮助有培训需求的人员就地就近接受培训，在划分培训资金来源基础上给予相应的职业培训补贴。

3. 遴选扶持一批社会化职业培训项目

一是以市场化需求为导向，将国家职业资格尚未覆盖且经论证的新赛道新职业纳入技能补贴范畴。二是根据上海新业态发展重点方向、行业企业现实需要以及区域经济发展特色，在规范经营、守法诚信的企业、行业协会等社会化机构中，遴选一批运作成熟、培训需求旺盛的职业培训项目，助力新就业形态领域的青年群体提升职业技能。三是探索将部分行业企业自主职业培训项目纳入本市政府职业技能培训补贴目录，明确补贴标准，加强对培训主体的合规性监管。

（三）立足群体需求，优化公共服务政策体系

1. 强化新就业形态从业人员监测

一是探索与网络服务商、大型平台企业和行业协会等组织合作建立新就业形态数据库，开展用工监测分析。二是加强对平台的准入规则、格式合同、劳动用工等问题的监管，实时监测、定期分析企业经营行为和用工情况，建立健全劳动用工风险预警机制。

2. 加强对该群体的各类公共服务供给

一是积极为新就业形态从业青年提供个性化职业介绍、职业指导、创业培训等便捷化服务。二是探索适合新就业形态的社会保险经办服务模式，在参保缴费、权益查询、待遇领取和结算等方面提高社会保险经办服务水平，保障其公平享受各项社会保险待遇。三是整合工会、共青团等各职能部门和党群部门资源加强城市综合服务网点建设，推动在新就业形态劳动者集中居住区、商业区设置临时休息场所，解决停车、充电、饮水和歇息等需求。

3. 提升各类政策宣传和服务精准性

一是加强新就业形态相关政策的宣传、普及和推广，依法为新就业形态从业人员提供便捷、优质的各类政策咨询、纠纷调解和法律援助等服务。二是建立新就业形态劳动者"数字化"服务平台，顺应新就业形态青年群体的特征和偏好，实现供求信息共享，精准推送就业岗位、社会保障、技能培训和职业安全等信息。三是立足群体特点优化政策宣传语言和形式，丰富活动形式，用通俗易懂的语言开展各类喜闻乐见的宣传活动。

（四）立足长远发展，加强合法劳动权益保护

1. 加强劳动标准制定和完善

一是推动完善新就业形态劳动者相关法规和制度，加强新职业认定，建立相应劳动标准，明确工作时间、报酬支付、工作安全、休息休假等必要规则。二是加强对平台企业经营行为的规范，保护劳动者取得劳动报酬、休息休假等合法权益，建立完善平台订单分配、报酬构成和奖惩等相关算法。三是劳动执法中兼顾该群体的权益保障和行业内在特点，对从业人员的诉求主张采取差异化口径，对权益主张以支持为导向，对劳动关系主张以审慎支持为导向。

2. 扩大职业伤害保障试点范围

一是逐步建立以政府主导的职业伤害保险为基础、商业化的意外伤害保险为补充的职业伤害保障体系。二是扩大职业伤害保障试点范围，在目前网约送餐、物流配送七大平台试点基础上，推动更多从业人员参与职业伤害保险，发挥社会保险风险共担、互助共济功能，提升新就业形态从业人员职业伤害保障水平。

3. 提升"城职保"参保意愿

一是开展新就业形态从业人员参保扩面专项行动，加强与新经济部门和税务等部门的信息互通与协同，摸清灵活就业人员收入底数，锁定扩面目标人群，为调整和优化社保缴费基数和费率提供支撑。二是参考社平工资的多

级档位设置，建立灵活就业分档位缴费标准，引导支持新就业形态劳动者根据自身情况参加相应社会保险。三是针对该群体存在回户籍地的预期，细化转移接续的配套政策并加强宣传，打消该群体对转移接续手续较为烦琐和无法享受待遇的顾虑。

参考文献

［1］滴滴发展研究院，滴滴团委．滴滴：青年司机平均年龄 30.7 岁，85 后占比 46%［EB/OL］．（2021 - 05 - 04）. https：//www. dsb. cn/147326. html.

［2］工人日报．第九次全国职工队伍状况调查综述［EB/OL］．（2023 - 03 - 01）. http：//acftu. people. com. cn/n1/2023/0301/c67502 - 32633839. html.

［3］关博，王哲．新就业青年权益保障：困局、调适与破题［J］.中国青年研究，2021（4）：22 - 28.

［4］王娟．高质量发展背景下的新就业形态：内涵、影响及发展对策［J］.学术交流，2019（3）：131 - 141.

［5］喜马拉雅．喜马拉雅发布《2022 年原创内容生态报告》［EB/OL］．（2022 - 12 - 30）. https：//mp. pdnews. cn/Pc/ArtInfoApi/article？id = 33163818.

［6］杨伟国，吴清军，等．中国灵活用工发展报告（2022）［R］. 2021（12）.

［7］曾湘泉，徐长杰．新技术革命对劳动力市场的冲击［J］.探索与争鸣，2015（8）：32 - 35.

［8］张成刚．就业发展的未来趋势，新就业形态的概念及影响分析［J］.中国人力资源开发，2016（19）：86 - 91.

［9］Bannai A，Tamakoshi A. The association between long working hours and health：A systematic review of epidemiological evidence［J］. Scandinavian Journal of Work，Environment &Health，2014，5 - 18.

《上海新就业形态青年群体就业现状及职业发展研究》
课题组成员名单

课题组长：

张少华（上海市人力资源和社会保障科学研究所所长）

课题组成员：

鲁闻鸣（上海市人力资源和社会保障科学研究所副所长）

刘彩云（上海市人力资源和社会保障科学研究所助理研究员）

翁晨源（上海市人力资源和社会保障科学研究所研究实习员）

张　爽（上海市人力资源和社会保障科学研究所副研究员）

王晨馨（上海市人力资源和社会保障科学研究所研究实习员）

　　本课题由中国人事科学研究院和上海市人力资源和社会保障科学研究所共同完成。

湖北省高级人才寻访（猎头）业态现状及优化升级研究①

提　要： 高级人才寻访（猎头）业态是促进人才链支撑创新链产业链资金链深度融合的重要抓手，是深入实施人才强国、创新驱动战略，实现中国式现代化的重要力量。通过政府主动担当作为、柔性引才聚才、产业园组团式集聚化发展、支持海外人才引荐以及推进数字化平台建设，湖北省着力构建高级人才寻访（猎头）业态高质量发展新格局。但对标国内外先进地区，湖北省高级人才寻访（猎头）业态发展仍存在促进产才契合主体作用发挥不充分、市场结构和区域分布失衡、业态低端化同质化较为严重等瓶颈制约问题。促进湖北省高级人才寻访（猎头）业态优化升级要着力解决人才发展难点、痛点和堵点，坚持战略规划引领，推进数智化转型，优化延伸产业链条，布局海外高层次人才引荐，健全制度支持体系，为促进高端人才、战略人才力量服务湖北省五大优势产业提供全链条、精准化服务。

关键词： 高级人才寻访（猎头）业态现状　优化升级　湖北省

党的二十大报告指出，教育、科技、人才是全面建设社会主义现代化国家的基础性、战略性支撑；要完善人才战略布局，加快建设世界重要人才中心和创新高地，建设规模宏大、结构合理、素质优良的人才队伍。高级人才

---

① 本文系中国人事科学研究院 2023 年度课题"湖北省高级人才寻访（猎头）业态现状及优化升级研究"报告的部分内容。

寻访（猎头）业态适应国际人才市场竞争高移、前移和外移新趋势，为高新技术产业、战略性新兴产业以及未来产业提供高端人才服务，促进产才契合，是深入实施人才强国、创新驱动战略，实现中国式现代化的重要力量。湖北省注重建立健全人才要素市场，充分发挥高级人才寻访（猎头）业态的引才聚才市场主体作用，探索产业园组团式、集聚化发展模式，深入实施人才引领、创新驱动战略，加快建设全国构建新发展格局先行区。但对标国内外先进地区和国家的发展经验，对标湖北省加快建设"两个中心"和全国构建新发展格局先行区新要求，湖北省高级人才寻访（猎头）业态仍面临促进产才契合主体作用发挥不充分、市场结构性失衡、业态低端化同质化较为严重等突出问题，亟待以业态优化升级和发展体制机制创新，促进创新链产业链资金链人才链深度融合。

一、高级人才寻访（猎头）业态发展的理论基础与国内外经验

按最新版《高级人才寻访服务规范》定义，高级人才是具有丰富专业知识、经验技能、创造力的高层管理人员和高级专业技术人员或其他稀缺人员。理论研究与管理实践表明，高级人才是一种异质性人力资本，即"在一定历史阶段中具有边际报酬递增生产力的人力资本"[1]。与同质性劳动力资源或人力资源相比，高级人才在各自领域中处于前沿地位，在所研究领域内处于尖端位置，并且科研影响力大，具有人力资本投资大收益高、供求信息非对称和高体验性、有较高层次的干事创业需要以及渴求社会资本与创新网络嵌入等多重异质性特征。

高级人才寻访（猎头）服务是根据客户对高级人才的需要，为其提供咨询、搜寻、甄选、评估、匹配、推荐、入职管理等系列活动，有利于减少高端人才"引育用留"过程中的信息不对称问题，是促进人才链和创新链产业链资金链深度融合的重要力量。有学者（Rakesh Khurana）对高管、猎头企业和顾问以及大量 CEO 工作变动的实证研究结果表明，猎头的"协调""中介""合理化"功能可实现客户与候选人的有效匹配。[2] 林春华则提出了国内高级人才寻访（猎头）周期短、渠道广、精准度高、附加值高的搜寻原则和特点。[3] 认为高级人才寻访（猎头）服务基于其"协调""中介"和"链

---

① 丁栋虹，刘志彪. 从人力资本到异质型人力资本 [J]. 生产力研究，1999（3）：8-10.

② Rakesh Khurana. Three-party exchanges：The case of executive search firms and the CEO search，working paper [M]. Boston：Harvard Business School，2001.

③ 林春华. 国际猎头高效的搜寻路径与方法 [J]. 开发技术，2013（3）：44-48.

接人"角色，利用其"结构洞"优势①，能够有效地化解高级人才"引育用留"信息不对称过程的"黑箱"问题。一方面，猎头机构可以提供招聘、职业规划、人才测评等专业服务，帮助用人单位更好地了解人才市场供求情况，准确把握市场动态，提高高端人才招聘效能。另一方面，猎头企业为候选人提供相关需求、面试指导、职业规划等专业化建议，提高工作匹配度和稳定性。

自 1926 年美国纽约成立迪克·迪兰人才搜索公司，标志着高级人才寻访（猎头）业态以公司的形态出现以来，高级人才寻访（猎头）业态已形成了独立而健全的公司体制、行业关联和产业链条，呈现垂直化专业化的发展态势。同时，实力雄厚的猎头企业全球化发展也成为大势所趋。欧美国家政府通过采取税收减免、创新基金、政府补贴等优惠政策，不断支持并鼓励本国猎头公司进军国际高级人才市场，推动成立国际猎头协会。美国跨国猎头企业还利用信息技术在世界各地建立起区域总部和联络处，建立全球服务和呼叫中心和一站式全球职位搜索引擎，实现全球扩张战略。同时，猎头业态的战略性地位被不断强化。欧美发达国家通过动用军事、政治、外交等资源和手段，组建"国家猎头"平台，吸引外国高智群体留学，遍设科研机构、研发中心"育才"，促进跨国公司"人才本地化"，以国家政策制度和企业市场行为承担"国家猎头"战略职能。②

尽管国内高级人才寻访（猎头）业态起步较晚，但发展迅猛。北京、上海、深圳等地通过构建全面政策支持体系，给予高级人才寻访（猎头）业态发展切实的政策倾斜、物质保障和配套服务，以人才集团、产业园等模式集聚海内外优质高级人才寻访（猎头）企业。高级人才寻访（猎头）企业在业务经营上有充分的自主权，正逐步发展国内外跨地区以及中外人力资源市场相融合的多样化猎头业态，并借助数字化转型浪潮，主动搭建人才信息平台，建立跨区域的人才数据库，从而提高国际竞争力，实现进一步的市场扩张。

二、湖北省高级人才寻访（猎头）业态演进历程与发展经验

湖北省科教人才资源富集，创新成果位居全国前列，同时兼具独特的区位优势、广阔的市场环境和良好的产业基础。湖北省历来高度重视建立健全

---

① Burt，R. S. Structural holes：the Social Structure of Competition. Cambridge，MA：Harvard University Press，1992.

② 程贤文．美国是全球最大的"国家猎头"［J］．国际人才交流，2006（10）：56－57.

就业创业与人力资源市场

中国人事科学研究报告

THE REPORT OF CHINESE PERSONNEL SCIENCE

人才要素市场，以发展包括高级人才寻访（猎头）服务在内的人力资源服务业促进人才链支撑创新链产业链资金链深度融合。1998 年 6 月，湖北省首家具有提供高级人才猎头服务的武汉光辉人才顾问服务有限公司成立，标志着湖北猎头产业从 0 到 1，从无到有，迈入发展轨道。2002~2010 年，纳杰、大楚、武汉方阵、施瑞德等大型综合性人力资源服务机构相继成立，并逐步成长为湖北猎头产业的中流砥柱。党的十八大后，湖北省高级人才寻访（猎头）业态步入快速发展阶段，知名猎头机构如北京外企、锐仕方达相继在武汉市成立分公司。截至 2017 年年底，湖北省成规模的猎头机构已经达到 15 家左右。

党的十九大以后，随着武汉"创谷计划"的实施和高新技术产业的进一步集聚发展，湖北高级人才寻访（猎头）行业发展再上台阶，开始步入规范和成熟发展阶段。中国武汉人力资源服务产业园战略布局一园三区，吸引知名猎头机构入驻；《湖北省人力资源市场条例》颁布实施，为猎头机构的规范发展保驾护航。2023 年 10 月 30 日，湖北省人力资源服务行业协会举行了高级人才寻访专业委员会授牌仪式，标志着湖北省高级人才寻访（猎头）行业迈入新的高质量发展阶段。抽样调查结果显示，44 家猎头机构中近一半的猎头机构注册或登记的时间在 10 年及以上，75% 的机构的注册资金为 100 万至 500 万元（含），营收在 1 000 万元以上及净利润在 500 万元以上的机构占比为 25% 和 13.64%；猎头机构主要聚焦中高层管理者引荐工作，而国际/海外高层次人才引荐服务占比 36.36%。湖北省高级人才寻访（猎头）业态发展的主要做法和经验表现在五个方面。

一是政府主动担当助力业态新发展。作为中西部大省，湖北省人才政策的改革一直走在全国前列，高端人才寻访行业不断发展过程中，配套的政策也在不断地完善，政府充分发挥引导作用，积极构建引才平台，为事业发展筑巢引凤，并提供保障与支持。[①] 2016 年，湖北省人民政府发布《省人民政府关于加快人力资源服务业发展的实施意见》，重点鼓励和扶持人才测评、猎头服务等新兴业态和产品快速发展，鼓励为湖北省新经济发展引进高端人才。2020 年出台《人力资源市场暂行条例》鼓励并规范高级人才寻访工作，提高人力资源服务业发展水平。2021 年发布的《湖北省"十四五"就业促进规划》中更明确指出，要鼓励发展高端人才寻访等高人力资本、高技术、

---

① 田永坡，李琪. 我国在人才流动及引才中发挥人力资源服务机构作用的政策与实践［J］. 中国人事科学，2022（6）：66-73.

高附加值业态。

二是产业园区促进组团式、集聚化发展。截至 2023 年 9 月，湖北已建成和在建人力资源产业园达到 12 家，其中国家级产业园 1 家。人力资源服务产业园为猎头企业提供了最优的行政资源和创新要素资源，知名猎头机构和省内规模以上的猎头机构多数入驻产业园区，形成组团式、集聚化发展新态势。江汉区政府从支持产业集聚、企业创新发展等方面为入驻猎头企业量身定制"政策菜单"，精准政策支持，区内产业园根据综合实力、财政贡献度、入驻年限等条件按其区级财政贡献度的 25%～100% 给予入驻猎头企业租金补贴、装修补贴及财政奖励。中央商务区园区已入驻 58 家人力资源企业，入驻率超 90%，其中包括 18 家全国人力资源服务业百强企业，18 家省级人力资源服务业领军企业，6 家省市民营企业百强企业，4 家上市和新三板挂牌机构，其中半数以上开展高端人才寻访业务或为猎头机构。

三是积极探索柔性引才聚才新模式。以企业为主体的固定交流平台"千百咖啡"，通过每周六举办政策讲解、事迹宣讲、知识讲座、海归沙龙等主题活动，为专家、企业和高级人才寻访（猎头）机构提供互通信息桥梁。"院士专家行"活动面向全省高校选派一批院士专家深入企业，帮助解决一批科研技术和生产经营难题，促成一批产学研合作项目，柔性引进一批急需紧缺人才，建立健全院士专家服务企业长效机制。各市州也积极制定各类政策，吸引人才。如鄂州市接连推出"梧桐计划""人才池计划""人才强企工程""才聚荆楚·智汇鄂州"等举措，围绕产业布局打出人才政策创新组合拳。宜昌启动了 2023 年"院士专家企业行"活动，63 名院士专家奔赴宜昌企业"结对子"攻关生产课题，现场签订 10 个项目合作协议。

四是倾力支持拓展海外高层次人才引进。政府积极组织推动猎头机构开展海外人才引荐工作。2009 年，湖北省组织实施引进海外人才"百人计划"，支持各级人力资源市场加强与境外人力市场、猎头机构和驻外机构的联系，及时发布人才需求信息，为用人单位引才提供公共服务。10 年来累计引进海外人才数千人。专业猎头也发挥出越来越关键的作用。许多猎头企业建有内部 ATS 信息库，通过快速搜寻海外人才，帮助湖北引进了一批海外高端人才。许多猎头公司还成立了国际部门，专门负责海外人才的引进工作。如锐仕方达武汉利用国际部资源为武汉光谷通信、医药产业引进一批高端人才。

五是推进数字化服务平台建设。鄂东人力资源服务产业园采取"政府引导、市场化运作"方式，建成人力资源产业载体和"互联网＋"新经济智慧创新平台。行业领头猎头公司积极构建数字化体系。科锐国际通过自建、收购以及并购等方式，不断拓展海外服务网络，拥有超过 50 万人的高质量活跃国际人才数据库。各市州也积极采取各项措施，探索公共人才数字化服务平台新发展。

三、湖北省高级人才寻访（猎头）业态发展的瓶颈与痛难点

尽管湖北省科教人才资源富集，但长期以来面临战略科学家、产业领军人才和创新团队集聚不足，科技成果转化和产才深度融合契合不够，海外高端人才吸引力凝聚力亟待进一步增强等现实问题。究其根本原因，是人力资源服务业，尤其是高级人才寻访（猎头）业态发展不力，面临主体作用发挥不充分、市场结构性失衡、海外人才引进存在"短板"以及人才队伍建设和政策支持力度待加大等突出问题。

一是引才荐才主体作用发挥不充分。与北京、上海、深圳相比，湖北省高级人才寻访（猎头）业态发展水平、服务规模、服务层次、服务领域尚有差距，难以充分有效发挥市场引才主体作用。调查显示，湖北省人力资源服务机构中，仅有 41.18% 的机构以高级人才寻访（猎头）服务作为主营业务（见图 1），且多达 51.85% 的机构高级人才寻访（猎头）业务占公司营业收入（或经费投入）的比重在 10% 以下。27 家专业猎头机构中，在职人数 10 人及以下的占 40.91%，近 3 年来成功提供猎头服务人次在 10 人次及以下的占 29.63%，服务单位数量在 10 家及以下的占 33.33%。有 36.36% 和 38.64% 的机构年营收和净利润分别在 50 万元及 10 万元以内，难以有力支撑机构服务规模的不断扩大。调查结果还显示，猎头机构注册地在武汉、宜昌、襄阳和十堰的占比分别为 81.82%、11.36%、4.55% 和 2.27%，而黄冈、荆门、鄂州等其他区域基本没有猎头机构。

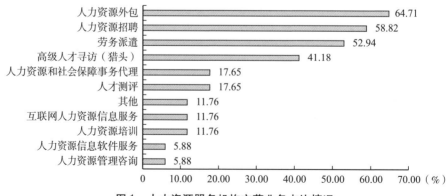

图 1　人力资源服务机构主营业务占比情况

二是服务五大优势产业与促进产才契合能力仍待提升。调研结果显示，目前湖北省大部分猎头企业的服务行业依然集中在建筑业、金融业、服务业等传统行业，除新能源与智能网联汽车行业和光电子信息产业涉及较多外，生命健康产业、高端装备行业、北斗产业这"突破性发展优势产业"的占比均不高，特别是生命健康产业及北斗产业，占比不到15%。可见猎头企业对于湖北省"五大产业"的人才引进助力不足，仍需较大动力和资源以服务"五大产业"。调查数据结果还显示，高级人才寻访（猎头）业态发展存在用人单位需求与人力资源服务机构供给存在不匹配问题，职业经理人（55.56%）、管理型人才（100%）供给过剩较为严重，而专业技术人才、研发类高级人才供给明显不足，人才资源的整体结构仍然有待优化，猎头行业契合产业转型升级发展的能力还有待加强（见图2）。

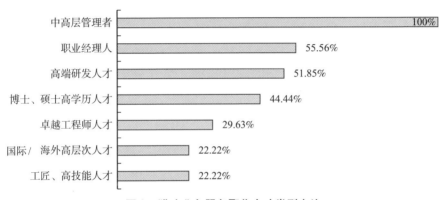

图2　猎头业务服务聚焦人才类型占比

三是海外人才引荐存在"短板"。目前湖北省开展海外（境外）人才猎头服务的机构较少，海外（境外）人才服务业务存在"短板"。调查结果显示，参与调查的44家猎头机构中，高级人才寻访（猎头）业务服务主要聚焦的人才类型为国际/海外高层次人才，仅占36.36%，而开展海外（境外）人才引进业务的只有23家，近一半的机构表示并未开展海外、境外高级人才寻访（猎头）业务。除开疫情因素的影响，有58.82%的猎头机构认为主要困难在于引进和推介海外（境外）高层次人才时成本高、风险大及政府国际引才奖补政策吸引力不强；而在推进海外（境外）人才服务方面，有83.33%的猎头机构认为海外（境外）人才引进主要存在"人才服务体系还不够完善"以及"人才服务国际化程度不高以及引才政策比较优势不明显，对海外高层次人才的吸引力不足"（见图3）。

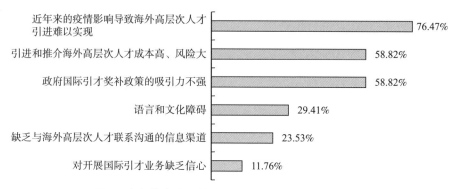

图 3 各机构海外（境外）人才引进业务面临的困难

四是业态低端化与商业模式同质化较为明显。湖北省猎头机构整体规模小，仍处于粗放式发展阶段，市场化程度不高，业态低端与同质化严重，服务能力有限，盈利能力不高，服务层次、服务领域无法和全国领先机构相比。调查数据显示，51.85%的猎头企业高端人才寻访业务收入占营业收入的比重低于10%，62.96%的猎头机构采用较为传统的关键大客户专门服务（KA）模式，服务对象多聚焦于中高层管理人员（见图4）。同时，从服务的行业来看，行业类型为金融业（银行/保险/基金/证券等）、房地产/建筑业及服务业（医疗/护理/酒店/旅游/餐饮等）的偏多，占比分别为29.63%、25.93%和22.22%。由于研发部门和人员不够、研发投入不足，目前已全面实施及基本完成数字化转型的人力资源服务企业（含猎头机构）仅占23.38%，仍有近一半机构（43.55%）表示暂未考虑或仅处于数字化初步阶段，多达66.34%的机构表示转型的困难在于专业人才缺乏和资金投入不足。

五是人才队伍建设与政策支持需加强。从湖北省猎头行业目前的实际发展情况来看，大部分猎头顾问行业积淀不深，其在专业知识素养和操作技能方面还存在较大欠缺。调查数据显示，27.27%的机构入行在3年及以下，各机构在职的猎头顾问数量在5人及以下的机构占比达到40.74%（见图5）。部分猎头机构行业积淀不足，猎头从业人员专业素质不高，高级猎头从业人才短缺的掣肘始终存在。在湖北省猎头机构满意度调查评价中，各机构对业态发展营商环境满意度最低，为3.78分，业态发展营商环境的优化是完善政府支持的重要任务。此外，猎头机构对政府支持的核心诉求还包括制定出台猎头机构管理规定等规章制度，加快猎头服务标准化建设（66.67%）；加大猎头机构人才队伍建设和人才引进力度，提高补贴并给予精准化引才奖励（66.67%），以及进一步优化完善产业园区的租金减免优惠政策（55.56%）等。

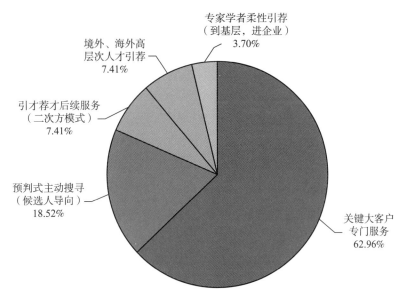

图4　各机构开展高级人才寻访（猎头）业务服务的主要模式

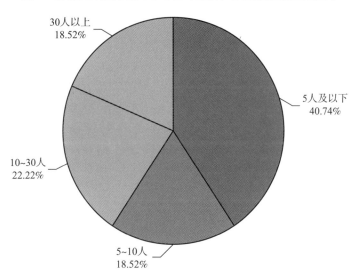

图5　各机构在职的猎头顾问人数

四、促进湖北省高级人才寻访（猎头）业态优化升级的对策建议

党的二十大报告提出，要实施更加积极、更加开放、更加有效的人才政策，完善人才战略布局，加快建设国家战略人才力量，着力形成人才国际竞争的比较优势。促进湖北省高级人才寻访（猎头）业态优化升级，要着力解决人才发展"难点""痛点"和"堵点"问题，坚持战略规划引领，推进数智化转型升级，优化延伸产业链条，布局海外高层次人才引进，健全制度支

就业创业与人力资源市场

持体系，为促进高端人才、战略人才服务五大优势产业提供全链条、精准化服务，赋能科教人才优势转化产业发展优势，加快建设武汉具有全国影响力的科技创新中心和湖北东湖综合性国家科学中心，努力建设全国构建新发展格局先行区。

一是要强化战略规划引领。理论和国内外管理实践均表明，高级人才寻访（猎头）业态能有效解决信息非对称条件下的高级人才寻访、评价、体验和优化配置问题，促进人才链和创新链产业链资金链深度融合。要深度链接海内外高级人才寻访（猎头）资源，积极引进海德思哲、瀚纳仕等国际知名高级人才寻访（猎头）企业来鄂设立区域性、功能型总部或研发中心，与本地企业开展战略联盟、交叉投资持股、项目合作。聚焦五大优势产业，着力培育优质自主品牌，支持本土猎头机构上市融资，搭建猎头机构与金融资本对接平台，加快建设一批聚焦主业、专注专业、成长性好、创新性强、辨识度高的"专精特新"猎头企业。鼓励中小猎头企业技术创新，转化研发成果，对符合条件的企业提供资质认定、税收优惠和资金奖励政策。加强人力资源服务产业园和猎头基地建设，促进园区内猎头龙头企业与中小企业的优势互补和互利共赢，推动猎头运营模式由"大包干"向专业化"分包合作"发展。

二是推进数字化数智化转型。随着人工智能、大数据、5G 技术等新兴信息技术手段的快速普及应用，实现行业数字化数智化转型，持续提高服务效能，是高级人才寻访（猎头）业态高质量发展的必然趋势。要以业态数字化、数智化、创新化发展为动力，推进行业数据流通共享，支持有条件的高级人才寻访（猎头）企业打造一体化数字系统，强化全流程数据贯通，形成数据驱动的智能决策能力和服务能力。布局行业服务平台建设，链接前后端业务，支持有条件的高级人才寻访（猎头）企业打造大数据一站式人才供需服务平台，形成以猎头机构为主体，包括中高级人才、0－1 创业者、优势产业公司董事长总裁、VC 投资机构、政府科创孵化于一体的生态链平台。支持高级人才寻访（猎头）企业积极采用大数据、云计算、人工智能等新兴技术，加大数字化转型研发投入，如 AI 算力、数据收集、商业智能分析等，加速实现业务数据化、运营智能化。实施中小型猎头企业数字化赋能专项行动，加快推进线上引才、远程协作、数字化办公。

三是优化延伸产业链条。作为沟通人才与产业的桥梁，高级人才寻访（猎头）企业面向市场需求与行业缺口挖掘"高精尖缺"人才，增强人才与产业的契合度，着力让人才优势转化为发展动能。鼓励和支持猎头企业进行模式、服务、机制和文化创新，综合发展 PS（主动搜寻）、RS（反应式搜寻）及 KA（关键大客户）引才模式，同时推动 MPC（候选人驱动模式）、网络招聘、直播寻访等新业态、新模式发展壮大。探索飞地引进、项目合作、顾问指导、周末专家、候鸟服务、退休返聘、对口支援等柔性引才制度，推动猎头机构对接用人单位与高校、科研院所、企业等共建平台、智力引进、技术交流、人才培养等。融合升级"长江人才说"、千百咖啡品牌，打造"长江人才论坛"。优化人才引进机制与猎头投入模式，鼓励猎头机构与地方政府、企业和高校协同联动。延伸引才服务链，实施"引才 + 项目 + 资本"运行模式，提供人才引进后就业创业、培训、项目孵化、人才公寓、管家服务、税收优惠、科研项目申报等一揽子服务。

四是布局海外高层次人才引进。推动中部地区崛起向更高水平、更宽领域、更深层次迈进，湖北高级人才寻访（猎头）业态应继续提升海外高层次人才服务的质量和精准度，探索国际人才服务新模式。实施海外人才引进专业猎头机构"引进来""走出去"工程，支持国际化知名猎头企业在汉设立分支机构，本土猎头机构在海外成立猎头公司，组建海外岗位交付团队，锚定重点产业优势产业建立海外高级人才数据库。创新海外人才引进渠道和方式，完善远程招聘和云招聘，通过 VR、虚拟仿真技术，构建全息招聘场景。鼓励猎头企业打造海外人才招聘赏金平台，悬赏式发布企业招聘需求，以泛猎头方式吸引社会公众开放注册。鼓励猎头机构深度参与建设国际化生活发展环境，通过构建双语环境，引进国际化学校、医疗资源等配套设施，打造国际化人才社区；为海外人才提供办理注册、家庭安置、子女教育、高端人才绿色通道申报、建立海归人才协会等精准管家式服务。提高从业人员素质，打造一支高水平专业人才队伍。

五是健全政策支持体系。政府在营造良好猎头市场环境，引导整个行业的规范化发展历程中，实现由"领头羊"向幕后支持者的角色转变，通过具体的政策措施推动猎头企业纵深发展。建立用人单位人才需求、猎头服务供应商"双清单"定期推送机制，构建高级人才信息发布集成矩阵。参考北京、上海、深圳等人力资源服务"伯乐"奖励计划，规划设立专门人才引进奖励基金，细化人才等级与奖励标准，鼓励猎头机构积极引进高层次人才和湖北省紧缺急需人才。建立高级人才寻访最佳服务案例、优质服务机构"双榜单"定期发布机制，在省级服务机构星级认定，领军企业、领军人才评定中倾斜。鼓励用人单位采取"一事一议""揭榜挂帅"等方式与猎头机构开展引才项目合作。探索重大投资项目"伴随式"人才服务，"猎头机构引才—公共平台核定—用人单位聘才"联合交付新模式。探索建设高级人才寻访（猎头）规范的湖北标准，实施猎头机构领军人才培养计划，鼓励高校设置相关学科专业和课程，培养行业发展所需的专业人才。

参考文献

［1］程贤文. 美国是全球最大的"国家猎头" ［J］. 国际人才交流，2006（10）：56－57.

［2］丁栋虹，刘志彪. 从人力资本到异质型人力资本 ［J］. 生产力研究，1999（3）：8－10.

［3］林春华. 国际猎头高效的搜寻路径与方法 ［J］. 开发技术，2013（3）：44－48.

［4］田永坡，李琪. 我国在人才流动及引才中发挥人力资源服务机构作用的政策与实践 ［J］. 中国人事科学，2022（6）：66－73.

［5］Burt R S. Structural holes：the Social Structure of Competition ［M］. Cambridge，MA：Harvard University Press，1992.

［6］Rakesh Khurana. Three-party exchanges：The case of executive search firms and the CEO search，working paper ［M］. Boston：Harvard Business School，2001.

《湖北省高级人才寻访（猎头）业态现状及优化升级研究》课题组成员名单

课题组长：

李　忠（湖北省人才事业发展中心党委书记、主任）

课题组成员：

王　珊（湖北省人才事业发展中心人才服务业发展处处长/湖北省人才科研所所长）

钱　洁（湖北省人才事业发展中心人才服务业发展处副处长）

李永周（武汉科技大学管理学院教授、博导/湖北产业政策与管理研究中心主任）

张　敏（武汉科技大学管理学院讲师）

李　洋（武汉科技大学管理学院讲师）

明　白（湖北省人才事业发展中心人才服务业发展处科长/湖北省人才科研所科长）

李剑云（武汉科技大学管理学院硕士生）

周仁鹏（武汉科技大学管理学院硕士生）

杨小丽（武汉科技大学管理学院硕士生）

李　潘（武汉科技大学管理学院本科生）

田冠洋（武汉科技大学管理学院本科生）

本课题由中国人事科学研究院和湖北省人才事业发展中心共同完成。

中国人事科学研究报告

THE REPORT OF CHINESE PERSONNEL SCIENCE

人力资源服务机构促进
就业的对策研究①

提　要：人力资源服务机构作为连接劳动力供给端和需求端的桥梁，在促进劳动者充分就业、推进人才合理流动、优化人力资源配置、推动产业转型升级上发挥了重要作用，一定程度上缓解了供需双方信息不对称、"职"与"能"不匹配的矛盾。但人力资源市场秩序不规范、市场监管不完善、从业人员文化素质不高、市场供求信息监测能力不足等问题限制了人力资源服务机构促就业作用的发挥，为了进一步发挥人力资源服务机构促就业稳就业的作用，本文从争取政府政策支持、配合监管体系建设、配合推进人力资源服务标准化建设、助推劳务品牌建设、构建多渠道融智平台、加大职业技能培训力度、加强人才队伍建设、配合提升市场信息监测与分析能力等方面提出了相关的对策建议。

关键词：服务机构促就业　政策支持　体系建设

习近平总书记在 2014 年第二次中央新疆工作座谈会的讲话中提出："就业是最大的民生工程、民心工程、根基工程，是社会稳定的重要保障，必须抓紧抓实抓好。"就业是民生之本，也是经济发展的"晴雨表"、社会稳定的"压舱石"。2020 年，人力资源社会保障部发布了《关于开展人力资源服

---

①　本文系中国人事科学研究院 2023 年度课题"人力资源服务机构促进就业的对策研究"报告的部分内容。

务行业促就业行动的通知》，为促进稳就业保就业提供坚实有力的人力资源服务支撑。三年来，我国人力资源服务业发展迅速，充分发挥了匹配供需、专业高效的优势，助力稳就业保就业。

一、人力资源服务机构促进就业的现状

截至 2022 年年底，全国已有各类人力资源服务机构 6.3 万家，从业人员 104 万人，年营业收入达 2.5 万亿元，全年共为 3 亿人次劳动者和 5 268 万家次的用人单位提供了专业服务，充分发挥了匹配供需、专业高效的优势，助力稳就业保就业，取得积极成效。

（一）求职招聘促就业

随着互联网和新一代数字技术的普及、数字技术在人力资源服务的深度应用，企业招聘和人才求职都日益通过数字人力资源服务平台实现。人力资源服务机构坚持"线下＋线上"齐发力，搭建信息化就业平台，打造"就业超市"，创新推行"直播带岗"新型供需对接模式，有效发挥信息发布、精准推送、供需撮合、人岗匹配等方面的功能。当前，包括线下招聘会、线上招聘在内的人力资源市场，已成为劳动者求职和用人单位招聘的主渠道。

从现场招聘会的举办情况来看，全国各类人力资源服务机构举办现场招聘会从 2016 年的 20.0 万场次增加到 2019 年的 30.26 万场次，年平均增速为 14.8%，为求职者提供岗位招聘信息数量从 2016 年的 10 099 万条增加到 2019 年的 11 870 万条。但 2020 年现场招聘会大面积暂停举办，现场招聘会提供的岗位招聘信息数量也大幅下降。从网络招聘数据来看，各类人力资源服务机构通过网络发布的招聘信息从 2016 年的 28 518 万条增加至 2019 年的 40 448 万条，尤其是 2020 年以来，网络招聘更是呈爆发式增长，2021 年网络招聘信息增加至 84 500 万条，约是 2019 年的 2.09 倍。

（二）保障重点领域用工

推进重点领域、重点企业用工常态化服务机制，着力为重点领域、重点企业提供全方位、多渠道、常态化的用工服务和指导。一是各地区人力资源服务机构定期对接重点产业项目，开展人力资源服务活动，积极开展需求监测活动，提供用工招聘、人才寻访、劳务派遣、员工培训、人力资源服务外包等服务。二是积极对接用工企业，沟通衔接企业用工需求，搭建求职者和企业交流沟通平台。三是为存在经营困难的企业提供实用型服

务。人力资源服务机构充分发挥专业优势，为存在较大经营困难的行业企业，提供劳动用工管理、薪酬管理、社保代理、发展规划等实用型服务，促进稳岗就业。

（三）促进高校毕业生就业

高校毕业生等青年就业，关系民生福祉、经济发展和国家未来。各地人社部门聚焦高校毕业生就业，持续开展人力资源服务机构稳就业促就业行动，为毕业生提供大规模求职招聘、专业化就业指导、全方位政策咨询等服务，有效促进高校毕业生市场化社会化就业。一是深化联动，人力资源服务机构充分发挥平台技术优势，打造专属高校的就业信息聚合平台，为高校毕业生集中推荐优质岗位。如：国投人力充分发挥其作为央企人才开发交流平台作用，开展"国聘行动"和"国资央企促就业夏季招聘"活动，打好高校毕业生就业稳就业促就业"组合拳"；智联招聘开设"高校专区"，为 500多所高校定制专属"高校专区"，其中双一流高校超过 100 所，用户访问量超 600 万余次。① 二是重点帮扶脱贫家庭、低保家庭、零就业家庭等高校毕业生，精准提供就业援助辅导、职业技能培训等服务，推进其高质量就业。三是人力资源服务机构开展形式多样的政策宣讲、职业指导、职业能力测评、模拟实训、职业体验等活动，引导高校毕业生树立正确的职业观、就业观、择业观，促进毕业生可雇佣性的开发。②

（四）农民工稳定就业

农民工是新型城镇化、乡村振兴的重要力量，促进农民工高质量就业，不仅事关稳就业大局，也对推动经济社会高质量发展、实现共同富裕有着重要意义。聚焦农民工能就业、就好业问题，人力资源服务机构持续开展各项行动。一是各地人力资源服务机构与企业开展劳务对接，建立长期劳务协作关系，为劳动者和用人单位搭建平台，同时立足当地开展有特色的劳务输出，同时满足农民工就业和企业用工需求。二是人力资源服务机构联合培训机构，针对市场需求、就业岗位等，不断开发优化技能培训产品和项目，向农民工提供贯穿职业生涯全过程的就业培训和服务，不断提高农民工的劳动技能水平和就业水平，缓解就业结构性矛盾，促进农民工实现精准就业。三是聚焦主导产业和地区特色产业，参与培育打造具有地方特色、技能特征的

---

① 姜琳，黄垚. 多地人力资源服务机构助力稳就业［N］. 新华每日电讯，2023 - 07 - 04（005）.
② 时博. 人力资源服务机构参与高校毕业生就业的服务机制研究［J］. 中国人事科学，2023（8）：78 -85.

劳务品牌，促进产业发展，带动农民工高质量就业。

（五）助力特殊群体就业

残疾人、退役军人等特殊群体是国家宝贵的人才资源，是保就业稳就业的重要对象，必须加快落实就业政策，开创特殊群体高质量就业局面。针对残疾人就业，服务机构通过组织开展专场招聘会、开展残疾人职业培训、提供求职定向指导、职业介绍等服务，助力残疾人实现较为充分的就业。针对退役军人，服务机构与退役军人事务部门合作，主/承办退役军人专场招聘会，挖掘契合度高的岗位，提供岗位推荐、就业指导，辅助退役军人群体高质量就业。

（六）为灵活就业人员提供服务

所谓灵活就业是劳动者以非全日制、临时性和弹性工作等灵活形式实现的就业形势，是稳就业促就业的重要抓手。截至 2021 年年底，国内灵活就业人员已达 2 亿人。《2022 中国零工经济行业研究报告》认为，中国一线城市的灵活用工占比达到 25.6%，零工需求将不断释放，到 2036 年或能达到 4 亿人左右。充分发挥各类人力资源服务机构、互联网平台的作用，改进就业服务，促进供需有效对接。一是以数字技术分类搭建"共享用工"服务平台，引导缺工企业与劳动力闲置企业开展"共享用工"，通过余缺调剂，促进人力资源最大限度有效配置。二是以云服务技术为依托，助力劳动者灵活就业数字化转型，通过劳动力管理和灵活用工平台，实现零工管理的全流程数字化。三是为有临时性用工需求的企业提供短期、临时性用工方案，从而促进灵活就业人员的就业。

（七）市场供求信息监测

开展多维度、高频率的人力资源市场信息监测，为企业提供更全面的供求信息，有助于引导人力资源有序流动。当前，各地区建立了市场供求信息监测工作制度，依托人力资源服务机构，收集汇总招聘、求职需求职业信息，紧缺职业及薪酬情况等，开展区域性市场供需、人员薪酬等分析预测，为劳动者求职、用人单位招聘用工提供参考。

二、人力资源服务机构在促进就业中存在的问题

人力资源服务机构在促进就业方面发挥了重要作用，但仍存在一些亟须解决的问题。个别人力资源服务机构存在违规失信行为，对人力资源服务机构的监管仍需进一步加强，服务机构参与就业服务能力仍需提高，从业人员

文化素质、专业技能尚需提升，以上因素对人力资源服务机构发展产生了一定的影响，进而一定程度上影响高质量充分就业。

（一）个别人力资源服务机构存在违规失信行为

人力资源市场是高校毕业生、社会青年、农民工等重点群体实现就业的重要渠道，对促进就业创业、优化人才配置、推动经济发展具有重要作用。规范有序的人力资源市场秩序是稳就业促就业的基础，关系到充分就业水平和劳动者权益的保护等。[①] 近年来，人力资源服务机构规模平稳增长，进入高质量发展阶段，成为促进市场化就业的重要支撑力量。然而也存在一些不规范、不诚信甚至违法违规现象，如人力资源服务机构未经行政许可从事职业中介活动、劳务派遣业务；发布虚假信息或含有歧视性内容的信息；违规设置限制人力资源流动的条件；非法贩卖求职者个人信息；违规保管流动人员人事档案、哄抬人力资源市场价格、利用职业中介和劳务派遣活动牟取不正当利益；以招聘为名介绍劳动者从事违法犯罪活动等，这些违法违规的行为扰乱了人力资源市场秩序，在一定程度上损害了劳动者的合法权益，影响了人力资源服务机构促就业作用的发挥。

（二）对人力资源服务机构的监管仍需进一步加强

在人力资源市场快速发展的同时，政府也要对人力资源服务机构加以监管与规范，才能形成规范有序的市场秩序，提高人力资源市场机制的有效性，确保充分发挥人力资源机构市场化促就业的作用。目前，人力资源服务业正在经历由传统监管向治理创新转型，面临着部分人力资源服务机构诚信缺失和市场有效监管能力不足的双重挑战。[②] 第一，人力资源市场分类监管制度仍不够完善，联合监督力度仍需进一步加大；第二，人力资源服务机构信用激励约束机制尚不健全，诚信体系建设、守信激励和失信惩戒机制对人力资源服务机构的约束作用有待强化。[③] 为了加强对人力资源服务机构的管理，2023 年 6 月 29 日，人力资源社会保障部出台了《人力资源服务机构管理规定》，进一步规范了日常检查、信用管理、社会监督等管理手段，构建了事前审批与事后监管有机结合、部门联动与各方协同凝聚合力的综合管理体系，加强对人力资源服务机构的管理，有效发挥了人力资源服务机构在促进高质量充分就业和优化人力资源流动配置上的作用。

---

①③　徐海峰. 人力资源市场促进就业中的政府作用研究——以北京为例 [J]. 北京劳动保障职业学院学报，2022，16（1）：30－34.

②　董良坤. 人力资源服务业诚信共治：框架逻辑与实现路径 [J]. 中国行政管理，2021（4）：46－51.

（三）人力资源服务机构参与就业服务能力仍需提高

20世纪80年代，我国劳动力资源配置发生重大转变，催生了围绕人力资源配置展开的系列服务，人力资源服务业由此初见端倪，人力资源服务机构应运而生。经过40多年的发展，市场上已经建立了一批具有一定规模和竞争力的人力资源服务机构，然而仍有部分服务机构参与就业服务能力不强，市场竞争力有限。[①] 具体表现如下：一是某些地区部分人力资源服务机构经营规模非常小，仍旧采用家庭作坊式经营模式，难以适应日益增长的市场需求；二是一线、新一线城市的部分人力资源服务机构发展相对成熟，规模也相对较大，但业务模式相对单一，不能满足用工单位和求职者日益增长的供需要求。

（四）从业人员文化素质、专业技能尚需进一步提升

近年来，我国人力资源服务机构数量稳步增加，从业人员规模不断壮大，截至2022年年底，从业人员达104万人，行业规模不断扩大和从业人员不断增加，是人力资源服务需求侧旺盛的体现，也是行业持续快速增长的持续动力。然而，现阶段我国人力资源服务机构从业人员素质尚需提升，专业化人才缺乏，一定程度上制约了人力资源服务机构的发展，影响了人力资源服务机构促就业稳就业作用的发挥。

一是人力资源服务机构从业人员素质尚有一定的提升空间。从学历结构来看，大专及以下学历人员占比超过65%，研究生及以上学历人员不超过3%。从从业资格来看，取得从业资格的人员及相关专业从业人员较少，占比约30%。从专业结构来看，从业人员多为经验型，专业理论知识不足，常常通过岗位实践来学习人力资源服务的基本技能和能力。从业人员的基础理论水平和技术专业素养均有所欠缺，对现代人力资源管理和服务的工具方法掌握不够，无法完全满足未来人力资源服务机构发展的需要。

二是部分人力资源服务机构专业人才缺乏。人力资源服务业人员流动、转行是常态，难以留住行业人才是影响行业发展的一个重要因素。[②] 行业人才缺乏，尤其是高级别专业型人才明显不足，难以满足服务机构经营管理团队的建设要求，在一定程度上影响了人力资源服务机构的创新发展。

三是人力资源服务机构忽视了从业人员的培训。部分人力资源服务机构为了获得更高的经济效益，盲目地专注于扩张业务，尚未认识到员工教育培

①② 陈云凤. 新形势下人力资源服务机构在就业中的助推作用［J］. 人才资源开发，2023（12）：23 - 25.

训、终身学习的重要性，导致员工掌握的专业知识、技能是有限的，一定程度上影响人力资源服务业务的顺利实施，从而影响服务机构对促就业稳就业作用的发挥。

（五）对市场供求监测与分析能力仍有较大提升空间

当前，各地落实人力资源市场"一线观察"项目，加强人力资源市场供求信息监测，支持定期发布人力资源市场供需状况，鼓励人力资源服务机构开展分析预测，为劳动者求职和用人单位招聘提供参考。然而，当前的人力资源市场监测未建立监测指标体系，分析指标欠缺规范性，注重对过去和当前情况的研究，缺乏对将来的预测情况的研究，不能实现对人力资源市场供需的预测预警等①，这些都影响市场供求监测系统作用的发挥，从而一定程度上影响劳动者就业。

三、国内人力资源服务机构稳就业促就业的发展经验

（一）制定"四进"行动方案，打通促就业"最后一公里"

聚焦重点产业、重点群体，山东省人力资源和社会保障厅印发《人力资源服务行业促就业"四进"专项行动方案》，引导人力资源服务机构、行业社会组织、人力资源服务产业园开展送服务进校园、进企业、进园区、进乡村活动，打通市场化促就业"最后一公里"，全面落实就业优先战略，提高就业质量。

进校园：人力资源服务机构利用线上线下方式进校园，提供精准招聘服务，拓展各类就业指导服务模式。进企业：人力资源服务机构发挥供需匹配优势，提供专业化信息对接服务，通过线上、线下方式开展援企稳岗就业政策宣传。进园区：设立服务站点，为企业提供用工招聘、人才寻访、服务外包、共享用工等一条龙服务。进乡村：结合农村特色产业，鼓励人力资源服务机构深入开展送服务、送人才、送技能、送品牌、送管理等系列活动。

（二）提升监管能力，打造人力资源市场监管智治体系

为了加强人力资源服务机构的有效监管，重庆市人社局坚持问题导向，对内开展专项自查，对外强化案件督办，推动完善管理制度，保障劳动者求职权益。

针对人力资源市场监管服务不规范问题，开展人力资源服务机构准入及监

---

① 黄惠嫦. 提升广州市人力资源市场供求信息监测能力研究［D］. 广州：华南理工大学，2019.

管政策落地有关问题的专项整治工作，查找准入及监管工作中存在的问题。

围绕人力资源市场监管难题，探索建立覆盖全市人力资源服务机构的实名制数据库，发布人力资源服务机构"红蓝黑"名单，形成一套人力资源服务信息公示体系。同时围绕当前网络招聘市场监管难点，发布了虚假招聘信息查处指引，并印发网络招聘规范性文件，进一步强化网络招聘信息公示、明确属地管辖原则、细化网络招聘信息发布标准、建立大数据巡查机制，补齐人力资源市场系统智治短板，最终建成覆盖全市全部机构、全业务流程的信息公示、业务监管体系。

（三）打造特色劳务品牌，促进高水平转移就业

围绕劳务品牌高质量发展目标和"一地一品牌"安排部署，坚持技能品牌与输出品牌相结合、特色品牌与地域品牌相结合原则，人力资源服务机构立足当地、结合市场需求、发挥专业优势，培育劳务品牌特色文化，扩大劳务品牌就业规模和产业容量，积极培育打造具有地域特色、行业特征和技能特点等带动就业能力强的劳务品牌，促进更高水平转移就业。

（四）重视科技力量在就业服务中的应用

科技创新日益成为我国经济增长的主动力，其对就业的影响也越来越大，发挥科技创新在促进高质量充分就业中的作用，实现科技创新与就业之间的良性互动和联动。当前，越来越多的 AI 应用场景正在落地，"AI + 视频面试"的方式优化了企业大规模面试的过程，革新了企业人才招聘的效率；AI 算法、大数据匹配等人工智能技术在人力资源数据分析上的应用，帮助服务机构提供更准确的人才评估和岗位推荐结果，提高人岗匹配效率。灵活就业智能大数据平台对新就业劳动者画像数据在线实时分析，打造秒批办照、身份核验、业务分包、收入结算、税收代缴、保险缴费等全流程服务，在最短的时间内为劳动者匹配合适的岗位。

四、发挥人力资源服务机构促进就业作用的对策研究

为更好地落实习近平总书记有关稳就业保就业的指示和人力资源社会保障部《关于开展人力资源服务行业促就业行动的通知》，政府机构、行业协会、用人单位和人力资源服务机构需要通力合作，确保实现高质量充分就业目标，充分发挥人力资源服务机构的职能优势和专业优势，创新方式，精准施策。为此，提出以下对策：

（一）争取政府有关人力资源服务机构政策支持

为了充分发挥人力资源服务机构在促就业、稳就业上的积极作用，政府

有关部门要协调打通人力资源服务业上下游的联系，从政策上允许、鼓励人力资源服务机构参与就业服务。探索设立人力资源服务业扶持发展专项资金，培育壮大人力资源服务机构，提升人力资源服务专业化、规范化水平，推进人力资源服务业高质量发展。加大人力资源服务机构促就业补贴力度。对推进人力资源服务供需对接平台建设，提供求职招聘、保障用工、劳务对接等相关服务的机构，给予补贴支持。

（二）配合落实人力服务机构监管体系建设

公平有序的市场环境是人力资源市场高质量发展的基本保障。为了保障劳动者和用人单位的合法权益，严厉打击人力资源服务机构违法违规行为，配合政府有关部门进一步落实《人力资源服务机构管理规定》有关监督管理的要求，加强对人力资源服务机构的监督管理，为人力资源服务机构的发展营造良好的市场秩序，促进人力资源服务机构稳就业促就业作用的发挥。第一，配合推进人力资源服务机构信用监管制度建设，协助加强人力资源服务机构信用评价，打击各类违法违规行为，更好地维护劳动者的合法权益。第二，协助推进人力资源服务机构协同监管机制，建立人力资源服务机构自查、行业协会组织会员单位互查、上级相关部门联合抽查的联动协同监管工作制度，提高监管能力和水平，促进人力资源服务机构健康有序发展。

（三）配合推进人力资源服务标准化建设

人力资源服务标准化建设是统一人力资源服务机构各项服务的重要技术标准，是促进人力资源服务机构发展的有效措施，对于更好地发挥人力资源服务机构在促进就业上的作用有着积极意义。[①] 政府机构、地方行业协会应进一步推进完善人力资源服务标准化建设，人力资源服务机构积极参与地方性人力资源服务标准化建设，制定人力资源服务规范、人力资源服务机构等级评定等行业标准体系，实现人力资源服务机构创新发展。2018 年 4 月，京津冀三地共同颁布了《京津冀人力资源服务区域协同地方标准》，极大地提升了京津冀三地人力资源服务机构的服务水平，为我国其他区域人力资源服务标准化工作提供了示范方案和宝贵的实践经验。

（四）助推劳务品牌建设

劳务品牌建设与高质量充分就业紧密相关，是促进和稳定就业的重要抓手，是人力资源服务机构发挥作用的重要领域。因此，各地区要充分发挥人

---

① 陈军. 加快推进人力资源服务标准化建设 [J]. 中国标准化，2013（8）：31 - 35.

力资源服务机构供需匹配、精准高效的专业优势，持续推进劳务品牌建设工作。第一，打造劳务品牌。结合区域特色、产业优势、文化内涵、技能突出等多种属性，分层次建设一批劳务品牌，打造劳务品牌资源库。第二，助推劳务品牌提质增效。[①] 鼓励各类人力资源服务机构开展劳务品牌相关职业技能培训，通过提高技能含量，助推劳务品牌向价值高端延伸；同时通过专项引才、专业服务等助推劳务品牌转型升级。第三，充分发挥劳务品牌撬动就业的作用。[②] 组织人力资源服务机构举办劳务品牌专场招聘活动，鼓励招聘网站设立劳务品牌专区，促进劳务品牌用工信息供需匹配、高效精准对接。

（五）积极构建多渠道聚才融智平台

信息交换在人力资源社会化分配流程中起到了十分关键的作用。散发宣传单、悬挂宣传标语、张贴宣传海报等传统方式已不适用互联网技术与现代化信息技术飞速发展的今天，而是要构建多渠道聚才融智平台，进一步提高信息交换渠道的多样性。[③]一是要充分运用现代化电子信息技术，借助官网、微博、微信公众号、公共场所电子屏、短视频、微信群以及点对点精准推送等各种线上线下媒介，不断丰富就业信息交换渠道，精准掌握用工企业人才需求订单、岗位要求和人力资源供应现状，从而为用工企业、求职者提供更优质的服务，妥善处理就业招工信息不对称的问题。二是针对当前招工难、就业难、用工荒的现实矛盾，各地人力资源服务机构既可以通过定期组织开展专场招聘会或主题活动，有效改善以往的供需链接不对称现象，还可以主动加大与兄弟省市人力资源服务单位或机构的协同合作力度，并借助资源共享平台完成相关人力资源信息的实时交互与高效共享。

（六）加大职业技能培训力度

职业技能培训是保持就业稳定、缓解结构性就业矛盾的关键举措，人力资源服务机构应聚焦新需求，开展职业技能培训，提高人才培训的针对性。第一，聚焦重点人群，坚持需求导向。聚焦高校毕业生、农民工、就业困难人员等重点群体，坚持需求导向，以就业技能培训、岗位技能培训为主要形式，有针对性地开展各类职业技能培训。第二，坚持就业导向，融通培训就业链条。人力资源服务机构要做好培训前的就业需求摸底、培训中技能岗位

①③ 刘戒非. 新形势下人力资源服务机构在助推就业中的作用思考［J］. 中国科技投资，2022（36）：132－134.

② 潘荣. 贵州：发挥人力资源服务助推作用　擦亮劳务品牌［J］. 中国人力资源社会保障，2022（7）：30－31.

就业创业与人力资源市场

对接匹配、培训后就业推荐等服务，坚持"培训促就业"工作导向，打造"用工需求＋求职愿望＋定向培训＋对接上岗"的培训服务模式，强化"培训赋能"，实现劳动者参加培训好就业、就好业的目标。

（七）加强人才队伍建设

人力资源服务机构要立足当地实际，有针对性地加强行业人才队伍建设。具体来讲，可从以下三个方面入手：第一，定期指派人资服务单位、科研机构和高等院校中的高级管理人员，到国内外知名人力资源管理专业院校进行系统化的进修培训，尤其是经济实力雄厚的高等院校，可以创建专业化的人才继续教育基地，通过开设人力资源管理专业或学科，做好行业骨干人才与基础人员的培育、培训工作。第二，鼓励具备条件的人力资源服务产业园申请创建专家科研工作站或创新实践基地，并按国家相关规定予以一定的资金支持和职业培训补贴，认真做好高尖端行业人才的培养。第三，全面深化人力资源服务专业技术人员的继续教育。同时，通过在内部设置独立、权威的高级评审委员会，快速打通专职人力资源服务人员的职称申报平台或渠道，以此来激活从业人员的内在驱动力和发展潜能，使其更好地提升自身的业务能力与综合素养。

（八）配合提升市场信息监测与分析能力

人力资源供求信息是劳动力要素市场的重要资源，一方面反映着劳动力市场供求状况；另一方面又引导着人力资源的流动和配置，对就业调控起着显著的市场导向作用。因此，人力资源服务机构要配合提升市场信息监测与分析能力，开展人力资源市场供求信息分析与预测。一是探索建立政府、人力资源服务机构、行业协会、互联网企业之间的信息开放、整合和共享机制。二是配合政府部门建立完善数据采集指标体系。配合形成以供给和需求为基础，以结构、匹配、薪酬与流动为补充的人力资源市场信息监测指标体系。

五、结语

党的二十大报告中指出，"就业是最基本的民生"。习近平总书记多次就强化就业优先政策，健全就业促进机制，促进高质量充分就业作出重要论述。

人力资源服务业是为经济社会发展提供人力资源流动配置服务的现代服务业重要门类，劳动力资源的配置是就业再就业工作的核心。人力资源服务机构在劳动力资源市场化配置的过程中，发挥自己的专业知识和技术，利用多种形式的服务，畅通了劳动力市场供给端和需求端之间的联系通道，提高了劳动力市场人岗匹配的效率，为劳动力资源的合理配置提供重要的支撑性服务，进而对促进就业起到了非常重要的推动作用。

政府部门和社会相关单位应充分认识人力资源服务机构对促进就业的重要性，制定出台更多政策措施，营造良好的市场秩序和社会环境，激发人力资源服务机构参与就业服务的积极性，为就业大局稳定和经济社会发展贡献力量。

参与到促进就业的市场化服务当中是时代赋予人力资源服务行业的重要使命。对于人力资源服务机构来讲，坚持就业服务导向，围绕人力资源高效配置这个核心职能，加强自身能力建设；在一个或多个相对熟悉的行业领域，深耕细作，提高自身在劳动力资源获取和配置方面的能力，无疑是未来的发展方向。

参考文献

［1］陈军．加快推进人力资源服务标准化建设［J］．中国标准化，2013（8）：31－35．

［2］陈云凤．新形势下人力资源服务机构在就业中的助推作用［J］．人才资源开发，2023（12）：23－25．

［3］董良坤．人力资源服务业诚信共治：框架逻辑与实现路径［J］．中国行政管理，2021（4）：46－51．

［4］黄惠嫦．提升广州市人力资源市场供求信息监测能力研究［D］．广州：华南理工大学，2019．

［5］黄梅．人力资源市场信息监测的基本要素及逻辑构成［J］．中国人事科学，2020（10）：57－66．

［6］姜琳，黄垚．多地人力资源服务机构助力稳就业［N］．新华每日电讯，2023－07－04（005）．

［7］刘戒非．新形势下人力资源服务机构在助推就业中的作用思考［J］．中国科技投资，2022（36）：132－134．

［8］潘荣．贵州：发挥人力资源服务助推作用　擦亮劳务品牌［J］．中国人力资源社会保障，2022（7）：30－31．

［9］时博．人力资源服务机构参与高校毕业生就业的服务机制研究

就业创业与人力资源市场

[J]．中国人事科学，2023（8）：78 – 85．

　[10] 徐海峰．人力资源市场促进就业中的政府作用研究——以北京为例 [J]．北京劳动保障职业学院学报，2022，16（1）：30 – 34．

《人力资源服务机构促进就业的对策研究》
课题组成员名单

课题组长：

张宇泉（北京人力资源服务行业协会书记、高级经济师）

课题组成员：

王通讯（王通讯人才工作室研究员）

林　彤（中国外服协会支部书记、研究室主任、国际商务师）

闫　华（王通讯人才工作室研究室主任、一级人力资源管理师）

沈志歆（北京人力资源服务行业协会秘书长）

康　群（北京人力资源服务行业协会理论研究部主任、讲师）

王新艳（北京人力资源服务行业协会办公室主任）

本课题由中国人事科学研究院和北京人力资源服务行业协会共同完成。

人力资源服务业创新发展的
统计指标体系研究①

提　要： 本研究立足于人力资源服务业创新发展的现实需要，对当前人力资源服务业统计指标的现状进行了分析，发现我国已经在人力资源服务业的统计调查方面进行较多的探索。在国家统计、部门统计方面，均设有相应的统计指标体系，四川、上海、江苏、广东等地结合本地实践，出台了相关政策对此进行探索。从人力资源服务创新发展和统计工作高质量发展的需要看，人力资源服务业创新发展对行业统计边界的确定带来挑战，行业发展壮大对相关指标优化提出新要求，统计质量提升对统计工作机制创新产生新需求。为此，建议以人力资源服务业创新发展的需要和统计工作的实践为着力点，动态调整统计边界和分类，优化和完善相关统计指标：一是从人力资源服务业的产业特性出发，对我国国民经济行业分类和人社统计中关于人力资源服务业的分类进行微调，使之可以更好地反映人力资源服务业创新发展的实践；二是统筹考虑各类统计调查目标并根据实际需要，采取年度常规性统计、行业普查和专项调查的相结合的办法，科学运用相关统计指标。

关键词： 人力资源服务　统计　业态　国家统计　部门统计

---

①　本文系人力资源社会保障部 2022 年度部级课题"人力资源服务业创新发展的统计指标体系研究"报告的部分内容。

就业创业与人力资源市场

中国人事科学研究报告
THE REPORT OF CHINESE PERSONNEL SCIENCE

一、课题概述

（一）研究背景

人力资源服务业是现代服务业的重要组成部分，是劳动力市场健康发展的重要推动力量①，近年来，在包括国家和地方各类政策的推动和社会各界的努力下，行业实现了长足发展。

人力资源服务业的快速发展及其在经济社会发展中日益突出的重要作用，需要一个完整的指标体系来加以衡量，这是科学判断发展状况、制定相关政策的一个关键基础。对此，人社部已经开展了数年的年度性统计，北京、上海、四川等地也依托本地相关部门和协会，对本地的人力资源服务业发展情况进行了统计，为了解和观测行业发展提供支撑。但是，也存在着一些问题急需解决，比如，对于行业的经济效益，仅使用营业收入这个指标，难以衡量其真正的经济贡献，而比较常用的行业增加值目前则没有完整的统计；由各个机构填报数据，可能会存在数据质量不高的情况。

上述统计存在的问题，对于人力资源服务业创新发展来说，已经成为急需解决的问题。一些学者对此开展了研究。温素彬、赵军波提出人力资源统计指标体系可设为人力资源总量统计指标、人力资源水平统计指标、人力资源变动统计指标和人力资源效益统计指标。② 还有学者认为人力资源统计指标体系内容应包括人力资源现状指标、现有人力资源质量指标和现有人力资源结构指标。③

中国人力资源服务业白皮书④，对人力资源服务业统计指标设计进行了研究，将人力资源服务业统计指标从行业总量指标和行业分项指标两个考察维度进行了分析。孙林从行业总量、服务机构、从业人员、服务对象、服务效果、权重的赋值等方面，对北京市人力资源服务业的评价指标体系进行了实证分析，其中，行业总量包括五个二级指标，分别是人力资源服务业对GDP 的贡献率、人力资源服务业对服务业的贡献率、机构的总数量、从业人员的总数量和年度营业总收入；服务机构分为公共服务机构和经营性服务机

---

① 田永坡. 人力资本、劳动力市场与创新产出——基于门槛效应分析的视角 [J]. 宏观经济研究，2022（12）：54 - 66.

② 温素彬，赵军波. 人力资源统计的内容与指标体系设计 [J]. 上海统计，2000（9）：26 - 27.

③ 赵海燕. 人力资源统计指标体系研究 [J]. 当代经济，2005（1）：53 - 54.

④ 萧鸣政，等. 人力资源服务业统计指标设计与研究 [R]. 中国人力资源服务业白皮书，人民出版社，2013.

构；从业人员分别是专职人员的比例、从业人员的职业资格比例、从业人员本科及以上学历比例、从业人员海外背景所占比例；服务对象分为企业及事业单位和个人。[①]

曹文君、聂有诚提出人力资源服务业统计的内容不仅要包括法人（单位）的基本情况、业务发展情况，也要包括服务增加值和机构的财务情况等经济性指标及其指标值；服务对象涵盖了从事人力资源服务的各级各类公共人才交流服务机构、劳务派遣与外包服务机构、职业技能培训机构、人力资源管理咨询服务机构等。[②]

除了现有的人力资源服务业统计指标体系的研究，学者们也对其相关行业的统计指标体系进行了研究，为人力资源服务业的研究提供了思路。

邬华明将信息服务业统计指标体系分为三个组成部分：投入指标群；产出指标群；结构、效率和效益指标群。提出了信息服务业统计指标核算方法：第一，采取灵活多样的统计调查方法；第二，充分利用现有政府统计和部门、行业统计信息网络资源，搞好分工协调，做好数据互补共享；第三，完善统计预算制度。[③] 商泰升在分析检测认证服务业统计指标体系时将国内典型服务业行业统计指标体系梳理归结为以下六类：第一，业务量统计指标；第二，从业机构统计指标；第三，专业人员统计指标；第四，专业性服务设施统计指标；第五，客户或用户相关统计指标；第六，经费投入统计指标。[④]

杜宝贵、陈磊对科技服务业的指标确立、数据收集展开了研究，认为科技服务业相关测算主要是指对某一时间段特定地区或区域范围内科技服务业发展过程中获取或产生的经济产出和社会产出进行统计和测算。科技服务业统计指标体系也面临着一些问题，首先在行业划分方面，学术界至今尚未形成一致的观点和标准，产业划分和产业边界尚不清晰。其次，指标内涵和范围过于宽泛。由此提出了两个并驾齐驱的重要趋势：一是产业划分更加明确；二是构建形式多样的量化指标体系。[⑤]

王娅楠对新形势下如何开展派生产业的统计展开研究，提出派生产业要明确以下三点：一是明确需要统计的各派生产业的边界、构成及其对应于现

① 孙林. 人力资源服务业评价指标体系的构建与实践——以北京市人力资源服务业为例 [J]. 中国市场，2015（35）：92-95.

② 曹文军，聂有诚. 人力资源服务行业统计制度改革思考 [J]. 中国人事科学，2021（12）：81-92.

③ 邬华明，熊俊顺. 信息服务业及其指标体系研究 [J]. 浙江统计，2006（10）：18-20.

④ 商泰升，等. 检测认证服务业统计指标体系设计研究 [J]. 统计研究，2014（10）：16-20.

⑤ 杜宝贵，陈磊. 科技服务业产出测算：指标确立、数据收集与未来预测 [J]. 科技进步与对策，2021（13）：110-117.

行国民经济行业分类的具体类别；二是明确构成派生产业统计指标体系，包括以增加值为代表的，反映派生产业一定时期对国民经济增长贡献和国民经济中的地位的综合性指标，以及特定产业一定时期向市场提供产品或服务规模等的"个性"指标；三是要明确主要指标统计测算方法。①

在人力资源服务业统计指标研究方法的使用上学者们也各有不同，温素彬、赵军波采用工资报酬折现法、企业未来收益法等方法对人力资源的相关问题进行计量。② 杨德认为应该根据服务业的不同类型选择统计调查方法，实现全面调查、抽样调查以及新的调查方法相结合。③ 许春宪主要采用常规性统计（年报、月报等）和周期性普查两种形式，其中以常规性统计为主。常规性统计以部门统计为主，除部分服务业和某些统计指标由国家统计局负责外，其余基本由有关行业管理部门负责，周期性普查由国家统计局组织完成。④ 一些学者还采用定量分析工具进行相关实证研究，如主成分分析法⑤、因子分析法、TOPSIS 分析法⑥、自然数据测算法⑦。

综上所述，目前人力资源服务业统计制度、统计指标的研究已有了良好的基础，在实践中也积累了较为丰富的经验，但是，对人力资源服务业统计指标的研究尚在探索阶段，还不足以满足当前人力资源服务业高质量发展的需要，不能满足行业发展统计科学化的需要。因此，还需进一步探索与发展。

（二）研究的主要内容

本研究立足于人力资源服务业创新发展的现实需要，通过文献、实地调研、数据分析等研究方法，对当前人力资源服务业统计指标的现状进行分析，找出人力资源服务业统计指标体系需要改善的地方，提出人力资源服务业发展的统计指标体系、数据采集和分析机制。具体如下：

1. 人力资源服务统计指标的构成和使用情况

以国家相关职能部门以及研究文献为对象，分析当前人力资源服务业统计指标的构成、在统计中运用的情况等。

---

① 王娅楠. 新形势下如何开展派生产业统计的思考和建议 [J]. 统计科学与实践，2021 (12)：57 - 60.

② 温素彬，赵军波. 人力资源统计的内容与指标体系设计 [J]. 上海统计，2000 (9)：26 - 27.

③ 杨德，毛建. 改进现代服务业统计指标体系及调查方法 [J]. 统计研究，2007 (12)：56 - 58.

④ 许春宪. 当前我国统计改革与建设的若干举措 [J]. 行政管理改革，2011 (10)：25 - 29.

⑤ 段利民，马鸣萧，张霞. 基于 PCA 的区域科技服务业发展潜力评价研究 [J]. 西安电子科技大学学报（社会科学版），2012，22 (6)：52 - 60.

⑥ 王颖，蓝云飞，王琳. 基于 TOPSIS 方法的中部地区科技服务业发展水平评价 [J]. 统计与决策，2013，30 (9)：48 - 53.

⑦ 杜宝贵，陈磊. 科技服务业产出测算：指标确立、数据收集与未来预测 [J]. 科技进步与对策，2021 (13)：110 - 117.

2. 人力资源服务业统计指标探索实践的分析

对国内外关于人力资源服务业统计指标设立、改革创新的实践进行分析，总结其创新之处和可借鉴的地方，为未来统计指标的进一步修订和完善提供基础。

3. 人力资源服务业创新发展指标体系需要完善之处

在对现有人力资源服务业统计指标体系分析的基础上，结合未来人力资源服务业高质量发展的需要，找出现有统计指标体系需要进一步完善和修订的地方。

4. 完善人力资源服务业指标统计体系的对策建议

根据文献、实证研究的结果，立足人力资源服务业创新发展的需要，提出相对完善的人力资源服务业统计指标、数据采集和分析机制等。

二、人力资源服务业相关统计指标的现状

（一）国民经济统计体系中关于人力资源服务业统计的行业分类

2011 年 11 月，在国家统计局发布的《国民经济行业分类》（GB/T 4754—2011）中，首次出现了"人力资源服务"这个分类，并将其列入商务服务业之中，包括公共就业、职业中介、劳务派遣、职业技能鉴定、劳动力外包等服务。而在国家统计局发布的《国民经济行业分类》（GB/T 4754—2017）中，人力资源服务则分为公共就业服务、职业中介服务、劳务派遣服务、创业指导服务和其他人力资源服务五大类（见表 1）。其中，公共就业服务是指向劳动者提供公益性的就业服务；职业中介服务是指为求职者寻找、选择、介绍工作，为用人单位提供劳动力的服务；劳务派遣服务是指劳务派遣单位招用劳动力后，将其派到用工单位从事劳动的行为；创业指导服务是指除众创空间、孵化器等创业服务载体外的其他机构为初创企业或创业者提供的创业辅导、创业培训、技术转移、人才引进、金融投资、市场开拓、国际合作等一系列服务。

表 1　　　　　　　国民经济行业分类中关于人力资源服务业的相关内容

2011 版	门类 L	2017 版	门类 L
名称和代码	说明	名称和代码	说明
人力资源服务（中类）726	指提供公共就业、职业中介、劳务派遣、职业技能鉴定、劳动力外包等服务	人力资源服务（中类）726	指为劳动者就业和职业发展，为用人单位管理和开发人力资源提供的相关服务，主要包括人力资源招聘、职业指导、人力资源和社会保障事务代理、人力资源外包、人力资源管理咨询、人力资源信息软件服务等

2011 版	门类 L	2017 版	门类 L
名称和代码	说明	名称和代码	说明
公共就业服务（小类）7261	指向劳动者提供公益性的就业服务	公共就业服务（小类）7261	指向劳动者提供公益性的就业服务
职业中介服务（小类）7262	指为求职者寻找、选择、介绍工作，为用人单位提供劳动力的服务	职业中介服务（小类）7262	指为求职者寻找、选择、介绍工作，为用人单位提供劳动力的服务
劳务派遣服务（小类）7263	指劳务派遣单位招用劳动力后，将其派到用工单位从事劳动的行为	劳务派遣服务（小类）7263	指劳务派遣单位招用劳动力后，将其派到用工单位从事劳动的行为
其他人力资源服务（小类）7269	指其他未列明的人力资源服务	创业指导服务（小类）7264	指除众创空间、孵化器等创业服务载体外的其他机构为初创企业或创业者提供的创业辅导、创业培训、技术转移、人才引进、金融投资、市场开拓、国际合作等一系列服务
		其他人力资源服务（小类）7269	指其他未列明的人力资源服务

（二）现行人社统计体系中人力资源服务业的统计指标

人力资源和社会保障部发布的人力资源市场统计报表由《人力资源服务机构基本情况》（表号 LM1）、《人力资源服务机构业务情况》（表号 LM2）、《人力资源服务机构汇总表》（表号 LM3）三张表组成，旨在调查我国省内注册登记、持有人力资源和社会保障部门核发的人力资源服务许可证、从事人力资源服务业务的机构。

其中，表 LM1 从人力资源服务机构类型、主要开展业务类型、从业人员情况、服务设施情况、主要经济指标等方面进行统计。表 LM2 从人力资源服务机构的服务对象情况、现场招聘会服务、网络招聘服务、劳务派遣服务、人力资源服务外包、人力资源管理咨询服务、人力资源培训服务、人力资源测评服务、猎头服务、人力资源信息软件服务、流动人员人事档案管理等方面的业务情况展开统计。表 LM3 的填报对象为县级以上人力资源市场统计部门。该表是对公共就业服务机构、人才公共服务机构、国有性质的服务企业、民营性质的服务企业、港澳台及外资性质的服务企业整体服务情况的统计汇总。

三、各地关于人力资源服务业统计指标的政策和探索

近年来，各地除了配合人社部开展统计工作外，也出台了相关政策予以推动人力资源服务业统计工作，并结合本地实践进行了探索。

（一）配合人社部开展相关工作和探索

人力资源和社会保障部每年都会开展全国人力资源市场统计工作，各地使用人力资源和社会保障部发布的人力资源服务机构基本情况表（见表LM1）、人力资源服务机构业务情况表（见表LM2）和人力资源服务机构汇总表（见表LM3）开展本地区统计并上报上级人社部门。比如，2023年1月，上海市人力资源和社会保障局发布《上海市人力资源和社会保障局关于开展2022年度本市人力资源市场统计工作的通知》，全面统计各类人力资源服务机构的基本情况和业务情况，准确反映招聘、劳务派遣等业态状况。2023年1月，山东省正式启动2022年度人力资源市场统计工作，全面梳理过去一年全省人力资源市场发展情况和有关业务数据。

除了配合人社部开展统计工作以外，部分省市还会使用这些统计数据，在年度《人力资源和社会保障事业发展统计公报》中公布本地区人力资源服务业的统计数据。比如，2022年7月，上海市人力资源和社会保障局发布的《2021年度上海市人力资源和社会保障事业发展统计公报》显示，2021年上海市共有人力资源服务机构3082家，人力资源服务从业人员9.35万人，全年营业收入4454.23亿元。2022年3月，浙江省人力资源和社会保障厅发布的《2021年度浙江省人力资源和社会保障事业发展统计公报》指出，2021年全行业共有人力资源服务机构6149家，从业人员10.24万人，全年共为1573.48万人次劳动者提供就业、择业和流动服务。2022年10月，重庆市人力资源和社会保障局发布《2021年度重庆市人力资源和社会保障事业发展统计公报》，数据显示，2021年全市共有人力资源服务机构2846家，从业人员2.8万人，全年共为364.4万人次劳动者提供就业、择业和流动服务。

（二）出台推进人力资源服务业统计工作的政策

2012年4月，江苏省委办公厅印发《关于加快人力资源服务业发展的意见》，提出研究制定人力资源服务业统计指标体系和统计调查办法，建立科学、统一、全面的人力资源服务业统计制度。2012年8月，辽宁省人力资源和社会保障厅印发《辽宁省人力资源服务业倍增计划》，该计划提出完善

人力资源服务业统计指标体系，合理界定统计范围，全方位科学统计有关数据，确保真实反映人力资源服务业发展情况，为掌握产业发展动态、加强工作考核提供重要依据。2014 年，北京市人民政府印发《北京市人民政府关于加快发展人力资源服务业的意见》，提出建立科学的人力资源服务业统计制度和信息发布机制，完善统计调查方法和指标体系，加强对人力资源服务业发展内在规律的研究。2020 年 5 月，吉林省人力资源和社会保障厅印发《加快人力资源服务业发展的指导意见》，提出将人力资源服务业纳入政府国民经济统计序列，建立完善行业统计调查制度，规范统计标准，完善统计调查方法和指标体系，提高统计数据的准确性和时效性。逐步建立科学、统一、全面的人力资源服务业统计制度，加强数据的分析和应用。

进入"十四五"时期，人力资源服务业统计工作的开展进入提速阶段。为了更好解决人力资源服务业发展不平衡不充分、总体水平不高等问题，加快推进人力资源服务业高质量发展，人力资源社会保障部、国家发展改革委、财政部、市场监管总局在 2021 年发布了《关于推进新时代人力资源服务业高质量发展的意见》，该意见提出完善统计调查制度，优化统计分类标准和指标体系。该意见发布后，其他各省市贯彻落实，并结合实际制定相关政策。

2021 年 10 月，浙江省人民政府办公厅发布《关于加快发展人力资源服务业的意见》，该意见指出要规范行业统计，研究制定人力资源服务业统计指标体系和调查方法，建立健全人力资源服务业统计制度，定期发布人力资源服务业报告和人才统计公报，组织开展人力资源服务领域的专业调查。2022 年 1 月，上海市人力资源和社会保障局等五部门印发《关于促进本市人力资源服务业高质量发展的实施意见》，提出完善统计调查制度，优化统计分类标准和指标体系，建立人力资源服务业营收、税收等数据信息共享机制。2022 年 4 月，深圳市人力资源和社会保障局印发《深圳市人力资源服务业发展"十四五"规划》，规划指出要健全行业标准，建立科学的调查统计制度。完善行业统计调查制度，逐步建立科学、统一、全面的人力资源服务业统计制度。建立覆盖市、区两级的常态化人力资源市场信息采集、统计和评估机制，加强数据的分析和运用。2022 年 8 月，湖南省人力资源和社会保障厅发布《关于推进新时代人力资源服务业高质量发展的实施意见》，该实施意见提出要完善市场统计调查制度，优化统计分类标准和指标体系，加强市场监测预测和风险预警。2022 年 11 月，云南省人力资源和社会保障厅联合云南省发展和改革委员会、云南省财政厅、云南省商务厅、云南省市场监督管理局印发实施《云南省推进新时代人力资源服务业高质量发展的十条措施》，提出完善人力资源服务行业统计调查制度，优化统计分类标准和指标体系，提升统计调查工作信息化、智能化水平。2022 年 12 月，安徽省人民政府办公厅印发《关于促进人力资源服务业高质量发展的若干政策措施》，提出完善统计调查制度，优化统计分类标准和指标体系，实施人力资源服务业年度和季度统计制度，建立人力资源服务业营收、税收等数据共享机制。2022 年 12 月，广东省人力资源和社会保障厅印发《广东省推进新时代人力资源服务业高质量发展的若干措施》，提出实施人力资源服务年度和季度统计制度，全面推广省人力资源管理服务信息系统。2023 年 4 月，北京市人力资源社会保障局等部门联合印发《北京市人力资源服务业创新发展行动计划(2023—2025 年)》，提出完善统计监测制度，加强和改进行业统计调查，加强统计组织和监督管理，落实人力资源服务机构主体责任。

（三）开展统计实践探索

四川省比较全面地开展了人力资源服务行业统计探索。2021 年 4 月，四川省人力资源和社会保障厅公布了《四川省人力资源服务产业统计调查分类范围（试行）》，该文件更加突出了人力资源服务产业在促进社会经济发展中的重要地位，调查范围包括人力资源就业服务、人力资源提升服务、人力资源专业服务、人力资源支撑服务、其他人力资源服务五大类。在此基础上发布了《关于开展 2021 年度四川省人力资源服务产业全口径统计调查工作的通知》，要求对辖区提供人力资源服务的有关机构开展统计调查，内容包括人力资源服务市场主体经营基本情况、财务情况、服务贸易情况、供给综合效能等情况。涉及的工作部门包括人社、统计、商务主管、教育行政、民政、住建、交通运输、退役军人事务、应急管理等部门。

根据统计数据，四川省人力资源和社会保障厅于 2021 年 11 月首次公布了人力资源服务产业全口径统计调查数据：2020 年，全省人力资源服务产业实现收入合计 1 747.7 亿元；全省有人力资源服务市场主体 13 246 户；全省人力资源服务市场主体帮助实现就业和流动 791.7 万人次，组织劳务派遣（合作）40.6 万人，猎头推荐高级人才 7.86 万人。

2020 年 12 月，广东省人力资源和社会保障厅发布《人力资源服务业统计制度》。该统计制度提出按季度进行统计，统计方法为全面调查。统计对象包括综合公共就业和人才机构、公共就业机构、公共人才机构、行业所属服务（事业单位）、国有机构、民营机构、外资机构、港澳台资机构和其他机构。统计内容包括机构数、从业人员期末人数、本季的营业收入、本季缴

就业创业与人力资源市场

纳税费等。

按照广东省《人力资源服务业统计制度》的相关要求，各地也积极开展统计工作。2021 年 1 月，深圳市人力资源和社会保障局印发《关于开展人力资源服务业统计季报工作的通知》，提出对包括县级以上政府部门设立、派驻的综合性公共就业和人才服务机构、公共就业服务机构、人才公共服务机构、行业所属服务机构（事业单位）、国有人力资源服务企业、民营人力资源服务企业、外商投资（含港澳台资）人力资源服务企业，以及民办非企业等其他人力资源服务机构（含劳务派遣机构）开展统计。

四、行业统计指标体系面临的问题和挑战

（一）人力资源服务业创新发展对确定统计边界带来挑战

近年来，人力资源服务行业在数字技术和劳动力雇佣双方观念转变的推动下，不断探索服务产品和商业模式，在多个业态实现了创新发展。以最为常见的网络招聘为例，各类人力资源服务机构通过网络发布岗位招聘信息从 2016 年的 2.85 亿条增加至 2021 年的 8.45 亿条，增长约 2 倍。在招聘活动中，有的机构利用移动互联和大数据等技术进行移动面试、测评等，国聘行动、云端招聘、直播带岗见诸各大平台；在猎头和背调服务中，一些大型机构利用大数据、云计算等技术，实现了更为精准的人才获取、服务流程线上化和核心竞争力打造目的；在劳动合同方面，有企业开发了电子化的劳动合同文本、签名等服务，大大提高了劳动合同签署的便利性；在薪酬和福利服务中，薪酬的规模化发放已经数字化，一些机构开发了面向企业和员工需求的线上福利产品，增加了福利产品供给的多样化和便捷性；随着数字技术的发展，一些产品和服务还在源源不断地被开发和创新出来。

除了上述"产业数字化"外，一些高科技或者相关领域的企业针对招聘、培训、薪酬发放等人力资源服务的相关环节和服务，开发了通用性的人力资源服务技术和平台，为人力资源管理和服务提供技术支持，推动"数字产业化"。一些企业还借力新三板等资本市场加速发展，为相关技术研发和创新提供动力。

人力资源服务产品的创新发展大大丰富和扩充了人力资源服务供给内容和供给主体，不同行业与人力资源服务行业之间的跨界创新层出不穷，使人力资源服务活动大大超出了现行国民经济统计行业中关于人力资源服务统计的范围，使现有统计框架难以全面反映人力资源服务的内容。而且，人力资源服务创新发展的速度在这几年也出现加速的态势，对国民经济行业分类的

调整速度也提出了新的要求，如何在现有行业分类调整的规则下，满足人力资源服务行业创新发展统计的需要，也成为亟须解决的问题。

（二）行业发展壮大对优化相关指标提出新要求

人力资源服务业作为生产性服务业的重要组成部分，在近年来取得了长足进展，成为经济发展的新动能之一。除了可观的经济效益外，人力资源服务在优化劳动力供需配置，强化人力资源对经济社会发展支撑方面发挥了较大作用。

但是，从经济贡献来看，增加值是衡量一个行业经济价值的重要指标，随着人力资源服务业的不断壮大发展，有必要针对人力资源服务业开展探索性的增加值计算，并在适当的时机对社会公布。在发挥社会效益方面，当前关于人力资源服务配置的指标基本上是从人力资源服务提供者的角度来进行统计的，而且多数以"人次"为单位进行统计。这样的统计具有可操作性强、成本低的特点，但是对于准确反映人力资源服务在就业中的作用尚需要进一步完善。

（三）统计质量提升对统计工作机制带来的新需求

提高统计工作质量有利于为推动经济提质增效升级、提高宏观调控和科学决策水平等提供支撑。为了提高统计工作发展质量，党和国家印发了《关于深化统计管理体制改革提高统计数据真实性的意见》《关于加强和完善部门统计工作的意见的通知》（2014）等文件。

针对部门统计工作，《关于加强和完善部门统计工作的意见的通知》（2014）提出，"加强和完善部门统计，必须紧紧围绕党和国家中心工作，按照规范统一、分工合理、合作共享的要求，加快建设制度完善、方法科学、行为严谨、过程可控、信息化程度较高的部门统计调查体系，更好地服务宏观决策、服务经济社会发展、服务企业和社会公众"。2021年出台的《关于推进新时代人力资源服务业高质量发展的意见》提出，"完善统计调查制度，优化统计分类标准和指标体系"。

应该说，上述文件的出台对人力资源服务业的统计工作提出了更高要求。从当前关于人力资源服务业统计实践来看，在人社统计调查制度中已经单独设计了相应的表格（见"人力资源市场统计报表"中的LM1、LM2和LM3），但是由于部门分工等原因，与人力资源服务相关的数据存在漏统和交叉统计的情况。比如，在地方实施统计的时候，以人力资源服务证的发放和年审为抓手，以此增加企业的配合度，但是由于"放管服"改革的推行，

就业创业与人力资源市场

这种约束力在降低。再比如，除了拿到人力资源服务证的企业外，一些企业通过跨界经营的方式开展人力资源服务，这种业务也导致在现行的统计准则下被漏统。因此，需要进一步完善相关统计指标和统计工作机制，进一步提升人力资源服务业的统计质量。

五、相关建议①

从全球人力资源服务统计相关实践看，各国经济发展情况、经济管理制度各不相同，因此，关于国民经济行业的分类和统计也存在一定差异性。总体看有两大类体系：一类是以联合国行业分类体系为基础，各国和地区根据本地实际加以改造，以便统计数据既能在国与国之间进行对比，又能体现本国经济社会发展的特点；另一类是北美的行业分类体系，包括美国、墨西哥、加拿大等国家。本课题选取了全球比较有代表性的经济体，对其国民经济行业中与人力资源服务相关的门类进行分析。

分析结果显示，在以联合国推荐的行业分类为基础构建的行业分类的国家，与人力资源服务业发展相关的行业主要分布在"专业、科学和技术活动""行政和辅助活动""教育""金融保险活动""信息"5 个门类；在北美的行业分类体系中，主要分布在"信息""金融和保险""专业、科学和技术""行政和支持以及废物管理和补救服务""教育""其他服务"和"公共管理"7 个门类。

综合国内外发展现实，建议坚持继承和创新的原则，以人力资源服务业创新发展的需要和统计工作的实践，动态调整统计边界和分类，优化和完善相关统计指标。

（一）统计范围的界定

所谓人力资源服务业，一般是指由组织内部人力资源管理活动外化为第三方提供的专业化服务，英文中本也无相对应的概念，有的只是我们在进行中译英时选择的表述。在实践工作中，人力资源服务业多数是采用描述性的表达，比如，人社部等三部委在 2014 年出台的《关于加快发展人力资源服务业的意见》提出，"人力资源服务业是为劳动者就业和职业发展，为用人单位管理和开发人力资源提供相关服务的专门行业，主要包括人力资源招聘、职业指导、人力资源和社会保障事务代理、人力资源培训、人才测评、劳务派遣、高级人才寻访、人力资源外包、人力资源管理咨询、人力资源信

---

① 报告中的内容为精简版，如需了解更为详细的内容，可以联系 rkyhrsreport@163.com。

息软件服务等多种业务形态"。在国外的国民经济行业统计分类中，也没有以"人力资源服务业"命名的分类。因此，建议从人力资源服务业的产业特性出发，对我国国民经济行业分类和人社统计中关于人力资源服务业的分类进行适当调整，使之可以更好地反映人力资源服务业创新发展的实践。同时，根据人力资源服务业的特性，对相关行业中"为劳动者就业和职业发展，为用人单位管理和开发人力资源提供相关服务"的活动，在一定周期内开展"全口径人力资源服务"统计调查，以反映人力资源服务业发展的全貌，也为人力资源服务业发展的国际对比提供数据支撑。

1. 人社部门人力资源服务统计的内容

建议在现有人社统计表格中，根据市场主体经营的业务形态和变化情况，适时做适当调整。

为了了解当前人力资源服务业的产品和服务情况，我们通过两个渠道获取信息：一是选取了 HRoot 大中华区 100 强人力资源服务机构和其他大型人力资源服务机构经营的产品和服务进行分析。这些产品和服务的范围和名称来自这些机构在市场监管部门注册时登记的内容。在对这些产品和服务的分类上，我们采取以下原则：第一，对于可以划入已有人力资源市场统计（人力资源服务机构基本情况表，LM1）的产品和服务，将其逐一归类。根据我们的分析，归入人力资源招聘类的共 13 个，劳务派遣类共 2 个，人力资源管理咨询类共 9 个，人事代理类共 2 个，人力资源服务外包类共 16 个，人力资源培训类共 15 个，猎头（人才推荐）服务类共 3 个，人才测评类共 4 个，人力资源信息软件服务类共 16 个。第二，对于那些难以划入人力资源市场统计分类的业务，则单独进行分类，包括职业指导、背景调查以及其他类（薪税服务；人力资源法务、法务外包；人力资源承揽、电子劳动合同）。

二是对包括外服协会、北京、上海、江西等地的人力资源服务行业协会和机构的管理者开展调研并征询相关意见，请他们对这些现存的业务形态提出意见。根据课题组的调研，增加"人才和人力资源服务平台""灵活用工"两种服务形态（含线上和线下），其中，"人才和人力资源服务平台"的具体内容可包括"人力资源产业园运营管理""人力资源服务交易平台""人力资源服务招聘场所运营管理"以及"其他人力资源服务活动平台或者场所"；"灵活用工"包括任务承包、兼职、实习等短期用工服务（不含劳务派遣）。

2. 国民经济行业分类中人力资源服务及相关门类

从现行的 2017 年版的《国民经济行业分类》来看，人力资源服务

（726）处于"租赁和商务服务业（L）"门类中"商务服务业（72）"大类，包括公共就业服务（7261）、职业中介服务（7262）、劳务派遣服务（7263）、创业指导服务（7264）和其他人力资源服务（7269）等共计 5 个小类。

从当前实践看，人力资源服务的产品和服务也在 2017 版《国民经济行业分类》的其他行业中存在，根据实践中对人力资源服务的理解，这些产品和服务位于"信息传输、软件和信息技术服务业（I）""科学研究和技术服务业（M）""居民服务、修理和其他服务业（O）""教育（P）"和"公共管理、社会保障和社会组织（S）"5 个门类，加上"租赁和商务服务业（L）"，共 6 个门类。

建议在当前国民经济行业统计分类框架下，将 6 个门类中相关的经济活动一并纳入调查统计范围，在开展全国性普查的时候一并统计，对于人力资源服务业以外的门类，建议根据市场主体实际开展业务的情况，选择小类下面与人力资源服务活动性质相关的业务进行统计。同时，参照这些分类和所涉及的行业，与其他国家和地区的产业分类建立相应的对应关系，提高人力资源服务业发展国际对比的可操作性，为人力资源服务国际化发展提供基础信息支撑。

（二）统计内容优化和运用

人力资源服务业的常规性统计由人社部组织实施，在《人力资源和社会保障统计调查制度》（2021）中，关于人力资源服务的统计有三张表格，分别为"人力资源服务机构基本情况""人力资源服务机构业务情况"和"人力资源服务机构汇总表"。应该说，这些指标的内容基本可以反映人力资源服务业的发展情况，但从人力资源服务业高质量发展的角度看，还需要对指标进行部分优化：应在人力资源服务机构汇总表中增加"行业增加值""缴纳税收"指标。在整个国民经济行业中，根据现有人力资源服务的门类和相关行业的统计指标统计，以便与现有统计体系相一致。

参考文献

［1］田永坡．人力资本、劳动力市场与创新产出——基于门槛效应分析的视角［J］．宏观经济研究，2022（12）：54–66.

［2］曹文军，聂有诚．人力资源服务行业统计制度改革思考［J］．中国人事科学，2021（12）：81–92.

［3］杜宝贵，陈磊. 科技服务业产出测算：指标确立、数据收集与未来预测［J］. 科技进步与对策，2021（13）：110－117.

［4］段利民，马鸣萧，张霞. 基于 PCA 的区域科技服务业发展潜力评价研究［J］. 西安电子科技大学学报（社会科学版），2012，22（6）：52－60.

［5］吕洁华. 新型服务业统计调查体系研究［J］. 统计与咨询，2014（1）：19－20.

［6］刘敏. 科技服务业统计［D］. 杭州：浙江工商大学，2012.

［7］人社部. 人社统 LM1 号人力资源服务机构综合情况［Z］. 2008.

［8］商泰升，等. 检测认证服务业统计指标体系设计研究［J］. 统计研究，2014（10）：16－20.

［9］武伶娣. 关于现代服务业统计指标体系的探讨［J］. 统计与管理，2013（6）：7－9.

［10］王颖，蓝云飞，王琳. 基于 TOPSIS 方法的中部地区科技服务业发展水平评价［J］. 统计与决策，2013，30（9）：48－53.

［11］邬华明，熊俊顺. 信息服务业及其指标体系研究［J］. 浙江统计，2006（10）：18－20.

［12］许春宪. 当前我国统计改革与建设的若干举措［J］. 行政管理改革，2011（10）：25－29.

［13］余梅，等. 标准化服务业统计指标体系研究［J］. 标准科学，2022（3）：18－30.

［14］杨德，毛建. 改进现代服务业统计指标体系及调查方法［J］. 统计研究，2007（12）：56－58.

《人力资源服务业创新发展的统计指标体系研究》
课题组成员名单

课题指导：

李志更（中国人事科学研究院副院长、研究员）

课题组长：

田永坡（中国人事科学研究院人力资源市场与流动管理研究室主任、研究员）

就业创业与人力资源市场

课题组副组长：

李　琪（中国人事科学研究院人力资源市场与流动管理研究室助理研究员）

课题组成员：

吴　帅（中国人事科学研究院人力资源市场与流动管理研究室副主任、研究员）

魏艳春（中国人事科学研究院人力资源市场与流动管理研究室副研究员）

朱丹雨（中国人事科学研究院人力资源市场与流动管理研究室助理研究员）

蔡梦莹（中国人事科学研究院人力资源市场与流动管理研究室研究实习员）

人力资源市场与人力资源服务分析（2023）[①]

提　要：本文对我国人力资源市场的供需规模、结构以及供需匹配结果等进行了系统分析，数据来源于国家宏观管理部门、大型就业服务机构等。主要包括：第一，人力资源市场供给规模、区域分布、技能构成和需求的区域分布、行业结构、单位类型构成等；第二，人力资源供需匹配的总体情况以及在区域、行业和技能结构等维度上面的表现和特点；第三，人力资源服务业发展的基本情况及相关支持措施。结果显示，我国人力资源市场供需总体均衡，但也面临着结构性的匹配不均衡问题，人力资源服务业保持较快增长速度，为劳动力供需匹配、就业等提供较好的支持。

关键词：能力结构　供需匹配　就业　人力资源服务

人力资源市场分析是了解劳动力供需双方行为及其结果的重要手段。本报告以全国近百个大中型城市[②]的人力资源市场监测数据、部分省市人口与就业统计数据等为基础，对我国人力资源市场的供给、需求、匹配以及人力资源服务发展等状况进行了分析。

[①]　本文系中国人事科学研究院 2023 年度课题"人力资源市场与人力资源服务分析（2023）"报告的部分内容。

[②]　每个季度参加汇总的城市总数不一致，如 2018 年第四季度全国共有 102 个城市上报了季度数据；2018 年第三季度全国共有 104 个城市上报了季度数据，其中，哈密、广州、北京、铜川、乌鲁木齐、渭南、辽源、长春、通化、佛山、深圳、厦门、宁波、杭州 14 个城市的数据未参加全国数据汇总。

就业创业与人力资源市场

中
国
人
事
科
学
研
究
报
告

THE REPORT OF CHINESE PERSONNEL SCIENCE

一、人力资源市场的供给与需求状况分析

这里以全国近百个大中型城市的人力资源市场监测数据为代表进行人力资源市场供需状况分析。根据 2017 第一季度至 2022 年第三季度人力资源和社会保障部对人力资源市场的监测数据，我们对我国近百个大中型城市的人力资源市场供需状况进行了分析，结果如下：

（一）人力资源市场的供给情况

2022 年前三季度，总体求职人数略有上升。在区域分布上，2022 年东部和西部供给人数均略有上升，中部供给人数略有下降；2022 年求职人员中具有一定技术等级或专业技术职称的人数占比略有下降。近年来人力资源市场供给情况所表现的具体特征如下：

（1）总体来看，与上一年同期相比，2022 年求职人数有所上升；在当年的季度环比上，2022 年市场求职人数的环比增速在第一季度和第三季度呈正增长，第二季度呈负增长。

与上一年同期相比，2022 年市场总体求职人数有所上升，远好于 2021 年求职人数总体减少的情况。2022 年第一季度市场总体求职人数比 2021 年第一季度减少 5.4 万人，减少 1.60%；第二季度同比减少 16.20 万人，减少 5.00%；第三季度同比增加 98.10 万人，大幅增长了 39.90%；其中，第三季度同比增速达到 39.9%，增长幅度是 2017~2021 年来最高值（见图 1）。总体而言，2022 年前三个季度市场总体求职人数增加了 76.5 万人，这说明 2022 年求职市场总体有所回暖。

在当年的季度环比上，2022 年市场总体求职人数的当年环比增速三个季度分别为 27.40%、-1.00% 和 10.60%，2021 年前三个季度的当年环比增速分别为 8.90%、5.50% 和 -25.20%，相比而言，2022 年增长幅度明显大于 2021 年（见图 2）。同时，2022 年与 2021 年的当年环比增速均具有相同的变化特点，即当年的第一季度环比增速较高，第二、三季度的环比增速均呈现低于第一季度，甚至为负增长的情况。总体而言，这说明市场求职人数变化具有较强的季节性特点。

（2）从区域来看，与上一年同期相比，2022 年东部地区和西部地区市场供给人数均有所上升，而中部地区供给人数略有下降；在当年季度的环比增速上，2022 年东部地区人力资源市场供给的环比增速在第一、三季度增速均较高，第二季度较低，而中部地区和西部地区均在第一季度增速较高，第二、三季度则较低。

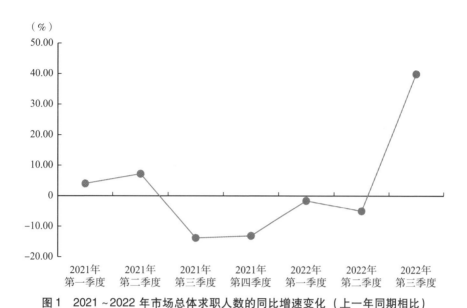

图1　2021~2022年市场总体求职人数的同比增速变化（上一年同期相比）

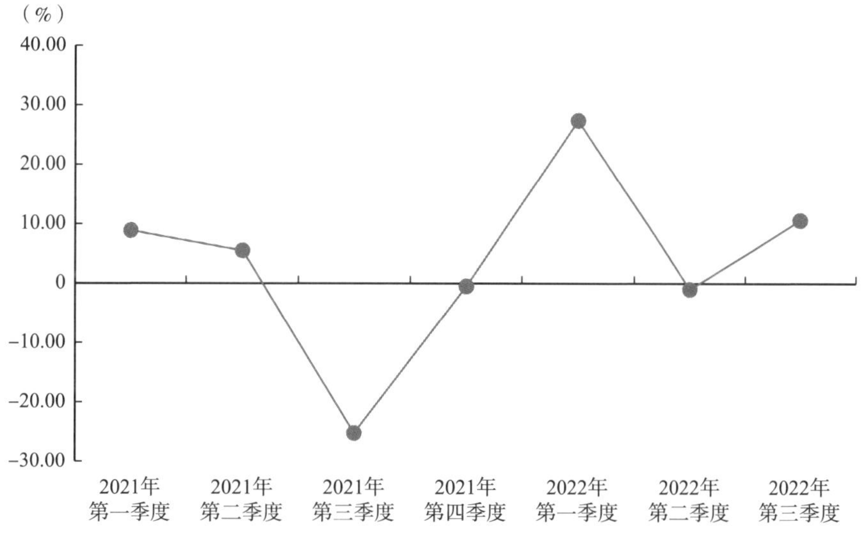

（%）

图2　2021~2022年市场求职人数的当年环比增速

与上一年同期相比，东部地区2022年第一、二季度市场供给的同比增速均在0以下，同比增速分别为-5.00%和-12.10%，分别减少8.40万人和20.90万人；第三季度则出现高速增长，为83.40%，增加97.10万人；与2021年同期相比合计增加了67.80万人，说明2022年东部地区人力资源市场供给人数整体上略有上升。中部地区2022年前三个季度市场供给同比增速依次是8.10%、-11.70%和2.80%，分别增加7.30万人、减少10.00万人和增加1.90万人，与2021年同期相比合计减少了0.8万人，说明2022

年中部地区人力资源市场供给人数有所下降。西部地区 2022 年前三个季度市场供给同比增速依次是 – 5.70%、22.40% 和 – 1.50%，变化人数分别是减少 4.30 万人、增加 14.70 万人和减少 0.90 万人，与 2021 年同期相比合计增加了 9.50 万人，说明 2022 年西部地区人力资源市场供给人数略有增加。总体而言，2022 年东部和西部供给人数均有所上升，而在中部人力资源市场供给人数有所下降（见图 3）。

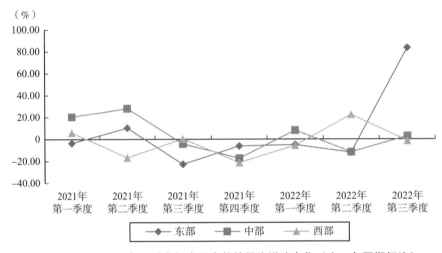

图 3　2021 ~ 2022 年区域市场求职人数的同比增速变化（上一年同期相比）

在当年季度的环比增速上，2022 年东部地区与中部地区、西部地区具有不同的变化趋势，即东部地区第一、三季度增速稍高，第二个季度增速较低，且三个季度均为正增长，而中部地区和西部地区在第一个季度有较高的正增长，第二、三季度均为较低的正增长或负增长。具体表现为：东部地区前三个季度依次为 16.50%、6.40% 和 36.20%；中部地区第一季度为较高的增速 42.80%，而第二、三季度则为负增长，分别是 – 21.60% 和 – 2.70%；西部地区第一季度为较高的增速 34.40%，而第二季度和第三季度则为较低的正增长或负增长，分别是 9.60% 和 – 26.90%（见图 4）。

（3）从求职者的技术等级构成看，与 2021 年相比，2022 年求职人员中具有一定技术等级或专业技术职称的比重有所下降；与 2017 ~ 2021 年相比，该比重下降幅度较大。

总体上看，2022 年前三个季度求职中具有一定技术等级或专业技术职称的总占比均值为 39.73%，低于 2021 年前三个季度均值 42.10%，与 2017 ~ 2021 年占比的平均值 46.94% 相比，低 7.21 个百分点；其中，2022 年前三

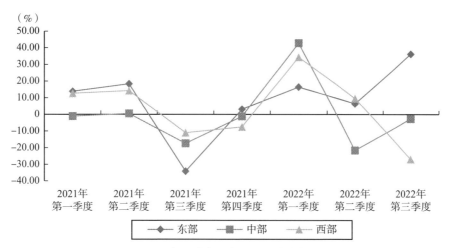

图4　2021～2022年区域市场求职人数的当年环比增速变化

个季度均值具有一定技术等级的占比均值为24.07%，低于2021年前三个季度均值27.53%，与2017～2021年占比的平均值30.05%相比，低5.98个百分点；2022年前三个季度具有一定专业技术职称的占比均值为15.67%，略高于2021年前三个季度均值14.57%，但与2017～2021年占比的平均值16.90%相比，低1.23个百分点（见图5、图6）。总体来讲，与2021年相比，2022年求职人员中具有一定技术等级或专业技术职称的比重略有下降，与2017～2021年相比，该比重下降幅度进一步扩大。

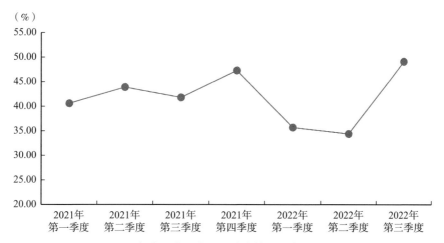

图5　2021～2022年求职中具有一定技术等级和专业技术职称的总占比

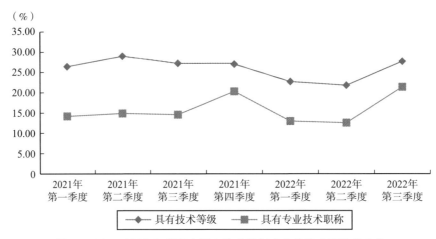

图 6　2021~2022 年求职中具有技术等级或专业技术职称的占比

（二）人力资源市场的需求情况

2022 年前三季度，人力资源市场总体需求有所下降，其中，在第一、二季度出现下降，在第三季度出现增长；在区域上，2022 年东部地区人力资源市场需求略有增长，而中部地区和西部地区人力资源市场需求均有所下降；2022 年市场对技术等级或职称有明确要求的占总需求人数的比重有所下降，且下降幅度与 2017~2021 年相比进一步扩大；从行业需求来看，2022 年制造业、批发和零售业、建筑业的用人需求占比略有上升，而住宿和餐饮业、居民服务修理和其他服务业、租赁和商务服务业、信息传输计算机服务和软件业的用人需求占比略有下降，其中，批发和零售业用人需求增幅最多，而住宿和餐饮业用人需求最为疲软。具体变化特点如下：

（1）总体来看，与上一年同期相比，2022 年人力资源市场总体需求有所下降，其中在第一、二季度有所下降，在第三季度有所上升；在当年季节的环比增速上，2022 年与往年一样呈季节性变化，即第一季度出现较高的正增长，其他的季度均出现较低的正增长或负增长。

与上一年同期相比，2022 年人力资源市场总体需求人数有所下降，情况比 2021 年较差。2022 年第一季度市场总体需求人数比 2021 年第一季度减少 14.30 万人，下降了 2.70%；第二季度同比减少 92.40 万人，下降了 17.90%；第三季度同比增加 76.50 万人，增长了 20.50%；其中，第二季度同比增速下降至 17.90%，下降速度是 2017~2022 年来的最低值（见图 7）。总体而言，2022 年三个季度市场总体需求人数合计比 2021 年同期减少了 30.2 万人，这说明 2022 年市场需求人数有所下降。

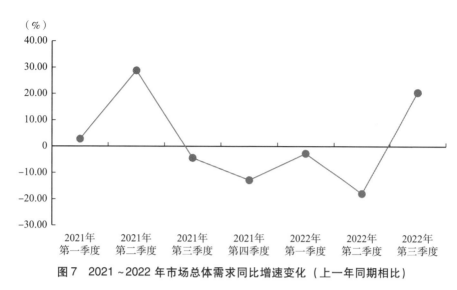

图7 2021~2022年市场总体需求同比增速变化（上一年同期相比）

在当年的季度环比上，与2021年呈现相同的变化特点，2022年市场需求人数在第一季度同比增速较高，其他的季度均出现较低或负增长。具体来看，2022年三个季度的环比增速依次为28.50%、－13.50%和5.40%，其中，第一季度的环比增速明显远高于第二、三季度的环比增速，这一变化趋势与2017~2021基本一致（见图8）。总体来看，人力资源市场需求具有较强的季节性特点。

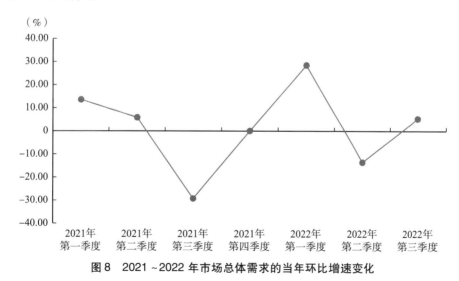

图8 2021~2022年市场总体需求的当年环比增速变化

（2）从区域看，与上一年同期相比，2022年东部地区人力资源市场需求略有上升，中部地区和西部地区人力资源市场需求情况均有所下降；在当年季度的环比上，2022年中部和西部人力资源市场需求的环比增速具有相同的变化趋势，即第一季度出现较高的正增长，其他的季度均出现较低增长或负增长，而东部地区第一季度、第三季度均出现较高的正增长，其他的季度出现较低增长或负增长。

与上一年同期相比，东部地区 2022 年前三个季度人力资源市场需求依次是减少 6.70 万人、减少 68.00 万人和增加 78.60 万人，同比增速依次为 −2.70%、−26.50% 和 45.30%，总体来看，东部地区 2022 年前三个季度人力资源市场需求比 2021 年同期增加了 3.9 万人，市场需求略有上升。中部地区 2022 年前三个季度人力资源市场需求依次是减少 3.40 万人、减少 19.00 万人和增加 4.90 万人，同比增速依次为 − 2.40%、− 15.10% 和 5.10%，总体来看，中部地区 2022 年前三个季度人力资源市场需求比 2021 年同期减少了 17.50 万人，市场需求有所下降。西部地区 2022 年前三个季度人力资源市场需求均有所下降，依次减少了 4.20 万人、5.40 万人、7.00 万人，同比增速依次降低 3.20%、4.00% 和 6.60%，总体来看，西部地区 2022 年前三个季度人力资源市场需求比 2021 年同期减少了 16.6 万人，市场需求有所下降（见图 9）。

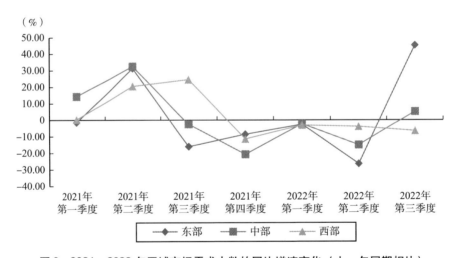

图 9　2021 ~2022 年区域市场需求人数的同比增速变化（上一年同期相比）

在当年季度的环比上，2022 年，东部地区第一、三季度均出现较高的正增长，其他季度出现较低增长或负增长，三个季度依次为 16.00%、−14.00% 和 27.20%；而中部地区和西部地区人力资源市场需求的环比增速与 2021 年呈现相同的变化特点，即第一季度出现较高的正增长，其他的季度均出现较低增长或负增长；具体来看，中部地区人力资源市场需求的环比增速三个季度依次为 47.50%、−23.90% 和 −4.10%，西部地区人力资源市场需求的环比增速三个季度依次为36.00%、−2.20%和−21.20%（见图10）。

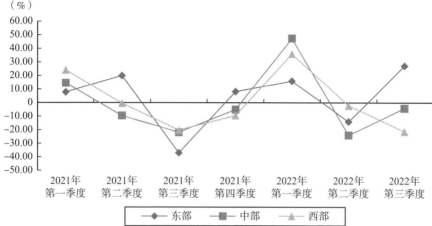

图10　2021~2022年区域市场需求人数的当年环比增速变化

（3）按技术等级来分，与2021年相比，2022年市场对求职人员的技术等级或职称有明确要求的占总需求人数的比重有所下降，其中，对专业技术职称有要求的占总需求比重却略有上升；与2017~2021年整体人才需求相比，该比重均呈下降趋势，且下降幅度有所扩大。

总体来看，2022年前三个季度市场对求职人员的技术等级或职称有明确要求的占总需求人数的37.93%，低于2021年同期的39.17%，与2017~2021年占比平均值46.38%相比，低8.44个百分点。其中，2022年前三个季度市场对技术等级有要求的占总需求人数的22.50%，低于2021年同期的25.90%，与2017~2021年占比平均值29.19%相比，低6.69个百分点；2022年前三个季度市场对专业技术职称有要求的占总需求人数的15.43%，高于2021年同期的13.27%，但与2017~2021年占比平均值17.90%相比低1.65个百分点；这说明与2021年相比，2022年市场对技术等级或职称有明确要求的占总需求人数的比重有所下降，但对专业技术职称有要求的占总需求比重却略有上升；与2017~2021年相比，该比重均呈下降趋势，且降幅进一步扩大（见图11）。

从季度来看，2022年第一季度市场对技术等级或职称有明确要求的占总需求人数的比重为35.20%，第二季度下降至32.30%，第三季度大幅上升至46.30%；其中，2022年第一季度市场对技术等级有要求的占总需求人数的比重为22.30%，第二季度下降至20.40%，第三季度上升至24.80%；市场对专业技术职称有要求的占总需求人数的比重为12.90%，第二季度下降至11.90%，第三季度上升至21.50%（见图12）。说明各季度市场对技术等级或职称的需求情况各有差异，其中，2022 年第三季度对技术等级或职称的需求出现较大的增幅。

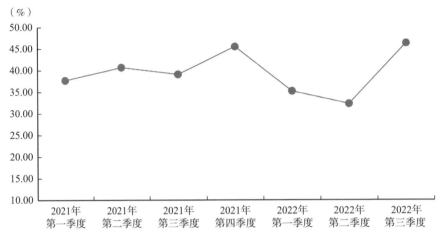

图 11 2021~2022 年市场对具有技术等级和专业技术职称的要求总占比

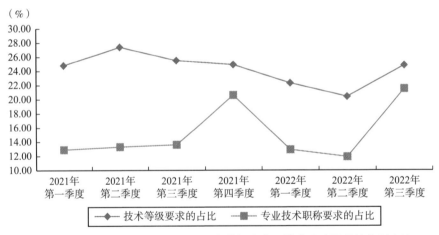

图 12 2021~2022 年市场对具有技术等级或专业技术职称要求的分别占比

（4）从行业需求来看，八成以上的用人需求都集中在制造业、居民服务修理和其他服务业、批发和零售业、住宿和餐饮业、租赁和商务服务业、建筑业、信息传输计算机服务和软件业、房地产；其中，2022 年制造业、批发和零售业、建筑业的用人需求占比略有上升，而住宿和餐饮业、居民服务修理和其他服务业、租赁和商务服务业、信息传输计算机服务和软件业的用人需求占比略有下降。

83.78%的企业用人需求集中在制造业、批发和零售业、住宿和餐饮业、居民服务修理和其他服务业、租赁和商务服务业、建筑业、信息传输计算机服务和软件业、房地产，以上各行业的用人需求比重分别为39.53%、9.67%、7.47%、8.97%、4.10%、5.37%、5.20%和3.47%（见图13）。

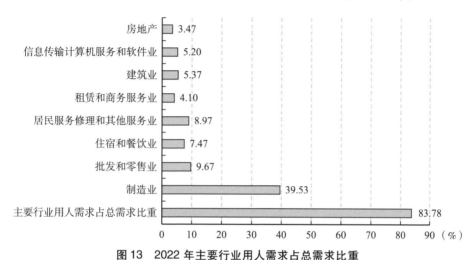

图13　2022年主要行业用人需求占总需求比重

2022年，各主要行业用人需求占比出现不同变化。其中，制造业2022年用人需求占比为39.53%，比2021年增加0.05个百分点；批发和零售业2022年用人需求占比为9.67%，比2021年增加1.77个百分点；建筑业2022年用人需求占比为5.37%，比2021年增加0.14个百分点；其中，上升幅度最大的是批发和零售业。而住宿和餐饮业、居民服务修理和其他服务业、租赁和商务服务业、信息传输计算机服务和软件业的用人需求占比在2022年均略有下降，其中，下降幅度最大的是住宿和餐饮业，与2021年相比下降1.31个百分点（见表1）。总体来讲，2022年制造业用人需求继续保持增长，批发和零售业用人需求增幅最大，而住宿和餐饮业最为疲软。

表1　　2021~2022年主要行业用人需求占总需求平均比例变化情况　　单位：%

主要行业	2021年	2022年	增减幅度
制造业	39.48	39.53	0.05
批发和零售业	7.90	9.67	1.77
住宿和餐饮业	8.78	7.47	− 1.31
居民服务修理和其他服务业	9.23	8.97	− 0.26
租赁和商务服务业	4.50	4.10	− 0.40
建筑业	5.23	5.37	0.14
信息传输计算机服务和软件业	5.85	5.20	− 0.65

注：有效统计数为2021年第一季度至2022年第三季度，2021年因无房地产数据，在此不做比较分析。

就业创业与人力资源市场

二、人力资源市场中的供求匹配情况

就业是人力资源市场供需匹配的结果，也是人力资源市场运行状况最为关键的指标之一，这里以全国就业数据为基础，分析人力资源市场供给与需求的匹配状况。

（一）全国就业总体状况

近几年全国就业总人数基本维持稳定。从年末全国就业人员总量看，2022就业人数为73 351万人，比2021年的74 652万人减少1 301万人，下降了1.74%。

1. 按城乡分就业状况

从城乡来看，我国城镇建设效果显著。2022年城镇就业人数为45 931万人，比2021年减少了842万人，下降1.80%；2022年乡村就业人数为27 420万人，比2021年减少459万人，降低1.65%（见表2）。

表2 2021~2022年全国城乡就业人员数量

时间	就业人员	城镇就业人员	乡村就业人员
2021年	74 652万人	46 773万人	27 879万人
2022年	73 351万人	45 931万人	27 420万人
2022年比2021年增长	−1.74%	−1.80%	−1.65%
2017~2021年间的年均增速	−0.47%	2.00%	−4.02%

注：2017~2021年的年均增速为2017~2021年复合增长率，即2017年基数×（1 + x%）^4 = 2021年数值，其中x%为2017~2021年的年均增速，下表相同。

资料来源：2022年《中国统计年鉴》和《中华人民共和国2022年国民经济和社会发展统计公报》。

2. 按经济类型分就业状况

从就业类型来看，2021年国有单位城镇就业人员5 633万人，比2020年增长1.26%，高于2017~2021年的平均增速−1.83%；2021年城镇集体单位就业人员262万人，比2020年减少3.32%，同时高于2017~2021年的平均增速为−10.37%，说明城镇集体单位就业人员人数整体呈下降趋势；2021年有限责任公司城镇就业人员6 526万人，比2019年减少0.24%，但低于2017~2021年的平均增速0.62%；2021年股份有限公司城镇就业人员1 789万人，比2020年减少2.61%，低于2017~2021年的年均增速为−0.78%；2021年港澳台商投资单位城镇就业人员为1 175万人，比2019年增加1.38%，但2017~2021年的年均增速为−2.31%，说明整体呈下降趋势；2021年外商投资单位城镇就业人员为1 220万人，比2020年增加0.33%，但2017～2021年的年均增速为－1.40%（见表3）。总体而言，与2020年相比，2021年国有单位、港澳台商投资单位和外商投资单位镇就业人员有所增加，而城镇集体单位、有限责任公司和股份有限公司就业人员有所减少。

表3 　　　　　　　　2019～2021年主要经济类型的就业人员数量

就业人员	2019年（万人）	2020年（万人）	2021年（万人）	2021年比2020年增长（%）	2017～2021年间的平均增速（%）
城镇就业人员	45 249	46 271	46 773	1.08	2.00
国有单位城镇就业人员	5 473	5 563	5 633	1.26	－1.83
城镇集体单位城镇就业人员	296	271	262	－3.32	－10.37
有限责任公司城镇就业人员	6 608	6 542	6 526	－0.24	0.62
股份有限公司城镇就业人员	1 879	1 837	1 789	－2.61	－0.78
私营企业城镇就业人员	14 567	—	—	—	—
港澳台商投资单位城镇就业人员	1 157	1 159	1 175	1.38	－2.31
外商投资单位城镇就业人员	1 203	1 216	1 220	0.33	－1.40
个体城镇就业人员	11 692	—	—	—	—

资料来源：2017～2022年《中国统计年鉴》。

3. 按三次产业分就业状况

按三次产业分，与2020年相比，第一产业就业人员向第二产业和第三产业转移，但从2016～2020年整体来看，第一产业和第二产业就业人员向第三产业转移。具体来看，2021年第一产业就业人数为17 095万人，与2020年相比降低3.63%，且该增速低于2016～2020年的年均增速－4.06%，说明第一产业就业人数进一步下降；2021年第二产业就业人数为21 712万人，与2020年相比增加0.78%，且该增速高于2016～2020年的年均增速－0.85%，说明第二产业就业人数在2021年有所上升；2021年第三产业就业人数为35 833万人，与2020年相比增加0.17%，但该增速低于2016～2020年的年均增速2.03%，说明第三产业就业人数在2021年略有上升，但受多重因素影响导致上升幅度较小（见表4）。同时，从三次产业分就业人员所占比例来看也呈现相同的变化，2021年第一产业占比为22.90%，比2020年的23.6%减少0.7个百分点，且该比重从2016年至2020年逐年下降；2021年第二产业占比为29.10%，比2020年的增加0.4个百分点，但该比重从2016年至2020年逐年下降；2021年第三产业占比为

48%，比2020年的增加0.3个百分点，且该比重从2016年至2020年逐年增加（见表5）。

表4　　　　　　　　　　按三次产业分就业人员人数

时间	就业人员总量	第一产业就业人员	第二产业就业人员	第三产业就业人员
2020 年	75 064 万人	17 715 万人	21 543 万人	35 806 万人
2021 年	74 652 万人	17 095 万人	21 724 万人	35 833 万人
2021 年比 2020 年增长	− 0.55%	− 3.50%	0.84%	0.08%
2016 ~ 2020 年的年均增速	− 0.39%	− 4.06%	− 0.85%	2.03%

资料来源：2022 年《中国统计年鉴》；人力资源社会保障部 .《2021 年度人力资源和社会保障事业发展统计公报》。

表5　　　　　　　　　按三次产业分就业人员所占比例　　　　　　　单位：%

时间	第一产业就业人员	第二产业就业人员	第三产业就业人员
2016 年	27.4	29.2	43.3
2017 年	26.7	28.6	44.7
2018 年	25.8	28.2	46.1
2019 年	24.7	28.1	47.1
2020 年	23.6	28.7	47.7
2021 年	22.9	29.1	48.0

资料来源：2017 ~ 2022 年《中国统计年鉴》；人力资源社会保障部 .《2021 年度人力资源和社会保障事业发展统计公报》。

4. 按国民经济行业分就业状况

从国民经济行业分城镇就业人数看，2021 年制造业、建筑业、教育业、公共管理和社会组织中就业的城镇劳动者占比较高。从具体变化情况来看，与上一年相比，2021 年有 15 个行业城镇就业人数年增长率为正，其中，信息传输、计算机服务和软件业城镇就业人数增长最快，增速为 6.57%；其次，租赁和商务服务业城镇单位就业人数增速为 5.59%，科学研究、技术服务和地质勘查业城镇单位就业人数增速为 4.41%，卫生、社会保障和社会福利业城镇就业人数增速为 4.09%；住宿和餐饮业、居民服务修理和其他服务业城镇就业人数增长均在 3% ~ 4%；农林牧渔业、批发和零售、文化体育和娱乐业、水利环境和公共设施管理就业人数增长较慢，均在 1% ~ 3%；制造业、教育业、公共管理和社会组织、房地产等城镇就业人数增长最慢，均低于 1%。2021 年有 4 个行业城镇就业人数年增长率为负，其中，下降最快的是建筑业城镇单位就业人员，2021 年为 1972 万人，比 2020 年降低 8.41%；其次，金融业城镇单位就业人员 2021 年为 818 万人，比 2020 年降低 4.77%；采矿业、交通运输仓储和邮政业的城镇就业人数分别下降 1.99% 和 1.72%（见表6）。

表6　　　　　　　　2020～2021 年分行业城镇就业人数

就业人员	2020 年（万人）	2021 年（万人）	2021 年比 2020 年增长（%）
农林牧渔业城镇单位就业人员	86	87	1.16
采矿业城镇单位就业人员	352	345	−1.99
制造业城镇单位就业人员	3 806	3 828	0.58
电力、燃气及水的生产和供应业城镇单位就业人员	380	382	0.53
建筑业城镇单位就业人员	2 153	1 972	−8.41
交通运输、仓储及邮电通信业城镇单位就业人员	812	798	−1.72
信息传输、计算机服务和软件业城镇单位就业人员	487	519	6.57
批发和零售业城镇单位就业人员	787	797	1.27
住宿和餐饮业城镇单位就业人员	257	265	3.11
金融业城镇单位就业人员	859	818	−4.77
房地产业城镇单位就业人员	525	529	0.76
租赁和商务服务业城镇单位就业人员	644	680	5.59
科学研究、技术服务和地质勘查业城镇单位就业人员	431	450	4.41
水利、环境和公共设施管理业城镇单位就业人员	246	253	2.85
居民服务、修理和其他服务业城镇单位就业人员	83	86	3.61
教育业城镇单位就业人员	1 959	1 972	0.66
卫生、社会保障和社会福利业城镇单位就业人员	1 052	1 095	4.09
文化、体育和娱乐业城镇单位就业人员	150	152	1.33
公共管理和社会组织城镇单位就业人员	1 972	1 986	0.71

资料来源：2020～2022 年《中国统计年鉴》。

（二）全国失业状况分析

我们主要以登记城镇失业人员的情况来反映全国总体失业情况。2021 年全国城镇登记失业人数为 1 040 万人，比 2020 年减少 120 万人，减少了 10.34%。从城镇登记失业率看，2021 年随着疫情的有效控制，失业率下降至 3.96%，比 2020 年降低 0.28 个百分点，2022 年有所抬头，比 2021 年增加 1.54 个百分点（见表7）。

表 7　　　　　　　　　　　　城镇登记失业情况

时间	城镇登记失业人数（万人）	城镇登记失业率（%）
2020 年	1 160	4.24
2021 年	1 040	3.96
2022 年	—	5.50
2021 年比 2020 年增长	10.34%	—

资料来源：2021 年《中国统计年鉴》；人力资源社会保障部.《2021 年度人力资源和社会保障事业发展统计公报》。

（三）人力资源市场供求匹配情况

根据人力资源和社会保障部对全国近百个城市公共就业服务机构登记招聘和登记求职信息的监测数据，我们对人力资源供给与需求匹配情况进行了分析。2022 年市场求人倍率略有下降，但与 2017～2021 年整体相比，2022 年人力资源市场总体供求不匹配情况仍然较为紧张；同时，区域间的差异仍较为明显，西部地区人力资源市场供求不匹配情况比东部地区与西部地区更严峻，而中部地区则比东部地区更严峻；市场对高技术与高技能人才的需求也有所扩大。具体分析结果如下：

1. 人力资源市场供求总体状况

从市场总体来看，2022 年市场求人倍率[①]的平均值为 1.42，比 2021 年的平均值 1.57 低 0.15，但比 2017～2021 年市场求人倍率的平均值 1.34 高 0.08，说明 2022 年来人力资源市场供求不匹配情况仍较为紧张，但不再呈上升趋势，比 2021 年有所缓解。具体来看，2021 年四个季度均保持在高位，第一季度市场求人倍率为 1.60，第二、三、四季度虽有所下降，但仍分别保持在 1.58、1.53 和 1.56；2022 年第一季度市场求人倍率为 1.57，第二、三季度继续呈下降趋势，分别为 1.37 和 1.31，远远低于 2021 年各季度的市场求人倍率（见图 14）。总体来讲，2022 年人力资源市场需求与供给的缺口比 2021 年有所缩小，但仍较为严峻。

2. 按地区分人力资源供求匹配状况

分区域来看，2022 年东部、中部、西部地区市场求人倍率均大于 1，总体上该比率呈下降趋势。东部地区 2022 年前三个季度的市场求人倍率平均值为 1.32，低于 2021 年同期的 1.49，但比 2017～2021 年的平均值 1.30 高

---

①　市场求人倍率＝岗位空缺与求职人数的比率＝需求人数/求职人数，表明市场中每个求职者所对应的岗位空缺数。如 0.8 表示 10 个求职者竞争 8 个岗位。

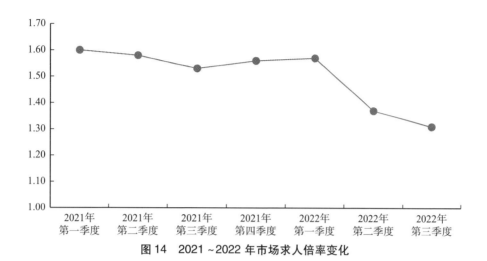

图 14　2021 ~ 2022 年市场求人倍率变化

出 0.03；中部地区 2022 年的市场求人倍率平均值为 1.42，低于 2021 年同期
的 1.53，但比 2017 ~ 2021 年的平均值 1.33 高出 0.09；西部地区 2022 年的
市场求人倍率平均值为 1.65，低于 2021 年同期的 1.81，但比 2017 ~ 2021 年
的平均值 1.46 高出 0.20（见图 15）。这说明 2022 年东部地区、中部地区和
西部地区人力资源市场供求变化趋势开始往下走，但市场供求矛盾仍较为突
出，其中，西部地区人力资源市场供求矛盾仍是最为突出。

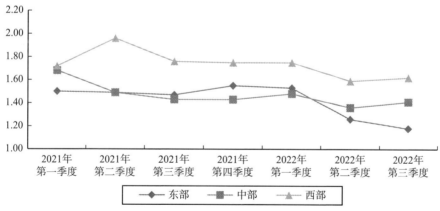

图 15　2021 ~ 2022 年东部、中部、西部市场求人倍率

　　以区域间差异来看，随着经济结构的调整，人力资源市场也发生调整，
区域间差异也更加明显，以 2021 ~ 2022 年市场求人倍率的平均值来看，西
部地区最高为 1.74，中部地区次之为 1.47，东部地区最低为 1.43，这说明
西部地区用人需求总体上远高于东部地区和中部地区，中部地区用人需求则略
高于东部地区，但东部地区人力资源市场存在的矛盾也依然突出（见图 16、
图 17、图 18）。

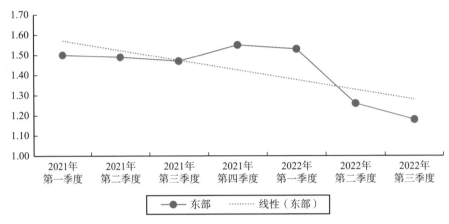

图 16 2021～2022 年东部市场求人倍率

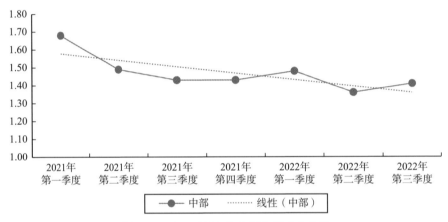

图 17 2021～2022 年中部市场求人倍率

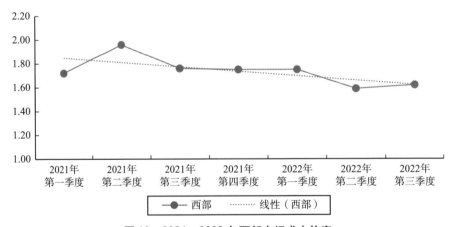

图 18 2021～2022 年西部市场求人倍率

3. 按技术等级分人力资源供求匹配状况

从技术等级或职称来看，2021～2022 年该比率均大于 1.9 以上，这说明人力资源市场对具有技术等级和职称的人才需求大于供给，且供求矛盾较为突出。其中，高级技能人员、高级技师和技师的市场求人倍率较大，2021～2022年两年平均比率分别为2.50、2.91和2.66。

　　具体来看，2022年高级技能人员、高级技师和技师的市场求人倍率在第一个季度较高、第二、三季度开始下降。2022年三个季度高级技能人员的市场求人倍率依次分别是2.91、2.43和2.01，2022年各季度平均值为2.45，比2017～2021平均值高出0.98；高级技师的市场求人倍率在2022年第三个季度是1.94，与2017～2021年相比，虽然有所下降，但仍较为严峻；技师的市场求人倍率2022年第一、二个季度依次分别是3.1和2.4，2022年各季度平均值为2.75，比2017～2021平均值高出0.33（见图19）。这说明目前我国人力资源市场对具有一定技术等级和职称的人才需求仍存在较大的缺口，一定程度上反映了我国劳动力需求结构在不断升级，对高素质高技能人才的需求仍较大。

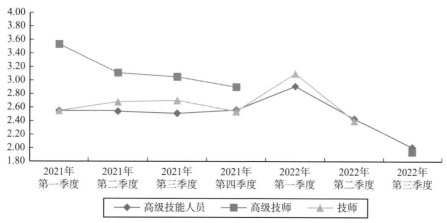

图19　2021～2022年技术等级或专业技术的岗位空缺与求职人数的比率

注：2022年第一、二季度高级技师比率数据缺失。

三、人力资源服务的基本情况

　　人力资源服务业是润滑劳动力市场摩擦，促进供需匹配的重要力量。2022年我国人力资源服务机构的营收、规模、从业人数保持增长态势，人力资源服务行业结构不断优化，发展质量持续向好。

　　（一）人力资源服务市场规模

1. 人力资源服务行业营业收入

　　据人力资源社会保障部（以下简称"人社部"）统计，截至2022年底，人力资源服务行业营业总收入 2.50 万亿元，比 2021 年增长 1.63%。[①] 这一增速低于 2017~2021 年平均增速 15.83%（见表 8）。虽然年增幅不大，但依然保持增长态势。

表 8   2017~2022 年人力资源服务业营业收入

项目	2021 年	2022 年	2022 年比 2021 年增长	2017~2021 年平均增速
总营业收入（万亿元）	2.46	2.50	1.63%	15.83%

资料来源：根据人社部公布的数据整理。

2. 人力资源服务机构规模

据人社部统计，2022 年全国县级以上公共就业和人才服务机构以及各类人力资源服务企业总量约 6.30 万家，比 2021 年增加 0.39 万家，增长 6.60%，该增速低于 2017~2021 年平均增速 17.22%（见表 9）。虽然年增幅不大，但人力资源服务机构规模也依然保持增长态势。

表 9   2017~2022 年人力资源服务机构规模

项目	2021 年	2022 年	2022 年比 2021 年增长	2017~2021 年平均增速
各类人力服务机构总量（万家）	5.91	6.30	6.60%	17.22%

资料来源：根据人社部公布的数据整理。

从各地人力资源服务业发展情况看，经济发达省份的人力资源服务业规模也比较大。比如，上海 2022 年的人力资源服务业的规模高达 4 719 亿元，人力资源服务机构的数量达到了 3 609 家[②]，北京位居第二，营业收入 3 819 亿元，经营性人力资源服务机构 3 096 家[③]；而在吉林省，2022 年人力资源业营业收入 214.96 亿元，各类人力资源服务机构总数 1 940 家，广西壮族自治区 2022 年人力资源服务业营业收入为 410 亿元，人力资源服务机构的数量只有 1 866 家。

（二）促进劳动力流动配置情况

随着人力资源服务体系的进一步完善，以及人力资源服务形式的多样化

[①] 除了特别说明，本文关于人力资源服务业的数据均来自人社部公布的数据，为了保持前后年份计算统计的一致性，本文对相关数据进行了四舍五入处理，因此基于这些年份数据所计算出来的增速可能与人社部公布的增速数据略有差异。

[②] 央广网：《上海人力资源服务机构 2022 年为 800 多万人次劳动者提供服务》，https：//www.sohu.com/a/697203826_362042.

[③] 北京市人社局：《北京市 2022 年度经营性人力资源服务机构统计资料》，https：//rsj.beijing.gov.cn/xxgk/tzgg/202304/t20230406_2989878_ext.html.

发展，人力资源服务业在优化人力资源配置、服务经济社会发展方面发挥了较好的作用。

据人社部统计，2022 年全国各类人力资源服务机构共帮助约 3 亿人次实现就业和流动，2017~2021 年，这一指标的年均增速达到 11.42%；2022 年各类人力资源服务机构为 5 268 万家次用人单位提供了人力资源服务，这一指标在 2017~2021 年平均增速为 12.58%（见表 10）。人力资源服务在提高企业管理效率、降低企业运营成本等方面继续发挥较好的支撑作用。

表 10 　　　　　　　　2017~2022 年人力资源流动配置能力

项目	2021 年	2022 年	2017~2021 年平均增速
实现就业和流动（亿人次）	3.04	3.00	11.42%
用人单位提供了服务（万家次）	5 099	5 268	12.58%

资料来源：根据人社部公布的数据整理。

（三）人力资源服务业发展的重要举措

人力资源服务业的健康发展及其推动经济社会发展作用的发挥，离不开一系列重要措施的支撑。2022 年，通过出台政策、搭建载体、助力就业等形式，人力资源服务业实现了健康可持续发展。

1. 人社部出台人力资源服务业创新发展行动计划（2023—2025 年）

2022 年 12 月，人力资源社会保障部印发《关于实施人力资源服务业创新发展行动计划（2023—2025 年）的通知》。从"培育壮大市场主体""强化服务发展作用""建强集聚发展平台""增强创新发展动能""提升开放发展水平""夯实行业发展基础""营造良好发展环境"等方面对人力资源服务业的发展进行部署，提出了下一步人力资源服务业发展的目标，包括到 2025 年重点培育形成 50 家左右经济规模大、市场竞争力强、服务网络完善的人力资源服务龙头企业，重点培育形成 100 家左右聚焦主业、专注专业、成长性好、创新性强的"专精特新"人力资源服务企业，到"十四五"末建成 30 家左右国家级人力资源服务产业园和一批有特色、有活力、有效益的地方人力资源服务产业园等。

2. 人社部商务部认定首批 12 家人力资源服务出口基地

2022 年 3 月，人社部、商务部联合认定了 12 家人力资源服务领域特色服务出口基地，这是我国认定的首批人力资源服务出口基地，包括北京（朝阳园）、天津、长春、上海、苏州、宁波、青岛（国际）、武汉、长沙（经开区园区）、重庆、成都和西安等。人力资源服务出口基地的建设有利于提

就业创业与人力资源市场

高我国人力资源服务行业对外开放水平；有利于促进人力资源服务贸易转型升级，培育对外贸易新业态新模式；有利于形成人力资源服务领域国际竞争新优势。

3. 举办行业交流、助力就业等系列活动

2022 年 6 月，"国聘行动"国家级人力资源服务产业园专场招聘活动先后走进石家庄、三亚、成都、上海人力资源服务产业园，组织中国电气装备集团有限公司、中国科学院深海科学与工程研究所、格力电器（石家庄）有限公司、京东物流西南分公司等多家知名企业开展直播招聘，直接带动线上各产业园专场 2 600 家用人单位发布超过 11 万个优质岗位需求。央视频直播间与国聘产业园专场招聘同步联动上线，为广大求职者和用人单位搭建起立体化的互动对接通道，助力高校毕业生等重点群体就业。

2022 年 9 月，"2022 年中国国际服务贸易交易会人力资源服务主题活动"在北京举办。这是 2022 年中国国际服务贸易交易会的重要组成部分，这是继 2020 年人力资源服务首次亮相服贸会以来第三次参与服贸会。主题活动主要包括国家人力资源服务出口贸易基地、人力资源服务机构展览展示和供需对接洽谈、人力资源服务贸易高峰论坛。9 月 2 日上午，以"新发展格局下人力资源服务业更高水平开放发展"为主题的人力资源服务贸易高峰论坛在北京国家会议中心举办。在论坛上，北京市人力资源和社会保障局发布了《国家服务业扩大开放综合示范区和中国（北京）自由贸易试验区建设人力资源开发目录（2022 年版）》和《国家服务业扩大开放综合示范区和中国（北京）自由贸易试验区对境外人员开放职业资格考试目录（2.0版）》。

2022 年 11 月 17 日，全国劳务品牌发展大会在北京举行。此次大会由人力资源和社会保障部、中央广播电视总台、国家乡村振兴局共同主办，以"匠心树品牌·劳动创未来"为主题，两周展播期间总访问量近 9 400万人次，旨在搭建全国高层次平台，打造一批叫得响的劳务品牌，促进高质量充分就业和乡村全面振兴。2022 年以来，全国各地共推荐了 326 名劳务品牌形象代言人，覆盖 13 个行业。大会发布了特色劳务品牌形象代言人名单。

四、小结

通过对人力资源市场供需、收入以及区域市场等维度的研究，可以发现，近年来人力资源市场的运行状况具有以下特点。

（一）人力资源市场供需的规模和结构

百城统计的数据分析显示，2022 年，人力资源市场求职人数略有上升，市场需求有所下降，岗位空缺与求职人数比率总体呈下降趋势，具体如下：

1. 市场求职规模略有上升

与上一年同期相比，2022 年求职人数有所上升；在当年的季度环比上，2022 年市场求职人数的环比增速在第一、三季度呈正增长，第二季度呈负增长。与上一年同期相比，2022 年东部地区和西部地区市场的供给人数均有所上升，而中部地区供给人数略有下降；在当年季度的环比增速上，2022 年东部地区人力资源市场供给的环比增速在第一、三季度增速均较高，第二季度较低，而中部地区和西部地区均在第一季度增速较高，第二季度和第三季度则较低。

2. 人力资源市场需求略有下降

与上一年同期相比，2022 年人力资源市场总体需求有所下降，其中，在第一、二季度有所下降，在第三季度有所上升；在当年季节的环比增速上，2022 年与往年一样呈季节性变化，即第一季度出现较高的正增长，其他的季度均出现较低增长或负增长。

从区域看，与上一年同期相比，2022 年东部地区人力资源市场需求略有上升，中部地区和西部地区人力资源市场需求情况均有所下降；在当年一季度的环比上，2022 年中部和西部人力资源市场需求的环比增速具有相同的变化趋势，即第一季度出现较高的正增长，其他季度均出现较低增长或负增长，而东部地区第一季度、第三季度均出现较高的正增长，其他的季度出现较低增长或负增长。

按技术等级来分，与 2021 年相比，2022 年市场对求职人员的技术等级或职称有明确要求的占总需求人数的比重有所下降，其中，对专业技术职称有要求的占总需求比重却略有上升；与 2017～2021 年整体技能人才需求相比，2022 年有所下降且下降幅度有所扩大。

从行业需求来看，八成以上的用人需求都集中在制造业、居民服务修理和其他服务业、批发和零售业、住宿和餐饮业、租赁和商务服务业、建筑业、信息传输计算机服务和软件业、房地产；其中，2022 年制造业、批发和零售业、建筑业的用人需求占比略有上升，而住宿和餐饮业、居民服务修理和其他服务业、租赁和商务服务业、信息传输计算机服务和软件业的用人需求占比略有下降。

（二）人力资源市场供需匹配结果

从市场总体来看，2022 年市场求人倍率的平均值为 1.42，比 2021 年的平均值 1.57 低 0.15，但比 2017～2021 年市场求人倍率的平均值 1.34 高 0.08。

分区域来看，2022 年东部、中部、西部地区市场求人倍率均大于 1，总体上该比率呈下降趋势。东部地区 2022 年前三个季度的市场求人倍率平均值为 1.32，低于 2021 年同期的 1.49，但比 2017～2021 年的平均值 1.30 高出 0.03；中部地区 2022 年前三个季度的市场求人倍率平均值为 1.42，低于 2021 年同期的 1.53，但比 2017～2021 年的平均值 1.33 高出 0.09；西部地区 2022 年前三个季度的市场求人倍率平均值为 1.65，低于 2021 年同期的 1.81，但比 2017～2021 年的平均值 1.46 高出 0.20；这说明 2022 年东部地区、中部地区和西部地区人力资源市场供求变化趋势开始往下走，但市场供求矛盾仍较为突出，其中，西部地区人力资源市场供求矛盾仍最为突出。

从技术等级或职称来看，2021～2022 年该比率均大于 1.9 以上，这说明人力资源市场对具有技术等级和职称的人才需求大于供给，且供求矛盾较为突出。其中，高级技能人员、高级技师和技师的市场求人倍率较大，2021～2022 年两年平均比率分别为 2.50、2.91 和 2.66。

（三）人力资源服务业进一步推动市场高质量运行

人力资源服务作为润滑人力资源市场运行的重要力量，在优化人岗匹配、顺畅劳动力流动方面发挥了较大作用。数据显示，2022 年全国各类人力资源服务机构共帮助约 3 亿人次实现就业和流动；2022 年各类人力资源服务机构为 5 268 万家次用人单位提供了人力资源服务，比 2021 年增长 3.31%，这一增速低于 2017～2021 年平均增速 12.58%，但能在新冠疫情期间保持这一增长水平，实属不易。人力资源服务业的健康发展及其推动经济社会发展作用的发挥，离不开一系列重要措施的支持和保障。通过出台政策、搭建载体、助力就业等形式，人力资源服务业得以健康可持续发展。

《人力资源市场与人力资源服务分析（2023）》
课题组成员名单

课题指导：

李志更（中国人事科学研究院副院长、研究员）

课题组长：

田永坡（中国人事科学研究院人力资源市场与流动管理研究室主任、研究员）

课题副组长：

朱丹雨（中国人事科学研究院人力资源市场与流动管理研究室助理研究员）

课题组成员：

吴　帅（中国人事科学研究院人力资源市场与流动管理研究室副主任、研究员）

魏艳春（中国人事科学研究院人力资源市场与流动管理研究室副研究员）

李　琪（中国人事科学研究院人力资源市场与流动管理研究室助理研究员）

蔡梦莹（中国人事科学研究院人力资源市场与流动管理研究室研究实习员）

就业创业与人力资源市场

中国人事科学研究报告
THE REPORT OF CHINESE PERSONNEL SCIENCE

人力资源服务业在促进人才高地建设中的机制研究——以西安市人力资源服务业为例①

提　要： 建设人才高地是国家人才工作"十四五"发展时期的重要战略布局，如何有效建设人才高地，对于理论研究者和人力资源工作者而言均具有重要意义。人力资源服务业作为人才流动与配置的重要服务与支撑体系，在"人才高地"建设中发挥着重要的作用。本文基于劳动力市场理论和人力资源服务业相关研究，分析了人力资源服务业促进人才高地建设的机制路径，并以西安市人力资源服务业数据为基础，利用相关分析验证了促进效应，为人才高地建设研究和实践提供了新视角，同时提出了一系列促进人才高地的政策建议。

关键词： 人才高地　人力资源服务业　机制路径

一、引言

自 2002 年我国提出实施人才强国战略以来，人才强国建设理论和实践

---

①　本文系中国人事科学研究院 2023 年度课题"人力资源服务业在促进人才高地建设中的机制研究——以西安市人力资源服务业为例"报告的部分内容。

探索持续深化。在深入实施新时代人才强国战略的基础上，习近平总书记强调要激发各类人才创新活力，建设全球人才高地①。2021 年召开的中央人才工作会议，提出了人才高地建设的具体要求。② 建设人才高地，是国家人才工作"十四五"发展时期的重要战略布局，是新时代实现高质量发展的重要平台和抓手。

"人才高地"表现为人才数量的高密度、人才级别的高水平、人才工作的高活力、人才产出的高效益与人才发展环境的高匹配。人力资源服务业作为人力资源流动与配置的重要服务与支撑体系，在"人才高地"建设中发挥着重要的作用。目前围绕人力资源服务业在"人才高地"建设方面的作用机制和实践价值研究仍处于起步阶段，如何有效地开展人才高地建设工作，既有现实的紧迫性，又有认识的阶段性，对于理论研究者和人力资源服务工作者而言均具有重要意义。③

二、相关概念及研究进展

（一）人才高地概念界定与研究进展

1. 人才及人才高地的概念界定

"人才是指具有一定的专业知识或专门技能，进行创造性劳动并对社会作出贡献的人，是人力资源中能力和素质较高的劳动者。"赵勇等（2023）认为人才指的是学历为大专及以上的人口。④ 本课题将具有大专以上学历或者具有一定专业技能的人都视为人才。

"人才高地"的概念最早源于 1994 年，上海市国际企业家咨询会议上提出"构筑人才资源高地"⑤，近年来逐渐成为理解国家与地区发展的焦点话题⑥。"人才高地"是中国特色的人才概念，众多专家学者从不同的视角对人才高地的概念进行界定（见表 1）。

① 习近平：激发各类人才创新活力 建设全球人才高地［J］. 中国人才，2021（6）：2，1.
② 习近平. 深入实施新时代人才强国战略加快建设世界重要人才中心和创新高地［J］. 求是，2021（24）.
③ 萧鸣政，应验，张满. 人才高地建设的标准与路径——基于概念，特征，结构与要素的分析［J］. 中国行政管理，2022（5）：7.
④ 赵勇，杜皖露，赵斌斌. 城市人才政策对青年人才居留意愿的影响研究——基于全国 70 个大中城市的数据［J］. 湖北经济学院学报，2023，21（3）：66–76.
⑤ 沈荣华，王欣. 构筑上海人才资源高地［J］. 上海经济，1995（4）：53–56.
⑥ 黄钦旭，曾锡环. 人才高地建构的研究维度［J］. 社会科学前沿，2022，11（11）：6.

表1　　　　　　　　　　　　　　人才高地概念界定汇总

作者	定义	概念核心
汪怿[①]	高水平人才高地具有高质量人才供给、高能级人才平台、高成长人才机制、高品质人才环境、高效能人才治理等多个层面	高水平人才、聚集、创造
萧鸣政等	指在某一人口群体当中，优秀人才所占的比例以及他们的创新效能与价值远高于周边地区的地方，这样的地方可以是一个区域，也可以是一个城市	优秀人才比例高
黄钦旭和曾锡环	人才高地是人才数量、质量与效益突出以及人才管理、服务与环境优质的创新高势能区。人才高地本质上是一个高水平的人才发展生态体系	人才数量、质量、生态
顾璟[②]	人才高地是指在某一人口群体当中，优秀人才所占的比例以及他们的创新效能与价值远高于周边地区的地方，具体表现为人才数量的高密度、人才级别的高水平、人才工作的高活力、人才产出的高效益、人才发展环境的高品位，其结果往往呈现创新效能强、创新成果多、创新价值高、创新贡献大等特征	优秀人才比例高
赵明仁等[③]	高水平人才高地指特定区域内通过系统规划与自主汇聚形成的以从业人口中较高比例的一般高水平人才为基础，各行业中大批高层次人才为骨干，以重点领域中杰出人才为引领，并以既符合国情又与国际人才惯例充分接轨的人才政策体系为保障，以从事创造性劳动为主的人才聚集载体和人才群体	高水平人才、聚集、创造性
李峰和王珊[④]	区域范围小可为一个科技园区、城市，大可至一个省份、地区，甚至一个国家 根据聚集人才的水平和辐射范围，人才高地可划分为世界级、国家级和地方人才高地 人才高地具备一系列可测量的静态特征，如人才规模大、质量高、结构优、产出高等。同时，人才高地还具备对人才的超高吸引力和保持力，对于人才高地以外的人才来说是"向往之地"，而对于已有人才来说是"最能实现之地"	区域、层次、静态和动态属性

注：①汪怿. 高水平人才高地建设：基本内涵，核心角色与发展对策［J］. 中国党政干部论坛，2021（12）：5.

②顾璟. 创新驱动发展战略背景下江苏省人才高地建设的成效，困境与优化策略［J］. 高校教育管理，2022，16（6）：9.

③赵明仁，柏思琪，王晓芳. 粤港澳大湾区高水平人才高地制度体系建构研究［J］. 杭州师范大学学报：社会科学版，2022（3）.

④李峰，王珊. 高水平研究型大学促进人才高地建设的机制，路径与对策［J］. 国家教育行政学院学报，2023（2）：71－79.

本文将人才高地界定为人才密度、人才质量以及人才专业/技能和岗位匹配度高的区域，在这个区域中能够激发出人才的高活力、高创新、高成果产出，整个区域呈现出高开放的趋势。进一步提炼出人才高地的静态属性和动态属性，静态属性主要表现为人才高地的高密度、高质量和高匹配；动态属性主要表现为在人才高地的高活力、高创新、高成果和高开放。

2. 人才高地研究进展

现有关于人才高地的研究还处于探索阶段，学者们主要对人才高地建设结构、建设目标、影响因素，以及如何建设人才高地等重要内容展开了研究。

（1）人才高地建设结构的研究。主要关注人才高地的组成要素，比如萧鸣政等①认为人才高地的结构包括主体、机制以及环境三大要素。黄钦旭和曾锡环②认为包括高素质的人才和环境，以及人才与环境的各类互动关系。

（2）人才高地建设目标。早期研究认为要以"质量"为主，即认为人才数量多，人才密度大，人才流动活跃，人才结构好为建设人才高地的主要目标。③ 如今在创新生态系统以及人才生态系统等理论研究的推动下，学者们认为人才高地建设除了要考虑人才本身的质量外，更需要注重人才所处的生态系统，重视人才与各类环境要素交流交融，要有浓厚的创新氛围、优秀的创新文化、频繁的创新活动等。

（3）人才高地建设影响因素研究。总结来看主要有政府人才政策的引导，区域发展水平的吸引，生存环境的基础支撑，以及高水平研究机构的人才聚集。

（4）人才高地建设路径研究。萧鸣政等经过梳理，提出了"一个高地＋三个特征＋三大要素＋五大体系"的建设路径框架。李峰和王珊提出了促进人才高地的两种作用路径：教育吸引和就业吸引（见图1），对人才高地建设的机制分析提供了理论参考。

（二）人力资源服务业研究现状

人力资源服务业是生产性服务业和现代服务业的重要组成部分。④ 随着区域对人力资源需求的变化和劳动力市场结构调整，人力资源服务业的业态不断丰富并逐渐形成体系⑤，人力资源服务业在国民经济发展中地位提升并快速发展，引起了政府和学界的重视。⑥

① 萧鸣政，应验，张满. 人才高地建设的标准与路径——基于概念，特征，结构与要素的分析［J］. 中国行政管理，2022（5）：7.

② 黄钦旭，曾锡环. 人才高地建构的研究维度［J］. 社会科学前沿，2022，11（11）：6.

③ 薄贵利. 论打造世界级和国家级人才高地［J］. 中国行政管理，2019（6）：6.

④ 孙建立. 人力资源服务业高质量发展：成效、问题与对策［J］. 中国劳动，2019（3）：12.

⑤ 田永坡. 人力资源服务业四十年：创新与发展［J］. 中国人力资源开发，2019（1）：10.

⑥ 田永坡. 劳动力市场和产业环境变革下的我国人力资源服务业发展对策［J］. 理论导刊，2016（6）：4.

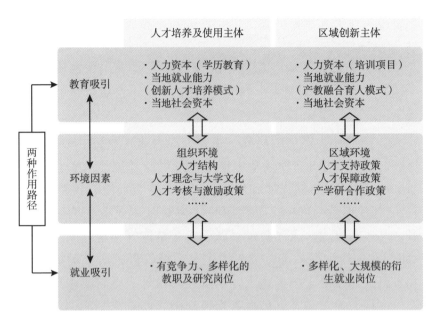

图 1 促进人才高地建设的作用机制

资料来源：李峰和王珊，2022。

现阶段学者们对人力资源服务业的研究主要聚焦三方面[①]：一是界定人力资源服务业内涵，代表性观点有萧鸣政等[②]、田永坡和孙建立，认为人力资源服务业界定可分为经济视角和行业实践视角；二是总结回顾人力资源服务业的发展阶段及行业价值，并研判行业未来发展趋势，比如于飞和吴红蕾[③]将人力资源服务业发展分为四个阶段，田永坡从改革开放四十年回顾视角探讨人力资源服务业发展阶段；三是通过分析人力资源服务业行业自身状况，探索人力资源服务业发展或转型升级，比如人力资源服务产业聚集建设[④]、服务效率提升[⑤]、服务水平升级[⑥]等。

这些研究集中人力资源服务业自身，但对人力资源服务业协同价值关注不足。余兴安认为人力资源服务业对推动经济发展、促进就业创业和优化人

① 李燕萍，李乐. 人力资源服务业高质量发展评价指标体系及测度研究——基于 2012—2020 年中国数据的实证［J］. 宏观质量研究，2022，10（5）：14.

② 萧鸣政，郭丽娟，顾家栋. 中国人力资源服务业白皮书［M］. 北京：人民出版社，2008.

③ 于飞，吴红蕾. 人力资源服务业转型升级的对策研究［J］. 经济纵横，2018（7）：9.

④ 王凌. 人力资源服务产业集聚建设的影响因素及其突破［J］. 江西社会科学，2016（7）：7.

⑤ 叶红春，邓琪. 湖北省人力资源服务业服务效率的影响因素研究［J］. 湖北大学学报：哲学社会科学版，2015，42（4）：6.

⑥ 来有为. 以扩大开放提高我国服务业发展质量和国际竞争力［J］. 管理世界，2017（5）：11.

才配置具有重要作用。[①] 李燕萍和李乐在总结国内外研究时，认为人力资源服务业有助于减少人力资源市场信息摩擦、降低供求双方交易成本、分担用工风险等，在推动我国人才资源的合理流动与优化配置、促进经济发展和人力资源开发等方面发挥了重要的作用。骆君函认为人力资本结构化对经济高质量发展有明显促进作用[②]，陈建军和杨飞从异质性角度发现，人力资本异质性改变产业空间布局。[③] 张桂文和孙亚男研究了人力资本存量和产业结构的耦合关系，指出加大创新人才与高技能人才培养力度，可有效提升人力资本与区域产业结构演进的耦合程度。[④] 类似研究为人力资源服务业的协同价值分析，尤其如何促进"人才高地"建设，提供了理论基础和分析框架。

三、人力资源服务业促进人才高地建设机制分析

本文基于劳动力市场理论和人力资源服务业协同价值研究，指出人力资源服务业在劳动力与人才高地建设之间存在两类机制：一类是通过影响劳动力市场供求关系和匹配结构，对人才高地的静态属性和动态属性发挥直接影响；另一类是利用人力资源服务业的公共服务力量，间接影响人力资源服务业在人才高地建设中的效应发挥。图 2 呈现了人力资源服务业在劳动力市场和人才高地建设中间发挥的直接作用和间接作用的机制模型。

机制 1：人力资源服务业通过影响区域人才数量和岗位数量，促进人才高地建设。

一方面，人力资源服务业通过派遣、外包、定向组织招聘会、赴外引才等方式，有针对性地引导人才朝目标区域集聚，提高拟建设高地的人才密度；另一方面，通过为区域内企业提供人力资源咨询，综合性、全方位的人力资源解决方案等，利用规模化的人力资源服务降低企业用工成本和风险，促进企业扩大再生产，形成更多岗位，提高企业和区域的人才吸纳力。

机制 2：人力资源服务业通过影响区域劳动力市场供求质量，促进人才高地建设。

---

① 余兴安. 努力成就世界一流的人力资源服务业 [J]. 中国人力资源社会保障，2018 (6)：3.

② 骆君函. 人力资本结构高级化对服务业结构升级的影响研究——基于中国城市面板数据 [J]. 广东商学院学报，2021，036 (002)：39–53.

③ 陈建军，杨飞. 人力资本异质性与区域产业升级：基于前沿文献的讨论 [J]. 浙江大学学报：人文社会科学版，2014 (5)：12.

④ 张桂文，孙亚南. 二元经济转型中人力资本投资与产业结构演进的动态耦合 [C]//社会主义经济理论研究集萃（2014）——新常态下的中国经济，2014.

就业创业与人力资源市场

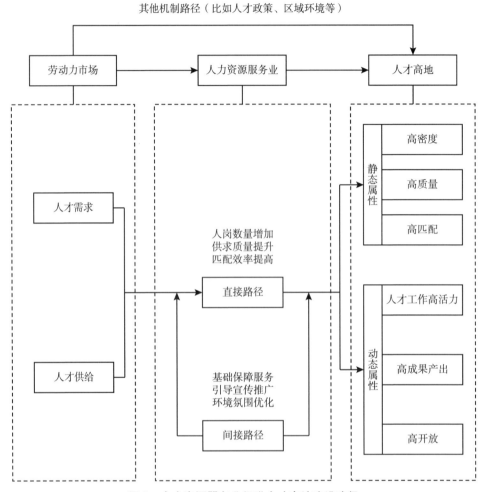

图 2　人力资源服务业促进人才高地建设路径

资料来源：作者自制。

　　通过校企合作、专业技能培训、招考测评、职业指导、人力资源咨询等措施，一方面提高了区域人才的素质，比如技能型人才、管理型人才队伍的培养和扩大，直接提高了区域高质量人才的比例；另一方面帮助企业细化和明晰了岗位职责及人才要求，防范化解人岗匹配的结构性失衡问题，有利于更好地发挥人才潜力，激发人才创新活力和成果产出，促进企业发展。通过高级人才寻访引入高质量人才，形成示范带动效应，增强区域对高层次和高质量人才的吸引力。

　　机制 3：人力资源服务业通过提高供求匹配效率，促进人才高地建设。

　　人力资源服务业通过提供各类信息软件和配置工具，丰富市场供求信息，提高匹配效率，优化人力资源管理效能，比如在线招聘网站，数字化人力资源管理软件等。借助人工智能、大数据等前沿技术，提高人才服务工作的效率和服务精准度。通过推荐算法，定向精准推荐岗位或人才，增加匹配成功的可能性。利用数字化平台，人才服务工作的广度和深度不断加深，"人才池"和"人才飞地"等虚实联动的智力型人才高地建设成为可能。

机制4：人力资源服务业通过提供基础保障服务，促进人才高地建设。

以公共服务机构为主体的社会化服务力量，通过提供档案、职称评审、社保、公共就业服务、发布产业急需紧缺人才目录和劳动力市场监测动态指数等，提高了人才工作活力，扩大了人才服务的覆盖面，为人才高地建设提供了基础保障服务，解除人才发展的后顾之忧。

机制5：人力资源服务业通过宣传推广，促进人才高地建设。

区域政策及环境优势，需要能被人才感知和了解到，人力资源服务业作为人才服务的第一线，具有先天的宣传优势，能够快速触达目标人才群体，及时准确解读人才政策和区域发展优势，引导人才朝着高地流动和集聚，进一步强化人才高地的"虹吸效应"，实现人才从"知道—行动—享受服务"的全流程、一站式服务。

机制6：人力资源服务业有利于营造良好社会氛围，促进人才高地建设。

尽管人才的重要性不言而喻，但在全社会形成"尊重人才、重视人才、用好人才"的环境氛围，仍任重而道远。自2021年召开全国首届人力资源服务业大会以来，人力资源服务业已成为做好人才服务工作的主阵地之一，也是引导社会朝着利于人才发展的氛围转变的重要力量。行业通过提升自身人员素质，优化服务流程，丰富服务产品等方式，向人才传递积极信号。同时，人力资源服务业能及时为政府制定人才政策和设计制度体系提供最直接的决策数据和务实建议。

机制7：人力资源服务业自身的经济属性，有助于促进人才高地建设。

人力资源服务业除了具备明显的社会属性外，自身具有经济性。人力资源服务业在政策引导和市场驱动的双重作用下，乘势高速发展。区域人力资源服务业与区域产业的协同价值正通过行业自身的爆发，得到快速地放大，行业本身也朝着高端化、高质化、规范化转移，从人才服务视角引导协同产业的高质量发展。在此基础上筹建的各类人才集团和人力资源服务产业园，进一步实现了人才服务工作的聚合，强化了人力资源服务业对区域人才高地建设的支撑作用。一方面，该类平台的建设本身带来了人才的集聚和流动，带动了相关产业人力资源的发展，加快了区域人才流动率；另一方面，聚合带来了服务效率的提升和服务体系的完善，更利于促进区域内企业的生产经

就业创业与人力资源市场

营，帮助企业降本增效，从需求端促进了人才高地建设。

四、西安市人力资源服务业促进人才高地建设的效应分析

（一）西安市人力资源服务机构基本特征

本文中使用的分析数据，一方面来自西安市人力资源服务机构报送的数据，另一方面来自西安市行业统计数据和公开数据。根据报送数据，截至2022年西安市拥有各类人力资源服务机构数2 409家。表2呈现了西安市人力资源服务机构的基本特征和发展情况。

表2　　　　西安市人力资源服务机构基本特征（2022年）

1. 机构基础特征			
平均年龄	6年	平均注册资本	597.1万元
平均总资产	665.9万元	平均营收	3 549万元

2. 行业发展特征			
从业总数	17 891人	平均从业人员数	15.6人
拥有大专及以上学历人员的企业占比	97.4%	拥有硕士及以上学历人员的企业占比	14.9%
取得人资职业资格企业比	69.7%	拥有人资专业职称企业占比	27.2%
设有固定招聘场所企业比	79.4%	建立人力资源服务网站企业占比	28.3%
有代收代付业务企业占比	38.4%		

3. 行业服务特征			
帮助实现就业等服务人次（平均）	6 259人次	服务高中及以下学历人次（平均）	955人次
服务大专及本科学历人次（平均）	2 093.9人次	服务研究生及以上学历人次（平均）	277.7人次
服务用人单位次数（平均）	833.9次	其中，机关事业单位（平均）	8.8次
国有企业次数（平均）	20.8次	民营企业（平均）	211.9次
外资企业次数（平均）	10.8次	其他类型（平均）	179.6次
举办招聘会次数（平均）	1.4次	其中，农民工专场（平均）	0.4次
高校毕业生专场（平均）	0.7次		
参会单位总数	17 084家	参会单位数（平均）	30.7家
提供岗位总数	90 437个	提供岗位数（平均）	272.7个
参会求职总数	125 843人	参会求职平均人数	521.4人
网络发布岗位信息总数	210.8万条	网络平均发布岗位信息数	3 301.1条
网络发布求职信息总数	1 768.8万条	网络平均发布求职信息数	9 599.2条
劳务派遣服务单位总数	2 830家	劳务派遣服务单位平均数	5.2家
派遣人员总数	33 108人	派遣人员平均数	180.2人

续表

3. 行业服务特征			
人力资源外包服务单位数	450 家	人力资源外包服务单位平均数	2.9 家
外包人员总数	41 000 人	外包人员平均数	119.8 人
人力资源咨询服务单位数	1 002 家	人力资源咨询服务单位平均数	3.9 家
人力资源培训班次总数	460 场次	培训平均场次数	2.1 场次
参加培训总人数	116 000 人次	参加培训平均人数	131.9 人次
人力资源测评服务人次	200 000 人次	人才资源测评平均人数	200.9 人次
猎头委托推荐岗位数	11 906 个	猎头委托推荐岗位平均数	23.8 个
成功推荐人才数	8 453 人	成功推荐人才均值	17.1 人
人资信息软件服务单位数	23 600 家	人资信息软件服务单位均值	23.1 家
流动人员现存档案数	179 034 份	现存档案平均值	527.1 份
依托档案提供服务次数	265 600 次	依托档案平均提供服务次数	383.9 次

资料来源：通过西安市人力资源服务机构直报系统和市场调查推算综合所得。

（二）西安市人才高地基本特征

西安市从人才高地建设的密度、质量、结构等特征出发，充分发挥陕西丰富科教资源优势，基本建成了以高层次人才为牵引、六大重点产业为依托的人才集聚体系，人才高地建设取得初步成效和区域比较优势。

1. 区域人才规模大、密度强

截至 2022 年年末，西安市常住人口 1 299.59 万人中，人才总量达到了 365.5 万人，累计引进各类人才超 114 万人，科技人才突破 100 万人，在校大学生超 130 万人。① 人才政策方面，实施以"西安英才计划""西安青年人才就业奖""'揭榜挂帅'制科技项目"等为重点的人才政策，以战略人才为重点加大"引"的力度，做强西安人才集团，建设西安"一带一路"人才战略发展研究中心，面向海内外引进"高、精、尖"人才，充分发挥人力资源服务业在各类人才招引和人力资源配置方面的作用，为西安市人才高地建设提供了取之不尽、用之不竭的人才资源。

2. 区域人才质量层次高

全市 64 所普通高校中，2022 年本、专科毕业生共 21.73 万人，拥有研究生培养机构 43 所，毕业研究生 3.95 万人，拥有各类卫生技术人员 13.04

---

① 方红卫. 建设体现城市特色优势的现代化产业体系 ［N］. 经济日报，2023 - 8 - 23.

万人。自 2022 年以来，新引进经认定的高层次人才数量同比增长 195% 。人才培育和质量优化方面，以"双一流"建设为牵引提高"育"的水平，全力支持西安交通大学、西北工业大学、西安电子科技大学等"双一流"高校建设，围绕信息、生命、材料、环境、农业科学和空天科技等六大优势领域，打造高峰学科。西安高质量、高层次的人才比例不断扩大，有效支撑了人才高地的质量建设。

3. 高质量人才发展载体多，区域吸引力不断增强

截至 2022 年，国家高新技术企业同比增长 46% 、突破 10 000 家，入库科技型中小企业超过 12 000 家。新增上市企业 11 家，其中科技型企业 10 家。市场活跃带来大量的人才需求，提供的岗位极大满足了高质量人才尤其是科技人才的就业发展需求。同时，依托各类人才计划和安居乐业政策，高起点、高标准建立各类人才街区、人力资源服务产业园，构建人才高效便捷的一站式服务体系，努力让西安成为各路英才的向往之地和汇聚之地，为西安市人才高地建设提供了坚实的发展保障和"留下来"的基础生活保障。

4. 人才创新机制不断完善，创新成果产出多

近年来，以全面创新改革试验区为牵引，不断完善人才创新机制，推动创新资源开放共享，深入实施职务科技成果单列管理、技术转移人才评价和职称评定、横向科研项目结余经费出资成果转化的"三项改革"试点，复制推广中科院西安光机所"拆除围墙、开放办所、专业孵化、创业生态"的创新发展模式。不断加大研发投入强度，2022 年全社会研发投入强度 5.18% ，分别居副省级城市第一和第二。2022 年，全年专利授权量 58 045 件，其中发明专利授权量为 17 136 件。全年共签订技术合同 6.44 万个，技术合同成交额 2 881.3 亿元，技术合同成交额同比增长 30% 。人才创新成果产出丰富且转化效益明显，表现出突出的比较优势，为西安市人才高地建设的良序演化提供了现实动力。

（三）西安市人力资源服务机构促进人才高地建设效应分析

伴随经济发展和劳动力市场结构变化，西安市人力资源服务业也迎来了新阶段的增长。自 2017 年至今，陕西省人力资源服务机构数几乎翻了 3 倍（数据来自陕西省人力资源服务业行业数据统计），与之匹配对应的是西安市人才高地建设的飞速发展。

从宏观数据大致能看到西安市人力资源服务机构的数量不断增加、业务类型不断丰富，且高质量服务业态的营收实现了快速增长，比如人力资源咨询、人力资源信息化等。对比人才高地建设基本特征变化，人才结构、质量、产出等人才高地的静态和动态属性不断优化，一方面可以看出劳动力市场结构和供需两端的变化，尤其是人才需求端，对人才质量的要求越来越高；另一方面侧面印证了人力资源服务业的发展，对西安人才高地建设的作用日益重要。以往西安区域人才特征被归结为人才数量大，但人才留存率低，现阶段这一情况正发生变化，西安人才高地也从原有数量型逐步朝着质量型和创新型高地转变。

西安越来越多的龙头企业和用工密集型企业，开始认可并主动与人力资源服务机构合作，合作内容也从原有的劳务派遣、人力资源服务外包等数量型业务，转向员工培训、员工发展、薪酬福利方案设计等人才质量提升类业务，帮助员工提升技能和职业素养，辅助企业实现降本增效，提高公司的创新能力和整体竞争力。初创公司一改以往无目的、无规划的粗放式招人方式，转而与人力资源服务机构合作，帮助其梳理和明确岗位职责要求、用人标准等，定制形成一套全面完整的人力资源解决方案，既帮助初创公司招聘或引进合适的团队成员，又通过合理的薪酬和绩效考核办法，留住优秀的初创成员，提高了初创企业的发展稳定性，为后续发展奠定了坚实的人才基础。

五、人力资源服务业促进人才高地建设的建议

（一）实施人才高地建设功能引导

实施人才高地建设方案，构建人才高地建设指标体系，发挥好人力资源服务业功能建设指引性作用。强化国有人力资源机构社会效益、人才效益考核权重，承担政府人才工作专项计划与任务，发挥国有企业人才服务功能性作用；评估分析人力资源服务业促进人才高地建设的成效，有组织、有规划地完善人力资源服务业功能建设与发展布局；适应国有企业深化改革需要，落实企业经理人职业化契约制要求，筹建企业经理人人才市场；促进科技创新，根据西安科技资源、教育资源和人才资源丰富的特点，促进科技市场与人才市场融合发展，建立科技人才市场，促进科技人才成果转化；纠偏市场盲目性，从人才高地建设角度，选树典型人力资源服务机构，在现有人才服务机构中，布局一批人才引进工作站，建立一批人才培养实训基地，建设一批人力资源服务博士后流动工作站，打造若干人才服务创新发展研究院，总体形成人力资源服务业促进人才高地建设相对完整的市场体系。

（二）构建人才高地建设关联业务生态

政府层面，出台政策，研究制定发挥机构作用促进人才高地建设措施意

就业创业与人力资源市场

见，分门别类编制重点地区、重点产业、重点项目急需紧缺人才目录，引导人才合理有序流动；社会层面向人力资源服务机构征集人力资源服务业创新发展课题，延链补链、研发创新业务；协会层面应加强监测体系建设，通过人力资源服务机构布局人才流动监测网点，制定统计指标体系与工作质量标准体系，建立监测发布制度，开展人才流动趋势研判与预警；机构层面应着力破解人力资源服务业同质化、低端化竞争的局面，发展高级人才寻访（猎头）、人才测评、人力资源管理咨询等高人力资本、高技术业态，增强直接服务人才高地建设业务布局；技术层面要推进互联网＋人才服务，加强大数据、人工智能、区块链在人才服务领域的实践应用，绘制人才搜索"地图"，建立人才"雷达"站点，提升数智化人才服务能力；在方式手段上，建立人才智力数据库，建立"人才飞地"，开展柔性引才，实现人才智力资源共享。

（三）强化人才服务与产业发展协同

增强人才服务与产业发展协同，是人力资源精细化服务的重要衡量指标，着眼构建人力资源与实体经济、科技创新、现代金融协同发展的产业体系，围绕产业链和实体经济构建人才高地。根据西安市产业布局，围绕高端装备制造、新材料、信息技术、医药健康、文化旅游等重点产业布局人才链、创新链，分行业、分领域、分重点进行人才盘点与企业发展战略适配性分析，支持项目合作、成果转化、联合研发、技术引进，改善人力资源服务产品供给，释放人才知识成果红利；应围绕支柱产业和战略性新兴产业，建立行业性、专业性人才市场，增强人力资源服务业服务专业度和针对性；应围绕人才链、创新链丰富提升人力资源服务业，实行项目与人才联动机制；应发挥西安高等教育资源优势，增强人力资源服务业与高校协同，组织产业工程师参与实践教学，组织高校毕业生参与实习实训；应实施人才专项服务计划，为基层发展和乡村振兴提供人才保障。

（四）扩大人力资源服务业开放发展措施

开放不足是制约陕西西安经济发展的瓶颈因素，扩大人力资源服务业领域对外开放，在促进内陆改革开放中构建人才高地是西安人力资源服务业发展的必由之路。西安是"一带一路"建设的重要节点，站在向西开放的前沿。近年来，对外开放的平台能级不断提升，改革开放的活力不断奔涌，已经构筑起一条效率高、成本低、服务优的国际贸易"黄金通道"。这些已经为西安人力资源服务业对外开放打下工作基础，西安人力资源服务业应围绕开放型经济，统筹国际国内两种资源，积极参与京津冀协同发展、长三角、粤港澳大湾区等区域人才开发一体化进程，加强行业交流与深度合作，要融入全球人才链、产业链、创新链，积极引进国际先进人力资源服务企业，积极开展"一带一路"人力资源服务行动；应专项组织服务留学人员回国创新计划，开辟国际高端引才聚才渠道，研究探索精准定向引进人才和走出去培养人才的有效策略。

（五）增强服务人才高地建设发展动能

建立人力资源服务业发展基金，撬动人力资源服务机构投身人才高地建设项目，支持人力资源服务业转型升级；整顿优化市场环境，禁止恶性竞争，开展人力资源服务机构诚信体系建设；实施领军人才培养计划，选树人力资源服务人才高地建设标杆企业与案例，带动行业精准发力与健康发展；完善政府购买人力资源服务，将人才相关项目纳入政府购买服务目录，鼓励人力资源机构通过竞争投标人才服务项目，并以此增强人力资源服务主体市场活力。

参考文献

［1］薄贵利．论打造世界级和国家级人才高地［J］．中国行政管理，2019（6）：6.

［2］陈建军，杨飞．人力资本异质性与区域产业升级：基于前沿文献的讨论［J］．浙江大学学报：人文社会科学版，2014（5）：12.

［3］方红卫．建设体现城市特色优势的现代化产业体系［N］．经济日报，2023－8－23.

［4］顾璟．创新驱动发展战略背景下江苏省人才高地建设的成效，困境与优化策略［J］．高校教育管理，2022，16（6）：9.

［5］黄钦旭，曾锡环．人才高地建构的研究维度［J］．社会科学前沿，2022，11（11）：6.

［6］来有为．以扩大开放提高我国服务业发展质量和国际竞争力［J］．管理世界，2017（5）：11.

［7］李峰，王珊．高水平研究型大学促进人才高地建设的机制，路径与对策［J］．国家教育行政学院学报，2023（2）：71－79.

［8］李燕萍，李乐．人力资源服务业高质量发展评价指标体系及测度研究——基于2012～2020年中国数据的实证［J］．宏观质量研究，2022，10（5）：14.

［9］骆菁函. 人力资本结构高级化对服务业结构升级的影响研究——基于中国城市面板数据［J］. 广东商学院学报，2021，36（2）：39－53.

［10］沈荣华，王欣. 构筑上海人才资源高地［J］. 上海经济，1995（4）：53－56.

［11］孙建立. 人力资源服务业高质量发展：成效、问题与对策［J］. 中国劳动，2019（3）：12.

［12］田永坡. 劳动力市场和产业环境变革下的我国人力资源服务业发展对策［J］. 理论导刊，2016（6）：4.

［13］田永坡. 人力资源服务业四十年：创新与发展［J］. 中国人力资源开发，2019（1）：10.

［14］汪怿. 高水平人才高地建设：基本内涵，核心角色与发展对策［J］. 中国党政干部论坛，2021（12）：5.

［15］王凌. 人力资源服务产业集聚建设的影响因素及其突破［J］. 江西社会科学，2016（7）：7.

［16］习近平：激发各类人才创新活力　建设全球人才高地［J］. 中国人才，2021（6）：2，1.

［17］习近平. 深入实施新时代人才强国战略加快建设世界重要人才中心和创新高地［J］. 求是，2021（24）.

［18］萧鸣政，郭丽娟，顾家栋. 中国人力资源服务业白皮书［M］. 北京：人民出版社，2008.

［19］萧鸣政，应验，张满. 人才高地建设的标准与路径——基于概念，特征，结构与要素的分析［J］. 中国行政管理，2022（5）：7.

［20］叶红春，邓琪. 湖北省人力资源服务业服务效率的影响因素研究［J］. 湖北大学学报：哲学社会科学版，2015，42（4）：6.

［21］于飞，吴红蕾. 人力资源服务业转型升级的对策研究［J］. 经济纵横，2018（7）：9.

［22］余兴安. 努力成就世界一流的人力资源服务业［J］. 中国人力资源社会保障，2018（6）：3.

［23］张桂文，孙亚南. 二元经济转型中人力资本投资与产业结构演进的动态耦合［C］//社会主义经济理论研究集萃（2014）——新常态下的中国经济，2014.

［24］赵明仁，柏思琪，王晓芳. 粤港澳大湾区高水平人才高地制度体系建构研究［J］. 杭州师范大学学报：社会科学版，2022（3）.

［25］赵勇，杜皖露，赵斌斌. 城市人才政策对青年人才居留意愿的影响研究——基于全国 70 个大中城市的数据［J］. 湖北经济学院学报，2023，21（3）：66-76.

《人力资源服务业在促进人才高地建设中的机制研究
——以西安市人力资源服务业为例》
课题组成员名单

课题组长：

郭小军（西安人力资源服务行业协会会长）

课题组成员：

王　欢（西安人力资源服务行业协会副会长兼秘书长）

孙万清［禾智（西安）科技有限公司总经理］

刘　敏（西安明德理工学院产业学院讲师）

常　静（西安人力资源服务行业协会副秘书长、经济师）

姚亚锋（陕西世纪人才开发有限公司负责人、经济师）

杨　特（西安理工大学管理学院讲师）

明　镜（西安人力资源服务行业协会标准化部部长）

本课题由中国人事科学研究院和西安人力资源服务行业协会共同完成。

就业创业与人力资源市场

制造业技能人才供需情况分析
——以青岛市为例①

提　要：习近平总书记强调，制造业是国家经济命脉所系，并指出要坚定不移把制造业和实体经济做强做优做大。青岛市是制造业名城，制造业是立市之本、强市之基、兴市之源。大力加强技能人才队伍建设，是培育经济发展新动能、促进经济高质量发展的内在要求。本课题聚焦制造业技能人才供需情况，以青岛市为例，开展大数据分析和问卷调查，以政务数据、调查数据为基础，从年龄分布、工种分布、技能等级分布等维度，全面呈现当前青岛市制造业技能人才供需现状和结构矛盾。结合数据分析和走访座谈，在广泛收集先进地区技能人才队伍建设经验做法的基础上，提出解决技能人才供需矛盾的对策建议，从而推动制造业高质量发展。

关键词：技能人才　供需分析　制造业

一、研究背景和文献综述

（一）研究背景

党的二十大报告提出，建设现代化产业体系，坚持把发展经济的着力点放在实体经济上。制造业作为实体经济和国民经济的主体，在促进经济高质

---

①　本文系中国人事科学研究院 2023 年度课题"制造业技能人才供需情况分析——以青岛市为例"报告的部分内容。

量发展，拉动居民就业，巩固提升产业链、供应链等方面发挥重要作用。2022 年，中共中央办公厅、国务院办公厅印发了《关于加强新时代高技能人才队伍建设的意见》，要求全面实施"技能中国行动"，加大高技能人才培养力度，完善技能导向的使用制度，建立技能人才职业技能等级制度和多元化评价机制，建立高技能人才表彰激励机制。

2023 年，山东省人社厅印发《关于助力工业经济高质量发展实施九"+"计划的通知》，要求实施"培养+评价"技能人才培强计划、"培训+产业"产训融合计划等，实施技能兴鲁、百名工匠和万名技能人才培育行动和制造业技能根基工程，推动经济高质量发展，提供强有力的技能人才支撑。

青岛以制造起家，以工业强市。2021 年出台《关于推进技能人才与产业融合发展实施方案》，要求强化创新型、应用型、技能型人才培养，促进技能人才队伍建设全面发展，为青岛市经济社会高质量发展提供强有力的技能人才支撑。2022 年，出台了《关于实施新时代"人才强青"计划的意见》，提出实施技能人才培育计划，实现产业增效和人才发展互利共赢。

（二）文献综述

1. 制造业人才发展的相关研究

制造业作为我国实体经济的主体，对于促进国民经济发展、满足人民美好生活需要具有至关重要的作用（邢泽宇，2023）。制造业人才高质量发展是新时代我国顺应世界发展大势的基本要求，也是加快建设世界制造强国的重要支撑（赵靖芝，2020）。然而当下我国制造业发展仍存在产业核心技术少、支撑产业发展的高层次人才和高技能人才不足等问题（陈杰等，2023）。

2. 技能人才供需的相关研究

早在 20 世纪末，欧洲委员会便开展了一项对技能人才需求的调查，结果显示，在英国、美国等欧美发达国家，普遍存在技能人才短缺的现象，调查中仅有 5% 左右的企业认为它们能够轻松地招募到技能型人才，绝大多数企业表示它们在招募技能人才时面临巨大的困难（Janet Kersnsr，2008）。

卢志米（2014）指出我国技能人才面临总量严重不足、培养质量不高、人才结构不合理等问题。华灵燕（2011）从技能人才数量不足、技能人才结构失衡两个大方面分析技能人才的供需现状。对于技能人才供给预测方面，刘娜等（2021）对中国高技能人才现状进行分析并对供给进行预测，构建了一个我国高技能人才劳动力供给预测的数理分析框架，结果显示，如果采取积极的应对策略，预计到 2050 年中国高技能人才在供给总量和增长速度两个方面，均会有一定的提升空间。

3. 技能人才培养的相关研究

从政府层面，Robyn Iredale（1994）在分析技能人才供需不平衡问题时，提到政府可以从国外引进经过培训的相关技能人才，解决人才短缺的困境。黄利娟（2016）提出建立政校企三位一体的高技能人才培养模式，政府必须明确自身的主导地位，高等职业院校必须改进高技能人才的教育培养体制，企业建立完善的高技能人才激励晋升机制，政府、学校、企业共同发力，从而增加高技能人才供给。

学者们也从校企合作培养、"双师型"师资队伍建设和专业课程设置等方面进行了深入研究。李建荣等（2019）认为，高职院校需要加强校企深度合作，实施现代学徒制人才培养模式，实现学生"软技能"的有效培养。丁正亚（2022）提出要通过强化师德建设、拓宽引进渠道、完善多元培养培训体系、增强教师提升专业实践能力的主动性，着力打造一支高素质、强技能的"双师型"教师队伍。朱利军和周祥（2022）基于苏州市经济发展与产业结构的变化，提出要构建专业设置动态调整机制，完善专业结构与区域产业适配度的预警机制等建议。池瑞楠等（2020）提出动态调整专业设置和定位，实时更新课程体系和教学内容，规范专业教学标准，加强师资队伍建设，构建校内外实践教学环境等建议。

部分学者从技能人才职业发展方面进行研究，苏江（2021）提出解决技能人才供需矛盾要完善人才聘用激励机制、完善高技能人才劳动力市场工资指导价制度、探索设立高技能人才津贴制度。陈杰等（2023）提出壮大制造业技能人才队伍要畅通技能人才发展通道、打造产才融合发展平台，引导企业完善工资分配制度，以物质激励和精神激励充分激发人才干事创业积极性，让优秀的技能人才"名利双收"。

二、制造业技能人才供需现状分析

（一）青岛市技能人才供给体系日益完善

一是技工院校技能人才培养人数增长。青岛市技工院校招生数量从 2019 年至 2023 年连续增长，从 9 137 人增加到 18 324 人，增长 100.55%，实现招生五连增。二是技能培训力度持续加大。对接全市 24 条重点产业链，将 100 个紧缺急需职业（工种）纳入企业新型学徒制、"金蓝领"培训范围，开展订单、定岗、定向式人才培养，截至 2023 年 9 月底，完成新型学徒制培训 979 人，金蓝领培训 1 863 人，实现培训与产业发展的同频共振。三是技能人才评价量质齐升。以指导促规范、以监管提质量、以服务树品牌，提高技能人才评价质量。目前，615家企业技能人才自主评价企业累计评价5.9万人。四是以大赛为抓手培养技能人才。发挥竞赛引领作用，助推技能人才培养。承办第一届山东省职业技能大赛，组织开展各级各类职业技能竞赛480余场次。省赛获19金、10银、7铜，金牌数位居全省第一。国赛获2银、1铜、16优胜奖，19名参赛人员全部获奖，奖牌数实现"零"突破。

（二）制造业技能人才供给现状分析

青岛市作为制造业强市，经过多年积累，截至2022年，制造业技能人才为4.75万人。其中，2020～2022年新增持证人员4.17万人。

1. 制造业技能人才年龄结构更趋年轻化

从技能人才存量数据看，30～39岁人数最多，为20.71万人，占比47.74%；其次为16～29岁年龄段，人数为9.25万人，占比21.32%。从2020～2022年新增技能人才看，16～29岁人员占比最多，为47.02%；其次是30～39岁人员，占比28.95%；60及以上占比最小（如图1、图2所示）。

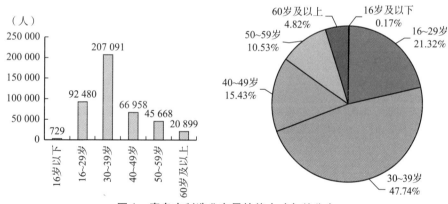

图1 青岛市制造业存量技能人才年龄分布

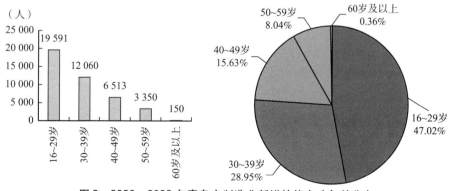

图2 2020～2022年青岛市制造业新增技能人才年龄分布

2. 制造业技能人才认定以企业自主评价为主

2020～2022 年青岛市制造业技能人才企业自主评价 2.8 万人，占比为 67.09%；学校评价 1.27 万人，占比 30.41%；第三方评价机构评价 1 039 人，占比 2.49%（如图 3 所示）。

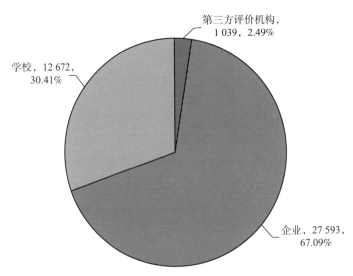

图 3 2020～2022 年青岛市制造业技能人才评价主体分布

3. 制造业技能人才工种主要集中在传统制造行业

从技能人才存量数据来看，人数排名前 5 名的工种分别是电工、啤酒酿造工、钳工、质检员、起重装卸机械操作工，从 2020—2022 年新增技能人才看，人数排名前五名有电工、焊工、汽车维修工、电子设备装接工（如图 4 所示）。

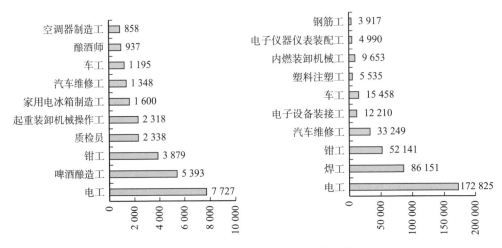

图 4 青岛市制造业存量（左）和 2020～2022 年青岛市制造业
新增（右）技能人才工种分布（前 10 名）

4. 制造业高技能人才占比较低

从技能人才存量数据看，中级工人数最多，为 20.26 万人，占比 46.70%；其次为初级工和高级工，高级技师人数最少。从 2020～2022 年新增技能人才看，中级工数量最多，为 1.5 万人，占比 36%；其次为高级工和初级工，高级技师人数最少，占比 2.31%；高技能人才占比为 47.85%（如图 5 所示）。

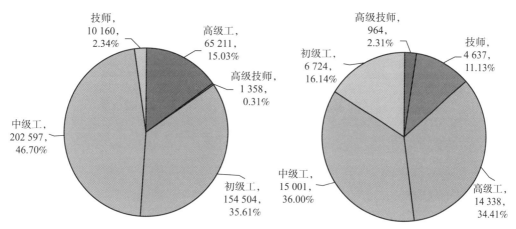

图 5　青岛市制造业存量（左）和 2020～2022 青岛市制造业
新增（右）技能人才职业技能等级分布

（三）青岛市制造业技能人才需求现状分析

1. 招聘发布岗位数据逐年减少

根据青岛市人才网招聘 e 站数据，2020～2022 年青岛市制造业企业发布招聘技能人才人数为 28.48 万人，其中 2020 年发布招聘人数最多，为 13.93 万人，其次为 2021 年，为 7.55 万人，2022 年发布最少，为 7 万人（如图 6 所示）。

2. 招聘工种主要集中在传统制造行业

从工种看，制造业招聘主要集中在传统制造业。工种主要涉及焊工、操作工、缝纫工、维修工、电工等（如图 7 所示）。

（四）青岛市制造业技能人才需求预测分析

1. 青岛市制造业技能人才供需存在总量缺口

根据调研数据，2020 年制造业技能人才供给为 39.67 万人，2021 年新增 1.86 万技能人才，到 2022 年末，青岛市制造业技能人才约有 43 万人。基于宏观层面、中观层面和微观层面数据进行预测，青岛市 2022 年技能人才需求约为 50 万人，技能人才需求大于供给，需求缺口为 6 万～7 万人，未来几年仍然存在总量缺口。

就业创业与人力资源市场

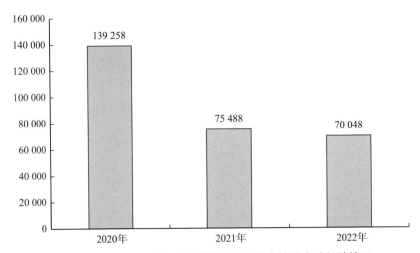

图6 2020～2022 年青岛市制造业企业发布技能人才招聘情况

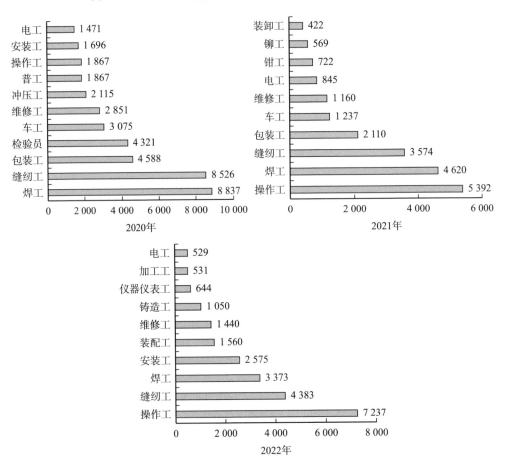

图7 2020～2022 年青岛市制造业招聘工种分布

2. 青岛市制造业技能人才供需存在结构性矛盾

结合制造业规模以上各细分产业的就业人数以及技能人才供给数据，传统行业技能人才需求逐年减少，先进制造业技能人才需求逐年增加，如生物医疗及医疗器械、集成电路以及人工智能技能人才需求逐年增加。整体来看，未来传统行业技能人才供给过剩，而先进制造业技能人才供给不足，未来几年供需仍然呈现出结构性矛盾的特点。

3. 青岛市制造业高技能人才供给不足

预计2025年高技能人才供给占技能人才比例将达到35%以上。结合青岛市高技能人才需求预测结果，分析调查问卷的调研数据，2020年青岛市高技能人才占技能人才比例为27.74%，共有13.83万人，2021年高技能人才占比为28.8%，共有14.49万人，2022年高技能人才占比为30.27%，共有15.19万人，同时2020年高技能人才需求为17.45万人，2022年高技能人才需求为17.56万人。综合以上供需数据，2020年高技能人才需求缺口为3.72万人，2022年需求缺口为2.37万人，预计到2025年青岛市可以实现高技能人才的供需平衡。

4. 青岛市制造业技能人才供需缺口正在逐渐缩小

根据技能人才需求预测结果和技能人才实际供给数据，2020年技能人才的需求缺口为10.18万人，2022年技能人才的需求缺口为6.82万人。根据每年的新增技能人才供给数据，每年新增技能人才为1.8万人左右，增速为4.18%，而技能人才需求年均增速为1.18%。青岛市技能人才的总量缺口正在逐年缩小。

三、制造业企业技能人才供需调查分析及存在的问题

（一）制造业技能人才供给仍不足，行业分布不均衡

通过走访和问卷分析，制造业企业仍存在用工难的问题，有63%的企业目前存在技能人才短缺问题，仅有3家企业认为供给充足（如图8所示）。尤其是随着新材料、航空航天等新兴产业快速兴起以及加快建设国际化大都市持续推进，青岛市需要大量的技能人才，才能把先进的技术设备真正转化为生产力。目前，从数据分析可得，技能人才主要分布在传统制造行业，行业分布不均匀，影响制造业高质量发展。

（二）高技能人才供不应求，存在结构性短缺

通过调查数据分析可得，有59.22%的企业高技能人才占比在10%以

下，有 22.33% 的企业高技能人才占比在 11%～20%，企业制造业高技能人才占比较低（如图 9 所示）。通过数据分析可得，企业对制造业高技能人才需求较大，对于初级工、中级工人员需求较少（如图 10 所示）。青岛市未来几年应全力发展新一代信息技术、智能家电、装备制造、新材料、航空航天等产业，企业需要一批具备一定的理论和专业知识，有高超的手艺，能够解决生产过程中的操作性技术难题的高技能人才。

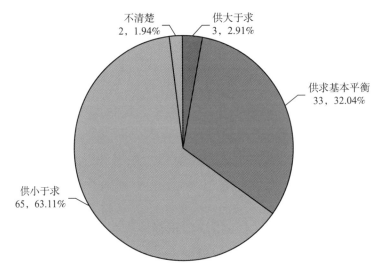

图 8　调查企业技能人才供需情况

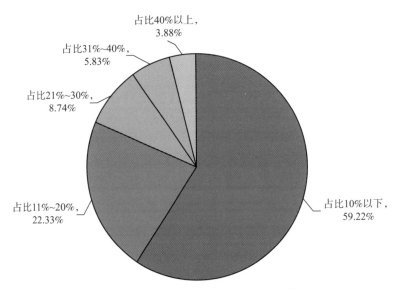

图 9　青岛市调查企业高技能人才占比情况

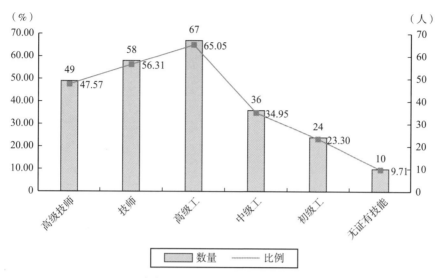

图10 青岛市调查企业技能人才需求等级分布

（三）企业开展自主评价积极性不高，社会化职业技能等级认定机构少

一是企业技能人才自主评价积极性不高，自主评价能力不足。企业缺乏培养和自主评价意识，考虑经济效益、成本等因素，且忙于生产无暇进行自主评价。缺乏企业技能人才自主评价支持性政策，政府投入资金不足，激励作用有限，不能发挥"指挥棒"的作用。部分企业自主评价的能力欠缺，开展自主评价的资源有限，制约企业正常开展自主评价（如图11所示）。

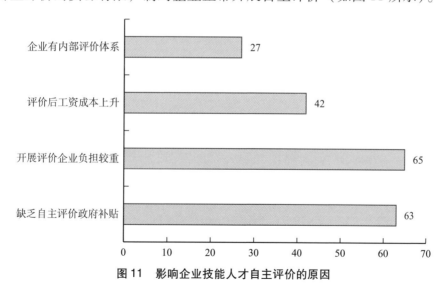

图11 影响企业技能人才自主评价的原因

二是企业自主评价颁发的证书互通互认性、企业认可度有待提高。职业技能等级认定制度实施后，按"谁评价、谁发证、谁负责"的原则，一些企

就业创业与人力资源市场

业对企业自主评价颁发的技能等级证书有疑虑，认为缺乏权威性，对其认可度不高。题库设置的个性化是导致不同企业或地域互不认可对方证书的一个主要因素，不同的企业设置的题库往往偏向于本企业的岗位特征，人员流动后需重新评价，而重新评价取得的证书，无法在技能人才评价工作网备案。

（四）不同类型企业对技能人才培养重视程度有差异，员工缺乏系统培训

一是部分企业对技能人才培养重视不够。国有大中型企业普遍比较重视职工培训，部分传统制造业行业、规模较小的企业对员工技能培训重视程度不高，"重使用、轻培训"现象普遍存在。由于企业人才培养经费有限，开展技能人才培养需投入导师成本、设施设备占用成本等大量成本，还存在因企业间挖人行为和企业员工高流动性而产生的沉没成本，削弱了企业技能人才培养的投资意愿（如图 12、图 13 所示）。

二是企业培训方式较为单一。现有的培训方式绝大部分是传统的师带徒方式，新人来岗后主要跟机台的师傅学习技术，边干边学，缺乏系统的认识，且由于徒弟技术的高低与师傅的奖励脱钩，导致培养效果参差不齐。随着技术的发展，"师带徒"的模式不能满足高技能人才培养的需求，企业应建立更加科学、完善的培训体系（如图 14 所示）。

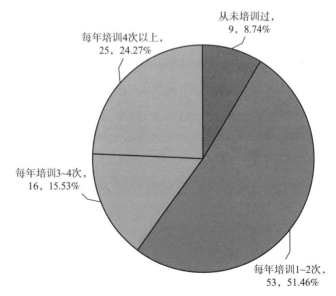

图 12 青岛市调查企业开展技能培训次数

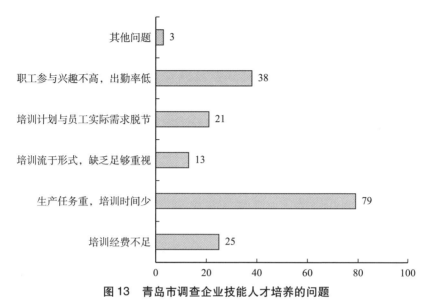

图13 青岛市调查企业技能人才培养的问题

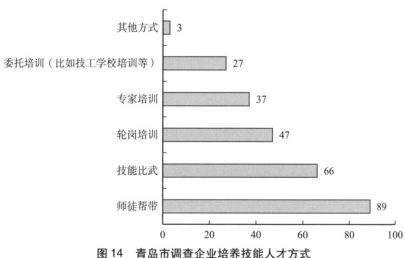

图14 青岛市调查企业培养技能人才方式

（五）技工院校发展受限，提升水平有待提高

一是技工院校普遍存在招生难的问题。技工院校招生渠道窄，技工院校无法通过教育部门的高招平台招生，无法跟职业院校公平竞争生源，招生的质量和数量都存在不足。二是技工院校毕业生无法获得相应的学历证书。毕业生所取得的职业技能等级证书"学历等同"的规定，很难让所有用人单位认同，学历证书和职业技能等级证书互通衔接未得到有效落实。三是技工院校资金紧缺。当前技工院校普遍难以享受到同层次职业院校生均经费、公用经费和教育附加经费等资金支持。四是办学导向待扭转。受财政资金支持力度偏弱的影响，部分技工院校为生存，不得不迎合家长和学生需求，开展以

升学为导向的学历人才培养模式。

（六）"有才无证"现象普遍存在，持证比例有待提高

目前仍存在一大批"有才无证"的技能人才，无证人员即使具备一定的技能水平，在考证方面也存在较大困难，在生产实践中形成技能的实际情况与通过课程学习的制度安排之间难以有效衔接，他们有的是在实践工作过程中逐步摸索获得技能，有的在改良技术、创新工艺方面有所突破，有的即使掌握了技术诀窍，但由于缺乏理论知识，很难获得相应技能等级证书。

四、应对制造业技能人才供需矛盾的对策建议

（一）加强技能人才培育

1. 发挥政府引导作用

一是加大技工教育资金投入。深入调研技工院校和企业，了解高技能人才的培养成本，确保技工院校在校生培养经费能达到高级技工培养的标准。落实经费补贴支持政策，建议技工院校与职业学校享受同等支持经费待遇，将政府对教育部门职业院校实行的各项补贴制度，统一落实到技工院校。设立技工教育校企合作专项资金，用于激励企业和学校开展校企合作，可在实训基地建设、学生教师在企业开展实践、专职兼职教师培养培训等方面对企业和学校进行资金支持。

二是拓展高技能人才培养平台。支持建设公共实训基地，推动公共实训基地功能发挥，建设区域性公共实训基地，培养满足地方产业发展的技能人才；建设专业性公共实训基地，培养具有鲜明的行业、产业发展特征的专门技能人才。构建"双元三地"技能人才培养新模式，推动政校企联合建立"高技能人才培训基地"，用于岗前培训、技术交流、岗位练兵等，提高技能人才实用性。

三是积极引导校企合作。搭建校企合作对接平台，会同相关行业、企业和学校，共同建设信息共享的校企合作信息化平台，及时收集、发布和更新校企供求信息，定期举办技工教育校企合作项目对接活动等。建立校企合作评价体系，对于积极参与校企合作、产教融合的企业，相关部门可依法给予金融、财政、土地等方面的支持，引导企业深度参与校企合作，推进校企"双主体"育人。

四是建立技能人才信息共享服务平台。及时发布技能人才相关政策、行业动态、产业项目、供需状况、院校特色、实训基地、优势专业、典型经验

等信息。灵活运用大数据，定期发布技能人才需求预测和就业岗位统计报告；发布专业预警，摸清技能人才资源"家底"，对需求进行动态预测，把市场供求比例、就业质量作为学校调整专业设置、确定培养目标的依据，增强技能人才培养与产业发展的契合度。

2. 发挥技工院校基础作用

一是完善以市场为导向的学科专业体系。对于传统行业技能人才的培养，要继续发挥优势，全面提升培养质量，对新兴行业、高新技术等领域技能人才的培养，要深入探究其对技能人才的需求重点，适时调整专业课程设置，删减陈旧落后的教学内容，并适时增设新专业课程，符合新兴行业、高新技术等领域对高技能人才的需要，确保技能人才的培养始终紧跟社会和企业发展，能够紧贴企业、生产、工艺的需求。

二是纵深推进产教融合校企合作。实施学校教育和企业培养相结合的办学模式，探索"工学交替、订单培养、冠名办班、共建基地"等技能人才培养模式迭代升级，实施"招工即招生、入企即入校、企校双师联合培养"的企业新型学徒制模式，推动校企合作模式从"企业配合"向"校企融合"转变。主动寻求与世界500强企业、规模以上企业、百强企业、知名企业合作机会，与企业合作实施职业技能提升行动。

三是着力打造高水平师资队伍。推进"双师型"教师队伍建设，鼓励院校教师与企业高技能人才、技术人员双向流动、交叉兼职，支持院校教师参与企业技术创新，支持校企共建示范性教师企业实践流动站、"双师型"教师培训基地等。完善教师培训体系，建立落实院校教师轮训制度，每年遴选教师赴企业学习，确保专业课教师定期到企业或生产服务一线实践，及时掌握企业新技术。支持技工院校从企业引进领军人才，担任专业课和生产实习指导教师。

3. 发挥企业主体作用

一是制订适合本企业的技能人才职业培训计划。企业应该结合生产的工作重点以及实际发展需求，制订详细的技能人才培养方案，明确技能人才培养目标与具体数量。同时，对特殊类型的岗位要有针对性地制定合理的人才培养措施，提高企业技能人才培养的全面性与多样性，有效解决技能人才短缺的问题。

二是组建一支高素质高水平的培训讲师队伍。选拔职业技能等级高、实际操作能力强、理论知识完备的高水平技能人才担任培训老师，针对不同工种及不同职业技能等级，采用不同途径、不同方式进行针对性培养，可采取岗前培训、在岗培训、脱产培训、岗位练兵、技能竞赛理论培训等形式加大对企业技能人才的培养力度。

三是引导员工积极参与培训活动。将培训与职员自身的利益捆绑在一起，建立完善的技能人才激励机制，通过绩效制度激发内部员工参与培训活动的积极性，明确不同等级可获得的津贴，并大力宣传相关信息，在福利的吸引下带动技能人才参与培训活动的热情。

（二）加大技能人才引进

1. 多主体引才形成聚才合力

一是政府制定激励政策促进各类人才服务机构引才聚才。通过政府购买，依托引才中介机构、人才行业协会、猎头公司等社会力量引进人才、配置人才、留住人才，出台相应高技能人才引进奖励办法，为其提供经济奖励。二是建立以市场驱动为主的技能人才供需反馈机制。利用大数据等技术手段精准引才，每年根据产业发展现状、各行业数据等发布技能人才紧缺目录，以确定合理的引才方向、目标、工种等。

2. 完善引才聚才方式

一是发挥企业用人主体的作用。围绕青岛市产业发展的需求，发布企业技术难题、创新项目等，通过"揭榜挂帅"方式，重点引进先进制造业等紧缺高技能人才。通过政府举办校企合作洽谈会，组织企业与外省市技校、职校对接等服务活动，帮助企业引进和储备技能人才。二是搭建技能人才合作平台。加强青岛市与胶东经济圈内其他城市的协作交流，建设区域技能人才信息交流平台，促进技能人才在胶东经济圈内合理流动。

3. 加大高技能人才引进力度

一是加强 24 条重点产业链和急需紧缺人才引进。鼓励企业积极引进国家级技能大师工作室带头人和产业发展急需的技师、高级技师等高技能人才。根据引进方式和劳动关系建立方式，给予企业补贴。引进的高技能人才按规定享受相应的人才一站式服务以及相关住房和生活补贴。二是建立和打造青岛市级或胶东经济圈区域性的有影响力、吸引力的青岛技能品牌。打造高水平产业技能人才高地，吸引全国乃至全球技能人才、技能工匠到青岛市发展。

4. 加强海内外技能人才交流

一是引进海外高技能人才。注重高端化引领，坚持国际化视野，聚焦关键核心技术和破解"卡脖子"问题，广泛集聚海内外技能人才，重点在先进制造业、战略性新兴产业等领域创造条件引进海外高技能人才。二是开展高技能人才国际交流。围绕青岛市重点产业和新兴产业，加强与德国、英国、新加坡等国家职业教育机构的深度合作，每年选拔部分优秀中青年技能人才出国开展短期培训，设立师生国外留学深造项目，学习先进技术技能，定期开展交流学习和学术论坛。

（三）构建"拴心留人"良好生态

1. 营造尊重技能人才的良好社会氛围

一是充分利用各类新闻媒体作为宣传途径。通过制作技能人才、大国工匠的纪录片，弘扬"三百六十行，行行出状元"的社会风尚，宣传"凭劳动赢得尊重、靠技能赢得荣耀"的就业观，激发年轻人学技术、钻业务、练技能的热情，使尊重劳动、尊重技能蔚然成风，逐步营造"崇尚一技之长、不唯学历凭能力"的良好社会氛围。

二是利用职业技能大赛等契机进行广泛宣传。通过对技能大赛的大力宣传，提高社会对技能人才的关注，提高技能人才的社会地位，营造良好的技能人才成长环境。

三是提高各级各类表彰和荣誉评选中技能人才的比例。推荐高技能人才享受政府特殊津贴，支持高技能人才申报国家和省市科技进步奖等科学技术奖项，对符合条件的高技能人才按规定授予劳动模范、五一劳动奖章、青年五四奖章、三八红旗手、巾帼建功标兵等荣誉。

2. 企业健全技能人才成长通道

一是制定技能职务晋升办法。企业可参照管理职务、专业技术职务晋升的相关办法，设置多等级技能职务，明确每级技能职务的任职条件、评聘标准和程序，对优秀技能人才和为企业作出突出贡献的技能人才予以内部技能职务聘任，满足技能人才个人发展和地位提升的需求。

二是制定科学合理的薪酬和福利制度。企业要合理控制技能人才岗位薪酬与管理岗位薪酬的差距，可建立技能岗位特殊津贴制度，根据业绩能力、技能水平、企业贡献等条件，制定不同等级的特殊津贴办法。同时，建立年度表彰奖励机制，对作用发挥明显、技能水平高超的优秀技能人才进行奖励，对在攻关项目、技术研发和革新等方面有重要贡献的技能人才设置专项表彰和奖励，使高技能人才在精神和物质方面都能得到充分激励。

3. 完善技能人才评价体系

一是探索直接认定职业技能等级。针对部分技能高超、业绩突出的或有重大技能贡献但由于种种原因未能考取职业资格（职业技能等级）证书的职工，指导企业依据工作业绩、技艺革新、传技带徒、表彰奖励、"揭榜领题"

等技能贡献，创新技能评价方式，在传统的理论知识考试、技能操作考核的基础上创新设置直接认定工作机制，无须进行理论知识考试、技能操作考试，推动技能评价与终身职业技能培训制度相适应，与使用、待遇相衔接。

二是加大对企业的指导。定期开展自主评价业务培训，详细讲解备案申请材料的准备、自主评价实施流程，引导更多企业开展自主评价备案、评价实施工作。帮助企业建设专业的自主评价专家队伍，包括培训管理人员、考评人员、督导人员等，指导企业开发题库。

三是构建多方参与的监管体系。加强监管，采取"双随机、一公开"和"互联网 + 监管"等方式，加强对用人单位和社会培训评价组织的监督，建立信用档案和退出机制，对"乱培训、滥发证"的单位和组织严肃处理，情节严重的取消认定资格，倒逼职业技能等级认定做到客观公正、科学规范。

四是引导企业探索自主评价证书互认模式。支持有条件的企业大力开展校企、企业间委托评价，鼓励企业积极开展社会评价服务，充分发挥龙头企业的示范带头作用。引导采用同一评价标准的行业企业开展证书互认合作，拓宽技能人才就业途径，充分发挥市场作用，减少重复评价，降低评价成本，增强企业、行业自律意识，提高技能等级证书的权威性和互认性。

参考文献

[1] 陈杰，龙云凤，苏帆. 制造业人才结构优化提升的国际经验及对广东的启示 [J]. 未来与发展，2023，47（2）：86 - 90.

[2] 池瑞楠，张健，聂哲. 云计算与大数据行业人才需求与职业院校专业设置匹配分析研究 [J]. 中国职业技术教育，2020（5）：11 - 21.

[3] 丁正亚. 高职教育高质量发展背景下"双师型"教师队伍建设研究 [J]. 教育与职业，2022，1024（24）：91 - 95.

[4] 华灵燕. 我国劳动就业中高技能人才现状的分析 [J]. 继续教育研究，2011（12）：123 - 125.

[5] 黄利娟. 论高技能人才开发的制约因素及发展途径 [J]. 继续教育，2016，30（8）：33 - 34.

[6] 李建荣，杨润贤，王斌. 基于现代学徒制的高职学生"软技能"培养 [J]. 教育与职业，2019（12）：90 - 93.

［7］刘娜，赵爽，刘智英．中国高技能人才现状与供给预测分析［J］．重庆高教研究，2021，9（5）：69－81．

［8］卢志米．产业结构升级背景下高技能人才培养的对策研究［J］．中国高教研究，2014（2）：85－89．

［9］苏江．东莞制造业企业高技能人才队伍建设现状及对策研究［J］．教育与职业，2021，983（7）：100－103．

［10］邢泽宇．制造业转型升级加快复合型技能人才紧俏［N］．中国劳动保障报，2023－07－15．

［11］赵靖芝．经济新常态下北京市高端制造业人才培养研究［J］．科学管理研究，2020，38（1）．

［12］朱利军，周祥．苏州市高职院校专业结构与区域产业适配度研究［J］．职业教育研究，2022，227（11）：27－31．

［13］Janet Kersnsr. View from Europe：Labor Lackings［J］. CFO Magazine，2008（11）．

［14］Robyn Iredale. The Need to Import Skilled Personnel：Factors Favouring and Hindering its International Mobility［J］. International Migration，1999，37（1）：89－123．

《制造业技能人才供需情况分析——以青岛市为例》
课题组成员名单

课题组长：

王　龙（青岛市人力资源发展研究与促进中心主任）

课题组成员：

姜雪梅（青岛市人力资源发展研究与促进中心人事人才研究所所长、高级工程师）

吕承超（青岛科技大学教授）

杜明玥（青岛市人力资源发展研究与促进中心人事人才研究所研究实习员）

袁　栋（青岛市人力资源发展研究与促进中心高级经济师）

尹向华（青岛市人力资源发展研究与促进中心副主任）

刘　鑫（青岛市人力资源发展研究与促进中心信息与数据资源管理部中级经济师）

中国人事科学研究报告

THE REPORT OF CHINESE PERSONNEL SCIENCE

刘京玉（青岛市公共就业和人才服务中心高级工程师）

栾　恒（青岛市人力资源发展研究与促进中心人才评价部高级工程师）

郭金墩（青岛市人力资源发展研究与促进中心技工教育服务部高级讲师）

　　本课题由中国人事科学研究院和青岛市人力资源发展研究与促进中心共同完成。

收入分配、劳动关系及其他

数字经济从业者薪酬状况分析——以北京市为例[①]

提　要： 随着信息技术和经济社会快速发展，数字经济已经成为我国高质量发展"新引擎"，《"十四五"数字经济发展规划》从国家层面上将数字经济提升到与农业经济、工业经济并列的一种新的经济形态，将发展数字经济上升为国家战略。近年来，北京市高度重视数字经济发展，陆续印发多项支持数字经济发展的文件，率先探索形成新发展格局。数字经济快速发展，推动了就业规模不断增加，也在培育新增就业、提升就业质量、升级就业结构等方面发挥着积极作用。本报告以分析北京数字经济从业者2019～2023年的薪酬情况为切入点，重点围绕数字经济产业薪酬、岗位薪酬、数字职业薪酬等方面进行分析研究，对人才供需不足、收入分配有待优化、劳动者权益保障仍需加强等面临的形势问题进行剖析，并提出对策建议，拟为提高北京数字经济从业者就业质量，促进北京数字经济的高质量发展提供参考。

关键词： 数字经济产业　数字经济从业者　数字经济从业者薪酬　数字职业

党的二十大报告明确指出，要加快发展数字经济，促进数字经济和实体

---

①　本文系中国人事科学研究院2023年度课题"数字经济从业者薪酬状况分析——以北京市为例"报告的部分内容。

收入分配、劳动关系及其他

经济深度融合，打造具有国际竞争力的数字产业集群。当前，发展数字经济成为推动中国式现代化的重要驱动力量。北京市高度重视数字经济发展，陆续印发《关于加快建设全球数字经济标杆城市的实施方案》《关于更好发挥数据要素作用进一步加快发展数字经济的实施意见》等多项支持数字经济发展的方案和意见，率先探索形成新发展格局。2023 年上半年，北京市数字经济实现增加值 9 180.5 亿元，占地区生产总值的比重为 44.5%。数字经济快速发展，推动了就业规模不断增加，也在培育新增就业、提升就业质量、升级就业结构等方面发挥着积极作用。数字经济在向好发展的同时，依然面临着人才供需不足、收入分配有待优化、劳动者权益保障仍需加强等问题。本报告以分析北京数字经济从业者 2019～2023 年的薪酬情况为切入点，重点围绕数字经济产业薪酬、岗位薪酬、数字职业薪酬等方面进行分析研究，拟为提高北京数字经济从业者就业质量，促进北京数字经济的高质量发展提供参考。

一、数字经济从业者概况

党的十八大以来，我国大力实施"互联网＋"计划和"数字中国"战略，5G、互联网、云计算、大数据等信息技术在经济社会各领域广泛应用，带动数字经济蓬勃发展。党的二十大报告中再次强调，要建设数字中国，加快发展数字经济，促进数字经济和实体经济深度融合，为数字经济发展进一步指明方向。2022 年，我国数字经济规模达到 50.2 万亿元，同比名义增长 10.3%，已连续 11 年显著高于同期 GDP 名义增速，数字经济占 GDP 比重相当于第二产业占国民经济的比重，达到 41.5%[①]，成为推动经济社会高质量发展的重要引擎，在整个国民经济体系中发挥着举足轻重的作用。

数字经济的蓬勃发展，对促进新增市场主体快速增长，创造就业岗位增量，以及稳就业、保就业发挥着重要作用。与此同时，诸如网约司机、外卖员、网络主播等新就业形态，对高质量就业及和谐劳动关系提出新的挑战，尤其是大家较为关心的薪酬问题需要我们重点关注。本报告拟从分析数字经济从业者薪酬状况角度，对数字经济从业者就业状况展开分析，厘清当前数字经济从业者面临的问题，提出切实可行的应对之策，为服务首都经济发展新格局和牢牢守住就业基本盘提供参考。

---

① 中国信息通信研究院《中国数字经济发展研究报告（2023 年）》。

（一）相关概念

1. 数字经济产业

国家统计局颁布的《数字经济及其核心产业统计分类（2021）》，从"数字产业化"和"产业数字化"两个方面确定了数字经济的基本范围，将其分为数字产品制造业、数字产品服务业、数字技术应用业、数字要素驱动业、数字化效率提升业等5大类，涵盖计算机通信和其他电子设备制造业、电信广播电视和卫星传输服务、互联网和相关服务、软件和信息技术服务业等数字经济核心产业，以及智慧农业、智能制造、智能交通、智慧物流、数字金融、数字商贸、数字社会、数字政府等数字化应用场景。

2. 数字经济从业者

本报告研究的数字经济从业者，是指在数字经济产业中实现就业的所有人员，包括依托信息网络进行数字技术工作任务的工作人员，以及在数字经济产业中实现就业的服务类人员。数字经济从业者不仅在一二三产业均有分布，而且已广泛渗透到社会生产、流通、分配及消费的各个环节。

3. 数字职业

人力资源社会保障部发布的《中华人民共和国职业分类大典（2022年版)》首次标注了97个数字职业。数字职业是伴随着数字技术、数字经济、数字劳动而出现的新职业类群，数字职业是以数字技术为基础，进行数字化及其语言表达（二进制）和信息传输，以及数字化产品（服务）研究、设计、赋能、管控、应用、运维、操作的人员。数字职业不是某个具体职业称谓，是以数字技术及其应用为表征，通过数字劳动体现在数字经济活动中的职业范畴，分布在经济社会各个领域。

（二）数字经济从业者薪酬特点

从全国调查情况来看，数字经济从业者薪酬有以下特点：

1. 数字产业化领域薪资高于产业数字化领域[①]薪酬

《中国数字经济就业发展研究报告（2021）》调查显示，数字产业化领域平均月薪是9 211.9元，高出产业数字化平均月薪1 097.1元；相同学历条件下，数字产业化领域薪资也总体高于产业数字化领域，如数字产业化领域专科及以上岗位平均月薪达1.3万元，产业数字化领域约为1.2万元（见图1），平均薪资差距约5.6%。

---

① 中国信息通信研究院《中国数字经济就业发展研究报告（2021）》。

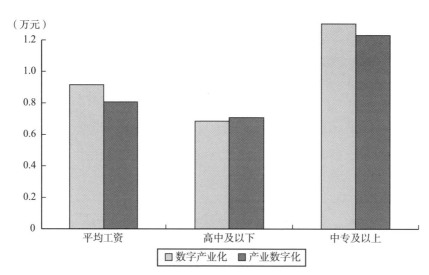

图 1　数字产业化领域和产业数字化领域薪资水平

2. 第三产业从业者招聘薪资高于第一、二产业

我国不断强化数字经济和实体经济的深度融合，推动各行业借助数字技术进行数字化转型、升级和改造，使传统产业之间的数字技术关联更加紧密。2022 年，数字经济在第一、二、三产业的渗透率分别为 10.5%、24.0%、44.7%，同比增长 0.1、1.2 和 1.6 个百分点。

从招聘薪资数据来看，第一产业数字经济招聘人员平均薪资约为 6 224.7 元/月，和畜牧业、渔业、农业等传统行业相比，并不具有优势；第二产业平均薪资为 6 944.0 元/月，开采辅助活动、医药制造业、有色金属矿工采选业等行业平均薪酬较高，说明数字技术能力的复合型人才在部分传统行业相对稀缺，就业潜力有待进一步挖掘；第三产业数字经济就业岗位平均薪资为 8 200.7 元/月，金融业、科学研究和技术服务业的数字经济就业岗位平均薪资约 10 000 元/月，卫生和社会工作业、教育业等的数字经济就业岗位平均薪资约 8 000 元/月，数字经济岗位薪资水平与行业总体薪资水平相匹配。

3. 数字经济从业者薪酬有地区差异

《中国数字经济就业发展研究报告（2021）》调查数据显示，数字经济从业者薪酬水平呈现出明显的两层阶梯状，上海、北京、浙江三地的数字经济从业者平均薪酬高于 8 000 元/月，薪酬水平遥遥领先于其他省份（见图 2）。同时广东、北京、上海、浙江等地区也是招聘数字经济岗位较多的地区。可以看出，数字经济岗位薪酬水平和当地经济发展水平，以及数字经济人才的稀缺性高度相关。

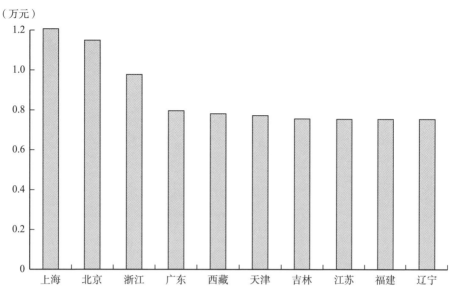

（万元）

图2 数字经济从业者月平均薪酬水平全国前十

资料来源：中国信息通信研究院。

二、北京数字经济从业者薪酬概况

北京市在"十四五"期间，聚焦数字产业化、产业数字化，建设全球数字经济标杆城市，实施促进数字经济创新发展行动纲要，推动数字经济与实体经济深度融合、政府服务与市场参与高效协同，形成局部突破向全面迭代更替演进，实现全方位、全角度、全链条、全要素数字化转型，打造具有国际竞争力的数字产业集群。

本部分主要围绕北京数字经济产业整体薪酬现状、数字经济岗位薪酬现状、部分热门数字职业薪酬现状，从宏观到微观，从整体到部分，从产业到岗位，对北京数字经济从业者薪酬状况开展全方位、多维度的论述。

（一）北京数字经济产业薪酬现状

近年来，北京数字经济规模持续扩大，全市数字经济增加值由2016年的8 132.4亿元提高至2022年的1.73万亿元（见图3）。2023年上半年，北京市数字经济实现增加值9 180.5亿元，按现价计算同比增长8.7%，占地区生产总值的比重为44.5%；其中数字经济核心产业实现增加值5 565.1亿元，增长10.9%。

2022～2023年，在对北京8个重点产业的薪酬状况调查中发现，数字经济产业薪酬中位值同金融产业、软件和信息服务业一起稳居前三。从季度统计数据来看，数字经济产业薪酬中位值连续增长，2023年二季度，数字经济产业薪酬中位值为 1.4 万元/月，同比增长 4.1%（见图 4）。数字经济产业平均薪酬稳定增长，给从业者增强了信心，从侧面可以看出，数字产业呈现出稳中向好的发展势头。

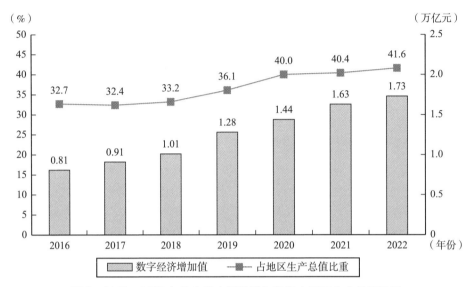

图 3 2016~2022 年北京数字经济增加值及占地区生产总值比重

资料来源：北京市统计局，国家统计局北京调查总队：2016~2022 年北京市国民经济和社会发展统计公报。

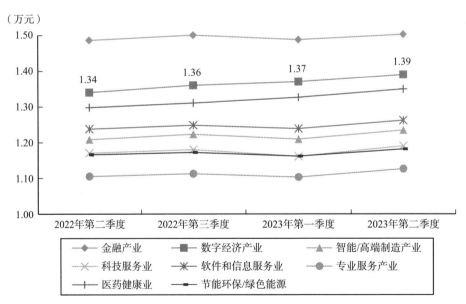

图 4 2022~2023 年重点产业月薪中位值情况

资料来源：2022 年第二季度~2023 年第二季度北京市人力资源市场薪酬状况季度报告，薪酬统计口径为税前应发工资总额（包含基本工资、绩效工资、奖金、销售提成及相关津贴福利待遇）进行算术平均，不包含年终奖金、股权激励及分红等收入，下同。

（二）北京数字经济岗位薪酬现状

从 2022～2023 年北京市人力资源市场薪酬季报公布数据[①]来看，数字经济的不同岗位中，高层管理岗位薪酬中位值最高，近两年均超过 6 万元/月，其次是中层管理岗位，薪酬中位值在 2 万元/月左右，初级管理、销售类职员及专业/技术人员薪酬较为接近，薪酬中位值为 1.3 万～1.5 万元/月；一线操作人员薪酬相对较低，薪酬中位值在 7 000 元/月左右（见图 5）。

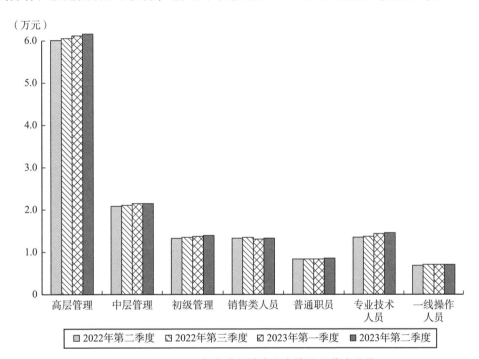

图 5　2022～2023 年数字经济产业各岗位月薪中位值

2022 年，北京市发布了 267 种数字经济岗位薪酬情况，包含中层及以上管理人员、专业技术人员、社会生产服务和生活服务人员、办事人员和有关人员四个职业大类。

从整体薪酬分布看，半数从业者月薪在 0.8 万～1.7 万元。约 9.7% 的岗位月薪在 2.5 万元以上，其中技术总监（4.7 万元）、销售总监（4.6 万元）、产品总监（4.3 万元）位居前三名（见图 6）；12.7% 的岗位月薪在0.8 万元以下，薪酬中位值最低的岗位是绿化养护工（5 000 元）、清洁工（5 200 元）、仓库管理员（5 700 元）等有关人员。

---

① 北京市人力资源和社会保障局：2022～2023 年《北京市人力资源市场薪酬大数据报告》。

收入分配、劳动关系及其他

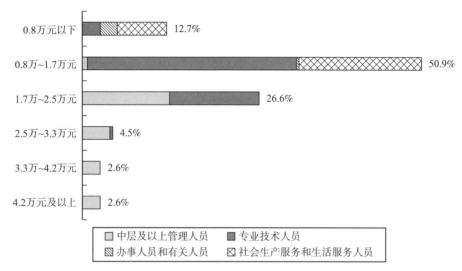

图 6　数字经济岗位月薪中位值分布

从职业大类薪酬分布看，不同职业大类间具有明显的薪酬阶差。96.8%的中层及以上管理人员月薪在 1.7 万 ~4.2 万元；94.5%的专业技术人员月薪在 0.8 万 ~3.3 万元；71%的社会生产服务和生活服务人员月薪在 0.8 万 ~1.7 万元；87.5%的办事人员和有关人员月薪在 0.8 万元以下（见图 7）。

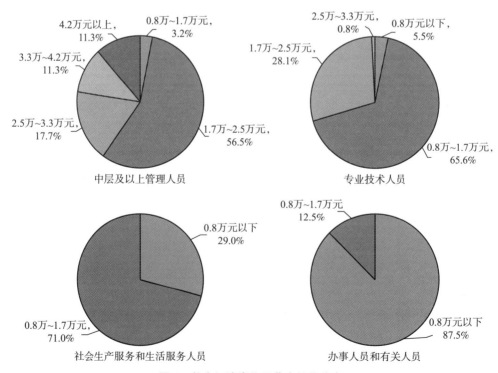

图 7　数字经济岗位月薪中位值分布

从相同岗位产业间对比看，中层及以上管理人员职业大类中，有6种数字经济岗位薪酬中位值明显高于其他产业的相同岗位（见图8），分别是技术总监、销售总监、产品总监，这三个岗位月薪中位值超过4.2万元，在其他重点产业中仅为1.7万~2万元；广告创意总监、财务总监、人力资源总监，这三个岗位月薪中位值在3.3万~4.2万元/年，在其他重点产业中均低于2.5万元/年。专业技术人员、社会生产服务和生活服务人员、办事人员和有关人员这三个职业大类的薪酬水平与其他产业趋于一致（见图9~图11）。

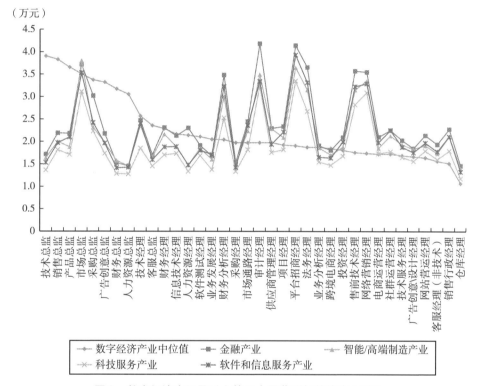

图8　数字经济中层及以上管理人员薪酬与其他产业对比

此外，数字经济催生出大量新产业、新业态、新商业模式，创造了大量新就业形态，不仅为重点群体实现就业提供了更多的选择，而且为劳动者增加收入提供了更多的机会。2022年《北京市人力资源市场薪酬大数据报告》显示，新业态从业人员中，网络主播和直播运营专员薪酬中位值均超万元，分别为1.3万元/月和1.0万元/月，配送员、外卖送餐员、网约车司机薪酬中位值均超0.7万元/月。对比《2020年农民工监测调查报告》数据，从事

收入分配、劳动关系及其他

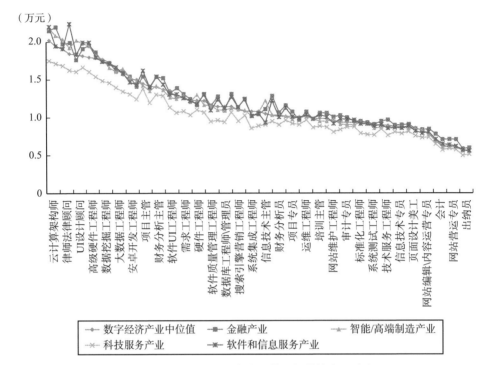

图9　数字经济专业技术人员薪酬与其他产业对比

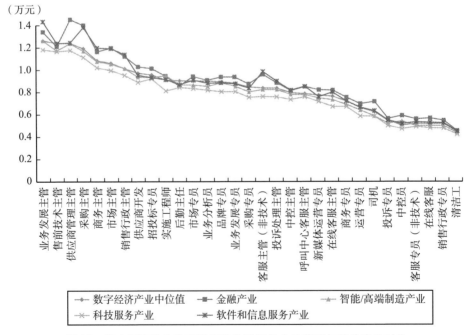

图10　数字经济社会生产服务和生活服务人员薪酬与其他产业对比

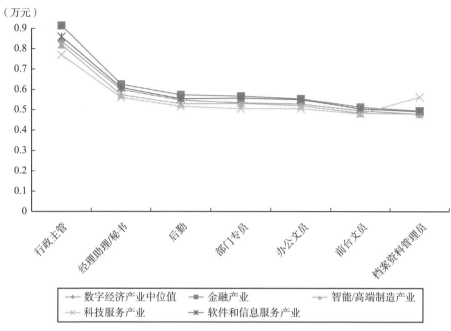

（万元）

图 11　数字经济办事人员和有关人员薪酬与其他产业对比

制造业和住宿餐饮业的农民工月均收入分别为 4 096 元和 3 358 元。相较于制造业、住宿餐饮业等行业的农民工，以网络主播、网约车司机、外卖骑手为代表的新业态从业人员收入具有明显优势。

（三）北京数字职业薪酬现状

从数字职业整体情况看，近年来，数字职业薪酬整体水平呈持续上升态势。2019~2023 年，北京市发布的数字职业薪酬中，月薪 1.7 万以上的数字职业占比从 25% 上升到 80%（见图 12）。

从数字职业热度分布看，区块链及人工智能技术快速发展背景下，相关技术人才需求较旺，薪酬水平也稳居高位，热门数字职业薪酬水平持续领先。数据显示[①]，2019~2020 年，区块链工程技术人员均居于榜首，2020 年月薪中位值更是达到了 4 万元；2023 年，人工智能技术人员、智能制造工程技术人员、虚拟现实工程技术人员、数字化解决方案设计师、数字孪生应用技术员月薪中位值均达到 2.5 万元（见图 13、图 14）。

---

①　北京市人力资源和社会保障局：《2019 年北京市劳动力市场薪酬大数据报告》，《2020 年北京市人力资源市场薪酬大数据报告》。

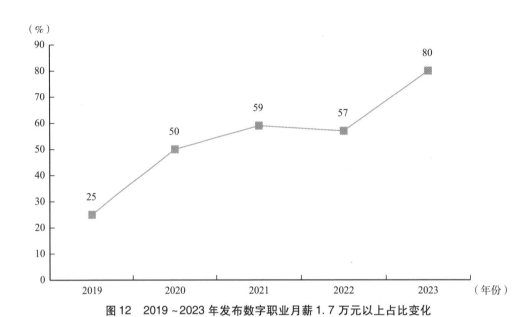

图12 2019~2023年发布数字职业月薪1.7万元以上占比变化

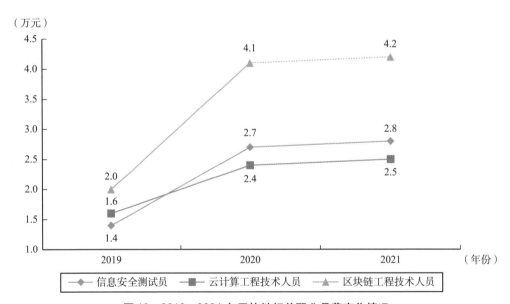

图13 2019~2021年区块链相关职业月薪变化情况

注：2021年区块链工程技术人员薪酬数据为模拟数据。

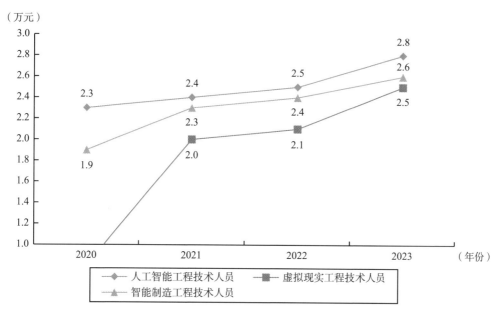

图 14　2020～2023 年人工智能相关职业月薪变化情况

注：2022 年人工智能技术人员、2023 年智能制造工程技术人员薪酬为模拟数据。

三、面临的形势问题

从数字经济从业者薪酬状况分析视角来看，北京数字经济产业人才队伍稳步推进，从业人员薪酬水平持续提升，权益保障得到维护，但还面临着人才供需不足、收入分配有待优化、劳动者权益保障仍需加强等形势问题。

（一）数字经济对人才培养提出新挑战

从近三年数字职业薪酬调查情况看，高薪职业主要聚集在专业技术人才和数字化应用人才，比如人工智能工程技术人员、区块链工程技术人员、数字化解决方案设计师，月薪中位值均在 2.5 万元以上。同时，数字职业的人才需求将持续保持高热度。猎聘网数据显示，未来五年，云计算工程技术人员需求近 150 万人，人工智能工程技术人员需求近 500 万人。作为数字经济领域人才数量位居全国前列的北京，同样存在人才短缺问题。从现实情况看，数字经济人才短缺不仅是数量上的供不应求，更突出的问题是高质量人才的不足和结构上的短缺。一方面，数字经济的高速发展对传统劳动方式持续挤压，新的职业要求劳动者具有更全面更综合的认知技能；另一方面，数字经济人才培养具有一定的周期性和滞后性，在培训内容方面有时也存在碎片化问题，数字经济人才培养工作任重道远。

（二）数字经济对收入分配提出新要求

从岗位薪酬分布看，高层管理岗位薪酬中位值约 6 万元/月，是专业技术人员薪酬中位值的 4～5 倍，是一线操作员薪酬中位值的近 10 倍，可以看出，数字经济行业内部薪酬存在较大的差异化，同时反映出一线操作员等数字劳动者并未或较少从参与数据生产过程中获得相应的利益分配。党的十九届四中全会首次提出将数据作为生产要素参与收益分配。而现实中，我国数据要素相关收益分配却存在主体不清晰、权益边界模糊、数据要素收益向谁分配的问题。另一方面，在初次分配中数据技术创新性被低估，数据作为生产要素的收益尚未参与分配。

（三）数字经济对劳动者权益保障提出新期待

数字经济的发展催生了大量的新业态就业岗位，为相关从业人员提供了较为体面的收入。同时，也暴露出劳动者工作时间过长、劳动权益保护不足、社会保障水平偏低等问题。一方面，由于《中华人民共和国劳动法》《劳动合同法》等法律法规未能跟进新业态劳动者基本劳动权益保障的标准和规范，在劳动权益受损时维权依据举证难。另一方面，新业态劳动者的短期、断续、异地等就业特点，难以适应现行社会保险制度。

四、对策建议

（一）强化数字复合型人才培养，迎接数字经济浪潮

数字复合型人才培养是一项长期的系统工程，需要全社会共同参与。抓好数字复合型人才培养应着重从三方面发力：一是要在健全学科建设上发力。充分利用北京在科教和人才智力上的优势资源，积极推进学科专业交叉融合，深化数字经济领域新工科、新文科、新商科等建设，大力发展新兴前沿学科专业，如人工智能、数据科学与大数据技术、机器人工程、集成电路、区块链、网络空间安全等，同时对传统工科专业的人才培养方案和课程体系进行改造和升级。二是要在加大数字技能培训力度上发力。加快数字技能培训机构和数字培训平台的建设，鼓励民营企业投入数字经济人才培养领域，鼓励市场化培训机构的发展壮大，结合企业和产业实际需要，制定数字人才技能职业培训标准，持续推动企业数字化转型与数字人才培养的良性循环。三是要在强化人才交流机制上发力。以灵活多样的方式吸引高层次人才来京，多渠道宣传人才优惠政策，依托高层次数字经济产业平台聚拢高层次人才，充分利用"两区"和"先行先试"的优势，建设具有国际竞争力的

人才体制机制，在全球范围吸引"高精尖缺"人才。

（二）推动数据要素参与收入分配，促进收入更加公平合理

一是要从法律制度上提供有力保障。探索建立支持数据要素参与分配的法律制度，结合数据来源和数据生成特征，研究出台数据技术价值贡献的具体标准和测算方法，为激活数据要素价值创造和价值实现提供基础性制度保障。二是要发挥好政府在数据要素收益分配中的引导调节作用。逐步建立保障公平的数据要素收益分配体制机制，重点关注公共利益和相对弱势群体，努力实现数据要素价值，促进数字经济红利共享。三是要妥善处理数据要素各参与方的关系。坚持市场化规则需要兼顾数据要素各参与方的利益，特别是数据采集者、加工者与内容所有者三方的产权，确保在初次、再次、三次分配过程中改善收入分配，使不同人群的分配更加均衡。

（三）加强劳动者权益保障，提高从业者就业质量

一是要健全新业态劳动者权益保护法律法规。通过立法明确新业态劳动者的劳动关系认定机制，对新业态劳动者在标准劳动时间、单位时间最低劳动报酬、社会保险缴费等方面作出详细规定，不断完善劳动权益保障办法，努力破解新业态劳动者面临的维权无依据问题。二是要完善适应新业态劳动者特点的社会保障体系。结合新业态劳动者就业收入不固定的特点，通过优化社会保险缴费服务流程、调整缴费频率、放宽社会保险险种选择权等方式，提高新业态劳动者社会保障水平。三是要多方协同形成良好的发展氛围。充分发挥行业协会和龙头企业作用，以及工会、妇联、共青团等社会团体的优势功能，与政府各部门形成工作联动机制，全方位、多渠道为新业态劳动者提供社会救助、法律援助、矛盾调节等服务，增强其归属感和获得感，进一步促进新业态劳动者就业质量的提升。

参考文献

［1］北京市经济和信息化局.北京市数字经济全产业链开放发展行动方案［Z］.2022－5－30.

［2］北京市人力资源和社会保障局.2019年北京市人力资源市场薪酬大数据报告［M］.北京：中国民航出版社，2019.

［3］北京市人力资源和社会保障局.2020年北京市人力资源市场薪酬大数据报告［M］.北京：中国民航出版社，2020.

收入分配、劳动关系及其他

［4］北京市人力资源和社会保障局．2021 年北京市人力资源市场薪酬大数据报告［M］．北京：中国民航出版社，2021.

［5］北京市人力资源和社会保障局．2022 年北京市人力资源市场薪酬大数据报告［M］．北京：中国民航出版社，2022.

［6］北京市人力资源和社会保障局．2022 年北京市人力资源市场薪酬状况报告（二季度）［R］.2022.

［7］北京市人力资源和社会保障局．2022 年北京市人力资源市场薪酬状况报告（三季度）［R］.2022.

［8］北京市人力资源和社会保障局．2023 年北京市人力资源市场薪酬状况报告（一季度）［R］.2023.

［9］北京市人力资源和社会保障局．2023 年北京市人力资源市场薪酬状况报告（二季度）［R］.2023.

［10］关会娟，许宪春，张美慧，等．中国数字经济产业统计分类问题研究［J］．统计研究，2020，37（12）：3 - 16.

［11］国家统计局．数字经济及其核心产业统计分类（2021）［Z］.2021 - 5 - 27.

［12］国务院．关于印发"十四五"数字经济发展规划的通知［Z］.2021 - 12 - 12.

［13］鲜祖德，王天琪．中国数字经济核心产业规模测算与预测［J］．统计研究，2022，39（1）：4 - 14.

［14］中共北京市委办公厅，北京市人民政府．北京市关于加快建设全球数字经济标杆城市的实施方案［Z］.2021 - 7 - 30.

［15］中共北京市委，北京市人民政府．关于更好发挥数据要素作用进一步加快发展数字经济的实施意见［Z］.2023 - 6 - 30.

［16］中共中央 国务院关于构建数据基础制度更好发挥数据要素作用的意见［Z］. https：//www. gov. cn/zhengce/2022 - 12/19/content_5732695. htm.

［17］中国就业培训技术指导中心．中华人民共和国职业分类大典（2022 年版）应用指南［M］．北京：中国劳动社会保障出版社，2022.

［18］中国信息通信研究院．中国数字经济发展白皮书（2013）［R］.2013.

［19］中国信息通信研究院．中国数字经济发展白皮书（2017）［R］.2017.

［20］中国信息通信研究院．中国数字经济就业发展研究报告（2021）

［R］．2021．

《数字经济从业者薪酬状况分析——以北京市为例》
课题组成员名单

课题组长：

蒋玉武（北京市人力资源和社会保障局科学研究所副主任）

王海英（北京市人力资源和社会保障局科学研究所五级管理岗）

课题组成员：

张　凯（北京市人力资源和社会保障局科学研究所七级管理岗）

王晶晶（北京市人力资源和社会保障局科学研究所七级管理岗）

周　璠（北京市人力资源和社会保障局科学研究所七级管理岗）

本课题由中国人事科学研究院、北京市人力资源和社会保障局科学研究所共同完成。

收入分配、劳动关系及其他

中国人事科学研究报告

THE REPORT OF CHINESE PERSONNEL SCIENCE

浙江省新就业形态劳动者权益保障问题研究
——以外卖骑手为例[①]

提　要： 随着数字技术的应用和平台经济的发展，新就业形态不断扩张，发挥着重要"蓄水池"和"稳定器"作用；新型用工关系和用工管理模式也对劳动者权益保障制度及实践提出新的要求。课题组基于对浙江省外卖骑手的实证调研，分析新就业形态劳动者权益保障问题。研究发现，骑手在劳动报酬权、休息休假权、社会保险权以及职业发展权等权益方面缺乏保障，主要表现在劳动报酬不稳定，劳动时间长或碎片化，社保保障力度有限，职业发展空间弱等方面，存在就业质量不高、缺乏可持续性发展空间等困境。结合劳动权益保障面临挑战的原因，本研究建议未来可从健全新就业形态劳动保障法律制度、加强平台企业用工监管、优化职业技能培训服务、积极发挥工会效能、提升新就业形态劳动者自身意识等措施出发，完善新就业形态劳动权益保障体系。

关键词： 新就业形态　权益保障　外卖骑手

数字经济促进商业模式转型升级，推动劳动力市场发生深刻变革，依托

[①] 本文系中国人事科学研究院 2023 年度课题"浙江省新就业形态劳动者权益保障问题研究——以外卖骑手为例"报告的部分内容。

新一轮信息技术革命发展的新就业形态迅速扩张。2022 年，全国约有 8 400 万劳动者依托互联网平台就业；据不完全统计，浙江省通过网络平台直接从业人员超 300 万人，间接就业创业超 600 万人，并以每年 15% 的速度增长。新就业形态是劳动力市场重要就业岗位来源，新就业形态劳动者是浙江省"扩中""提低"9 类重点群体之一，保障新就业形态劳动者权益对促进高质量充分就业、推动共同富裕具有重要意义。综合来看，区别于传统就业，新就业形态呈现出就业边界扩大化、劳动关系松散化、管理方式数字化、工作任务订单化、劳动力原子化等特征，一系列变化使现行部分劳动法律政策适用度有所下降，对劳动者权益保障制度和实践提出新的要求。

本研究聚焦于浙江省外卖骑手，通过实证调研，在研究用工模式、骑手总体性特征基础上，分析劳动权益保障问题及其产生原因，并探索相关对策思路。

一、外卖骑手类型及用工模式

平台企业为减少管理成本和资源负担、规避用工风险和减轻主体责任，对于技术含量较低、用工需求量大的岗位，会选择劳务外包等形式，将原本集中于单一雇主的劳动管理分散到多个用工主体。目前外卖配送领域主要以"众包"和"专送"两种模式并存。

（一）众包模式

众包骑手在通过平台审核后可自行在系统抢单接单，按照提示进行配送，无在线时长和考勤等要求；配送报酬可随时提现（一般第二天到账）。众包骑手同众包服务公司通过 App 签订承揽协议，而具体管理制度、配送规则、配送时长、薪酬构成、保险项目等事项决定权仍在平台企业手中，见图 1。

图 1　众包骑手用工关系

借助"众包模式"的用工管理方式，平台企业通过实际用工主体在形式上的转介，为自己设立用工责任的"防火墙"。骑手表面上是自行接单，与众包服务公司构成承揽关系，但事实上仍是平台企业对骑手劳动过程发挥实质性影响，成为骑手的隐性管理者，见图 2。

收入分配、劳动关系及其他

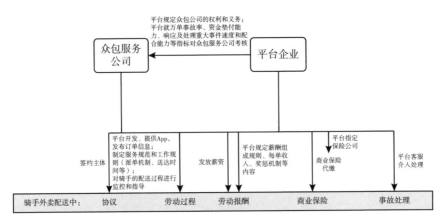

图2　众包骑手接受用工主体管理

资料来源：根据调研访谈内容整理。

（二）专送模式

在"专送模式"下，平台企业同第三方代理商签署业务合作协议，代理商需同时负责当地业务和运力的管理，平台相应进行考核。代理商通常会用更加严格的劳动管理和考核来保障日常外卖运力的稳定和高效，专送骑手的从属性比众包骑手更进一步，由站点负责人在专门集散站点实施线下劳动管理，见图3、图4。

图3　专送骑手用工关系

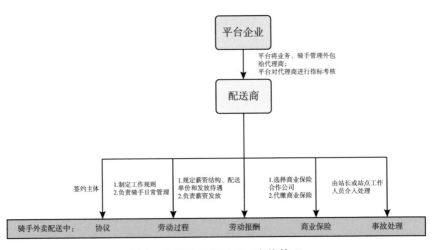

图4　专送骑手接受用工主体管理

资料来源：根据调研访谈内容整理。

此外，代理商对当地业务和劳务管理模式享有较大决定权，能够制定或修改骑手日常管理制度、薪酬构成、奖惩规则和商业保险项目等多项内容。平台企业则通过资本优势，进一步减弱与骑手的关系。

无论是哪种模式都存在一些共性问题。第一，用工主体多元化、用工关系模糊化等变化给劳动者权益保障带来挑战。第二，部分用工主体会将一些业务，如报酬发放、签订协议等环节，进一步划块给其他不同公司，多重外包下的利润空间压缩，可能进一步损害骑手权益，见图5。

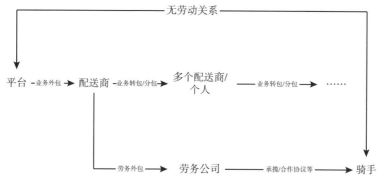

图5 外包过程中存在转包分包风险

资料来源：根据调研访谈内容整理。

大部分用工主体呈现跨空间地域的组织模式，在当地仅为临时集合点，稳定性较差，给当地监管工作带来难度。另外，同一骑手群体内部不同模式之间无论是劳动管理程度还是与用工主体的关系，都存在明显差别。应进一步基于事实分类规范用工模式，界定不同类型用工形式下用工主体和劳动者关系、权利义务类型以及责任分担机制，为后续劳动权益保障提供相关依据；在实践中判定关系时，需注重实质性考察。

二、在浙外卖骑手总体特征

（一）外卖骑手人口学特征[①]

在浙江的外卖骑手中，男性为主要组成部分，占比超九成（92.69%）；骑手呈年轻化特征，年龄集中分布在21~40岁，合计占比79.17%。从户籍地看，近八成（79.02%）骑手来自外省，其中来自中部地区的骑手占比最高（占45.83%），见表1。

---

① 该部分基于大数据平台数据进行分析。

表 1   浙江外卖骑手人口学特征

变量	类别	人数	占比（%）
性别	男	870 689	92.69
	女	68 621	7.31
年龄	16～20 岁	40 221	4.28
	21～25 岁	201 898	21.49
	26～30 岁	210 945	22.46
	31～40 岁	330 803	35.22
	41～50 岁	122 024	12.99
	50 岁以上	33 419	3.56
户籍地	本省	197 104	20.98
	外省	742 206	79.02
	东部地区	52 177	5.55
	中部地区	430 476	45.83
	西部地区	237 496	25.28
	东北地区	22 057	2.35

资料来源：浙江省人社厅数据平台。

（二）外卖骑手就业及劳动权益情况

骑手在就业决策、劳动报酬、劳动时间和社保参保等方面不同于传统就业人员，有自身的特殊性。为进一步了解情况，课题组在杭州市、金华市、衢州市、平湖市等地发放并收集电子问卷，筛选后共获得有效问卷686 份。

工作灵活是骑手选择外卖配送的主要原因，全职配送骑手占主要部分。从上一份工作看，骑手原工作岗位主要集中在制造业、服务业等行业，合计占比超一半（57.29%），见图 6。

从入行原因看，灵活自由（70.26%）和入行门槛低（41.84%）是骑手选择这份工作的主要原因；仅有三成在浙骑手（31.78%）认为外卖配送收入具有明显吸引力，见图 7。

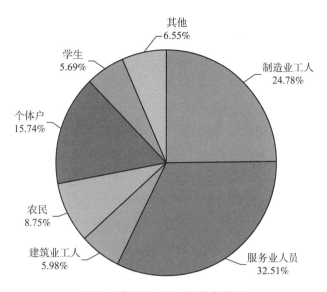

图6　骑手上一份工作分布情况

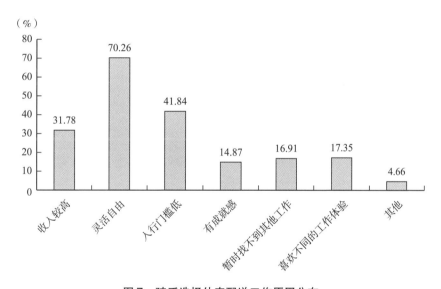

图7　骑手选择外卖配送工作原因分布

从当前工作状态看，全职外卖配送骑手占大多数。数据显示近七成（68.61%）众包骑手①全职送外卖，仅有7.30%的众包骑手在有稳定工作的同时兼职送外卖，外卖配送行业用工呈现"专职化"特点，见图8。

---

①　根据调研情况，另一种模式（即专送模式）骑手属于全职从事配送工作，故不纳入分析。

在浙骑手月收入主要集中在4 000~7 999元，部分骑手存在工作时间长的问题。从骑手收入看，超过一半骑手（52.19%）的经济从属性（配送收入占总收入比例）在75%以上，外卖配送是从业者总收入的重要来源，见图9。

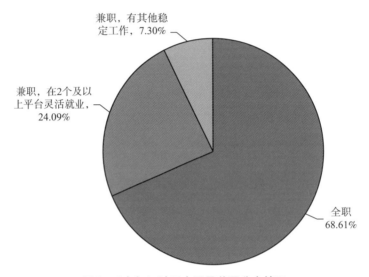

图8 （众包）骑手全职及兼职分布情况

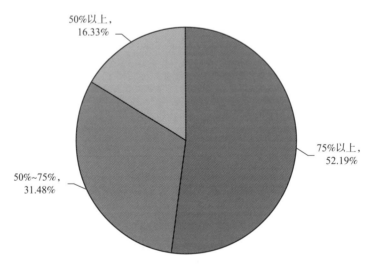

图9 骑手外卖配送月收入占个人月总收入的比重分布情况

从具体收入看，在浙骑手月收入集中在4 000~7 999元，合计占比71.28%；月入过万的骑手占比最低，仅占4.5%左右，见图10。

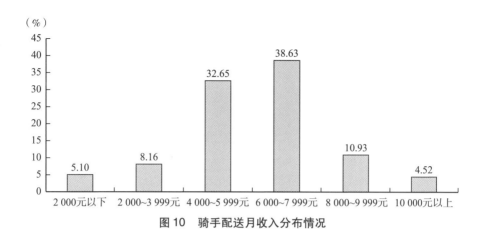

图 10　骑手配送月收入分布情况

从工作时长看，骑手工作时间较长，有近78%的骑手每天工作9个小时以上，其中有28.72%的骑手日工作时间超12个小时，见图11。

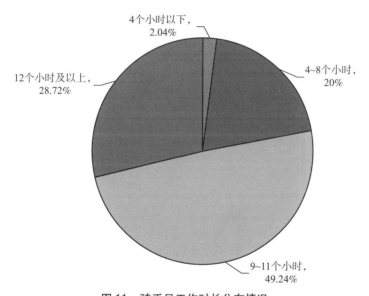

图 11　骑手日工作时长分布情况

从月份维度看，超四成（40.53%）的骑手每月仅休息1～2天，有25.07%的骑手选择全月无休，见图12。

骑手的社保知晓度及参保意愿有待加强，对工伤（职业伤害）、医疗保险的需求较为迫切。从参保情况看，超五成骑手（57.43%）没有参加社保，有36.73%的骑手不知道如何参保，见图13。

收入分配、劳动关系及其他

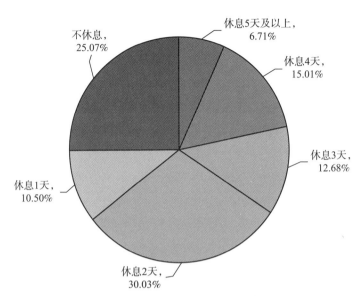

图 12 骑手每月休息天数分布情况

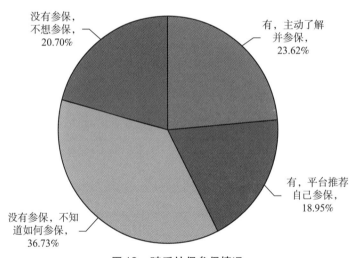

图 13 骑手社保参保情况

从社保参保意愿看，近四成（34.11%）骑手没有明显的参保意愿，见图 14，其中主要出于"费用太高，自己缴纳不起""在老家已参保""社保接续不方便"等原因。

基于骑手对各项社会保险的需求排序进行赋分，结果显示工伤、职业伤害保险有较高欢迎度，见图 15，这也和平台就业带来的潜在职业伤害、疾病健康等风险相关。

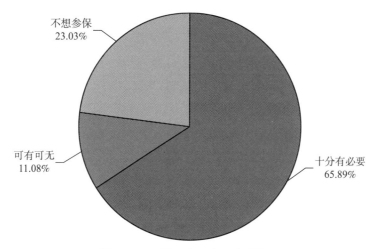

图 14　骑手社保参保意愿分布情况

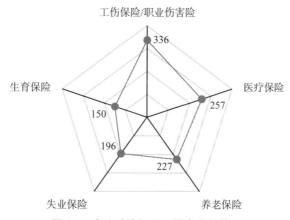

图 15　骑手对社保项目需求分值情况

　　骑手劳动权益诉求集中在"收入、参保、休假"等方面；大部分骑手仍倾向于外卖配送等新就业形态。从骑手的劳动权益诉求看，超七成（75.66%）骑手选择"提升劳动报酬"，在各项诉求中排名第一；分别有55.69%和49.13%的骑手选择"改善参保情况"和"保障休息休假"，见图 16。

收入分配、劳动关系及其他

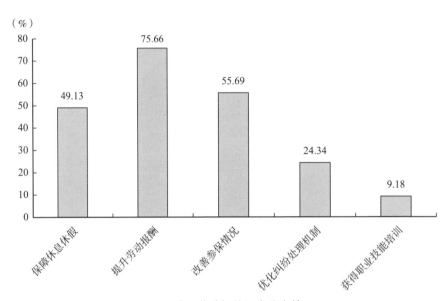

图 16 骑手劳动权益诉求分布情况

从未来计划看,多数骑手仍倾向于继续留在外卖配送行业,其中近五成(43.88%)骑手选择继续当前工作;仅有 6.56% 的骑手考虑换到传统稳定的工作,见图 17。年轻骑手更倾向于把外卖配送工作作为过渡选择:在 16~30 岁骑手群体中,有其他职业目标的骑手占比更高(高 18 个百分点),见图 18。

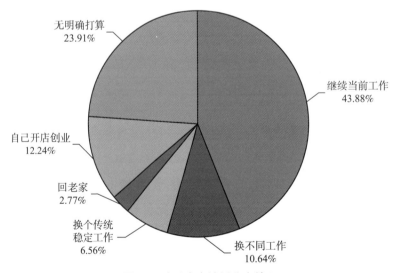

图 17 骑手未来计划分布情况

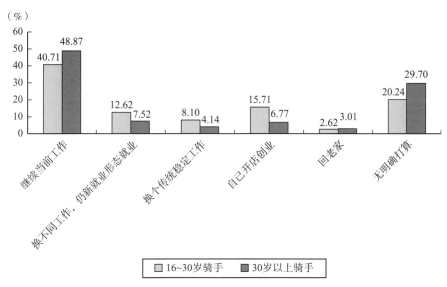

图18　骑手未来计划分布情况组间比较

三、骑手劳动权益现状分析

不少学者认为，看似自主灵活的外卖骑手职业实际上存在着脆弱就业的较高风险，在形式上、内容上、保障上呈现了不确定、不稳定的状态。朱迪等（2023）提出，骑手"高收入"实际是建立在"高强度""低保障"的基础上的。

（一）劳动报酬权

1. 劳动报酬构成特殊

不同于传统工资构成，骑手收入主要由送单收入和奖惩规则决定。单价方面，不同模式计算规则不同。专送模式单价采用阶梯制计算方式，仅根据当月送单总量调整；众包模式单价会根据配送单的距离、重量等因素浮动。单量方面，不仅受片区供需影响，也与骑手表现挂钩，平台会以量化方式记录骑手服务质量，并在派单过程中借助算法，通过单量倾斜奖励表现"优秀"的骑手，即分数越高、表现越好的骑手越能接到单。除按件报酬外，骑手的收入还受到奖惩机制影响。

2. 到手报酬不稳定

一方面，计件工资制会使骑手在劳动过程中产生"多劳多得"的公平感。基于平台记录并结算的报酬公开透明，也能够及时发放到账。另一方面，骑手的劳动报酬存在着不稳定的风险。第一，骑手报酬的定价权集中于平台企业或代理商，其会根据市场发展情况和目标不定期调整。第二，骑手工作呈现任务化特征，订单数量和时间间隔具有不确定性，因此到手薪酬存在不稳定性。而由于骑手的收入构成、计算方法与一般劳动者情况有所差异，无法适用既有劳动法中的规范性条例，目前最低工资等制度难以对骑手收入提供兜底性保障。

（二）休息休假权

1. 骑手劳动时间长

在外卖配送行业，用工主体通过规则吸引骑手积极接单。一方面，按单计酬机制下，外卖骑手主观意愿上会为了获得更多收入，花费更多时间等单。另一方面，在线时长、完单率等与劳动时间密切相关的数据是衡量骑手表现的重要指标，数据好的"忠诚骑手"将享受被优先派发订单、提升每单收入等隐性福利。因此，尽管配送时间相对自由，多数骑手仍会选择通过减少休息时间的方式来换取报酬，外卖配送"全天候""超长待机"等现象十分明显。

2. 工作和休息边界不清晰，劳动时间碎片化

由于平台是按照骑手所在位置进行派单，因此绝大部分骑手会在商圈周围等单，而此期间并不具备完全休息条件，实质上仍处于劳动准备或是劳动等待状态。鉴于这部分时间不被计入劳动报酬，订单派送的不确定性和有效劳动时间的碎片化会拉长骑手每日在外工作时间。

总体上，工时灵活化所隐含的过劳风险是休息休假方面的突出问题，骑手"高收入"实乃"高工时"堆砌出来的效果。"多劳多得"背后，是个人议价、集体议价的能力或渠道，以及相关底线性制度（如最高工时、最低工资）的有待完善。

（三）社会保险权

1. 社会保险参保意愿有待提高

骑手及其工作特殊性导致部分骑手社保参保意愿不高。第一，由于到手收入不稳定、经济负担重，骑手注重当期收入胜于预期收入，不想再额外参保。第二，大部分骑手来自外省，认为现在还在过渡阶段，流动性较高，不愿在目前就业地参保。此外，骑手群体年轻化使其容易低估老年经济风险、疾病健康风险及其他社会风险的收入损失效应，对社保重视不足或了解度不够，主动参保意愿不强烈。

2. 社会保险体系有待完善

基于工业生产的时代背景，目前社会保险仍大多适用于典型劳动关系，

去劳动关系使相关用工主体无须承担参保的责任和义务。骑手无法参加城镇职工养老保险，而城乡居民养老保险的保障水平相对不足。尽管目前灵活就业人员参保政策放开户籍限制，但在实际操作过程中，存在缴费金额较高、需个人承担全部保费、参保手续较为复杂等问题，难以形成参保吸引力。

3. 职业伤害风险保障情况

（1）既有保障模式之一——商业保险。在社会保险覆盖范围有限的现状下，骑手保障主要通过商业保险完成：骑手需参加雇主责任险或商业意外险，并由代理商或众包公司统一代缴，见表2。

表2 骑手商业保险项目比较

骑手类型	专送骑手	众包骑手
购买主体	代理商	众包服务公司
保险项目	雇主责任险	众包意外险
保费	骑手个人承担保费； 按月扣除，保费根据代理商合作项目有所差异 （经计算，平均每日保费高于众包意外险）	骑手个人承担保费3元/日， 自骑手当天接单开始扣除
保障内容	保障骑手送单期间产生的意外伤害、伤残、身故；骑手意外医疗；骑手造成的他人人身伤害；骑手造成的他人财产损失等	
保额（部分项目举例）	意外医疗：5万元 第三者责任：限额40万元 死亡、伤残：65万元	意外医疗：5万元 第三者责任：限额30万元 意外身故、伤残：60万元

资料来源：根据调研访谈及保险官网项目介绍等内容整理。

然而，由于平台企业或代理商可能与商业保险公司存在隐性合作关系、赔付时倾向限缩解释、赔付实效不高等问题，商业保险保障目标的实现存在一定困难。

（2）探索实践——单险种参加工伤保险。骑手工作性质使其面临较大的事故风险，对相关安全保障的需求仍然急迫。为保障相关劳动者权益，分散用人单位用工风险，国家和各省（市）积极开展职业伤害保障险、单工伤险种参保等探索。其中，2023年7月，浙江多部门联合出台《浙江省用人单位招用不符合确立劳动关系情形的特定人员参加工伤保险办法（试行）》，通过互联网平台注册接单，提供网约车、代驾、外卖或者快递等劳务的新就业形态劳动者，其用人单位可按"自愿参保"原则单买工伤保险，参保人员按规定享受工伤保险待遇，改革了以劳动关系作为传统工伤保险参保的前提要求。

除允许单险种参加工伤保险，浙江各地结合当地新就业形态用工发展特征进行探索。以义乌市为例，当地政府探索建立"工伤保险＋补充工伤保险＋其他商业责任险"的综合保险模式，实现政府、企业、商业保险公司三方共担。

（四）职业发展权

1. 骑手职业素养较为薄弱，职业能力提升困难

不同于高技能的新就业形态职业，外卖配送行业门槛较低，对技能水平要求不高；而平台智能化趋势所需要的新技能，骑手又很难从工作中获得。由于可迁移能力提升效用的不可知，许多外卖骑手感觉自己被"黏"在平台上。即使意识到自己的技能不足，但由于缺乏拓展职业发展空间的动力，其对参加技能培训的意愿并不高。

2. 用工主体对技能培训态度谨慎

在调研过程中了解到，部分用工主体担心在后续可能发生的司法实践中，开展技能培训会成为提高劳动者从属性的证据，增加判定存在劳动关系的风险，对开展相关活动态度趋于谨慎保守。

四、骑手劳动权益保障存在困境原因分析

近年来，骑手劳动权益难以得到充分保障，主要原因在于新型用工关系和用工管理制度对现有法律框架提出一定的挑战。在新就业形态下，出现劳动关系缺位、用工关系复杂、算法技术使骑手劳动过程呈现"外松内紧"特点等变化；骑手的可替代性、高流动性、散点化等特征使其集体行动组织受到一定程度的阻碍，缺乏相关制度渠道表达自己诉求。而现有劳动法规范模式并不完全适应新就业形态的特点，存在一定规制空白，也削弱了劳动者面对平台时的议价能力。

（一）骑手劳动关系认定标准有待明确

一方面，按照现行法律，劳动关系须遵循主体合规、双方合意、具有从属性等三大原则，而新就业形态是一种非标准就业，很难被认定为传统意义上的劳动关系。但另一方面，用工主体会对骑手的工作任务、工作报酬产生实质性影响，不能被归为单纯的合作关系。目前，尽管人社部等八部门《关于维护新就业形态劳动者劳动保障权益的指导意见》等文件对于新就业形态法律关系的认定提出了"不完全符合劳动关系情形"，但由于存在文件效力层级低、认定规则不清晰等问题，在具体实践中仍存在困难，各地评判标准不统一，难以真正落实。

（二）现行劳动保障体系有待突破

目前对劳动者权益保障主要基于传统劳动关系。具体来看，第一，劳动法中仍缺乏与新就业形态相适应的劳动基准制度，针对新就业形态的劳动标准还未建立，最低工资、最高工时等底线性制度缺乏抓手。第二，去劳动关系导致部分社保支付主体缺位，社保保障力度同骑手就业贡献不匹配。此外，目前我国公共就业服务的主要对象仍以传统劳动关系下的劳动者为主。而若不突破目前非此即彼的模式，也会间接助长"监管套利"行为，催生隐蔽用工等问题。

（三）算法相关规制有待完善

新就业形态特征之一在于算法技术在劳动过程和管理中的渗透，平台企业会通过独揽信息匹配、掌握算法等技术支持，对劳动者的劳动时间、劳动内容、劳动收入进行更为精密的控制，产生"刚性约束"，并构建"电子全景监控"（陈龙，2020）。而劳动者要想进入网约平台并获取信息，就必须接受算法的影响和调配。算法的专业性和隐蔽性一方面加剧平台与劳动者之间的信息、权力不对称等问题，增加事后劳动者维权难度。另一方面也加大了相关部门审查、取证难度，监管与约束呈现无力与缺位的状态。

（四）骑手集体协商有待加强

在新就业形态用工关系中，平台处于制定规则的主导地位。而由于骑手工作"以任务为导向"，整个劳动群体相对松散。此外，外卖配送行业进入门槛低，导致骑手可替代性高、话语权弱，与平台进行协商谈判能力有限；部分骑手则会由于这份工作的暂时性、临时性，倾向于忍受劳动风险和权益保障不足等问题。让骑手自发组织进行协商，现实可操作性不高。

五、新就业形态劳动者权益保障优化路径

切实维护新就业形态劳动者的劳动权益，对于支持和推动新就业形态健康发展具有重要意义。骑手职业作为我们了解新就业形态的一个切口，其现状背后反映的问题能为我们优化新就业形态劳动权益保障体系提供有效思路。保障新就业形态劳动者权益，既要立足当前，解决当下突出问题，更要着眼未来，运用总体性思维对相关法律政策进行重构与整合。

（一）健全新就业形态劳动保障法律制度

1. 构建更具包容性的多层次劳动权益保障体系

从近期而言，需明确"从属性＋要素式"等劳动关系认定思路，细化立

法和司法解释，完善劳动关系认定机制。进一步分类规范平台用工模式，明确不同类型用工形式下，用工主体和劳动者关系、适用标准以及责任分担机制，合理确定双方权利义务，为保障劳动者劳动权益提供相关依据。

同时，需着眼长远。一方面从理念上打破传统意义上对就业的认知，重新界定劳动就业过程。另一方面，松绑标准劳动关系与劳动权益保障之间的关系，探索给予劳动本身而非标准劳动关系的劳动权益保障体系。

2. 设计适应新就业形态的劳动基准制度

新就业形态劳动基准的设定能够为劳动者提供相关兜底性保障，在研究时要把握劳动定额和劳动报酬两大核心要素，推动构建"基准保障"与"特别规制"相结合的行业规范体系（王天玉，2022）。在劳动定额方面，根据行业特点确定劳动者的基本劳动量和劳动强度，在此基础上弹性控制工作总量，限定大型平台的任务连续性及总量，将多平台就业的合计工作量控制在一个相对合理的区间内，基于"整体工作时间"作出休息休假或加班收入的计算。在劳动报酬方面，建立与工作任务、劳动强度相匹配的收入分配机制。结合最低工资、工资指导价位和劳动力市场价格等，构建相关最低工资标准或工资指导线，可考虑结合劳动时段，量化每小时或每单最低报酬。

3. 建立适应新就业形态的社保制度

随着新就业形态的发展，以劳动关系为基础的社会保险制度的惠及范围可能会缩小，这将在一定程度上影响社会保险制度的地位和活力（何文炯，2020）[4]。完善社会保险制度应坚持劳动保障社会化取向，可采用险种拆包＋劳动关系脱钩调整方向，构建适配性更强的社会保险体系。

短期内，坚持强制、激励与便利相结合的原则，构建面向全体劳动者，与不同劳动群体职业风险、劳动用工形式相匹配的职业伤害保障项目。具体来看，在缴费周期上可采取类似"按单参保"方式或将缴费周期缩短至天，以更加适应新就业形态劳动者的收入获得时间结构。在费率确定上，实行差别费率和浮动费率，根据各类劳动者工作方式、职业风险特征等进行细致划分，合理确定职业伤害保险的梯度费率水平。在责任主体上，提倡劳动者与平台企业共同缴费，合理设置分摊比例，更大程度平衡就业需求和用工成本。

长期来看，考虑构建基于劳动事实而非劳动身份，基于收入所得而非工资制度的社保体系。设定不同的社保缴纳比例、社会保险计划等，最终形成覆盖全民、更加灵活的多层次可持续社会保障体系。

（二）加强平台企业用工监管

1. 落实用工主体义务

在劳动者劳动过程中，平台企业不仅提供信息、撮合交易的渠道，也会对劳动进行规制、监控和考核，并享有对数据和算法的垄断，而劳动者的劳动服务则是平台企业塑造品牌效应、提升竞争力的核心要素，平台企业承担主体责任具有相应正当性和可行性。第一，完善算法及规则的出台及更改机制，构建合理的算法规则和考核要素。第二，构建透明沟通渠道，在制定和调整涉及重大利益的制度规则时，充分征集劳动者意见并尽到告知义务；完善内部沟通机制，并相应实行更为简洁化、灵活化的申诉机制。第三，积极开展培训和技能提升计划，畅通内部职业技能认定渠道，有效激励劳动者进行职业技能提升。对社保参保进行相应宣传和指导，增加劳动者对社会保险的了解度和参保积极性。第四，平台企业需承担对代理商和众包公司等用工主体的监督责任，通过合理科学确定考核项目，动态监测和跟踪评估相关工作。

2. 提升全链条监管效能

新就业形态用工模式复杂，有关部门仍需提升监管效能，在充分研究新就业形态用工特点以及算法技术基础上，完善监管方法与模式。在监管前端，有关部门可在关键节点推行"负面清单"制度，明确法律法规禁止事项，倒逼有关主体修改和调整在用工管理中的不合规行为。在监管中端，加强对平台企业和人力资源行业监管，从依法持证持照、依法用工、算法规制等多个方面提出监管措施，利用数字技术提升监管精准度。在监管后端，建立适应新就业形态特点的纠纷处理机制和法律服务模式，积极预防化解劳动争议；探索将新就业形态用工纳入劳动监察和劳动争议调解仲裁范围，提供权益保护有效途径；加强对新业态领域劳动争议办案指导，统一处理口径和裁判标准。

（三）优化职业技能培训服务

促进新就业形态劳动者的技能培训是推动技能社会形成的必然要求，政府应进一步加强公共培训体系建设。充分发挥基层作用，在街道和社区开展通用技能培训和数字技术等新就业形态技能培训；鼓励有条件的职业院校开展相关课程。建立适合新就业形态劳动者的职业技能提升补贴机制，加快探索符合新就业形态劳动者的职业职称体系，畅通新就业形态劳动者职称申报与评估渠道。赋能劳动者通过接受培训，提高技能弹性，与平台发展达成良性互动，更好融入数字社会发展过程中。

中国人事科学研究报告

THE REPORT OF CHINESE PERSONNEL SCIENCE

（四）积极发挥工会效能

基于新就业形态劳动者点状分布、依赖平台资源等特点，工会应充分发挥促进集体协商，建构新型平台用工和谐劳动关系方面的积极作用。加强区域性、行业性工会建设，建立多形式、多层次的工会组织形式，提高工会覆盖面和入会率。通过行业性工会组织与用工主体就工作时间、劳动强度、劳动报酬等事项进行协商，搭建理性有序表达合理利益诉求的渠道，推动签订行业集体性合同，积极协调和化解争议纠纷；通过区域性、社区基层工会，提高劳动者归属感和共同体意识。

（五）提升新就业形态劳动者自身意识

新就业形态劳动者是自身劳动权益保障的"第一责任人"，应通过教育宣传，进一步提高劳动者安全健康、权益保障、职业技能提升等意识。安全健康意识上，引导劳动者建立理性的收入预期，合理安排工作量和工作时间。权益保障意识上，在与用人单位签约之前，劳动者需确认双方权利义务以及法律责任，明确劳动报酬给付标准、劳动时间等内容，熟知自己应履行的合同义务；对于劳动过程中遭受的职业伤害，合法维护自身权益。职业技能提升意识上，应积极规划职业发展路径，结合自身目标，参加企业、政府、社会组织开设的相关职业技能培训，提高通适性技能和岗位专用性技能水平。

参考文献

［1］陈龙．"数字控制"下的劳动秩序——外卖骑手的劳动控制研究［J］．社会学研究，2020，35（6）：113 - 135，244.

［2］何文炯．数字化、非正规就业与社会保障制度改革［J］．社会保障评论，2020，4（3）：15 - 27.

［3］胡磊．平台经济下劳动过程控制权和劳动从属性的演化与制度因应［J］．经济纵横，2020，411（2）：36 - 44.

［4］金华，陈佳鹏，黄匡时．新业态下数智化劳动：平台规训、风险生成与政策因应［J］．电子政务，2022（2）：75 - 87.

［5］李胜蓝，江立华．新型劳动时间控制与虚假自由——外卖骑手的劳动过程研究［J］．社会学研究，2020，35（6）：91 - 112，243 - 244.

［6］林嘉．新就业形态劳动法律调整探究［J］．中国劳动研究，2021（1）：1 - 26.

［7］孟续铎，吴迪．平台灵活就业新形态的劳动保障研究［J］．中国劳动关系学院学报，2021，35（6）：22-32．

［8］曲亮，包冰乐．零工经济背景下平台治理策略与零工参与者的价值获取——基于外卖平台的单案例研究［J］．西南政法大学学报，2023，25（1）：159-167．

［9］赛思·D.哈瑞斯．美国"零工经济"中的从业者、保障和福利［J］．环球法律评论，2018，40（4）：7-37．

［10］王天玉．平台用工劳动基准的建构路径［J］．政治与法律，2022，327（8）：33-47．

［11］席恒．融入与共享：新业态从业人员社会保险实现路径［J］．社会科学，2021（6）：3-11．

［12］杨晖．平台用工三分法的实现路径：争议与抉择［J］．中国应用法学，2023（2）：148-158．

［13］张成刚．新就业形态劳动者的劳动权益保障：内容、现状及策略［J］．中国劳动关系学院学报，2021，35（6）：1-8，120．

［14］朱迪，崔岩，郑少雄等．骑手的世界——对新职业群体的社会调查［M］．北京：社会科学文献出版社，2023．

《浙江省新就业形态劳动者权益保障问题研究
——以外卖骑手为例》
课题组成员名单

课题组长：
徐露辉（浙江省人力资源和社会保障科学研究院院长、副研究员）
课题组成员：
潘璐莎（浙江省人力资源和社会保障科学研究院社会保障研究室主任助理研究员）
洪　韬（浙江省人力资源和社会保障科学研究院社会保障研究室副主任助理研究员）
徐梁杰骅（浙江省人力资源和社会保障科学研究院研究实习员）

本课题由中国人事科学研究院浙江省人力资源社会保障科学研究院共同完成。

收入分配、劳动关系及其他

中国人事科学研究报告
THE REPORT OF CHINESE PERSONNEL SCIENCE

人社系统行风建设实践
探索及长效机制研究①

提 要：行风体现作风、反映政风、影响民风。人社工作直接服务群众，行风建设至关重要。要适应新形势新任务新要求，在总结经验、巩固成果的基础上持续发力，常态化推进人社系统行风建设工作。本研究立足新时代人社事业面临的新形势新任务新要求，重点探讨阐释人社系统行风建设的背景意义、理念内涵和目标指向，梳理分析党的十八大以来人社系统行风建设实践的发展演进、主要做法、总体特点及面临的挑战困难，总结借鉴其他行业行风建设有效经验，在此基础上研究提出加强人社系统行风建设常态化长效化的基本思路及工作机制。

关键词：行风建设 "放管服"改革 长效机制

一、人社系统行风建设的背景意义

（一）以人民为中心发展思想的明确提出和深入践行为行风建设赋予新内涵

坚持以人民为中心的发展思想，是习近平新时代中国特色社会主义思想的核心要义。在 2015 年 10 月召开的党的十八届五中全会上，习近平总书记

---

① 本文系人力资源社会保障部 2022 年度部级课题"人社系统行风建设实践探索及长效机制研究"报告的部分内容。

首次明确提出坚持以人民为中心的发展思想。此后，习近平总书记在不同场合对以人民为中心的发展思想做了深刻阐释，在中央全面深化改革领导小组第二十三次会议上的讲话指出："把以人民为中心的发展思想体现在经济社会发展各个环节，做到老百姓关心什么、期盼什么，改革就要抓住什么、推进什么，通过改革给人民群众带来更多获得感"，并且指明改革要从群众"最盼、最急、最忧、最怨"的问题着手。以人民为中心成为中国政治、经济、社会运行的根本指向。人社工作与人民群众切身利益密切相关，必须把维护人民根本利益、增进民生福祉作为一切工作的出发点和落脚点，自觉主动解决群众在就业创业、社会保障、人才人事、劳动关系等方面的急难愁盼问题。既要抓好政策制度供给"最先一公里"，聚焦地区、城乡、收入差距等发展不平衡不充分问题，聚焦青年特别是高校毕业生、农民工、新就业形态劳动者等重点群体的呼声诉求，提高政策的针对性和可操作性。同时，要抓好政策服务落实"最后一公里"，宣传解读政策通俗易懂，办理业务方便快捷，提供服务热忱暖心。

（二）全面从严治党的持续推进和不断深化对行风建设提出新要求

党的十八大以来，以习近平同志为核心的党中央以作风建设为切入点和着力点，深入推进全面从严管党治党。习近平总书记在庆祝中国共产党成立95周年大会上强调，党的作风正，人民的心气顺，党和人民就能同甘共苦；作风建设永远在路上，加强作风建设，必须把出发点、落脚点归结到实现好、维护好、发展好最广大人民群众的根本利益上来。[①] 在党的十九大报告中强调，要持之以恒正风肃纪；加强作风建设，必须紧紧围绕保持党同人民群众的血肉联系，增强群众观念和群众感情，不断厚植党执政的群众基础。凡是群众反映强烈的问题都要认真严肃对待，凡是损害群众利益的行为都要坚决纠正。加强人社系统行风建设，是践行党的根本宗旨的必然要求，是人社领域推进全面从严治党的重要内容和具体体现。必须对标中央要求、对接群众需求，抓住要害关键，重点解决人社领域的形式主义、官僚主义、享乐主义和奢靡之风问题，集中整治群众身边的腐败和不正之风，使系统上下能够真正站在群众立场想问题、办事情。同时，要解放思想、转变观念，不断改革创新、优化公共服务，让人社领域惠民政策真正落实落地，让群众更多更好共享发展成果。

收入分配、劳动关系及其他

（三）"放管服"改革的全面实施和纵深推进为行风建设提供新路径

进入新时代以来，国内外环境发生了极为广泛而深刻的变化，社会经济发展的任务和要求赋予政府职能转变更加深厚广阔的功能意义。党的十八大报告明确提出："推动政府职能向创造良好发展环境、提供优质公共服务、维护社会公平正义转变。"党的十八届三中全会通过的《中共中央关于全面深化改革若干重大问题的决定》，把政府职能转变列为改革的重要内容，明确要求："必须切实转变政府职能，深化行政体制改革，创新行政管理方式，增强政府公信力和执行力，建设法治政府和服务型政府。"党的十九届四中全会通过的《中共中央关于坚持和完善中国特色社会主义制度推进国家治理体系和治理能力现代化若干重大问题的决定》明确："必须坚持一切行政机关为人民服务、对人民负责、受人民监督，创新行政方式，提高行政效能，建设人民满意的服务型政府"；"完善公共服务体系，推进基本公共服务均等化、可及性。建立健全运用互联网、大数据、人工智能等技术手段进行行政管理的制度规则"。党的十八大以来，党中央不断深化"放管服"改革，以"简政放权""放管结合""优化服务"为主要抓手，三管齐下，为市场主体松绑减负，对行政监管机制进行优化创新，落脚于施政为民的行政本质，加快推进服务型政府角色转变。"放管服"改革的纵深推进，为人社领域深化改革提供了新的路径，使人社系统行风建设目标更加聚焦，重点更加明确。通过优化政务服务流程，从便民利民出发清事项、减材料、压时限，提供更加公平便捷的人社公共服务，使群众有更多获得感；通过创新职能方式和管理工具，针对群众办事难问题，构建人社服务一张网，优化便民服务方式方法，提高办事效率，提升人社公共服务水平；通过转变职能重心，加强政府公共管理与公共服务职能建设，主动回应社会关切与民生需求，办好群众身边事，优化人社政策制度和公共服务供给，满足广大群众日益增长的多样化、个性化需求。

（四）现代信息技术发展的深刻影响和有力支撑为行风建设增添新效能

现代信息技术发展和变革既对公共管理改革、服务型政府建设形成倒逼之势，又成为改革的深层次动力支持系统。一方面，在信息技术支撑下，互联网的创新成果深度融合于人民生活与经济发展的各个领域之中，政府、公众、企业之间的良性互动逐步增强，对更便捷、更智能、更有温度的政务服务需求更加迫切。信息技术革命的加速，客观上需要政府部门迅速变革传统治理结构、方式和方法，驱动组织结构、业务流程、行为关系的优化再造，实现政府治理、政务服务的数字化转型。在人社领域，则表现为对加快推动"互联网＋人社"建设，实现"掌上办""零跑腿"等需求不断上升，必然推动形成与时代相适应的新的人社服务管理手段与方式，倒逼以数字驱动、技术嵌入、社会协同为特征的人社数字化服务建设进程加快。另一方面，信息技术的运用也为政府职能方式变革提供了新的视野与效能。政府利用网络技术创新服务方式与监管方式，努力打造"全国一体化政务服务平台"与"互联网＋监管"体系，实现"一网通办"，达到为政务提速、为公共服务提质、为监管提效的改革目标，使政府职能实现的方式更具科学性与间接性。体现在人社领域，随着大数据、人工智能等技术的普及，全流程一体化的人社服务信息化平台建设逐步成熟，使得把群众最关心的事项端到网上、端到移动端办理成为可能，为实现全数据共享、全服务上网、全业务用卡提供了技术支撑，真正能够做到让数据多跑路、群众少跑腿，让群众办事更快捷更便利更流畅。

二、人社系统行风建设的理念内涵和目标指向

（一）理念内涵

行风及行风建设是来自工作实践的专有名词。行风建设实践有着深刻的现实背景和明确的目标指向。从实践特征和目标要求来把握，行风建设就是公共管理与社会服务领域以人民为中心的改革，是各级各类政府部门、社会服务机构贯彻落实以人民为中心的发展思想的具体实践。具体到人社系统，行风建设是人社部门坚持和践行以人民为中心的发展思想，以回应群众对人社政务服务需求为内容和动力，以群众感受和评价为评判标准，通过优化人社政策制度供给、健全完善人社公共服务标准、深化人社领域简政放权、创新人社公共服务方式，推动实现以政府为中心向以人民为中心的理念转变和改革创新的实践过程。第一，行风建设是一项系统工程。第二，行风建设是推进人社事业改革发展的基础性、支撑性工作。第三，行风建设与业务工作一体两面、相辅相成。

（二）目标指向

1. 政策制度惠民

人社领域各项政策制度直接与群众见面对账。在政策制度制定中，必须以满足人民日益增长的美好生活需要，使人民获得感、幸福感、安全感更加

充实、更有保障、更可持续为着力点，不断提高各项政策制度的针对性和可操作性。同时，必须加强政策制度供给和公共服务协调联动，通过完善制度建设和规范行政行为促进人社公共服务质量提高。

2. 规范标准利民

科学统一的人社政务服务规范和标准是实现人社政务服务可量化、可比较、可评估的基本依据，也是推动实现人社政务服务互联互通、数据共享、业务协同、方便企业和群众办事的有效保障。制定完善人社政务服务规范和标准，必须以有利于方便企业和群众办事为出发点和立足点。

3. 公共服务便民

经办服务事项是人社部门事权面向市场主体、社会公众的集中体现。企业和群众不仅是公共服务的中心受益者，也是监督者、评价者、反馈者。人社公共服务必须以方便企业、群众办事为目的，以技术创新、管理创新、服务创新为手段，以数字技术为支撑，以群众口碑评价为标尺，不断增强服务的均衡性、可及性、便捷性、高效性。

4. 干部作风亲民

人社干部特别是窗口单位工作人员是人社政务服务的直接提供者。"人人是窗口、处处有服务、事事见行风"，优质的行风直接体现在人社干部优良的作风上。加强人社系统行风建设，就是要让人社干部的工作更加有效、更有温度，急群众之所急、解群众之所需，把服务做到群众心里去。

三、党的十八大以来人社系统行风建设的基本情况

（一）人社系统行风建设的主要做法

1. 优化政策供给，健全完善人社公共服务制度标准

一是建立健全基本公共服务标准体系。按照《关于建立健全基本公共服务标准体系的指导意见》《公共服务补短板、强弱项、提质量四年行动方案（2019—2022年）》《国家基本公共服务标准（2021版）》等文件要求，明确国家基本公共服务质量要求人力资源社会保障部职责相关部分，细化部内任务分工，进一步明确各级人社部门开展基本公共服务应有内容、服务标准与支出责任；发布人社系统事项清单和部本级事项清单，做到清单事项统一名称、统一编码、统一标准，并对照系统和部本级审批服务事项清单，梳理人力资源社会保险系统现有标准，印发《人力资源和社会保障标准体系（2020）》，编制《国家基本劳动就业创业服务指导标准》《国家基本社会保

险服务指导标准》，为参与全国一体化在线政务服务平台建设试点、实现国家社会保险公共服务平台上线运行、推动人社政务服务平台部省对接工作奠定基础。

二是开展人社领域公共服务标准化试点。印发《关于开展人力资源社会保障领域基本公共服务标准化试点工作的通知》，在吉林、浙江、四川、云南、湖北、海南、重庆七省市开展试点工作，打造人社优质服务"样板间"，并鼓励其他地方省市以此为抓手积极探索，加快制定一批具有一定先进性和示范性的地方标准体系，推出一批免申即办、一批无证明、一批再提速的事项。例如，云南省昆明市呈贡区依托"智慧人社"服务平台建立"两分四设"的综合柜员制模式，推动人社服务从部门"小综窗"到人社"大综窗"服务转变，成为云南省着力打造的人社优质服务"样板间"；北京市以政策制定和实施的标准化示范引领人社服务标准化规范化建设，全面推进"同事同标""全城通办"，在政策制定、服务规范和打包"一件事"集成服务三方面推进"样板间"建设；福建省龙岩市创新推出"人社惠老服务超市"，全面整合惠老服务"一窗专办""一卡通办""专人代办"等功能，努力打造惠老优质服务"新样板"。

2. 深化简政放权，提高人社政务服务效能

一是出台行政审批和公共服务事项清单。印发《关于规范人力资源社会保障系统行政审批和公共服务事项清单的指导意见》，明确编制事项清单的基本原则、主要任务和相关要求，出台业务全口径、辐射全系统、涵盖人社领域的 42 个主项、178 个子项的行政审批和公共服务事项清单；全国各省市对照《全国人力资源社会保障系统行政审批服务清单（2018 年版）》和《全国人力资源社会保障系统公共服务事项清单（2018 年版）》，结合地方性法规、政府规章及规范性文件，接连编制并印发各地方人力资源社会保障系统行政审批和公共服务事项清单，制定办事指南。在此基础上，依托全国一体化政务服务平台等渠道，全面推行审批服务"马上办、网上办、就近办、一次办、自助办"，进一步推进人社领域行政审批制度改革与人社系统行政审批和公共服务优化。

二是组织开展证明事项清理工作。按照国务院办公厅印发《国务院办公厅关于做好证明事项清理工作的通知》"各部门要对本部门规章和规范性文件等设定的各类证明事项进行全面清理，尽可能予以取消"要求与司法部统一部署，坚持问题导向，在全面摸底梳理，深入研究论证的基础上，组织开展证明事项清理工作。先后印发《关于取消部分规范性文件设定的证明材料的决定》《人力资源社会保障部关于第二批取消部分规章规范性文件设定的证明材料的决定》《关于进一步精简证明材料和优化申办程序充分便利就业补贴政策享受的通知》，取消规章和规范性文件设定的证明材料125 项，减少证明幅度达到65%，有效缓解证明材料偏多、审批程序烦琐等问题。

三是推行告知承诺制。2019 年印发《人力资源社会保障系统开展证明事项告知承诺制试点工作实施方案》，开展证明事项告知承诺制试点工作，2020 年，在试点工作基础上全面推行告知承诺制，对部本级办理的24 个事项的89 件次证明材料实行告知承诺；持续做好"专业技术人员资格考试报名"和社保经办18 项人社服务证明事项告知承诺制实施工作；全面推行档案接收告知承诺制，优化流动人员档案管理服务，指导各地人社部门落实优化流动人员人事档案管理服务政策举措。切实简化办事流程，进一步提高办事效率，提升人社公共服务水平，为深化"放管服"改革优化营商环境注入新的活力。

3. 完善服务流程，创新人社服务方式

一是实施人社快办行动。印发《关于开展"人社服务快办行动"的通知》《关于深入实施"人社服务快办行动"的通知》，全面开展人社快办行动，以坚持集成服务、简约服务、创新服务、规范服务为基本原则，推动实现材料齐全的一次受理、关联的事项一次办理、更多的事项网上办理目标，提升标准化、规范化水平，推进事项简单整合向流程深度融合转变，拓展打包办、提速办、简便办内涵，推出跨省办、上门办、就近办、一卡办和免申即办等服务方式；打造"一件事"服务窗口，以一张表单、一套材料、一次申请，完成所涉事项一次办理。印发《关于落实"人社服务快办行动"推进事业单位人事管理"一件事"服务的通知》，开展事业单位人事管理"一件事"改试点，将公开招聘、人员调入、人员调出等7 项事项及后续相关服务事项整合成"一件事"，实施联动办理。

采取点面结合、以点带面方式，在各地设立272 个部联系点，对各省份和部联系点建立督导机制，实现部、省联系点地市级全覆盖，采取现场观摩、开展培训、召开片会等方式，每周一联系，每月一部署，每季一通报，切实保障工作落实，推动人社关联事项打包办、高频服务事项提速办、所有事项简便办落地见效（见图1）。146 位负责同志开展"走流程"244 人次，共发现405 个问题和需求，提出了468 项整改措施。

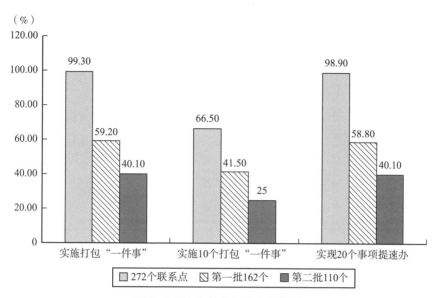

图1 2021年快办行动实施情况

二是开展人社政策待遇"看得懂算得清"、人社日课等工作。线上线下结合，全面铺开人社政策待遇"看得懂算得清"宣传解读，通过在人社部网站、微信公众号平台推送通俗易懂的政策解读动画、视频、漫画、图表，线下方言宣传、摆摊设点、广播宣传、送政策上门等丰富多彩、更接地气的方式，解决群众政策看不懂的问题；依托公共服务平台，打造网上经办大厅、App等多元服务渠道，帮助群众快速查询社保权益、精准测算社保待遇，解决群众待遇算不清的问题；上线"人社日课"，定期收集群众留言，梳理问题，协调相关业务司局给出最权威的解答，结合当期工作重点、政策热点设置话题，就社保卡领取使用、劳动合同、高校毕业生就业创业、养老保险关系转移接续、工伤认定、农民工工资支付、职业资格目录、专业技术人员职业资格考试、职称评审、评比表彰等人社工作各领域进行专业答疑，着力打通政策服务落地的"最后一公里"。

三是聚焦重点群体推动政策服务落地。以困难群众在哪里，人社服务就在哪里为目标，不断创新服务方式，以"数据跑路"代替"群众跑腿"，助力老年群体搭上"数字快车"；全面推行上门办、帮代办、预约办等服务，让特殊群体办事不再难；在网点设立服务专区、爱心专座、办事指南，用贴心服务暖人心等。例如，浙江省嘉兴市升级社保"银发"无忧服务，以为老便民服务为抓手，探索推进智慧赋能适老化改造，帮助银发群体跨越数字鸿沟；山东深入开展就业援助"暖心活动"、农民工"春暖行动""同帮共富"人社帮扶等就业服务活动，制作发布覆盖全省3 400多家就业服务机构的

"E 地图"，目前已推动完成全省 161 家县级智慧就业服务大厅创建。

4. 加速技术赋能，推进实施"互联网 + 人社"行动计划

一是开展信息化便民创新提升行动。加快推进跨部门、跨层级信息共享，推进服务场所优化整合，全面取消领取社保待遇资格集中认证，通过信息共享等方式加强事中事后监管；开发过渡系统，与国家数据共享交换平台实现数据对接；印发《关于加快推进流动人员人事档案信息化建设的指导意见》，开发统一的流动人员人事档案省级经办软件，研发全国档案管理运行平台，建立全国流动人员人事档案基础信息资源库，加快推进档案接收和转递跨省通办。启动实施人社信息化便民服务创新提升行动，上线人社政务服务平台，开通 44 项全国性服务和 306 项地方特色服务，疫情防控期间，"网上办""掌上办"蔚然成风，办事不见面，服务不打烊，减少了人员流动和直接接触，保障了群众正常生产生活。

二是绘制人社政务服务电子地图。绘制人社政务服务电子地图，采集 20.6 万个经办网点信息，通过高德地图等展示办事网点名称、图片、地址，实现精准定位，一键导航，一查即准，一找即对，解决人社业务办理中群众反映的"不知业务去哪儿办、不知网点能办啥"问题。

三是加快"互联网 + 人社"行动计划落地实施。建设应用统一的人社全业务管理信息系统，依托大数据、云计算等技术在人社政务服务平台设置"一件事"统一受理入口，大力推行"一网通办""全程网办"，推进信息资源共享、业务无缝对接，实现让数据多跑路、群众少跑腿。例如，江苏、陕西、甘肃等地统筹整合一体化信息平台，市县协同、多级联动推进系统对接、平台优化、推广应用，实现至少 10 个"一件事"线上可办；湖南推出全省参保证明网上下载打印和在线咨询及查验服务，对接省政府一体化平台自行装入"电子档案袋"，用于办理购房、子女入学等业务需求；浙江依托省一体化在线政务服务平台（"浙里办"），推动全省系统 165 个 2.0 政务服务事项 100% 实现"全省通办"；河南打通社会保障网上服务平台、河南社保 App、豫事办 App、省政务服务网等线上渠道，社保经办业务网上办理率为 45.37%，省本级网上办理率达 92.21%，变"群众奔波"为"信息跑腿"，变"群众来回跑"为"部门协同办"；山东省胶州市全方位推行"掌上社保"，50 项社保业务实现随时办、随地办，方便企业和市民办理社保业务。

5. 加强队伍建设，以素质优促服务优

一是加强对窗口单位工作人员队伍建设的政策指导和支持。出台《关于

进一步加强人力资源社会保障窗口单位经办队伍建设的意见》，明确要求从合理配置工作人员、提升服务能力、规范服务行为、完善保障措施等方面进一步加强人力资源社会保障窗口单位经办队伍建设。

二是开展人社业务知识"日日学、周周练、月月比"。自 2019 年起，以系统窗口单位工作人员为重点，探索创新提升干部队伍能力素质的路径方法。人社部本级建设线上学习平台，打造覆盖全系统的学习资源体系，组织部属单位编制包括党建理论知识、就业创业、劳动关系、社会保险、人才人事、综合服务标准规范等六大板块内容的学习题库，66 万名系统干部注册参加、自主学习。四川省人社厅组织全省系统 4 万余名干部职工参加在线学习培训，全面提升人社干部能力素质和专业水准，在厅门户网站开设"奋斗百年路，启航新征程"学习专栏，在"四川农民工服务平台"增设学习教育频道，开展在线知识竞赛、主题读书等活动 24 项。重庆市人社局采取线上授课、线上答疑、在线测试的方式开展线上集训，组织各业务板块的业务骨干为参赛学员线上授课，全系统在线学习平台上线人数超过 15 000 人，上线率达到 95%。青岛市、滨州市等地也通过持续开展"日日学、周周练、月月比"活动，引导全员学政策、钻业务、强技能。

三是常态化举行业务技能比武活动。人社系统上下通过开展各级各类业务技能比武活动，将业务情景、实践案例、攻防擂台融入工作机制，推动窗口单位工作人员掌握政策、熟悉业务、增强本领。人社部本级近 3 年来先后组织省际邀请赛、区域赛、全国总决赛等多个层次的技能比武活动，带动全系统以学为用、以练为战，提升干部业务素质和技能。北京市人社局依托"人社窗口单位练兵比武"平台，全员覆盖，窗口工作人员结合岗位实践，比拼灵活运用法规政策解决实际问题能力，推动干部学中干、干中学。山东省连续三年开展"人社系统岗位练兵比武"，自下而上逐级开展比武竞赛，实现窗口人员必学、新进人员必学、新出政策必学，全省 1.8 万名人社干部参加学习培训。

6. 强化监督检查，持续开展"走""访""评"活动

一是开展"厅局长走流程"。印发《2021 年全面开展人社"厅局长走流程"工作实施方案》《2022 年持续开展人社"厅局长走流程"工作实施方案》，明确要求部属各单位和地方各级人社部门负责同志聚焦人社领域重点政策举措和高频服务事项，紧盯群众办事和基层经办两个角度，从咨询、受理、办理、反馈、查询等全链条和线上线下两个方面，开展"走流程"工作，针对过程中发现的问题提出整改措施，帮助改进程序、提升服务质量和

服务效率，真正把问题解决掉，持续打造群众满意的人社服务（具体问题情况见图 2）。根据 2021 年底的数据，部属 44 家单位全部按照要求落实"走流程"工作，146 位负责同志开展"走流程"244 人次，共发现 405 个问题和需求，提出了 468 项整改措施；31 个省份（不含西藏）人社部门共走流程约 32 000 人次，共发现 15 600 多个问题和需求，形成了 13 000 多项整改措施。

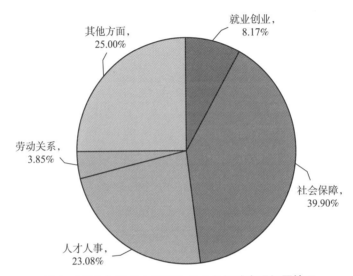

图 2　2021 年底"走流程"各业务领域发现问题情况

二是持续开展"青年干部明查暗访"。印发《暗访实例参考》《明查暗访参考标准》《明察暗访参考资料》，明确暗访要求、暗访重点、暗访进度和暗访成果形式，聚焦群众关心的精简证明材料、减少排队时间、压缩办结时限、严格工作纪律、推进设施便民和保持热线畅通等内容，以青年干部群体为主对人力资源社会保障系统窗口单位作风建设情况开展调研暗访。坚持"四不两直"原则，开展"蹲点"式暗访，通过实地查看、旁听、咨询、拨打电话、浏览网站等，跟随服务对象走流程，体验业务办理，切实掌握第一手资料，并将过程中发现的问题点对点转发相关省份人力资源社会保障厅（局），进行整改。同时积极健全问题发现机制，畅通问题反馈渠道，切实推动调研暗访常态化长效化。

三是开展人社政务服务"好差评"工作。认真贯彻落实国务院办公厅《关于建立政务服务"好差评"制度提高政务服务水平的意见》，部署开展人社政务服务"好差评"工作，要求各级人社部门结合工作实际，线上线下全面铺开人社政务服务"好差评"，主动接受企业、群众"点赞""吐槽"，做到服务事项全覆盖、评价对象全覆盖、服务渠道全覆盖，真正以群众反馈推动人社服务提质增效。

7. 培树行风文化，加大先进典型挖掘宣传力度

一是深入挖掘、推广地方行风建设"土特产""一招鲜"。积极鼓励各地总结特色做法与创新举措，刊发行风建设信息专刊，对各地特色做法进行摘登，促进系统交流借鉴。例如，北京市的"吹哨报到""接诉即办"，上海市的"点单式申请"优化营商环境，安徽省的"5A"式人社服务，湖北省的"23℃人社服务"标准化制度化，贵州省的"大数据"领跑经办服务，宁波深化"最多跑一次"改革、深圳人才引进"秒批"改革、南宁"线上一网通、线下一门办"、雅安"社银合作"等。

二是评选表彰优质服务窗口和优质服务先进个人。持续组织开展全国人力资源社会保障系统优质服务窗口和优质服务先进个人评选，2017年以来先后评选表彰优质服务窗口779个、优质服务先进个人361名，并在部属两报和门户网站做好公示宣传，在全系统形成良好舆论氛围，切实激励全国人社系统窗口单位和工作人员不忘初心、牢记使命，勇于担当、奋发作为。各地也普遍开展了区域性优质服务窗口和优质服务个人的评选表彰工作。

三是选树"人社服务标兵"，开展系列主题宣传活动。在系统内挖掘、培树作风过硬、群众公认、业内认可的100名人社服务标兵，对先进典型进行集中宣传报道；试点开展"人社服务标兵"和练兵比武活动全国赛获奖选手深入基层人社部门宣讲活动，举办现场宣讲活动23场次，其中部机关宣讲1场次、省级宣讲11场次、市级宣讲6场次、县级宣讲3场次、技工院校宣讲2场次，现场听众5 000余人；上线"标兵选手讲政策"短视频，制作人社服务标兵和练兵比武优秀选手"云宣讲"视频，推广地方典型经验做法；在全系统组织开展"永远跟党走 为民办实事"——"人社服务标兵万里行"宣讲活动，选派全国人社服务标兵、全国"人社知识通"，地方人社服务标兵、练兵比武优秀选手53人次，分10组赴四川阿坝、贵州遵义、浙江嘉兴、湖北黄冈、黑龙江尚志、江西瑞金、江苏徐州、河北石家庄、甘肃庆阳、广西百色等10个革命老区开展先进事迹宣讲等活动，历时近2个月，行程约2万千米，现场听众3 000余人，在系统内形成实干笃行、初心为民的良好氛围。

（二）人社系统行风建设实践的总体特点

特点一，坚持从政治高度抓行风建设。人社系统上下深入学习贯彻习近平总书记关于全面从严治党、加强党风政风建设等重要论述精神，贯彻落实党

中央关于转变政府职能、深化"放管服"改革等决策部署，牢固树立以人民为中心的发展思想，坚持把行风建设与党建工作、业务工作同谋划、同部署、同落实、同检查。提高政治站位，从政治上认识和把握行风建设问题。特点二，坚持问题导向。人社系统行风建设以优化人社公共服务为切入点，坚持从群众最不满意的地方、人社经办服务的薄弱环节着手，针对办事排队长、时间长，跑腿多、证明多等突出问题，持续开展"清事项、减材料、压时限"，优化经办流程，精简证明材料，探索建立容缺办理机制，及时疏通业务办理堵点，让群众更快更好办理高频事项。特点三，坚持制度标准先行。人社系统行风建设实践不仅局限于人社公共服务流程、服务方式的修修补补、完善优化，也注重从深层次体制机制问题入手，从事权清理、标准制定、技术设定等方面整体布局，以制度机制和规范标准为优化行风保驾护航，确保高效便捷的人社公共服务能够真正落地。特点四，注重系统性整体性协同性。行风建设是自上而下、刀刃向内的深刻变革，需要全方位支撑、协同化推进。人社系统行风建设注重加强整体谋划、系统集成，着眼人社事业长远发展，从全局出发，对标中央要求、群众需求，明确整体性目标，突出阶段性重点，抓住关键性环节，逐项突破、层层递进、不断深化，通过完善工作制度、建立服务规范、创新服务模式、构建系统平台，持续提升人社政策及服务的标准化、便捷化水平。加强部门之间、系统上下协同联动，搭建公共服务信息平台，全国人社政务服务平台与国家政务服务平台及人社各类业务系统实现对接。

（三）人社系统行风建设面临的主要困难

困难一：信息系统建设不均衡。各地信息系统建设情况参差不齐，信息系统割裂、信息孤岛林立、服务场景粗糙等问题仍然不同程度存在，对人社经办事项缩减报送材料、缩短服务流程等形成客观制约。困难二：数据资源共享不充分。存在数据集中程度区域之间不平衡问题。数据资源跨省整合共享有难度。部门之间数据共享有障碍。困难三：窗口经办人员队伍建设需要进一步强化。第一，经办力量普遍不足。第二，经办人员队伍保障普遍不足。第三，经办人员学习培训机会不足。困难四：优化人社公共服务需要兼顾尽力而为和量力而行。困难五：联动协同的工作机制需要进一步健全完善。

四、其他系统行风建设实践模式比较

（一）医保经办

医疗保险经办服务作为广大参保群众享受医疗保险服务的关键环节，也是老百姓感受国家医保政策带来的幸福感、获得感最直接的方面。各地以行风建设为抓手，提升医保经办服务的效率和质量。

（1）医保经办窗口服务，以行风建设工作为总牵引，以行风带业务，以业务促行风。

（2）以人民群众满意度为根本出发点，政策制度先行，高度重视干部素质能力提升。

（3）转变服务模式，实行业务综合办理；经办服务下沉基层，打通医保经办"最后一公里"。

（4）加强顶层设计，以信息化手段助力医保经办服务各层级全覆盖。

（5）重视标准的建设和开发，标准建设工作体系化、专业化开展。

（二）银行

银行作为面对广大市民和企业客户提供服务的窗口行业，其行风建设十分重要且必要。近年来，在内部自我发展、业绩考核、同业市场竞争，外部行业监管、媒体监督、客户维权等双重作用下，银行业行风建设取得了较为明显的进步。但与此同时也存在长效机制建设滞后、优质服务内涵有待深化等问题，需要全行业关注并采取措施不断改进（杨泽英，2013）。行风建设是树立银行形象的重要抓手和有效载体，如何强化行风建设，彰显品牌形象，推动软实力发展，成为银行业当前研究探讨的核心问题。以下以中国人民银行天津分行为例。

（1）党委高度重视行风建设工作，建立健全组织领导机构，成立行风建设领导小组。形成了党委（组）统一领导、分管领导具体负责、各部门分工协作、纪检监察部门督促落实、全体干部职工共同参与的行风建设工作领导体制和工作机制。

（2）提倡综合服务大厅建设，强化服务功能，规范服务行为，加强工作履职的透明度，促进窗口服务水平提高。

（3）创新行风建设工作方法，展现各基层央行在行风建设工作方面的特色和水平。

（4）行风建设要走制度化和标准化管理的道路。

（三）涉税服务行业

涉税服务行业行风建设探索实践中的重点是如何优化税务执法，防止税务执法带来社会风险。

（1）运用信息化手段，提升执法效率和效能，建立执法监督闭合回路。

收入分配、劳动关系及其他

（2）通过开展评议行风工作来挖掘税务部门行风建设和作风建设中深层次的矛盾和问题。

（3）建立标准化、专业化的制度体系。

（4）多部门联动，提升监管成效。

五、健全完善人社系统行风建设长效机制的对策建议

行风建设是人社事业长期发展的战略支点，是推动人社高质量工作的重要载体。"行风建设三年行动"实施以来，人社系统行风建设取得了积极成效，系统行风明显改善，群众满意度持续提高，但这并非人社系统行风建设的终点，而是再巩固再提升、实现常态化长效化的新起点。党的二十大报告对人社工作提出新理念新任务新要求，人民群众对人社系统优质高效的公共服务有着更高期盼，站在新起点，更应该回望总结过去的成效和不足，借鉴其他系统行风建设的经验做法，把行风建设融入人社工作各环节、全过程，着力健全完善人社系统行风建设长效机制势在必行（见图3）。

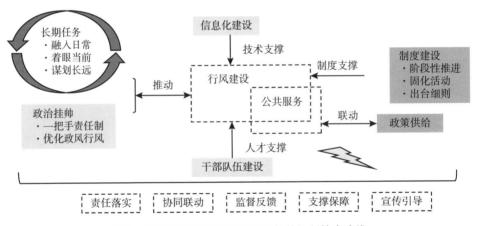

图3 人社系统行风建设实践及长效机制技术路线

（一）推进人社系统行风建设常态化长效化的基本思路

1. 坚持把行风建设作为长期性任务融入日常，常抓不懈

加强行风建设是一项长期性任务。习近平总书记强调："作风问题具有顽固性和反复性，形成优良作风不可能一劳永逸，克服不良作风也不可能一蹴而就"；"保持党同人民群众的血肉联系是一个永恒课题"。[①] 要持续强化

---

① 向旧习惯说不，向潜规则叫板［EB/OL］．（2014 – 04 – 28）．http：//politics. rmlt. com. cn/2014/0428/262400_2. shtml.

"管业务必须管行风"的理念,把行风建设融入人社日常工作的各方面、各环节,紧盯苗头性、倾向性问题,采取针对性措施,持续用力,常态化推进,形成抓行风促工作、抓工作强行风的良性循环。要在着力解决当前突出问题的同时,将近期任务与长远目标有机结合,着眼长远建章立制、构建体系。

2. 坚持以人民为中心的发展思想,把优化政风行风作为人社部门履行政治责任的出发点和落脚点

要从事关民心向背和党的执政基础的战略高度,充分认识加强人社系统行风建设的重要性,着眼服务经济社会发展、满足人民对美好生活的向往这一"国之大者",履行好人社部门保障和改善民生的重大政治责任。要深入学习贯彻习近平总书记关于坚持以人民为中心发展思想、全面从严治党等的重要论述精神,深入贯彻落实党中央关于加强党风政风建设、深化"放管服"改革、为基层减负等决策部署,把行风建设作为加强政治建设的重要举措,检验"四个意识"、践行"两个维护"的实际行动,站稳人民立场的具体体现,把群众满意不满意、高兴不高兴、答应不答应作为衡量各项工作的重要标尺,站在群众的立场和角度想问题办事情,解决好群众办事的堵点、痛点、难点问题,增进群众感情,增进民生福祉,持续提高群众对人社政务服务的获得感和满意度。

3. 坚持把优化人社公共服务作为行风建设的主要着力点

如前所述,经办服务事项是人社部门事权面向市场主体、社会公众的集中体现。人社领域所涵盖的 42 个主项 178 个子项公共服务、34 万个公共服务窗口和基层平台,是社会公众感受人社系统行风最直接的点位。加强人社系统行风建设,应当以优化人社领域公共服务为主要着力点,处处体现人民导向,不断提升服务的整合度、共享度、速度、覆盖度、规范度、精细度、体验度等。进一步加强与相关部门的横向联系,推动服务事项并联办理,整合重构一件事业务流程,实现经办服务深度集成。着力增强人社公共服务的均衡性、可及性,全面推进服务下沉、就近可办,打造人社服务便民服务圈、优质服务"样板间",深化人社服务电子地图应用,实现办事地点和业务范围精准查询、一键导航。加快人社公共服务智能化转型,推动更多事项向移动客户端、自助终端、服务热线等延伸拓展。适应人口老龄化发展趋势,制定细化针对老年人等特殊群体的服务规范和标准,使人社公共服务更加标准化、便捷化、人性化、精细化,让群众办事更加高效透明、便捷顺心。

4. 坚持把信息化建设和干部队伍建设作为两翼，为行风建设持续提供技术支撑、人才保证

信息技术的转化应用和干部队伍的素质能力、工作作风是影响行风建设质效的基础性因素。通过信息化手段，实现人社领域与相关部门之间、系统内部上下网络横纵串联贯通、数据资源整合共享、业务流程高效协同，是优化人社公共服务的基本支撑和基础环节。要加快推动人社公共服务数字化转型，加大人社信息系统整合力度，鼓励各级人社部门创新信息化应用，打造集政策解读推送、业务办理咨询于一体的线上智能服务、线下自助服务体系，推动"互联网＋人社"行动更好落地实施。要增强人社系统干部接受数字化转型的意识和能力，培养既懂政务服务业务又懂信息技术的复合型人才，提升数字领导力、信息技术能力。

打造一支政治过硬、本领过硬、作风过硬的高素质人社窗口经办队伍是加强人社系统行风建设的内核，也是优行风树新风的原动力。要将行风建设各项任务落到实处，必须夯实基层基础，构建简约高效的基层管理体制。对基层一线人员要加强教育培训，不断提升政治素质和业务能力，着力弥补服务群众的知识缺项、能力短板、经验盲区，解决好为民服务"最后一公里"问题。同时，要加强职业保障，加大评选表彰、考核评优倾斜力度，关爱干部职工身心健康，增强干部队伍稳定性、积极性和战斗力。

5. 加强政策制度供给与公共服务联动

适应企业、群众多元化、多层次需求，加强政策制度供给与公共服务联动，聚焦就业创业、社会保障、人才人事、劳动关系等领域重点改革任务，面向重点服务群体，从人社公共服务领域的堵点、难点、痛点反观政策制度供给的短板、弱项，完善政策措施，加强政策储备，防范政策风险，强化政策协同，提高政策针对性，提升政策供给的质量和效率，通过完善政策制度和规范行政行为促进窗口服务质量提高，以窗口服务精细化推动各项政策制度的高效落实。

6. 统筹制度机制建设，不断提升行风建设质量，增强行风建设的确定性

加大从制度机制上破解不同行政层级、不同行政区域间的政策落实区块化、业务办理割裂化、数据信息碎片化等问题的力度，以标准化、规范化、一体化促进人社公共服务均等化、普惠化、便利化。推进实施人社领域基本公共服务标准化、一体化管理，健全人社领域基本公共服务标准体系，推动实现名称、依据、材料、流程、时限等服务事项要素规范统一。打造全国统一的公共服务平台和数据归集管理平台。落实落细现有制度，制定"人社服务快办行动""厅局长走流程""青年干部调研暗访"等实施细则。坚持问题导向和效果导向，创新方式方法，及时总结推广各地的典型经验做法，对有普遍指导借鉴意义的及时转化为工作指南或指导案例，或者固化形成具体制度。

（二）健全完善人社系统行风建设长效机制的具体措施

1. 强化责任落实机制

健全行风建设责任体系。明确行风建设责任部门的主要职责和工作重点，梳理行风建设责任清单，厘清行风建设责任部门与业务部门之间的工作关系。坚持"管行业就要管行风"的理念，健全行风建设与业务工作的常态化协调联动机制，实现人社政策制度供给"最先一公里"与公共服务提供"最后一公里"协同贯通。

健全行风建设工作责任制。各级人社部门一把手亲自抓行风，班子成员各负其责，明确分工、压实责任，形成工作合力，形成纵横联动、齐抓行风的有机整体。定期研究部署开展加强行风建设工作安排，将行风建设工作纳入各地人社部门年度工作目标责任，纳入领导班子政绩考核指标，纳入干部职工奖惩评价体系，列入年度工作要点，每年年初报送上一年度行风建设工作总结和下一年度工作要点，统筹推动行风建设。

2. 完善协同联动机制

健全部省联动机制。进一步完善人社系统行风建设顶层设计，统筹规划、持续推动系统行风建设工作，推动人社系统内部跨层级、跨地区、跨业务的互联互通，打破"信息孤岛"，完善数据共享协同机制。

建立跨部门跨领域联动机制。加强与卫生、公安、民政等部委的沟通协调，推动建立上下贯通的工作机制，建设一体化数据归集应用系统，切实消除政策障碍，打破数据共享壁垒。

推动建设多元化公共服务供给机制。指导各地结合实际，通过财政补贴、税收优惠、政府购买、社会服务等方式，鼓励支持社会组织和人力资源机构共同参与，提供个性化定制化的人社服务。

3. 建立监督反馈机制

建立行风问题线索通报和联防联控机制。充分发挥 12333 热线、门户网站等作用，推动实现监管信息互通，及时汇集处理行风问题线索，做好国务院大督查、"互联网＋监管"、媒体反映以及投诉举报专线专区反映问题的处理工作。同时，对接 12345 政府服务便民热线，及时分析问题，整改问题，

收入分配、劳动关系及其他

提升服务能力。广泛引入社会监督机制，聘请行风社会监督员。

开展专项监督。部属各单位切实履行行风建设的主体责任，驻部纪检监察机构每年对行风建设至少开展两次专项监督，加大日常监督和教育惩治力度，做到主体责任和监督责任同向发力。

推广数字化监督。推进监督管理进规程进系统，将电子监察、政务服务"好差评"等嵌入所有业务当中，动态监测、实时反馈，在行风监督管理中做到让数据说话、靠数据分析、用数据决策、依数据执行。

推动健全风险防控机制。制定细化统一的内控规则和标准，指导各级人社部门建好建强风险防控系统，实现风险控制事前、事中、事后全覆盖，定期开展分析研判，对疑点数据、苗头性问题进行闭环管理，及时处理、跟踪督办。

推动调研暗访制度化长效化。综合统筹、细化要求、完善制度，常态化开展厅局长走流程和青年干部调研暗访。对各级经办服务窗口，部里不定期组织明察暗访，聚焦群众诟病的事项，以服务对象的身份，走流程、摸实情、找堵点，真察真访。同时，各省也要建立域内常态化调研暗访机制，组织自查自纠。健全调研暗访结果反馈机制，加强成果分析、转化和运用。

4. 构建支撑保障机制

健全标准化管理制度及相关工作机制。加强顶层设计，完善标准体系，在人社领域国家基本公共服务标准的基础上，动态有序推进标准的制修订工作。围绕人社领域 18 个国家基本公共服务项目和人社系统基本公共服务事项清单，在开展标准化试点工作的基础上全面推开，推动国家和部颁标准规范的落地实施。建立意见收集反馈机制，广泛听取办事部门、行政相对人、专家学者、社会公众意见建议，同时认真听取办事部门及工作人员意见，确保制度标准科学合理、量力而行、精准有效。

加大人社信息系统整合力度。运用信息化手段统领各项工作，依托大数据、云计算等技术，通过网上服务大厅、"掌上 12333"移动 App 等服务渠道，加快构建全流程一体化的人社服务信息化平台。建立"业务大协同"体系，面向社会公众提供就业、社保、劳动关系等方面信息，真正推动实现"一网通办、全程网办"，构建窗口端、网段、自助端一体经办新格局，提升服务效能。绘制人社政务服务电子地图，深度开发"网上办""掌上办"各类便民应用，提高服务的智能化。

加强窗口经办人员业务培训。开展定期专门培训，通过线上线下多种方式拓展培训覆盖面，开展政策、业务、系统、风险防控、警示教育、心理疏导等方面的培训，强化窗口经办人员服务意识、精准化管理意识、风控意识，提升政治能力和服务本领。

推进练兵比武常态化制度化。采取线上线下相结合的模式，开展常态化岗位练兵，形成以省内赛、全国晋级赛、全国决赛为主的阶梯型比武机制，以比促学、以学促干，通过练兵比武提升经办人员队伍整体能力素质，培树更多人社"知识通"，加强人社优秀基层干部人才储备。

5. 健全宣传引导机制

建立行风文化建设机制。深入开展"人社服务标兵""人社知识通"主题宣传，利用网络等多种渠道，宣传各地鲜活经验和先进典型，讲好人社行风故事。建立荣誉表彰机制，对作出突出贡献的单位和个人给予表彰奖励，形成"比学赶帮超"的工作氛围。

创优人社服务品牌。多地人社服务表现亮眼，北京市"吹哨报到""接诉即办"，上海市"点单式申请"优化营商环境、安徽省"5A"式人社服务、江苏打造"一卡一厅一网"、甘肃人社服务"直通车"等做法，均已形成规范服务体系，特色鲜明、效果良好。要进一步充分挖掘、总结提炼地方特色做法，通过宣传各地行风建设品牌，推广人社服务形象。

持续加强政策解读。打造人社政策待遇"看得懂算得清"品牌，聚焦企业群众关切，持续推进政策解读通俗化、政策咨询智能化、信息查询集成化、待遇测算精准化。加强与主流媒体、新媒体、融媒体合作，创新宣传模式，不断提高人社政策、服务的群众知晓度和认可度。

参考文献

［1］曹彬．基于行风建设的基层人社服务平台构建［J］．管理观察，2018（35）：57-58.

［2］程征东，邓忠明，王德平，梁智，尚芳．坚持不懈，推动社保经办行风建设向纵深发展［J］．中国社会保障，2020（1）：42-45.

［3］戴长征，鲍静．数字政府治理——基于社会形态演变进程的考察［J］．中国行政管理，2017（9）：21-27.

［4］广西壮族自治区都安瑶族自治县人力资源和社会保障局．强化管理服务　争创一流业绩　不断提升人社系统服务窗口新形象［J］．人事天地，2011（6）：36-37.

[5] 国务院发展研究中心课题组，马建堂，袁东明，马源，高太山，李汉卿．持续推进"放管服"改革　不断优化营商环境［J］．管理世界，2022，38（12）：1 - 9.

[6] 胡家勇，李繁荣．政府职能转变与供给侧结构性改革［J］．学习与探索，2017（7）：112 - 117.

[7] 黄冰．玉林推动医保经办服务下沉［N］．玉林日报，2022 - 11 - 06（A01）.

[8] 江利良，朱盛霞，安然，肖先锋，朱明．浙江省医疗保障经办服务标准体系探究与建立［J］．中国标准化，2022（8）：34 - 39.

[9] 聚力抓行风　为民办实事　人社系统行风建设专项行动取得积极成效［J］．中国人力资源社会保障，2022，143（1）：58 - 63.

[10] 康春华．抓人社行风建设　创群众满意人社［J］．人才资源开发，2019（7）：24 - 25.

[11] 李军鹏．十九大后深化放管服改革的目标、任务与对策［J］．行政论坛，2018，25（2）：11 - 16.

[12] 李自强．数字政府让治理更精准［N］．中国纪检监察报，2021 - 01 - 12（005）.

[13] 廖福崇．消解行政负担："放管服"改革推进机制的案例研究［J］．中国行政管理，2022（7）：102 - 109.

[14] 刘洋，刘霞，孙彦玲．促进人才公共服务行风建设的关键环节［J］．中国人事科学，2018（10）：90 - 95.

[15] 人社部加强行风建设工作领导小组办公室．把握新要求　强化新担当　持续开创人社系统行风建设新局面［J］．中国人力资源社会保障，2019（10）：26 - 28.

[16] 尚芳，罗俊鑫，杨尚彬，周利，徐立．深化行风建设，促进社保服务高质量发展［J］．中国社会保障，2021（12）：42 - 45.

[17] 宋林霖，赵宏伟．论"放管服"改革背景下地方政务服务中心的发展新趋势［J］．中国行政管理，2017（5）：148 - 151.

[18] 王际娣．广西：医改让百姓看病更便捷［J］．小康，2021（11）：30 - 33.

[19] 吴伟斌．浙江：以数字化改革为引领　重塑人社公共服务［J］．中国人力资源社会保障，2022（1）：16 - 17.

[20] 习近平．习近平谈治国理政（第一卷）［M］．北京：外文出版社，

2017.

　[21] 习近平. 习近平谈治国理政（第二卷）[M]. 北京：外文出版社，
2018.

　[22] 习近平. 习近平谈治国理政（第三卷）[M]. 北京：外文出版社，
2020.

　[23] 习近平. 习近平谈治国理政（第四卷）[M]. 北京：外文出版社，
2022.

　[24] 徐晓林，明承瀚，陈涛. 数字政府环境下政务服务数据共享研究
[J]. 行政论坛，2018，25（1）：50－59.

　[25] 杨泽英. 银行业行风建设存在问题及对策研究 [J]. 广东经济，
2013（7）：62－65.

　[26] 姚玫玫. 安徽省推进"放管服"与政府职能转变的实践探索 [J].
湖北经济学院学报（人文社会科学版），2016，13（6）：83－85，97.

　[27] 张广义，李秀年，邓广全. 关于加强行风建设工作的思考与建议
[J]. 华北金融，2012（7）：72－73.

　[28] 张弘，张斌，邓敖. "税小廉"：以"云"监督促进"云"共治
[J]. 中国税务，2021（3）：58－59.

　[29] 郑子健. 坚持以人民为中心的医保发展思想 [J]. 中国医疗保险，
2021（6）：21－23.

　[30] 中华人民共和国人力资源和社会保障部加强行风建设工作领导小
组办公室. 永远在路上：人力资源社会保障系统行风建设实录 [M]. 北京：
研究出版社，2021.

　[31] 2020 医保经办 10 大重点工作 [J]. 中国医疗保险，2020（5）：
2－3.

《人社系统行风建设实践探索及长效机制研究》
课题组成员名单

课题组长：

司若霞（中国人事科学研究院副院长）

执行组长：

赵　宁（中国人事科学研究院企业人事管理研究室副研究员）

课题组成员：

李怡林（中国人事科学研究院就业创业与政策评价研究室研究实习员）

刘晓宇（中国人事科学研究院人事教育处八级职员）

赵智磊（中国人事科学研究院企业人事管理研究室助理研究员）

奉　莹（中国人事科学研究院就业创业与政策评价研究室副研究员）

文　娜（中国人事科学研究院人事教育处七级职员）

人力资源和社会保障事业发展"十四五"规划实施情况研究（人事人才）[①]

提　要：《人力资源和社会保障事业发展"十四五"规划》（以下简称《规划》）是"十四五"时期人力资源和社会保障事业发展的重要指导文件。开展《规划》中期评估是推进有效实施的重要机制保障。根据本次评估总体要求，人科院课题组以有关司局单位提供的自评材料为基础，从主要目标指标实施、重点任务推进、重大项目进展三个维度，系统梳理总结了《规划》下发以来人事人才业务板块的具体举措和主要成效，分析了实施面临的问题和风险挑战，尝试提出更好落实《规划》的意见建议。

关键词："十四五"规划　人事人才

一、《规划》实施的总体情况

（一）主要目标指标实现情况

《规划》在人事人才领域共涉及四项主要目标指标，即新增取得专业技术人员职业资格证书人数、博士后研究人员年招收数、新增取得职业资格证书或职业技能等级证书人数、新增取得高级工以上职业资格证书或职业技能

[①]　本文系中国人事科学研究院 2023 年度课题"人力资源和社会保障事业发展'十四五'规划实施情况研究（人事人才）"报告的部分内容。

等级证书人数。截至 2022 年底，四项指标均超额完成序时进度要求，主要目标实现情况较好，见表 1。

表 1 主要指标实现情况

指标	2020 年	2021 年	2022 年	2021 ~ 2022 年合计	2025 年	完成度	是否达成序时目标①
1. 新增取得专业技术人员职业资格证书人数（万人）	[1 446]	347.7	338.7	686.4	[1 300]	52.8%	已达成
2. 博士后研究人员年招收数（万人）	2.2	3	3.2	6.2	2.8	年均110.7%	已达成
3. 新增取得职业资格证书或职业技能等级证书人数（万人次）	[5 373]	898.8	1 234.3	2 133.1	[4 000]	53.3%	已达成
4. 其中：新增取得高级工以上职业资格证书或职业技能等级证书人数（万人次）	[1 307]	235.9	400.4	636.4	[800]	79.6%	已达成

除上述主要目标指标外，《规划》还就人事人才重大项目进展提出了 11 项量化监测指标。根据各司局提供的自评材料，截至评估当下，5 项量化指标已达序时进度，2 项指标较预期目标存在一定差距，另有 4 项部分指标未见进展说明。

（二）重点任务推进情况

《规划》涉及人事人才业务板块重点任务共有五项，内容涵盖专业技术人才队伍建设、技能人才队伍建设、事业单位人事制度改革、人才顺畅有序流动及表彰奖励工作。课题组以《规划》文本及《人力资源和社会保障事业发展"十四五"规划任务分工方案》为基准，拆解重点任务内容并形成评估对照表；依据各司局自评材料，逐项对照具体落实举措，总结分析规划实施成效。现总结如下：

1. 重点任务整体推进情况

评估认为，目前，人事人才板块绝大多数任务压茬启动，制度建设与创

---

① 该项判断是将量化指标目标平均到 5 年时间中作出的，与实际目标完成度可能存在一定差异，仅供参考。

新力度不断强化，新老工作品牌集成发力，《规划》实施整体情况良好。在博士后、政府特贴、继续教育、海外引才、引导人才向艰苦边远地区和基层一线流动、职称和职业资格等主要工作上持续发力，取得了良好的成效。

2. 各项任务推进情况

（1）专业技术人才队伍建设情况。根据《规划》内容，"加强专业技术人才队伍建设"重大任务共包括 7 项主要工作和 12 项具体任务，责任单位涉及专技司、职业能力司、指导中心等部门。评估发现，《规划》实施以来，制度先行固根本作用更加突出，博士后、继续教育、职称和职业资格等重大制度改革和政策创新取得较大进展，重点项目活动示范效应有效发挥，博士后创新创业大赛、海外留学人员系列计划项目、专家服务基层行动、专业技术人才表彰奖励活动有序推进，专业技术人才队伍建设工作成效显著。

（2）技能人才队伍建设情况。根据《规划》内容，"加强技能人才队伍建设"重大任务共包括 6 项主要工作和 8 项具体任务，责任单位涉及职业能力司等部门。评估发现，《规划》实施以来，"技能中国"行动抓手作用发挥良好，技工院校工学一体化技能人才培养模式在各地陆续铺开，职业技能等级制度落地实施，高技能人才与专业技术人才职业发展贯通领域和规模进一步拓宽，国内职业技能竞赛体系基本建立，各级各类技能赛事活动按计划进行，技能人才培养、使用、评价、激励机制持续完善，有效推动技能人才队伍梯次发展。

（3）事业单位人事制度改革进展情况。根据《规划》内容，"持续推进事业单位人事制度改革"重大任务共包括 4 项主要工作和 8 项具体任务，责任单位涉及事业管理司、工资司等部门。评估发现，《规划》实施以来，事业单位公开招聘、合同管理、岗位管理、考核奖惩及人事监督制度进一步优化，人事管理"一件事"、专业技术一级岗位设置试点工作稳慎推进，县以下事业单位管理岗位职员等级晋升改革成效明显，事业单位人事制度改革取得突破性进展。

（4）引导人才资源流动情况。根据《规划》内容，"促进人才顺畅有序流动"重大任务共包括 4 项主要工作和 5 项具体任务，责任单位涉及流动管理司、专技司、法规司等部门。评估发现，《规划》实施以来，人力资源服务机构在市场化引才中的作用进一步发挥，国家重大专项人员调配工作规范有序，对国家重大战略的落实和支撑作用更加明显，人才需求预警预测机制逐步健全，地方引才工作规范性、科学性持续提升，人力资源流动与国家战略和产业发展同频共振更加强烈。

收入分配、劳动关系及其他

（5）表彰奖励工作开展情况。根据《规划》内容，"加强表彰奖励工作"重大任务共包括 5 项主要工作和 9 项具体任务，责任单位涉及表彰办等部门。评估发现，《规划》实施以来，国家表彰奖励制度体系进一步完善，各级各类功勋荣誉表彰奖励活动有序开展，评比达标表彰和创建示范管理工作规范化程度持续提升，监督检查长效机制逐步建立，表彰奖励人员队伍、理论研究及信息化建设等工作基础不断夯实，表彰奖励工作更加规范。

（三）重大项目进展情况

1. 重大项目整体进展情况

《规划》涉及人事人才领域的重大项目主要包括"专业技术人才系列支持计划"以及"技能中国行动"。基于各司局自评报告，评估发现，重大计划项目进展有序，绝大多数量化指标达到序时要求，各重大活动和重点工作稳步实施，工程项目抓手作用发挥更加有效。

2. 各项项目推进情况

（1）专业技术人才系列支持计划进展情况。《规划》就"专业技术人才系列支持计划"共部署三项计划，包括博士后创新人才支持计划、博士后国际交流计划和专业技术人才知识更新工程，责任单位涉及专技司、专家中心、指导中心、事业中心、出版集团等部门。评估认为，《规划》印发以来，博士后创新人才支持计划、博士后国际交流计划稳步实施，新一轮专业技术人才知识更新工程部署启动，数字技术工程师自主培养步伐进一步加快。

（2）"技能中国行动"进展情况。《规划》就"技能中国行动"共部署四项计划，包括高技能人才培训基地项目、技工教育质量提升工程、职业技能等级制度、世界技能大赛引领计划，责任单位涉及职业能力司、规划司、指导中心等部门。评估认为，《规划》印发以来，高技能人才培训基地项目、技工教育质量提升工程有序推进，职业技能等级制度落地实施并取得初步成效，世界技能大赛引领计划序时开展，"技能中国行动"抓手作用发挥显著。

（四）小结

基于各司局自评材料，课题组认为，人事人才领域各项工作基本实现规划中期进展要求，主要目标指标实现情况总体较好，大部分监测指标均超额完成序时进度。五大重点任务推进有力有效，专业技术和技能人才队伍规模扩大、结构优化、质量提升效果初步显现，符合分类推进事业单位改革要求的人事管理制度和管理机制逐步形成，人力资源流动配置效能进一步提升，国家表彰奖励制度体系持续完善。两大重大计划项目稳步开展，专业技术人才系列支持计划、"技能中国行动"支撑政策、牵引工作的抓手作用发挥显著。但同时也有个别量化指标未达序时目标，部分任务、项目未见实施进展情况说明，需进一步加强对其实施情况的动态监测和评估分析。

二、面临的问题和风险挑战

（一）主要问题

评估认为，人事人才板块绝大多数重点任务及时启动，重大工程序时推进，取得初步成效。但在规划实施的具体过程中也暴露出一些问题。一是从注重局部成效向注重整体成效转变问题。人事人才各业务关注序时推进，同时也应加强工作点位整体布局，关注人力资源社会保障部"十四五"规划实施的全期效果。二是从被动应对向主动服务转变问题。人事人才各业务应主动对接服务国家重大发展战略和发展方向，如雄安新区建设。三是人事人才工作者数字素养提升和工作理念转变问题。确保人事人才工作者队伍的素质和工作理念跟上国家数字经济发展要求。四是人事人才各业务之间以及与其他板块之间工作统筹问题。人事人才各业务应积极融入国家人口高质量发展和人才强国建设，树立整体性推进理念。五是人才工作应时调整问题。人事人才各业务应及时调整工作重点，确保紧跟中央和国家相关工作部署，如贯彻落实中央人才会议精神。六是新职业从业者人力资源队伍开发问题。应重视新职业，特别是专技类新职业在开辟发展新领域新赛道，不断塑造发展新动能新优势上的作用发挥。

（二）风险挑战

1. 更好落实中央人才工作会议精神的挑战

2021年9月，中央人才工作会议上，习近平总书记发表重要讲话，为新时代人才工作指明了前进方向，同时也提出了更高要求。中央人才工作会议后，党中央制定《关于加强和改进新时代人才工作的意见》和《国家"十四五"期间人才发展规划》，对加强和改进新时代人才工作进行了全面部署。2022年10月，党的二十大报告对人才教育科技工作进行了专章表述，进一步丰富了人才工作的科学内涵和特征，明确了我国人才工作在未来五年的新使命和新担当。这要求全国人才工作必须从更加系统化的理念出发加以谋划，全面协调推动人才工作支撑、引领各领域工作和中国式现代化建设。人力资源社会保障部《人力资源和社会保障事业发展"十四五"规划》出台时间较上述稍早，在人事人才领域如何及时回应中央人才工作会议的重大部署，贯彻好中央会议重要指示精神，进一步对标对表，分解落实是未来一段时间面临的主要压力和现实挑战。

2. 更好应对国际形势深刻变化的挑战

当今世界正经历百年未有之大变局，国际力量对比深刻调整，后疫情影响广泛深远，新一轮科技革命和产业变革加速演进，世界进入动荡变革期。面对国际形势的深刻变化和国内外环境的复杂交叠，我国海外引才和人才安全风险防控工作也面临前所未有的挑战。未来一定时期内，如何转变工作方式方法，以更加积极主动开放的态度开展海外引才工作，如何前瞻性防控和前置性处置海外高层次人才流动潜在的法律与合规风险，如何健全新时代人才资源保护制度、保障科技人才安全，如何做好国内外人才评价制度衔接、做好人才评价"请进来"和"走出去"，成为更好推动《规划》实施亟待解决的重大问题。

3. 更好支撑"人口红利"向"人才红利"转变的挑战

人口是现代化建设最基本的支撑。全面建设社会主义现代化国家，必须准确把握人口变化趋势性特征，积极推动"人口红利"向"人才红利"转变。同时，随着我国经济由高速增长阶段转向高质量发展阶段，需要依靠更高的生产效率，必须着力提高人口整体素质，以人口高质量发展支撑中国式现代化建设，这既是目标又是动力。从职能职责看，人力资源社会保障部所有工作都涉及人口、劳动力、人力资源和人才，与人口高质量发展密切相关。这就要求人社部门必须承担起提升人口和人力资源整体水平、加强人力资源开发利用、促进人力资源有效配置的主体责任，提高人才自主培养质量，破除劳动力和人才流动障碍，努力造就素质优良、总量充裕、结构优化、分布合理的现代化人力资源队伍。

4. 更好融入国家重大战略和区域协同发展的挑战

党的二十大报告强调"深入实施区域协调发展战略、区域重大战略"。必须深刻理解新时代区域协调发展的战略要求，找准主要发力点。人才是引领高质量发展的第一资源，人社领域人事人才工作，必须更加主动地融入国家区域重大战略的布局中，着力解决国家重点发展领域的特殊人才需求，建立健全产业发展、转型升级与人才供求匹配机制。充分加强人事人才工作积极性、主动性、精准性，以"人社＋省区市""人社＋重大战略"等多种方式支持国家重大战略实施和区域协调发展。

5. 更好应对数字时代人力资源开发新需求的挑战

数字时代，技术变革使社会整体的生产力飞速提升，客观上带来了生产范式的变革和社会关系的变迁，改变了传统的产业结构和商业模式，催生了新的就业形态、新的职业类型和新的人力资源开发模式。伴随人民生活水平不断提升和日益增长的美好生活需要，人力资源涌现出多样化、个性化的发展需求，这对人力资源管理和服务方式提出了新挑战。要求必须变被动应对到主动服务，从"大而全"的政策输出转为"细而精"的人力资源服务，以更好适应数字时代人力资源的多元化需求。

三、更好推动规划实施的对策建议

（一）及时贯彻落实新时代人才工作有关要求

一是尽快对接《规划》人事人才板块内容与中央人才工作会议有关要求，根据新时代人才工作新形势、新要求动态调整完善《规划》内容，及时将新时代人才强国重大战略部署对人社系统人事人才业务的新要求全面、系统纳入《规划》后续安排。二是人事人才板块应加强与教育、科技等部门的横向联系，人才是支撑教育和科技发展最关键的力量，教育培养人才，科技涵养人才，三者之间具有天然的内在关联性和协同正反馈效应，需建立一体而动、整体谋划的工作理念和工作机制。

（二）加强人事人才工作国内外形势分析研判

首先，加强国际形势追踪研究，科学研判国外经济社会形势变化对人力资源社会保障部人事人才业务产生的影响。其次，加强对国内区域人才开发、人才竞争态势及政策迭代的把控研判。再次，调动两院科研力量和社会有关力量聚焦重点问题（如海外引才安全问题，人才向基层一线流动问题等）加强研究，建立国内外重大问题前瞻预判和发现机制，建立政策、对策储备库。最后是动态调整规划任务目标及应对策略。

（三）主动指导服务国家重大战略和区域协同发展

一是人事人才领域主动对接国家重大战略，特别是区域协同发展战略，积极融入京津冀协同发展、长江经济带发展、粤港澳大湾区建设、长江三角洲区域一体化发展、黄河流域生态保护和高质量发展等区域重大战略，人力资源社会保障部在这方面已经有了一些较为扎实的做法，但还应该更加积极主动，建议进一步加强并改进部省合作方式，采用联合发文、举办会议论坛、开展研究等方式推动。二是主动与相关省市建立业务协同指导服务机制，确保在国家战略和区域协同发展战略上同向发力，形成合力，创造性地贯彻落实，阶段性进行总结评估，以确保各项政策措施落地见效。

（四）强化规划统计监测和数据分析工作

一是加强统计监测。一方面明确各阶段汇报材料对主要目标、重点任务和重大工程量化指标的统计归集要求，规范各司局报送规划任务实施情况的周期、数据、内容。另一方面动态监测主要目标和关键指标实现程度，引导按序时进度科学安排推进工作。二是不断强化统计数据分析研究，实现规划监测工作的预警预判功能。三是加强监测后结果运用和工作调整。关注整个"十四五"期间人事人才板块工作点位整体布局，要以"十四五"期末全局效果呈现为目标，抓可持续效应和长期效应。

（五）聚焦人口高质量发展推动人力资源的高质量开发

目前我们国家正处于"人口红利"向"人才红利"转变的关键阶段，这个转变是推动高质量发展的重要途径。而人才高质量发展是人口高质量发展的重要组成部分。从人力资源社会保障部职能职责看，所有工作都涉及人口、劳动力、人力资源和人才，这就为人事人才板块工作提出了更高要求。建议一是推进专业技术人才队伍高质量发展、强专业技术人才继续教育，大力实施新一轮专业技术人才知识更新工程，源源不断培养高素质专业技术人才，引领人口、人力资源高质量发展。二是深化人才评价使用激励机制改革。深入推进人才评价机制改革，坚持"破四唯"和"立新标"并举，细化完善评价标准，健全以创新能力、质量、贡献为导向的人才评价体系。三是持续深化事业单位人事制度改革，研究扩大哲学社会科学领域专业技术一级岗位试点，探索在部分高校和科研院所开展自主确定专业技术岗位结构比例试点。

（六）加强职业管理和新职业从业人员队伍建设

一是牢固树立职业管理是政府人力资源管理重要基础理念，以职业管理为基础加强人才、人力资源、就业创业、社会保障、职业教育等各项工作之间联系。二是进一步加强新职业从业者人力资源队伍开发工作，在评价、培训、教育等方法及时跟进，以新职业特别是专业技术类新职业的人力资源开发塑造国家发展新领域新动能新优势。三是建立与新职业相适配的，符合职业发展实际需要的评价体系，加大专技类职业标准开发力度，建立标准审定审查工作机制，及时将符合要求的行业标准上升为国家标准。四是加强对新职业从业者发展状况调查，定期发布调查结果。

（七）进一步深化人才评价制度改革

一是开展职称评价制度改革成效调查。对本轮职称制度改革情况从整体到分行业、分地区情况进行系统调查评估。二是进一步优化职业资格目录清单制度。出台《职业资格目录清单管理办法》，建立科学清晰的目录动态调整机制，适时开展职业资格改革成效专项评估工作。三是坚持"请进来"与"走出去"并重，加快制定《境外职业资格境内活动管理办法》，推动部分职业资格境外认可，规范职业资格证书国际互认。

《人力资源和社会保障事业发展"十四五"规划实施情况研究（人事人才）》课题组成员名单

课题组长：

范　巍（中国人事科学研究院企业人事管理研究室主任、研究员）

课题组成员：

赵　宁（中国人事科学研究院企业人事管理研究室副研究员）

杜明鸣（中国人事科学研究院绩效管理与考核奖惩研究室助理研究员）

曹　婕（中国人事科学研究院企业人事管理研究室研究实习员）

中国人事科学研究报告

THE REPORT OF CHINESE PERSONNEL SCIENCE

县域人才友好型城市建设指标体系构建研究①

提　要： 实现高质量发展和共同富裕是中国式现代化的本质要求。县域经济是国民经济的基本单元，也是建设中国式县域现代化的新要求。本研究通过系统梳理人才友好型城市的理论研究和实践探索，针对县域城市提出人才友好型城市指标体系，进一步提高县域城市竞争和人才竞争比较优势，全面推进中国式县域现代化建设。

关键词： 人才友好型城市　县域城市　指标体系

一、县域人才友好型城市建设的背景与意义

（一）县域人才友好型城市建设的背景

1. 中国式现代化为县域城市发展提出了新要求

当前我国处于全面建成社会主义现代化强国、实现第二个百年奋斗目标，以中国式现代化全面推进中华民族伟大复兴的重要历史阶段。党的二十大报告指出，中国式现代化是人口规模巨大的现代化，是全体人民共同富裕的现代化，是物质文明和精神文明相协调的现代化，是人与自然和谐共生的现代化，是走和平发展道路的现代化。县域经济是国民经济的基本单元，也

---

①　本文系昆山市委人才办委托中国人事科学研究院 2023 年度研究课题"县域人才友好型城市建设指标体系构建研究"报告的部分内容。

是城乡融合发展的关键支撑，实现高质量发展和共同富裕是中国式现代化的本质要求，也是建设中国式县域现代化的新要求。如何在新征程中率先实现高质量发展和共同富裕，成为部分经济社会发展较好的县域城市当下面临的最主要任务。

2. 中央人才工作新格局为县域城市发展带来新机遇

2021 年前后，在《国家中长期人才发展规划纲要（2010—2020 年）》收官、"十四五"开局等诸多因素加持下，中央人才工作会议召开，《关于加强和改进新时代人才工作的意见》《"十四五"期间人才发展规划纲要》陆续出台，标志着我国人才工作至此进入新时代，人才工作精细化、系统化、科学化要求日益增强。新时代的人才工作呈现新的特点和机遇，必将形成内强基础、外强竞争的新格局，部分县域城市参与区域人才竞争不断深入，对县域城市的人才工作和发展战略提出新要求的同时也带来新的机遇。

3. 城市和人才竞争为县域城市发展带来新挑战

党的十九大以来，以武汉、成都、西安等为代表的多个城市竞相出台力度空前的人才政策，拉开"抢人大战"的序幕。此后，随着国内外形势发生深刻复杂变化、区域重大战略深入实施，越来越多的一线乃至二、三线城市加入其中，城市之间的人才竞争进一步加剧，部分经济社会发展较好的县域城市也加入其中。竞争对象也从高层次人才、海外人才逐渐扩展到高校毕业生和一线技能人才上来。党的二十大报告将人才工作摆在更加突出的位置，对以县城为重要载体的城镇化建设要求也越来越高，县域发展面临更加严峻的城市和人才竞争新挑战。在此背景下，如何以人才引领更好应对区域竞争，塑造县域发展新动能新优势，成为部分县域城市建设的重要挑战。

（二）县域人才友好型城市建设的意义

1. 贯彻新时代人才工作要求的新举措

县域城市作为国家和区域竞争的最小参与单元，在日益激烈的国内外人才竞争中承载着越发重要的使命。2022 年 1 月《关于加强和改进新时代人才工作的意见》提出梯次推进"3 + N"人才高地和人才平台建设，在北京、上海、粤港澳大湾区建设高水平人才高地，选择一些高层次人才集中的中心城市建设吸引和集聚人才的平台。目前，全国人才高地和平台的建设如火如荼，在这样的背景下，县域城市需要在"3 + N"格局的基础上，结合自身经济社会发展需要，明确新时代县域人才工作定位，走出一条人才工作的新路，以更好应对区域和人才竞争，融入新时代国家人才发展战略支点和雁阵格局建设中。建设县域人才友好型城市，是一条制宜之路。

中国人事科学研究报告

THE REPORT OF CHINESE PERSONNEL SCIENCE

2. 破解县域经济发展困局的新道路

2022 年 5 月，中共中央办公厅、国务院办公厅印发《关于推进以县城为重要载体的城镇化建设的意见》提出，到 2025 年，以县城为重要载体的城镇化建设取得重要进展，县城短板弱项进一步补齐补强，一批具有良好区位优势、产业基础、资源环境承载能力较强、集聚人口经济条件较好的县域城市建设取得明显成效。新型城镇化建设是全面建设社会主义现代化国家的必由之路，是保持经济持续健康发展的强大引擎。走新时代中国特色社会主义的新型城镇化道路，必须坚持以人为核心。新型城镇化新在以人为核心，要更好实现人才聚集、全面提升人才治理能力、提升公共服务质量、保障人的全面发展。坚持以人为核心推进新型城镇化，存在的难题主要是人才、土地、资本等关键要素配置，其中人才是最为关键的要素。县域人才友好型城市建设，可以更好吸引、培养、用好人才，可以更好加速人才集聚，更好激活人才创新创业活力，充分发挥人才对经济社会发展的支撑和引领作用，从而突破当前城镇化建设的瓶颈，实现新一轮高质量发展。

3. 做好青年发展工作的新动力

人才友好，关键是青年友好。习近平总书记指出"重视青年就是重视未来"①。2017 年 4 月，党中央、国务院颁布我国第一个《中长期青年发展规划（2016—2025 年）》，为新时代青年工作指明了前进方向，提供了根本遵循。2022 年 4 月，中央宣传部、国家发展改革委、共青团中央等 17 部门联合印发了《关于开展青年发展型城市建设试点的意见》，明确了青年发展型城市的理念内涵，提出了青年发展型城市建设的指导思想、基本原则、适用范围和目标任务。经济较为发达，特别是大城市周边、产业结构完整的县域城市，有较完善的硬件设施和较好的发展空间，同时生活成本相对较低，通过建设人才友好型城市，依托区域资源禀赋和比较优势，建设更友好的事业发展和生活环境，更有利于吸引集聚青年人才，推动青年和人才发展。

二、人才友好型城市建设理论探索

（一）相关概念研究

目前理论界对人才友好型城市的概念没有明确界定，但有一些与人才友

---

① 习近平：重视青年就是重视未来 [EB/OL]. （2015 - 07 - 24）. http：//news. cnr. cn/native/gd/20150724/t20150724. 519305384. shtml.

好型城市概念关联度较高的主题，主要包括城市竞争力、城市吸引力、人才竞争力、老年友好型城市、青年友好型城市、创新型城市、宜居城市等。各研究主题在理论研究领域各有千秋，但少有形成统一的概念定义和内涵，但我们可以通过对相关主题的系列研究，从中获得对县域人才友好型城市概念界定的启发和参考。

1. 城市竞争力

城市竞争力的研究始于 20 世纪 80 年代，美国率先成立了专门的"城市竞争力"研究机构；20 世纪 90 年代英国就该议题开发了一系列的"白皮书"；中国社会科学院自 2002 年起每年发布《中国城市竞争力报告》蓝皮书。不同学者对城市竞争力的理解有一定差异，但一般认为城市竞争力是反映一个城市实力的多个要素组合系统。比如，倪鹏飞（2001）认为，城市竞争力是由多种要素所形成的力量系统综合，城市竞争力的复杂要素及力量以其表现方式的不同可概括成两类，即硬力和软力，而其中硬力和软力又由一些具体的分力构成。这些分力又都是兼容和交叉的。[①] 张燕刚和成全（2019）认为，城市竞争力是城市在自然的、社会的、文化的和制度等因素综合环境下，利用资源进行优化配置的能力，并始终表现出相比其他城市具有更强的、更持续的发展能力和发展趋势，它是硬分力与软分力相互作用动态发展形成的。[②]

2. 城市吸引力

城市吸引力一般包括软实力和硬环境两大方面吸引源，软实力主要是与城市文化、制度、治理等相关，而硬环境主要与低碳环保、基础设施等关联。城市在自身定位中大多将吸引力的内涵具象化，突出其优势领域。比如，苏宁和屠启宇（2018）认为，城市吸引力包括文化辐射作用和人才吸引作用。文化辐射意在强调全球城市是国家发挥影响力的重要空间，其对外影响力的核心之一在于科技、教育、市民素质、观念意识等构成的文化的象征。全球城市的魅力在于城市的精神品格，即城市文化。城市文化虽然是无形的，却比有形的物质设施影响更深远、更广泛。人才吸引意在强调城市是人才流动与集聚的交汇点。在经济全球化面临新格局的背景下，全球化、城市与人才三者间的关系更加密不可分。尤其是对处在城市网络或者城市体系最高端，具有配置力、控制力、影响力的城市而言，更少不了一流顶尖人才

---

① 倪鹏飞. 中国城市竞争力的分析范式和概念框架［J］. 经济学动态，2001（6）：14 – 18.

② 张燕刚，成全. 云贵地区城市竞争力综合评价与动态演变研究［J］. 西安电子科技大学学报（社会科学版），2019，29（2）：24 – 35.

收入分配、劳动关系及其他

的支撑作用。①

3. 人才竞争力

人才竞争力一般认为是与城市人才总量、质量、开发等有关的综合竞争力。城市人才竞争力主要是指在城市这个特定的地域性组织内，其人才资源的数量、质量、开发及效能等方面的综合实力或比较优势。② 人才竞争力已成为决定一个城市竞争成败，能否实现人才强市的关键因素。人才竞争力是指与竞争对手相比较，存在于人才自身，且受外部环境影响的包括多种能力的一种综合能力。③ 比较知名的人才竞争力报告包括瑞士欧洲工商管理学院（INSEAD）全球人才竞争指数（GTCI）和瑞士洛桑管理学院世界竞争力中心《IMD 世界人才排名》。其中全球人才竞争指数（GTCI）报告主要衡量国家和城市如何发展、吸引和留住人才，是一份全面的年度基准报告，以了解全球人才竞争力的情况。最新 2022 年报告涵盖来自世界各地所有收入和发展水平的 133 个国家和 175 个城市。国家排名中瑞士排名第一，中国排名连续四年上升，从 2019 年的 45 位升至 2022 年的 36 位，已经是全球最具人力竞争力的中高收入国家。

4. 老年友好型城市

老年友好型城市（Age‑Friendly Cities），又叫适老型城市、老龄友好型城市、关爱城市等，其起源可追溯到 21 世纪初。自 2005 年以来，在城市化与老龄化双重压力推动下，为使全球的城市管理者和相关从业者能够认识到老龄化问题的严重性，世界卫生组织开始着手一系列有关"老年友好型城市"的工作，在全球 33 个城市启动"老年友好城市"项目。2007 年世界卫生组织发布了《全球老年友好型城市：指南（Global Age‑friendly Cities：A Guide）》，"老年友好型城市"的概念由此诞生。该指南指出，老年友好型城市应该能够减少和缓解人们在老化过程中遇到的各种问题，兼具包容性和可及性。同时，老龄友好型城市应对"户外空间和建筑、交通、住房、社会参与、尊重与社会包容、公众参与和就业、交流与信息、社区支持与卫生保健服务"这八个方面的不足进行审视与调整。在结合部分学者的观点后，郑玲和郑华（2021）认为，老年友好型城市应是以提高老年人的生活质量为目

---

① 苏宁，屠启宇. 全球城市吸引力、竞争力、创造力的内涵与互动特点［J］. 同济大学学报（社会科学版），2018，29（5）：115–124.

② 周敏. 城市人才竞争力指标体系比较与改进思考［J］. 贵州工业大学学报（社会科学版），2006（3）：33–35，42.

③ 苏琴. 城市人才竞争力评价指标体系理论分析框架［J］. 中国市场，2014（4）：51–53.

标，为满足老年人身体、心理与社会需求而建设的，安全、方便、舒适、健康的城市环境。其受益群体不仅包括不同类型的老人，更应包含全体年龄层。其范畴应涵盖住区、社区、城市等多个层次的硬环境与软环境。①

5. 青年友好型城市

青年友好型城市一般是指城市建设应优先考虑青年发展，以青年发展为核心、旨在促进青年与城市之间良性互动和有机融合的政策体系和发展道路。青年友好型城市理念缘起于西方发达国家，发展自 1996 年由联合国发起的"儿童友好型城市"（Child Friendly Cities，CFC）倡议。后来，这一理念逐渐迁移至青年群体，衍生了"儿童－青年友好型"城市和"青年友好型"城市理念。由于各地所关注的城市发展方向不同，也常被称为青年发展型城市、青春城市、年轻城市、青年创业友好型城市、大学生友好型城市等，体现城市青年工作的发展性特征和多元化特征。② 朱峰（2018）认为，青年友好型城市是指城市政府基于青年优先发展和积极发展的理念，在城市规划设计、制度结构、专业共识、政策实践、资源配置等诸方面，以及大城市、中等城市、小城市乃至社区多层面的公共事务中都能关注青年福祉，给予青年发展以优先权，注重将青年的需求纳入公共决策和城市规划之中。③ 张雪峰（2022）提出，青年友好型城市是指基于认同和尊重青年发展的优先权，在城市社会经济建设、制度结构、资源配置、政策实施等全领域均能从青年视角出发，让城市在高质量发展的过程中不断提升对青年吸引力，同时在青年发展过程中也不断促进城市的创新与创造力，从而实现青年发展与城市发展的良性互动及有机融合。④

6. 创新型城市

英国学者在城市与创新的研究中较早地将创新型城市描述为"具有创新品质的城市"，并认为创新型城市在经济和社会的发展中需要不断地吸收、创造，从而发展出新形态（Hall，1999）。⑤ 国内学者从 2006 年以来持续关注创新型城市的研究，对创新型城市的内涵达成以下共识：创新型城市的核心要素是创新，其发展方向或目标为推动城市的可持续发展。众多学者认为

---

① 郑玲，郑华. "老龄友好型城市"的理论内涵与构建框架——基于扎根理论的分析 [J]. 社会科学战线，2021（10）：226－233.

② 李雯靓，李淼. 省级层面推进"青年发展友好型"城市建设工作的难点与实施路径 [J]. 青少年学刊，2022（2）：55－63.

③ 朱峰. "新一线城市"青年友好型城市政策创新研究 [J]. 中国青年研究，2018（6）：78－85.

④ 张雪峰. 黑龙江省建设青年友好型城市政策创新研究 [J]. 经济师，2022（4）：149－151.

⑤ 袁晓辉. 创新驱动的科技城规划研究 [D]. 北京：清华大学，2014.

创新是创新型城市建设的核心要素和驱动力，创新要素始终贯穿于城市建设的整个体系之中。①

7. 宜居城市

宜居性的概念最早由史密斯（Smith）提出，宜居城市是适宜于人类居住和生活的城市，既包含优美、整洁、和谐的自然和生态环境，又包含安全、便利、舒适的社会和人文环境；宜居城市是基础设施便利、生产高效环保、居住舒适性高、环境质量良好、人民满意度高的城市；宜居城市是一个人与自然、社会高度融合，和谐共生的有机统一体，是一个由各种人地关系、人社关系有序组成的复合巨系统。② 1961 年世界卫生组织（WHO）总结了满足人类基本生活要求的条件，提出了居住环境的基本理念，即"安全性、健康性、便利性、舒适性"。20 世纪 70 年代，国外城市发展的核心进一步强调提高居民生活质量，城市规划面临的主要任务就是解决城市社会矛盾反映在居住空间与环境之间的不和谐问题。③

8. 包容性城市

学术界对"包容性城市"暂未形成统一定义。包容性城市较早于 2000 年由联合国人居署发布的《世界城市报告》中提出，其概念内涵强调城市的实质是"所有人的城市"，城市中的所有主体不应因为生理差异、宗教信仰、社会阶级等因素受到不公正对待，城市应当给予所有公民平等的权利，使每个人都拥有机会参与城市生产活动，共享城市发展成果。一般来说，包容性城市的核心内涵概括为：城市居民能平等共享各项城市权利，主要包括自由进出城市空间的权利、民主参与政治活动的权利、公平分配生产成果的权利、共同获取公共服务的权利等，城市对不同群体、阶层的居民表现出开放、接纳、公平、认同、尊重的包容性态度，在最大程度上减少空间排斥与隔离。④

9. 韧性城市

"韧性城市"于 2002 年宜可城 – 地方可持续发展协会（ICLEI）在联合国可持续发展全球峰会上首次提出。学术界关于"韧性城市"的定义尚不统

---

① 郑烨，陈笑飞，孙淑婕. 中国创新型城市研究历经了什么？——创新型国家建设以来的文献回顾与反思［J］. 中国科技论坛，2020（8）：88 – 97.
② 袁晓辉. 创新驱动的科技城规划研究［D］. 北京：清华大学，2014.
③ 张文忠. 中国宜居城市建设的理论研究及实践思考［J］. 国际城市规划，2016，31（5）：1 – 6.
④ 唐艺宁，刘晔，王英伟. 从增长到包容：城市权利视角下包容性城市的多维度内涵与评估［J］. 上海行政学院学报，2023，24（2）：48 – 64.

一，主要体现出四种导向。第一种是能力导向。比如，联合国将"城市韧性"定义为"受到危害的系统、社区或社会，以及时有效的方式抵抗、吸收、容纳和灾害恢复的能力，包括通过保护和恢复其基本结构和功能"。第二种是主体导向。比如，2006 年美国康奈尔大学城市和区域规划系坎帕内拉教授认为，城市是否具有韧性是由城市里的人和人组成的社区力量决定的。第三种是系统导向。比如，有学者认为"韧性城市"是能够吸收未来的不确定因素对其社会、经济、技术系统和基础设施的冲击和压力，并维持自身基本的功能、结构、系统和特征的城市。第四种是时空导向。国内也有学者提出，韧性城市更应突出城市物理和社会空间韧性，韧性的城市社会空间能够在受到内外突发冲击或"缓慢破坏"时，在事前、事中、事后表现出社会和空间的稳定性，在保存"城"的结构和"市"的功能的前提下，向更高的平衡态发展。[①]

10. 人才软环境

人才软环境概念由软环境的概念发展而来。吴江和范巍（2014）对人才软环境的内涵做了系统阐述，认为软环境较为认同的视角是"物质形态 + 人为改变"，该视角认为软环境是随人为干预而改变的非物质形态的各种因素的总和。结合人才和软环境的定义，人才软环境可以界定为影响人才绩效的、短期内可人为干预而改变的、各种无形因素的总和。人才软环境也是促进人才发展和人才有效配置的社会条件和社会能力，以及能够激发人才创造活力的综合因素。人才软环境有可调控性即短期内可人为干预改变性和无形性即非物质性等特点。[②]

11. 创新创业生态系统

创新创业生态系统概念的发展是对创业活动及相关创业环境的一种综合描述。创新创业生态系统是由新创企业及其赖以存在和发展的创业生态环境所构成的，相互影响并共同演进的一个动态平衡系统（Suresh & Ramraj，2012）。创新创业生态系统比创新创业环境的内涵要丰富得多，这种丰富的内涵包括六个方面：第一，创新创业生态系统更加强调整体系统的构建，形成一个动态演进的区域体系；第二，创新创业生态系统包含更广泛的多样性，系统中各类实体的差异更明显；第三，创新创业生态系统更加强调系统内部的共生性，实体之间的互动共生是普遍存在的；第四，创新创业生态系

---

① 尹德挺，营立成，陈革梅."韧性城市"建设：理论逻辑、评估机制与实践路径 [J]. 广州大学学报（社会科学版），2023，22（2）：113 – 121.

② 中国人事科学研究院课题组. 苏州工业园区人才发展软环境评估指标体系研究 [R]. 2014.

收入分配、劳动关系及其他

统的自主性更高，系统本身具有自我调整的能力；第五，创新创业生态系统拥有更高的开放性，系统本身的边界是模糊的；第六，创新创业生态系统的包容性更高，突出经济、社会、环境的协调发展。[①]

12. 人才友好型城市

国内外对于"人才友好"并无明确的界定，对人才友好型城市的概念定义也相对较少，一般认为通过人才友好型城市建设可以进一步促进经济社会发展。比如，Iztok Lesjak（2013）在巴西举办的第 30 届国际科技园及创新区域协会（International Association of Science Parks and Areas of Innovation，IASP）会议上，发表了《卢布尔雅那：一座人才友好型城市中心》一文，通过人才友好型企业提出建设人才友好型城市，认为人才友好型企业园区将会吸引本地和国际人才，增加城市的生产活动，年轻人用自己创新的方式为城市做贡献。这将会带来高质量工作机会、经济发展、一系列充满全球竞争力的产品，同时提高城市和区域的人口活动量。这些活动奠定了人才友好型城市的地位。[②] 赵峥等（2022）认为，人才友好型城市是指具有良好的制度环境、经济环境、人文环境、生活环境，以人为本，能为人才尤其是青年人才的可持续发展提供系统性支撑的城市。[③] 常莉俊（2022）运用城市舒适性理论，从气候、环境质量、公共服务、文化休闲环境、包容性、安全性和邻里氛围这七个方面，提出人才友好型城市的建设区别于过去单一的人才引进、培养、使用政策，不仅注重如何将人才汇聚而来，也注重为人才提供舒适的生活环境，让人才留得住、住得好。进而要注重在区域内的融合与协同发展，既要融入区域经济的大方向，又要与周边城市协调发展，突出自己的特色作用。[④]

（二）相关指标体系研究

从学术研究看，关于县域人才友好型城市建设的研究极少，学术界目前还没有专门针对县域人才友好型城市指标体系的研究，为夯实指标体系构建的理论基础，课题组通过对老年友好型城市、青年友好型城市、创新型城市、城市竞争力、人才竞争力、人才发展环境、县域经济评价、县域发展潜力评价等评价指标体系的细致分析，形成了县域人才友好型城市指标体系构

① 中国人事科学研究院课题组. 宁波创新创业生态系统优化研究［R］. 2015.

② Iztok Lesjak. Ljubljana：A Talent - Friendly City Hub［R］. 30th IASP World Conference，2013.

③ 赵峥，钱诚，邱英杰. 构建人才友好型城市：理论价值、五维内涵和现实路径［J］. 特区实践与理论，2022（4）：46 - 51.

④ 常莉俊. 城市舒适性视角下珠海市人才友好型城市建设研究［J］. 公关世界，2022（22）：13 - 15.

建的"指标池"。

根据对 60 余篇专业文献进行梳理，对共计 100 多个一级指标、300 多个二级指标和 1 000 多个三级指标分别做了频次统计和分析，为构建县域人才友好型城市指标体系提供了有益的设计参考。

三、人才友好型城市建设实践探索

1. 国家层面

党中央、国务院高度重视青年的成长。2017 年 4 月，《中长期青年发展规划（2016—2025 年）》颁布，这是我国第一个真正意义上面向青年人的顶层设计，为新时代青年工作指明了前进方向，提供了根本遵循。

2022 年 4 月，中央宣传部、国家发展改革委、共青团中央等 17 部门联合印发了《关于开展青年发展型城市建设试点的意见》，明确了青年发展型城市的理念内涵，提出了青年发展型城市建设的指导思想、基本原则、适用范围和目标任务。该意见对"青年发展型城市"的定义为，扎实推进以人为核心的新型城镇化战略，积极践行青年优先发展理念，更好地满足青年多样化、多层次发展需求的政策环境和社会环境不断优化，青年创新创造活力与城市创新创造活力相互激荡、青年高质量发展和城市高质量发展相互促进的城市发展方式。文件提出，要着力优化青年优先发展的规划环境、公平且有质量的教育环境、激励青年施展才华的就业环境、保障青年基本住房需求的居住环境、缓解青年婚恋生育养育难题的生活环境、促进青少年身心成长发展的健康环境、有效保护青少年权益免受意外伤害和非法侵害的安全环境。围绕建功城市高质量发展，让青年在城市更有为。强调要组织动员青年引领城市文明风尚、投身创新创业热潮、立足岗位建功立业、有序参与社会治理、助推生活品质提升。

2. 地方层面

近年来，全国各地对青年友好型和人才友好型城市建设有了一些实践探索，整体呈现三个方面的特点：一是党的十八大以来，以中央人才工作会议为界点，可以将实践探索分为两个阶段，第一阶段（2012～2021 年）：各地方多以青年友好型城市建设为发力点。第二阶段（2022 年至今）：逐步演化到青年友好和人才友好型城市建设并重。二是人才友好型城市建设各地虽有提及，但多停留在规划性政策和口号性宣传上，少有实际的研究和实践落地之举。三是在县域层面人才友好型城市建设还未有城市提及，暂无突破。

（1）山东省启动全省域青年发展友好型城市建设。山东省于 2021 年 10 月在全国率先启动全省域青年发展友好型城市建设，并取得初步成效。随后，2022 年 5 月，济南、青岛、淄博、济宁、威海、日照、临沂、聊城 8 市联合正式发布《青年发展友好型城市建设实施方案》，标志着山东省青年发展友好型城市建设工作进入"纵深实施"阶段。

济南市在青年人才政策方面做文章，着力打造"才聚泉城"引才品牌，加强对毕业大学生等青年人才创新创业支持，印发了《济南市支持高校毕业生就业创业政策（40 条）》，鼓励企业创造岗位吸纳高校毕业生就业，鼓励高校毕业生到中小微企业就业，助力高校毕业生创业。

青岛市加强顶层设计，将"打造青年发展友好型城市，营造优质人才生态"纳入青岛市第十三次党代会报告和 2022 年政府工作报告中，明确提出打造青年宜业城、青年创新城、青年宜居城、青年成长城、青年乐享城、青年健康城、青年品质城、青年生态城、青年平安城、青年建功城"十个青年城"的具体工作任务。

淄博市坚持为青年人筑城，发布《青年创业友好型城市 25 条政策措施》，滚动实施"三年十万大学生集聚计划""五年二十万大学生来淄创新创业计划"，这些政策措施极大提升了淄博对海内外优秀青年的吸附力、感召力，支持更多青年人在淄博成就事业、快乐生活。

（2）广东省积极推动中长期青年发展规划落地见效。广州市出台《中长期青年发展规划（2019—2025 年）》，设"青年就业和创新创业"专章。印发《广州市国民经济和社会发展第十四个五年规划和 2035 年远景目标纲要》，设"促进青年加快成长成才"专节和"促进高质量就业和收入稳步增长"专节，高位推动完善高校毕业生等重点群体就业支持体系，不断优化青年人才就业政策环境，出台"进一步稳定和扩大就业"3.0 版政策，凝聚青年事业发展合力。

深圳市高度重视青年发展工作，出台了《深圳青年发展规划（2020—2025 年）》，以先行示范的标准，从城市发展的高度，长远持续地推进特区青年发展事业。在青年思想道德、教育、文化、健康、婚恋、人才培养、就业与创新创业、交流与合作、社会融入与社会参与、权益与预防犯罪十大领域提出发展措施，基本覆盖了青年成长发展涉及的主要方面。

珠海市立足自身实际，在全国率先提出人才友好的理论阐释和战略设计。并在《珠海市国民经济和社会发展第十四个五年规划和二〇三五年远景目标纲要》中明确提出建设人才友好型青年友好型城市，提出契合珠海实际的思路、指标和举措，为"十四五"及更长时期珠海建设人才友好型城市提出战略性、系统性规划。

（3）江苏省青年和人才友好型城市建设探索百花齐放。无锡市以阵地建设为基础，以服务为支撑，持续优化人才发展生态。市委人才工作领导小组办公室联合各市县区，共同推出首批青年友好型、人才友好型、运动友好型三大类"太湖人才·友好型"基地，助力打造太湖湾科创带人才集聚新高地。

扬州市出台的《扬州市打造青年人才友好型城市"二十条"措施》，涵盖了青年人才从"起跑"到"起飞"的方方面面，扬州以"好于以往、高于周边"的标准出台"人才新政15条"，重磅推出"青年人才20条"，加快实施在扬高校毕业生"留扬工程"、扬州籍大学生"凤还巢工程"，创新打造"扬州人才码""尚贤"人才热线等服务举措。

南通市以青年和人才友好型城市建设为抓手，坚持把人才作为创新发展的强引擎，连续13年实施"江海英才计划"，迭代升级人才新政，不断优化人才发展生态，努力为青年人发展创造更好机遇和优惠条件。2022年1月南通市正式发布《关于进一步提升青年和人才友好型城市发展指数的若干政策》，该政策进一步提升南通青年和人才友好型城市发展指数。

四、县域人才友好型城市指标体系构建

（一）指标体系构建原则

县域人才友好型城市建设指标体系构建过程中主要遵循以下四个基本原则：

一是科学性原则。即在对县域人才友好型城市建设的相关理论和相关政策、文件和领导讲话充分认识研究的基础上，选择具有高代表性、低相关性的指标。

二是系统性原则。即指标设计应尽可能体现影响县域人才友好型城市建设的所有因素，并侧重于测度县域城市的发展情况。

三是可操作性原则。即在指标选取时，要有县域人才友好型城市建设相关理论文献或管理实践的支持，指标数据易获取，并易于操作和付诸实践。

四是可比性原则。即指标设计时考虑不同县域数据统计指标和口径，选用不同县域都公开使用可比的指标，以利于县域间情况比较。

（二）指标体系构建层级

县域人才友好型城市建设指标体系包括三个层级。具体如下：

指标族 2 个。包括发展友好、生活友好。

一级指标 8 个。其中发展友好指标族包括经济社会发展水平、人才集聚、人才效能、人才发展平台；生活友好指标族包括政府治理、公共服务、自然环境、人居环境。

二级指标 40 个。主要包括地方财政一般预算收入、数字经济核心产业增加值占地区生产总值比例、每万名劳动力中研发人员数、人才专项资金占一般财政预算收入比例、每十万常住人口拥有学位（含学前教育）数、高铁站数量、人均公共文体设施面积等。

（三）指标体系应用建议

县域人才友好型城市建设指标体系的主要应用建议如下：

建议一：加强横向比较。可以选择部分经济社会发展相对较高的县域为比较对象，定期开展县域人才友好型城市建设水平的比较，了解各自在县域城市中的相对位次，以及比较优势和待改进之处，进一步指导自身人才友好型城市建设。

建议二：纵向自我比较。可以作为县域人才友好型城市建设状况的评估工具，从评估结果中发现自身优势和有待完善之处，并以指标体系为参考指导城市建设和人才开发工作，进一步提高区域城市竞争和人才竞争比较优势。

建议三：持续开展基础研究。坚持系统思考和前瞻研究，持续开展县域人才友好型城市建设有关概念、指标、政策、工作、成效等方面的研究和实践探索。通过不断优化指标体系、开展学术研讨等方式加速县域人才友好型城市建设进程，以全面推进中国式县域现代化建设。

参考文献

[1] 常莉俊．城市舒适性视角下珠海市人才友好型城市建设研究 [J]．公关世界，2022（22）：13 – 15.

[2] 李雯靓，李淼．省级层面推进"青年发展友好型"城市建设工作的难点与实施路径 [J]．青少年学刊，2022（2）：55 – 63.

[3] 倪鹏飞．中国城市竞争力的分析范式和概念框架 [J]．经济学动态，2001（6）：14 – 18.

[4] 苏宁，屠启宇．全球城市吸引力、竞争力、创造力的内涵与互动特点 [J]．同济大学学报（社会科学版），2018，29（5）：115 – 124.

[5] 苏琴．城市人才竞争力评价指标体系理论分析框架 [J]．中国市

场，2014（4）：51-53.

[6] 唐艺宁，刘晔，王英伟. 从增长到包容：城市权利视角下包容性城市的多维度内涵与评估 [J]. 上海行政学院学报，2023，24（2）：48-64.

[7] 尹德挺，营立成，陈革梅. "韧性城市"建设：理论逻辑、评估机制与实践路径 [J]. 广州大学学报（社会科学版），2023，22（2）：113-121.

[8] 袁晓辉. 创新驱动的科技城规划研究 [D]. 北京：清华大学，2014.

[9] 张文忠. 中国宜居城市建设的理论研究及实践思考 [J]. 国际城市规划，2016，31（5）：1-6.

[10] 张雪峰. 黑龙江省建设青年友好型城市政策创新研究 [J]. 经济师，2022（4）：149-151.

[11] 张燕刚，成全. 云贵地区城市竞争力综合评价与动态演变研究 [J]. 西安电子科技大学学报（社会科学版），2019，29（2）：24-35.

[12] 赵峥，钱诚，邱英杰. 构建人才友好型城市：理论价值、五维内涵和现实路径 [J]. 特区实践与理论，2022（4）：46-51.

[13] 郑玲，郑华. "老龄友好型城市"的理论内涵与构建框架——基于扎根理论的分析 [J]. 社会科学战线，2021（10）：226-233.

[14] 郑烨，陈笑飞，孙淑婕. 中国创新型城市研究历经了什么？——创新型国家建设以来的文献回顾与反思 [J]. 中国科技论坛，2020（8）：88-97.

[15] 中国人事科学研究院课题组. 宁波创新创业生态系统优化研究 [R]. 2015.

[16] 中国人事科学研究院课题组. 苏州工业园区人才发展软环境评估指标体系研究 [R]. 2014.

[17] 周敏. 城市人才竞争力指标体系比较与改进思考 [J]. 贵州工业大学学报（社会科学版），2006（3）：33-35，42.

[18] 朱峰. "新一线城市"青年友好型城市政策创新研究 [J]. 中国青年研究，2018（6）：78-85.

[19] 淄博市制定出台《关于建设多彩活力的青年创业友好型城市25条政策措施》[EB/OL]（2020-11-02）. https：//qnzz. youth. cn/qckc/202011/t20201102_12555991. htm.

[20] Iztok Lesjak. Ljubljana：A Talent-Friendly City Hub [J]. 30th IASP

World Conference，2013.

《县域人才友好型城市建设指标体系构建研究》
课题组成员名单

课题组长：

范　巍（中国人事科学研究院企业人事管理研究室主任、研究员）

执行组长：

黎　宇（中国人事科学研究院就业与政策评价研究室助理研究员）

课题组成员：

赵　宁（中国人事科学研究院企业人事管理研究室副研究员）

王晓辉（中国人事科学研究院企业人事管理研究室副主任、副研究员）

佟亚丽（中国人事科学研究院企业人事管理研究室研究员）

赵智磊（中国人事科学研究院企业人事管理研究室助理研究员）

曹　婕（中国人事科学研究院企业人事管理研究室研究实习员）

山西省人力资源生态环境评价及对标优化分析[①]

提　要： 创造良好的人力资源生态环境是各省市吸引、利用、培养和留住人才的基础条件。山西省是能源大省，也是资源依赖型省份，目前处于资源型经济转型发展过程中，面临着人力资源发展的机遇和挑战。山西省在构建"引得进、用得活、留得住"的人力资源生态环境方面取得了积极成效，但在人力资源发展方面还存在一些不足和困难，需不断优化人力资源生态环境。

因此，本文对山西省人力资源生态环境进行评价研究。首先，采用综合评价方法构建人力资源生态评价指标体系，选取了经济基础环境、社会生活环境、城市保障环境和教育创新环境指标。采用熵权 TOPSIS 法对山西省人力资源生态环境的各项指标和综合指标进行评价，确定山西省人力资源生态环境在全国的排名及各维度的优劣势，并构建了分指标，着重分析了山西省排名现状。其次，与综合排名前五名的省份、中部省份和资源依赖性省份开展对标分析，全方位剖析山西省人力资源生态环境。最后，提出完善山西省人力资源生态环境的政策建议，以期为山西省的人力资源生态环境建设提供一定的参考借鉴。

关键词： 人力资源生态环境　评价　对标　熵权 TOPSIS

---

① 本文系中国人事科学研究院 2023 年度课题"山西省人力资源生态环境评价及对标优化分析"报告的部分内容。

收入分配、劳动关系及其他

中国人事科学研究报告

THE REPORT OF CHINESE PERSONNEL SCIENCE

一、绪论

（一）研究背景

山西省是能源大省，也是资源依赖型省份，目前处于资源型经济转型发展过程中，面临着人力资源发展的机遇和挑战。为此，山西省出台了一系列政策措施，以构建"引得进、用得活、留得住"的人力资源生态环境为目标，努力打造一流的人力资源环境。在"引得进"方面，山西省制定了《关于支持高层次人才来晋创新创业的若干意见》，提出了"十大引才工程"，为高层次人才提供了优惠的待遇和服务。同时，山西省还实施了"晋商回归工程"，鼓励和支持海内外晋商回归山西投资兴业，带动更多的人才和资本回流。此外，山西省还加强了与京津冀、长三角、粤港澳大湾区等地区的合作交流，促进了人才的互动互通。

当然，山西省在人力资源发展方面还存在一些不足和困难，如城镇居民可支配收入较低和人力资源流入率不高等，故需要进一步加强人力资源顶层设计，不断优化人力资源生态环境，为山西高质量发展提供更强有力的人力资源支撑。

（二）关键概念界定

人力资源生态环境是指由自然、社会、经济、文化等多个方面构成的人力资源发展的综合环境，它涵盖了人力资源的生存环境、成长环境、发展环境和竞争环境。也有学者从企业中观角度定义人力资源生态环境，认为其是在信息化和知识资本化的条件下，在一定的企业理念背景下构建和证明的软环境和硬环境的总和。人力资源生态环境有动态性、系统性、多维性和可塑性的特征。人力资源生态环境有动态性、系统性、多维性和可塑性的特征，对人力资源发展有着重要的影响作用。人力资源生态环境对人力资源发展有着重要的影响作用。优良的人力资源生态环境可以为人力资源提供有利的环境和机会，促进人力资源数量扩大、质量提升、结构改善和效益增加。不良的人力资源生态环境可以给人力资源带来不利的制约和威胁，阻碍人力资源的开发利用和创新能力。

根据文献综述，将本研究中的人力资源生态环境的含义界定如下：人力资源生态环境是一个综合性的环境体系。具体含义包括三个层面：第一，人力资源生态环境为人力资源发展提供了机遇与挑战。人力资源生态环境为人才提供了发展机遇，如政策支持、文化渗透、人口流动和金融支持等，同时也带来了挑战，要求人才不断学习新知识、适应新形势、提升新能力。第二，人力资源生态环境是人力资源发展的协调条件与动力。它为人力资源生态链提供了协调的条件和动力，促进产业发展和教育改革，建立产业与教育之间的信任和合作，调节供需和平衡结构，增加投入和回报。第三，人力资源生态环境为人力资源发展提供稳定基础与动态活力。人力资源生态系统环境为人力资源生态系统提供了稳定的基础和动态的活力，促进人力资源生态系统的效率提升和效益增长。

人力资源生态环境评价是指对人力资源生态环境现状进行综合评价。在人力资源生态环境评价指标方面，学者们在各自研究领域作出贡献。彭剑峰提出了十个评价生态环境是否优良的标准，包括人口素质、教育水平、科技创新能力、经济发展水平、社会保障水平、社会稳定水平、生态环境质量、文化氛围、法治建设水平和政府管理水平。李锡元和查盈盈（2006）根据管理学的马斯洛需要层次理论和勒温的心理力场理论，将人才发展的生态环境评价体系分层，分别从 6 个角度制定了评价指标体系。[1] 赵炳起从区域人才发展的七个方面，即经济环境、生活环境、社会环境、人文环境、政策环境、自然环境和人才市场环境，建立了区域人才生态系统评价指标体系，并运用因子分析和聚类分析方法对人才环境的竞争力进行了测量和评价。[2] 卢婷则从经济环境、生活环境、科创投入环境、科创产出环境四个方面，评价了科技创新人才的发展环境。[3] 姚庆国和江海波从企业微观角度评价了企业人力资源生态环境，认为可以通过人为干预调控和改善知识经济背景下知识型人才资源生存和发展的环境，促进企业人力资源数量增长、质量提高、结构优化和效益提升。[4]

不同类型的机构和领域都关注人力资源生态环境的问题，并根据自身的实际情况和发展目标，提出了相应的评价方法和优化措施。这些研究有助于促进人力资源生态环境的理论创新和实践改进，为人力资源发展提供科学依据和政策参考。

本研究在前人研究基础之上，参考已有的人力资源环境评价方法，结合山西省的实际情况，构建适合山西省转型高质量发展的人力资源生态环境指

① 李锡元，查盈盈．人才生态环境评价体系及其优化 [J]．科技进步与对策，2006，23（3）：37－39.
② 赵炳起．江苏省城市人才环境竞争力的评价 [J]．统计与决策，2009（6）：71－73.
③ 卢婷．江西省科技创新人才发展环境综合评价研究 [D]．南昌：江西财经大学，2020.
④ 姚庆国，江海波．知识经济时代企业人力资源管理的变革与人力资源生态环境建设 [J]．山东社会科学，2001（6）：18－21.

收入分配、劳动关系及其他

标评价体系并进行评价，最后通过对标其他省份提出适合于山西省的人力资源生态环境的优化策略。

（三）技术路线

本研究的技术路线是指在确定研究目标、研究内容和研究方法的基础上，制定出的具体的问题体系、内容体系、方法体系及三者的关系。具体如图 1 所示。

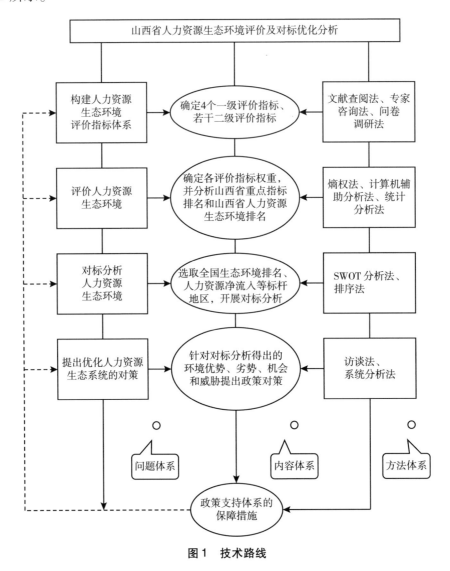

图 1　技术路线

二、山西省人力资源生态环境评价

综合评价方法是一种将评价对象（如经济质量、社会水平、企业效益等）的多个指标转换为能够反映评价对象综合状况的综合指标（指数），并根据综合指标值对评价对象进行评价或分析的方法。综合评价方法在20世纪后期得到了快速的发展和应用，主成分分析法、成分分析、模糊评价法、灰色系统评价法、人工神经网络法等方法被广泛使用。综合评价方法的应用前提是建立科学的具有可操作性的评价指标体系。综合评价指标体系的构建关键在于正确确定评价的目标，以目标为原则，指导具体指标的选择和指标体系框架的建立。

本文采用综合评价法来评价人力资源生态环境，具体步骤如下：（1）构建人力资源生态环境评价指标体系；（2）确定数据来源和权重；（3）分析评价排名结果；（4）展示四分图。

（一）人力资源生态环境评价指标体系的构建

评价人力资源生态环境需要构建一套全面的综合指标体系，并具备描述、评价和监测功能。指标体系的构建应遵循科学性与导向性、系统性与层次性、全面性与非重复性、可比性与可操作性以及数据可得性与动态性等原则。指标的选取应基于管理学、经济学、社会学等学科的研究基础，既能反映整体状况，又能体现各个层面和视角的问题。

遵循上述指标体系构建原则和理论依据，基于人力资源生态环境内涵及评价目标的把握，考虑人力资源群体在人力资源生态环境中的生存模式，本文将人力资源生态环境细分为经济基础环境、社会生活环境、城市保障环境和教育创新环境四个子系统，见表1。

（1）经济基础环境。经济环境是人才生态环境的核心评价维度。良好的经济环境在促进城市发展的同时，也为人才发展提供更好的物质和文化条件。经济基础环境是人力资源生态环境指标体系最基础的层面，直接决定城市及城市群的人力资源吸引力和承载能力。经济基础环境层面包含3项具体指标，分别是人均GDP、第三产业比重和城镇居民可支配收入。这一系列指标衡量经济总体发展水平、结构水平和收入水平。

（2）社会生活环境。社会生活环境是一个集成概念，本文研究的人力资源生态环境的社会生活环境子系统涵盖城市化、居住状况与结构等方面。社会生活环境体现城市及城市群现代化水平及居民生活水平，是人力资源对环境的基础性需求，这一层面包含3项具体指标，分别是绿化覆盖率、人均住房面积及恩格尔系数。

（3）城市保障环境。社会保障一般包括社会保险、社会救济、社会福利、社会优抚四个方面。人力资源生态环境的社会保障子系统主要涉及其中的社会保险和社会福利两个层面。这一层面包含 3 项具体指标，分别是城市化水平、养老保险覆盖率、医疗保险覆盖率。

（4）教育创新环境。这里的教育并不是创新的定语，而是与创新是并列的概念，教育创新环境包含有助于提升和发挥人力资源创造力的各要素。包含 3 项具体指标，分别是教育占财政支出比重、人力资源流入率和第三产业从业人员比例。

表 1   人力资源生态指标体系

一级指标	二级指标
经济基础环境	人均 GDP
	城镇居民可支配收入
	第三产业产值占 GDP 比重
社会生活环境	人均住房面积
	恩格尔系数
	绿化覆盖率
城市保障环境	城市化水平
	养老保险覆盖率
	医疗保险覆盖率
教育创新环境	教育支出占财政支出比重
	人才流入率
	第三产业就业人员比重

（二）数据来源和权重的确定

2022 年数据并未全部公布，因此本研究使用的是 2021 年的数据，数据来源主要有《中国统计年鉴》《中国科技统计年鉴》《中国教育统计年鉴》和《中国能源统计年鉴》等。本研究收集了 2021 年我国 31 个省、自治区、直辖市（不包含港澳台地区）的人力资源生态环境评价指标的数据。在构建人力资源生态环境评价指标体系的基础上，分三个步骤构建人力资源生态评价理论模型：一是指标的无量纲化处理；二是用熵权法确定指标权重；三是建立评价模型。

通过熵权法对人力资源生态环境评价指标体系的权重进行测算，最终得出各个评价指标的权重，结果如表 2 所示。

一级指标	二级指标	信息熵值 e	信息效用值 d	权重系数 w	合计
经济发展环境	人均 GDP	0.9655	0.0345	4.70%	32%
	城镇居民可支配收入	0.9064	0.0936	12.75%	
	第三产业产值占 GDP 比重	0.8912	0.1088	14.81%	
城市生活环境	人均住房面积	0.8678	0.1322	18.00%	34%
	恩格尔系数	0.9107	0.0893	12.16%	
	绿化覆盖率	0.9698	0.0302	4.11%	
社会保障环境	城市化水平	0.9759	0.0241	3.28%	14%
	养老保险覆盖率	0.9602	0.0398	5.41%	
	医疗保险覆盖率	0.9684	0.0316	4.30%	
教育创新环境	教育支出占财政支出比重	0.9485	0.0515	7.01%	20%
	人才流入率	0.9764	0.0236	3.21%	
	第三产业就业人员比重	0.9247	0.0753	10.26%	

表2　熵值法计算权重结果汇总

从表2可以看出，根据熵权 TOPSIS 计算得知：在人力资源生态环境评价指标中，经济基础环境的权重为32%，社会生活环境的权重为34%，城市保障环境的权重为14%，教育创新环境的权重为20%。在经济基础环境评价指标中，第三产业产值占 GDP 的比重、城镇居民可支配收入和人均 GDP 的权重分别为14.81%、12.75%和4.7%。在社会生活环境方面，人均住房面积、恩格尔系数和绿化覆盖率的权重值分别是18%、12.16%和4.11%。在城市保障环境方面，城市化水平、养老保险覆盖率和医疗保险覆盖率的权重值分别是3.28%、5.41%和4.3%。在教育创新环境方面，教育支出占财政支出比重、人才流入率、第三产业就业人员比重和研发经费投入强度的权重值分别是7.01%、3.21%和10.26%。

（三）评价结果分析

1. 总体评价分析

本部分利用熵权法后加权生成的数据对我国31个省份（不包含港澳台地区）的人力资源生态环境进行 TOPSIS 分析。为方便对分析结果进行评价，设定了排位区段的划分标准，根据人才生态环境综合排名，划定其归属范围，将1~10名地区定位第一梯队，11~20名地区定位为第二梯队，21~31名地区定位为第三梯队。如表3所示[①]，第一梯队包括北京、上海、浙江、

① 为方便对比和对标分析，文中省份的顺序按照统计年鉴顺序排列。

天津、江苏、广东、福建、江西、山东和湖南；第二梯队包括安徽、海南、重庆、湖北、广西、河南、贵州、四川、陕西和西藏；第三梯队包括云南、河北、甘肃、辽宁、山西、吉林、内蒙古、宁夏、新疆、青海和黑龙江。山西省的人力资源生态环境在全国排第 25 名，属于第三梯队。

表 3　　　　　　　　　　　　人力资源生态环境总体评价计算结果

名称	正理想解距离 D +	负理想解距离 D −	相对接近度 C	排序结果
北京	0.441	1.358	0.755	1
天津	0.875	0.636	0.421	4
河北	1.202	0.363	0.232	22
山西	1.255	0.323	0.205	25
内蒙古	1.265	0.305	0.194	27
辽宁	1.175	0.336	0.223	24
吉林	1.241	0.316	0.203	26
黑龙江	1.336	0.223	0.143	31
上海	0.655	1.09	0.625	2
江苏	0.967	0.643	0.399	5
浙江	0.89	0.696	0.439	3
安徽	1.124	0.483	0.301	11
福建	1.122	0.592	0.346	7
江西	1.199	0.578	0.325	8
山东	1.069	0.489	0.314	9
河南	1.215	0.455	0.272	16
湖北	1.119	0.465	0.294	14
湖南	1.103	0.489	0.307	10
广东	1.026	0.544	0.346	6
广西	1.178	0.451	0.277	15
海南	1.087	0.458	0.296	12
重庆	1.087	0.455	0.295	13
四川	1.14	0.413	0.266	18
贵州	1.198	0.435	0.266	17
云南	1.183	0.368	0.237	21
西藏	1.186	0.394	0.25	20
陕西	1.222	0.411	0.252	19
甘肃	1.216	0.354	0.225	23
青海	1.271	0.257	0.168	30

名称	正理想解距离 D +	负理想解距离 D −	相对接近度 C	排序结果
宁夏	1.261	0.295	0.19	28
新疆	1.28	0.294	0.187	29

2. 经济基础环境评价分析

经济基础环境是评价地区人力资源生态环境的核心维度。良好的经济环境不仅能够促进地区经济的发展，也能够为本地区人力资源提供更好的发展机会以及更大的发展空间。具体结果如表 4 所示。山西省的经济基础环境在全国排第 26 名，属于第三梯队。

表 4 　　　　　　　　　经济基础环境的 TOPSIS 评价计算结果

名称	正理想解距离 D +	负理想解距离 D −	相对接近度 C	排序结果
北京	0.024	2.567	0.991	1
天津	1.431	1.163	0.448	3
河北	2.284	0.297	0.115	21
山西	2.328	0.254	0.098	26
内蒙古	2.256	0.437	0.162	14
辽宁	2.129	0.451	0.175	11
吉林	2.314	0.284	0.109	22
黑龙江	2.477	0.12	0.046	31
上海	0.57	2.156	0.791	2
江苏	1.811	1.033	0.363	5
浙江	1.619	1.181	0.422	4
安徽	2.2	0.403	0.155	15
福建	2.144	0.781	0.267	8
江西	2.371	0.287	0.108	23
山东	2.027	0.576	0.221	9
河南	2.412	0.206	0.079	30
湖北	2.198	0.435	0.165	13
湖南	2.162	0.443	0.17	12
广东	1.75	0.873	0.333	6
广西	2.311	0.275	0.106	25
海南	1.937	0.717	0.27	7

续表

名称	正理想解距离 D +	负理想解距离 D −	相对接近度 C	排序结果
重庆	2.081	0.537	0.205	10
四川	2.197	0.385	0.149	18
贵州	2.332	0.25	0.097	28
云南	2.263	0.319	0.124	19
西藏	2.248	0.399	0.151	17
陕西	2.359	0.331	0.123	20
甘肃	2.265	0.403	0.151	16
青海	2.338	0.244	0.094	29
宁夏	2.335	0.254	0.098	27
新疆	2.309	0.275	0.106	24

3. 社会生活环境评价分析

社会生活环境反映了人才对衣食住行和休闲娱乐的需求，反映城市生活便利和舒适程度，是决定能否留住人才的关键因素。具体结果如表 5 所示。山西省的社会生活环境在全国排第 19 名，属于第三梯队。

表 5　　　　　　　社会生活环境的 TOPSIS 评价计算结果

名称	正理想解距离 D +	负理想解距离 D −	相对接近度 C	排序结果
北京	1.889	1.485	0.44	14
天津	2.028	0.757	0.272	22
河北	1.717	0.98	0.363	18
山西	1.85	0.993	0.349	19
内蒙古	1.998	0.838	0.295	21
辽宁	2.046	0.759	0.271	23
吉林	2.115	0.767	0.266	24
黑龙江	2.227	0.51	0.186	30
上海	2.294	0.803	0.259	25
江苏	0.96	1.63	0.629	2
浙江	1.078	1.525	0.586	7
安徽	1.202	1.472	0.551	8
福建	1.022	1.705	0.625	3
江西	0.773	2.309	0.749	1

续表

名称	正理想解距离 D+	负理想解距离 D−	相对接近度 C	排序结果
山东	1.601	1.091	0.405	17
河南	1.074	1.533	0.588	6
湖北	1.06	1.578	0.598	5
湖南	1.025	1.603	0.61	4
广东	2.197	0.624	0.221	26
广西	1.238	1.459	0.541	9
海南	2.327	0.435	0.157	31
重庆	1.545	1.083	0.412	16
四川	1.497	1.211	0.447	12
贵州	1.398	1.197	0.461	11
云南	1.443	1.162	0.446	13
西藏	1.568	1.211	0.436	15
陕西	1.274	1.323	0.509	10
甘肃	2.228	0.531	0.192	29
青海	2.17	0.532	0.197	28
宁夏	1.887	0.909	0.325	20
新疆	2.273	0.625	0.216	27

4. 城市保障环境评价分析

城市保障环境反映城市为人才生存与发展提供基本保障的能力和医疗设施水平，确保城市可以留住人才，并满足人才群体的社会保障需求。具体结果如表6所示。山西省的城市保障环境在全国排第14名，属于第二梯队。

表6　　　　城市保障环境的 TOPSIS 评价计算结果

名称	正理想解距离 D+	负理想解距离 D−	相对接近度 C	排序结果
北京	1.077	2.435	0.693	1
天津	1.907	1.286	0.403	23
河北	1.609	1.218	0.431	20
山西	1.43	1.375	0.49	14
内蒙古	1.883	1.042	0.356	24
辽宁	1.536	1.34	0.466	16
吉林	1.249	1.557	0.555	6

续表

名称	正理想解距离 D +	负理想解距离 D -	相对接近度 C	排序结果
黑龙江	1.538	1.287	0.456	17
上海	2.023	1.382	0.406	22
江苏	1.621	1.31	0.447	18
浙江	1.953	1.036	0.347	26
安徽	1.095	1.933	0.638	2
福建	1.705	1.181	0.409	21
江西	1.398	1.551	0.526	11
山东	1.309	1.494	0.533	10
河南	1.231	1.711	0.582	5
湖北	1.332	1.474	0.525	12
湖南	1.116	1.748	0.61	4
广东	2.248	0.993	0.306	28
广西	1.519	1.481	0.494	13
海南	2.072	0.871	0.296	29
重庆	1.104	1.734	0.611	3
四川	1.322	1.578	0.544	8
贵州	1.671	1.585	0.487	15
云南	1.89	1.016	0.35	25
西藏	2.304	0.752	0.246	30
陕西	1.281	1.536	0.545	7
甘肃	1.373	1.59	0.537	9
青海	1.568	1.253	0.444	19
宁夏	1.932	0.99	0.339	27
新疆	2.408	0.681	0.22	31

5. 教育创新环境评价分析

教育创新环境对于现代经济来说尤为重要，反映城市对人才教育开发和科技创新的重视程度和投入力度，是城市创新精神等软环境水平的核心体现。具体结果如表 7 所示。山西省的教育创新环境在全国排第 29 名，属于第三梯队。

表7 教育创新环境的 TOPSIS 评价计算结果

名称	正理想解距离 D +	负理想解距离 D −	相对接近度 C	排序结果
北京	0.645	2.579	0.8	1
天津	1.531	1.297	0.459	5
河北	2.119	1.052	0.332	14
山西	2.512	0.61	0.195	29
内蒙古	2.715	0.32	0.105	31
辽宁	2.264	0.605	0.211	27
吉林	2.207	0.624	0.22	26
黑龙江	2.465	0.423	0.147	30
上海	1.207	1.978	0.621	2
江苏	2.008	1.044	0.342	13
浙江	1.773	1.336	0.43	6
安徽	2.038	0.99	0.327	15
福建	2.231	1.319	0.372	9
江西	2.244	1.002	0.309	20
山东	1.881	1.381	0.423	7
河南	2.142	1.038	0.326	16
湖北	2.019	0.858	0.298	23
湖南	2.063	0.901	0.304	22
广东	1.684	1.571	0.483	4
广西	2.026	1.168	0.366	10
海南	1.491	1.395	0.483	3
重庆	1.936	1.035	0.348	12
四川	2.013	0.895	0.308	21
贵州	2.03	1.301	0.391	8
云南	2.091	0.948	0.312	19
西藏	1.947	1.074	0.355	11
陕西	2.393	0.842	0.26	24
甘肃	1.981	0.933	0.32	17
青海	2.355	0.598	0.203	28
宁夏	2.38	0.707	0.229	25
新疆	2.223	1.046	0.32	18

收入分配、劳动关系及其他

综上，山西省的人力资源生态环境较差，排名在全国第 25 名，属于第三梯队。虽然近几年山西省教育发展呈蓬勃之势，但科技力量薄弱、高端科技人才匮乏、科技成果转化不足等问题阻碍了山西省创新环境的改善。不过，山西省在城市保障环境建设方面具有一定优势。

三、山西省人力资源生态环境对标分析

（一）与综合排名前五的省份对标

本部分以全国人力资源生态环境排名前五的地区为标杆，采用对标分析法，分析山西省的人力资源生态环境水平。根据排名，对标省份为北京、上海、浙江、天津和江苏。

与前五名对标后发现，每个省份有至少 2 个指标排在第一梯队，经济基础环境都在第一梯队。这五个省份人力资源环境的大部分指标实力均靠前。这些指标不仅反映了一个省份的经济社会发展水平和人民生活质量，也影响了一个省份的人才储备和创新能力。因此，要想拥有一流的人力资源环境，经济、生活、社保和教育等各项指标均应该努力向好发展，形成吸引人留住人的合力。

山西省经济基础环境综合得分全面落后，属于第三梯队。在经济发展环境方面，通过查看原始数据发现，山西省的"人均 GDP"指标排名靠后，这是导致山西省经济基础环境指标排名靠后的重要原因。

与北京、上海和天津对标后发现，社会生活环境影响人力资源生态环境。导致社会生活环境指标较低的重要指标是人均住房面积。人均住房面积少对人力资源有消极的影响。山西省虽然人均住房面积排第 13 名，但根据分析结论，人均面积并未对生态环境总排名造成重要影响，反而是省份的其他发展指标更为重要。在考虑改进人力资源生态环境发展问题的时候，可以酌情淡化人均住房面积问题，从其他角度着手提升社会生活环境满意度。

与上海、浙江、天津和江苏对比后发现，虽然省份的城市保障环境影响人力资源生态环境，但对其并不造成主要影响。从统计年鉴数据来看，山西省在养老保险和医疗保险覆盖上均有较高的排名。导致山西省在城市保障环境方面落后的主要原因是城市化水平远远落后于上述四个省份。

教育创新环境对标结果表明，山西省在教育创新环境属于第三梯队。山西省的人力资源生态环境存在不足，其主要原因是教育创新环境和经济发展环境不足。

（二）与中部省份对标分析

本部分以中部五省为标杆，采用对标分析法，对比山西省的人力资源生态环境水平。除山西省外，中部五省分别为湖南、湖北、河南、安徽和江西。江西和湖南属于第一梯队，安徽、湖北和河南属于第二梯队，山西属于第三梯队。山西与其他中部五省相比，人力资源生态环境的建设相对落后。

山西在经济基础方面领先于河南，落后于湖南、湖北、安徽和江西四省。具体从人均 GDP、第三产业比重和城镇居民可支配收入三方面进行阐述，山西的人均 GDP 与其他中部五省相差较远，与湖北相差 23 912.55 元，与安徽相差 12 898.55 元，与湖南相差 12 372.33 元，与江西相差 6 343.14元，与河南相差 4 907.09 元；山西的城镇居民可支配收入比河南高 338.3元，与湖南相差 7 433 元，与安徽相差 5 575.6 元，与江西相差 4 251.3 元，与湖北相差 2 844.7 元；山西的第三产业比重略高于河南和江西，略低于安徽、湖南和湖北。

在社会生活环境方面，山西远落后于河南、湖南、湖北、安徽和江西五省。具体从绿化覆盖率、人均住房面积及恩格尔系数三方面进行阐述，山西的绿化覆盖率与其他中部五省相比，低于安徽与江西，高于湖北、湖南和河南；山西的人均住房面积在中部六省中是最低的，且差距较大；山西的恩格尔系数在中部六省中是最低的，表明在中部六省中，山西的收入差距最小。

在城市保障环境方面，山西落后于安徽、湖南、河南、江西和湖北五省。具体从城市化水平、养老保险覆盖率、医疗保险覆盖率三方面进行阐述，山西的城市化水平与其他中部五省相比，低于湖北，高于安徽、江西、湖南和河南；山西的养老保险覆盖率高于江西，低于湖北、安徽、湖南和河南；山西的医疗保险覆盖率在中部六省中是最低的。

在教育创新环境方面，山西在教育创新环境方面落后于河南、湖南、湖北、安徽和江西五省。具体从教育占财政支出比重、人力资源流入率和第三产业从业人员比例三方面进行阐述，山西的教育占财政支出比重与湖北持平，低于安徽、江西、湖南和河南；山西的人力资源流入率是负数，其他五省都大于零；山西的第三产业从业人员比例在中部六省中是最低的。

通过与中部五省对标，发现山西省在经济基础环境与教育创新环境方面与中部五省的差距较大。

（三）与资源依赖型省份对标

资源依赖型省份是指那些经济发展主要依赖于自然资源开发和利用的省

收入分配、劳动关系及其他

份，通常具有资源型产业占比高、资源消耗大、生态环境压力大等特点。根据现有资料，我国资源依赖型省份主要有山西、内蒙古、陕西、四川、新疆、河北6个地区。

本部分原计划以全国资源依赖型省份排名在山西省前列的地区为标杆，分析山西省的人力资源生态环境水平。但是，通过分析结论可知，资源依赖型地区的综合排名处于第二梯队的倒数和第三梯队。因此，研究不再做对标，而是直接进行分析，分析如下。

资源依赖性省份是指一个地区的经济发展主要依赖于自然资源的开发利用，而非科技创新、人力资本等因素的省份。因此，资源依赖型省份的人力资源环境的排名，主要取决于该省份的人力资源发展水平，如人力资源服务业发展水平、人才政策支持力度、人才吸引力等因素。根据《中国各省市区人力资源服务业发展水平排行榜（2020）》，四川、陕西、河北这些资源依赖性省份的人力资源服务业发展水平都高于山西省，主要表现在以下几个方面：这三省都制定了较为完善和具体的人才政策，包括人才引进、人才培养、人才激励、人才评价等，而山西省的人才政策相对较少和笼统。这三省都建立了多元化的服务内容、高效的服务质量、创新能力强的服务和执行规范的劳动条例，而山西省的人力资源服务市场相对较弱。这三省都拥有较为丰富和多样的人才资源，包括高层次人才、高技能人才、高教育程度人才等，而山西省的人才资源相对较少和单一。这三省都具有较高的人才吸引力，包括经济发展水平、社会生活环境、社会保障水平等，而山西省的人才吸引力相对较低。

总之，四川、陕西、河北这些资源依赖性省份之所以能在人力资源环境方面排在山西省前面，主要是因为它们在人力资源服务业发展水平、人才政策支持力度、人才资源数量和质量、人才吸引力等方面都优于山西省。

作为资源依赖型转型省份，山西省在人力资源生态环境方面也具有独特的优势，主要体现在以下几个方面：第一，资源丰富，为人力资源提供了多样化的就业机会和发展空间。第二，转型创新，为人力资源提供了新的增长点和动力源泉。第三，生态改善，为人力资源提供了良好的生活和工作环境。

（四）SWOT 分析

为针对性总结和分析山西省人力资源生态环境，现将主要指标的 SWOT 分析结论概括如下：

内部优势：山西省政府出台了多项支持山西省发展新兴产业的政策；山

西省连续多年开展了全民技能提升培训；山西省资源丰富；山西省社保制度较完善。

内部劣势：山西省生源的大学生流失严重；山西省难以留住人才；资源依赖型省份经济转型困难。

外部机会：全国创新发展为人力资源提供了新的增长点和动力源泉；全国人力资源生态环境发展良好的地区为山西省提供了标杆。

外部威胁：人力资源市场就业形势严峻；山西省周边省份，如北京、天津和陕西等，对本省人口虹吸效应严重；山西省社会生活环境综合指标落后于中部六省。

四、山西省人力资源生态环境优化对策

（一）推动产业兴省，积极发展经济

改造提升传统产业，提高人力资源的技能水平和创新能力。通过推进传统产业的转型升级，引入新技术、新设备、新模式，提高产品质量和附加值，降低能耗和排放，增强市场竞争力，可以激发人力资源的创新意识和动力，提高人力资源的技能水平和创新能力，培育高技能人才和专业人才。

积极发展新兴产业，拓宽人力资源的就业渠道。山西省应继续加大投入发展 14 个战略性新兴产业，如信息技术应用创新、半导体、大数据融合创新、光电、光伏、碳基新材料等，具有高增长、高附加值、高技术含量等特点。目前山西省有影响力的战略性新兴企业或品牌并不多，但优秀的企业和品牌能改善人力资源对山西经济和产业发展的看法，有助于通过集群和集聚效应形成具有核心竞争力的产品技术，从而扩宽大量高层次人才、高技能人才、高教育程度人才来晋发展的就业意向和渠道，与产业发展实现双向互动。

壮大山西省特色产业，增强人力资源的归属感和幸福感。山西省特色产业是山西省的特色优势产业，如现代农业、旅游文化、节能环保等，体现了山西省的地域特色、历史文化和生态价值。通过加强山西省特色产业的建设和发展，打造一批具有山西特色和魅力的产品和服务，形成一批具有山西风格和气质的品牌和形象，可以提升山西省在国内外的知名度和美誉度，增强人力资源对山西省的认同感和归属感，提高人力资源的幸福感。

（二）加快产业内人才的协同提升，提升企业创新效率

建立有效机制和平台。建立以市场需求为导向、以企业发展为主导、以

收入分配、劳动关系及其他

人才协作为目标的产业内人才提升协同机制，完善人才需求信息发布、人才资源共享、人才能力评价等制度，构建高效便捷的产业内人才服务平台，促进企业间的信息交流和资源匹配。

推动技术创新和知识共享。加强企业间的技术交流和合作，推动技术创新成果的转化和应用，提高技术水平和核心竞争力。加强企业间的知识共享和学习，推动知识创新成果的传播和普及，提高知识水平和创新能力。

推动人才技术升级，进一步提升人才和产业发展的适配性。山西省需要进一步制订人才提升计划，提供培训补贴等，帮助部分现有人才实现技术升级、职业转型，为人才的发展提供保障。

（三）优化营商环境，抵御人才虹吸效应

山西省可以向一些经济发达、营商环境优良的省份学习借鉴一些经验和做法。山西省可以借鉴浙江省的做法，进一步简化审批流程，提高网上办事效率，减少企业和群众办事成本。同时，要积极转变观念，通过制度的推动改变固有观念，推进营商环境优化。向广东省学习"双创"平台建设。广东省以建设国际科技创新中心为目标，大力发展"双创"平台，打造了一批具有国际影响力的创新载体。山西省可以借鉴江苏省的做法，加强产业链上下游的协作和配套，打造一批特色鲜明、优势突出的产业基地。

同时，对标中部省份和城市，山西省应该向武汉、长沙、合肥等城市学习它们的人才新政，提供更多的住房、落户、教育、医疗等方面的优惠和支持，吸引和留住高层次人才。山西省应该向郑州、南昌等城市学习它们的产业发展经验，加快转型升级，培育发展新兴产业和战略性新兴产业。应该向合肥等城市学习它们的创新环境经验，加强科技创新要素的集聚和配置，打造省份科创共同体，支持高校、科研院所等自主制定用人计划和激励机制，开展科研人员职务科技成果所有权试点，增强人才的创新活力。

（四）优化社保环境，完善服务体系

持续优化社保环境。山西省已经在社会保障事业方面取得了一些成绩，比如实施全民参保计划，扩大社会保险覆盖面，稳步提高社保待遇水平，持续推动援企稳岗，完善养老保险省级统筹，等等。但是，也存在一些不平衡不充分的问题，比如优质公共服务资源总体还较为短缺，城乡、区域、群体间基本公共服务和社会保障差距依然存在，社会力量参与普惠性非基本公共服务供给活力有待激发等。为了更加优化执行山西省城市保障环境，可以从以下几个方面着手：加强顶层设计和制度建设，完善社会保障法律法规和政策体系，推进社会保障制度的统一、规范和协调发展。拓展公共服务供给渠道和方式，充分发挥市场机制和社会力量的作用，提高公共服务的质量和效率，满足人民群众多层次多样化的需求。加强信息化建设和数据共享，推进社会保障信息系统的整合和优化，实现跨地区跨部门跨业务的数据互联互通互认，提高社会保障服务的便捷性和智能化水平。

培育壮大市场主体。山西省应该加大对人力资源服务机构的扶持力度，鼓励有条件的资本扶持人力资源服务业，培育一批规模大、实力强、品牌好的龙头企业，同时支持一批专精特新、创新活跃的中小型企业成长发展。

提升服务水平和质量。山西省应该加强对人力资源服务机构的培训和指导，提高其专业能力和水平，推动其开发更符合市场需求和特点的服务产品和模式，创建人力资源管理服务业的劳务品牌，提升品牌价值。

完善与大数据信息运营商的合作。在目前基础上，山西省应该提升人力资源服务机构与大数据、人工智能、移动运营商的合作效率，明确合作目的，灵活运用各项大数据服务人力资源决策，推动人力资源服务数字化转型升级，增强核心竞争力。同时，山西省应该支持人力资源服务机构拓展国内外市场，加强与其他地区和国家的交流合作，提升国际影响力。

（五）持续推进产教融合，构建农村人才资源生态圈

借鉴人力资源生态环境友好省份的经验，通过教育增加第三产业的就业人口比重。主要可以从以下几个方面着手：第一，提高基础教育水平，可以为后续的职业教育和高等教育打下坚实的基础，也可以为服务业提供一批具有良好素养和适应性的劳动力。第二，发展高等职业教育，为服务业提供一批具有专门技能和实践经验的专门人才。第三，强化高等教育与科技创新联动，为服务业提供一批具有前沿知识和创新思维的领军人物，也可以推动服务业向更高端、更智能、更绿色的方向发展。

开展农民职业生涯规划培训，构建农村人才资源生态圈。山西省作为一个传统的能源重工业省份，在推进新型职业农民培育方面还有较大的发展空间。山西省应该借鉴山东、河南和四川等农业大省的方法和经验，结合本省实际情况，制定符合山西特色的新型职业农民培育规划和政策措施，优化山西省职业农民的发展环境。实施高素质农民培育工作，构建农民教育培训新发展格局，提高全产业链技能水平，加快培养农业农村现代化亟须的高素质农民队伍。又如深入实施职业技能提升行动，大力推动巩固技能脱贫成果与乡村振兴有效衔接，分类组织开展转移就业技能培训、实用技术培训、语言

礼仪等引导性培训，以及农村地区致富带头人创业培训，不断提升其就业创业能力。

参考文献

［1］黄梅．基于熵流模型的人才生态区动态监测体系研究——以北京中关村海淀园为例［J］．中国行政管理，2013（9）：82 – 86．

［2］黄容萍．省份人力资源生态环境评价指标研究［D］．长沙：中南大学，2012．

［3］李锡元，查盈盈．人才生态环境评价体系及其优化［J］．科技进步与对策，2006，23（3）：37 – 39．

［4］卢婷．江西省科技创新人才发展环境综合评价研究［D］．南昌：江西财经大学，2020．

［5］麻丽燕．刍议我国公共部门人力资源生态环境问题及解决对策［J］．人力资源管理，2018（1）：74 – 75．

［6］彭剑锋．WTO 与中国人力资源生态环境的改善与优化［J］．中国人力资源开发，2002（1）：7．

［7］彭剑锋．变革时期的人力资源发展趋势［J］．中国人力资源开发，2013（22）：18 – 20．

［8］阮敏．人力资源管理的生态环境评价体系研究［J］．生态经济，2011（6）：71 – 75．

［9］司江伟，陈晶晶．"五位一体"人才发展环境评价指标体系研究［J］．第一资源，2015（2）：27 – 30．

［10］杨姗．平台生态系统中互补者生态位对数字创新的影响研究［D］．长春：吉林大学，2022．

［11］姚庆国，江海波．知识经济时代企业人力资源管理的变革与人力资源生态环境建设［J］．山东社会科学，2001（6）：18 – 21．

［12］赵炳起．江苏省城市人才环境竞争力的评价［J］．统计与决策，2009（6）：71 – 73．

［13］Brown & Hesketh. The mismanagement of talent：employ ability and jobs in the knowledge economy. Oup Catalogue，2006，44（1）：162 – 163．

《山西省人力资源生态环境评价及对标优化分析》
课题组成员名单

课题组长：

何林深（山西省人社科研宣传中心副主任）

课题组成员：

王文婷（太原工业学院副教授）

雷云云（山西工程科技职业大学副教授）

穆　厅（山西省留学人员和专家服务中心中级经济师）

许　莹（山西省科技情报与战略研究中心助理研究员）

高凤鸣（山西省人社科研宣传中心助理研究员）

本课题由中国人事科学研究院和山西省人社科研宣传中心共同完成。

河南省营造创新人才发展生态问题研究①

提　要：2021 年 5 月，习近平总书记在两院院士大会中国科协第十次全国代表大会上发表重要讲话，并强调"要在全社会营造尊重劳动、尊重知识、尊重人才、尊重创造的环境"。

近年来，河南根据具体省情和战略发展目标，适时推进人才政策的更新换代，构建出立体、有机、全面的人才发展政策体系，出台了一系列重磅政策。但是，高科技人才短缺，高等教育和科研院所力量薄弱，缺乏强有力的人才吸引政策，社会环境和人文环境对人才的吸引力相对较弱，人才外流现象等问题依然十分严重。

本文研究分析了河南省营造创新人才发展生态问题的背景和意义，提出营造创人才发展生态的政策建议。要做强重点产业，形成"以产为纲、产才相宜"的引才格局。要做精载体平台，构建"多方合作、优势互补"的育才体系。要做优双创环境，突出对双创的正向激励，努力打造"双创"发展的"河南模式"，营造"渊深鱼聚，林茂鸟栖"的留才生态。要"盘活"人才集聚机制，"放活"人才管理体制，在人才管理上重"赋权"，"用活"人才开发机制，"激活"人才激励机制，切实做到在人才管理上有容才雅量。要完善人才服务，打造"技术＋资本＋人才"三位一体新平台，形成党委统

---

① 本文系中国人事科学研究院 2023 年度课题"河南省营造创新人才发展生态问题研究"报告的部分内容。

一领导，组织部门牵头，相关部门各司其职，用人主体充分发挥作用，社会广泛参与的工作格局。

关键词： 河南　创新人才　生态

当今世界正经历百年未有之大变局，新一轮科技革命和产业变革加速演进，全球经济格局加速重构。推进高质量发展成为时代主题，国家战略进阶升级，更加凸显了人才资源及其发展制度的战略价值。今后一段时期，我国经济发展进入一个新的创新驱动、人才引领的历史坐标当中，区域间人才竞争将更趋激烈。人才竞争将由人才数量竞争转向为人才发展的竞争、创新人才价值创造能级和影响的竞争、人才创新创业生态系统的竞争和整体人才生态环境的竞争。

一、创新人才发展生态的研究背景

2021 年 5 月，习近平总书记在两院院士大会中国科协第十次全国代表大会上发表重要讲话，他在论及人才工作时指出："我们着力实施人才强国战略，营造良好人才创新生态环境，聚天下英才而用之，充分激发广大科技人员积极性、主动性、创造性。"习近平总书记提出了"营造良好人才创新生态环境"这一重要概念，并强调"要在全社会营造尊重劳动、尊重知识、尊重人才、尊重创造的环境"。人才是创新驱动发展的第一资源，只有打造良好的人才创新"生态链"，才能推动人才链与创新链产业链资金链深度融合，使英雄有"用武之地"，激发创新创造活力。

当前，河南正处于战略叠加的机遇期、提质增效的攻坚期、风险挑战的凸显期。河南根据具体省情和战略发展目标，适时推进人才政策的更新换代，构建出立体、有机、全面的人才发展政策体系，出台了一系列重磅政策，坚持引育并举、以用为本着力构建带有河南特色的人才雁阵格局。瞄准顶尖人才关键少数，打造青年人才生力军，打通人才发展绿色通道，打造人才队伍、产业人才队伍、专业技术人才队伍、乡村振兴人才队伍、高技能人才队伍等多支人才队伍。省委把实施"创新驱动、科教兴省、人才强省"战略列为"十大战略"之首，提出"建设国家创新高地、打造全国重要人才中心"的战略目标。以《关于加快建设全国重要人才中心的实施方案》为引领，配套出台了"1 + 20"一揽子人才引进等政策措施。

与发展现实需要相比，受区域资源禀赋和功能定位的影响，现阶段河南省整体经济发展层次和发展水平仍然相对不高，创新发展的动力和基础仍需加强，人才引育用留机制尚需持续优化，应对区域人才竞争的压力越来越大。对此，立足河南现实发展需要和比较优势，克服思维定式和路径依赖，准确把握人才发展阶段性特征，进行系统性谋划，采取突破性举措，全力打造一流的人才生态环境，提升对存量人才的凝聚力向心力、对外部人才的吸引力竞争力，实现"聚天下英才而用之"。因此，如何为新时代创新人才营造良好生态环境，成为我省人才资源的理论和实践工作者亟待研究的课题，为河南省各级各部门党政决策者提出了新要求，成为我们面临新形势下的战略抉择。

二、研究方法

本研究的主要研究方法有文献调研、案例分析、调查问卷、专家访谈、实地考察、系统分析等，具体的研究方法和实施过程需要根据实际情况和研究目标进行调整和完善。

三、国内外先进经验

（一）国外城市先进经验

当前国际影响力、人才竞争力和创新活力处于国际领先水平的城市（群），例如美国纽约、旧金山湾区、波士顿，英国伦敦，德国慕尼黑，日本东京湾区和新加坡，在吸引集聚全球优秀创新人才过程中突出重视以平台载体吸引和培养高素质人才、资源要素保障人才价值实现和营造宜创宜业宜居环境留住人才，其吸引集聚人才的资源禀赋和做法经验可以归为科教资源密集型、产业发展驱动型、资源要素汇聚型、制度环境优化型四种主要模式。

（二）国内城市先进经验

面对新发展阶段，各地纷纷出台促进高质量发展的创新政策，一大批创新型城市深入贯彻新发展理念，深度优化创新生态，全力促进新物种、新群落、新赛道的创生与发展，努力形成新发展格局。

以广州天河区为例，这里集聚了广东全省 50% 的"双一流"高校、43家省部级以上科研机构、4 家粤港澳联合实验室，48 名院士，超 30 万名各类科技创新人才，人才"磁场"效应独一无二，近年来吸引大量北京高校毕业生来到天河求职就业。天河当前正加速优化完善人才政策体系，聚焦产才融合、人才引领、海外引才等关键环节，修订高质量发展重点人才激励办法，强化对重点发展产业以及科技攻关企业的人才政策支持，针对金融、工业软件等的专项人才政策即将出台。

宁波正围绕打造三大科创高地、全球先进制造基地，对标国内顶尖、世界一流、高水平规划建设甬江科创区，以宁波大学、中科院宁波材料所、甬江实验室等为龙头，面向全球大力招引集聚高能级创新机构，加快形成吸引人才、汇聚人才的强磁场；同时加快完善各类创新单元、创新主体间的协同机制，集成打造孵化空间、产业空间、生活空间、人文空间，形成良好的科创生态。

成都市打造人才便利服务系统，开通人才项目线上线下预约申报，实行人才奖励扶持申报"容缺受理"。开发空港英才电子人才卡，推动高层次人才政务服务"一码通"。开通顶尖人才落地服务，为全球来川来蓉的高层次人才免费提供营商环境考察、项目合作指引、人才专车保障等服务。加强人才住房保障，每年新建不低于 1 000 套人才保障性住房。优化人才教育医疗保障，完善人才子女入学、高层次人才体检、定点就医等服务。打造每季度 1 次的"企业咖啡时"人才专场活动品牌。

武汉系统构建"1 + 5 + N"人才发展体系，分层分类完善各类人才政策，夯实人才政策比较优势。围绕人才评价，武汉积极探索试行人才注册制和动态积分制，构筑不唯地域、破除时限的人才吸纳工作机制；围绕人才使用，武汉完善激励人才发挥作用的使用机制，给予武汉英才最高 100 万元一次性奖励资助，提供最高 500 万元产业化配套资助，特殊人才实行"一事一议"综合资助等，在人才引进、评价、薪酬激励等方面赋予充分自主权。此外，还建立高层次人才专项事业编制周转池，帮助用人主体引进高水平科研人才。

四、河南省营造创新人才发展生态现状

1. 坚持党管人才，完善人才发展的顶层设计

河南省坚决落实中央关于人才工作的一系列重要战略举措，坚持党管人才原则，持续完善全省人才发展的顶层设计，提出建设国家创新高地、打造全国重要人才中心的战略目标，把实施创新驱动、科教兴省、人才强省战略作为"十大战略"之首，展现出大抓人才发展、坚持党管人才的坚强决心。

2. 推进政策迭代，构建立体有机的政策体系

科学合理的政策是创新人才发展的必备条件，河南根据具体省情和战略发展目标，适时推进创新人才政策的更新换代，构建出立体、有机、全面的创新人才发展政策体系，出台了一系列重磅政策，坚持引育并举、以用为本

着力构建带有河南特色的创新人才雁阵格局。

3. 深化体制机制改革，打破制约创新人才发展藩篱

创新人才发展体制机制改革是一项系统工程，涵盖创新人才的引、育、管、用等各个方面，链条长、头绪多，加快建设国家创新高地、打造全国重要人才中心，必须向改革要动力、用改革增活力，紧密结合河南实际，把准改革脉搏，理清改革思路，遵循社会主义市场经济规律、人才成长规律"两个规律"，不断破除人才发展所面临的体制性障碍和政策性壁垒。

4. 紧盯产业需求，打造产才融合的闭环生态

河南紧盯产业发展需求，持续打通人才链和产业链，营造产业、人才融合的闭环生态，持续深化创新链、产业链、供应链、要素链、制度链的"五链"耦合，将人才发展充分融入其中，驱动制造业高质量发展，推进传统产业换代升级、新兴产业重点培育、未来产业抢滩破冰，战略性新兴产业、高技术制造业占规上工业比重明显提升，新能源客车、光通信芯片、盾构等产业科技水平和市场占有率均位居我国全国前列。

5. 深化创新人才改革，厚植活力迸发的发展沃土

河南依照人才发展规律，持续深化人才发展体制机制改革，不断破除创新人才发展面临的体制性壁垒、政策性限制，厚植人才发展沃土，激发创新人才发展活力。

6. 建设引智高地，畅通创新人才国际双循环渠道

河南敞开大门，建设引智高地，广纳天下英才，畅通人才国际双循环渠道，呈现出人才总量稳步增长、结构持续优化、载体更加丰富、效能有效发挥、环境持续优化等良好人才发展态势。

7. 营造良好氛围，打响"老家河南"引才品牌

河南持续营造良好的引才氛围，通过"以才引才、以情引才、以侨引才"的方针，积极打响"老家河南"引才品牌，大力引进重要领域的高层次紧缺人才。深入实施中原英才计划，大力营造识才爱才敬才的人才发展生态环境。全方位、多角度地培养培育人才，引进用好人才，在创新平台建设上，着重服务嵩山实验室、神农种业实验室、黄河实验室等重点实验室，推行首席专家负责制，"一事一议"为人才提供个性化支持，全过程的跟踪服务，以针对性的邀约、同行专家的举荐等方式方法精准引进国际顶尖人才，支持自主组建科研团队，打造国家战略人才的河南梯队，推进重大创新平台建设取得新突破。

五、河南营造创新人才发展生态存在的主要问题及成因

（一）河南创新人才队伍建设中存在的问题

1. 人才流失严重

作为全国第一人口大省，河南拥有庞大的人力资源数量，但总体质量却较低。郑州大学是省内唯一一所 211 高校，2022 届毕业总人数 18 365 人，初次毕业去向落实率为 81.48%。毕业生中有 60.46% 的毕业生选择在省内就业，也就意味着近 40% 的毕业生在省外就业。其中大部分流向了京津冀、大湾区、长三角地区。

2. 人才资源的地域分布不合理

据调查，河南省 75% 的专业技术人员集中在大中城市，高层次人才 80% 左右集中在大中城市的党、群、团、科研院所和大中专院校，企业人才严重缺乏，存在大量人才浪费现象，限制了科技进步和经济增长方式的转变。

3. 人才结构不尽合理

高层次人才少，中、低层次人才多；涉工、涉农专业少，长线专业的人才多；基层和企业单位人才少，市区和事业单位人才多。河南高层次人才的专业、行业分布也不尽合理，在专业技术人员的专业和行业分布上，河南的工程技术人员和科学研究人员所占比重明显偏少。人才结构存在的问题突出表现为人才供给的专业技能、素质与企业、组织的人才需求不能对接。

4. 人才的创新和创业能力不强

河南省从事科技活动的人员中科学家和工程师所占的比重低于全国的平均水平。河南省获得科技进步奖项与山东省、甘肃省、安徽省相比相差甚远。河南省的科研物质条件、科技财力投入不足，在全国排名第 13 位。河南省科技成果产出总量不高，河南省国内发明专利授权专利数量居全国第 16 位，国内专利申请授权数居全国第 12 位，国际论文国内论文总数居全国第 14 位。

（二）河南缺乏人才的原因

相当一部分用人主体对人才问题重视不够，在选进人才时舍不得投入，条件很苛刻。河南在人才政策上，河南仍停留在户口、住房、职级等具体待遇上，而这些对真正优秀的人才已不再具有吸引力。经济发展整体相对落后，既是河南急需吸引留住人才的客观要求，又是阻碍河南吸引留住人才的

先天障碍。伴随市场经济的规模化和多元化发展，高级人才的主要载体正在由传统的文教、卫生、科研院所、党政机关转向多元化的市场经济组织，尤其是大型跨国公司、民营企业、高新技术产业等领域。河南不仅高新技术产业总量偏少，就连效益较好的大型企业也为数不多，国内著名企业更少，其他社会组织规模普遍不大，对人才的吸纳能力小，缺乏容纳人才的载体。缺乏有效的人才培养、管理体制以及人才激励机制、流动机制，缺乏依靠人才资本来提升自身价值的社会环境等。

六、河南省营造创新生态主要做法、举措及主要成效

近年来，河南把创新驱动、科教兴省、人才强省战略作为"十大战略"之首来强力推进。为全力构建一流创新生态，建设国家创新高地和重要人才中心，促进人才链与产业链、创新链、资金链深度融合，以源源不断的人才"活水"，推动河南传统产业转型升级、新兴产业快速发展、未来产业超前布局，为推动高质量发展蓄势赋能。2022 年 6 月 16 日，河南人才集团揭牌成立。这是河南省委、省政府强力推进创新驱动发展和全面深化改革的又一重要举措。

（一）全球引才，向世界发出河南声音

打造吸引集聚高水平人才平台，弥补河南省缺少专业猎头公司、引才手段不丰富等短板，推动形成"天下英才聚中原"的生动局面。

按照"创新资源在全国，孵化落地在河南"的思路，与中科院、清华大学等深度合作，打通"院所连接—成果引入—产业转化"的科技创新通道，实现"引进一个院士团队，取得一个前沿突破，引领一个产业发展"。比如，引进长电科技原 CTO（首席技术官）梁志忠博士团队在鹤壁落地总投资 15.1 亿元的先进半导体封装项目。

聚焦前沿科研领域，靶向引进院士团队、领军人才。协助引进西北工大黄维院士团队在河南大学落地柔性电子产业研究院，有效服务"双一流"建设；联系京沪等地豫籍博士圈，为省科学院、龙门实验室等科研院所和知名企业引进人才百余名。坚持市场化定向引才，破解企业发展"人才瓶颈"，累计为省属骨干国企和行业龙头企业引进高端金融人才、紧缺科技人才等 236 人，定制化服务中原证券在省属金融企业中首家市场化选聘总裁。

加快布局全球引才网络，组建河南唯一国际猎头公司，打造中原国际人才交付中心，建成 8 个海外引才服务站，签约聘任一批全球引才大使，打造河南省的"海外人才会客厅"，实现人才"全球选、河南用"。

（二）凝智聚力，以高端智库助推产业蝶变

主动对接国家和省创新发展相关战略，广泛链接国家实验室、省实验室等战略科技力量，搭建科研成果发布平台，为全省引入具有战略性、全局性、前瞻性的重大科技项目，打造"改革的思想库、决策的智囊团、管理的咨询家"。聚合"最强大脑"，与顶尖咨询公司、一流高校和知名研究机构建立合作。在河南省委人才办指导下，会同省社科院编制完成河南省首个人才蓝皮书，全面盘点河南人才"家底"，为人才高地建设建言献策。发挥专业优势，为20余家单位提供咨询服务。比如，为龙门实验室提供体制机制设计咨询服务，为鹤壁、许昌等地开发区提供"三化三制"改革咨询方案等。

积极牵线搭桥，做科技与产业间的接线板。聚焦中试服务，助推河南省科创体系建设。协同省创新投资集团，引入国家创新中心建设河南分中心，促进科技成果从"1到10"转化落地。在河南投资集团新拓洋生物建立中试基地，开展赖氨酸、阿洛酮糖等产品中试。

（三）全链服务，营造留才育才良好生态

把高层次人才服务"关键小事"当作"头等大事"，以人才需求为导向打造高品质综合服务体系，解决人才后顾之忧。

围绕全域服务，一体化铺设人才服务网络。坚持平台思维，搭台组局，聚合要素做生态，在省内服务网络全覆盖的基础上实现向京津冀、长三角和粤港澳大湾区等全国范围延伸。打造全省人才一张网，联合信阳、许昌、焦作、周口、新乡和郑东新区、金水区、中牟县等五市两区一县新组建8家人才集团。

围绕生活需求，完善高层次人才引进配套服务体系。设立省科学院、龙门实验室高层次人才服务中心，为省科学院半导体项目20余名高层次人才提供"离岸服务"。积极打通政府和市场服务资源，整合政策申请、医疗、出行、子女入学等事项，提供一揽子服务，把尊重人才落实为具体行动。

围绕创业需求，开发高层次人才服务后市场。针对高层次人才项目落地、产业运营等需求，帮助出谋划策，让更多"科研之花"结出"产业之果"。协助参与中科院微生物所合成生物技术产业化落地项目，帮助建立中试基地，组建运营团队，对接基金投资和产业资源，促成药用甘露醇等产品在河南转化落地。

（四）就业优先，汇聚万众之心激发创新创业活力

全方位支持人才创新创业，促进企业与求职者供需适配，推进"人人持

证、技能河南"建设，助力实现稳就业促生产。

搭建线上招聘平台。自主开发运营国资人才招聘平台"黄河人才网"，承接运营中国·河南招才引智创新发展大会线上招聘官网，全力服务第六届中国·河南招才引智创新发展大会。

以自主研发的"汇用薪"灵活用工结算平台为基础，开发"黄河灵工"灵活就业综合服务平台，累计服务近 10 万人次就业。设立人才发展事业部和职业技能培训学校，为 150 余家企业培养应用型专业技能人才超过 2 万名。

（五）数字赋能，深挖人才数据开发价值

构筑河南省高端人才、专业技术人才和潜力人才"数据资源湖"，提高人才招引"精度"、加大人才培养"力度"、拓宽人才来源"广度"。

打造数字底座，为产业提供"数智导航"。根据省委组织部安排，搭建涵盖两院院士、国家杰青等人才档案的高端人才地图，有机衔接人才类型、流向、分布与产业布局，实时掌握科研动向、流动趋势。目前，在库人才达 151 万人。助力夯实人才数据底座，为人才招引提供强有力的数据支撑。此外，链接千万量级的全球人才库，主动接轨国内外发达地区人才生态圈。

七、河南营造创新人才发展生态的对策建议

功以才成，业由才广。事业因人才而兴，人才因事业而聚。建设现代化河南，必须要有一支规模宏大、结构合理、素质优良的人才队伍，而一流生态是吸引人才、留住人才、用好人才的关键所在。

（一）做强重点产业，形成"以产为纲、产才相宜"的引才格局

产是才之基，才是产之魂，产业发展与人才引育是密切关联、相辅相成的关系，需要协同联动、一体推进。要突出"产才融合"理念，聚焦发展所需、企业所急、人才所盼，抓好"三个同步"，加快形成"以产为纲、产才相宜"的引才格局，做好产才融合文章。一是推动产业布局与人才发展同步规划。以此来推动产业人才精准对接，实现产才"同频共振"。二是推动招商引资与招才引智同步部署。三是推动产业资金与人才资金同步落实。

（二）做精载体平台，构建"多方合作、优势互补"的育才体系

要全力推进高水平大学和高水平学科建设，加大郑州大学、河南大学"双航母"建设高水平研究型大学支持力度，将河南科技大学、河南工业大学等高校打造成"双一流"建设第二梯队，提高高层次人才培养能力。以一

流创新平台引育一流人才团队。赋予顶尖科学家更大技术路线决定权、更大经费支配权、更大资源调度权，进一步推行"揭榜挂帅""赛马制"、PI 制等项目组织机制，综合运用公开竞争、定向择优、滚动支持等差异化的遴选方式，可由领衔科学家自主确定研究课题、技术路线、科研团队和经费使用等，建立顶尖人才有效整合资金、设备、人才等资源的新型科研机制。

（三）做优双创环境，营造"渊深鱼聚，林茂鸟栖"的留才生态

围绕让创新人才安心、安身、安业，积极开展"一站式服务""保姆式服务"，在感情上"厚爱一分"，在工作上"高看一眼"，在解难上"多帮一把"，聚焦创新人才高频服务事项，覆盖人才创新创业全生命周期，推进人才有关待遇落实，想方设法解决人才配偶就业、子女入学、住房安居、医疗社保、出入境和居留等方面的突出问题，解除人才后顾之忧，持续增强各类人才的满意度获得感，大力营造"此心安处是吾乡"的氛围。

（四）完善发展机制，以改革红利激发创新活力

向用人主体授权，为人才松绑，是人才管理体制改革的要害和关键。要简政放权，清权、晒权，并且确保权力在阳光下高效运行。要进一步保障和落实国有企业、高校、科研院所、公立医院等企事业单位和社会组织的用人自主权，在岗位设置、人员配备、职称评聘、收入分配等方面勇于放权、敢于放权。要着力打通企业和高校院所人才流通渠道，大力支持高校、科研院所等科研人员带着项目、带着成果、保留编制岗位到企业开展创新活动，真正把出台的配套政策落实到位。在人才使用上激"活力"。要坚持具体问题具体分析，针对高校、科研院所、企业等不同用人主体的不同特点和需求，通过制度、政策手段来"激活"主观能动性，推进"揭榜挂帅""赛马机制"，打破长期存在的论出身、论资历等束缚，让真正有能力的人脱颖而出。

（五）完善人才服务，打造"技术＋资本＋人才"三位一体新平台

全省上下要进一步完善"线上＋线下"人才服务机制，特别是在地方政务服务大厅要开辟人才"政务服务绿色通道"，为各类人才提供"一站式多元化"的人才服务。聚焦创新人才对高品质生活的实际需求，鼓励重点用人单位设立创新人才服务专员，着力解决子女入学、配偶就业、住房医疗等与人才密切相关的"关键小事"，消除创新人才创新创业后顾之忧。要打造多系统联动、多部门协同的创新人才管理及服务保障支撑体系，确保出台的政策可落地、简易办、效果好，让"黄金政策"发挥"黄金效应"，不断提高创新人才的满意度和获得感，让各类创新人才的创造活力在中原大地竞相进

收入分配、劳动关系及其他

发、聪明才智充分涌流。

参考文献

［1］边继云，逯飞．构建激发创新创业创造的高质量人才生态［N］．中国社会科学报，2020－07－15．

［2］陈锋，张昕．着力完善政策体系 全面激发动力活力为国家中心城市现代化建设提供坚实人才支撑［N］．郑州日报，2022－06－22（01）．

［3］陈希．必须抓好后继有人这个根本大计［N］．中国石化报，2022－03－23（04）．

［4］河南省人民政府．河南省人民政府关于印发河南省"十四五"人才发展人力资源开发和就业促进规划的通知［Z］．2021－12－31．

［5］金艾琳．创新人才"拉新"河南欲抢先机［N］．河南商报，2022－06－17（A03）．

［6］孙锐．构建"聚天下英才而用之"的支撑体系——十八大以来我国海外人才引进工作取得重要进展［J］．人民论坛，2018（6上）：118－122．

［7］孙锐，黄梅．人才优先发展战略背景下我国政府人才工作路径分析［J］．中国行政管理，2016（9）：18－23．

［8］孙锐．四十年人才强国路［J］．瞭望，2018（22）：38－39．

［9］孙锐．我国人才发展进入新机遇期［J］．瞭望，2017（49）：20－22．

［10］王长林．国内三大经济区招才引智的实践及对河南的启示［EB/OL］．（2022－04－11）．https：//theory.dahe.cn/2022/04－11/998669.html.

［11］谢忠阳．构建"近悦远来"的人才生态［N］．中国人事组织报，2021－16－26．

［12］闫仕彬．构建高品质的人才生态［EB/OL］．（2022－06－21）．http：//www.rmlt.com.cn/2022/0621/649904.shtml.

《河南省营造创新人才发展生态问题研究》
课题组成员名单

课题组长：

杨东风（河南省社会科学院创新发展研究所所长、编审）

执行组长：

史新建［河南《人才资源开发》杂志社办公室（科研部）主任、高级人力资源管理师］

课题组成员：

赵京龙（香港恒生大学商学院硕士研究生、河南《人才资源开发》杂志社助理研究员）

李洪智（河南省地质矿产勘查开发局第一地质勘察院高级经济师）

王　丽（河南工业贸易职业学院副教授）

杨　雪（河南高辉教育科技公司数据员）

王珊珊（河南《人才资源开发》杂志社中级人力资源管理师）

本课题由中国人事科学研究院和河南省社会科学院创新发展研究所所长共同完成。

中国人事科学研究报告
THE REPORT OF CHINESE PERSONNEL SCIENCE

促进教育、科技、人才 一体化发展路径研究 ——以贵州省为例①

提 要： 本研究立足于人力资本理论、系统理论、供给需求理论、战略管理理论、期望理论、场域理论，从体制机制维度、供给需求维度、时间维度、空间维度四个维度，将教育、科技、人才"三位一体化"分解成"十个一体化"。通过梳理教育、科技、人才的历史变迁，发现教育、科技、人才三者之间存在各自为政阶段、单极拉动阶段、双极拉动阶段、双极协同拉动、三角协同、三位一体化发展阶段。案例研究表明：需求拉动、顶层引领、文化氛围、社会稳定与治理、国际合作与交流是"三位一体化"的驱动因素。而在实践中，"三位一体化"也存在价值取向差异、协调机制缺乏、行动落实阻碍、结果检验困境等关键阻力因素。同时，本研究提出"三位一体化"发展中的政府调适路径，包括立足三位一体化发展需求、促进三位一体化发展目标融合、加强三位一体化发展的战略规划、监测三位一体化发展的全过程、把握三位一体化发展成效。

关键词： 教育 科技 人才 三位一体化 政府调适

---

① 本文系中国人事科学研究院 2023 年度课题"促进教育、科技、人才一体化发展路径研究——以贵州省为例"报告的部分内容。

一、引言

(一) 研究背景与意义

党的二十大报告将教育、科技、人才放在全面建设社会主义现代化国家的战略全局中统筹谋划、一体部署，强调教育、科技、人才"三位一体"协同发展，习近平总书记在 2023 年 1 月的中央政治局第二次集体学习上讲话提出要将"教育发展、科技创新、人才培养一体推进"，但"一体推进"现状不容乐观。基于国际视野看，截至 2021 年全国拥有博士学位的人才占全国总人口比例为 0.077% (2018 年美国为 2.35%)，硕士以上学历占人口比例为 0.98% (2018 年美国为 8.77%)，我国高层次人才的供给能力与发达国家差距较大；2021 年我国发明专利占当年授权专利总量比例为 15.11% (美国为 91%)，我国高校专利产业化率仅为 3% (美国为 50%)，我国科技创新质量和效率与发达国家差距较大；从国内情况看，国内高等教育区域配置、产业发展存在区域不均衡性，我国高等教育、科技创新与人才培养的整体发展水平不高、一体化水平较低。因此，本项目聚焦我国教育与科技、人才一体化 (以下本课题将"教育与科技、人才一体化"简述为"三位一体化") 发展机理及政府调适行为展开研究，是回应我国国情、落实党中央和国家各部委重大战略部署、助力高质量发展的有益探索。

(二) 文献综述

1. 教育、科技、人才一体化内涵

一体化通常指将原来分离的单位转变成为一个紧密的复合体 (卡尔·多伊奇，1992)，各分离的单位之间呈非线性关系，相互影响、相互制约 (魏宏森等，1994)。而教育、科技、人才一体化发展是三者呈现良性互动、一体衔接的一体化 (王见敏，2023)。从历史发展来看，教育、科技、人才三者之间是立体的、相互赋能的关系 (裴哲，2023)；从发展趋势看，人才发挥着引领作用，科技发挥着关键作用，教育具有决定性意义 (马陆亭，2023)。从要素配置视角看，教育、科技、人才在价值上具有共生性。从总体关系看，"教育、科技、人才"三者本质上是一种辩证统一、三角协调的关系 (周光礼，2023；段从宇，2023)。

2. 教育、科技、人才一体化实现路径

现有研究将教育、科技、人才一体化实现路径聚焦在价值理念、机制建立、政策保障、理论研究等方面。在价值理念方面，加强党的领导，从全面

建设社会主义现代化强国的高度形塑"三位一体化"新生态（刘在洲等，2023；郑金洲等，2023）。在机制建立方面，通过加强顶层设计，建立信息共享机制，实现信息交互使用（张会庆，2023）。在政策保障方面，健全三位一体化发展的政策法规体系，为教育、科技、人才一体推进提供遵循（郑金洲，2023；刘在洲等，2023）。在理论研究方面，运用多学科的视角研究三者的互动关系，构建三位一体化发展的科学评价体系（郑金洲，2023）。

3. 教育、科技、人才一体化发展困境

在治理逻辑方面，教育、科技、人才三者一体化发展面临价值取向差异、协调机制有待完善等治理困境（郑金洲，2023）。从三者的"组织"关系上看，教育、科技、人才分别隶属不同的国家部委，有各自的组织体系、行动纲领（刘在洲、汪发元，2023）。在系统内部各要素方面，教育、科技、人才"三位一体化"系统内部各要素分布不均，易造成教育、科技发展和人才需求相脱节（张会庆，2023）。在价值维度方面，教育、科技、人才在各自场域中存在价值标准不一致的问题，易导致这三个场域中的评价体系无法贯通（张正清，2023）。

4. 文献研究述评

学者们已围绕"三位一体化"发展进行了有益探索，但仍存在不足：一是现有文献关于"三位一体化"基本内涵未达成共识；二是现有文献未涉及"三位一体化"发展阶段划分与演进路径判断；三是现有学者未系统回答一体化推进的主体——政府部门在不同阶段的介入方式与调适路径的问题。

二、"三位一体化"发展的内涵

（一）核心内涵

发展战略一体化设计。发展战略设计是确定发展方向、明确发展质量的过程。要推进教育、科技、人才一体化发展，当站位高远，设计一体化发展战略。

发展目标一体化统筹。一体化目标是在共同方向指引下的"三位一体"融合发展的期望设定，阶段性目标是在不同发展阶段的期望设定。应当系统规划教育、科技、人才发展目标。

协调机制一体化构建。按照"三定"方案，教育、科技与人才发展相关的职能部门在职能、职责上交叉较少。可探索设立教育、科技、人才一体化发展领导小组，协调推进一体化发展目标与任务。

政策供给一体化筹划。政府部门应当建立协调统一的行动原则，明确完成任务目标需要遵行的一般步骤，这是提升资源配置效率的重要举措。

场所空间一体化布局。推进高等教育机构、科技创新主体、人才培养引进的场所空间一体化布局，有利于打造同频共振的物理空间、缩短三者互动的时空距离。

平台载体一体化配置。促进现有教育平台、科技创新平台、人才发展平台相互融合，促进新建平台兼备教育、科技与人才发展三大职能，推进设备共用、平台共享。

工程项目一体化部署。推进教育、科技、人才与工程项目一体化部署，促进教育项目兼容科技创新、科技创新促进人才培养、人才培养反哺科技与教育发展。

人才队伍一体化发展。推进教育、科技与人才开发工作队伍均承担起教育发展、科技创新与人才培养引进工作，是实现人尽其才、才尽其用的关键。

资金资源一体化安排。充分发挥资金资源配置对教育发展、科技创新、人才发展引导与支撑作用，实现三类资金资源一体化归集、统筹安排，提升资金使用效率。

绩效评价一体化推进。各个部门协调发力的过程中会产生权责不清、一体化意识不强等问题。对一体化开展过程以及产生效果进行绩效评价，是促进一体化建设的重要抓手（见图1）。

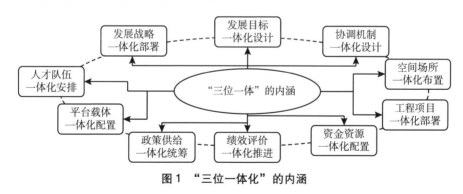

图1 "三位一体化"的内涵

（二）基本原理

体制机制维度，包括人才队伍一体化安排、协调机制一体化设计。从人力资本理论、系统理论出发，研判教育、科技、人才三者之间的人才队伍要素配置、统筹协调。由党委组织部门进一步加强管理。从源头上明晰各部门的分工和侧重。

供给需求维度，包括政策供给一体化统筹、资金资源一体化配置。立足供给需求理论视角，建立教育、科技、人才一体化的政策供给体系。通过供需一体化更好实现人才强国的战略目标。

时间维度，包括发展战略一体化部署、发展目标一体化设计、绩效评价一体化推进。运用战略管理理论、期望理论等，剖析教育、科技、人才三者的交叉点。

空间维度，包括空间场所一体化、平台载体一体化、工程项目一体化。从场域理论出发，上述一体化有利于实现价值共创，从内在联系中创造溢出效应。

三、"三位一体化"发展机理：演进规律与发展模式

（一）各自为政阶段

教育、科技、人才各自为政的特征主要表现为在某个领域中教育、科技和人才各自独立发展，缺乏有效的整合与协同合作。从三者的历史起源分析，教育、科技、人才三者在人类历史上并非同频出现的，并未产生密切联系。从三者的作用来看，差异较大。从三者的"空间"关系上看，虽然三者都是国家事业的组成部分，但在实践运行上各有侧重，各自占据国家事业发展的不同位置。从三者的"组织"关系上看，分别隶属不同的国家部委和社会生活领域中的独立子领域，有各自的组织体系、行动纲领、步骤、政策和措施，主体不完全一致、政策不一定共融，它们之间有实践联系而并无行政关联，也没有明确形成国家管理中的跨部门联动。回顾中国近代发展历程，在 1956～1966 年全面建设社会主义的十年，教育事业发展取得一定成就，社会主义教育进入全面建设和开始独立探索的阶段；1956 年召开的全国知识分子问题会议，极大鼓舞了广大知识分子投身社会主义事业的积极性；同年，中共中央发出"向科学进军"的伟大号召，同意《1956－1967 年科学技术发展远景规划纲要（修正草案）》作为试行方案付诸实施，此时处于教育、科技、人才各自为政阶段。

（二）单级拉动阶段

随着经济社会的发展，教育、科技、人才三者的发展已经逐步脱离各自为政的阶段，各个领域开始走向融合发展，教育、科技、人才三者关系转变为单极拉动。

一是教育拉动科技、人才发展。一方面是教育拉动人才，促进人才发展。如南京的民国教育建构起了中国近代教育体系的基本框架，培养出大量人才。另一方面教育拉动科技，如中关村的西北部和北部紧靠北京大学和清华大学，大学研究推动了科技的发展。

二是人才拉动教育、科技发展。人才是科技与教育的"支撑者"，人才是科技和教育发展的主体。深圳改革开放到 2010 年，率先在全国实行诸如劳动合同制、公开招考、公开招聘等聚焦人才的措施，拉动产业发展，产业又是科技的载体，达到了人才拉动科技发展的效果。

三是科技拉动教育、人才发展。科技拉动人才发展，如 2011～2020 年，深圳市依托科技型企业在经济发展上取得显著成效，科技型企业最核心的要素就是科技人才，因此，科技拉动了人才发展。与此同时科技的应用使得教育传播和研究更加便捷、深入，因此科技发展又拉动教育发展。

（三）双极拉动阶段

双极拉动意味着任何一个创新基地的成功必然存在教育、科技、人才三个要素中的任意二者共同发挥作用。"中国光谷"的发展历程便是典型的双极拉动阶段。光谷成立之初，拥有 58 名两院院士、20 多万名各类专业技术人员和 80 多万名在校大学生，并聚集的 42 所高等院校及 56 个科研院所；2009 年出台"3551 光谷人才计划"；至 2022 年，光谷与本地大学联合建设湖北实验室 3 家、国家创新中心 3 家、工研院 9 家、大学科技园 5 家。光谷的发展历程证明，教育、人才双极拉动科技发展的过程，其实是创新驱动发展的一个必然阶段。事实上，教育、科技、人才三者从单极拉动阶段到双极拉动阶段是时代的发展，也是历史的必然。

（四）双极协同拉动阶段

教育、科技、人才三者之间的双极协同拉动是双极拉动的进阶版。双极协同拉动阶段不单单是两两交互，更重要的是深刻把握两两之间产生拉动力的内在逻辑。如中关村借助各科研院所及高等院校等在此集聚的优势，从科技、教育从双级拉动人才发展进阶为双级协同拉动人才集聚发展。再如深圳市南山科技园由于企业科技创新实力强，吸引了资本、人才不断汇聚，而高层次人才又进一步促进城市经济、科技的发展，进而形成科技、人才协同发展，共同拉动南方科技大学、深圳技术大学等新型研究型大学落地生根，带动深圳教育的良性发展之路，形成完善的教育、科技、人才生态体系。

（五）三角协同阶段

我们党从国家发展顶层设计的高度，出台系列政策明确了教育、科技、人才在国家发展和经济社会发展中的多元协同联动关系，如 2003 年中共中央、国务院发布的《关于进一步加强人才工作的决定》、2005 年的《十六届五中全会公报》、2012 年党的十八大报告提出的创新驱动发展战略等。各行业在发展的过程中也逐步认识到教育、科技、人才三者协同的重要性，如深圳已从"科技＋人才"协同拉动教育发展转变到教育、科技、人才三者协同拉动深圳经济发展阶段。又如成都眉山天府新区成立以来的发展也深刻体现了教育、科技、人才协同发展对其经济发展的重要作用。

（六）三位一体化阶段

教育、科技、人才三者的关系是一种辩证统一、价值共生、三角协调、三位一体化的关系，三者共同统一推进国家事业发展，其三者关系历经各自为政、单级拉动、双极拉动、双极协同拉动、三角协同等阶段，三者一体化水平逐步提升，最终呈现三者融合一体化发展的演进趋势，深圳光启高等理工研究院与华大基因机构两大新型研发机构是教育、科技、人才一体化融合发展的有力证明（见图 2）。

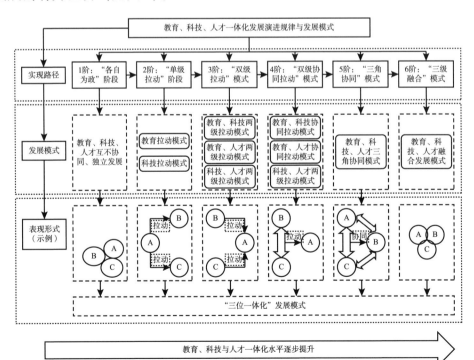

图 2　教育、科技创新、人才培养一体化发展演进规律与发展模式

四、"三位一体化"驱动因素与障碍因素识别

（一）引领"三位一体化"发展关键性动力因素

需求拉动：经济社会发展需求是教育、科技、人才一体化发展的核心动力。本地经济社会发展需求决定了三者一体化发展路径的方向选择、融合时间长短、融合成效的差异，是一体化发展路径选择的主要影响因素。

顶层引领：大政方针是驱动一体化发展走向的驱动力。党的二十大报告首次对教育、科技和人才进行一体化论述，这彰显出党中央对教育、科技、人才事业的高度重视，体现出党中央对教育、科技与人才的关联性思考和整体性布局考量。

文化氛围："大众创业、万众创新"激发一体化发展活力。文化氛围是撬动一体化发展的持久杠杆，是促进一体化各要素互相之间产生化学反应的催化剂。良好的文化氛围有助于培养丰富的人力资源，激发创新和科技进步，推动教育和社会的发展。

社会稳定与治理：自由、平等、公正、法治构造一体化发展推力。作为社会层面内容，自由、平等、公正、法治构建了一体化发展良好氛围，推动一体化持续、健康发展，对于推进一体化事业发展有着重要意义。

国际合作与交流：推动一体化持续、健康发展的引力。深化与海外知名高校和科研机构的合作，开展跨学科、跨高校、跨国界、跨产学研的协同创新，有力支撑了一体化发展的需要。

（二）制约"三位一体化"发展的关键性阻力因素

价值取向差异：教育、科技、人才的价值取向形成合力有一定困难。教育具有重复、封闭、保守的一面，科技具有自我革新倾向，人才具有自我选择特质。教育、科技、人才三者在价值取向方面如何整合进而形成合力，是一个难题。

协调机制缺乏：一体化发展的协调机制有待健全。目前，一体化系统自身处在建设之中，体系不够完备、布局缺乏合理性问题突出，教育、科技和人才发展由不同的部门负责，部门之间的壁垒使得彼此之间缺乏有效的沟通和协作，导致协调一体化发展困难。

行动落实阻碍：宏观体系对接困难、中微观层面疏离的现象严重。教育、科技、人才三者的高质量体系建构尚未完成，制度体系不完善，教育、科技、人才发展的制度体系存在不完善和不协调的问题，缺乏统一的政策和

指导，导致各个层面之间难以对接和协同发展。

结果检验困境：一体化发展的政策效果检验存在主观性，治理结果具有不确定性。教育、科技、人才三位一体化的治理，面临着目标多元、要素多样、主体多元、体系庞大、环境复杂等问题，治理过程呈现动态化特征，这使得治理结果具有不确定性。

五、贵州省一体化发展现状与问题

（一）贵州省一体化发展水平现状

在教育方面，贵州省出台的《推进教育科技人才"三位一体化"协同发展的九条意见》中要求贵州省各高校要结合自身办学定位和特色，积极推动"三位一体化"发展。并在 2023 年全省教育工作会议要求，要抓形势、抓理念、抓重点推进教育科技人才工作、深化教育领域综合改革。

在科技方面，贵州省科技厅召开科技人才工作部署会将科技人才工作放在推动高质量发展的重要位置，统筹推进人才工作。在《贵州省支持科技创新若干政策措施》中旨在通过加强科技投入、人才培养、成果转化、平台建设等措施，推动贵州省科技创新和经济发展。

在人才方面，贵州省科协与清镇职教城开展共建合作，共建职教城以汇聚教育、科技、人才强大合力为基础，全面助力"筑人才·强省会"行动，不断推动建立产学研用融合创新联合体和协同创新共同体，促进人才、信息、科普、宣传、技术等方面的资源共享。

梳理发现当前贵州省关于教育、科技、人才一体化发展主要集中在教育政策方面，而关于科技和人才的较少。总的来说，贵州省高等教育规模显著增长，但教育质量和资源不均衡问题仍然存在，教育与科技融合度仍处于相对失调的状态，过度依托高校和研发机构知识转移途径来提升科技创新水平，而科技创新反哺高等教育的主体作用发挥仍显不足，同时存在学科培养的人才综合素质相对不足、产学研结合不够紧密、人才培养定位不准等问题。因此，贵州省当前教育、科技、人才的整体水平较低，一体化发展起点较低。

（二）贵州省一体化发展面临问题

1. 发展战略一体化顶层设计缺位

立足实际来看，贵州省向纵深推进教育、科技、人才未形成一体化布局，究其原因，发展战略一体化的顶层设计缺位，且纵深推进不足，发展过程中各为其政，彼此之间交集和融合较少。

2. 发展目标一体化期望偏差

贵州省目前在这方面是明显缺失的，如传统教育所培养和造就的人才队伍与用人单位实际发展对人才的目标期望存在差异，高校教育所传授知识作为理论实践支撑和方向引导，但缺乏实践践行理论，造成教育内容与发展实际存在偏差。

3. 协调机制一体化合力较弱

贵州省在实际推进过程中，由于缺乏完善的协同机制，没有从全过程、全方位等视角将"三位一体化"视作一个整体，难以拉动教育、科技、人才形成整体加强、共同发展的格局。

4. 政策供给一体化统筹缺位

教育、科技、人才政策供给一体化统筹力度较弱仍是当前贵州推进"三位一体化"发展面临的困境，三类政策间协调配合不足，无法集聚各类政策，形成强大的政策合力。

5. 空间场所一体化布局失宜

贵州省高等教育机构多集中分布在贵安新区，新区基础配套设施不健全，除高校内部科技创新主体、人才培养引进场所外，较少集聚于贵安新区，物理空间场所一体化布局失宜导致三者在贵州存在各自发展、碎片化发展的现象。

6. 平台载体一体化配置不足

集教育、科技、人才一体化发展的新型研发机构较少，高校成果转化的平台与场景缺乏，教育、科技创新和人才发展部门与平台之间部署联动不足，平台三位一体化的整合面临诸多困难，"三大平台"相对割裂，耦合发展不足。

7. 工程项目一体化部署不力

贵州省在部署教育、科技、人才项目与工程时能紧盯三者任务目标，但仍存在部署不均、部署偏向性问题。将教育、科技、人才发展工程项目一体化项目设计与部署，促进教育工程项目兼顾科技创新与人才培养目标，促进科技创新与人才培养工程项目反哺教育，将是推进"三位一体化"发展的基本要求。

8. 人才队伍一体化融合不全

除教育发展能促进科技创新和人才培养外，科技创新和人才培养引进工作更多倾向于履行自身职能，教育人才队伍、科技人才队伍与产业人才队伍三者之间共享共用较少，较少同时承担三者的工作职能，人才队伍一体化融合发展不健全。

9. 资金资源一体化安排不畅

在资金资源配置和使用上，各个责任主体联系较少，更多是从各自领域出发，进而增加了资金资源共享的难度。资金资源由于缺乏协同整合，往往只适合其中一个领域，很难在更大范围内高效配置资金资源。

10. 绩效评价一体化推进受阻

由于教育发展、科技创新、人才发展三者目前仍存在目标理解不一致、绩效衡量标准不同以及三者责任主体主观因素的影响等现状，贵州省目前推进一体化评价教育、科技、人才绩效不足。另外，绩效评估尚属于自发、半自发状态，未统一规划，全面一体化推进存在困难。

六、"三位一体化"发展中的政府介入机制与调适路径

（一）需求牵引：立足三位一体化发展需求

1. 要围绕教育发展需求促进教育现代化

面对新形势，高等教育如何在区域向度下，统筹解决当下和未来发展中的人才培养问题、"卡脖子"技术问题、原始创新问题，如何强化专业学科优势，进行差异化办学，真正在经济社会发展中发挥价值，这些值得政府部门和广大教育者深思。

2. 要围绕人才发展需求培养人才

要围绕人才服务，加大资金支持力度，进一步优化政策，搭建更多的人才成长平台载体，做到真心爱才、悉心育才、倾心引才、精心用才。要围绕发展赋能，政府部门、学校、企业要形成合力，实现产学研有机融合，实现创新链、产业链、技术链、人才链有机衔接，着力在重大课题和任务上解决"卡脖子"的问题。

3. 面向经济社会重大需求促进科技创新

政府相关部门应主动对接科技创新需求，加快构建全方位技术技能人才服务保障体系，构建以龙头企业牵头、高校院所支撑、创新实体通力协作的创新联合体，进一步提高关键核心技术的集成攻关成效，为经济社会发展提供"加速度"。

（二）目标融合：促进三位一体化发展目标融合

1. 促进教育与科技创新相融合

高校要主动适应科技创新趋势，优化学科专业结构，明确学科发展方

向，努力构建独具特色的学科体系。对于科技创新，教育要主动适应科技创新规律，鼓励创新活动瞄准前沿、交叉融合，以科技创新推动教育现代化。

2. 促进教育发展与人才培养相融合

把握学科发展规律、人才培养规律，做强传统优势学科，做优特色学科，做精适应战略需求学科，并建立学科专业动态调整机制。对于人才培养，要保持学科专业设置相对稳定，把握高等教育高质量发展要求，积极稳妥推进教育教学组织改革。

3. 促进人才发展与科技创新相融合

科技创新和人才培养相辅相成，应深刻把握科技创新与人才培养的辩证关系。加强对高素质人才的培养，有效解决科技创新中制约性、瓶颈性问题，进一步提升培养一流人才、服务国家战略需求、争创世界一流的能力和水平，为全面建设社会主义现代化国家提供有力支撑。

（三）战略部署：加强三位一体化发展的战略规划

1. 一体化战略目标分解

一体化战略目标内涵丰富，将一体化战略目标分解，形成分领域、分阶段、分层次的目标体系，有助于识别"三位一体化"目标之间的协调性、目的可达成性、实现路径的可行性，是确保"三位一体化"发展目标实现的关键步骤。分解是确保三者一体化有效实施的关键步骤，影响着三者一体化总体目标最终能否达成的关键环节，有助于提高三者一体化总体目标的明确性和可操作性，实现三者一体化总体目标达成的协调和一致性。

2. 一体化战略路径选择

根据教育、科技、人才的特征与发挥的作用，三者协调发展可有三条可选择的实施路径：基于教育的基础性作用，走教育优先发展之路；基于人才的支撑性作用，走人才引领驱动之路；基于科技创新的动力，走科技自立自强之路。

3. 一体化资源配置体系设计

一体化资源要素的合理配置是一体化发展的核心功能，也是促进一体化高质量发展的重要支撑，要充分配置好教育、科技、人才一体化发展所需的人力、物力、财力资源，构建支撑三位一体化发展的信息流、资源流、人才流，高效配置一体化发展所需要素资源。

4. 一体化协调机制设计

应建立健全信息共享机制和协调整合机制，充分运用大数据、智能化等手段，实现政府部门之间信息的交互使用，使各部门确实掌握三领域相关信

收入分配、劳动关系及其他

息，加强各部门之间的联动与协调，打破各层级间的信息壁垒，促进教育、科技、人才三者一体化发展的战略部署。

（四）过程管控：监测三位一体化发展的全过程

1. 评估一体化阶段目标达成情况

为最大程度发挥目标的引领和指导作用，建立阶段"三位一体化"阶段性目标达成评估制度机制，及时反馈目标实施过程中的薄弱环节和障碍因素，判断制约目标实现的风险点，对于确保教育、科技、人才"三位一体化"发展目标显得至关重要。

2. 评估一体化路径选择的科学性

为减少一体化推进过程中的变动性，应提前做好目标规划，找出一条能够高质量实现目标的最佳路径。坚持路径选定之前，要对路径实现的可行性、科学性进行评估，路径选定后在推进过程中也要对其进行评估，判断是否按照目标路径行进，进而进行全过程监测，最终顺利推进教育、科技、人才一体化发展。

3. 评估一体化资源配置效率

通过评估一体化发展过程中的人力资源、物质资源、财务资源等，了解资源的利用效率、资源的利用率、资源的配置是否合理等。根据评估结果，制订资源使用计划，确定资源的使用方式、时间、地点等，同时考虑资源的利用成本、质量等因素，为各责任主体部门制订优化资源使用计划。

4. 评估一体化协调机制运行状况

各部门要做好协调工作，在认真履行自身职能的同时，要建立相互协调、密切配合的协调机制。同时，要及时监控协调机制运行状况，及时掌握在一体化推进过程中因各方协调不当的原因造成的情况，根据结果反馈及时更新健全协调机制，构建和谐的一体化发展环境。

（五）成效反馈：把握三位一体化发展成效

1. 建立整体性成效评估机制

在过程管控的基础上，对目标达成、路径科学性、资源配置效率以及协调机制的运行效果进行总结性评估，整体把握"三位一体化"发展的成效。

2. 建立效果反馈机制

建立合理的反馈机制，首先要打通效果反馈通道，通过会议、文件、网络平台等线上和线下结合的方式畅通效果反馈通道，使反馈不受阻。其次是注重效果反馈的时效性，明确效果反馈的周期，定期反馈评估效果，并根据反馈结果及时改进机制问题，提高一体化发展的实效性。

参考文献

［1］段从宇，胡礼群，张逸闲．中国式现代化进程中教育、科技、人才三者关系的科学识辨与正确处理［J］．教育科学，2023，39（2）：48－55.

［2］卡尔·多伊奇．国际关系分析［M］．周启朋，等，译．北京：世界知识出版社，1992.

［3］刘在洲，汪发元．教育、科技、人才一体推进的内在逻辑与实践方略［J］．中南民族大学学报（人文社会科学版），2023：1－10.

［4］马陆亭．高等教育学的知识逻辑［J］．北京教育（高教），2023（7）：27.

［5］裴哲．中国式现代化进程中教育、科技、人才的集成功能探析［J］．思想理论教育，2023（2）：27－33.

［6］王见敏．教育、科技与人才一体化发展内涵的几点思考［J］．当代贵州，2023（7）：79.

［7］魏宏森，曾国屏．试论系统的整体性原理［J］．清华大学学报（哲学社会科学版），1994（3）：57－62.

［8］张会庆．复杂科学视域下教育科技人才"三位一体"系统：逻辑必然、运行机理与构建路向［J］．江淮论坛，2023（3）：16－24.

［9］张正清，孙华丰．教育发展、科技创新、人才培养一体推进的价值维度［J］．北京航空航天大学学报（社会科学版），2023，36（3）：20－26.

［10］郑金洲．教育、科技、人才一体化发展：内在逻辑与困境突破［J］．南京师范大学学报（社会科学版），2023（3）：5－15.

［11］周光礼，赵之灿，耿孟茹．高等教育资源空间布局及其对区域科技创新能力的影响——基于中国五大城市群的实证研究［J］．现代大学教育，2023，39（1）：66－75，112.

《促进教育、科技、人才一体化发展路径研究——以贵州省为例》
课题组成员名单

课题组长：

王见敏（贵州人才发展研究所所长、教授）

课题组成员：

何永松（贵州人才发展研究所副所长、副教授）

刘忠艳（贵州财经大学公共管理学院副教授）

姜玉勇（贵州财经大学管理科学与工程学院副教授）

王　侨（贵州财经大学工商管理学院副教授）

阎小红（贵州财经大学公共管理学院讲师）

罗永飞（贵州财经大学公共管理学院研究生）

吴　迪（贵州财经大学公共管理学院研究生）

冯　英（贵州财经大学公共管理学院研究生）

张时容（贵州财经大学公共管理学院研究生）

宋泽洋（贵州财经大学公共管理学院研究生）

黄雨馨（贵州财经大学公共管理学院研究生）

林娇娇（贵州财经大学公共管理学院研究生）

本课题由中国人事科学研究院和贵州人才发展研究所共同完成。

人工智能背景下科技创新
人才心理状态调查研究[①]

提　要： 人工智能作为新一轮科技革命的重要引擎，在引发人类生产生活实践重大变革的同时，推动着新产业的发展，在劳动力与就业、科学研究和科技伦理等多个领域带来发展机遇与挑战。新发展阶段，实现我国高水平科技自立自强的关键在于科技创新人才。面对人工智能给科技行业带来的新的"冲击波"，科技创新人才所面临的职业挑战和心理状态值得关注。本课题通过文献研究法和问卷调查法，聚焦于人工智能通用大模型的快速发展对科技创新人才心理状态的影响，对分布在生物医药、信息通信、量子信息等行业的科技创新人才发放问卷并进行数据分析。结果表明：人工智能通用大模型给科技创新人才的工作带来的技术赋能感大于人工智能焦虑感，在提升工作的完成速度、质量、表现等方面发挥了较为积极的作用。岗位类别和使用频率的不同会对科技创新人才心理状态造成显著性影响，具体而言，科技创新创业类岗位和高频率使用人工智能通用大模型的科技创新人才的技术赋能感得分最高。相关部门应动态监测相关网络舆情，关注科技创新人才职业发展诉求变化；积极促进科技创新人才的人工智能适应性与技术能力培养；出台相关行业监管法律填补人工智能发展安全漏洞。更好助力人工智能通用大模型工具更好地和其他科技创新技术发展融合，促进科技创新人才队伍长

---

① 本文系中国人事科学研究院 2023 年度课题"人工智能背景下科技创新人才心理状态调查研究"报告的部分内容。

期良性发展。

关键词： 人工智能 科技创新人才 人工智能焦虑感 技术赋能感

一、引言

（一）研究背景

近年来，社会技术革新进程日益加快，人工智能领域呈现出飞速发展和应用逐步广泛的态势，以新一代信息技术为支撑的人工智能正逐渐成为新时代产业革命与社会经济发展的新型支撑力量。

国际层面，世界各国科技创新进入前所未有的活跃期，数字经济、人工智能等领域迎来重大变革，国际科技竞争形势瞬息万变。随着计算资源和数据量的增加，语言模型的规模和性能不断提升，出现了一系列具有创新性和影响力的人工智能通用大模型。

国内层面，为了把握新一轮科技革命和产业变革，抢占全球科技竞争的制高点，我国出台了一系列政策，引导产业发展和研发创新。2021 年 3 月，《中华人民共和国国民经济和社会发展第十四个五年规划和 2035 年远景目标纲要》将新一代人工智能列入七大科技前沿领域之一。2022 年 8 月，科技部、教育部、工业和信息化部等六部门联合发布《关于加快场景创新以人工智能高水平应用促进经济高质量发展的指导意见》，系统指导各地方和各主体加快人工智能场景应用。党的二十大报告指出，要推动战略性新兴产业融合集群发展，构建新一代信息技术、人工智能等一批新的增长引擎。在政策支持下，我国人工智能领域的创新成果不断涌现，人工智能产业迈入快速发展的上升阶段。

作为引领新一轮科技革命的动力引擎，人工智能不断渗透并改变人类生产生活实践，并在这一过程中对劳动力市场、产业转型和科技伦理等多个领域产生不可忽视的影响。新发展阶段，实现我国高水平科技自立自强的关键在于科技创新人才。面对人工智能给科技行业带来的新的"冲击波"，科技创新人才所面临的职业挑战和心理状态值得关注。本课题将对人工智能背景下科技创新人才心理状态展开进一步研究，为优化科技创新人才队伍建设方案提供现实基础。

（二）研究意义

1. 理论意义

一是探索人工智能通用大模型对科技创新人才心理状态的影响机制。采用调查研究有助于从认知、情感和行为方面揭示人工智能对科技创新人才心理状态影响的内在机制，丰富有关领域的理论研究基础。

二是分析人工智能通用大模型在科技创新领域中的角色定位。本研究有助于进一步揭示相关工具在科技创新中扮演的具体角色，从而为促进人才与技术的发展融合提供更好的理论理解和应用方案。

2. 实践意义

一是促进人工智能通用大模型应用发展与科技创新人才队伍建设的融合。通过了解人工智能如何在工作环境中支持和影响创新人才，帮助科技创新人才在日常工作中更好地应用人工智能技术，提升该类工具与人才日常工作的协同效能感，促进科技创新人才队伍长期良性发展。

二是提升人工智能技术更新迭代背景下科技创新人才的工作效能。本研究有助于识别出对科技创新人才职业成长发展的有益因素和支持策略，帮助他们提升工作效能和创新能力。

三是寻找人工智能技术迭代冲击下的心理焦虑的应对策略。本研究有助于识别相关领域的人才发展面临的潜在问题与挑战，并提出相应的应对策略。

（三）研究方法

1. 文献研究法

本研究详细收集了人工智能行业发展相关报告及政策，梳理了学界对人工智能给劳动力市场带来的影响的观点及论证，并系统结合人工智能伦理有关的理论，提出人工智能对科技创新人才带来的焦虑感和赋能感的"价值红线"。

2. 问卷调查法

本课题围绕人工智能焦虑感和技术赋能感设计调查问卷，其中人工智能焦虑感测量借鉴李和黄（Li and Huang，2020）制定的人工智能焦虑感量表，技术赋能感借鉴穆尔和邦巴萨（Moore and Benbasat，1991）的技术进步感知幸福量表，综合衡量个体面对人工智能技术进步所产生的感知。

二、核心概念界定

（一）人工智能

人工智能是一门研究如何使计算机能够模拟、模仿和执行人类智能活动的科学与技术。[①] 它涉及构建智能系统，使其能够感知、理解、学习、推理、

---

① 网络安全等级保护与安全保卫技术国家工程研究中心．通用人工智能 AGI 等级保护白皮书［R］. 2023.

决策和交互，以解决复杂的问题和执行各种任务。

大语言模型是指具有大量参数的机器学习模型，被认为是走向通用人工智能的重要途径之一，是一代代语言模型经过不断继承、优化和迭代的结果。

本文主要聚焦于人工智能通用大模型，包括 ChatGPT、GPT‑4、文心一言、清华 ChatGLM 等。以 ChatGPT 为例，ChatGPT 具有强大的通用性能力和逻辑推理能力，能够进行聊天对话、邮件撰写、诗歌创作、代码编写以及商业提案制定等，发布 2 个月内活跃用户达 1 个亿，它的诞生标志着通用人工智能迈向新的发展阶段。

（二）科技创新人才

对于科技创新人才的定义，目前学界尚未有统一的界定。林泽炎等通过实证研究发现创新型科技人才具有创新意识和能力、敏锐观察力、深厚的专业积累与稳定的研究方向、严谨的方法和系统思维能力的特质。孙殿超等认为创新作为科技人才的内核，以"科技创新人才"为表述更为精确。陈云等结合相关政策文本，认为科技创新人才是服务于科技创新价值链的各工作环节之中的人才。[①]

本文在参照前人学者研究的基础上，结合本课题调研需求，将科技创新人才分为基础研究类、应用与技术开发类、成果转移转化类、科技管理服务类、科技传播咨询类、科技创新创业类等，聚焦生物医药、材料科学、信息通信、量子信息、人工智能、集成电路等重点领域进行调研。

三、人工智能发展带来的就业影响及心理感知

（一）人工智能发展带来的就业影响

人工智能对就业的抑制和促进并存，其影响机制在于替代效应、补偿与创造效应综合作用。

1. 积极观

持有这种观点的学者认为，人工智能对就业的创造效应大于替代效应，人工智能的发展将增加就业规模。何勤和邱玥（2020）发现，人工智能通过产品创新对就业规模产生显著的正向效应；[②] 杨利利（2021）认为，人工智能会

---

① 陈云，黄意夏，郭嘉宁. 我国区域科技创新人才政策比较分析［J］. 武汉理工大学学报（社会科学版），2022（35）.

② 邱玥，何勤. 人工智能对就业影响的研究进展与中国情景下的理论分析框架［J］. 中国人力资源开发，2020（37）.

推动关联产业发展，开拓新型智能领域，催生新的平台经济、零工经济和智能经济，如"云劳动""网约零工""工作优步化"等新兴数字劳动用工方式。[①]

2. 消极观

持有这类观点的学者认为，人工智能的替代效应大于创造效应，人工智能的应用将会减少劳动力就业规模。针对人工智能对劳动力市场的影响机制问题，据麦肯锡等研究分析，预计2016~2030年，中国被替代的全职员工的规模在4 000万~4 500万；郑世林（2023）等提出，ChatGPT的出现对不同技能的劳动者的影响也是不同的，其中中等技能劳动者受到影响较大，而高等和低等技能劳动者受到影响相对较小。[②]

（二）人工智能发展带来的心理感知

1. 人工智能焦虑

约翰逊等（Johnson et al.）在2017年首次提出AI焦虑的概念，并将其定义为个体对人工智能失去控制的恐惧和焦虑（2017）。王等（Wang et al.，2019）将AI焦虑划分为四个维度：学习焦虑、人工智能配置恐惧、工作替代焦虑和对人工智能技术未知的焦虑。[③] 李和黄（Li & Huang, 2020）提出AI焦虑包含学习焦虑、隐私侵犯和缺乏透明度等八个维度，进一步拓展了研究范围。[④] 陈雪娇等（2019）通过实证研究发现，在人工智能语境下，制造业从业人员普遍产生了不同水平的职业焦虑，最为典型的焦虑源为失业焦虑（54.1%）和生产安全焦虑（40.7%）。关于后效作用，黄丽满等（2020）结合技术接受模型，发现员工人工智能焦虑显著正向影响员工知识共享行为。[⑤]

2. 技术赋能感

技术赋能感是指员工对于新兴技术（尤其是信息技术和人工智能）如何提高他们在工作中的表现和效率所产生的心理感受。这个概念强调了技术如何赋予员工更多的能力和资源，以便更好地完成工作任务和实现个人职业目标。技术赋能感对于组织和员工都具有重要意义，对员工而言，它可以提高工作满

① 杨利利. 面向2035年人工智能赋能就业的影响与促进［J］. 中国科技论坛，2021（7）.

② 郑世林，姚守宇，王春峰. ChatGPT新一代人工智能技术发展的经济和社会影响［J］. 产业经济评论，2023（3）.

③ Yu – Yin Wang & Yi – Shun Wang. Development and validation of an artificial intelligence anxiety scale: an initial application in predicting motivated learning behavior, Interactive Learning Environments, 2022.

④ Li J, Huang J S. Dimensions of artificial intelligence anxiety based on the integrated fear acquisition theory ［J］. Technology in Society，2020：63.

⑤ 何勤，朱晓妹. 人工智能焦虑的成因、机理与对策［J］. 现代传播（中国传媒大学学报），2021（43）.

意度，增加自信心，促进个人职业发展。对于组织而言，技术赋能感可以帮助组织更好地适应市场变化，提高行业竞争力，吸引和保留高素质的员工。

在现代管理研究中，技术赋能感与员工工作幸福感和工作旺盛感之间存在着密切关系。员工的工作幸福感被广泛认为与他们的工作表现和个人生产力密切相关[①]，工作旺盛感能够提升组织忠诚度、工作绩效，减少倦怠和压力（Spreitzer G，et al.，2005），这种相互作用对组织的整体绩效产生了深远的影响。郭娟等（2021）通过对 98 家人工智能企业中 490 名员工调查发现，在人工智能技术应用场景下，总体来说，员工的心理幸福感、工作旺盛感水平相对较高，员工的心理焦虑感水平较低，员工对人工智能应用多持积极的、拥抱的态度。[②]

四、问卷调查

本研究采用问卷调查的方式，借助脉脉平台，向生物医药、材料科学、信息通信、量子信息等行业的科技创新人才发放了《人工智能背景下科技创新人才心理状态调查研究》问卷，共发放 561 份问卷，回收有效问卷 406 份，有效回收率为 72.4%。

（一）样本特征

在参与者中，男性占比 69.21%，女性占比 30.79%。有效填写人次中的大部分人集中在 26～35 岁的年龄段，其中年龄段为 26～30 岁的人数最多，共有 187 人，占比 46.06%。学历方面，大学本科的比例最高，占据了 64.78%，其次是硕士研究生，占比 24.88%。行业方面，处在信息通信行业的科技创新人才占比最高，为 30.3%，其次是人工智能行业，占比为 18.47%。岗位方面，有 161 名科技创新人才属于"应用与技术开发类"，占比达到 39.66%，见表 1。

表 1　　　　　　　　　　　受访人群基本特征

特征		样本数	占比（%）
性别	男	281	69.21
	女	125	30.79

① 林丛丛，罗文豪，杨娜. 互联网情境下工作场所幸福感的异变与重塑 [J]. 中国人力资源开发，2018 (35).

② 郭娟，朱晓妹，李姿颖等. 人工智能技术应用对员工心理状态的影响分析 [J]. 中国人事科学，2021 (11).

特征		样本数	占比（%）
年龄	25 岁及以下	51	12.56
	26~30 岁	187	46.06
	31~35 岁	119	29.31
	36~40 岁	34	8.37
	41~45 岁	9	2.22
	46 岁及以上	6	1.48
学历	大学专科	30	7.39
	大学本科	263	64.78
	硕士研究生	101	24.88
	博士研究生	12	2.96
行业	生物医药	50	12.32
	材料科学	69	17
	信息通信	123	30.3
	量子信息	39	9.61
	人工智能	75	18.47
	集成电路	11	2.71
	其他	39	9.61
岗位	基础研究类	50	12.32
	应用与技术开发类	161	39.66
	成果转移转化类	80	19.7
	科技管理服务类	54	13.3
	科技传播咨询类	29	7.14
	科技创新创业类	10	2.46
	其他类	22	5.42

（二）测量量表

1. 人工智能焦虑感

人工智能焦虑感采用的是李和黄（Li and Huang，2020）制定的人工智能焦虑感量表，本课题结合研究实际，对量表问题进行提炼修订，最终选取侵犯隐私的焦虑、工作替代的焦虑、学习的焦虑、人工智能意识的焦虑、缺乏透明度的焦虑五个维度，共计 15 个小题。量表采用李克特（Likert）5 点量表的计分形式，由 1 分至 5 分依次对应"非常不符合""比较不符合""一般""比较符合""非常符合"。

2. 技术赋能感

技术赋能感的测量采用的是穆尔和邦巴萨（Moore and Benbasat，1991）开发的技术进步感知幸福量表，结合本课题研究需要，对量表问题进行提炼与补充，最终由9道题构成，如"使用人工智能通用大模型可以使我更快地完成任务""使用人工智能通用大模型可以提高我的工作质量""使用人工智能通用大模型可以提高我的工作效率"等。量表采用李克特（Likert）5点量表的计分形式，由1分至5分依次对应"非常不符合""比较不符合""一般""比较符合""非常符合"。

五、数据分析结果

本研究主要采取独立样本非参数检验的检验方法，通过分析样本数据，推断样本来自多个独立总体的分布是否存在显著差异。分组依据分别为行业、岗位类别、学历以及人工智能通用大模型的使用频率，检验指标为受访者在问卷中第16小题"使用人工智能通用大模型带给我的满足感大于焦虑感"的得分情况。分析步骤分为两步：第一步，检验不同组别下得分分布是否满足正态分布性，即分组正态性检验；第二步，若得分分布不满足正态性，则采用非参数检验，若满足正态性，则采用单因素方差分析。

（一）人工智能背景下科技创新人才心理状态的总体分布

1. 人工智能焦虑感

人工智能焦虑感细分得分如图1所示。

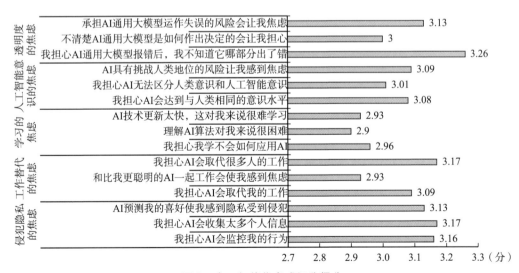

图1 人工智能焦虑感细分得分

整体来看，被调查者对人工智能通用大模型可能侵犯隐私的担忧程度处于中等水平，平均分值在3.15分，见表2。其中"我担心人工智能通用大模型会收集太多个人信息"这一选项的平均分最高，为3.17，说明被调查者对该问题有较高的关注度，人工智能收集个人信息问题在现实应用中给科技创新人才造成较大困扰。

表2   侵犯隐私的焦虑   单位：分

题目/选项	平均分
我担心人工智能通用大模型会监控我的行为	3.16
我担心人工智能通用大模型会收集太多个人信息	3.17
人工智能通用大模型预测我的喜好使我感到隐私受到侵犯	3.13
小计	3.15

关于工作替代的焦虑这个主题，整体而言，受访者对人工智能通用大模型在工作中的替代作用持相对积极的看法，焦虑程度处于中等水平。具体来看，"我担心人工智能通用大模型未来会取代我的工作"这个问题，平均分为3.09分，相对较低。"我担心人工智能通用大模型会取代很多人的工作"这个问题，平均分为3.17分，表明部分受访者对于大规模工作替代的担忧程度较高，见表3。

表3   工作替代的焦虑   单位：分

题目/选项	平均分
我担心AI通用大模型未来会取代我的工作	3.09
和比我更聪明的AI通用大模型一起工作会使我感到焦虑	2.93
我担心AI通用大模型会取代很多人的工作	3.17
小计	3.06

关于人工智能引发的学习焦虑，整体上，大多数人在量表上得分在2.9分左右，相对较低，见表4。虽然学习人工智能通用大模型具有一定挑战性，但大部分科技创新人才能够接受和应对人工智能的快速发展，及时更新相关知识和技能。

表4   学习的焦虑   单位：分

题目/选项	平均分
我担心我学不会如何应用AI通用大模型	2.96
理解AI算法需要天赋，这对我来说很困难	2.90

续表

题目/选项	平均分
AI 技术更新太快，这对我来说很难学习	2.93
小计	2.93

受访者对人工智能意识方面的焦虑程度大致在 3.0 分左右，说明大部分人对人工意识的焦虑程度不高，对人工智能通用大模型挑战人类地位的风险持中立态度，见表5。

表 5　　　　　　　　　人工智能意识的焦虑　　　　　　　　单位：分

题目/选项	平均分
我担心 AI 会达到与人类相同的意识水平	3.08
我担心 AI 无法区分人类意识和人工智能意识	3.01
AI 具有与人类相同的意识水平，具有挑战人类地位的风险，让我感到焦虑	3.09
小计	3.06

缺乏透明度的焦虑在人工智能通用大模型的使用中是一个普遍存在的问题。从数据可以看出，大部分受访者表示他们担心人工智能通用大模型报错后不知道问题出在哪里，对人工智能通用大模型运作失误的风险感到一定的担忧，见表6。

表 6　　　　　　　　　缺乏透明度的焦虑　　　　　　　　单位：分

题目/选项	平均分
我担心 AI 通用大模型报错后，我不知道它哪部分出了错	3.26
我担心人们无法弄清楚 AI 通用大模型是如何作出决定的	3.00
承担 AI 通用大模型运作失误的风险会让我焦虑	3.13
小计	3.13

2. 技术赋能感

图 2 主要反映了人工智能通用大模型对科技创新人才工作的影响，从数据结果来看，人工智能技术赋能感量表的综合平均分为 4.03 分，表示大部分受访者认为人工智能通用大模型对他们的帮助较大，对其工作有利。具体分析如下：

大多数受访者认同人工智能通用大模型的积极作用，高度评价其在任务完成速度、工作质量、工作表现以及工作完成容易度的影响，平均分分别达到 4.12 分、3.94 分、4.07 分和 3.96 分。此外，"使用大型语言模型可以提高我的工作效率"这一观点得到了广泛认可，平均分高达 4.2 分；大部分受访者也认为人工智能有助于平衡工作精力，平均分为 4.05 分。这些结果凸显了人工智能通用大模型在科技创新人才的日常工作中具有提高效率、提升质量、改善工作表现、促进精力平衡等方面的重要作用，大部分科技创新人才认为人工智能通用大模型对他们的日常工作是有利的。

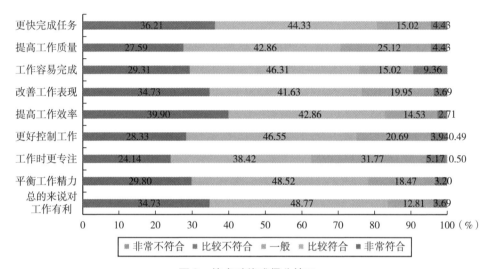

图 2　技术赋能感得分情况

综合来看，科技创新人才的人工智能焦虑感平均得分为 3.066 分，处于中等水平；科技创新人才感受到的人工智能技术赋能感平均得分为 4.03 分，属于较高水平。人工智能通用大模型给科技创新人才的工作带来的赋能感大于焦虑感。

（二）行业特征对人工智能背景下科技创新人才心理状态的影响

1. 不同行业对科技创新人才心理状态的影响

通过检验得出，虽然不同行业的科技创新人才在使用人工智能通用大模型的技术赋能感上存在差异，但这些差异较小，并且受到多种因素的影响，使其在统计上不显著。人工智能通用大模型的通用性和技术共通性可能是导致这一现象的主要原因。

2. 不同岗位类型对科技创新人才心理状态的影响

通过检验可知，所在岗位类别的不同对科技创新人才使用人工智能通用大模型的技术赋能感有着显著的影响。科技创新创业类岗位的科技创新人才的技术赋能感均值最高，为 4.4 分；其他类岗位的科技创新人才的技术赋能感均值最低，为3.5分。

不同岗位类别通常涉及不同的工作性质和技术需求。基础研究类的人员更多关注文献查找和知识获取，应用与技术开发类的人员更多关注问题解决和创新。而科技创新创业类岗位通常涉及灵感开发、商业文书、行业洞察等工作，人工智能通用大模型可以帮助其完成思路拓展和市场信息获取等任务，从而使该类岗位的科创人员获得更高的技术赋能感。

（三）个体特征对人工智能背景下科技创新人才心理状态的影响

1. 学历差异对科技创新人才心理状态的影响

通过检验可得，尽管不同学历的科创人才对于使用人工智能通用大模型的满足感存在一些差异，但这些差异在统计上并不显著，学历不是影响满足感的主要因素。

2. 性别差异对科技创新人才心理状态的影响

通过检验发现，尽管不同性别的科创人才对于使用人工智能通用大模型的技术赋能感存在一些差异，但这些差异在统计上并不显著，性别不是影响技术赋能感的主要因素。

性别不是主要影响因素的可能原因包括：其一，人工智能大模型旨在为各种用户提供统一和中立的服务，具有技术中性的特点；其二，科技教育和接触机会对于各种性别都是开放的，这使得各种性别的用户都有能力理解和使用这些模型。

3. 年龄差异对科技创新人才心理状态的影响

通过检验可得，尽管不同年龄段的科创人才对于使用人工智能通用大模型的技术赋能感存在一些差异，但在统计上并不显著，年龄段不是影响技术赋能感的主要因素。

可能有以下几点原因：其一，大型语言模型，例如 GPT 系列，被设计为高度通用和适应性强的大模型，无论用户的年龄如何，它们都可以提供与其需求相适应的服务；其二，当前的科创环境要求所有人才都具备快速学习和适应新技术的能力，不同年龄段的科创人才面对新技术时能持开放态度并迅速适应，从而获得相似的技术赋能感。

（四）行为特征对人工智能背景下科技创新人才心理状态的影响

在本次调查中，超过80%的受访者表示会使用人工智能通用大模型。其中，45%的受访者几乎每天都会使用（见图3），这表明人工智能通用大模型在当前的应用场景中已经普及，并且成为科技创新人才日常生活和工作中不可或缺的工具之一。

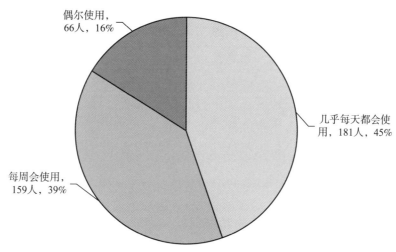

偶尔使用，
66人，16%

几乎每天都会使
用，181人，45%

每周会使用，
159人，39%

图3　使用频率统计

通过检验可得，使用频率对科技创新人才的心理状态有着显著的影响。几乎每天都会使用人工智能通用大模型的科技创新人才的满足感得分最高，为4.07分，偶尔使用人工智能通用大模型的科技创新人才的技术赋能感得分最低，为3.71分。频繁使用人工智能通用大模型的人往往会积累更多的经验，熟悉模型的功能和性能，并更有可能定制模型以满足他们的需求，例如设置个性化参数，使模型更好地适应他们的任务，这种个性化体验可能会增强赋能感。

六、主要结论与政策建议

（一）研究主要结论

科技创新人才的人工智能焦虑感处于中等水平，其中，对人工智能具有侵犯隐私和缺乏透明度的焦虑感较为突出；科技创新人才感受到的人工智能技术赋能感处于较高水平，认为人工智能对工作的完成速度、质量、便捷性、表现、效率、控制能力、专注度和工作精力平衡都有积极的促进作用。整体来看，人工智能通用大模型给科技创新人才的工作带来的技术赋能感大于人工智能焦虑感，发挥了积极作用。

通过对行业特征对人工智能背景下科技创新人才心理状态影响的研究，可以得出以下结论：在科技创新领域，细分行业不同对科技创新人才心理状态的影响无显著性差异，但是岗位类别的不同会对科技创新人才心理状态造成显著性影响，其中，科技创新创业类岗位的科技创新人才的技术赋能感均值最高。

通过对个体特征对人工智能背景下科技创新人才心理状态影响的研究，可以得出以下结论：在科技创新领域，学历差异、性别差异、年龄差异对科技创新人才心理状态的影响无显著性不同，均不是影响科技创新人才心理状态的主要因素。

通过行为特征对人工智能背景下科技创新人才心理状态影响的研究，可以得出以下结论：使用人工智能频率的不同会对科技创新人才心理状态造成显著性影响，其中，几乎每天都会使用人工智能通用大模型的科技创新人才的技术赋能感得分最高。

（二）政策建议

1. 监测相关网络舆情，关注科技创新人才职业发展诉求变化

一是及时监测舆情。有关部门可以利用大数据分析技术，利用自然语言处理技术和数据挖掘技术来对人工智能负面信息进行舆情监测，掌握科技创新人才对人工智能的情感反应和心理焦虑水平，及时采取有效措施进行心理疏导和干预。

二是调查人才诉求。政府和科研机构应定期开展调查，收集和分析用户反馈，以了解人工智能通用大模型的使用情况、需求和挑战，并针对用户的需求和关注点进行反馈和改进。

2. 促进科技创新人才的人工智能适应性与技术能力培养

一是提高人工智能的透明度和可解释性。为了减少科技创新人才对人工智能的焦虑，特别是针对隐私侵犯和透明度问题，政府和相关机构应鼓励研发和应用人工智能透明度工具，敦促市场上的人工智能产品和服务提供透明度报告，明确向用户展示其决策逻辑。同时，组织人工智能透明度和可解释性的公开研讨会可以鼓励企业和研究机构分享最新的技术进展和应用实践，进一步加强科技创新人才对人工智能决策的信任。

二是制定人工智能适应性培训计划。政府应与教育机构和行业合作，制订面向科技创新人才的人工智能适应性培训计划，特别是关于人工智能通用大模型的使用方面的培训，以提高他们对人工智能技术的理解和应用能力。根据各个岗位类别的具体需求，可以为其量身定制人工智能赋能方案，确保每个岗位都能够从人工智能技术中获益，这将有助于他们更好地利用人工智能技术来提高工作效率和质量。

三是推广最佳实践分享。建立平台，鼓励科技创新人才分享使用人工智能通用大模型的最佳实践和成功案例。通过举办研讨会、在线社群或知识库等方式来实现，以促进经验和知识的共享。

四是鼓励日常学习和实践。鼓励科技创新人才在工作中积极学习和运用人工智能技术解决问题。政府和企业可以提供奖励或认可机制，以鼓励他们不断提升技术能力，并适应技术发展。

3. 出台相关行业监管法律填补人工智能发展安全漏洞

一是制定行业标准。政府可以与行业协会和专家合作，制定科研领域人工智能应用的标准和规范，以确保科研活动的合法性和安全性。

二是加强监管。政府应加大对科研机构和企业在人工智能应用中的监管力度，建立严格的审批和监督机制，防止不当行为和数据滥用。

三是完善法律法规。政府应出台相关行业监管法律，填补产业发展制度安全漏洞，指导人工智能在处理个人数据时遵循相应的规范，保护知识产权和隐私权。企业和研究机构也应被鼓励研究和应用隐私增强技术，以确保在使用人工智能的过程中，个人信息得到充分保护。

参考文献

[1] 陈云，黄意夏，郭嘉宁．我国区域科技创新人才政策比较分析 [J]．武汉理工大学学报（社会科学版），2022，35（5）：88-95.

[2] 陈雪娇，丁福兴．人工智能语境下制造业人员的职业焦虑缓解对策 [J]．太原城市职业技术学院学报，2019（3）：154-156.

[3] 何勤，朱晓妹．人工智能焦虑的成因、机理与对策 [J]．现代传播（中国传媒大学学报），2021，43（2）：24-29.

[4] 黄丽满，宋晨鹏，李军．旅游企业员工人工智能焦虑对知识共享的作用机制——基于技术接受模型 [J]．资源开发与市场，2020，36（11）：1192-1196，1258.

[5] 邱玥，何勤．人工智能对就业影响的研究进展与中国情景下的理论分析框架 [J]．中国人力资源开发，2020，37（2）：90-103.

[6] 彭莹莹，汪昕宇．人工智能技术对制造业就业的影响效应分析——基于中国广东省制造企业用工总量与结构的调查 [J]．北京工业大学学报（社会科学版），2020，20（5）：68-76.

[7] 刘嵩，鲍超，曾海洋．主管支持感对制造型企业员工人工智能焦虑的影响——心理韧性的中介作用 [J]．湖北文理学院学报，2022，43（8）：81-88.

［8］刘嵩，吴绍豪，曾海洋．制造业员工人工智能焦虑的成因及干预研究［C］//中国心理学会．第二十三届全国心理学学术会议摘要集，2021：2.

［9］祝楚琳，王亚男，何伶俐．人工智能发展对员工工作幸福感的影响研究［J/OL］．［2023 - 10 - 25］．经营与管理：1 - 12. https：//doi. org/10. 16517/j. cnki. cn12 - 1034/f. 20221227. 004.

［10］郭娟，朱晓妹，李姿颖等．人工智能技术应用对员工心理状态的影响分析［J］．中国人事科学，2021（11）：50 - 58.

［11］林丛丛，罗文豪，杨娜．互联网情境下工作场所幸福感的异变与重塑［J］．中国人力资源开发，2018，35（10）：26 - 38.

［12］王君，杨威．人工智能等技术对就业影响的历史分析和前沿进展［J］．经济研究参考，2017（27）：11 - 25.

［13］杨利利．面向 2035 年人工智能赋能就业的影响与促进［J］．中国科技论坛，2021（7）：10 - 12.

［14］郑世林，姚守宇，王春峰．ChatGPT 新一代人工智能技术发展的经济和社会影响［J］．产业经济评论，2023（3）：5 - 21.

［15］Li J，Huang J S. Dimensions of artificial intelligence anxiety based on the integrated fear acquisition theory［J］. Technology in Society，2020，63：101410.

［16］Moore G C，Benbasat I. Development of an instrument to measure the perceptions of adopting an information technology innovation［J］. Information systems research，1991，2（3）：192 - 222.

［17］Deborah G. Johnson and Mario Verdicchio. AI Arxiety［J］. Journal of the Association for Information Science and Technology，68，2017（9）：2267 - 2270.

［18］Diener，E. Subjective well-being［J］. Psychological Bulletin，1984，95（3）：542 - 575.

［19］Ryff，C D. Happiness is everything，or is it？ Exploration of the meaning of psychological well-being［J］. Journal of Personality and Social Psychology，1989，57（6）：1069 - 1081.

［20］Yu - Yin Wang，Yi - Shun Wang. Development and validation of an artificial intelligence anxiety scale：an initial application in predicting motivated learning behavior［J］. Interactive Learning Environments，2022，30：4，619 -

634.

［21］Wilson，H. J. ，Daugherty，P. R. Collaborative intelligence：Humans and AI are joining forces ［J］. Harvard Business Review，2018，96（4）：114 - 123.

《人工智能背景下科技创新人才心理状态调查研究》
课题组成员名单

课题组长：
张天扬（北京人才发展战略研究院执行院长）
课题组成员：
王佳宁（北京人才发展战略研究院助理研究员）
张俊琪（北京人才发展战略研究院助理研究员）

本课题由中国人事科学研究院和北京人才发展战略研究院共同完成。

收入分配、劳动关系及其他